书 海 寻 梦

——包和平图书馆学论文选

國家圖書館出版社
National Library of China Publishing House

图书在版编目（CIP）数据

书海寻梦:包和平图书馆学论文选/包和平著. --北京:国家图书馆出版社,2015.12
ISBN 978 - 7 - 5013 - 5704 - 8

Ⅰ.①书…　Ⅱ.①包…　Ⅲ.①图书馆学—文集　Ⅳ.①G250 - 53

中国版本图书馆 CIP 数据核字(2015)第 245332 号

书　　名	书海寻梦——包和平图书馆学论文选
著　　者	包和平　著
责任编辑	金丽萍　唐　澈

出　　版　国家图书馆出版社(100034　北京市西城区文津街 7 号)
　　　　　　(原书目文献出版社　北京图书馆出版社)
发　　行　010 - 66114536　66126153　66151313　66175620
　　　　　　66121706(传真),66126156(门市部)
E-mail　　nlcpress@ nlc. cn(邮购)
Website　　www. nlcpress. com ——→投稿中心
经　　销　新华书店
印　　装　北京科信印刷有限公司
版　　次　2015 年 12 月第 1 版　2015 年 12 月第 1 次印刷

开　　本　787 × 1092(毫米)　1/16
印　　张　26
字　　数　500 千字

书　　号　ISBN 978 - 7 - 5013 - 5704 - 8
定　　价　120.00 元

目　录

图书馆学研究

民族文献学研究

自　序

自 1983 年参加工作以来,我一直从事图书馆工作,到 2013 年已有 30 个年头了。30 年,在历史的长河中是弹指一挥间,但对个人来说,却是一段漫长的岁月。30 年来,虽有几次改行的机会,我却毫不犹豫地放弃了。原因有二,一是从小就喜欢读书,因赶上那个闹书荒的年代,每看到一本书都如获至宝,捧而读之。当时最大的愿望,就是天天有书看。后来有幸到图书馆工作,如鱼得水,坐拥万卷书,何假百城?二是深受国学大师南怀瑾先生有关做人哲学的影响,他认为,"人有三个错误是不能犯的:一是德薄而位尊,二是智小而谋大,三是力小而任重"。我自知才疏学浅,更没有安邦、治国、平天下的胸襟,所以处处以南怀瑾先生的告诫行事,拒绝各种诱惑。一路走来,也是顺风顺水,把主要精力用在读书治学上,虽无大的成就,但也有一些心得。今将以往发表的论文结集出版,既是对过去学术思想的一次梳理,也是对自己从事图书馆工作 30 年的一种纪念。

这些论文是从我参加工作以来至今所撰写的论文中选出的,共 88 篇,其中不少文章曾被中国人大《复印报刊资料》转载或摘编,大部分被 CSSCI 收录,在学术界产生过一定的影响。按其内容大体辑为两部分:第一部分是图书馆学研究,收集有关图书馆学基本问题、学科体系、研究方法以及图书馆员的劳动特点、属性、心理素质与馆长的管理理念的论文 39 篇;第二部分是民族文献学,收集有关民族文献学的基本理论、学科体系以及民族古籍的科学管理与开发利用、数字化与国际合作等论文 49 篇。

需要说明的是,这些文章发表至今整整经历了 30 年,几乎与我国改革开放和图书馆事业发展同步进行,因而具有很强的时代痕迹。整理这些文章,掩卷神思,我的思绪也自然回到那个时代,甚至回到遥远的过去。

我生于内蒙古科尔沁包氏蒙古族家庭。据先辈人讲,科尔沁包氏家族是黄金家族,是成吉思汗二弟合撒儿的直系后裔。家中本有家谱传承,"文革"时奶奶把家谱与一些祭器一同埋入一枯井中,农业学大寨时,草原变成良田,枯井的位置已无从查考,虽经后人多次探寻,一直未能找到,实为憾事。

父亲读过私塾,当过国民党兵,后来脱离国民党加入共产党,在旗地方武装担任过职务,参加过剿匪战斗,立过战功。新中国成立后,在旗纪检委工作,后又下放到农村牧区担任苏木乡镇党委书记、乡长职务。父母共养育了 7 个孩子,靠父亲一个人工作,家境窘迫可想而知,但重视教育的家风一如其旧,节衣缩食供我们兄弟姐妹上学。父亲每次出差回来,总会带来几本新书,怕影响我们正常学习,父亲不让我们看那些新书。所以每次趁父母不在,翻箱倒箧寻找父亲所藏的新书,成了我们的一大乐事。总是庆幸从未让父亲发现过,现在想来,这也许是父亲让我们读书的一种策略吧。

我们所居住的科尔沁左翼后旗,一半是蒙古族聚居区,一半是汉族聚居区。当时不知什么原因,我父亲经常调动工作,我们也跟着父亲不停地搬家。我从小学到高中毕业,转了 8 个学校,不断成为转学生,一会儿到蒙古族聚居区,接受蒙古语授课,一会儿又到汉族聚居区,接受汉语授课。读了 10 年书,大体上蒙古语授课、汉语授课各占一半。结果是蒙古文没学好,汉文也没学好,数理化更是一塌糊涂,高考数学仅得 6 分,估计是选择填空题蒙上去的。唯一可以欣慰的是,我自幼酷爱读书,尤其喜欢小说类读物,从小学到高中毕业,坊间流传的各种小说,只要能借到的,几乎都读过。由于当时汉文小说比蒙古文小说多,我的汉语水平逐渐超过了母语——蒙古语的水平。参加工作以后,蒙古语、蒙古文用得就更少了。所以至今每当听到席慕蓉老师的歌词"虽然已经不能用母语来诉说,请接纳我的悲伤,我的欢乐"时,总是泪流满面,有一种哀伤之情在心中挥之不去。30 多年过去了,虽然还能用母语诉说,但已不能用蒙古文写作了,对于一个蒙古人来说,也是人生一大憾事了。

1983 年考上内蒙古大学是我人生中的一大转机。尤其在内蒙古大学学习期间,碰上 3 位好老师——乌林西拉老师给我奠定了专业基础,孙玉臻老师强化了我的古汉语水平,任嘉禾老师则教会我治学方法。大学毕业之后,我又在科尔沁左翼后旗图书馆佟珍馆长的安排下,用两年半的时间为全馆职工讲了 16 门专业课程,这种历练对我专业水平的提高起到了至关重要的作用,发表的论文也有了一定的水准,内容多以民族图书馆学为主。1994 年在我的家乡——草原明珠通辽市召开了第四次全国民族地区图书馆学术研讨会,我撰写的论文《试论民族文献资源的开发利用》受到与会专家学者的一致好评,一度被民族图书馆学界推崇。1995 年我应中国民族图书馆李久琦馆长的邀请,到首都参与《中国民族年鉴》的编辑工作,并被聘为编辑部副主任,在审稿过程中对党的民族政策、民族问题有了深刻的认识,同时利用在中国民族图书馆工作的机会,接触了大量民族文献,并为之吸引,对中国民族文献学研究产生了浓厚的兴趣。1996 年在北京参加了被誉为"图书馆界奥林匹克"的国际图联大会,不仅开阔了视野,使我更进一步深刻认识到"越是民族的,越是世界的"道理,更加坚定了研究民族文献学的信心。经过 10 多年的潜心研究,在图书馆学、民族文献学研究领域小有成就,看到自己一篇篇论文被发表,一部部自己编写的著作整齐地排列在书架上,一种自豪感油然而生,再也无心恋战官场和政坛。潜心学问,我心足矣。

1998 年调入大连民族学院图书馆工作以后,面对众多的专家、学者、青年才俊,自感相形见绌,所以特别珍惜时光,除了日常工作外,可以说几乎是拼命读书,拼命著述。结果真是"天道酬勤",2003 年,也就是我 38 岁那年,被破格晋升为研究馆员,2010 年又被国家民委评为"全国少数民族古籍工作先进个人"。

然而,由于从小就没有打好底子,也没经过系统的学习和训练,所以写出的东西在才、学、识上都有欠功力,之所以不揣浅陋,仍予付梓,只是意在为民族图书馆学、民族文献学研究添砖加瓦而已。如读者能从中受到某些启发,我就十分欣慰了。

包和平

2014 年 5 月 8 日于大连天安海景寓所

图书馆学研究

当前图书馆学理论研究的新思考*

近年来,随着社会改革开放事业的不断推进,我国图书馆学研究也出现了前所未有的新气象,新学科的兴起,旧学科的更新,理论方法上的重造,新课题、新领域的拓展,令人耳目一新,呈现出一种生动活泼、鼓舞人心的研究格局。然而,透过现象看本质,我们不由自主地产生某种危机感,感到一种沉寂,具体表现就是觉得研究工作难以深入,或是对五花八门的理论无所适从。究其原因,与目前图书馆学理论研究工作存在的种种不足与缺陷有关。

1. 理论研究忽视图书馆政策法规的研究

图书馆学研究忽视了一些与图书馆事业发展有直接关系,甚至起主导作用的领域的研究,比如对我国图书馆政策法规的研究。我们知道,一定时期的国家政策决定了当时图书馆的性质、职能、作用及社会地位,也成为当时图书馆某些具体工作的标准,对图书馆事业的发展起着不可替代的主导作用。当今图书馆作为社会主义精神文明基地,党和国家对图书馆的决策、投入、法规、政策、规划,是图书馆生存发展之基、之源、之根、之本、之策。所以,对图书馆政策法规的研究,是图书馆学研究不可或缺的重要部分。然而,我们的图书馆学研究者对此却视而不见。比如关于图书馆法的研究,与那些在《市场经济条件下××××》或《网络环境下××××》等文章相比,就显得相形见绌了。我们必须充分认识到:"要确保图书馆事业的发展,光靠行政部门或图书馆员一时的积极性和热情是不行的。"

2. 理论研究未能体现应有的生动和活力

图书馆作为一种社会机构,无论在历史上,还是在现实社会生活中都起着重要作用。但在现实生活中,尽管图书馆学家们研究证明图书馆作用的巨大,然而社会对图书馆的认识,还是仅局限于投入巨大而产出甚微。其根本原因,就是图书馆学研究没有很好地同社会现实发生联系,图书馆学的科研选题对社会常规状态的冲击程度非常低,图书馆学研究的社会效果不佳。有些图书馆学家缺乏科学研究所应有的胆识和气魄,在研究选题上竭力回避科学劳动上的风险,总喜欢选择那些与世无争的题目,在尖锐复杂的社会问题面前无动于衷,习惯于空来空去的坐而论道。由于图书馆学偏离了活生生的社会现实问题,当然也就失去了力量。

3. 理论研究缺乏系统思考和宏观研究

同其他科学一样,图书馆学研究应当以辩证唯物主义和历史唯物主义为指导,但在具体研究方法上应有自己的特点。比如,我国图书馆学界长期以来以定性研究为主,这种思维方式或研究方法在一定程度上推进了图书馆学研究,尤其有利于保证图书馆学研究的理念或

---

* 该篇文章与林红宣合作。

思辨深度。但它的高度抽象性和模糊性,则影响了研究范围的扩大和研究的准确性。尤其是在社会转型时期,图书馆学要有针对性地探讨改革开放的现代化建设实践中提出的新情况、新问题、新矛盾,总结新经验,从而提出新观点、新结论,为实践提供精神动力和智力支持,为决策提供依据。然而,在实际研究中,我们有很多文章讨论的都是一种理想化的、在现实生活中并不存在的现象。"当图书馆学家们面临一些具有争论性的问题提出建议时,他们所依据的不是知识体系,而只是常识性的考察,或仅仅是方便从事,以致未能进行有组织、有系统的研究、实验"。为此,当前的中国图书馆学研究,应偏重广泛地开展社会调查,搜索有关材料和数据,运用有关统计技术,在调查统计的基础上发现问题、研究问题、总结经验,在实证研究中把图书馆事业向前推进。

4. 理论研究需要本土化

在文学艺术方面,曾经有人提出一种说法,认为"越是中国的,就越是世界的"。在我国图书馆学理论研究中,我们似乎十分缺乏这样的感觉和认识。诸如盲目引进西方图书馆学观点,或认为西方的图书馆学理论就是先进的,基本上没有很好地吸收中国传统图书馆学的积极成果,许多范畴、命题、原理都局限在西方图书馆学的范围内,诸如知识交流论、文献信息学、"三无"图书馆、图书馆危机论、图书馆信息革命等,甚至有人无视我国图书馆事业赖以生存和发展的国情基础,以发达国家图书馆事业为参照系数来衡量和要求我国图书馆事业的发展,提出一些过热的、不切实际的口号、对策、构想、发展战略等,不仅对事业发展无益,反而有害,如当前我国公共图书馆事业的发展现状有力地说明了脱离国情的发展战略是行不通的。又如我国早在国家"六五"计划中就提出实现县县有图书馆的目标,如今"十五"规划都过去了仍未实现该目标。只有从中国的国情出发,在中国的土壤中孕育、生长出来的中国图书馆学理论,才是最具有生命力、最有前途的。这说明对中国图书馆事业越是研究得深入,越是抓住了中国图书馆事业发展问题的实质内容,得出的结论就越能准确地说明我国图书馆事业发展的轨迹,这样,研究的成果就不仅具有国内水平,也会具有国际水平、世界水平。

5. 理论研究应增强学术论著的可读性

目前,就以我国图书馆学研究而言,若以扬昭的《图书馆学》(1923 年商务印书馆)出版为正式起点,或以武昌文华大学开设图书馆学专业教育为起点,迄今都已有近 80 年的发展历史了。半个多世纪以来,不仅出版了众多关于图书馆学理论的文章和专著,而且在不少名牌大学里,图书馆学专业已能授予博士学位或硕士学位,可以说,图书馆学理论研究的发展已经颇有基础了。但是,长期以来,人们总是认为图书馆学是"冷门",图书馆学研究很难引起社会众多人的关心和兴趣。因此,图书馆学研究界走出图书馆学研究也是其突破和创新的一个方面。图书馆学研究界的"天地"很窄,读者人数有限,许多著作和文章很难走出专业学术研究的圈子。这种情况当然与图书馆学研究本身的特点和局限性有关,但是如果大量的学术著作和文章总是在研究者们内部转圈子,甚至成为研究者们"互相传阅"的物什,那也未免过于褊狭了。应该指出,有些专业性很强、学术性很强的图书馆学研究专著,不需要也不能有很多的读者,但是很多与图书馆现实工作密切相关的著作,读者越多越好。这就需要研究者们改进著作的内容和形式,就是说,一要增强研究工作与现实生活的有机联系,二要尽可能增强论著的可读性、生动性,引起人们的关心和兴趣,从而帮助读者获得知识,受到启发,使图书馆学研究更好地为图书馆事业服务,充分发挥它的科学价值和社会意义。

6. 理论研究突破与创新的关键在于人才

可以预见,随着时代的进步和科学的发展,科学研究工作的社会化势在必行,高效率、高效益要求群体合作愈来愈为人们所重视。图书馆学研究视野的不断扩大,专业分工越来越深入精细,新的课题也随之层出不穷。这些在深度和广度上都不能同以往的课题研究相比,要求研究者不仅要具备专业知识和专业基本功,而且还需具备广博的知识面和较强的学术综合能力。与之相应,研究工作的成效,也将更多地取决于研究者之间是否能够组成合理的多学科的知识结构和智力结构,彼此之间能否建立起良好的学术合作关系和气氛。如果一味地囿于过去那种研究者之间的自我封闭、彼此隔断的状态,那么只会有碍于研究工作的向前推进。同时,这也要求对图书馆学研究后继人才的培养,除专业知识和专业基本功外,应着重训练他们的理论思维能力和社会洞察力,开拓其胸襟和视野,切忌把门户之见、学阀作风传给后继者。为此,也就需要改革现行的教育与科研体制以及有关的教学方法。

参考文献

1　原宏盛.标志中国图书馆事业发展的里程碑——试论江泽民视察北京图书馆的历史意义[J].图书馆理论与实践,2001(1).

2　吴建中.中国图书馆发展中的十个热点问题[J].中国图书馆学报,2001(2).

3　杨立文,赵文华.当前我国图书馆学研究存在的若干问题[J].图书情报工作,1999(9).

4　包和平.图书馆学发展缓慢的社会根源分析[J].图书馆杂志,2000(9).

(原载《图书馆学刊》2007 年第 1 期)

西部图书馆可持续发展战略研究

1. 西部图书馆在西部大开发中的优势与机遇

（1）发展空间优势与机遇

①西部图书馆是西部开发的重要信息媒介。西部地区区域辽阔，资源丰富，是把我国建设成社会主义强国的有待开发的重要基础，随着国家民族政策的进一步落实和经济体制的改革，社会主义两个文明建设的发展，社会各行各业就要向图书馆提出各种要求，对文献信息资料的需求也将越来越迫切。特别是随着进一步改革开放，西部地区与东部沿海地区在经济发展过程中差距不断扩大，使西部地区加快经济发展的欲望日益增强。西部地区为了尽快摆脱贫困，缩短与经济发达地区之间的差距，客观上也要求经济得到较快的发展。当前，在西部地区经济发展的过程中，自然经济与商品经济相杂，新旧经济运行模式之间的转换，新旧经济秩序的更替，标志着西部地区经济发展正在转入一个新的阶段，预示着一股压抑已久的强烈的经济发展欲望即将喷发出来，西部地区呈现出百业待兴的形势。西部地区开发和建设的这种发展形势，必将逼迫我们西部图书馆更新观念，尽快地应用全新的手段，如微电子技术、激光和光纤通信，使现代化技术服务于社会。随着信息技术的发展和电脑的广泛应用，西部地区图书信息工作将作为一种主要角色出现在民族腾飞的舞台上。

②西部图书馆是西部地区精神文明建设基地。西部地区是少数民族主要居住地区，土地面积占全国陆地面积的56%，与十几个国家接壤，是重要的国防前哨，有20多个民族跨境而居。这些地区的发展同友好国家的睦邻关系或在抵御敌对势力的渗透和入侵方面居于重要战略地位。因此，西部地区经济、文化是否兴旺发达，直接关系到国防的巩固、国家的统一，并有广泛的国际影响。在进一步对外开放的今天，西部图书馆的这一些环境优势，将对扩大国际交往，沟通中外经济、文化发挥重要作用。

（2）特色文献优势与发展机遇

①民族特色文献。长期以来，西部图书馆在各民族的文化典籍及其他文化遗产的收集、整理、开发方面做了大量的工作，藏有大量的特色文献，以西部地区高校图书馆为例：西北民族学院馆藏有藏文、蒙文、维吾尔文、哈萨克文等民族文字图书8万册，手抄本《大藏经·甘珠尔》10万函3000余种；云南民族学院馆藏有东巴文、彝文、傣文文献1000多种，民族古籍1335种；内蒙古大学现为我国蒙古学文献中心，馆藏蒙古文文献5万册；西藏大学图书馆以藏文文献为藏书特色，收藏有关藏文历史、经济、文化、教育、艺术、宗教、天文历算、藏医学等各学科门类图书共1.3万册，藏文木刻板4000多函；新疆大学图书馆收有汉文、维吾尔文、哈萨克文、柯尔克孜文等十几种文字图书共90万册，7种民族文字期刊2500余种，珍贵的西域史料500种，还收藏有13世纪到19世纪初察合台文献和维吾尔古文献等。又如青海民族学院图书馆关于土族研究文献资料，西北民族学院图书馆关于"花儿"研究的素材等，都各

具特色。再如贵州民族学院图书馆编辑出版的《傩戏傩文化资料》三集,被海内外有关专家推崇为"中国文化史上的瑰宝"。内蒙古大学图书馆所藏的有关蒙古史方面的文献资料,促进了内蒙古大学的"蒙古学"研究,使之成为国内外研究"蒙古学"方面的学术中心,并被国际上的权威机构认可为中国15所最著名的大学之一。从1994年起国家教育委员会在内蒙古大学成立了"民族学科蒙古学文献信息中心",在新疆大学成立"民族学科维吾尔学及哈萨克学文献信息中心",与此相对应,西藏民族学院成立了"全国高校藏学研究资料中心",贵州民族学院建立了"全国傩文化研究资料中心",形成了一批特色文献实力雄厚的信息中心。

②地方特色文献。西部地区由于特殊的地理位置和历史的原因,长期以来各图书馆都积累了大量珍贵的地方特色文献,收藏重点不同,大小有别,但颇具特色化。以西部公共图书馆为例:广西桂林图书馆藏有抗战时期桂林出版的期刊163种,图书1400多种;陕西省图书馆藏有大量的善本古籍及地方志,其中有为数不少的珍本、孤本、稀见本;重庆市图书馆藏有大量的民国时期出版物9万余种,还有民国时期大量的联合国资料等;四川省图书馆藏有四川地方志、古医药(农)图书、抗战版图书以及"文化大革命"时期文献资料;甘肃省图书馆藏有西北地方文献12 587种,已成为海内外研究西北史地、西北民族、中西交通、丝绸之路、敦煌学的文献基地,同时还藏有善本66 445册,其中有大量的珍善本,如享誉海内外的文溯阁《四库全书》、国内外收藏最完整的大型明版木刻佛教典籍丛书《永乐南藏》等。

这些珍贵文献的开发利用,可为西部大开发提供基础性资料和历史的借鉴。

(3)扶持政策优势与发展机遇

西部大开发政策赋予西部图书馆新的内涵和条件,主要体现在以下几个方面:

①倾斜的扶持政策将给西部地区带来宽松的经济发展环境。西部大开发战略的实施,将有力地推动我国西部地区的经济发展。"西部地区将获得类似东部的政策软环境和逐步增长的财政转移支付,东部地区也将一些产业和企业向西部空间转移"。东部企业的介入同时又会带来新的经营观念和科学的管理方法,给西部地区注入新的活力。

②人才需求的增强将促进西部地区文化、教育事业的发展。据第四次全国人口普查统计,西部地区不识字人口占从业人数的39.5%,高出东部地区11个百分点,东部地区平均每100人拥有科技人员18名,西部地区仅为2名。目前西部地区每万名劳动者中,中专以上学历及初级以上职称人数仅占92人,还不到东部地区的1/10。人才问题成为制约西部开发的一个重要因素。人事部制订了"西部人才资源开发计划"。西部地区文化教育事业滞后的状况已经引起政府部门的高度重视,并把加强西部地区的科技文化教育事业作为西部开发的五项重点工程之一,要确保教育优先发展。

③国家对西部地区基础设施建设项目的投资将加快西部图书馆的现代化进程。比如文化部提出加快西部文化建设的15条意见,其中第三条提出,文化部将着手制订西部地区"两馆一站"专项建设规划,争取在"十一五"期间实现西部地区县县有图书馆、文化馆或建成具有图书馆、文化馆功能的综合性文化中心,乡镇有文化站或流动文化车的目标。第五条意见是推进西部地区公共图书馆网络体系和数字图书馆建设,实现文献信息资源共建共享。文化部要求各地根据经济建设和社会发展的实际需要,做好文献信息资源共建共享和网络化建设的全面规划,采取措施,合理开发文献信息资源,并加以有效利用,推进图书馆现代化建设。同时要求国家有关部门要从培养网络技术人才、合作开发资源和建设数据库、服务器托

管等方面,对西部地区数字图书馆工程建设给予支持。

又如,教育部决定采取一系列措施,加快西部教育发展和改革,重点建设西部地区远程教育体系,实现西部地区教育的跨越式发展;加快实施"西部教育科研网扩展工程",实施"西部高校校园网计划",将用 3 年左右时间推进西部高校校园网的建设、完善和升级。"西部高校校园网计划"的实施,将从根本上解决西部高校网络化建设问题,加快图书馆实现现代化和文献信息资源共享的进程。

2. 西部图书馆实施可持续发展的战略指导思想和战略目标

从现在起到 2010 年,我国西部图书馆发展的战略指导思想可以概括为:根据西部地区经济发展规律,集思广益,发展西部图书馆,积极为经济建设服务;针对西部地区社会特点,因地制宜,丰富和提高各民族人民的文化生活水平;鉴于西部地区独特地理环境,因势利导,促进西部地区精神文明建设;从西部地区社会、经济基础出发,扬长避短,开辟一条具有地区优势和特色的西部图书馆发展路线。上述战略指导思想决定了未来的目标。

到 2010 年,我国西部图书馆发展的战略目标是:以提高西部图书馆的社会效益为核心,以满足西部地区经济、社会需要为目的,建立合理的、有序的、科学的、动态的文献收藏结构;逐步采用以计算机技术为核心的先进技术和方法,加强对文献信息资源的开发与利用的深度和广度;努力提高服务质量,加大为读者服务的科技含量,强化服务的针对性和实效性,建立和完善具有地区特色和优势的文献信息服务体系;加强各个文献信息部门之间的联合与协作,建立各种形式的图书信息网,形成藏书、人才、设备、工作效果等资源共享。

3. 西部图书馆实施可持续发展的战略措施

为了保证我国西部图书馆发展战略目标的顺利实现,必须采取一些重要的措施:

(1)用西部图书馆体制改革总揽西部图书馆工作发展的全局。革除长期以来所形成的条块分割、各自为政、自然布局、求全发展的图书信息机构模式,强化国家对西部图书馆的宏观控制,把西部图书馆作为国家的一个整体事业进行规划统筹,在全国建立数量适合、布局合理的特色文献收藏中心与服务中心。国家对这些中心给予重点支持,经费集中使用,以保证能购买必不可少的文献资料,这些中心对所辖地区的单位提供多功能的西部图书馆服务。

(2)多渠道争取经费投入,建立西部图书馆新的投入体系。在要求政府部门随着经济发展逐年加大经费投入外,还必须广开财路争取社会各界的支持,如接受社会各界及国内、国外各种形式的捐赠等。西部图书馆本身也要形成一个综合性信息服务中心,在承担公益性职能的基本服务外,运用市场机制开展某些有偿服务以弥补经费不足。

(3)建立具有活力的西部图书馆运行机制。西部图书馆应贯彻集中管理、分散经营的原则,组织各种力量,发挥各自优势,适应社会各种需求,创造条件建立各种形式的联合体,开展信息有偿服务,制订"文献信息有偿服务规划",开拓和完善市场机制,促进文献信息成果商品化,设立省、市、自治区及地县文献信息开发交流中心。充分利用经济杠杆和市场作用,搞活微观。

(4)采取灵活的文献信息开发利用管理体制。引入竞争机制,注重文献信息人员的实绩,各地区各系统应制定《文献优质服务奖励办法》《科学技术进步奖》和《科学技术信息评审范围和标准》。让更多的文献信息人员在为经济建设、科技进步服务中发挥自己的聪明才智。

（5）积极发展农村牧区文献信息工作。目前西部地区农村牧区基层(县以下)文献信息机构十分薄弱,有的处于瘫痪状态,有的根本没有建立文献信息机构,有的县连图书馆也没有。要建立、健全县级图书馆,尽快创造条件,建立乡级文化中心,为西部地区搞好农业产业化提供信息。

（6）加强宏观管理,协调各系统文献信息工作。如制定适合西部地区图书馆发展的政策、规划和管理办法,引导和逐步形成图书馆具有自觉地为经济建设和科技进步服务的机制,鼓励图书馆切实引入竞争机制,积极、有效地推动各种形式的承包经营责任制。

（7）建立不同层次、不同形式的图书馆联合体。在竞争的基础上根据各省、市、自治区的特点,实行专业分工协作,逐步建立分工协作的网络体系,充分发挥科研单位图书馆,高等院校图书馆,大、中型企业科研单位图书馆以及公共图书馆的作用,把它们纳入整个西部地区图书馆的运行机制。

（8）加快西部图书馆立法工作。就地区性而言,西部图书馆是我国图书馆中的一个弱势群体,其利益容易被忽视。西部图书馆工作者应积极参与图书馆立法工作,使西部图书馆的利益能在图书馆法中得到体现。图书馆立法,将对西部图书馆事业发展产生深远影响。

（9）通过全方位开放,广泛开展国际交往。当代世界是开放的世界,任何国家,任何地区的文献信息工作都不可能脱离世界发展的大系统而在封闭的状态下求得发展。目前,西部地区必须尽快适应这种新的发展形势,利用地理环境,民族宗教的有利条件,发展同西亚、中东、欧洲等地区和国家的文献信息交往。这种交往,将随着"欧亚大陆桥"的开通逐步得到加强,形成东西双向通道和海陆并举的形势。西部图书馆工作,应通过全方位开发以适应西部地区科技进步和经济发展的需要。

（10）优化藏书结构,多途径开辟信息源。抓好藏书优化、协调及信息开拓工作,根据自然环境特色、科技进步、社会经济发展需要分工协作,搜集文献,形成本地区文献收藏特色。各地区各系统图书馆,根据各自的性质、任务及全国的文献布局对馆藏进行定性、定量分析。进一步调整藏书的范围和重点,使其结构合理。

（11）特色文献加工要规范化、标准化。①制订西部图书馆检索体系规划,狠抓著录标准化,把国际标准和国家标准引入西部图书馆工作中;②尽快开展特色文献主题标引工作;③改进传统的特色文献报道方式,提高特色文献和知识单元的报道指数;④加强二次文献工作,根据西部地区自然环境、科技进步和社会经济发展需要,统一规划、统一标准,采用多种形式,编制出版系列性、学科性和专题性的现期和累积性的书目、索引、文摘。

（12）积极开展用户需求调查和用户培训工作。①树立读者第一的观点;②进行读者需求调查分析;③加强特色文献的开发和利用,提高特色文献的利用率和保障率;④加强参考咨询、信息检索工作;⑤开展信息调研工作,进一步活化信息资源,更有针对性地为政府决策、科技进步、社会发展、经济建设提供信息。

（13）加快特色文献的数字化建设。在整理已有的特色文献目录的基础上,进行特色文献的数据库建设。从目前情况来看,特色文献数字化可采用4种形式,即书目数据库、提要数据库、全文数据库、混合数据库。①选择一些编制比较好的、有代表性的特色文献书目进行数字化;②对收集到的民族古文献,如老彝文、老傣文、古藏文、东巴经、贝叶经及其他载体的古文献,可采取照相复制方法保留原貌,再用扫描技术录入照片,辅以文字说明,同时对一些有价值的重要古籍,采用扫描技术全文录入,从而建立全文数据库;③为了解决特色文献"广"与"精"之间的矛盾,原则上看,只要有利于民族文化的传承,有利于西部经济发展的特色文献,都应将其全文数字化。

(14)办好西部图书馆教育事业。①发挥现有西部图书馆人才的作用;②西部图书馆队伍应由多兵种、多学科、多层次人员组成,各级图书馆根据各自的性质、任务、发展规划制订一个合理结构模式及队伍建设规划;③建立西部地区系统的教育体系,培养不同层次的人员;④采取各种方式,有计划地定向培训在职西部图书馆人员。

(15)积极开展学术交流。多年来西部地区图书馆学会、信息学会、档案学会定期召开科学讨论会。目前开展的民族图书馆学、西部图书馆学研究,对我们实际工作的推动和干部水平的提高起到了一定的作用。当前存在的问题是缺乏系统的计划,没有组成一定数量的骨干研究力量,论文、著作的数量少,质量也不高,因此应引起高度重视。

参考文献

1　陈蜀圆.对西部开发中图书馆支持的思考[J].中国图书馆学报,2001(2).
2　包和平.西部开发与民族文献情报资源的开发利用[J].情报杂志,2001(3).
3　张纶.西部大开发中图书馆的使命与机遇[J].中国图书馆学报,2000(5).

(原载《图书馆学研究》2006年第9期)

图书馆学定性研究方法的演变及其未来走向

1. 传统定性研究方法的一般特征

从理论上说,方法论受到世界观的规定和制约。图书馆学方法论也不例外,其方法模式都是建立在图书馆学观念之上的。它们是先有不同的图书馆学观念,而后才形成从属于各自的图书馆学方法论。由于受传统图书馆学观念的束缚,传统图书馆学在应用定性研究方法时主要表现出两种倾向:

(1)重微观轻宏观的倾向

从图书馆具体的工作环节中找课题,过多纠缠于细枝末节。从固有的图书馆实体出发进行研究,意味着传统图书馆学研究方法从一开始就逻辑先验地被设定在一个有限的范围,即限定在只能是而不能超出图书馆的"组成要素""特殊矛盾""工作规律"上。研究方法被吸引到对图书馆自身研究产生的孤立性上,这就严重地限制了图书馆学研究的进展和图书馆工作自身的发展。

不言而喻,从方法论角度看,这种倾向具有形而上学的色彩,武断地割裂图书馆与社会等因素的广泛联系,使之成为无源之水,无本之木,难以广泛深入地阐释图书馆学的本质特征。传统图书馆学把图书馆当作一个"自足体",即自身完整而独立的实体,因而无须考察图书馆实体以外的东西。这就是传统图书馆学方法论原则的逻辑推论。

(2)重实用轻理论的倾向

传统定性研究方法究其实质,是对图书馆活动的感知的具体表述,由于缺乏科学的数据、典型事例的说明和佐证,其理论分析就显得没有深度和广度。自我国开展图书馆学研究以来,"实用"的观点一直在图书馆学领域里起着主导作用,它只能对图书馆的具体现象求得认识,而不能看到本质和求得规律,始终在从具体到具体的道路上徘徊,使本来充满活力的图书馆活动,纳入到一种固有的机械的思维模式中,压抑了理论思维的发展。由于缺乏理论思维,在研究中往往"见树不见林",可以在认识上取得量的积累,但难以取得质的飞跃。

但是,我们不能怀疑对图书馆实体的定性研究具有重要意义,这两种倾向确也提出了一个值得深思的问题:什么是图书馆学有别于其他科学研究的独特性?把图书馆当作自足体做封闭研究固然不足取,但把它当作哲学、社会学、心理学的问题来探讨,是否能说明图书馆现象呢?同理,形式主义的研究当然是片面的,但它在揭示某些图书馆的内在规律方面,也颇有创见。可以说,没有对图书馆实体的分析研究,也就不会有图书馆学本身。

传统定性研究方法的最大特点是可以使研究建立在图书馆实体基础之上,对图书馆实体的研究也是今天的图书馆学研究者主要的基本功之一。图书馆学的立足点,正是要求必须从图书馆实体出发。比如,我们在回顾以往的图书馆学研究思想时,首先就是从图书馆实际工作中着手总结经验的。这就清楚地表明,在图书馆学研究体系中,传统定性研究方法是基础,也是我们应该继承的传统。

2. 现代定性研究方法的一般特征

当前我国图书馆学研究方法的主要特征是:定性研究方法仍占优势。但现在所采用的定性研究方法已经被赋予新的内容,和传统意义上的定性研究方法有很大的区别,主要体现在以下几个方面:

(1)把研究的问题放到总的社会历史背景和社会结构中进行考察,使其立论不是就事论事的孤立的、偏颇的,注意对图书馆活动的宏观考察,形成先进的图书馆学观点,所以用现在采用的定性研究方法研究图书馆活动所取得的结论比较可靠,往往有长期参考价值。

(2)注意全局的综合研究。在研究中注意图书馆活动的全面,在掌握事实材料的基础上,注意时间和空间的联系,尽量避免可能出现的片面性。

(3)对不同研究对象采取不同的研究方法,即方法因研究对象而异。总结图书馆活动的历史经验要用历史的方法,研究图书馆活动中每一个具体的专题,要用分析、综合的方法,研究宏观的图书馆活动现象,要用比较的方法,不过在具体研究工作中,这三者往往不能截然分开。而且不管用什么方法,总得在辩证唯物主义和历史唯物主义的理论指导下进行。

(4)在注意研究图书馆实体的同时,还要超脱图书馆实体,把图书馆学投入社会,探索其社会效应。这样不仅对提高图书馆在新形势下和社会文化交流中的地位和作用具有具体的实际意义,而且还可以进一步认识图书馆学的价值,深化研究主题,甚至可以在理论上得到新的启发。

从以上分析中不难看出,我们首先要继承传统的定性研究方法,注重对图书馆实体的考察,并以此作为图书馆学研究方法论的基础。其次,研究工作不能简单地停留在对图书馆实体的研究上,而是要把图书馆实体的微观研究纳入到对图书馆活动发展的宏观研究的系统中去,探求图书馆活动的经验和规律,得到理性的升华。从而我们得出如下结论:在继承传统定性研究方法的基础上改革创新,在改革创新中发展丰富定性研究方法。

3. 图书馆学定性研究方法的未来走向

(1)定性研究与定量研究相结合

我们在进行图书馆学研究时,必然会遇到诸如发展战略、政策、规划等方面的内容,这些内容都包含着质和量相统一的两个方面。在进行图书馆质的分析的基础上,研究图书馆的量变,以及与其他领域(诸如经济、人口等)之间数量联系和数量变化的客观规律和相互作用。这样,图书馆学研究的理论或结论才能在未来实践中达到充分利用的具体程度或精确程度。马克思在研究经济现象中运用数学分析的方法,为我们进行图书馆学研究树立了典范。例如,马克思在研究资本主义社会工人被剥削的剩余价值和劳动力时指出:"要对这个过程进行纯粹的分析……为此,这里要运用数学上的一条规律,就是数学上运算变量与常量的定律,即运算常量变量相加减的定律。"[①]经济研究工作中运用的数量分析方法,在我们图书馆学研究中同样是非常必要的。它可以帮助我们在论证我国图书馆事业发展目标的可能性时,确定具体的发展规模、发展速度以及各种指标等。否则,我们图书馆事业发展目标的

① 马克思,恩格斯. 马克思恩格斯全集(第 23 卷)[M].北京:人民出版社,1953:240.

描绘只是一种空想。

（2）定性研究与社会调查研究相结合

任何科学研究，都需进行广泛深入的调查，而社会科学领域的科学研究，更需进行广泛深入的社会调查。图书馆学研究作为社会科学中的一项科学研究，进行社会调查也就成为必需的方法之一。社会调查的方式可以是多种多样的，如交谈式、走访式、填表式等。但不管采用何种方式，进行社会调查至少有以下几方面的作用：①可以了解图书馆学研究与社会、经济发展的关系；②了解学科间进行相互合作的可能性和可行性；③捕捉和收集与研究有关的信息，以便及时修正、充实图书馆学研究的内容，使图书馆学研究成果更具有竞争力和被使用性。

（3）定性研究与系统分析研究相结合

图书馆是一种十分复杂的社会机构，是一个系统，它包含着众多的宏观问题和微观问题。宏观问题包括图书馆与社会、经济、科学技术、文化、人口等问题，以及涉及整个图书馆本身的方针、政策、发展规模、速度等方面的内容；微观问题包括图书馆内部各层次、各级的管理自主权、藏书体系、服务方式等方面的内容。图书馆学研究运用宏观与微观系统分析的方法，就是要打破图书馆传统的狭窄概念，把图书馆作为整个社会的一部分，社会大系统中的一个子系统，要看到图书馆的发展不仅要依靠图书馆本身的努力，而且必须依靠图书馆外部力量和关系。这样，图书馆才能求得发展，适应社会、经济的发展。

（4）定性研究与比较研究相结合

过去，我们在进行图书馆学研究时，只注重纵向的比较，而忽略了横向的比较，结果使我们的研究成果带有很大的片面性和局限性。为此，我们在进行图书馆学研究时，不仅要重视纵向的比较，而且更要重视横向的比较。纵向比较，即把图书馆纵向发展的历史阶段分成不同的层次结构，整理出各个层次的不同点和共同点，并把纵向发展过程当作一个有机体系来考察，从整体与部分（层次结构）相互联系、相互作用和关系中揭示系统的特征和运动规律，从而把握好历史发展的进程；横向比较，则是多层次、多方面的比较，它不仅包括图书馆与图书馆之间、地区与地区之间不同的发展水平的比较，而且还包括国际的比较。通过图书馆与图书馆之间的比较，评价图书馆的服务质量、管理水平等；地区与地区间的比较，则可以评价地区的图书馆发展水平，以及地区图书馆与地区社会、经济发展间的相互联系和相互作用；国际的比较，是通过不同国家图书馆事业结构、管理、内容和方法等的比较，更深入地了解图书馆事业发展的规律，为认识和解决我国图书馆事业面临的问题提供理论上和政策上的参考。

我们相信，只要我们齐心努力，在正确指导思想的指引下，用最科学、最先进的研究方法，一个适合我国图书馆事业发展，以及适应社会、经济发展相协调的图书馆学，在不久的将来就会诞生。这个总目标的出现，"将用清晰明确的（有充分科学根据的）远景来吸引群众"①，从而激发广大图书馆学研究者的热情和创造精神，为实现我国图书馆事业现代化而努力奋斗。

---

① 列宁. 列宁全集（第 35 卷）[M]. 北京：人民出版社，1959：434.

参考文献

1　王崇德.图书情报学方法论[M].北京:科学技术文献出版社,1988.
2　黄宗忠.论图书馆学研究的专门方法[J].四川图书馆学报,1994(1).
3　包和平,闫海新.21世纪中国图书馆学理论与方法的创新[J].图书情报工作,2001(7).
4　包和平.关于图书馆学方法论的哲学思考[J].中国图书馆学报,2001(4).
5　匡文波.论图书馆学情报学定性研究方法[J].中国图书馆学报,1998(4).

（原载《情报杂志》2005年第1期）

图书馆学传统研究方法的局限性及其发展观

对图书馆传统研究方法如何具体分析,如何批判地继承,如何改革创新等问题,很长时间里似乎没有更多地引起人们的关注和研究,许多问题并不是搞得很清楚。而与此同时,一些并非科学的,甚至是有害的思潮和方法却渗入到图书馆学研究领域,这给传统研究方法的改革带来了新的障碍。现在,图书馆学研究处于革旧迎新的过程中,更需要我们采取科学的、冷静的态度,认真总结我国图书馆学研究方法的过去和现状,真正明确我们的改革应该如何进行,如何创新。这不仅是个理论问题,更是一个实践问题,是需要下一番功夫进行研究,探索和实验,从而做出我们正确的选择,走出具有自己特色的路,使研究方法的改革能够进一步推动我国图书馆学的发展。

1. 图书馆学传统研究方法的局限性

(1)重微观轻宏观的倾向

从理论上说,图书馆学研究方法的模式都是建立在图书馆学观念之上的。传统图书馆学把研究的目光集中在图书馆本身,集中在图书馆业务工作诸过程和技术方法以及人、财、物、组织管理等因素的内在研究上。从图书馆具体的工作环节中找课题,容易走入小胡同而忘了通衢大道。过多纠缠于细枝末节,很难引出普遍的图书馆活动规律。孤立地应用这种方法,表现为重微观轻宏观的倾向,致使研究课题视野狭窄,研究本身缺乏深度。毫无疑问,微观研究在图书馆学研究中是不可少的,但把它当作图书馆学的唯一方法却有着极大的片面性。其一,它只把图书馆事业的某一部分作为研究对象,这种研究对象的选择往往是孤立的、琐碎的、无关宏旨的。其二,对图书馆事业某一部分的考察,如果只是孤立地进行,不从它自身的发展以及与周围环境联系上观察它,则对图书馆事业的某一部分也不会取得全面的科学认识,只能是管中窥豹,以偏概全。其三,图书馆事业不等于它所包含的各个组成部分的简单总和,因而对图书馆事业某一个部分的详细考察,并不等于认识了图书馆事业的全面,更难于探索其内在的联系和规律。

(2)重实用轻理论的倾向

传统研究方法究其实质,是对图书馆活动的感知的具体表述,其致命的弱点在于缺乏深刻的理论分析和概括。在论述图书馆活动时,主要是采取叙述的方法。在涉及图书馆事业史、思想史问题时,一般也是习惯于从沿革的角度来论述。当然,这并不是说传统图书馆学没有它的理论观点。自我国开展图书馆学研究以来,"实用"的观点一直在图书馆学领域里起着主导作用的,它使本来充满活力的图书馆活动,纳入一种固有的机械的思维模式中,压抑了理论思维的发展。由于缺乏理论思维,在研究中往往"见树不见林",只能对图书馆的具体现象求得认识,而不能看到本质和求得规律,始终在从具体到具体的道路上徘徊,可以在认识上取得量的积累,但难以取得质的飞跃。

（3）研究手段相对落后

传统的图书馆学研究手段长期停滞在手工操作的水平上。材料搜集、整理、分析，主要依靠图书馆学研究者个人的力量，视野狭隘，方法简单，缺乏学科之间的联系，缺乏社会化合作的途径。因此这种方法不仅难以适应图书馆学在更广阔的领域和更高的水平层次上发展的要求，也不利于培养青年一代尽快地掌握适应于社会发展需要的图书馆学知识和研究方法，这不免抑制或限制了图书馆学研究者的创新热情，习惯于沿袭旧路，也缺乏不断开拓新的研究领域和课题的探索精神。

我国的图书馆学在长期的发展过程中，积累了丰富的研究方法，正是这些方法，维系了我国过去的图书馆学的发展。对于它所起的历史作用应当予以充分的估计。简单地肯定一切或否定一切都是片面的，传统方法的最大特点，是可以使研究建立在图书馆实体的基础之上，对图书馆实体的研究也是今天的图书馆学研究者重要的基本功之一，图书馆学的立足点，正是要求必须从图书馆实体出发，我们在回顾以往的图书馆学研究思想时，首先就是从图书馆实际工作中着手总结经验的，这就清楚地表明，在图书馆学研究体系中，传统方法是基础，也是我们应该继承的传统。

我们都可以从传统方法中吸取它的优秀成分，即以严谨的治学态度，对图书馆工作诸过程的内容和技术方法进行系统认真的研究，为图书馆学研究提供必要的、可靠的实践经验，并将它纳入图书馆学研究的体系中，这就是批判继承的过程，也是对图书馆实践经验进行全面的科学清理的过程。在这一过程中，应去除其中虚假偏见，尽可能地排除传统研究方法本身所存在的问题，如脱离研究主旨，而纠缠于无关宏旨的细节等，从而确立传统方法在图书馆学中应有的地位，这应该是对待传统研究方法的正确态度。

2. 图书馆学传统研究方法的发展观

图书馆学研究方法的改革，不仅在于批判地继承传统的研究方法，还要积极吸收、引进、应用多种有益的新方法。新方法的引进，是图书馆学方法现代化、高效率化的必然要求和必然结果，也是丰富我国图书馆学理论的健康途径。在引进中难免有不成功的例证，但这是改进的问题，不能否定新方法本身。更没有必要大惊小怪，甚至视为"异端"。盲目引进不对，但抱残守缺、墨守成规是很难适应图书馆学发展要求的。我们应该强调的是：更主要的不在于是不是要应用新方法的问题，而是如何应用的问题。

（1）传统研究方法是应用新方法的基础

新方法是否能立足生根，关键是要从实际出发，要与传统方法有机结合。一个图书馆学研究者首先应该具有的态度是一切从实际出发，为此应该熟悉自己所研究问题的实际材料和前人研究的成果，并且具备独立地鉴定实际材料的可信度和评价前人研究成果的能力。离开了上述前提去抽象地谈论"定量分析"，乃至"三论"，甚至对"细部研究"所知甚少的情况下，就热衷于抽象概括，这样的研究就无科学价值可言。特别是青年图书馆学研究者思想敏锐，易于接受新事物，但也要注意切不可在运用新方法的口号下，忽视基本功。

（2）使新方法在实际应用中取得实效

要致力于用各种不同的方法在研究实践中取得成效。图书馆学研究方法的改进，不在于对传统方法的指责、贬斥，不在于对某些新方法的广告式的宣传，也不在将旧的名词改换成新的术语，而在于在掌握丰富的事实材料的基础上，采取相适应的具体方法，进行研究，做出成绩。有了这样令人折服的成果,人们就自然会向他学习,那么新方法也就有了生命力,应该用具体的研究成果来证明新方法的真正价值,先实践后下结论,应当给各种研究方法的充分运用和施展创造必要的条件和良好的环境。还要注意的是,用新名词解释的道理,不能就说是运用了新方法,应当解决几个老方法所解决不了的实际问题,才能取得新方法的生存权。

（3）在研究实践中发现、创造新方法

当前社会的变革对图书馆学研究提出了新的更高的要求,它要求我们能够多层次、多角度、多侧面地认识图书馆的复杂性。从微观到宏观的结合上揭示图书馆的本来面目,最大限度地实现和发挥其多样化的社会功能,为此,也必须要借助于各种各样的研究方法,以适应不同的应用范围和不同的层次。因此,图书馆学研究方法的改革势在必行。吸收引进和应用新方法,是这个改革的重要一方面。所谓新方法并不只是指引进国外的一些研究方法,它有丰富的内涵,新方法的来源是很广阔的,它既包括引进国外的有益方法,也包括吸收自然科学和其他学科的新方法,还包括图书馆学研究本身的总结提高,推陈出新。在以往的图书馆学研究中,实际上已经采用了一些很好的方法,比如查找和积累资料的方法、分类研究法、摘要和述评研究法、藏书登记分析法等,但多非自觉地应用,特别是没有认真加以总结提高,使之规范化,并且具体作为一种科学的研究方法明确地提出来,加以推广。因此,注意吸取传统研究方法中一些有益的因素加以总结提高,也会引出一些新的方法来,比如我们把古代摘抄书籍和编写内容提要的方法应用于图书馆学中并加以总结提高,逐步形成编写文摘、提要、综述的科学理论和方法。

（4）正确对待国外引进的新方法

当今科学的发展,出现了许多新的趋势,特别是社会科学和自然科学一体化的趋势越来越强了,不仅在社会科学内部,而且在社会科学和自然科学之间,它们的研究手段和研究方法也不再像以前那样隔绝,而是互相渗透和彼此利用了。马克思主义正是在不断吸收人类文化的优秀成果,在认识论和方法论上不断丰富自己的过程中得到发展的。图书馆学也是如此,随着科学技术的进步和社会发展需求的提高,研究方法的改进和丰富是很自然的,这是符合图书馆学发展客观规律的,适应这个发展规律的要求,新方法将会层出不穷,对此应该抱着欢迎、保护和支持的态度。在对外开放、加强与国外学术交流的形势下,要注意引进国外的新方法,而首先是要翻译、介绍一些国外运用新方法研究的著作,搞清楚新方法、新术语的准确概念是什么,它们产生、发展以及应用的范畴、效果如何,进而有鉴别有选择地吸收对我们有用的方法。如果我们对国外流行的所谓新方法本身语焉不详,无所识别,或没有把握其要领,就难免会陷入空洞的概念之中,甚至陷入盲目性。我们对待吸收国外社会科学和自然科学的研究方法,态度既是积极的,也应当是慎重的,切忌生吞活剥,特别要注意到作为思想体系的西方社会科学和自然科学的方法论不能不加鉴别、不加选择地全盘引进图书馆学领域。无论是应用哪一种新的方法,都有一个实践的过程,有一个总结经验、逐步完善和应用推广的过程。无论在研究方法和手段上如何变化如何改进,都是为了推动中国特色的图书馆学的发展,这个宗旨是不能改变的。

总之,图书馆学研究方法的改革,必将给整个图书馆学的变革带来新的活力,从而推进我国图书馆学的发展繁荣。图书馆学研究的前景是广阔的。未来社会的主导产业是知识产业,图书馆的作用和地位将会加强,图书馆事业将会更加受到重视。

参考文献

1 王崇德.图书情报学方法论[M].北京:科学技术文献出版社,1988.

2 黄宗忠.论图书馆学研究的专门方法[J].四川图书馆学报,1994(1).

3 包和平,闫海新.21世纪中国图书馆学理论与方法的创新[J].图书情报工作,2001(7).

4 包和平.关于图书馆学方法论的哲学思考[J].中国图书馆学报,2001(4).

（原载《图书馆工作与研究》2005年第2期）

中国古代民族图书馆的产生与发展*

　　我国少数民族多聚居于交通不便,经济文化落后的边远地区,其社会政治、经济、文化发展相对滞后。到 1949 年新中国成立前,少数民族地区的社会经济制度基本处于前资本主义的各个发展阶段,社会经济结构复杂,发展极不平衡,原始公有制、奴隶制、封建制、封建领主制及资本主义制度并存于各少数民族地区。社会经济发展的差异,导致了各民族地区文化事业发展的不平衡,民族图书馆事业的发展情况也不尽相同。

　　文字的产生和图书的出现是图书馆产生的基本前提,而社会生活对于保护收藏文献的客观需要是图书馆产生和发展的现实条件。民族图书馆的产生和发展亦是如此。

　　处于原始社会或保留着原始公社制残余的少数民族,只有语言,没有文字,人们结绳以记事,他们的文化习俗主要以歌舞、雕刻、图腾、刺绣、文面、文身、服饰等形式来表现和维持。当时生产力水平低下,社会经济条件落后,生活环境恶劣,还不能使其向更高程度发展,那时各少数民族还不具备产生图书馆(藏书事业)的基本前提和现实条件。随着生产力的发展,我国一些少数民族相继跨入奴隶制社会,并先后创造了自己民族的文字,形成了许多本民族文字的文献。我国古代民族藏书事业在此基础上发展起来,并形成许多不同的类型,包括私人藏书、寺院藏书、书院藏书和官府藏书,以下分述之。

1. 私人藏书

　　处在奴隶制社会的大小凉山彝族地区,存在以毕摩为主的私人藏书。彝族在七八百年前就产生了一种音节文字,这种文字依地域不同,叫法也不一,通称老彝文。由于有了文字,使得彝族文化得以积累和传递。至今大部分彝族地区都保存着一些用老彝文抄录的有关历史、文学、医学的著作和统治家族的语牒等。但这些文献当时大都掌握在奴隶主和毕摩手中。“毕摩”在彝语中为教师之意,他们掌握文化知识,通晓经典,为人占卜、合婚、治病、安灵、怯灾,主持因财产、盗窃引起纠纷的神明裁判,在社会上地位很高。正因为如此,他们在民族传统文化教育中扮演着重要角色。他们或多或少地掌握一些有关天文、历法、系谱、伦理、史诗、传统、神话等科学文化知识和文献典籍,形成学在“毕摩”的局面。这可算得上奴隶制度下私人藏书的萌芽。

　　随着社会的进步,经济的发展,古代私人藏书事业也日趋繁荣。北方少数民族政权化,全国的私人藏书业已形成一定规模,其中以金元好问最为著名。元朝的私人藏书比以前更为发达。私人藏书虽以汉人为多,但蒙古人间或有之,多聚集于印刷业发达之南方地区。著名的有庄肃,聚书 8 万卷;周恕,聚书亦达数万;蒙古人阔里吉斯,藏书很可观,藏书处所名为“万卷堂”。此外有名的藏书家还有段直、孙道明、倪瓒等人。

　　清代的私人藏书较之以前有很大发展,出现了许多著名私人藏书楼。据不完全统计,清

---

*　该篇文章与鲍成学合作。

代著名藏书家多达 497 人,其中亦有很多少数民族藏书家。一些藏书家还撰写了图书馆学方面的著作,其中较有学术价值的是曹溶的《流通古书约》、孙庆增的《藏书纪要》、章学诚的《文史通义》及《校雠通义》等。

私人藏书是我国古代藏书事业的一个重要组成部分,在民族藏书事业中占有一席之地。

2. 寺院藏书

寺院藏书或经堂藏书是古代少数民族藏书事业又一重要类型,其中以藏区寺院藏书最为著名。

藏区寺院藏书历史悠久,且有相当完备的目录体系和管理制度。史料记载,在公元 7 世纪吐蕃王朝奴隶制时期,便创造了文字——古藏文,形成许多藏文文献,并翻译出了大批佛教经典,为藏区寺院藏书的发展创造了条件。寺院藏书在此基础上迅速发展起来,并形成一定规模。在对大批所藏佛教经典进行整理的基础上,按经卷所藏宫殿名称的不同,先后编制了《旁塘目录》《钦浦目录》和《登迦目录》,前两种目录已佚失,《登迦目录》收录在《丹珠尔经》杂部中,得以保全其全貌。这是我国现存第一部民族文字文献目录。据有关专家考订,《登迦目录》成书于 824 年,收录藏文经籍 738 种,共分 27 门,著录有书名、著者、译者等。该目录反映了当时藏传佛教经典翻译、著述的盛况,对研究藏族古代社会历史文化和佛学史等有重要史料价值。

到 14 世纪时,藏区寺院藏书更趋繁盛。西藏各地的佛教寺院利用其丰富藏书,培养造就了大批佛教经典译者,翻译出大量的佛教经典,同时,藏族学者自己的大量佛学著述也相继问世。特别是刻板印刷术的传入和应用,为寺院藏书建设提供了新的手段。寺院不仅注重佛教经典的翻译,更注重著述藏传佛教专著,涌现出许多有影响的大部头著述。为了保护利用好这些文化成果,各寺院又专门组织并培养专门人员从事文献的校勘、编目、鉴别和注释工作。1334 年,著名目录大师布顿(1290—1364 年)将夏鲁寺历代佛学著作 124 函整理编目,称之为《夏鲁丹珠尔》或《布顿丹珠尔》。蔡巴·贡嘎多吉(1309—1364 年)用金银粉抄写经典 260 余部,1351 年,在布顿大师的协助下,将其中 121 函整理编目,后世称之为《蔡巴丹珠尔》。这些驰名于世的佛教经典和佛学丛书的著成与加工整理入藏,为藏传佛教的发展和寺院藏书的发展起到了相当大的作用。

藏区的寺院藏书从形式到内容都有一整套的体系、制度和方法。比如各佛教寺院一建立就设有规模不等的存放经书的书库,除藏经库、藏经室外,还有专门的密室存放贵重文物和珍贵经典,其职能相当于图书馆的版本库和特藏库。在一些较大的寺院中,著书、翻译、校勘、刊印、保存、流通等环节设有一整套机构,从组织上保证了寺院藏书工作的顺利开展,在业务管理方面,设置了专职管理人员——工艺僧。他们都具有相应的专业技能,分别懂得医学、历史、绘画、雕塑、刻板、印刷等专业知识,专门从事各类文献的点校、登记造册、整理定本及分类编目等工作。另外,寺院还设有负责管理经堂财产、晒书、开关经堂门窗、打扫卫生等工作的专职人员,这些人员基本履行着诸如现代图书馆中图书专业管理人员的职责。

总之,藏区寺院藏书经历了 1000 多年的历史,历经风霜,为后世保存了极其丰富的文献,其数量和规模在我国其他少数民族地区是罕见的,仅以几大寺院藏书为例便可见一斑。甘肃拉卜楞寺藏书约两万余种,20 多万部,藏文经版 6 万余块;拉萨布达拉宫藏书两万多函,10 余万册;日喀则萨迦寺大经堂藏有上万部元代及元代前的佛教经典和经版两千余块,该寺的北寺图书馆(差贝拉康)和南寺大殿还珍藏着元代时期西藏与中央王朝往来的珍贵档案史料;四川德格印经院藏经版20多万块,藏书近5万余种。这些文献至今仍闪烁着灿烂的民族文化光辉,已成为西藏乃至中华民族图书馆事业的重要组成部分。

3. 书院藏书

书院藏书也是古代少数民族藏书事业的一种类型,地位重要。书院起于唐,兴于宋,元代书院继续发展。元朝统治者对兴学立教十分重视,在地方大力兴办学校,同时,还鼓励兴办书院,以作为正规学校之补充。因此,元朝书院发展较快,数量比宋朝还多,各类书院约400余所,主要分布于浙江、江苏、湖广、四川、陕西等行省。著名的有园沙书院和西湖书院,这些书院都有大量的藏书。

清代书院藏书规模又有发展。清代书院发展几乎遍及各省通都大邑,以至穷乡僻壤。有关资料统计,清代设立书院达1900多所,清代书院藏书甚丰。

4. 官府藏书

官府藏书(皇室藏书)是我国古代少数民族藏书事业的主体,地位最为重要。

古代,各少数民族先民在中国历史舞台上扮演了重要角色,他们建立了一些有影响的地方政权,如北方渤海、回纥,西南的南诏、大理,西藏的吐蕃,等等。历史上有不少朝代,如五朝十六国、北魏、西夏、辽、金、元、清等,都是由少数民族建立的,他们或统一了中国大部,或统一了中国,为历史的进步和发展做出了贡献,也促进了我国古代藏书事业的发展。

辽是我国北方少数民族契丹族于916年建立的封建割据地方政权。

辽的皇室藏书(官府藏书),是耶律阿保机在未建辽时所建立的,当时他曾购入汉文图书1万余卷。创造契丹文字后,命人翻译了一部分汉文图书,辽藏书事业发展起来。辽太宗耶律德光时,平灭后晋,尽收后晋皇室藏书并北运,辽皇室藏书得到补充,以后屡加充实。辽还设立了管理文献的秘书监和昭文馆,下设秘书郎、秘书正字及昭文馆直学士等官职。兴宗重熙二十三年(1054年)又筑藏书之府乾文阁。辽道宗清宁十年(1064年)期间,皇室藏书已具有一定规模。据传辽道宗清宁五年(1059年)曾创过一部《大藏经》,称"契丹藏",有6000余卷。1974年,山西应县佛宫寺释迦木塔发现的"契丹藏"本,即为我国现存最早的《大藏经》刻本。又传皇太子耶律突欲曾派人到幽州采购图书,他所建的望海堂藏书楼,是当时我国北方藏书最丰富的藏书楼。

金是由北方女真族建立的又一少数民族封建割据政权。金的官府藏书事业是在辽、北宋藏书事业的基础上发展起来的。金于1125年灭辽后,尽收辽皇室藏书,充实了金之皇室藏书。金太宗天会四年(1126年),完颜晟等攻克宋都城开封,北宋灭亡,宋官府藏书尽为金获运往北方。金皇室藏书量增加。

金不仅收集宋朝官府藏书,还通过收购方式收集图书。如有藏书家珍惜所藏不愿意卖者,官府则借回抄写之后奉还。并把图书藏于经籍所,设立秘书监管理朝廷图籍事宜。

金国刻书业也较发达,赵城广胜寺所刻大藏(赵城藏)尤为著名,全书7000余卷,现存4900多卷。金皇室藏书迅速发展,极为繁盛。金人孔天监在其《藏书记》中提出了建立公共藏书楼的思想,这在当时是比较先进的。

元朝是我国蒙古族灭金、宋之后建立起来的统一的封建政权,从建都北京到元顺帝被朱元璋所灭,历时近一世纪。在这近一个世纪里,元朝的文化事业也有了很大的发展,并对统一的多民族国家的文化事业的发展做出了巨大的贡献,在藏书事业方面也同样得到进一步的发展。元太宗时,设置编修所、经籍所。世祖选拔儒士编修国史,翻译经书,后将经籍所改为宏文院,立秘书监,专掌图书。灭宋以后,纳宋在临安所藏图书,并遣使到杭州等地收集印刷书籍的经版,以印经书。命大臣编《万方国志》,经 9 年成书,总计 1300 卷,藏书秘府。元文宗时,又立艺林库,专藏图书,还命赵世延等编纂《经世大典》,历 4 年告成,凡 880 卷,目录11 卷。元朝统治者曾两次派人把南宋秘书省、国子监、学士院的图书从海边运到大都,元皇室藏书数量大增。特别是王桢木活字的出现,改进了印刷术,使图书的数量不断增加,当时藏书处所如奎章阁、崇文院等藏书非常可观。元朝又设立兴文署掌管刻书业,出版当时儒生的著作,地方官署也都刻书,据清钱大昕《补元艺文志》的统计,元代刻印、流通的图书,经部为 804 种,史部 477 种,子部为 763 种,集部为 1098 种,凡 3142 种,历时不到百年的历史,能刻印如此众多的图书,其成就是非常可观的。

清朝是满族人建立起来的统一的封建政权。在历代封建王朝中,清朝对藏书事业更为重视。这不仅表现在对图书的收集和整理方面,还表现在编纂了许多集大成的鸿篇巨帙。

清王朝承袭了明宫廷全部藏书,后又在民间访求异本,使官府藏书充实。清初官府藏书有内阁、翰林院、国子监、昭仁殿等处。到乾隆年间编《四库全书》以后,则建立起完整的官府藏书体系。康熙年间召集文人学者编纂了一批钦定之作,如《古今图书集成》《康熙字典》《佩文韵府》《渊鉴类函》《全唐诗》《历代诗余》《数理精蕴》《乐律全书》等几十种大型参考工具书。乾隆时编纂《四库全书》等,其中《四库全书》是我国古代最大的一部丛书,内容包括经、史、子、集四大部分,共编集了从古代到当时的著作 3503 种,计 79 337 卷,近 10 亿字。先后抄写了 7 部,分藏 7 处,即北京城紫禁城内文渊阁、热河避暑山庄文津阁、北京圆明园的文源阁、辽宁盛京的文溯阁、镇江的文宗阁、扬州的文汇阁、杭州的文澜阁。北方四阁完全是皇帝的私人藏书,南方三阁则允许士大夫和知识分子借抄借读。这是封建时代藏书楼对外开放的开始,在我国图书馆史上有一定进步意义。

在编纂《四库全书》的同时,还组织编辑了《四库全书总目提要》。该书成为我国古代典型的目录学著作。它所用的“四分法”,几乎成为当时统一的图书分类法,近现代我国图书馆仍用它处理古籍。

中国古代民族藏书事业是我国图书馆事业发展的一个重要组成部分。古代各民族各类型藏书是我国宝贵的文化遗产,需要我们认真研究和开发利用。

参考文献

1 徐万邦,祁庆富.中国少数民族文化通论[M].北京:中央民族大学出版社,1996.
2 李晋有等.中国少数民族古籍论[M].成都:巴蜀书社,1997.
3 来新夏.中国古代图书事业史[M].天津:天津古籍出版社,1987.
4 李致忠.历代刻书考述[M].成都:巴蜀书社,1990.
5 彭斐章.中外图书交流史[M].长沙:湖南教育出版社,1998.
6 包和平.中国民族文献管理学[M].赤峰:内蒙古科学技术出版社,2001.

(原载《中国图书情报科学》2004 年第 2 期)

中国民族数字图书馆建设研究[*]

1. 建设中国民族数字图书馆的重要意义

随着信息技术的飞速发展,数字图书馆的浪潮正席卷着社会各个领域。民族数字图书馆是我国数字图书馆体系的重要组成部分,其所处地域和服务对象的广泛性和多样化,使民族数字图书馆建设更具有重要意义。

(1)有利于少数民族语言文字的抢救、保护

我国有文字的少数民族 21 个,如若包括已经消亡的民族文字和兼用两种以上构字法的民族文字,则其种类更多,约有 50 至 60 种。这些文种几乎囊括了世界各文种形式。这些民族文字中,属于古代曾使用过,但现在不再使用的古文字主要有佉卢文、焉耆—龟兹文、于阗文、突厥文、鲜卑文、栗特文、回鹘文、察哈台文、西夏文、契丹文、女真文、回鹘式蒙古文、八思巴文和满文等。用这些文字书写的文献,其学术价值很高,数量难以统计,就迄今所见,多数民族古文字文献数量不多,其中保存十分丰富的是满文文献,据统计有数百万件满文文书档案和大量的满文图书。属于古代使用过,现今仍在使用的民族文字主要有蒙古文、藏文、维吾尔文、哈萨克文、朝鲜文、傣文等,用这些文字记载的民族文献,大都具有历史悠久,数量庞大,内容广泛,版本类型多,书写、装帧精美等特点。

有文字的民族书写了本民族的光辉历史,没有本民族文字的民族则世代言传口授,用口碑方法保存了自己民族的文化遗产,成为一批价值可观的口碑文献,如我国的阿昌族、仡佬族、佤族、拉祜族、哈尼族、傈僳族、黎族、侗族、布依族、土家族、苗族等在历史上没有形成自己的传统文字。这些民族历史悠久,传统深厚,在创造历史的长河中,用口碑保存了本民族的祭词、谚语、歌谣、叙事史诗、民间故事、神话传说等传统民族文化。这些口碑文献,不仅内容丰富,而且蕴藏量巨大,是研究我国民族历史文化不可或缺的珍贵文献。

但是,由于种种原因,有些民族文字文献和口碑文献正处于濒危阶段,如果有了数字图书馆,以多媒体形式存贮下来,不能不说是抢救民族语言文字的最好形式。

(2)有利于全方位开发利用少数民族文献

其一,我国少数民族分布的状况是又杂居、又聚居,互相交错居住。各少数民族在经济、政治、文化生活方面,不仅相互影响,而且都和汉族有着密切的联系。在我国,一个少数民族完全居住在一个地方的很少,如藏族居住在西藏的仅是一小部分,其余的大部分都是同其他民族交错杂居在川、滇、甘、青等地。新疆居住有 13 个民族,广西居住着 12 个民族,云南则居住有 23 个民族,就以少数民族最少的江西省而论,那里也散居着回族、畲族 1 万多人。从全国来说,70% 以上的县都有两个以上的民族杂居在一起。

其二,由于少数民族共同的游牧生活,共同的宗教信仰,再加上和汉族的密切联系,文化

---

* 该篇文章与刘斌合作。

上的互相沟通,文字上的相互记载就成了必然现象。除民族文字文献之外,在我国极其丰富的汉文文献中,其中相当部分文献包含有少数民族的内容,如先秦古籍、二十四史、地方志、大型类书等都含有大量的民族史料。至于那些散见于历代名人的文集、笔记、杂著、碑刻、墓志中的民族史料,更是数不胜数。特别是新中国成立后,我国的新闻出版事业得到飞速发展。据统计,现在我国各类出版社540余家,年出版图书近10万种,报刊8000余种,其中含有大量属于民族文献的专著、论文、舆图、资料等。

其三,国外方面,除侵略者盗走的大量珍贵的民族文献外,外国的有些民族与我国边疆少数民族血缘同属、族别无异,他们搜集、整理、研究的文献资料对我国的民族研究有着重要的参考价值,如蒙古族、俄罗斯族等,甚至源于我国的瑶族除广泛分布在东南亚一带外,在美国也有五六千名瑶族的后裔。此外,还有一些国外专家、学者对我国少数民族潜心研究,积蓄起来的研究资料也是相当可观的文献资源。

如果建立中国民族数字图书馆,就可以对我国民族文献集中存贮,构筑中国民族文献资源体系。这样,身在全国各地、甚至国外的读者,借助互联网,足不出户便可借阅民族文献了。特别是对于一些难以借阅的少数民族文字典籍,利用民族数字图书馆,可以同时满足所有读者的需要。

(3)有利于为增强西部地区整体实力构筑信息资源平台

在中国西部居住有50个少数民族。西部大开发既是经济开发,也是文化开发。随着西部大开发战略实施,国家不断加大对西部资金、设备投入并加强基础设施建设,努力为西部经济发展奠定硬件基础,如果说资金、设备的投入是基础和前提,是经济发展的物质保障,那么,软环境建设则是使资金、设备等硬投入产生效益的催化剂。中国民族数字图书馆的建立,不仅可以为西部地区软环境建设创立信息知识平台,通过对西部地区文献信息资源进行整合、统一管理,为网上不同用户提供各种信息服务,而且还可以成为东西部地区经济、文化、科技、教育的交流架起桥梁,为实施西部大开发战略提供强劲的信息与知识的支持。有关资料说明:中国东部地区信息化发展程度明显高于中部和西部地区。北京、上海的信息化指数在70以上,属于信息化水平的一类地区;而甘肃、贵州、云南和西藏的信息化指数在19以下,属于信息化水平最低的地区;另外,东部地区在互联网普及率、电话普及率、人均电信业务指数、人均报纸订阅指数等具体指标方面,都高于中部和西部地区。中国民族数字图书馆的建立,将为填平这种鸿沟起到重要作用。

(4)有利于促进中国数字图书馆大格局的形成

中国民族数字图书馆的建立,不仅有着急迫的社会需求和市场需求,同时也是国家数字图书馆大格局中必不可少的成员。

在网络时代,任何知识信息得到充分利用的前提,是看其能否转化为数字化信息。建设体现中华民族特色、具有中华文化丰富内涵的数字库群,是中国数字图书馆工程资源建设的总体目标。这个总体目标的实现,既要靠国家大型项目来完成,又要通过全国每个独立数据库来体现。数字图书馆建设,正逐渐成为各国竞相投入的一个热点,而其信息资源建设的重点,全都放在反映其国家和民族历史文化精华上。中华民族文化是生息在中华大地上的各族人民共同缔造的文化,是具有悠久历史的多元文化。中国民族文献不仅数量庞大,而且内容丰富,她记录了各族人民千百年来的生产斗争和社会生活的历史;她凝聚了各族人民智慧的结晶,是中华民族文化宝库中一笔珍贵的财富。要弘扬中国各民族优秀文化,促进世界各民族的文化交流,必须采用现代化的技术手段,建设高水准的中国民族数字图书馆,让民族文化信息在信息时代、在世界文化领域中占有自己的位置。

2. 中国民族数字图书馆建设原则

民族数字图书馆建设是我国数字图书馆建设的一个组成部分。可以说一般数字图书馆建设中一些普遍的原则同样也适用于民族数字图书馆建设,如实用性原则、针对性原则、系统性原则、便利性原则、安全性原则等。由于民族数字图书馆本身的特殊性,除了这些基本的、共同的原则之外,民族数字图书馆建设还应遵循以下原则:

(1)公益性原则

著名经济学家胡鞍钢等人认为,"知识和信息不仅是国家的战略性资源和资产,也是个人在 21 世纪生存与发展的重要资源和资产""在 21 世纪,获取知识与信息是人类的基本权利"①。据此而论,缩小民族地区与发达地区在公共基础信息设施与公共信息服务水平上的差距,就不仅仅是一个经济问题、发展问题,也是一个人权问题、基本国策问题。换句话说,在 21 世纪,保证最低数量和质量的信息知识服务应当被作为具有重要发展意义的基础性公共服务,也是各级政府的基本职能之一。图书馆作为现代文明社会的一种特有的,具有广泛社会基础的信息服务机构,其最低消费水平已经越来越普遍地被看作是测评某一地区"知识、信息公众占有"状况的重要措标。因此,中国民族数字图书馆,其巨大现实价值并不仅仅是提升了少数民族社会的文化品位,更重要的是将有助于全体少数民族营造一个能便捷、低消费指数的获取并利用知识信息的社会环境与条件。

(2)多语种原则

中国民族数字图书馆,应该是中国少数民族语言文字的数据中心。中国是一个多民族国家,在 55 个少数民族中 53 个有本民族的语言,21 个有本民族的文字,各民族都有悠久的历史,灿烂的传统文化,少数民族在中国的政治、经济、边防和许多文化事业中都具有十分重要的地位。以数字的形式对少数民族语言文字进行搜集整理和开发利用,不仅有着重要的文化价值,同时也是贯彻国家民族语言政策的体现。民族语言政策是民族政策中重要的组成部分,在多民族国家,语言权利的平等与否是直接影响国家政局的重要因素。世界各地存在不平静的语言冲突,以语言为导火线引起的民族冲突不时发生。我们必须高度重视民族语言在国家政治生活中的地位、作用和影响。因此,建设中国民族数字图书馆必须坚持民族平等,百花齐放的原则。

(3)标准化原则

在中国民族数字图书馆建设过程中,必须在严格遵循标准化的原则下进行,不但同一语种的民族文献要统一标准,而且要和国家、国际标准相统一。包括数据格式的标准化、描述语言的标准化、标引语言的标准化、通信协议的标准化、安全保障技术的标准化以及数据管理软件、硬件的标准化等,以保证民族文献信息资源的共建共享。

(4)开发与引进相结合原则

20 世纪 80 年代以来,在国家民委、国家技术监督局、国家科委、电子工业部等有关部门的关心支持和帮助下,集结起各方面的力量协同攻关,使民族文字的信息处理工作取得了很

---

① 胡鞍纲,周绍杰.中国的信息化战略:缩小信息差距[J].中国工业经济,2001(1).

大进展,如有关民族文字字符集编码标准、操作系统、数据库建设等方面都取得令人可喜的成果,特别是在民族文字的识别软件方面如藏文、朝鲜语等已经取得令人鼓舞的进展,依靠民族文字的识别软件,对民族文字进行数字化的基础上,还可以对其进行汉化或是英文化。在建设中国民族数字图书馆的同时,要坚持科研和工程紧密结合的原则,加大对民族文字识别软件的开发,可以预期,当民族文字的识别软件得到充分的开发和使用,人们凭借识别软件就可以读懂民族文字,那么,民族数字图书馆保存下来的民族文字数据,将会得到更广泛的开发利用。

在做好研究开发的同时,还要充分利用已有的信息建设和数据化建设成果。近年来,许多民族地区图书馆编制了特色数据库,如"蒙文机读目录数据库""中国蒙古文古籍总目数据库""敦煌学数据库""巴蜀文化数据库""满文档案数据库"等,有些民族文化工作单位也已经建设了不少网络,相当多地实现了一些民族文化资源的数据化,如民族出版社建设的东方网站,2001年通过了国家级专家论证,被认为是设计科学、结构合理、规模最大、内容最为丰富的民族网站,对此,要充分加以利用。

3. 中国民族数字图书馆建设目标和实现途径

中国民族数字图书馆建设目标是建立一个整合少数民族文化资源的信息资源网络,使之成为少数民族和少数民族地区的知识基础设施和文化设施。该系统由资源数据库、互联网管理系统、安全系统和网络门户等构成,形成一个完整的逻辑系统,通过门户站点为用户提供各类信息服务。它应该是一个开放的、可不断扩充的系统,应与我国各数字图书馆系统实现互联。要实现上述目标,我们应在以下几个方面做出努力:

(1)强化国家对民族数字图书馆的宏观控制

民族数字图书馆是我国数字图书馆事业的重要组成部分,因此,要把民族数字图书馆事业作为国家的一个整体事业进行规划统筹。首先,要鼓励、支持各级各类民族图书馆参加中国数字图书馆联盟,优先享受联盟成员单位诸如免费提供多媒体资源加工系统软件、服务器和数字化资源内容的托管、中国数字图书馆网络服务及相关技术培训等,加快民族地区数字图书馆建设步伐。其次,民族地区图书馆要积极配合由财政部、文化部共同策划的文化建设项目"全国文化信息资源共享工程",抓紧落实图书馆网络建设,做好民族地区图书馆的信息资源重组,包括现有馆藏特色资源、网上资源和电子资源的重组,要体现开放性、共享性和规范化等特征,为实现优秀民族文化信息在全国范围内的共建共享做准备。再次,各民族高校图书馆要积极参与全国高校图书馆特色数据库建设。各民族高校图书馆要根据学校的学科重点、馆藏特色或者地方经济发展的需要,选择合适的建库目标,在CALIS全国中心、地方中心的统一协调下,进行有计划、有步骤的建设,尽快建立起学科种类齐全、形式多样的数据库体系。做到发挥各自的专长,避免重复建设,并且学科分布平衡,以实现网上信息资源的多样化、丰富化。

(2)成立中国民族数字图书馆建设委员会

中国民族数字图书馆建设委员会可由中国图书馆学会民族图书馆委员会组织有关专家组成。其职责主要是:①认真研究国内外数字图书馆发展的典型事例、数字图书馆技术,学习和借鉴国内外数字图书馆建设中的经验、教训,参照国家数字图书馆的发展规划,根据民族图书馆的实际情况,制订出民族数字图书馆发展规划,为上级部门提供决策依据;②负责制定中国民族数字图书馆的各种标准和规范;③加强人才培养和合作;④规划民族地区图书馆数字化工程的建设方向,组织数据库资源建设和技术研究、开发、引进;⑤组织开展中国民族数字图书馆研究工作,用理论指导实践。

(3)多渠道争取经费投入,走协作攻关之路

民族图书馆界应加大民族图书馆数字化的宣传力度,使决策层意识到民族图书馆数字化的重要性。数字图书馆不仅仅是图书馆一个行业的发展前景问题。在美国,数字图书馆被纳入国家信息基础设施建设之中,政府给予其政策上的大力支持。我国对民族数字图书馆建设除加大资金投入之外,还应制定相应的政策和法规,以激发产业界对民族数字图书馆的研究和投资热情。民族数字图书馆建设是一项政策性、整体性很强的系统工程,单凭图书馆自身的资金和技术力量很难完成这一艰巨任务,它不仅需要政府的大力支持,而且还需要计算机界、软件工程界、通信网络工程界、图书馆界及其他方面共同努力才能完成。因此,建设民族数字图书馆在技术上要与高校和科研院所合作,在资金上要与银企合作,使民族数字图书馆通过产业化,吸收更多资金投入。

(4)加强中国民族数字图书馆特色资源库建设

20世纪90年代开始,有许多民族地区图书馆尝试建设民族文献数据库。有代表性的有:内蒙古自治区图书馆研制开发的"蒙文机读目录数据库",四川省高校图工委组织研制开发的"四川省高校图书馆馆藏西南少数民族文献数据库",兰州大学敦煌学研究所与图书馆联合研建的"敦煌学数据库",四川省政府办公厅、四川省旅游局、四川省图书馆联合编制的"四川省文化旅游资源数据库",重庆图书馆编制的"西部开发报刊题录数据库",四川省计划委员会、四川省文化厅监制,四川省图书馆编制的《WTO与中国西部未来发展》光盘资料库",由教育部CALIS项目资助、以四川大学历史系及校图书馆编制的《巴蜀文化与历史论著目录索引》为基础编制的"巴蜀文化数据库",由四川省少数民族文化艺术基金会监制、四川省图书馆、四川省前景文化传播有限公司联合制作推出的"中国西南民族文化多媒体资料库·羌族历史文化",中国科学院资源环境科学信息中心编制的"西北地区生态学专题文献库",中国科学院成都文献情报中心研制开发的"中国实用天然药物数据库",内蒙古大学图书馆制作的"蒙古学文献信息特色库"等。其中"蒙文机读目录数据库"1995年8月通过了文化部组织的专家鉴定,填补了我国蒙文书目机读数据库方面的空白,对其他少数民族语言文字文献数据库建设将产生深远的影响。"中国蒙古文古籍总目数据库"现已完成其中汉文、拉丁文的书目排序,即将出版,该书目数据库的研制开发成功,为中国少数民族文字古籍书目数据库建设奠定了一定基础。"巴蜀文化数据库"在检索服务的技术手段方面达到较为先进的水平,不但可以直接在Internet网上进行检索,还可以实现字段组配检索、检索结果排序等。"四川省文化旅游资源数据库"收录四川省经济文化、历史、地理、社会、民族等各方面的内容,包含数百万文字近百万幅图片,100多分钟的视频图像100多种音响效果,集文字、图像、声音、动画等多种表现形式为一体,通过Internet全球联网向全世界160多个国家,1000多万用户及使用者传播,为民族文献的深层次开发利用开辟了广阔的前景。这些特色数据库的研制成功,无疑为中国民族数字图书馆建设奠定了良好的基础。我们期待着出现在中国大地上的民族数字图书馆,为实施科教兴国战略、提高全民族素质、弘扬中华民族文化产生巨大的推动作用。

参考文献

1　孙家正.数字图书馆——新世纪信息技术的机遇与挑战国际研讨会论文集[C].北京:北京图书馆出版社(今国家图书馆出版社),2002.

2　包和平,王学艳.中国少数民族文献的数字化研究[J].情报杂志,2002(4).

3　胡京波.当前我国民族地区图书馆面临的机遇与挑战[J].图书馆论坛,2002(5).

4　崔旭.论西北地区高校数字图书馆建设[J].中国图书馆学报,2002(2).

（原载《图书情报工作》2003 年第 12 期）

西部图书馆特色数据库现状调查分析[*]

1. 西部图书馆特色数据库建设概况

20 世纪 90 年代以来,西部图书馆界开始建设特色数据库,并取得了很大成就,目前已经建成并开通网络检索服务的特色数据库有 56 个(见下表)。还有许多西部图书馆正在开发各自的特色数据库。

制作单位	数据库名称
重庆市图书馆	1. 重庆地方文献资料目录数据库 2. 重庆名人名作数据库 3. 馆藏旅游文献目录数据库 4. 西部开发报刊题录数据库 5. 重庆图书馆馆藏革命文献目录数据库
四川省图书馆	1. 四川省文化旅游资源数据库 2. 中国西南民族文化多媒体资料库 3. 农村实用技术数据库 4.《WTO 与中国中西部未来发展》光盘资料库
广西壮族自治区图书馆	1. 广西地方文献资料索引 2. 地方志原文影像库 3. 广西民族民俗图文库 4. 广西概况库 5. 太平天国史料库 6. 经济参考全文数据库 7. 文学选粹
广西桂林图书馆	桂林资源、科技成果、视点聚焦、综合图库、人物荟萃、生活百科、旅游论文、旅游资源、图书情报、注册商标、广西高招 11 个全文检索数据库
内蒙古图书馆	蒙文文献机读目录数据库
兰州大学图书馆	1. 敦煌学数据库 2. 西部大开发文献数据库 3. 教学参考书全文库 4. 中亚研究文献数据库 5. 研究生学位论文 6. 地理科学导航库 7. 西北少数民族研究文献数据库
西安电子科技大学	通信电子系统与信息科学数据库
西安交通大学图书馆	1. 钱学森特色数据库 2. 西北地区及陕西省西文生物医学期刊馆藏联合目录数据库 3. 学位论文全文数据库 4. 西安交通大学重点学科导航数据库
内蒙古大学图书馆	1. 蒙古学特色库 2. 生命科学资源特色库
重庆大学图书馆	1. 素质教育文库 2. 重庆统计年鉴 3. 三峡文献数据库
四川大学、四川大学图书馆	1. 巴蜀文化数据库 2. 四川大学硕、博士论文数据库
中国科学院成都文献情报中心	中国天然药物数据库
中国科学院资源环境科学信息中心(兰州)	1. 中国地学机构数据库 2. 西北地区生态环境专题文献库 3. 西北地区水资源文献库 4. 中科院实用成果库 5. 中国科学引文库 6. 中国科学数据库物理文摘库 7. 数学文摘库 8. 地学家数据库

* 该篇文章与宛文红合作。

2. 西部图书馆特色数据库建设特点

（1）特色数据库的地理分布

西部地区包括 12 个省、市、自治区，各地区因经济、文化发展水平不同，各图书馆的发展也有较大差异。从表中可以明显看出，西部图书馆特色数据库主要分布在重庆、四川、甘肃、陕西、内蒙古、广西等省市自治区，只占整个西部省、市、自治区的 50%。其中有 28 个特色数据库由公共图书馆建设，有 19 个特色数据库由大学图书馆建设，有 9 个特色数据库由科技图书馆建设。

（2）特色数据库的建设目标

西部图书馆特色数据库建设目标主要有 4 种：①根据本校的专业重点和馆藏特色，全面搜集各种类型资料，还包括网络资源，整理、加工建成数据库，如"蒙古学文献信息特色数据库"等；②为本地区经济、文化建设服务，搜集全国各类资料而建立的数据库，如"巴蜀文化数据库"等；③根据本馆的地位和性质，建立为本地区图书馆服务的数据库，如"西北地区及陕西省西文生物医学期刊馆藏联合目录数据库"等；④为抢救珍贵历史资料而建立的数据库，如"敦煌学数据库"等。

（3）特色数据库的收录范围

西部图书馆特色数据库所搜集的文献类型突破了以一般期刊、图书、会议录、论文集、专利文献、产品、科技报告、研究机构专利文献为主的限制，增加了少数民族文献、地方志、古籍善本等各类型的文献信息。有些特色数据库还加入了图像、音频、视频信息，比如"四川省文化旅游资源数据库"，表明特色数据库建设已经向多媒体方向发展。

（4）特色数据库的结构设置

从目前已经建成的特色数据库情况看，主要有 3 种结构模式，一是书目数据库，这类数据库的数据源主要以各图书馆的书目数据库或联合目录数据库为依据，在数据录入和标准规范方面达到一定的先进水平，如"蒙古文机读目录数据库""重庆图书馆馆藏革命文献目录数据库"等。二是论文提要数据库，如"西部开发报刊题录数据库"。三是全文数据库，对一些有价值，已不涉及版权的重要文献进行全文录入而建立起来的数据库，如"钱学森特色数据库"等。

（5）特色数据库的检索质量

特色数据库的检索质量主要通过检索途径、检索式构造、检索结果排序等体现出来，大部分特色数据库都提供了检索途径的选择。主要包括题名、著者、书名或刊名、ISBN、ISSN、主题词等检索途径，并提供年代或检索结果数的限制，而且还考虑到用户界面的友好性。在检索式构造和检索结果排序方面，只有部分特色数据库提供了布尔逻辑"与""或""非"检索算符，使用户可以构造较复杂的检索式，进行高级检索，如"西北地区生态学专题数据库""中亚研究文献数据库"等。

（6）特色数据库的运营模式

西部图书馆在特色数据库建设过程中，由于政策、资金、人员等因素的影响，形成了许多不同的运营模式，一是政府资助型，即通过政府部门资助建立特色数据库，如"四川省文化旅游资源数据库"等。二是基金资助型，如以国际图联和国家社会科学基金资助项目研究编制的"中国蒙古文古籍总目数据库"等。三是联盟资助型，主要是指由高校 CALIS 系统、中科院系统的"国家科学数字图书馆工程"、国家图书馆牵头的"中国数字图书馆工程"等数字图书馆联盟资助而建立的特色数据库,比如 CALIS 等一批资助的 25 个特色数据库中,西部高校就有 5 个特色数据库建设得到资助。四是馆企共建型,即指图书馆与当地企业联手共同投资建设的特色数据库,如"中国西南民族文化多媒体资料库·羌族历史文化"就是由四川省少数民族文化艺术基金会、四川省前景文化传播有限公司资助而建。

3. 对今后西部图书馆特色数据库建设的一点建议

(1)走协作攻关之路

目前,西部许多图书馆已经开始或准备建设各自的特色数据库。但在建设过程中大多缺乏组织机构的统一规划和协调分工,数据库的建设停留在各自为政、自建自用的状况。这种各自为政的状况以及各馆在技术、资金、人员、管理等方面的原因,造成大量低水平的重复投资、重复开发,不仅人力、物力、财力浪费严重,而且数据库普遍存在结构单一、标准不一、涵盖面窄、内容重复、共享性低、通用性差的问题。因此,我们在建库时,首先建立本地区的组织协调机构,实行"统一目标、统一规则、统一标准、统一管理"的模式,走协作攻关的道路。

(2)走效益优先之路

建设特色数据库,不是为了赶时髦,图新鲜,而是为了有效开发利用特色馆藏资源,更好地为经济建设服务。因此,特色数据库的建设要考虑其是否具有实用价值,读者需求有多大,投入和产出是否相益,即是否具有良好的社会效益和经济效益,不能盲目上马,而且需要在充分的调查研究的基础上进行。在已建成的特色数据库中有的已经取得非常好的效果,如"敦煌学数据库"具有强烈的中国地域文化色彩,包含文字、图像、音频、视频等多媒体信息,在上网仅 5 个月之内,访问次数就达到 116 697 次,检索 30 926 次,这在众多特色数据库中是比较少见的。

(3)走共建共享之路

目前,西部图书馆特色数据库建设方面独立开发的多,联合开发的少,这对西部图书馆网络化服务水平的提高及文献资源共享的实现起了一定的阻碍作用。因此,我们在建库时,要特别强调共建共享,这里所指的"共建共享"不仅是指馆与馆之间的共建共享,而且还包括图书馆与政府部门的共建共享,与社会文化、科研基金的共建共享,与企业之间的共建共享。这就要求把特色数据库建设纳入国家西部信息基础设施建设之中,除加大资金投入之外,还应制定相应的政策和法规,以激发产业界对特色数据库建设的研究和投资热情,使特色数据库建设通过产业化,吸引更多资金投入。

(4)走跨越式发展之路

西部地区由于历史、地理位置的关系,经济相对滞后,图书馆运用计算机技术和网络的水平也相对落后,但是在特色数据库建设方面,国内外的先进图书馆给我们提供了丰富的经验,为特色数据库建设提供了方法保障,使我们少交学费,少走弯路,比如在确定特色数据库建库方案时,可以直接参考各地区正在建设的 CALIS 联合目录数据库的方案,采取地区网络联合数据库的方案等,顺应国内、国际数据库本身的发展潮流,努力寻找到适合我们自身特点的位置,避免一些不必要的失误,实现跨越式发展。

参考文献

1　孙家正.数字图书馆——新世纪信息技术的机遇与挑战国际研讨会论文集[C].北京:北京图书馆出版

社(今国家图书馆出版社),2002.

2　包和平,王学艳.中国少数民族文献的数字化研究[J].情报杂志,2002(2).

3　胡京波.当前我国民族地区图书馆面临的机遇与挑战[J].图书馆论坛,2002(5).

4　崔旭.论西北地区高校数字图书馆建设[J].中国图书馆学报,2002(2).

(原载《图书馆论坛》2003 年第 5 期)

西部图书馆的特色数字化资源*

近年来,我国西部图书馆特色馆藏数字化已从零星制作发展成规模开发,从初期的键盘录入、图形扫描发展为字符数码化,从制作目录、文摘发展为全文,从纯文字发展为多媒体,从制作单机版 CD 发展为局域网版、Internet 版数据库,出现了一批丰硕的成果。为使大家对此有所认识,并为大家利用西部图书馆特色数字化资源提供便利,笔者通过查阅文献和上网等方式,对西部图书馆特色数字化资源进行了一次较全面系统的调查。

1. 西部图书馆的特色数字化资源

(1)公共图书馆系统的特色数字化资源

内蒙古图书馆 http://www.nmglib.com.cn/main.php

由内蒙古图书馆编制的"蒙文文献机读目录数据库",是我国第一个少数民族文字文献书目数据库,1995 年 8 月 24 日通过了文化部组织的专家鉴定,填补了我国蒙文书目数据库方面的空白,对其他少数民族语言文献书目数据库的建设起到了积极的推动作用。

重庆市图书馆 http://www.cqlib.org

目前,该馆建有 5 个特色数据库,分别是"重庆地方文献资料目录数据库""重庆名人名作数据库""馆藏旅游文献目录数据库""西部开发报刊题录数据库""重庆图书馆馆藏革命文献目录数据库",这些数据库均属于二次文献库,采用多途径的关键字检索方式,主要有书名、作者、出版地、分类号、出版时间等途径。

四川省图书馆 http://www.sclib.org

目前,该馆建有 4 个特色数据库,分别是"中国西南民族文化多媒体资料库""农村实用技术数据库""《WTO 与中国中西部未来发展》光盘资料库"和"四川省文化旅游资源数据库"。其中"四川省文化旅游资源数据库"由四川省政府办公厅、四川省旅游局和四川省图书馆联合编制,主要收录四川省经济、文化、历史、地理、社会等各方面的内容,集文字、图像、声音、动画等表现形式为一体,全面反映四川文化艺术界、旅游业发展历史及前景,介绍四川丰富的人文资源及自然资源。该数据库通过 Internet 向全世界 160 多个国家传播。

广西壮族自治区图书馆 http://www.gxlib.org.cn

目前,该馆建有 7 个特色库(http://202.103.233.139/trsw eb/qwyx.htm),大多属于全文数据库,分别是"广西地方文献资料索引""地方志原文影像库""广西民族民俗图文库""广西概况库""太平天国史料库""经济参考全文数据库""文学选粹数据库",其检索功能相对完善,在组合检索界面,支持字段限制检索,字段之间支持布尔逻辑算符"and""or",有检索结果的相关度排序控制。

---

* 该篇文章与宛文红合作。

广西壮族自治区桂林图书馆 http://www.gll-gx.org.cn

该馆编制的全文检索数据库内容丰富,检索功能相对完善,支持字段检索、全文检索和表达式检索,有题名、责任者、主题、正文等字段,字段间支持布尔逻辑"and""or"算符、截词检索(前截词和后截词)和精确检索。目前建有 11 个全文检索特色库,分别是桂林资源、科技成果、视点聚焦、综合图库、人物荟萃、生活百科、旅游论文、旅游资源、图书情报、注册商标库和广西高校招生全文检索数据库。

(2)高校图书馆系统的特色数字化资源

兰州大学图书馆 http://lib.lzu.edu.cn

①敦煌学数据库:http://lib.lzu.edu.cn/dunhuang/,该数据库是 CALIS 资助项目。该数据库的建立是计算机技术在敦煌学上大规模、完整的应用,具有强烈地域色彩,包含文字、图像、音频、视频等多媒体信息。内容为:a. 敦煌遗书、题记数据库;b. 敦煌绘画、彩塑数据库;c. 敦煌学研究文献数据库;d. 敦煌学研究专家和机构数据库等。数据库采取基于浏览器/网络服务器的三层体系结构,连入中国教育科研网,便于使用、维护和更新。该数据库作为 CALIS 的一部分,通过中国教育科研网接入 Internet,供国内外从事敦煌学研究的专家和关心敦煌文化的读者利用。检索方法为多途径关键字检索,可以同时进行精确查询和模糊查询。

②西部大开发文献数据库。

③教学参考书全文库:http://lib.lzu.edu.cn/pages/jiaocan.htm,该全文库包含学校文理科教学参考书书目,作者、出版单位,出版年份等,在了解兰州大学教学体系方面很有帮助。

④中亚研究文献数据库:http://lib.lzu.edu.cn/ca/zyzy.htm,兰州大学中亚研究始于 20 世纪 60 年代,1994 年年初成立中亚研究所,为中亚问题的研究提供了文献资源支持。其检索方法是通过题名、作者、出处、出版年、分类名、文献类型、语种等字段进行字段检索,字段之间默认布尔逻辑"与"算符。

⑤研究生学位论文数据库:http://202.201.7.28/lunwentijiao/,该库目前收录了兰州大学硕、博士研究生毕业论文 420 多篇。

⑥地理科学导航库:http://lib.lzu.edu.cn/geodb/index.htm,该数据库收集各种地学研究方向、团体、专家、期刊等相关数据。

⑦西北少数民族研究:http://lib.lzu.edu.cn/xibeishaoshu/doc/index1.htm,该数据库收录了关于边疆民族问题的研究资料、少数民族历史、少数民族语言等方面的文献。

西安电子科技大学 http://lib.xidian.edu.cn

通信电子系统与信息科学数据库,该数据库是 CALIS 建设项目的特色数据库子项目中的一个课题。其目的是建造一个重点学科索引题录型数据库,并供 CERNET 网上广大用户共享。该数据库的建设涉及西安电子科技大学的 3 个"211"工程支持的国家一级重点学科(通信与信息系统,信号与信息处理,电路与系统)的文献信息资源建设,搜集与上述 3 个重点学科有关的中外文图书、期刊、学位论文、科技报告、会议论文及专利等文献信息资源。

该项目原计划建立 12 万条数据记录,但截至 2000 年年底已建成 150 万条数据记录的数据库,并通过了国家教委 CALIS 管理中心的验收。从 2001 年年初起,该数据库继续扩建、增建,至 2001 年年底已建成一个规模达 379 万条记录的数据库。

西安交通大学图书馆

①钱学森特色数据库:http://202.117.24.24/html/xjtu/qxs/qxsdata.htm

②西北地区及陕西省西文生物医学期刊馆藏联目数据库:http://202.117.160.62/lm.htm,该数据库是由西北地区及陕西省各资源馆共建,西安交通大学图书馆主办,汇总了西北地区及陕西省28家医学资源馆自1983年以来的1400余条馆藏数据和现刊数据。自1994年开始,在MincroCDS/ISIS(H版)软件上开发出来,随着现代化网络技术的发展,西安交通大学图书馆又于2001年5月采用ASP和ACCESS软件编写程序,重新组织数据,实现了该数据库的Internet网上公共查询。读者可以通过期刊名称、主题词、分类号、ISSN、中图刊号、馆藏代码等途径进行检索。

③学位论文全文数据库:http://202.117.24.24/html/xjtu/zjk/yctj.htm,该全文数据库检索功能较强,在组合检索界面,支持论文题目、著者、中文摘要的字段检索和多词检索,支持布尔逻辑"或""与"算符,多词检索还支持检索提问表达式。可以直接下载浏览器阅读全文。

④西安交通大学重点学科导航数据:http://202.117.24.24/html/xjtu/zjk/zjk.htm

内蒙古大学图书馆 http://202.207.7.23/index2.htm

①蒙古学特色库:http://202.207.7.23/tsk.htm,该特色库为教育部CALIS资助项目,研制有关蒙古学多种语言的各种书目数据和文献数据库,具体内容包括:a."中国蒙古文古籍总目及其数据库",现已完成其中汉文、拉丁文的书名排序,即将输出打印出版,蒙古文部分正在进行;b."内蒙古大学蒙古学书目"数据库,包括蒙古文、藏文、满文、斯拉夫蒙文、汉文、英文、日文、俄文等多种文字;c.《蒙古学汉文古籍书目提要》数据库及其馆藏信息;d.《中国蒙古学书目提要》及其数据库;e.《国际蒙古学书目:中国卷》及其数据库;f.《国际蒙古学学者:中国卷》及其数据库;g.《近几十年来韩国学者的蒙古学研究成果索引》及其数据库;h."500万词现代蒙古学文献信息数据库",包括蒙古文教材、小说、散文、方言、报纸杂志、自然科学和医学等;i.其他非书资料、多媒体、电子出版物和网上资源联合目录。

该数据库的目标是形成一定规模的、具有中国特色、地区特色、民族特色和高等教育特色、适应重点学科建设所需要的、与CERNET相配合的,并能与INTERNET用户进行互访的专题数据库。检索方法采用书名、作者、ISBN、主题、分类号等途径进行关键字检索。

②生命科学资源特色库:http://202.207.7.23/smkxtsk.htm,该特色库包括生命科学资源导航、学科发展科研成果、专业设置、内蒙古蒙药用植物、日文图书书目数据库、内蒙古高等植物物种编目库、西文期刊馆藏书目数据库、生命科学论文库、生命科学核心期刊文摘数据库、蒙古高原草地植物资源库、生命科学工具书指南等子数据库。检索方式采用多途径的关键字检索,主要有题名、作者等基本途径。

重庆大学图书馆 http://lib.cqu.edu.cn

目前该馆建有3个特色数据库,分别是素质教育文库、重庆统计年鉴和三峡文献数据库。

四川大学 http://www.scu.edu.cn

①巴蜀文化数据库:http://202.115.40.13:7777/,该数据库由教育部CALIS项目资助,以四川大学历史系及校图书馆编制的《巴蜀文化与历史论著目录索引》为基础,广泛搜集巴蜀地区,乃至整个西南地区的有关语言、文字、文学、艺术、宗教、科技、水利等方面的资料,将目前散见于各种学术刊物及专著中有关巴蜀文化的资料最大限度地加以集中,并科学地整理编辑而建成。

②四川大学硕、博士论文数据库:http://202.115.61.21/discourse/discourse.htm,该数据库是为了及时反映该校的学术水平和适应发展共享型网络数据库的需要而建立的,主要收录该校工学硕士、博士论文的题录、文摘及索引,它是学术研究中十分重要的参考信息源。每年以400多条论文数据量递增。

(3)科技图书馆系统的特色数字化资源

中国科学院成都文献情报中心 http://www.cnmedline.com/

中国天然药物数据库 http//www.cnmedline.com/nature.htm,该数据库是收录我国天然药物及药物生产厂商综合性信息的大型网络数据库检索系统。内容分为两大部分:①天然药物信息,包括传统中医药中的单味药、复方中成药、最新版国家中药药典,以及利用高科技生物、化学等技术生产制备的天然药物的性状、鉴别、性味与归经、处方、功能与主治、用法与用量、规格、贮藏等全方位信息,共有6000种药物;②我国2000多家药物公司、生产厂家名称、法人代表(或负责人)、规模、主要产品介绍、通信联系地址等内容。

检索方法采用字段检索,提供全文、主标题、作者、外文药名、主题词等字段,字段之间支持布尔逻辑"或、与、非"算符。

中国科学院资源环境科学信息中心(甘肃省兰州) http://159.226.136.229/

①地学家数据库:http://159.226.136.229/s_shujuku.htm

②中国地学机构数据库:http://159.226.136.229/s_shujuku.htm,该数据库包含了我国地质、地理、矿产、地震、水文、大气、海洋、天文、林业、资源、环境等领域的科研、生产、教学、环境保护和信息服务等机构,以及地球科学与资源环境学科的硕士点/博士点/博士后流动站、国家重点/开放实验室、野外台站、自然保护区等相关信息,共有数据3000条。

③西北地区生态环境专题文献库:http://159.226.136.229/s_shujuku.htm,该数据库收录了西北地区以及其他类似地区有关生态学研究方面的文献共计17 000余条。文献类型包括期刊论文、会议文献及科技成果。检索方法是按文献类型分库检索,通过题名、著者、著者单位、关键词、分类号、年代字段进行字段检索,字段之间支持布尔逻辑算符"and""or""not"。

④西北地区水资源文献库 http://159.226.136.229/s_shujuku.htm

⑤中科院实用成果库 http://159.226.136.229/s_shujuku.htm

⑥中国科学引文库 http://159.226.136.229/s_shujuku.htm

⑦中国科学数据库 http://159.226.136.229/s_shujuku.htm

⑧物理文摘库 http://159.226.136.229/s_shujuku.htm

⑨数学文摘库 http://159.226.136.229/s_shujuku.htm

2. 西部图书馆特色数字化资源建设存在的问题与对策

(1)统筹规划,平衡学科分布

西部图书馆特色馆藏资源的数字化建设应该保持统一规划和统一建设。各系统图书馆要根据馆藏特色、学科重点和地方经济发展的需要,选择合适的建库目标,在"中国数字图书馆工程""CALIS"全国中心、"国家科学数字图书馆工程""全国文化信息资源共享工程"等部门的统一协调下,进行有计划、有步骤的建设,尽快建立起学科种类齐全、形式多样的特色馆藏数字化体系,做到发挥各自的专长,避免重复建设,并且学科分布平衡,以实现网上西部图书馆特色馆藏信息资源的多样化、丰富化。

（2）合作共建，争取经费支持

目前，西部图书馆特色数据库建设方面独立开发的多，联合开发的少，这对西部图书馆网络化服务水平的提高及文献资源共享的实现有一定的阻碍作用。因此，我们在建库时，要特别强调共建共享，这里所指的"共建共享"不仅是指馆与馆之间的共建共享，而且还包括图书馆与政府部门的共建共享，与社会文化、科研基金的共建共享，与企业之间的共建共享。这就要求把特色数据库建设纳入国家西部信息基础设施建设之中，除加大资金投入之外，还应制定相应的政策和法规，以激发产业界对特色数据库建设的研究和投资热情，使特色数据库建设通过产业化，吸引更多资金投入。在这方面四川省图书馆为我们树立了榜样，比如"四川省文化旅游资源数据库"建设，得到了四川省政府办公厅、四川省旅游局的支持，"《WTO与中国西部未来发展》光盘资料库"得到四川省计委、四川省文化厅的支持，"中国西南民族文化多媒体资料库·羌族历史文化"得到四川省少数民族文化艺术基金会、四川省前景文化传播有限公司的支持。在特色数据库建设方面形成了政府、企业、基金会等多渠道资金投入体系，实现特色数据库建设的可持续性发展。

（3）深层开发，强化检索功能

现已建成的特色数据库中，检索结果提供原文的还比较少，这是一个需要注意的问题。网络数据库作为一个重要的、有序化资源，应该使用户通过网络检索并获取原文，如果读者花了很多时间检索到的只是一些文章的书目信息，读者还要到有关信息部门去索取原文，那样，网络检索的意义就不大了。因此，在建库时尽可能建设全文数据库。至于如何保护知识产权，可根据具体要求进行权限设置。在检索途径方面，许多数据库虽然提供多种检索途径，但缺少检索词的查找或选择功能，许多数据库不提供检索算符，即使提供检索算符，也少有位置算符、字段算符等的使用。在今后的建设中，应尽可能开发检索词的查找或选择功能，提供较复杂的检索式，进行高级检索，同时在网页上设置较详细的帮助或举例的链接，以建立一个界面更加友好的数据库检索系统。

（4）规范标准，提高技术水平

在现代网络环境下，没有文献信息的规范化和标准化，再多再好的文献资源也难以上网开发。从目前的实际情况看，我国文献工作标准化委员会，虽然曾颁布过近30种国家标准，也引进了不少国际标准，但在实施中仍存在不同程度的随意性，致使文献资源标准化程度偏低，难以发挥出利用价值。特别是西部图书馆由于缺乏组织机构的统一规划和协调分工，数据库的建设停留在各自为政、自建自用的状况。这种各自为政的状况以及各馆在技术、资金、人员、管理等方面的原因，造成大量低水平的重复投资、重复开发，不仅人力、物力、财力浪费严重，而且数据库普遍存在结构单一、标准不一、涵盖面窄、内容重复、共享率低、通用性差的问题。因此，我们在建库时，在深入认识标准化重要性的同时，有必要采取恰当的行政性、经济性、甚至法制性等措施，严格实施特色馆藏文献信息加工、记录、传递、质量管理、控制等一系列标准化。凡有国家标准的按国家标准执行，没有国家标准，或者国家标准与国际标准不一致的，最好与国际标准接轨执行，以适应国际网络运行环境。另外，在特色馆藏进行数字化时，主要应用CD－ROM技术、压缩解码技术、二进制编码技术对特色馆藏进行处理。现阶段的主要转化技术是键盘录入和扫描输入。目前对视频信息的压缩主要通过TIEF、JPEG、GIF、MPEG等技术格式，但制作成本比较大，一般图书馆难以承受。采用数字化技术必须兼顾利用与保存的原则,必须提高数字化技术水平,降低制作成本,为大量特色馆藏信息资源数字化工作铺平道路,为特色馆藏信息数字化做出新贡献。

参考文献

1 孙家正.数字图书馆——新世纪信息技术的机遇与挑战国际研讨会论文集[M].北京:北京图书馆出版社(今国家图书馆出版社),2002.

2 包和平,王学艳.中国少数民族文献的数字化研究[J].情报杂志,2002(4).

3 胡京波.当前我国民族地区图书馆面临的机遇与挑战[J].图书馆论坛,2002(5).

4 崔旭.论西北地区高校数字图书馆建设[J].中国图书馆学报,2002(2).

5 中国图书馆学会.知识经济时代图书馆的发展趋向[M].北京:北京图书馆出版社(今国家图书馆出版社),2002.

(原载《图书情报工作》2003 年第 7 期)

图书馆员劳动特点探析

图书馆员是社会文明的传播者,也是人类社会精神财富的创造者和保护者,因此,图书馆员的劳动具有精神劳动的性质。其劳动特点可概括为以下几个方面:

1. 图书馆员劳动的继承性

图书馆员的劳动具有重大的社会效益和社会价值,是任何劳动不能代替的。人类在自己的历史发展长河中,创造了灿烂的科学文化,它像阳光雨露一样滋养着一代代新人。图书馆员就是人类科学文化继承、发展、创新的桥梁和纽带。归根到底,图书馆员的劳动目的是通过人类物化的智力资源进行"双开发",培养建设社会的人才,是有意识、有组织地改造自然,改造主、客观世界,培养、教育人的工作。人们借助于图书馆员的劳动,根据社会和自我教育发展的需要,不断吮吸着智慧的乳汁,获得知识的更新、充实和发展;借助于图书馆员的组织、管理和宣传辅导活动,不断提高信息的鉴别力、消化吸收力以及自我教育的各种能力和劳动本领。在这里,图书馆员扮演着教师和工艺师的角色,得到广大读者的爱戴和赞扬。这是因为他们从事着管书育人的劳动,关系着千家万户、亿万读者的健康成长,关系着国家、民族、社会的未来。所以,图书馆员的劳动又是一种具有重大社会责任的劳动,具有重大的社会效益和社会价值。

2. 图书馆员劳动的复杂性

图书馆员劳动对象之一的读者是图书馆的主人。他们是有着不同理想,不同的知识储备,不同的心理能力,不同的学习需要、兴趣、爱好、意志、情感品质和行为方式的读者,是有着不同的个性特点的读者。再从文献工作的角度看,文献的登记、采集、整理到投入流通使用要经过几十道细致的劳动工序,并且有许多是手工操作,通常都是脑力劳动和体力劳动并重,既劳累又复杂。在诸多"找门路、问是非"的读者中,在书山学海中,迅速、准确地提供有益的精神食粮和情报信息,善于鉴别知识信息,掌握读者需求的思想脉络的变化,运用行之有效的教育方法和技巧,这无疑是一种艰巨复杂的精神劳动。没有强烈的事业心、时代感和对待读者高度的责任感,不经过大量细致的艰苦工作,不付出艰辛的劳动是无法胜任的。

3. 图书馆员劳动的科学性

劳动对象及其过程的复杂性,要求劳动在组织和管理上的科学性。科学是客观规律的反映,图书馆员除应掌握图书馆工作的规律外,还应综合运用心理学、教育学、社会学、伦理学、数学、物理学、生物学、生理学及有关"新、老三论"等诸多学科的普遍规律进行工作。同时,图书馆员是以文献情报信息为中介和读者一起通过再生产文化科学知识的过程而参与社会生产力的再生产的。在这一过程中,图书馆员的劳动效益,取决于图书馆员自身的思想道德素质和科学文化素质,从事图书情报工作的技能和技巧,良好的心理品质和职业道德等。为发挥这些因素的综合效应，就必须使他们构成一种合理结构的有效系统，没有较丰富的心理学、教育学、科学修养的图书馆员，不可能在图书馆事业上做出杰出贡献；不了解读者心理，只能是一个平庸的图书馆员；不懂个性心理，不能了解读者，提高服务质量只是空谈。

4. 图书馆员劳动的创造性

创造性，泛指具有一种不断追求、不断奋进、艰苦创业，向着更完善、美好的目标前进的志向并且努力实现它。图书馆员的劳动对象是复杂的，读者的需求是五花八门的，层次有深有浅，读者通常都会在口头上或实际行动上向图书馆员提出各种难以预料的问题。社会是不断发展的，会经常向图书馆员提出新的挑战，既没有也不可能都有现成的答案。任何一本书刊不可能预先设计好图书馆员的一切行为模式；任何一种现代化的技术装备都不能代替图书馆员的活动；任何图书馆集体的帮助都不能取代图书馆员个人的努力。在诸多教育服务活动中，照本宣科是无法真正引导读者的，照搬别人的经验也可能导致失败的后果。在这里，没有高尚的情感和自我献身精神，没有自强不息、艰苦奋斗的创业精神，没有深沉地对事业的热爱和诚实的劳动，没有丰富的科学文化知识，如何能在塑造读者又塑造自己的岗位上开发出读者心灵深处的能源呢？在这里，图书馆员无疑扮演的是出色的学者的角色。因此，我们说，图书馆员的劳动量和效益，取决于他的自觉性和创造性劳动。

5. 图书馆员劳动的艺术性

图书馆员的劳动之所以是一种艺术，就在于它是科学性和思想性的和谐统一，是图书馆员和读者双方活动的和谐统一；就在于它能拨动读者的心弦，激发读者的感情，能发挥文献情报信息的潜在价值，开发读者的智力、培养读者的能力，使读者学有所得，并得到美的享受。图书馆员每时每刻都要同广大读者和千万册书刊打交道，要接受读者的审察，自然应特别注意服务态度，不断提高服务质量。要加强职业道德修养，除了必须有思想政治素质外，还应研究自己的劳动心理特点和心境、表情、声调、动作乃至装束打扮等。要文明服务，讲究言语表达和微笑、眼神传递艺术，要注意分寸，给读者以心理暗示和良好的情绪感染，不断提高求知兴趣，激发学习动机，提高阅读效果，尤其是与新读者接触时更要具有艺术家和社会活动家的风度，给读者留下良好的回忆。不被读者怀念的图书馆员不是好图书馆员。

6. 图书馆员劳动效益的隐蔽性

从图书馆的工作性质来看，图书馆员的劳动包括：书刊资料采购、整理、分编、阅览、流通和典藏人员的劳动；参考咨询人员的劳动；视听复印、光盘检索等技术服务劳动以及行政管理人员劳动和其他后勤人员劳动，等等。按劳动是否物化在物质产品中，图书馆员的劳动可划分为生产劳动和非生产劳动。如图书馆复印工作人员劳动和期刊装订工作人员的劳动，将劳动物化在物质产品当中，生产出新的使用价值，这种劳动具有生产劳动的表现。而图书馆采编、参考、读者服务及行政等人员的劳动则表现为书刊资料的收藏、管理与利用的劳动，属于不物化在物质产品中的劳动，即非生产性劳动。在图书馆员劳动中，后者是占主导地位的，因此，从总体上看，图书馆员的劳动是属于非生产劳动。

在社会主义条件下，图书馆员的劳动作为非生产劳动既不创造物质产品，也不创造社会纯收入，那么，图书馆员的劳动效益主要表现在哪里呢？图书馆员的劳动效益，其表现形式与物质生产劳动效益的表现形式不同。图书馆员的劳动效益比较不容易被人们所觉察,物质生产部门投资(包括劳动)的经济效益可以很快而准确地从量上计算出来,而图书馆员的劳动投入则不能做到这一点,图书馆员劳动效益的产生是由读者利用图书馆以后形成的。这种效益主要表现在增强了读者的智能,满足了读者的精神消费要求,从而带来了社会效益和经济效益。

物质生产劳动表现在物上,从量上可以准确计算出来。图书馆员的效益作为一个整体,从社会来看主要表现在人上,从量上不能简单计算出来。因为,由图书馆员劳动带来的人们智能提高所产生的效益,是一个一经形成便将无限受益的漫长过程。劳动效益这种一经产生便随着时间增长的性质,人们称之为"陈酒效应"。

图书馆员的劳动既然存在效益,那么同时就存在零效益和负效益问题。所谓零效益,即某一劳动提供后获取的收益近乎为零。所谓负效益是某一劳动提供后产生有害的效果。图书馆员劳动的负效益主要表现在对有害书刊资料的收藏管理和利用不当,以及图书馆员在劳动过程中出现的错误和失误等。随着我国图书馆事业的蓬勃发展,图书馆员的劳动必将日益创造出愈来愈多的社会效益和经济效益,而将负效益控制在最低限度,这是由我国社会主义制度所决定的。

图书馆员的劳动是一项光荣的劳动。它虽然不直接创造社会财富,却对社会财富的创造影响极大。他们的劳动效益不易为人们所觉察,而他们默默无闻的劳动却促使了人们智能的提高,所产生的社会效益是受益无穷的。因此,图书馆员应当受到全社会的尊重。

参考文献

1 李广建.信息资源管理专业人员的职业特征、职业及素质[J].图书情报工作,2000(6).
2 韩立栋,孔庆芝.论高校图书馆员的学者化[J].图书与情报,2000(3).
3 包和平.论图书馆员的劳动属性[J].图书馆学研究,2001(2).

(原载《图书馆学研究》2003 年第 3 期)

潜心研究结硕果　民族图苑创新篇[*]
——《中国少数民族图书馆学丛书》评介

伴随着社会的不断前进,科学文化的迅速发展,以及社会分工的专业化,图书馆学与其他学科之间发生了有机联系,从而产生了一些新的边缘学科。民族图书馆学作为图书馆学的一个分支学科,正随着时代的前进而逐步确立和不断完善。

最近,由中国民族图书馆与吉林省图书馆主持、编撰的《中国少数民族图书馆学丛书》已由吉林人民出版社全部出齐,这可以说是我国民族图书馆界的一件盛事。正如著名图书馆学家金恩辉先生在总序中所说的那样:这套丛书"在一定程度上填补了我国图书馆学研究在理论上的空白,是一套有创立新学科意义的著作,对于推动民族图书馆事业的开拓前进和理论研究的深化,是一个很大的贡献"。

《中国少数民族图书馆学丛书》是由李久琦、乌林西拉、金恩辉策划,刘维英、宝音主编,吸收全国一些少数民族图书馆同志参加编著的我国第一套民族图书馆学丛书,该丛书运用图书馆学、民族学和文献学理论,从民族图书馆的工作实际出发,全面阐述了民族图书馆学的特点、意义、民族文献整序和检索利用的技术方法等,初步建立起具有中国特色的民族图书馆学理论体系。

全套丛书共分三卷:第一卷《民族图书馆学概念》,除绪论之外,共分八章。第一至三章为民族图书馆学的基本理论部分,包括民族图书馆学的研究对象、任务、研究方法以及民族图书馆的性质和任务;第四章为民族图书馆事业建设,阐明了民族图书馆事业建设的原则,概述了民族图书馆事业的发展历程,比较详细地叙述了5个少数民族自治区图书馆事业的发展现状;第五章是民族图书馆的类型,分别论述了中国民族图书馆、民族地区公共图书馆、科学与专业系统民族图书馆以及民族高等院校图书馆等几种主要类型民族图书馆的性质、特点、作用和任务;第六章为民族图书馆网,主要阐述了建立民族图书馆网的意义以及民族图书馆网的组织与建设,其中着重论述了民族图书馆电子计算机检索网络建设的概况与未来发展;第七章为民族图书馆的科学管理,主要阐述了民族图书馆科学管理的意义、原则、对象、程序以及民族图书馆事业的管理和内部管理等问题;第八章为民族图书馆专业干部的培养,阐述了培养民族图书馆专业干部的意义和目标、专业干部的类型和应具备的素质、培养专业干部的具体方法。

第二卷《民族文献组织管理》,是根据民族图书馆工作实践和民族文字特色,按工作流程加以概述的。共分九章,系统阐述了有关民族文献组织管理中的主要原则和技术方法。第一至五章为图书馆对民族文献管理的基本原理和技术方法,包括民族文献的分类,民族文献的著录,民族文献的主题标引,民族文献的收藏与保护,民族文献验收、登记、复选与剔除;第

---

[*]　该篇文章与王学艳合作。

六章民族视听文献的管理;第七章民族图书馆读者工作,从民族文献利用角度揭示了民族图书馆读者服务工作的规律;第八章民族档案文献的管理;第九章民族图书馆现代化建设,介绍了我国民族图书馆现代化进程、发展对策、民族图书馆现代化建设现状及现代化建设中有关的具体技术问题。

第三卷《民族文献检索与利用》,按内容共分三个部分。第一至三章为第一部分,民族文献检索与利用的理论。第一章民族文献研究与开发利用,主要介绍了中国少数民族,民族语言文字,民族文献概念、特点、价值,以及文献开发与利用的关系等;第二章民族文献检索的基本原理和民族文献检索方法的综述;第三章概述了民族文献检索工具书。第四章至第十章为第二部分,探讨了7个学科民族文献的检索理论。内容包括民族历史、地理、经济、文学艺术、统计、宗教、风俗、地方志、名胜文物古迹和民族自然科学。这一部分是民族文献中各主要学科文献检索的具体内容,报道了大量文献,还就文献产生的社会、历史条件予以适当介绍。第三部分即第十一章,民族文献工具书题录,对民族文献中各种工具书进行介绍。

综观全套丛书,有如下显著特点:

1. 理论性与实践性统一

丛书以马克思主义民族理论为指导思想,运用民族学、图书馆学、文献学的基本理论,结合民族图书馆的实际,着重探讨了民族图书馆的独特性。比如作者在论述民族图书馆学的研究对象、任务、研究方法,民族图书馆的性质和任务时,分别概述了民族图书馆学产生的时代背景、理论基础、体系结构、研究方法以及民族图书馆的特点和新时期民族图书馆的职能,从总体上根据时代、专业的需要,对传统的图书馆学体系加以补充和完善,从而揭示出民族图书馆学的特点和规律。在阐述民族文献研究及开发利用等问题时,作者从民族文献的本质出发,把确定民族文献概念同民族的历史和现状、民族实体及民族文化传统紧密联系起来,提出民族性和知识性是确定民族文献的主要标准的论断,这是前人研究中所没有的。在《民族文献组织管理》和《民族文献检索与利用》两卷中,在阐述民族图书馆民族文献工作所特有的业务工作规律和特点时,作者总是从民族图书馆民族文献工作的不同侧面、不同角度阐述民族图书馆民族文献工作的特殊规律和业务要求,把图书馆学、文献学的基本原理同民族图书馆民族文献工作紧密结合起来,将丰富的民族文献工作实践经验上升到理论高度加以科学的论述,从而达到理论性与实践性的统一,这是难能可贵的。

2. 共性与个性统一

丛书内容清新,论述富有创建性,给人以别开生面的感受。当前,民族图书馆学研究的重要任务是建立完整、独立的学科体系,但这个学科体系不是孤立存在的。从系统论角度看,民族图书馆学是图书馆学系统中的一个子系统,它必须同一般图书馆学有着内在联系,从本质上说,它们都是对图书馆客观现实的反映,这是其共性。但民族图书馆学又有其特殊规律性,这是其个性。民族图书馆学不但要研究其共性,更要挖掘其个性,并从其相互联系中把握本质区别。整套丛书能够从总体上正确处理共性与个性的关系,各书的作者都能从民族图书馆的特殊规律性出发,积极探索民族图书馆事业发展的特点和规律。特别是对其中一些特殊规律的研究,或者说共同规律中有一些特殊的表现形式以及由此而来的应当在形式和内容中注意的一些特点的研究,可以说是恰到好处。例如,书中关于图书馆学产生及发展的两个方向、图书馆学与民族图书馆学的共性和个性的关系、民族文献的组织与管理、民族文献的检索与开发利用、民族图书馆的现代化等问题的阐述,不仅深刻透彻,而且恰当得体。

3. 可读性与实用性统一

丛书写得深入浅出,文字朴实简洁,没有令人难懂的名词术语和玄而又玄的道理,而且每一立论,都以详尽地占有资料为基础,使有关的论述坚实而富有说服力。例如,有关民族图书馆的产生与发展、各类民族图书馆的介绍、各类民族文献的产生与发展、民族图书馆现代化建设概况等的论述,具体而不琐碎,充分体现了民族图书馆工作的民族特点和地方特点,具有一定的理论深度,而且与实际联系紧密,颇有一些独创见解,有较好的实用性、可读性。

当然,《中国少数民族图书馆学丛书》也还有一些不足之处。例如:对民族文献的收藏、保护,民族图书馆读者工作,民族图书馆网,民族图书馆科学管理等的阐述,缺少新意;对各类民族文献的阐述,尚欠全面,有关这方面的新的研究成果也未能较好地吸收进来;从体例上讲,将《民族文献组织管理》中的第九章"民族图书馆现代化建设"放在《民族图书馆学概论》中似乎更合适一些。尽管如此,这套丛书不失为具有开创性的好书,是民族图书馆学研究者潜心研究的结果,更为民族图书馆学研究立了新篇。一花引来百花开,我们希望不久的将来能看到更多这样的论著问世。

(原载《情报资料工作》2000 年第 3 期)

馆员的心理素质与馆长的管理理念
——论管理心理学在馆长管理中的应用

馆长是图书馆的组织者和领导者,在图书馆中是最有影响力的人。馆长在图书馆的主要作用就是依据上级的要求和图书馆的实际制定工作目标、计划,做出决策,并为实现图书馆的工作目标和决策,科学地用人、理财、管物、办事,掌握时间、空间和信息,建立科学的管理指挥系统。另一方面,馆长要发挥激励作用,提高馆员接受和执行图书馆工作目标的自觉性、积极性,努力提高工作效率和质量。馆长要组织和激励馆员实现图书馆的管理目标,就必须了解在图书馆管理活动中馆员的心理现象及其规律,懂得图书馆管理心理学的知识,努力提高工作水平。

1. 应用激励理论,激励馆员的工作积极性

激励是运用某种外部诱因调动馆员的积极性和创造性的过程,馆长懂得一些激励管理知识,便于有效地激发馆员的工作积极性。馆长要在懂得激励理论知识的前提下,掌握以下激励方法。

需要激励:需要是人们对客观需求的反映。人们不仅有自然性的需求,更重要的是有社会性的需要和精神性的需要。精神需要对社会需要、自然需要具有制约作用,而自然需要、社会需要又对精神需要具有基础作用。人们的需要是多样的、多层次的、多结构的。满足馆员健康合理的需要,可以调动馆员的积极性。需要激励就是通过对需要的满足来引起和增加积极行为动机的方法。例如,馆员有改善物质生活条件的需要,提高政治地位的需要,个人特长、才能要求得到发挥的需要,进修和深造的需要以及改善业余文化生活的需要。这些精神需要、社会需要和自然需要得到合理的满足,都能有效地激励馆员的工作积极性。

目标激励:目标是指行为所要达到的预期结果。目标对人的行为具有重要意义,明确的目标是动机形成的外部条件。图书馆工作有了明确的目标才有明确的方向,从而控制馆员的行为向预定目标努力,目标可以起到导向的作用。目标可以给人以力量,克服工作中遇到的种种困难,目标可以给人以鼓舞,增强馆员工作的热情,目标具有激励作用。图书馆的目标也可以把馆员团结起来,为了共同的目标互相配合,团结协作,目标具有聚合的作用。馆长科学合理地提出目标是调动馆员积极性的一种重要途径和领导艺术。馆长选择目标时,一方面要根据上级的要求,另一方面要考虑到馆员的激励效应。确定选择目标时,要注意目标的价值性标准,即有先进性和较高的社会价值,同时对提高馆员的水平,满足馆员精神和物质的需要有现实意义;目标要具有可行性标准,即科学可行,是经过努力可以达到的较高标准;目标要有整体性标准,即具体目标要服从图书馆的整体目标和长远目标,形成完整的目标体系。馆长懂得目标选择的标准和目标设置的心理原则,将有助于馆长实行科学的目标管理,激励馆员的积极性。

强化激励:强化激励是运用奖励和惩罚等强化手段进行激励的方法。馆长在运用强化手段进行激励时,要遵循有效性原则、及时性原则、相符性原则、针对性原则,使强化手段切实有效,及时兑现,赏罚得当,有功奖励,有过罚过。在运用奖励手段时,要注意物质激励与精神激励相结合,以精神激励为主,物质激励为辅。奖励时还要注意创造有效的心理气氛,奖励要公正,实事求是,方式要多样化。惩罚要惩前毖后,与人为善,轻重适宜,公平合理。

感情激励:通过情感交流利用积极的情感体验形成馆员积极的工作态度,从而激发馆员的积极性和创造性。对馆员政治上的关心、工作上的支持、思想上的理解、生活上的体贴,都可使馆员产生积极的情感体验,使馆员感到馆长是代表他们利益的,是和他们息息相通的,馆长要真心实意地关心、理解、尊重和信任馆员。这是正确处理干群关系的重要原则,也是激励馆员积极性的有效方法。

参与激励:参与激励是通过民主管理的途径,组织馆员参与图书馆各项重要工作的决策,从而激发馆员的积极性。参与决策有助于形成馆员的主人翁责任感,并能自觉地积极地执行、落实各项决策。建立健全馆员代表大会制度,是参与激励的重要途径。

2. 帮助馆员形成正确的态度,提高馆员工作效率

人们在社会生活条件影响下,对人对事都会逐步形成相对稳定的心理反映倾向——态度。如,有人对工作认真负责,一丝不苟,有人则马马虎虎,得过且过;对同一件事,有人赞成,有人反对;对同一个人有人肯定,有人否定。各种态度在很大程度上决定着馆员的思想表现、工作行为和生活方式,馆长为了带好队伍,就要帮助馆员形成正确的态度,改变错误的态度。态度是由认识、情感和意向三种因素构成的。认识是态度的基础,情感是认识转化为行为意向的关键。态度是个体在社会生活中逐步形成和完善的,态度总是针对某种对象而产生的,态度的三个要素在通常情况下是协调一致的,态度形成后又是相对稳定的,态度可从人们的言语表情及行为中间接地进行分析和判断,要听其言,观其行。因此,态度具有社会性、针对性、协调性、稳定性和间接性等特点。

影响态度形成和改变的因素是错综复杂的。个人和集体的愿望、目标能否实现,馆员的认识水平,智力发展水平,个性心理特点,个体与组织的关系,态度系统本身的特点诸因素,都影响态度的形成和改变。馆长要使馆员端正态度就要注意从提高认识入手,晓之以理,动之以情,导之以行,组织馆员参与有关的活动,使他们通过亲自感受改变错误态度。要做好宣传教育工作,宣传要讲求权威性、针对性、说服力。对难以改变的态度也要坚持原则,逐步提高要求,创造条件,使之改变。

3. 准确把握馆员的个性差异,合理使用人才

俗话说,做人的工作要"一把钥匙开一把锁",这反映了个性的千差万别。个性反映了每个人都有自己不同于他人的独特的精神风貌。馆长了解馆员的个性差异可以有的放矢地加强管理。

馆长要根据气质进行管理。气质是指心理活动进行时的速度、强度、灵活性、稳定性和指向性等动力特征。馆长在管理工作中,首先要正确理解气质类型没有好坏之分,不涉及人的道德品质。有人办事快而粗,有人慢而细,这反映了心理活动的动力特征,而不是个性的优劣。多数人的气质类型是混合性的,典型的气质类型较少。其次,馆长要根据馆员的气质

类型差异安排工作,进行管理。馆长要发挥各种气质类型的积极因素,克服消极因素,取长补短,做好工作。

馆长要根据馆员的能力差异进行管理。馆员的专业能力是做好图书馆工作的重要保证,是顺利完成图书馆工作的必要的心理条件。馆员应具备的专业能力是多方面的。馆长了解馆员的能力结构和能力差异,对组织、培训、提高馆员的能力和合理使用人才都有重要意义。

馆长要根据馆员的性格差异进行管理。性格是表现人的态度和行为风格的心理特征。馆员的性格在工作中直接影响馆员和读者之间的信息传递,良好的性格可以帮助创造愉快而有动力的工作气氛和工作积极性。馆长了解馆员不同的性格特征,才能有针对性地帮助馆员发扬长处,克服缺点,做好工作。

4. 关心馆员的心理健康,创造顺畅的心理环境

俗话说,"人生逆境十有八九"。同样我们的馆员在工作和生活中不可能一帆风顺,在通向目标的过程中,经常会遇到各种各样的困难和障碍。当目标不能实现,需要不能满足时,就会产生不愉快的情绪状态,引起心理挫折。这时,馆长要了解馆员在受到挫折时出现的攻击、退让、固执、妥协等行为表现,分析挫折产生的主观因素和客观因素,了解不同的人对挫折的耐受力。馆长要对受到挫折的馆员持正确的态度,对非理智行为能忍让、宽容,耐心帮助,从实际出发努力改变受挫折的客观环境。要帮助受挫折的馆员正确认识产生挫折的原因,使其在理智上得到调整,在感情上受到安慰,自尊心获得补偿,树立百折不挠的精神,增强克服困难的毅力,变挫折为动力,变逆境为成功。

心理健康的馆员首先表现为智力正常,具有从事图书馆工作应具备的一般能力和特殊能力。这是做好图书馆工作所应具备的最基本的心理条件。其次,情绪健康,热情、兴奋、愉快、乐观等积极因素占主导地位,并能控制情绪,保持稳定。再次,个性健全,性格开朗,心胸坦荡,言行一致,表里如一,稳重灵活。最后,心理适应,馆员对社会环境、对领导、对同事、对读者,在人际关系上能保持良好的心理适应性,自尊但不自傲,自重但不自夸,自强不息,排除挫折,不断进取。

由于主客观各种原因,馆员心理健康方面出现问题是经常的。如,有些馆员对自己的职业缺乏满意感,情绪不稳定,心情不愉快。有些馆员和领导者的关系不融洽,由于不受重视不被信任,而对领导者不满意,情绪苦闷。还有些馆员工作负担过重,长期疲劳,影响心理健康。

馆长要重视和关心馆员的心理健康,针对造成心理健康问题的原因,改善干群关系,处理好各种人际关系,创造心情舒畅、生动活泼的心理环境,帮助馆员战胜心理挫折,正确对待工作和生活中的紧张事件,培养良好的个性,使我们的馆员健康和谐地发展,紧张而愉快地工作,更好地发挥他们的积极性。

5. 协调组织好人际关系,增强群体凝聚力

图书馆人际关系是图书馆员之间、领导者之间、干群之间和馆员与读者之间在工作关系的基础上建立起来的心理联系或心理距离。图书馆人际关系的好坏,影响图书馆精神文明建设,影响团结,影响工作,影响馆员的情绪和精神风貌。

搞好图书馆的人际关系,关键在馆长。在干群关系上,馆长要正确对待馆员,团结馆员。对喜欢接近领导的人,不偏听偏信;对与自己关系比较近的人,要严格要求;对自己有成见的人,不以权压人;对有特长的人,要扬其所长;对有影响的人,要尊重信任。在领导成员的关系上,为了共同的目标,既要讲原则,又要讲团结、讲友谊、讲谅解、讲支持。总之,馆长要根据人际关系的知识和图书馆人际关系的特点,建立人与人之间的平等、团结、友爱、互助的新型关系,协调组织之间、馆员之间的人际矛盾,使心向一致,互相配合,共同完成图书馆的工作和管理目标。

6. 加强自身的修养,提高领导水平

馆长是图书馆的领导者,必须以自己的言行影响和改变馆员的心理和行为,从而提高办馆水平。这是馆长的影响力。构成馆长影响力的因素,一方面是权力性的影响力,另一方面是非权力性的影响力。

权力性的影响力是由馆长的权力和地位决定的。馆长掌握着一定的人权、财权和指挥权,可以采取行政手段做出决定,处理问题,馆员要服从馆长的决定和指挥。构成权力影响力的主要因素是传统因素、职务因素和资历因素。这是权力赋予馆长的影响力。

非权力性的影响力是由馆长的品格因素、才能因素、知识因素和情感因素所构成的。馆长的非权力性影响力,虽然没有权力性影响力那种明显的约束力量,但它却能发挥权力性影响力所不能发挥的激励作用和领导作用。具有非权力性影响力的馆长才能充分发挥权力性影响力的作用。所以有威信的馆长是图书馆中最有影响力的人,可以把图书馆办得有声有色,生气勃勃,把权力与非权力两种影响力有机地结合起来,从而取得最佳领导效果。

馆长要做好工作,一方面要正确地使用权力性影响力,行使权力要持审慎态度,秉公办事,具有无私精神,决不能滥用职权,以权谋私,要"罚不避亲,赏不避仇"。要善于授权,善于指导和监督。另一方面要努力提高非权力性影响力,提高政治素质和马克思主义理论水平,加强品德修养,以身作则,努力学习图书馆学知识和图书馆管理知识,懂得政策、法规,提高决策分析能力、组织协调能力、业务实施能力、社会活动能力和语言文字表达能力,从而提高领导水平和办馆水平。

7. 培养集体荣誉感,加强馆风建设

馆风是图书馆全馆职工共同具有的思想作风和行为习惯。建设优良的馆风,既是全馆职工为之奋斗的共同目标,又是激励大家的教育力量。一所图书馆不仅应当具有一般水平的良好风气,还应具有较高水平的独特风尚。

馆风是一种无形的力量,它是整个社会风气的重要组成部分,它既受社会的影响,又直接影响社会。馆风的优劣,对图书馆工作有极大的影响,馆风也是衡量、评价图书馆质量的重要标准,它是馆员精神风貌的集中反映。良好的馆风可以抵制不良倾向,促进、激励、感染和熏陶馆员弘扬正气正风,增强集体凝聚力。

良好馆风的形成必须创造一定的心理条件,树立远大的理想和奋斗目标是形成良好馆风的思想基础。在这种基础上倡导的主张、风尚和行为准则才具有感召力。形成良好的馆风要创造有利的心理气氛,造成声势,使所倡导的行为作风深入人心,形成制度,长期坚持,培养集体的光荣感、自豪感是形成良好馆风的感情基础。馆员对图书馆集体具有光荣感和

自豪感,才能自觉地爱护图书馆,维护馆风,发扬馆风,抵制歪风邪气,谴责破坏馆风的人和事。在形成良好馆风的过程中,要正确运用心理定式和强化规律,注意搞好第一次活动,处理好第一个问题,办好第一件事情,以好的开始引导和影响以后的活动。对好人好事好风尚要及时表彰、肯定,对不利于馆风建设的人和事,要及时引导,促进转化,正确运用表扬和批评的强化措施。形成良好的馆风,图书馆领导和领导班子成员的模范作用是关键因素。馆长要以身作则,要依据馆风形成的心理条件,通过反复的教育、训练,使馆员继承和发扬良好的馆风,加强馆风建设。

总之,馆长要懂得图书馆管理心理知识,结合图书馆的实际情况,调动馆员的工作积极性,合理地使用人才,加强业务队伍的建设和馆风建设,优化服务环境,推动图书馆改革,提高管理水平。

参考文献

1　王垒.组织管理心理学[M].北京:北京大学出版社,1993.
2　杨子江.劳动积极性形成的内因与外因[J].江西社会科学,1998(11).
3　刘志刚.图书馆员的心理健康[J].情报资料工作,1998(2).
4　韩莉.图书馆引进知识管理初探[J].图书馆论坛,1999(3).
5　赵琳.试论图书馆的运行机制[J].图书馆界,1999(4).
6　包敢.馆长的现代化视野与视点[J].情报资料工作,1996(4).

（原载《现代情报》2003 年第 7 期）

"红山文化"多媒体数据库的开发研究*

　　"红山文化"因 1935 年首先发现于内蒙古赤峰市而得名,分布区域为内蒙古自治区东南部、辽宁省西部、河北省北部、吉林省西北部等我国东北部少数民族集居地区。随着红山文化遗址的多次新发现,认定为其属于公元前 5000 年以前的新石器时代文化。20 世纪 70 年代以来在辽西红山文化遗址发现的女神像、玉龙等均分别被考古学界认定为"中华第一女神""中国第一龙",而于 20 世纪 90 年代在内蒙古敖汉旗发现的兴隆洼聚落遗址则被称为"华夏第一村",将中华文明史向前推进了 3000 年,引起了国内外学术界的广泛关注,并吸引了国内外许多学者从事这方面的研究,使"红山文化"信息的需求量呈不断上升的趋势,这就为建设相应水平的"红山文化"多媒体数据库提出了迫切的要求。尽快构筑与"红山文化"研究相呼应的信息系统,研究和建立"红山文化"多媒体数据库,对于促进"红山文化"研究是十分必要的。

　　大连民族学院位于被誉为"北方明珠"的大连,是隶属于国家民委的民族高校,院内设有民族与高等教育研究中心、经济发展战略与政策研究中心、国际语言文化研究中心、中国民族文献信息研究所、文学艺术研究所,汇集了日本、韩国、朝鲜、俄罗斯、蒙古等问题的研究机构和专家学者。编辑出版了《民族理论》《世界民族关系概论》《北方民族古文化环境调查研究》《北方古文化生态环境与民族文化起源》《中国民族文献学概论》《中国民族文献管理学》《中日文化交流研究》《民族文化与民族宗教》《中国古代恋土情结的宗教审视》《中国古代北方民族文化》等论著。近几年来,各有关中心、研究所在民族学、历史学、考古学、民俗学等学科领域,取得可喜的研究成果,在参与和推动"红山文化"研究工作中发挥了积极作用。大连民族学院图书馆还和内蒙古赤峰市图书馆、赤峰市博物馆合作,成立了"红山文化"文献信息中心。该中心全面、系统地收藏了与"红山文化"相关的各类文献,有较好的文献收藏基础。如何以最佳方式建设一个科学性、实用性、通用性、完整性、标准化的数据库,是摆在我们面前的一项重要课题。

1. 建库的指导思想

　　(1)"红山文化"多媒体数据库是为"红山文化"研究提供信息的必要手段。是反映和记录"红山文化"发展的基本概况,集民族学、历史学、考古学、民俗学等学科领域为一体的综合性文献信息数据库。

　　(2)建库工作要紧紧围绕"红山文化"研究的各学科领域和大连民族学院重点科研项目,全面、系统、准确、及时地收集与"红山文化"有关的信息。

　　(3)该数据库将填补国际、国内"红山文化"多媒体数据库的空白,这对于国内外开展"红山文化"研究具有十分重要的意义。因此,要不断扩大该数据库在国内外的影响,增强数

---

* 该篇文章与陈新颜合作。

据库的社会效益和经济效益,在立足于为大连民族学院和国内用户服务的基础上,争取进入国际市场。

2. 信息源的选择范围

数据库的建立,其首要环节是确定信息源。对任何数据库来说,文献信息源选择的适当与否都将直接关系到该库的质量和应用效果。如果文献信息源支离不全,必然会影响到整个数据库的质量,从根本上失去了检索的权威性。因此,必须注意信息源的选择范围。

（1）数据库专业领域的界定

数据库专业领域的确定是影响数据库质量的最重要的因素之一。"红山文化"多媒体数据库在选择文献信息时,必须选择记录与反映"红山文化"相关的各类文献信息。其内容包括:①自然环境及民族历史变迁;②生产生活传统;③神话、传说、民间信仰;④传统习俗、婚丧习俗;⑤经济、文化、教育传统及其发展机制。

（2）数据库收录的文献类型

"红山文化"是北方原始文化发展长河中的"高峰期",它不仅有广阔的分布地域,有丰富的物质形态,有较高的手工业生产技术,而且出现了布局严谨、壮观恢宏的祭坛、女神庙、积石冢巨型建筑群,鲜明地反映了5000年前西辽河上游先民们所处的时代特征。

20世纪30、40年代以来,"红山文化"研究涉及民族学、历史学、考古学、民俗学等学科领域,成果纷繁无序地散见于国内外各种专著、论文、方志、地图、文史资料之中,文献载体有印刷型的书籍、录像制品、光盘等多种形式,因此,在收集数据库文献时,力求收录国内外重要的学术著作,核心期刊,专题会议论文和博、硕士学位论文,也包括一些有价值的非正式出版物以及相关考古文献。

（3）文献覆盖的语种与时间范围

该数据库将收录研究"红山文化"的多语种文献,首先以汉文、蒙古文、日文为主,逐步增加俄文、朝鲜文乃至英文文献。文献信息覆盖的时间范围从20世纪初至今,并及时收集最新的文献信息。

总之,该库收录的数据要坚持系统性的原则,全面、系统、及时地收集与"红山文化"有关的文献信息,其长远目标是核心文献逐步达到90%以上。

3. 数据库的质量控制

文献数据库的质量控制,包括数据库软件的水平、数据增加的及时性、数据的完整性、数据输入的准确性和数据处理的规范性,其中,尤以数据处理的规范性更为重要。数据处理的规范性是实现数据自动化和网络化的先决条件,直接影响数据库的质量。"红山文化"多媒体数据库要以发展地区间的网络为目标,其数据产品能够与国内、国际接轨,因此,必须采用标准化的原则,实现数据库的规范控制。

"红山文化"多媒体数据库是一个集多文种、多种文献类型于一体的综合性数据库。由于受国内、国际文献工作标准化发展程度的限制,各文种和各类型文献在采用标准化方面有相当大的难度。因此,原则上应尽可能采用现有的国家标准和国际标准,有国家标准的,就执行国家标准;没有国家标准的,就参照国际标准执行。若遇到标准未明确规定的,则采取套用有关国家标准和国际标准的方式进行。下面重点讨论少数民族文字文献的建库标准:

首先是民族文字文献的分类、主题标引问题。较之汉文文献来说，民族文字文献的分类、标引更为复杂，一时很难编制一套适应各民族文献的特点的分类法或主题词表，所以，在目前情况下，笔者认为一律采用《中国图书馆分类法》和《中国分类主题词表》为好。这样有利于民族文献标引的一致性，有利于网络化建设。问题在于要将增设、扩充、靠类标引的类目及主题词通过一定的方式统一起来，固定下来，在条件成熟时，可以编制《中国图书馆分类法·民族文献分类表》。

其次是民族文字文献的编目问题。这里主要涉及的就是民族文字文献的编目是以民族文字为主著录，还是以汉文为主著录的问题。这是国内长期讨论而悬而未决的问题。其实如果有条件的话，还是先用民族文字著录一遍，再用汉文著录一遍为最好。这样既客观地反映了民族文字文献的情况，又增加了学术性（因为汉译本身就是一项学术性很强的工作），更便于利用和管理。

再次是民族文字信息处理问题。这一直是民族文字文献数字化的一个大问题。民族文字文献数字化，无论是建立数据库还是网上信息交换都需要一个能够运行相应软件程序的具有国际统一标准编码的民族文字平台。目前，国际标准 ISO/IEC 10646（GB 13000，Unicode）把迄今为止尚存的语言（Living Languages）按照其文字（Script）统一编码，制定出全球通用的编码字符集标准。现在进入 ISO 10646 编码的文种有朝鲜文、藏文、蒙古文（包括满文）、彝文、维吾尔文、哈萨克文、柯尔克孜文通过对阿拉伯文进行相应的补充也基本进入 ISO 10646。这样，数字化的民族文献可在中文、日文、朝鲜文、英文、藏文、蒙古文、彝文、维吾尔文、哈萨克文、柯尔克孜文等视窗平台上运行，这种跨语境关联的全文检索系统，极大地方便了使用不同语种用户的检索，是未来民族文献数字化的方向。对未进入 ISO 10646 编码字符集的民族文字文献及一些民族古文字文献则适宜采用扫描方法，以图像全文的形式上网。图像全文方式处理简单，可保留原文原貌，各收藏部门可用深加工的目录与图像全文结合的方式来提供服务，以满足用户之需要。

4. 数据库的结构设置

在数据库建设中，内容是高质量数据库的重要标志之一。"红山文化"多媒体数据库从建库规划开始，就应把全面、准确、完整收集反映"红山文化"各个方面的不同载体的文字记载、图像、声像资料及有关"红山文化"的研究成果作为建库的主要目标，在数据源的来源上力求涵盖一切反映"红山文化"的文献类型。这是一个长期而艰巨的任务，急功近利是难以达到既定目标的。需要精心策划，争取多方支持合作，分步分阶段进行。根据"红山文化"研究文献的特点，"红山文化"多媒体数据库的结构可由 6 个子数据库组成：

（1）汉文书目数据库。主要收录系统论述"红山文化"各个方面的专书专著。这一方面的数据源以各图书馆的书目数据为依据。

（2）汉文论文提要数据库。收录 20 世纪初以来我国学者关于"红山文化"研究的论文，以及国外学者关于"红山文化"研究论文的汉译本。

（3）日文文献提要数据库。收录用日文发表的有关"红山文化"的论著。

（4）民族文字文献数据库。这是最能体现"红山文化"特色的一个分库，民族文字文献载体复杂，文字种类多，收集困难，所需经费高，建库过程中要解决的问题难度大，需要多方面合作支持方能实现。目前对凡能收集到的有关"红山文化"的民族文字文献，可采用照相复制方法保留原貌,再用扫描技术录入照片。对已翻译整理并收入书目库的文献,在两库之间建立连接,使检索者既能看到原貌,又能了解其研究状况。对未经整理的民族文字文献,在本库扫描录入照片复制品,同时请民语专家翻译标题,录入提要库,并建立两库之间的连接。这样做的好处是,对数据库软件可以不做民族文字的识别要求,减少数据库建设的难度,减少经费投入。

(5)全文数据库。对一些有价值的已不涉及版权的重要文献,采用扫描技术全文录入,建立全文数据库。

(6)声像资料库。只收录有关"红山文化"的音频、视频资料。

5. 软件技术和功能要求

计算机技术、信息存储技术和通信技术的发展以及图书馆自动化建设的飞速发展和良好的网络环境,为特色数据库的建立提供了便利条件。大连民族学院图书馆最新引进的TPI——清华同方专业数据库制作管理系统是一套基于 Internet、用于知识信息创建、生产、管理、维护、发布的工具软件。完全兼容现阶段图书馆普遍使用 CNMARC 标准,实现知识信息资源整合,在智能搜索引擎的支持下,实现内容管理与知识挖掘,全面提升图书馆信息化竞争力。

该系统的性能特点主要包括以下几个方面:

①支持各种文献信息的数字化,提供批量扫描原文功能,还能对扫描后得到的图形文件进行打包处理;

②可以引入和导出各种数据格式;

③海量数据的存储、管理和对数据的有效访问、查询;

④数字化信息在网上的发布和传递;

⑤完备的安全机制;

⑥先进 COM 技术,支持二次开发等;

⑦提供对分布式存储信息的知识化组织、智能化访问和服务。

6. 建库方法和实施步骤

(1)建立专家咨询组。"红山文化"多媒体数据库的建设需要得到研究"红山文化"的专家学者的大力支持。需要建立由"红山文化"研究专家和图书馆专家组成的专业咨询组,研究确定数据库的整体框架,把握数据源的范围,及时提供最新信息,以确保数据库的权威性。

(2)走联合建库之路。建设"红山文化"多媒体数据库是一项很大的系统工程。要建设高质量的文献数据库,确保信息资源的权威性,该库除收录本院信息源外,还需要汇集东北地区、内蒙古地区有关单位积累的相关文献。因此,必须联合整个东北地区和内蒙古地区高校图书馆、公共图书馆、博物馆、档案馆、古籍办等有关单位,实行互惠、互利原则,走协调建库之路。先由大连民族学院中国民族文献信息研究所牵头,建立"红山文化"多媒体数据库建设管理中心,下设软件研制组、数据规范研制组、文献收集标引组,负责系统设计、制定规范、文献筛选和数据处理等工作,按照统一标准、统一规范、统一计划、统一管理的原则进行建库,实现共建共享。

(3)建库的具体步骤。为确保数据库的时效性,该库应以录入新数据为主,采取立足当前,逐步回溯的办法,将最新信息迅速收入数据库,在新旧数据的比重上,新数据占主导地位。根据大连民族学院图书馆目前已收集到和国内已有的文献标准以及本馆馆藏情况,先建立汉文和日文文献数据库,再建立蒙文数据库和其他文种数据库,在信息源方面将以大连民族学院馆文献资源为主,先录入本馆馆藏文献,在取得一定经验并使数据库具备一定规模后,再联合其他馆合作建库。

参考文献

1　张彤.北方远古文明——红山文化[J].理论研究,1998(4).

2　杨丹.《中国社会科学文献题录数据库》(CSSDB)建立与发展[J].情报资料工作,1998(1).

3　宋光淑,张月芬,张禹.西南民族研究特色数据库建设探讨[J].大学图书馆学报,2002(4).

（原载《大连民族学院学报》2003 年第 2 期）

图书馆中层以上管理人才群体结构探讨

在充实调整图书馆领导班子和选拔、培养中层管理人才的过程中,群体结构是一个很值得研究的课题。

管理人才群体的最佳结构应该符合下列几项原则:

1. 适应原则

最佳结构是最能适应所具体担负的现代管理任务、特点和发展趋势的结构。这里的"适应"不仅仅意味着群体要顺应现代管理的要求,而且还意味着能对管理工作发挥积极的能动作用。"适应"是一个发展的概念,随着管理目标的不断演进,对群体的适应要求也会不断发展。一个群体在"昨天"是适应的,在"今天"则不一定适应,在"今天"是适应的,到"明天"却又不一定适应。所以,要根据管理目标的要求不断调整群体结构。

2. 效能原则

所谓"效能原则",就是在群体形成以后,应当有效地调动、激励每个成员、每个级次群体的积极性、创造性,实现组织管理的高效化,取得满意的社会效果。效能是效率与方向决策之间的综合效应。管理工作不仅要考虑效率的高低,更重要的是要考虑决策的正确与否。决策若有错误,工作效率再高也是枉然,只有在决策正确的前提下,高效率才能转化为高效能。工作松松垮垮,管理效率低下的群体,固然不是最佳的群体;效率很高,但方向决策经常失误的群体,也不是最佳的群体。

3. 位能原则

由于管理群体有不同的层次,有不同的岗位,不同的岗位又有不同的能级。因而在最佳结构中,每个岗位应安排与其能级要求相应的不同人才,而每个人才应安排在最能施展、也最有利于扩展其才能的岗位上。经验告诉我们,在要求高水平的工作岗位上使用低能的管理者工作,在不需要特殊的专门知识的工作岗位上使用具有高水平的管理者工作,都会影响群体的效能和个体的发展,乃至浪费人才,贻误大事。如果不善于区别不同人才的才能级差和不同岗位的能级要求,不善于通过自己的实际工作使两者动态地对应,在一定意义上讲,也不能算是知人善任。

4. 互补原则

互补原则即群体中的各个个体在专业、智能、能级、年龄等方面各因其长、互相补益,形成一个有机协调的"结合劳动者"或"总体劳动者"。这是智力发展最佳化原则,是组织管理的基本原则之一。互补得好,一个个"偏才"会组合成自适应、高效能的"全才";互补得不好,不仅不能提高并发挥群体的整体功能,而且还会引起结构上的畸形,酿成内部的震荡,即使每个个体都比较优秀,也只是由一个个独立的个体简单凑合而已。人们常说,人才不仅要选得好,而且要搭配得好,就是这个道理。

5. 精干原则

即根据有效管理幅度,用最少的人办最多的事,形成精干紧凑的工作系统。在这样的群体中,组成人员都是从管理的实际需要出发,按必要的最小量优选的,既没有多余的人,也没有多余的层次。经验证明,人员的精干与否与管理的效能有着直接的联系。多余的人必然会干扰干事的人。因此,要改变那种部门林立、机构臃肿、层次繁多、互相扯皮、人浮于事、副职虚职过多的状况。

根据上述原则,我认为在图书馆中,中层以上管理人才的最佳群体结构应由四个方面的因素有机合成:

(1)坚强而富有凝聚力的结构核心

这主要是指政治素质过硬,基础知识宽厚,实践经验丰富,组织领导能力强,作风正派,精力充沛的一二把手。

(2)长短互补、构成合理的积极成员

一般来讲,群体的构成是由核心成员、积极成员、边缘成员及外围成员等层次组合成的有机体系。除一二把手核心成员外,其余成员均是积极成员。他们与核心成员密切协作,并连同辅助人员和次级群体中的骨干即群体的边缘成员、外围成员共思互助,形成富于创造性的群体行为。群体的优化组合,除了在实践中逐步涌现出核心成员外,就是构成群体的各个成员在专业、智能、能级、年龄等方面按上述的五项原则最佳的搭配起来,形成一个自适应、高效能的有机体。在专业方面,将具有主体专业、辅助专业或同一专业不同的侧面理论知识与实践经验的管理人才,立体式组合起来,形成一个合理的比例构成。在智能方面,要将分别擅长战略规划、战术指挥和运行管理的管理人才按比例组合起来。长于战略规则者视野宽阔,目光远大,善于从广泛的范围出发,有效地组织与领导各项调查,进行预测和经营管理的决策;长于战术指挥者有强大的组织领导能力,善于发挥并调动各种人才的积极性、创造性,依靠群众、动员群众办好图书馆;长于运行管理者善于运用人、财、物等各种资源去适应各种不同的需求,即长于日常业务的指挥和决策。在能级方面,要把具有高、中、低不同能级的管理人才,按适当比例呈三角形组合起来。在年龄方面,也要有一个科学合理的构成。正处于管理最佳年龄区的中年管理人才应当是中高层管理领导群体中的骨干,但决不能忽视青年和老年的管理人才。

(3)富有弹性、适应性强的组织形式

现代管理人才要组合成合理的群体,最根本的是靠人际关系的协调和智力活动的互应,同时也借助于组织的适应与否。最佳的组织应该是最有利于完成群体所担负任务的最简单、也是最灵活的组织。它遵循责任制、精简和效能的原则,既明确规定个人的职责、权限和分工,使个人能在自己的职权范围内放手地工作,又能随着内外客观条件的变化,不断地进行应有的自我调整。一定要本着有利于管理、效能的原则,使其有效地配合,以提高工作效率。

(4)渠道畅通,反应灵敏的沟通网络

沟通是群体的生命。群体意识的形成与强化,群体行为的组织与协调,都要通过灵敏的沟通来实现,成员间若不能通过沟通维持动态平衡,这个群体便会由僵化而日趋瓦解。目前不少图书馆管理领导群体反馈阻塞的现象比较严重,问题就在于沟通渠道单一,沟通形式呆板,沟通感觉迟钝。这种状况不改变,要转化成自适应、高效能的最佳群体是不可能的。

由此可见,图书馆最佳的管理群体,应当是由结构核心、积极成员通过一定的组织形式与沟通网络组合、协调而成,并具有特点功能的有机整体。核心成员、积极成员及其在专业、智能、能级、年龄等方面的配比是群体的实体因素,组织是群体的存在形式,而沟通网络则是群体实现自我调节的工具。这四因素之间的高层次协调统一,就可以产生最佳的群体效能。

(原载《图书馆学刊》2002 年第 1 期)

图书馆学情报学教育师资队伍的群体结构

1. 图书馆学情报学教育师资队伍群体结构优化的原则

（1）必须做到人尽其力、才尽其用，最大限度地发挥师资队伍的群体功能，降低和减少"内耗"。

（2）必须达到老中青教师比例合理，分布均匀，总体平衡年龄必须处在教学、科研的最佳年龄区内。

（3）必须较好地体现经济效益的原则，能以最省的工资额保证教学、科研任务的完成。

2. 图书馆学情报学教育师资队伍群体优化的内容和要求

（1）协调的知识结构

一个高效能的图书馆学情报学教育师资队伍群体知识结构，必须由初级、中级和高级三个知识层次的人才按照一定的比例组成，知识构成与比例恰当与否，将直接影响教学与科研任务的完成。图书馆学情报学教育师资队伍群体知识结构的内容主要包含图书馆学情报学专业知识、语言知识、计算机知识、经济管理知识、统计知识、心理分析知识、信息交流知识、控制理论知识及系统工程知识。其中图书馆学情报学专业知识为核心知识，它的职责是起到前后接应，左右穿梭的主导作用。

目前我国图书馆学情报学教育师资队伍知识结构状况不尽合理，主要表现在以下三个方面：

①专业知识面较窄。许多教师不懂得教育学、心理学知识。有的教师从事几十年的教学工作，但对教学规律和学生的心理变化规律把握不准，教学效果不好。作为一名高校图书馆学情报学教师，不仅要精通所从事的本专业学科知识，还必须有较高的政治理论和思想修养，掌握高等教育科学知识，懂得高等教育和教学规律，才能担负起培养新时期所需要的高级专门人才的任务。目前很多院校图书情报学系（信息管理系）建立了教师培训制度，拓宽了教师的知识面，特别是要求教师学好政治理论以及教育科学理论，掌握教育规律，这样大大改善了师资队伍的知识结构。

②知识更新率较低。社会生产、科学技术的进步，对高级人才的要求越来越高，世界各国高等教育的改革也日趋频繁。为了适应这种改革，适应时代对培养高质量人才的需要，高校教师不断更新和充实自身的知识，提高自身的教学水平和科研能力，就显得十分重要。为了提高高等教育的质量，世界各国都非常重视高校教师的知识更新，加强进修提高，实行教育的终身教育。美国规定大学教师在一所学校连续工作6年便可享受半年拿全薪或1年拿半薪的学术休假，法国规定高校教师每6年享受一次6至12个月的研究假，德国规定教授每4年有一学期的研究假。而在我国这方面还未有明确的规定。教师，特别是骨干教师脱产进修，更新知识的机会很少，而图书馆学情报学教师队伍知识更新的机会就更少。

③学缘关系上近亲繁殖较严重。学缘关系不构成教师的知识结构,但学缘关系又直接影响一个学校的学术气氛。按进化论的观点,近亲繁殖不利于后代的生长发育,不利于生物优化。在学术问题上,也同样如此。如果将同一学缘关系的人组合在一起世代相袭,不吸收其他学术群体的思想和风格,将容易出现思想僵化,孤陋寡闻,死气沉沉的局面,其生命力和创造力将受到影响。

由于种种原因,我国图书馆学情报学教育都存在着学缘关系上近亲繁殖的现象,特别突出的是一些老的图书情报学系,近亲繁殖现象较为严重。由于学缘关系上的亲近,学兄学弟,师兄师弟形成一种难以冲破的网,处处以导师—研究生—本科生、学兄—学弟为序排列。学生围着导师转,学弟跟着学长跑,谁也不得超前发展。这是一种封建的小农思想意识在图书馆学情报学教师队伍中的反映,是不利于图书馆学情报学的发展和人才培养的。

(2)高层次的学历结构

学历是保证人才培养师资的基本条件。教师队伍中拥有高学历的人越多,其教学质量就越高。教师传授知识的过程,是综合运用自身知识和能力的过程,教师只有掌握系统的高层次的知识,才能有效地将知识传授给学生。有些国家对高校教师的学历提出明确要求,例如,美国一些著名大学认为,担任大学教师必须通过博士后的训练,在美国高等学校中,95%以上的教师都持有硕士以上学位。德国教育法令规定,高等学校的教师必须取得博士学位。日本在高校中任教的教师,包括助教在内,具有博士学位或硕士学位的占98%以上。近年来,我国也明确要求高校教师应具有研究生学历。

我国图书馆学情报学教育在1978年以前仅有两个教学点,到1998年增加到5所。在20年间就增加了27.5倍,其师资力量不足是显而易见的。尽管我国在图书馆学情报学教育师资队伍的学历方面提出一些要求,但在短期内低学历状况很难根本好转。有很多图书馆学情报学教学点,前几年补充了大量的研究生、本科生任教师,他们大都处在教学第一线,教学任务很紧,难以将他们都抽出攻读学位,只能有计划地逐步地解决他们的学历问题。要解决高校图书馆学情报学教师学历低的状况,还得经过5—10年的努力,到2010年,使重点图书馆学情报学教学点研究生毕业的教师达到85%以上,一般教学点达到75%以上,那时,我国图书馆学情报学教育水平才能有更为显著的提高。

(3)互补的年龄结构

一个完整的年龄结构,是由经验丰富的老年、起骨干作用的中年、朝气蓬勃的青年所组成。毋庸讳言,随着科学的发展和自然法则的决定,其比例构成与具体对象也将要进行不断地调整。

教学科研劳动,是一种创造性的劳动,复杂的劳动,这种劳动比起物质生产劳动更需要人的主观能动性和创造力。一般说来,人的创造力往往与实践经验的多寡和知识面的宽窄有关,而实践经验和知识面又与人的年龄有关。按照生理学的观点,一个人的记忆力是随着年龄的增长而衰退的,一个人的理解力却是随着年龄的增长而增长的。因此,一个人创造力最高的年代是记忆力最好、理解力最强的年龄。这时候,他实践经验丰富,知识面广,精力充沛,富于想象,既有驾驭大量材料的能力,又有敢想敢干的创新精神。据统计,杰出的科学家做出重大贡献的最佳年龄在25—45岁之间,其最高峰值为37岁左右。而我国目前图书馆学情报学教师的年龄结构远不能适应图书馆学情报学教育事业发展的要求。主要表现就是:正副教授年龄严重偏大,而年轻教师的比例过大,已经出现了人才拥挤、膨胀和断层现象,这是不利于教学科研和学校发展的。结合我国图书馆学情报学教育的现状,从发展的眼光看,应尽快打破现在不合理的论资排辈的老章程,鼓励年轻有为的教师去探索,尽快将年龄密度拉开,建立较稳定的人才梯队。

(4)成比例的职称结构

一个理想的教师队伍,必须拥有各级职称,能掌握与本专业有关的各种知识的人才,且能相互弥补缺欠而又各自充分发挥专长,成为一个有机的整体。做到人尽其才,才尽其用。如果某种职称的教师欠缺或匮乏,或使高职称的教师从事低职称教师的工作,就不可能最大限度地发挥师资队伍的群体功能。

合理的教师职称结构,就能最大限度地发挥人的主观能动性,以知识结构的适应程度去完成本身教学科研任务。一般来说,属于高级职称的教师除进行正常的教学以外,主要精力应放在传帮带和图书馆学情报学研究方面;属于中级职称的教师应以教学为主,研究为辅;属于初级职称的教师应是致力于辅助教学和学习提高方面。这三类教师除了应有的工作布局外,在力所能及的情况下,均应进行科学研究。这样,才有助于图书馆学情报学教育的提高。

从总体上看,教师的职称结构是一种动态的稳定,各种职称的比例是相对的,发达国家资料表明,高级职称占有相当大的比例,美国、日本、法国、德国教授的比例都在25%以上,我国仅有3.8%。

各种职称的比例应根据学校的任务、性质不同加以区别。一般来说,以培养研究生和本科生并重的图书情报学系,教授、副教授的比例较大,呈倒金字塔;以培养本科生为主的图书情报学系呈椭圆形结构;以培养专科生为主的图书情报学系,呈正金字塔结构较好。

3. 加强图书馆学情报学教育师资队伍的培养和建设

当前,我国现代管理科学和教育的根本任务是解决目前迫切需要的管理人才,要打破传统的教学方法。现在的"满堂灌"课堂教学和"抱着喂"的辅导方法已不适应新形势发展的需要,已不能起到发挥教和学的积极性和主动性。这就必须要让在职教师定期地接受再教育,接收新知识,使之边总结边提高,在今天是理论学习,明天就可以转变为技术的,师资队伍要在开发新技术和新学科的同时,消化引进外国的经验,变基础理论为社会的生产力,扩大教学服务范围,以适应图书馆学情报学教育的发展。

加强图书馆学情报学教育师资队伍的建设,应具有紧迫感。对教师再教育要提出合理的计划,使教师达到学和用的辩证统一,教师才能以丰富的教学经验,进行综合分析,推陈出新,增强抽象概括能力,加深对基础理论的认识,以指导实践。这样,基础理论深、知识面广、应用性强,就能触类而旁通了。

研究图书馆学情报学教育师资队伍群体结构,为充实和扩大图书馆学情报学教育师资队伍的阵容,就要从实际出发,着手解决好以下几个问题:

①建立教师进修制度;
②制订教师职称晋升计划及考核措施;
③重视在中青年教师中培养学术带头人,开拓新的学科知识;
④开展技术咨询服务,以利于图书情报学系建设和提高师资队伍的素质。

为了促使图书馆学情报学教育向前发展,在实现知识化、年轻化、专业化的图书馆学情报学教育道路上,走出一条自己的路,要认识到"教育是基础,人才是关键"这句话的真正含义。如果我国的图书情报事业和图书馆学情报学教育还在原地踏步不前,满足现状,那势必会影响"四化"建设的前进,只有加速发展我国图书馆学情报学教育,大家都来支持我们的图书情报事业,那么,不远的将来,我国的图书情报事业将会更加兴旺发达。

参考文献

1 吴慰慈,黄众.新技术革命对图书馆学情报学教育体系变革的影响[J].中国图书馆学报,2000(3).

2 肖希明.对我国图书馆学情报学教育改革的几点认识[J].图书情报工作,1997(1).

3 姜汉抑.图书情报人员继续教育论[J].中国图书馆学报,1999(3).

4 谭伟.论图书馆人力资源开发[J].中国图书馆学报,2000(2).

(原载《现代情报》2002 年第 1 期)

新世纪　新打算

——大连民族学院图书馆2001—2005年建设目标与发展思路

大连民族学院图书馆是一所新馆,是一所正在迅速发展着的图书馆。她和其他民族高校一样,目前正面临着两方面的大形势:一是在全球信息革命浪潮的推动下,发达国家的图书馆正向"信息产业"或"知识产业"方向转化的形势;二是在"科教兴国"战略方针的指导下,我国高等教育事业"面向现代化,面向世界,面向未来"发展的形势,其中包括实施"西部大开发"和"兴边富民"的战略任务。这两方面的形势为大连民族学院提供了历史上前所未有的发展良机,同时也对我们的工作提出了严峻的挑战。

1. 建设目标

大连民族学院作为国家民委长期关怀和支持的一所民族院校,对于实现"科教兴国""兴边富民"的战略举措,发展我国的民族高等教育事业,有着义不容辞的责任。学院业已制定的奋斗目标是:到2005年,把学校建设成在全国有影响、综合实力和办学水平位居国内同等高校前列的民族高校。

图书馆是高等学校办学的重要条件之一,位居国内同类高校前列的民族高校必定要求有一个位居国内同类高校前列的图书馆。因此,我们的建设目标是:用5年的时间,把图书馆建成为一个研究型、开放式、高度文明的大学图书馆;一个在文献保障、信息环境、服务水平、人员素质等方面达到或接近国内先进水平的大图书馆。在今后的两年内,我们将为实现这一目标从各方面打好基础。

2. 发展思路

实现上述建设目标,当然要有必要的外部条件来保障,包括有相当数量的资金投入,但更重要的是要有正确的发展思路,要有改革的精神和举措。重点要抓好文献与信息资源建设、信息基础设施建设、读者服务体系建设和图书馆员队伍建设。

(1)文献与信息资源建设

文献与信息资源建设是现代化图书馆最重要的物质建设。现代化图书馆的文献与信息资源是以电子型、声像型、印刷型等多种媒体或格式并存的文献与信息系统。其资源建设的重点是一种开放式的资源共享型的建设,即按电子化、网络化、虚拟化的思路进行建设。

按照发展的思路,学院图书馆在近一二年内,进行几项基本建设:建成一个有100个座位、800种影像资料的专用声像阅览室;一个有80套多媒体计算机、3500多种多媒体光盘资料的多媒体阅览室;一组在校园网络环境下运行的光盘文献数据库;一组可直接从中国教育科研网和全球信息网上获取资源的微机工作站。通过这几项基本建设,改变我们的馆藏资源结构,包括较大幅度地增加电子出版物在馆藏资源中的比重。同时对我院师生的文献与信息需求,将通过4个途径来保障:一是本馆收藏的资源;二是通过馆际互借,充分利用大连地区十分丰富的文献与信息资源;三是发展与海外图书馆及文献中心的合作;四是发掘、整理和利用 Internet 网上提供的文献与信息资源。有些资源可通过转换供读者使用。

通过实行这种开放式的资源共享型文献资源建设,改变传统图书馆的运作机制和服务方法,即图书馆将从以收藏为基础的模式转变为以检索为基础的模式,从追求自给自足的"随手可得"式服务转变为快捷、多级的"及时提供"式服务。

(2)信息基础设施建设

良好的信息环境是建设现代化图书馆的一个必要条件。对大连民族学院图书馆来说,加强信息基础建设在当前已变得比加强文献资源建设更加迫切、更加重要。要营造良好的信息环境,重点要做好以下基础设施建设:

建立一个性能优良的由采访、编目、流通、公共检索、连续出版物管理模块组成的集成化的图书馆管理系统,能高质量高效率地处理图书馆的各种作业和提供读者服务。图书馆正在更新原系统,直接引进国内比较先进的 LIBSYS2000 汇文文献信息服务系统。系统采用先进的 ORACLE 数据库管理系统。

建立一个性能优良的能与 Internet 网上的大部分节点进行信息交流的通信系统。包括能以统一的图形用户界面,通过 http 协议、Z39.50 协议和 telnet 等方式访问 Internet 网上的资源,同时也能接受网上用户的访问。使图书馆成为全球信息网络上执行世界通行的信息服务协议的一个节点,参与全球性的信息服务和资源共享。

建立一个高利用率的本馆文献信息库,包括二次文献信息库、全文文献信息库、科技数据库、网络资源镜像库等。目的是提高服务的效率和效益,节省网络的通信开销。数据库的建设是图书馆下一步一项重要的信息基础设施建设。

(3)读者服务体系建设

现代化图书馆的优良功能最终要通过读者服务的内容、质量和水平来体现。因此,读者服务体系的建设始终是图书馆的一项根本建设。为全校的教学、科学研究、技术开发和人才培养服务是大学图书馆的根本任务,教育职能和情报职能是它的基本职能。

现代化的大学图书馆应当是一个获取知识、培养技能、提高修养、陶冶情操的育人基地。建设这样一个基地,需要有丰富的资源,先进的设施,文明的环境和优质的服务,缺少了哪一个方面都是不行的。在发挥教育职能方面,我们特别强调各种形式的导读服务、咨询服务和信息用户教育服务,通过这类服务,调动起广大图书馆员的积极性和主动性,更好地发挥他们的服务育人的作用。

现代化的大学图书馆应当是一个获取信息、贮存信息、处理信息、传播信息的枢纽。为了履行这一"枢纽"职能,也就是情报职能,我们要加大发展检索服务、文献传递服务、成果新服务、情报分析和决策支持服务等,以充分发挥图书馆对学院科学研究和技术开发工作的信息保障和决策参考作用。使图书馆的服务工作重心从形式单一的流通借阅服务转向多种形式的参考咨询和信息服务,这是图书馆开始从传统图书馆向现代化图书馆转变的标志之一。

(4)图书馆员队伍建设

图书馆员是图书馆最重要的资源,图书馆员队伍建设也是图书馆员建设中最根本的建设。因此,在图书馆员队伍建设方面,我们要采取双管齐下的方针:一方面要坚持内部管理改革,即坚持用人制度的改革,在人员流动过程中不断优化队伍结构;另一方面要加强对图书馆员特别是青年馆员的教育与培养,在交给工作担子的同时从多方面为他们创造学习、研究、锻炼、成材的条件。

在用人制度改革方面,我们应做到:按事业发展的需要,有计划、有针对性地引进人才,严格把好进人关;严格执行学校规定的劳动合同制、定期聘任制、岗位责任制、业绩考核制、职称评审制;实行固定编制与流动编制相结合的用人制度,控制固定编制,适度使用流动编制(流动编制中包括回聘人员、勤工助学学生、临时工等)。

加强管理只是队伍建设的一个方面,加强培养则是队伍建设更重要的一个方面。具体包括:外出进修、在职进修、办专题学习班、成立图书馆学术委员会、建立校级与馆级研究项目申报立项制度、建立馆内学术报告会议制度、鼓励馆员参加各种学术交流活动等。在图书馆内形成一个比较浓厚的学术氛围,从而激励图书馆员的进取心,提高图书馆整体的学术水平和服务水平,加强图书馆的凝聚力,促进图书馆精神文明建设。

(原载《大连民族学院学报》2001 年第 3 期)

我国民族高校图书馆发展战略探索*

我国有 55 个少数民族,人口 91 689 万人(1990 年),分布在约占全国总面积 60% 的 19 个省和自治区。其中 32 个民族处于 2 万多公里的陆地国境线上,与 12 个邻国的同一民族跨境而居。我国民族高校图书馆事业虽然起步较晚,但在党和政府的关怀下,经过 50 多年的建设,已初具规模,在为人们多元文化服务领域中成效显著,起到其他类型图书馆不可替代的作用,但由于地域经济、文化环境等历史原因,民族高校图书馆事业同其他高校图书馆,特别是同沿海地区的高校图书馆相比,还有一定差距,民族地区之间发展也不平衡。馆舍不足、经费短缺、工作人员素质低、设备陈旧等一系列问题一直困扰民族高校图书馆事业的发展,这是摆在我们面前的重要研究课题。

1. 制定战略的基本依据

鉴于种种历史原因,我国少数民族地区的经济、社会发展水平落后于全国。由于少数民族经济与社会发展水平的制约,民族高校图书馆事业发展水平也是比较落后的。因此要制定出切实可行的发展战略,首先必须对民族高校图书馆事业发展现状做出正确的、客观的评估,为制定民族高校图书馆事业发展战略提供可靠的依据。

(1)我国民族高校图书馆在 1949 年前,基本是个空白,全国在边远地区及少数民族聚居地区,仅有 4 所民族高校图书馆。新中国成立后,党和政府十分重视民族教育事业,早在 20 世纪 50 年代初期就开始在各地创建一批民族高等院校,为民族高校图书馆事业的发展奠定了基础。党的十一届三中全会以后,随着民族高等教育事业的发展,民族高校图书馆事业更是锦上添花,进入了改革开放、迅速发展的新时期。截至 1995 年,全国民族高校图书馆达 113 所,藏书总量达到 2000 多万册,比 1950 年增加了 28 倍。以宁夏为例,宁夏现有高等学校图书馆 11 所,其中宁夏大学、宁夏农学院、宁夏医学院、固原师范高等专科学校、西北第二民族学院、宁夏教育学院、中共宁夏回族自治区党校、宁夏工学院 8 所院校有独立的馆舍,总面积为 2.5 万平方米,藏书总量 380 万册;1994 年购书经费总计超过 210 万元,专业人员总数近 400 人,1998 年,宁夏高校图书馆工作委员会制定了《宁夏高校图书馆工作评估指标体系和实施办法》,同年由自治区教育厅正式批准实施,极大地推动了全区高校图书馆基础建设和服务工作的规范化。从民族地区高等院校分布看,已从相对发达地区向待开发区发展。从全国看,民族地区的高等院校与一般民族院校、民族师资培训中心相辅相成,又构成了从首都到地方,从南疆到北国边陲广阔地域上的民族高等教育网络。这种分布适应了我国少数民族人口聚居与杂居互相交错的情况,为各少数民族培养高级专门人才提供有利条件。同时也为实现民族文献资源共享,实现计算机联网打下良好的基础。

(2)民族文献的收集、整理及开发利用等功能已达到了较为先进水平。目前,我国出版

---

* 该篇文章与蔡明德合作。

民族文字书刊和音像制品的出版社有 30 余家,截至 1996 年年底,已出版民族文字图书累计达 59 066 种,84 101 万册,民族类报刊 750 种,其中民族文字报刊 260 种。这些现代民族文献得到了全国民族高校图书馆的系统收藏和利用。特别是在民族文献收集整理方面取得明显的成效。如中央民族大学图书馆自从建馆以来,为适应民族地区培养人才的需要,根据学校的性质、任务和专业设置,在全国范围内广泛采集图书资料。经过 50 多年的努力,目前已拥有中外文图书资料 100 多万册,成为高等学府中藏书较丰富的图书馆之一,也是民族院校中的佼佼者。现在图书馆已初步建成了具有针对性、系统性、连续性的能反映中央民族大学主要专业特色的藏书体系。特别是在中国民族史、少数民族语言文学等专业的文献尤为丰富。所藏文献中,有藏文、满文、蒙古文、彝文、傣文、纳西文等文种,其中有不少属于珍贵的文献或已绝版的书籍。如藏文《大藏经》的纳塘版《甘珠尔》部,历代高僧全集、传记,《多仁班智达传》手抄本,《贤者喜宴》初印本,均属一级特藏。在特藏文献中还有稀世珍品贝叶经,是用铁笔刻在贝多罗树叶的古代佛教经典。

在民族文献的开发利用方面更是异彩纷呈。如中央民族大学图书馆历年编制的《中国少数民族研究资料索引》,1985 年云南民族学院图书馆编印的《图书馆馆藏报刊有关民族研究论文索引》(上、下),1989 年西南民族学院编印的《西南民族学院图书馆藏民族文献资料目录》(上、下),1989 年西藏民族学院图书馆编印的《西藏民族学院图书馆民族文献目录》及《藏学文献论著索引》(1—5 册),1990 年黔东南民族师范专科学校图书馆编印的《馆藏民族文献目录》,1989 年贵州民族学院图书馆编著的《馆藏民族文献目录索引》,1991 年青海民族学院图书馆编著的《中国藏学研究文献目录资料索引》(上、中、下),比较全面地反映了中国藏学文献情况,为从事藏学研究者打开了方便之门,起到了"衣领"的作用。1990 年西南地区民族院校图书馆协同编制的《民族和民族学文献联合目录》,是在各参加馆所编的各馆藏民族文献目录的基础上汇总编辑而成。这些便是文献资源共享的结果。

又如青海民族学院图书馆关于土族研究文献资料,西北民族学院图书馆关于"花儿"的研究素材,吉首大学图书馆的苗族、土家族研究文献等,都各具特色。再如贵州民族学院图书馆编辑出版的《傩戏傩文化资料》三集,被海内外的有关专家推崇为"中国文化史上的瑰宝"。内蒙古大学图书馆所藏的有关蒙古史方面的文献资料,促进了内蒙古大学的蒙古学研究,使之成为国内外研究蒙古学方面的学术中心,并被国际上的权威机构认可为中国 15 所最著名的大学之一。1994 年国家教育委员会在中央民族大学设立"民族科学文献信息中心",1994 年 2 月,国家教育委员会在内蒙古大学成立了"民族学科蒙古学文献信息中心"。

自 20 世纪 80 年代民族地区广泛开展图书馆学教育以来,民族高校图书馆学教育发展迅速,从 1985 年开始,北京大学、北京师范大学、中央电视大学等先后为少数民族地区培养 439 名专业人才,各民族地区高等院校也广泛开展了图书馆学教育。以内蒙古为例,到 1993 年,内蒙古各高校的图书馆专业大专生已毕业 901 名,在校生 285 名。同时开展了具有民族特色的图书馆学教育,编写和翻译民族文字教材,采用民族语文授课。1988 年 9 月,内蒙古大学创办了蒙古语图书馆学情报学专修科,这是我国第一次用民族语言进行图书馆学大学专科教育。

此外,民族文献自动化研制工作达到国内或国际的先进水平,在民族文献标准化著录、采用计算机编目以及开展协作等方面摸索出很多具有实际意义的研究成果。以蒙古文文献为例,编制和研制成功的就有《蒙古文文献著录规则》、"现代蒙古语文数据库""蒙文信息管理系统"等。特别是在开发我国多种文献检索系统方面，虽然起步晚，但发展很快，已在诸多方面居世界领先地位。从已开发的多语种系统看，它涉及的语种有汉语、朝鲜语、蒙古语、满语、维吾尔语、哈萨克语、柯尔克孜语、藏语、壮语等 10 余种，为实现民族文献自动化管理迈出了成功的第一步。

（3）全国对少数民族地区的支援形势正在蓬勃发展。民族高校图书馆事业的发展需要全国的大力支持扶植。党的十一届三中全会后，党和国家非常重视对边远民族地区的支援，并开始有计划地组织实施这项工作。从 1987 年开始，国家教委和国家民委曾多次召开会议，研究确定了各地高等学校的对口支援协作关系：北京市—内蒙古自治区，北京市、辽宁省—宁夏回族自治区，上海市、江苏省、陕西省—新疆维吾尔自治区，天津市—甘肃省，上海市、福建省—云南省，浙江省、四川省、河北省—贵州省，江苏省、广东省—广西壮族自治区，山东省、吉林省—青海省，逐步构成了一个较稳定的高等教育对口支援协作网络。如西北师范大学、南京师范大学、北京经济学院对口支援西藏大学；陕西师范大学、西安医科大学、西安体育学院、陕西财经学院对口支援西藏民族学院。北京师范大学、中国人民大学、北京经济学院支援宁夏大学，北京工业大学支援宁夏工学院，北京农业大学支援宁夏农学院，北京医科大学、北京中医学院支援宁夏医学院，北京师范大学支援宁夏教育学院等。以大连民族学院为例，大连民族学院虽然是建在内地沿海城市的民族学院，也同样得到了许多高等院校的大力支持。从 1994 年建馆至今，已先后得到同济大学、大连理工大学、大连海事大学、中央民族大学等兄弟院校图书馆赠书达 13 万多册，极大地缓解了新馆藏书不足的局面，为大连民族学院图书馆藏书建设打下了坚实的物质基础。特别是随着国家开发西部战略的实施，将给民族高校图书馆事业更大的发展机遇。

根据上述三方面的分析，可以看到：虽然民族高校图书馆事业发展水平与全国相比存在着一定差距，但是已为民族高校图书馆事业奠定了长足的发展基础，也具备了为促进经济、社会协调发展服务的有利条件。如果民族高校图书馆能合理利用现存力量，并借助于优惠的政策和全国的支援，针对当地经济、社会的实际需要与教育发展规律开展图书馆工作，必然会取得更大的经济和社会效益。

2. 战略指导思想和战略目标

开展我国民族高校图书馆发展战略研究，必须确立一个正确的指导思想，只有在正确的指导思想前提下，才能更好地从宏观控制的角度深入探讨我国民族高校图书馆事业的发展战略问题。

1987 年国家教委发布的《普通高等学校图书馆规程》指出，"高等学校图书馆应贯彻党和国家的方针、政策和法令，宣传马克思列宁主义、毛泽东思想和人类科学文化的优秀成果，履行教育职能和情报职能，为培养有理想、有道德、有文化、有纪律的社会主义建设人才，发展教育文化事业，建设社会主义物质文明和精神文明做出贡献，"这就是研究高等院校图书馆事业发展战略的指导思想。

民族高校图书馆发展战略是高校图书馆发展的总体战略的局部战略。根据高等学校图书馆事业战略指导思想，结合民族高校图书馆实际，民族高校图书馆战略指导思想可以概括为：坚持党的四项基本原则，坚持教育要面向现代化、面向世界、面向未来的指导方针，贯彻党和国家有关民族教育的方针、政策和法令，根据民族地区经济和民族教育发展规律，集思广益,积极发展民族高校图书馆事业,针对民族高校图书馆的特点,充分发挥教育职能和情报职能,为培养各民族社会主义建设人才服务,从民族地区社会、经济基础出发,根据民族高校的性质、任务,扬长避短,开辟一条具有地区优势和特色的民族高校图书馆发展路线。其依据包括以下几个方面:

(1)当今以信息革命为核心的新技术革命的兴起和知识经济时代的到来,迫使各国政府都把发展科学教育作为迎接这一挑战的一项对策。可以说,当今世界经济的竞争,实际上是科学技术的竞争,是人才、智力的竞争,其实质还是教育的竞争。谁能把教育搞好,谁就能在这场竞争中处于主动地位。因此,以交流科学技术、传递情报信息、开发智力资源为使命的民族高校图书馆,面临着严峻而紧迫的挑战。

(2)我国上百所民族高校的图书馆位置分散,分布区域跨度大,馆与馆之间缺少内在联系,各馆发展水平也不平衡。这就要求我们必须从民族高校图书馆事业的整体上去加强协调和控制,使之逐步趋于平衡和稳定。近年来,在民族高校图工委的组织下,民族高校图书馆之间加强了相互联系,并开展了各项有效活动,促进了我国民族高校图书馆事业的发展。

(3)几年来,我国民族高校图书馆事业有了很大发展,文献资源大幅度增长。但是,如果置身于我国民族高校图书馆事业的整个环境背景之中,我们不仅要看到自身的发展,而且应该看到我们的事业起步是迟的,基础是较差的,发展也是不平衡的。影响我国民族高校图书馆事业更快发展的主要原因在于:一是受传统观念的影响,使图书馆服务工作未能充分发挥应有效益,许多图书馆的智力资源仍有待积极开发;二是在人员编制、经费保障、专业队伍素质、先进技术设备的配置和应用等方面,无论是与我国民族高校教育事业发展要求,还是与民族高校图书馆事业整体发展的需要相比,都还有一定的差距。因此,确定我国民族高校图书馆事业发展战略的指导思想,已是关系到我国民族图书馆和全国图书馆事业发展方向的一个课题。

3. 战略任务

在 2010 年内我国民族高校图书馆事业发展的战略任务主要包括以下若干方面:

(1)加强民族高校图书馆基础设施建设,要把此项内容纳入国家教育发展规划。制定和颁布有关民族高校图书馆的法律和法令,为民族高校图书馆事业发展提供保障。重视民族文化遗产的抢救和保护工作,努力缩小民族高校图书馆与其他高校图书馆之间的差距。在此基础上,建立和资助一批具有民族特色的民族高校中心图书馆,广泛应用现代化设备,使这些图书馆成为某一民族地区文献供应中心、咨询中心、人才培训中心和国际国内学术交流中心。

(2)努力提高民族高校图书馆专业人员整体素质,逐步实现队伍专业化。在加强对现有民族高校图书馆专业人员在职培训教育的基础上,积极发展民族高校图书馆教育,在综合性民族大学里建立图书馆学系,定向培养;在全国各民族院校里以馆、系或系、科配合形式建立学科交叉型的民族图书馆专业,建立稳固的教学与实习基地;并在此基础建立在职培训、本科生和研究生教育同步发展的教育结构。到 2010 年,初步建立并形成具有中国特色的民族图书馆学理论体系。

(3)努力实现民族文献结构网络化,逐步建立民族文献保障体系。把全国的民族文献资源建设作为一项系统工程,在全国大系统总体最优化文献资源增长的前提下,结合我国民族地区大杂居、小聚居的特点,规划其民族文献资源建设,制定区域民族文献与民族高等教育协调发展的总体规划方案,结合近远期发展前景,组成多层次、多学科、多方面人才的文献资源建设班子,建立一个较完整、系统而又符合我国国情的民族文献资源体系,以其真正实现资源共享的目的。目前我国民族文献的跨省、自治区、直辖市的协作组织正初具规模。如五省(区)满文、四省(区)彝文,八省(区)回文等民族文献协作网络。到 2010 年,我国的民族文献网络要真正达到布局合理、结构科学、联系密切、效益显著的目标。

(4)努力实现文献检索手段现代化。文献的搜集、整理、传递,将由目前的手工操作改为以计算机为主的自动化操作。今后越来越多的文献将以数字形式存在,以计算机为载体的文献信息,其数量大大超过以传统形式为载体的文献信息,不断提供更多的检索途径,而且还揭示文献信息片段之间的相互联系,便于综合研究和利用。到 2010 年,将实现全国和各省、市、自治区及重要基层单位、大专院校之间以及主要学者之间的计算机联网,使文献资源的开发利用初步达到国际化水平。

(5)充分利用独特的地理位置环境,广泛开展国际交往。当今世界是一个整体,人们称之为"四化"世界——国际经济一体化、产业结构跨国化、金融流通洲际化、科技世界网络化。在此形势下,民族高校图书馆事业要结合 21 世纪的需要,必须大力推进国际化。我国少数民族主要居住在边疆地区,这为民族高校图书馆的国际化交流提供了得天独厚的条件,特别是进入 20 世纪 90 年代以来,中国开放口岸的重点已从沿海向内地辐射,并由开放海运口岸向开放空运、陆运口岸发展。民族高校图书馆应充分利用独特的地理位置环境,广辟国际信息渠道,广泛开展国际交往。如制定共同的民族文献规范,共同编辑图书期刊索引及情报刊物,合作购置和共同开发应用大型的现代化设施,如建立公用的文献数据库等。

4. 战略措施

为了保证我国民族高校图书馆事业发展战略任务的顺利完成,必须采取一些重要的措施:

(1)革除长期以来所形成的条块分割、各自为政、自然布局、求全发展的图书情报机构模式,强化国家对民族高校图书馆事业发展的宏观控制,把民族高校图书馆事业作为国家的一个整体事业进行规划统筹,在全国建立数量适合、布局合理的民族文献收藏中心与服务中心。国家对这些中心给予重点支持,经费集中使用,以保证能购买必不可少的文献资料,这些中心对所辖地区的单位提供多功能的民族文献情报服务。

(2)多渠道争取经费投入,建立民族高校图书馆新的投入体系。随着经济的快速发展,在国家为民族高校图书馆逐年加大经费投入外,还必须广开财路争取社会各界的支持,如接受社会各界及国内国外各种形式的捐赠等。民族高校图书馆本身也要形成一个综合型信息服务中心,在承担公益性职能的基本服务外,运用市场机制开展某些有偿服务以弥补经费不足。

(3)要稳定人才队伍,重视民族高校图书馆人才的培养。首先要落实政策,稳定民族高校图书馆队伍。防止人才外流的办法,不仅是靠提高物质待遇,而且要靠提高政治待遇,其关键在于充分地发挥专业人员的积极性,创造心情舒畅、人尽其才的环境。其次,要采取各种教育措施,培养民族高校图书馆人才。目前民族高校图书馆工作非常缺乏高层次人才,特别是缺少那些既懂得图书情报管理业务,又懂得使用现代化信息处理技术,并且具有开拓精神、敏锐把握信息的人才。各级领导部门和民族高校图书馆都应十分重视人才的培养教育,使其适应形势发展需要。

(4)强化文献信息资源开发利用的深度和广度,加快民族高校图书馆工作现代化手段建设。要充分利用新的技术和方法把最有价值、最有针对性的文献以最快的速度提供给使用者,将单纯地收集文献,简单被动地传递文献信息方式,发展到积极主动地为读者服务,多渠道、多层次地为广大师生及整个社会提供信息。同时,还应对潜在的,过去没有利用的文献信息加以开发,在注重一次文献服务的同时,加强二次文献、三次文献的加工与服务。与此同时,还要加快现代化技术的应用,如计算机的应用可加快文献资料的检索频率,实现全球联网;缩微光盘技术的出现,解决了文献信息的存贮、处理问题,使文献得以长时间的保存。因此,国家和有关部门在考虑增加民族高校图书馆文献购置费用的同时,应重点加大现代化设备费用的投入。

(5)适应知识经济时代的发展,加快民族高校图书馆改革。根据党和国家的战略部署,我国高等教育正积极由应试教育向全面素质教育转变,培养适应知识经济时代的跨世纪人才。全面素质教育包括科学素质和人才素质的培养,重视对大学生接受、利用、创新知识的技能培养,计算机互联网络将成为师生获取知识信息的重要工具,这必将促使民族高校图书馆从高质量文献信息资源建设、开放型计算机网络建设、高素质专业队伍建设、宽口径文献信息服务和现代化服务体系建设等方面继续深化改革,以适应知识经济时代对民族高校改革的需要。只要我们正视挑战,把握机遇,我国民族高校图书馆定能以崭新的面貌搏击知识经济时代高等教育改革的浪潮,为党的民族教育事业做出应有的贡献。

参考文献

1　廖金波.21 世纪我国大学图书馆的发展趋势[J].图书馆,1999(2).

2　包和平,宝音,杨艳平.民族图书馆学概论[M].长春:吉林人民出版社,1999.

3　包和平,许斌.中国民族文献学研究[M].北京:中国华侨出版社,1996.

4　朴胜一.中国少数民族教育发展与展望[M].呼和浩特:内蒙古教育出版社,1990.

5　中国图书馆学会.世纪之交:图书馆事业回顾与展望[M].北京:北京图书馆出版社(今国家图书馆出版社),1999.

6　杜克.中国图书馆发展战略研讨会论文集[M].北京:书目文献出版社(今国家图书馆出版社),1996.

(原载《大连民族学院学报》2001 年第 4 期)

图书馆学情报学研究人才的群体结构*

在促进科学发展的诸因素中,人才起着关键作用。一部科学技术发展史,往往就是一部人才成长史。图书馆学情报学的发展也是如此。可以说,建立一支数量多、质量高、结构合理的人才队伍,是发展图书馆学情报学的关键。

1. 图书馆学情报学研究人才群体结构优化原则

所谓群体结构优化的原则,就是群体在结构上达到协调、合理、优化的程度,各子系统都能以最佳的状态去实现总体目标。图书馆学情报学研究人才群体优化,就是使图书馆学情报学研究人才在群体结构上达到协调、合理、优化的程度,做到数量精干、素质优良、结构合理、充满活力,以适应未来社会主义现代化建设、科学技术发展和图书情报事业发展战略的需要。

实现图书馆学情报学研究人才队伍最优化结构,应符合下列基本原则:一是能适应图书馆学情报学科研的需要,有利于各种图书情报活动的实施;二是能适应图书馆学情报学学科建设的需要,有利于相关学科的相互交叉和技术综合,用于知识更新,形成比较完整的知识体系;三是能形成学术梯队,使图书馆学情报学研究人才群体保持正常的新陈代谢和持续发展的能力;四是尽可能地降低内耗,减少磨损,提高群体的积极性,使每个成员都能充分地发挥专长。

图书馆学情报学研究人才群体的结构优化主要是通过图书馆学情报学研究人才的学历结构、年龄结构、职称结构、知识结构、组织结构等方面的组合是否优化加以衡量,是通过图书馆学情报学研究人才的稳定和流动实现的。

2. 图书馆学情报学研究人才群体结构优化的内容和要求

(1)具有高层次的学历结构

学历是图书馆学情报学研究人员基础理论、科学研究能力的重要标志,是保证图书馆学情报学研究的基本条件。一般来说,图书馆学情报学研究人员群体中拥有高学历的人越多,学术水平越高。图书馆学情报学研究人员的研究过程,是综合运用自身知识和能力的过程,只有掌握系统的高层次的知识,才能有效地、创造性地开展图书馆学情报学研究。

尽管我国在图书馆学情报学研究人员群体的学历方面提出一些要求,这几年学历比例提高较快,他们来自50余所图书情报学院(系、专业)或受过"五大"(函大、电大、自修、夜大、走读)教育,组成了一个由研究生、本科生、专科生、中专生等不同层次的集合体。但是由于历史的原因,图书馆学情报学研究人员学历低的状况在短期内很难根本扭转。有很多图书情报部门,前几年补充了大量的本、专科毕业生,他们大都处在图书情报工作第一线,工作

---

* 该篇文章与闫海新合作。

任务很紧,又面临新老交替的节骨眼上,难以将他们都抽出攻读学位或脱产学习,只能有计划地逐步解决他们的学历问题。

(2)具有新老交替的年龄结构

一般来说,图书馆学情报学研究人才群体的年龄结构应体现老中青三结合的原则,既要有富有经验,能把握方向的老同志,又要有年富力强、承上启下的中年同志,还要有思想敏锐、奋发有为的青年同志。合理的年龄结构应当有利于出人才、出成果。

图书馆学情报学研究人员从事的是创造性的脑力劳动,需要有旺盛的精力和高度的创造力。然而人的一生中并不是所有的年龄段都能满足这个要求。从生理学角度看,人的记忆力在超过一定年龄后,往往会衰退,而理解力却随着年龄的增长而增强。这样,一生中只有在记忆力和理解力都处在高峰期时,才能表现出较高的创造力。据统计,杰出的科学家做出重大贡献的最佳年龄在25—45岁之间,其最高峰值为37岁左右,而首次做出贡献的最佳年龄为33岁左右。有人做过诺贝尔奖奖金获得者平均年龄的统计,物理奖为35.5岁,化学奖为41.7岁,医学奖为39.5岁,总的平均年龄为38.8岁。

要使图书馆学情报学研究人员年龄结构合理,关键是各个年龄段的比例合理。我国图书馆学情报学研究人员年龄段存在不可忽视的问题,即年轻图书馆学情报学研究人员的比例过大,今后要逐步做到:新老交替,不出现断层,不产生拥挤,使老退、新进处于平衡状态。

(3)具有比例适当的职称结构

图书馆学情报学研究人员合理的职称结构应具备的基本条件:一是作为理想的图书馆学情报学研究群体,必须拥有各种职称,能掌握与本专业有关的各种知识,如果某种职称的图书馆学情报学研究人员欠缺或匮乏,那就是不合理的结构;二是在完成科研工作方面各种职称的图书馆学情报学研究人员搭配合理、通力协作,各自发挥积极作用,能形成总体优化的状态;三是各种职称的图书馆学情报学研究人员组合到一起,能相互弥补缺欠而又各自充分发挥专长,成为一个有机的整体,如果内耗过大,造成人才浪费,其结构也是不合理的;四是形成一个合理的学术梯队,有学科带头人和学科骨干。符合以上条件的职称结构有利于图书馆学情报学研究队伍的长远建设。

(4)具有最佳的知识结构

图书馆学情报学研究队伍的知识结构包括两方面:个体知识结构和群体知识结构。群体知识结构合理不等于个体的知识结构都合理;个体知识结构合理,也不等于群体知识结构就合理,但二者有密切的关系。个体知识结构是学科群体知识结构的基础,学科群体知识结构是个体知识结构的总和。

图书馆学情报学研究人员个体最佳的知识结构,应包括三个方面:一是在他主攻的学科领域里,对该学科的全部内容及其理论基础有较深的造诣;二是对相关学科有广泛的了解并在某些方面钻研较深;三是具有广博的知识,并能熟练地掌握一门以上的外语。

目前我国图书馆学情报学研究队伍知识结构状况不尽合理,主要表现在以下两个方面:一是专业过细,知识面较窄。多数图书馆学情报学研究人员对本专业的理论知识掌握的较好,有些人甚至造诣很深,但因我国图书馆学情报学教育专业设置的过窄过细,图书馆学情报学研究人员的知识范围受到一定的限制,很多图书馆学情报学研究主要是侧重于文科知识。二是重文轻理。目前普遍有一种误解,似乎图书馆学情报学研究主要是侧重于文科知识,而理工科触及较少,用途不大,因此造成文科毕业生过剩,农林、水利等理工科人才缺乏等状况。要完善图书馆学情报学研究体系,实现图书馆学情报学研究现代化,就必须尽快扭转实际上已经形成或正在形成的"重文轻理"现象,实现图书馆学情报学研究队伍知识结构的调整和补充,做到"拾遗补阙",使图书馆学情报学研究队伍的知识水平在深度和广度上有个大发展。

(5)具有协调的组织结构

按人才学的观点,人才之间可形成各种各样的组织结构。用形成的方法分类,大体可分为两种:一种叫自组织,另一种叫他组织。由于学术观点相同,有共同的志趣,通过自己认识、自己交往而形成的叫自组织;反之,由上级委派、组织分配而形成的叫他组织。世界各个国家除了社会制度不同外,它们所具有科学研究能力及条件也不相同。因此,各国的科学研究人才的组织结构都各有其特点。在国外,图书馆学情报学研究大多属自组织的。他们人虽不多,但办事效率非常高,像英国伦敦图书馆分类法研究小组正是依据这种组织创造了举世瞩目的成果。而在我国,还要从我们具体条件诸如图书馆学情报学发展水平、图书馆学情报学研究队伍等出发,不能照搬照套。目前我国图书馆学情报学研究和国外还有相当的差距,所以,在组织图书馆学情报学研究人才结构问题上也应采取我国迎接新的技术挑战的方针:一方面应积极鼓励自组织在若干项目或领域内有所突破;另一方面还应利用合理的组织,集中力量缩短我们和别人的差距,如成立相关的研究所等,完成重要的图书馆学情报学研究工程。这在我们社会主义国家有其特殊的优越性,正是利用这种形式,我国组织了庞大研究队伍完成了《汉语主题词表》和《中国图书馆图书分类法》的编制任务,且这两项工程都获得国家科学进步奖。

3. 在稳定与流动中保持研究人才群体结构优化

从辩证的观点看,稳定与流动是一事物的两个方面,相辅相成,相互依存。稳定是相对的,流动是绝对的,只有通过合理的流动才能达到结构优化的稳定。从系统化的观点看,系统元素的稳定和流动,反映了系统与环境的作用关系,稳定是系统相对于环境的稳定,流动也是系统元素在系统与环境间的流动,系统的稳定是系统在一定环境中保持自身独立性的必要条件,没有这种基本稳定,就无法形成系统稳定的目标,也无法维持系统正常的活动。流动是系统与一定的环境进行物质、能量和信息交换的重要途径。一个与外界没有物质、能量和信息交换的孤立系统,其内部的任何有序结构最终都将受到破坏,而发展为一种均匀、单一、僵死的状态。只有与外界物质、能量和信息交流形成开放系统,才能获得发展的活力,不断走向新的有序和稳定。

图书馆学情报学研究队伍建设要保持稳定的合理的结构,也必然要遵循这种稳定与流动的基本原则。一方面,由于图书馆学情报学人员从事的科研工作需要知识、经验的积累,并具有长期性的特点,因而必须保持相对的稳定;另一方面,图书馆学情报学研究人员的学历、年龄、职称、知识结构都是随着时间的变化而发生变化,结构的合理又必然通过人员的流动不断被打破,重新组合,实现新的合理结构,即在稳定与流动的结合中寻找最佳的组合方式。

保持图书馆学情报学研究队伍的结构优化,处理好稳定与流动的关系,一是应根据图书馆学情报学研究队伍的实际情况和图书馆学情报学研究队伍的建设目标,恰当地划分其稳定层和流动层,并通过一定的定量分析,把握合适的稳定率和流动率;二是建立良性的运行机制,在政策和措施上保证各种结构比例的合理调节,使流动渠道畅通;三是通过加强思想政治工作和提高图书馆学情报学研究人员待遇,改善图书馆学情报学研究人员的工作、生活条件以及良好的学术氛围等,增强内部的凝聚力。

参考文献

1　李纪珍.研究开发合作的原因与组织[J].科研管理,2000(1).
2　何庆来.论创建图书馆最高科学研究机构[J].图书馆杂志,2000(3).
3　李炳穆.理论的图书馆员和信息专家的素质与形象[J].图书情报工作,2000(2).

（原载《情报杂志》2001 年第 7 期）

确立中国现代图书馆学的关键:体系更新

如何打破图书馆学的旧有体系,构建一个现代形态的图书馆学体系,是图书馆学科建设的核心问题。这一问题不解决,图书馆学在其他方面的理论研究上也很难取得较大的进展。今有幸拜读了李刚、倪波两位作者撰写的《中国现代图书馆学的确立》(载《图书情报工作》2000 年第 1 期)一文,颇受启发,愿就这一问题做进一步探讨,并求教于李刚、倪波两位同志及其他业内同仁。

1. 现行图书馆学体系的缺陷

我国现行的图书馆学体系(不是指哪一本书,而是指体现在大学课程教学及各种图书馆学教科书中的大致相同的体系)是在 20 世纪 20 至 30 年代到 80 年代图书馆学研究的基础上形成的,可以说是这一时期图书馆学研究成果的总结。这一体系有其历史价值和历史意义,但在即将跨入 21 世纪的今天,它却日益显露出四大缺陷。

第一,理论视野和理论框架比较狭窄,内容比较贫乏,没有考虑到近几年图书馆学各个分支学科的发展,也没有吸收那些和图书馆学关系十分密切的相邻学科的新成果。

第二,基本上没有吸收中国传统图书馆学的积极成果,各种范畴、命题、原理仍局限于西方图书馆学或苏联图书馆学的范围内。

第三,对当代西方各国图书馆学研究的积极成果吸收得不够充分。

第四,和我国新时期图书馆实践相脱节,即没有对新时期图书馆实践中的新成果、新经验和新问题进行研究。

以上 4 个方面的缺陷,使得我们的图书馆学体系显得陈旧、单调、乏味,缺乏时代感和现实感,已经越来越不能适应高等学校图书馆学教学的需要,也越来越不能适应图书馆实践以及各行各业利用图书馆的需要。从根本上突破和改造这个体系,建设一个现代形态的图书馆学体系,已经成为图书馆学发展的关键。

2. 图书馆学的现代形态

那么,什么是现代形态的图书馆学体系呢?

在西方图书馆学史上,曾经出现过形形色色的图书馆学流派,如果从理论形态着眼,大致可以归纳为以下两种:一种是"实用图书馆学",另一种是"理念图书馆学"。前者从图书馆活动的实体描述出发,后者则从图书馆活动的理性抽象出发;前者带有较多的感性认识,后者则是逻辑思维的理性认识。

以上两种图书馆学形态,都属于西方图书馆学的范围。中国古代的图书馆学似乎难以被纳入上述两种形态的任何一种。虽然中国古代图书馆学明显地有着自己的特点,但由于国内外学术界对它的研究一直相当薄弱,所以我们一时还难以对其具体形态做出完整的理论概括表述。

20世纪以来,西方图书馆学的新流派层出不穷,但还没有产生一种新的能够独立于以上两种形态之外的图书馆学形态。换句话说,体现时代精神的现代形态的图书馆学体系还远未形成。

现代形态的图书馆学体系和历史上曾经出现过的各种形态的图书馆学体系的最大区别就在于:它必须充分体现结构思想所要求的那种在更大范围内和更深刻程度上的理论综合。

那么,对于图书馆学科来说,结构思想所要求的这种在更大范围内和更深刻的程度上的综合,其具体内容应该包含4个方面的内容:①传统图书馆学和当代图书馆学的贯通;②中国图书馆学和西方图书馆学的融合;③图书馆学和诸多相邻学科的渗透;④理论图书馆学和应用图书馆学的并进。

我们认为,只有贯彻这4条原则,才能实现结构思想所要求的那种综合,从而构建一个现代形态的图书馆学体系。这个现代图书馆学的体系,是对于笔者前面所提到的那两种西方图书馆学形态的超越,也是对中国图书馆学的超越。

3. 中国图书馆学与西方图书馆学的融合

在现代图书馆学体系的建构原则中,中国图书馆学和西方图书馆学的融合是非常关键的一环。缺少这一环,就不可能建设一个现代形态的图书馆学体系。

之所以做出这一论断,当然是和笔者对"现代图书馆学体系"概念的理解有关。所谓"现代图书馆学",绝不像有些人所理解的那样,即简单地等同于20世纪的西方图书馆学。"现代"是一个全球概念,"现代图书馆学"应当是站在新世纪的高度,融合东西方图书馆学的全部精髓所建设起来的,因而是具有国际意义的学科。正是基于这一理解,我们才说,尽管当代西方图书馆学流派层出不穷,但我们还未找到一个比较成熟的现代形态的图书馆学体系。

中西方图书馆学的融合,需要我们进行长期不懈的努力。就当前来说,两个问题必须首先解决。

第一个问题:如何正确对待西方现当代图书馆学?

过去,在很长一个时期内,我们对西方现当代图书馆学都缺乏研究。最近10多年来,这种情况有了很大改变。学术界有很多人花了大量力气翻译、介绍西方现当代图书馆学,出版了很多译著和评价性的专著,这当然是很有必要的,但是我们不能停留在这一步,也就是说,我们应在马克思主义的指导下,对西方现当代图书馆学中那些重要的、影响较大的流派,进行系统的分析,把其中合理的、有价值的东西加以适当的改造,吸收到我们的体系当中来,把它放在恰当的位置,构成我们体系中一个环节,这对发展和丰富我们的理论是极其必要的。西方现当代图书馆学有一个共同的特点,就是都紧紧抓住社会对图书馆提出的新课题进行理论探讨,因此,吸收其合理因素,将有助于强化我们自身理论研究的当代性,使我们的理论能更好地回答人们最为关注的现实问题。

第二个问题:如何正确对待中国传统图书馆学?

学术界有些人认为,较之西方图书馆学,中国传统图书馆学是十分零碎和肤浅的。这种看法并不符合历史事实,因为中国传统图书馆学有许多充满智慧或极深刻的理论,也有许多富有民族性的理论,至今仍然具有相当的研究和借鉴价值。

学术界还有一些人认为,中国传统图书馆是过时的东西,是应该抛弃的"包袱"。这也是错误的看法,因为中国传统图书馆学中有非常有现代意味的内涵(当然要经过我们的重新阐释)。这些内涵,既构成了对我们狭窄的图书馆学体系的挑战因素(即挑战不仅来自西方现当代图书馆学),同时也成为我们建设现代图书馆学体系的理论营养(营养也不仅来自西方现当代图书馆学)。

但是,对于中国传统图书馆学的丰富性、深刻性和民族独创性,我国图书馆界还研究得很少,至今还没有一本像样的图书馆学史专著问世。现有的有关图书馆学史的论著,可以说内容极为贫乏,根本不得要领。我国图书馆学界对于中国传统图书馆学确实十分隔膜和所知甚少,这是我国图书馆学始终未能突破西方或苏联图书馆学局限的重要原因之一。从上述事实中我们可以得出两条结论:第一,实行文化的开放,不仅要积极引进国外一切有价值的图书馆学思想,而且要加强对中国图书馆学史的研究。目前,后者还显得十分薄弱。虽然图书馆学界已开始对我国图书馆学史进行研究,但还处于一个开始阶段。对于中国传统图书馆学的基本精神和理论内核,我们还缺乏认识,至少还没有准确地把握。第二,建设有中国特色的现代图书馆学体系,必须以对中国传统图书馆学进行深入研究为前提。中国传统图书馆学的丰富性和深刻性,中国传统图书馆学在当代的价值等,都还有待于我们去重新发现和重新研究,如果我们在这方面不下苦功,所谓建设一个现代形态的图书馆学体系,就会变成一句空话。总之,对于中国图书馆学界来说,建设现代图书馆学体系,并不意味着从国外引进一个现成的体系,而是需要我们进行艰苦的理论创造和融合,这种创造与融合,既包括对西方现当代图书馆学的借鉴,更包括对中国古代图书馆学重新发现和深入研究。

参考文献

1　李刚,倪波. 中国现代图书馆学的确立[J]. 图书情报工作,2000(1).

2　包和平. 论图书馆学基本问题[J]. 图书馆学研究,1999(6).

3　包和平. 对图书馆学理论研究的哲学思考[J]. 图书情报工作,1995(5).

(原载《图书情报工作》2001 年第 2 期)

论图书馆学基本理论的理论特征

近几年,图书馆学基本理论的研究有了长足的发展。这不仅表现在付梓的成果(书籍和论文)累累,而且还呈现于研究方法、角度和途径的多样化与创新性上面。显然,这对于图书馆学科的建设与完善有着重要的意义。

与单科性分支图书馆学理论不同,图书馆学基本理论是图书馆学科的总体性与根本性的理论构建,因此,图书馆学基本理论的建设相对更为重要,它不仅构建于各类图书馆实践的研究基础上,而且具有指导各分支图书馆学的普遍性理论意义,否则就没有存在的价值。另外,图书馆学基本理论不仅对各类图书馆实践活动具有指导性的理论职责,而且还必须能够对各个分支图书馆学理论的构建具有指导作用。否则,图书馆学基本理论也就名不副实。

正是出于上述理解,我们发现图书馆学基本理论的首要理论特征便是它的概括性。换言之,图书馆学基本理论必须要概括出各种各样的图书馆实践活动的某些共性特征和各分支图书馆学理论的共性理论特征,它才能无愧于图书馆学科"基本理论"的称谓,它才具有科学的指导价值。如果图书馆学基本理论面对着丰富多彩、灵活多样的图书馆实践活动,其观念、观点、定义及阐释等顾此失彼、捉襟见肘,这样的"基本理论"显然就得不到人们的承认。这并非危言耸听,而是图书馆学基本理论之所以能成为图书馆学基本理论的关键所在。

图书馆学基本理论的这种必须具有的概括性,使我们不能不反思一下我国的图书馆学基本理论建设的成果究竟达到了怎样的科学境地。如前所述,图书馆学基本理论的建设成果确实可观。不说各种论文,单说专著、合著就令人刮目。然而,一个很明显的事实,就是近20年出版发表的图书馆学论著中,具有真知灼见的和确实有实际指导作用的为数不多。其一是有些图书馆学论著论述大同小异,人云亦云,少有新意,至多是换个例子,变个说法而已,研究的实质性进展却不大;其二就是某些图书馆学论著在横向引进、移植的过程中,仅仅把相关学科的理论、概念简单地搬来,然后再用图书馆学方面人所共知的事例予以生硬的说明、解释,或把"自家"的或"人家"的最一般原理、规则抄来抄去或套来套去,既缺少有机的融合,也同样缺少研究上的实质性进展;其三是缺少多元意识,把复杂的图书馆现象简单化地抽象为几个空洞的教条,使我们的理性很难贴近事物的本来状态,更谈不上具有相当意义的概括性。因此,当我们首先认为这些论著无疑程度有别地具有某些理论概括性时,我们还必须坦率地认为它们的理论构筑大同小异为多,同时不讳言它们在理论概括性上存在程度不同的缺憾。另外,从一些图书馆学基本理论书籍的理论构建中,我们可以明显窥见这样的分庭抗礼:有的独尊传统图书馆学基本理论,有的则独尊"三论"方法。或厚古薄今,或厚今薄古,对于既存历史又有现实、既存传统又有革新的图书馆实践活动来说,独尊一体的理论构建的概括性当然就有缺憾。如果说图书馆学基本理论是对古今中外各种各样的图书馆实践活动进行科学的分析、归纳而寻找出其间普遍性的规律和特征的理论,它的概括就不能不构建于既尊历史又崇现实、既尊传统又崇革新的进程性和动态性的基石上。

我们由此感到,图书馆学基本理论必须具备的概括性,说说容易,真正构建起来却并非易事。偏执一方、独尊一体、拘古不变或弃古不管,都非科学的态度。图书馆学基本理论概括性越艰难,我们就越应该意识到自己的不足。我们一方面要意识到图书馆学基本理论概括性的重要,同时也要意识到建设它的艰难性。如此,才能以兼容并收的豁达态度去逐渐完善它,才能在科学的认识中去把握它。

图书馆学基本理论与其他任何学科的基本理论一样,必然要建立在相关实践活动的研究基础上。换言之,任何理论都是对象化的理论。因此,可以说古今中外各类图书馆实践活动都是图书馆学基本理论的研究对象和指导对象。正是由于研究对象和指导对象的丰富多彩,促使着图书馆学基本理论必然需要极大的理论概括性,但同时又决定了这种概括性又不能不是相对而言,即具有相对性。

众所周知,各类图书馆的实践活动,都必须具有自己的原则、要求和特征。这些不同的原则、要求和特征,使基本理论的概括性带有相对意义。事实是,图书馆学基本理论的一些定义或阐释,很难面面俱到地顾及各类图书馆实践的特殊性,而特殊性的必然存在,使得图书馆学基本理论的概括性尽管抽象出了不同图书馆实践活动的某些共性特征,但是它实质上还是相对而言而非绝对概括,就如真理永远是相对真理而非绝对一样。另外,图书馆学基本理论概括性的相对性还必然受制于图书馆实践活动的不断发展、更新。图书馆实践活动的不断发展所带来的图书馆现象,使图书馆学基本理论的概括性历史地处于相对性之中。因此,图书馆学基本理论便随历史的发展而调整自己的逻辑结构与理论实体。

当我们粗略地考察了图书馆学基本的概括性和相对性后,就能意识到图书馆学基本理论的建设,不能不予以兼收并容的开放意识、革新意识和历史态度。我们既要认识到理论概括性对图书馆学基本理论的重大意义,从而努力地使图书馆学基本理论增加概括性而更具普遍指导价值,同时又必须意识到这种概括性并非一成不变、面面俱到,而是相对性的。认识到这两点,对于图书馆学基本理论的建设大有裨益。

参考文献

1 付立宏,王伟军.论图书馆学研究的世界化和个性化[J].图书馆杂志,1999(10).

2 林海青.新世纪我国图书馆学研究展望[J].中国图书馆学报,1998(1).

3 包和平.对图书馆学基础理论研究的思考[J].图书馆建设,1995(6).

(原载《图书馆学研究》2001 年第 2 期)

关于图书馆学方法论的哲学思考

图书馆学研究要采用科学化、规范化、多样化的方法,如此,我们就能在探索中使认识更接近真理,在实践中取得胜利。因此,就我国图书馆学研究过程中出现的现象,在方法论如何更加完善和科学化方面进行探讨是很有意义的。

1. 传统与创新:研究方法的辩证观

探论图书馆学研究方法的创新,首先遇到的问题就是如何正确对待传统研究方法(历史方法、定性分析法等)。传统的研究方法是图书馆学研究的基础,传统研究方法有其局限性,但绝不是一个死胡同,它将随着图书馆学的发展,永远存在下去。

首先,随着我国图书馆事业的发展,人们摆脱了那些僵化了的传统观念而趋向创新,我们目前面对的研究对象,要达到的研究目的,都非昔日可比,但是,这种研究和对象并不是"无历史"的,它们是一个历史的动态过程,是历史的继续。因此,图书馆学研究方法的创新不能割断我国图书馆学从先秦萌芽至盛唐的知识积累,到明清两代直至近现代的飞跃发展的历史实践,我们不仅要把目光盯在新现象上,把握现实性,还应该从历史的深层获取深沉的历史感,在掌握传统方法的基础上进行创新。

其次,传统方法,是相对于新方法而言,传统方法是人们在过去实践中形成和积累起来的,凝聚了无数人的智慧,对总结历史经验,探索一些基本概念和分析现状,在今天仍是正确和有效的。当科学发展到一个新阶段,总会产生新的方法与之适应,20世纪40年代崛起的三门新兴学科——控制论、信息论、系统论就是伴随系统工程和电子计算机而产生的。新方法是基于人们对客观世界的认识和实践的基础上不断深化而形成的。如果一味强调新方法,抛弃传统方法,只能是自己割断了方法的历史根源,在面对现实的时候,没有思想的基点。传统与创新并不是对立的,在当代图书馆学研究中,由于研究对象的多层次和复杂性,传统方法和新方法完全可以取长补短,融会贯通地使用。

2. 主体与客体:研究方法的多样化

在图书馆学研究中,研究者是认识行为的主体,研究对象是认识的客体。主体是能动的积极的,客体是复杂的动态的。这就要求主体接近客体,认识客体的方法必须是多样化的、灵活的。

要使研究方法多样化,首先,必须坚持以科学的辩证唯物主义哲学方法为指导。它是方法论体系的最高层次,是人类知识塔的顶端。哲学方法统率着思想方法和工作方法,没有正确的哲学方法指导,图书馆学研究就失去了战略上的总体指导,无法获得研究的最优化目标。其次,要大量引进和使用当代各种新方法,以充实和发展图书馆学研究方法。所谓新方法,既包括引进国外的方法,也包括吸收国内的自然科学和其他学科的方法,还包括图书馆学研究方法的推陈出新。

总之,只有研究方法的多样化以及运用的科学化,我们才会全面、深入地认识图书馆学的特殊性和复杂性,取得高水平的研究成果。

3. 定性与定量:研究方法的精确化

在实现研究方法多样化的同时,图书馆学研究还进一步要求实现研究方法的精确化。所有事物都有质和量两个方面。进行图书馆学研究要在分析质的基础上,研究其本身的量变以及事物之间的数量联系和数量变化的客观规律,这样,图书馆学理论才能在图书馆活动的实践中得到充分利用。马克思认为:"一种科学只有在成功地运用数学时,才算达到了真正完善的地步。"马克思在研究剩余价值和资本家对劳动力的剥削时指出:"要对这个过程进行纯粹的分析……为此,这里要运用数学上的一条定律,就是数学上运算变量和常量的定律,即运算常量同变量相加减的定律。"经济学研究过程中运用的数量分析方法,在图书馆学研究过程中同样非常必要。例如,我们在论证图书馆事业战略目标的必要性和可能性时,要深入分析战略目标实施的各种具体因素及其相互联系,用数值来测定和描绘它们在具体条件下的具体内容,如图书馆的数量、文献利用率、藏书保障率等。对图书馆学研究仅做定性分析是不够的,只有定量的研究也不行。必须把定性研究和定量研究结合起来,才能使研究方法精确化。

图书馆学研究对象是一个包含多种因素,由不同层次构成的复杂系统,在图书馆学研究中,对有关某一具体问题进行数学抽象或使用物理学方法后,其中变量不仅多,而且其间关系非常复杂,并时刻变化,这就要求进行大量复杂计算,过去常用的计算工具已不适应要求。现代数学的发展、快速计算机的出现、系统工程的应用、因特网的普及等,提高了研究过程中的计算效率,促进了计算方法的改进和完善,给研究方法的精确化提供了物质前提和技术手段。

在图书馆学的定量分析研究中,应自觉地使用数学方法,以及数理统计分析法、平衡法、计量法等。借助于电脑,建立数学模型,使客观研究达到模拟实验的水平,并注意把数学模型的建立与开发模式试验结合起来。

研究方法的精确化,还要求搞好基础资料的收集和整理,建立数据库、资料库等,为研究方法的精确化打下基础。

4. 宏观与微观:研究方法的系统观

图书馆事业是一个完整的系统,包括许多子系统,同时,它又是属于其他系统的子系统。它包含着众多的宏观问题和微观问题。宏观问题包括图书馆与社会、经济、科学技术、文化、人口等,以及涉及整个图书馆事业本身的方针、政策、发展规模、速度等方面的内容;微观问题包括图书馆的内部各层次、各级部门的管理自主权、技术方法等方面内容。对前者的研究称之为宏观研究,后者为微观研究。图书馆学的宏观研究是微观研究的总结、升华和概括,而微观研究是宏观研究的基础,二者是矛盾的对立统一。

图书馆学研究必须强调方法上的系统观念,打破传统的狭窄观念,注意图书馆事业与社会大系统的协调一致,处理好局部与整体的关系。还要处理好图书馆事业的总体发展与内部各子系统的协调一致,处理好宏观研究与微观研究相结合、综合研究与单项研究相结合、基础研究与开发研究相结合、调查研究与试验研究相结合等方法论上的关系原则。比如,在宏观考察中不忘从微观入手,联系微观,以微知著;在微观考察中不忘它的宏观联系与机制,在宏观上升华。

在以往的图书馆学研究中,我们对这些关系和原则重视不够,处理也不够科学。比如在我国图书馆事业发展战略研究中,有的同志只从本地区本单位出发,来探讨研究发展战略问题,或强调自己的优势,或强调自身的发展,或强调投资的迫切性和必要性,甚至不考虑可能性,没有全国的宏观观念,这样的发展战略研究就不可能建立在现实的基础上,也不可能形成供决策选择和实施的科学的发展战略系统工程。

此外,我们还强调要有信息的观念。在系统方法的运用中,注意掌握来自各系统的各种信息,对研究给予迅速校正。

5. 横向与纵向:研究方法的比较观

比较的方法是社会科学中最常用的方法之一。在图书馆学研究中尤其需要运用比较方法。

首先,我们要重视传统的关于图书馆学历史的纵向动态研究,把漫长的纵向发展的历史逐阶分成不同的层次结构,整理出各个层次的不同点和共同点,并把纵向发展过程当作一个有机整体来考察,从整体与部分相互联系、相互作用的关系中揭示系统的特征和运动规律,把握好历史的进程,总结经验教训,去伪存真,去粗取精,批判、继承前人的研究成果,推动我国图书馆学向前发展。

其次。我们也应重视和加强过去相对注意不够的横向比较和横向联系的研究,尤其是随着我国横向经济联系的深入发展,全国各地出现了纵横交错、上下贯通、形式多样的经济联合形式。在这种新的形势下,加强横向联系,注意横向比较和研究尤为重要。这种横向比较是多层次、多方面的,它不仅包括图书馆与图书馆之间,地区与地区之间不同的发展水平的比较,而且还包括国际的比较。通过图书馆与图书馆间的比较,评价图书馆的服务质量、管理水平等。地区与地区间的比较,可以评价地区的图书馆发展水平,以及地区图书馆与地区社会经济发展间的相互联系和相互作用。国际的比较,是通过不同国家图书馆结构、管理、内部工作和方法等的比较,更深入地了解图书馆学发展的规律,为认识和解决本国图书馆学面临的问题提供理论上和政策上的参考。同时,通过比较,吸取他国经验教训,使我们少走弯路,以更快的速度、更高的效率赶超世界先进水平。

6. 平衡和非平衡:研究方法的动态观

在过去的研究中,平衡的观点在方法论体系中似乎占上风,往往把问题和事物看作是单因素、静态、简单的系统。然而事实上,我们考察的对象,我们所处的现实社会乃至我们研究者自身,都是多因素的、复杂的不断变化的动态系统。因此,非平衡观在思想方法上的引入,是值得重视的。

目前我国有多种类型的图书馆,它们的分布、发育程度、发展进度等都有很大差别。例如:有的省、市、自治区基本达到县县有图书馆,而有些省、自治区还没有普及地级图书馆,有的图书馆广泛采用以计算机技术为核心的先进技术,而有的仍停留在原始的手工作业阶段,有的广泛开展了各种类型的情报服务,有的仍然停留在"借借还还"的水平上,有的藏书封闭,有的藏书开放等。因此在研究方法上,我们既要有总体的系统指导思想,强调协同,强调进化,强调时间不可逆性,同时又要有动态发展的观点,处理好平衡与非平衡关系,加强图书馆事业发展的总体规划,努力探索出一条具有中国特色的图书馆事业发展道路。

7. 现状与任务:研究者的目光指向

图书馆学方法论只针对图书馆学研究,而不包括对其他学科的研究。但是近年来,我们看到无论是老三论(系统论、信息论、控制论)还是新三论(耗散结构理论、突变论、协同论)都被广泛地应用于图书馆学研究。有些研究者为了迁就三论模式的完整,无视图书馆学的特点,不惜削足适履,把图书馆活动现象一一套在一种模式身上。结果,图书馆活动现象的分析,变成了非图书馆活动现象的剖析;图书馆学的研究变成了系统论的、信息论的、控制论的研究,方法不是手段,反倒变成了目的。这种失误的发生当然应归咎于研究者们缺乏图书馆学的独特方法论意识。这就涉及任何知识的方法都不能以现成的、固定不变的、不需要改造的形式自由地进入图书馆学研究领域,而必须要在具备一定的图书馆学基本特点的情况下才能充分发挥其效用。比如系统方法可以有效地作用于图书馆学的研究,但它只有在充分地顾及图书馆学基本特点的前提下,才是富有成效的。

由此我们得到一个启示:图书馆学方法论的特殊任务就在于必须关心图书馆学这一特定学科中不同研究方法的认识功能和价值问题,限定其作用范围以及预见到某种方法绝对化或片面化的运用可能会产生什么后果。例如在图书馆学领域内运用数学方法,在一定程度上丰富了图书馆学研究手段,能够将图书馆学的研究引入到定量化研究的道路上,从而进入一般图书馆学方法难以进入的大门。但纯粹的数字事实,是不能完全做出图书馆活动的价值判断的,要做图书馆活动的价值判断还必须依赖于一定的社会分析等方法。数学方法在图书馆学研究中只能是一种辅助方法,一种为实现特定研究目标所适用的技术措施。这种对具体研究方法的认识功能和评价,就是图书馆学方法论的一个重要方面。

图书馆学方法论的另一项重要任务是要探索和发展适用于图书馆学这一特定学科的专门方法。目前我国在这方面的研究比较薄弱。梁林德、辛希孟二位同志对此进行了有益探索,比较客观地提出了图书馆学研究的专门方法,诸如查找和积累资料的方法、分类研究方法、摘要和述评研究法、藏书登记分析法等。

参考文献

1 纪明奎.试论图书馆学研究方法的体系建设[J].图书馆学研究,1999(6).

2 王樟坤.试论科学的研究方法[J].赣南师院学报(哲社版),1988(1).

3 李子瑞,屠风云.对图书馆学理论与实践研究中几个问题的认识[J].图书馆工作与研究,1991(4).

4 钱亚新,张厚生.图书馆学研究的体系[J].四川图书馆学报,1991(4).

5 苏志乐.图书馆学发展战略研究基本方论[J].高校图书馆工作,1987(3).

6 卢晓宾,郭晓梅.关于我国社会信息研究方法论的思考[J].图书情报建设,1997(5).

7 包和平.关于图书馆学方法论的思考[J].图书馆杂志,1990(4).

8 匡文波.论图书馆学情报学定性研究方法[J].中国图书馆学报,1998(4).

9 党跃武.论图书馆学情报学方法论创新研究[J].图书馆杂志,1999(7).

10 刘军.我国近十年图书馆学情报学方法论研究述评[J].中国图书馆学报,1991(3).

11 李锡初.图书馆学研究方法的拓展[J].中国图书馆学报,1991(1).

12 吴慰慈.关于图书馆学研究方法的思考[J].中国图书馆学报,1994(4).

13 王乐.我国图书馆学专门方法研究评述[J].图书馆学刊,1997(5).

(原载《中国图书馆学报》2001 年第 4 期)

对图书馆学基础理论研究的再思考

1. 基础理论研究与应用研究的关系问题

图书馆学基础理论,属于图书馆学系统的最高层,它要从整体上进行宏观研究,主要研究图书馆、图书馆工作和图书馆学中最基本的原则、性质和规律,是整个图书馆学得以发展并自立于学术之林的基础。它的研究水平,直接影响着其他研究的发展,反映出整个图书馆学研究的理论水平。

就图书馆学基础理论研究对应用研究的作用来看,它是应用研究的基础,为其研究过程中一系列问题的解决提供理论依据。如果没有图书馆学基础理论研究,就不可能为解决应用研究中的问题提供理论依据和科学对策;如果基础理论研究的水平不高,应用研究就只能局限于表面,难以深化。正如苏联一位科学家所说:"实用性不应成为衡量科学研究成果价值的唯一指标,主要应看基础研究的成果将理论向前推进了多少。没有基础研究和'纯'科学研究,很难获得好的应用成果,'抽象'问题的解决,会使应用科学更有成效。"[①]当然,强调基础理论研究的重要,并不意味着可以轻视应用研究,它们在整个图书馆学研究系统中,各自具有不同的目的、功能和作用,二者可以互相促进。基础理论是应用研究的依据和指导,应用研究则是基础理论研究的具体化,既可将基础理论研究成果转化到工作实践中去,又可将实践中的信息反馈给基础理论研究,从而为基础理论研究提出新的课题和赖以总结提高的实践基础。因此,基础理论研究不仅要与应用研究受到同样的重视,而且还要进一步加强。

2. 基础理论研究与工作实践的关系问题

当前,图书馆界有两种倾向值得注意。一是基础理论研究落后于图书馆工作实践,造成了理论研究成果的滞后性;二是图书馆工作实际部门不太重视接受理论研究成果,认为实际部门是做具体工作的,只需要技术方法,不需要理论,从而使基础理论成果不能及时对图书馆工作实践进行指导。以下从几个方面论述克服这两种倾向。

(1)图书馆学基础理论研究必须紧密联系图书馆工作中的现实问题。图书馆工作中丰富的现实问题,可以为图书馆学理论提供新的课题和充足的素材。理论工作者应经常深入图书馆工作实际部门调查,及时了解和掌握图书馆工作面临的问题,并积极自觉地参加变革图书馆工作的实践,使理论研究具有针对性和指导性,避免"闭门造车"的无效劳动和盲目性,同时,加强理论研究与现实问题的联系,可以使理论研究始终处于一个开放的系统之中,既能及时反映和解答图书馆工作中的现实问题,又能使理论不断地得到充实、发展和完善。譬如,对社会主义初级阶段图书馆工作的特点、规律,文献信息资源的开发利用的途径等问

---

① 应用研究与基础研究的关系[N].科技日报,1987 – 06 – 07(4).

题,从理论上进行分析研究,不仅可以充实和丰富图书馆学基础理论的内容,而且会有助于建设具有中国特色的图书馆事业。

(2)要注重图书馆学基础理论的超前研究。基础理论研究要联系实际情况,预测图书馆工作的发展趋势,未来社会对图书馆的需求特点,读者心理分析与对策等,并对此提出若干方案,从理论上研究其利弊,提供各种有科学依据的假设和判断。当前,我国正在进行政治、经济体制改革,图书馆工作既要为各项改革服务,又要搞好自身的改革。图书馆工作的改革实践迫切需要理论的指导,只有对图书馆工作改革的方针政策和战略步骤进行超前研究,才能对实践有指导作用。如果基础理论研究与图书馆工作实践并驾齐驱,甚至还落后于实践的发展,理论的指导意义就会大大削弱甚至丧失,造成理论研究的落后效应。

(3)充分认识基础理论对图书馆工作实践的指导作用。科学技术发展史证明,理论上的任何突破都会给实践带来重大影响。图书馆学理论也是如此。党的十一届三中全会以来,我国图书馆事业之所以能够迅速发展,除了党和政府的方针、政策支持外,一个重要的原因就是理论研究对实践起了指导作用。例如文献信息理论的提出对于文献信息资源的搜集、整理、保管和利用具有直接的指导作用。今后,在图书馆工作实践中,还将不断地出现新问题,要求从理论上予以说明和指导。当然,理论对实践的指导作用有时不一定立竿见影,因为基础理论的形成一般要经历一个相当长的时期。我们不能因为有些理论研究在短期内对图书馆工作没有实际指导作用而忽视它。

3. 关于探索创新的问题

(1)要强化创新意识和探索精神。探索创新是图书馆学基础理论研究发展的活力。党的十三大报告中指出:"没有探索,没有创新,没有不同试验的比较和不同意见的讨论,我们的事业就没有生机。努力发扬马克思主义的科学精神和创造活力,振奋起全民族探索创新的勇气,是我们的理论和事业不断发展的希望所在。"当今世界,各门科学都在努力探索创新,作为一门古老而年轻的图书馆学,研究者若不抓紧时机去探索创新,就无法缩短它与其他学科之间的差距。

(2)要更新思维方式。图书馆学基础理论研究属于探索性、创造性和理论抽象性的研究,需要进行艰苦复杂的科学思维活动。在科学研究中,科学思维活动要通过各种思维形式表现出来。图书馆学基础理论要研究创新和发展,必须更新研究者的思维方式,彻底摆脱习惯性和传统性思维方式的束缚。

(3)要提倡开放式研究,即在研究内容和方法上不搞封闭式。我们不仅要研究图书馆学基础理论本身的问题,而且要注意探讨它与社会实践、与图书馆学及其相关学科之间的关系;不仅要更新、改造传统的研究方法,更要消化、吸收新的研究方法,用以丰富和发展图书馆学基础理论的研究内容和手段。

(4)要正确处理继承借鉴与探索创新的关系。继承借鉴的目的是为了探索创新,而探索创新则必须在继承借鉴的基础上进行。因此,我们既不可夜郎自大、闭关自守,也不可生搬硬套、脱离国情。我们应该认真总结图书馆学基础理论研究的经验和教训、成绩和问题,吸取前人或他人的研究成果,有选择地借鉴国内外图书馆学理论成果,不断提高研究水平。

参考文献

1　包和平.对图书馆学基础理论研究的思考[J].图书馆建设,1995(6).
2　李刚,倪波.中国现代图书馆学的确立[J].图书情报工作,2000(1).
3　郑宏.对虚拟图书馆的思考——关于图书馆本质的再认识[J].大学图书馆学报,1999(1).
4　包和平.论图书馆学基本问题[J].图书馆学研究,1999(6).
5　丛敬军.论我国图书馆学理论研究的实践基础[J].图书馆学刊,2000(1).

（原载《图书馆建设》2001 年第 2 期）

21 世纪中国图书馆学理论与方法的创新*

1. 理论和方法创新的必要性

20 世纪的中国图书馆学者对图书馆学进行了大量的有益探索,出版了一大批具有相当水平的研究著作,建立了专业比较齐全的科研和教学机构,成立了不少学术团体,为中国图书馆学的创立和发展做出了巨大的贡献。不过,从理论和方法上看,主要还是引进、学习和模仿,是西方图书馆学及苏联图书馆学理论和方法与中国实际相结合的阶段。20 世纪 80 年代初,我们在从事图书馆学研究时,往往偏重西方学者所探讨的问题,沿用西方学者所建立的理论,套用西方学者所设计的方法。结果造成研究者难以在理论和方法上有所突破,使中国的图书馆学缺乏个性和特征。进入 20 世纪 90 年代以来,我国图书馆学研究已有相当的基础,理应超越吸收与模仿阶段,迈入自我创新的时期,使图书馆学研究不仅具有世界的共通性,更具有中国的特性。

理论和方法创新既是 21 世纪中国图书馆学的基本目标,也是中国图书馆学实现现代化的核心问题。笔者认为,中国图书馆学现代化的重要目标是建立不同的理论,发展不同的研究方法。创立适合中国图书馆事业发展的理论和方法,或修正西方的理论和方法,是中国图书馆学研究现代化过程中较高层次的工作。中国图书馆学研究的现代化,不仅是内容的现代化,更要在理论上、方法上表现出中国的文化特征。从中国本身的图书馆事业建设中创造出具有中国特色的理论,是中国图书馆学实现现代化最为重要的问题。

2. 理论创新

图书馆学理论最主要的目的和功能是解释和预测,它提供一套合乎逻辑的原理、原则,用以解释各种相互关联的图书馆现象,并预测今后的发展方向。

理论创新是首先必须明确的问题。创新是在前人基础上的创新,创新必须首先熟悉前人的有关研究情况。与创新密切相关的是怀疑和批判。怀疑是科学发现的先导,是创造性思维的开端。哥白尼由于对托勒密的"地心说"产生怀疑,从而创立了"日心说"。图书馆学也一样,所有新理论、新观点的提出,都首先是对前人的理论和观点产生怀疑。而批判也是学术研究应有的精神,学术研究没有批判就不可能发展。只有在批判前人的理论和方法的基础上,才有可能创造出新的理论和方法。

创新与提出假设、检验、论证也紧密相关。只怀疑、批判别人的理论和概念是远远不够的,还必须提出自己的新理论或新概念。只提出假设,没有论证、分析,得不到学术界的承认。现在有不少学者喜欢提出假设,但不注重论证,这不是科学的态度。论证和假设一样重

---

* 该篇文章与闫海新合作。

要,要用各种资料从多方面来论证,最好是利用多重证据。

西方学术界之所以新理论、新方法、新概念层出不穷,其主要原因是研究者具有较强的创新意识,对一切抱有怀疑和批判的态度,而中国图书馆学界普遍缺乏怀疑精神和批判精神,有些人甚至盲目崇拜西方理论和方法。如果没有怀疑批判和大胆假设的精神,也就不会有创新,充其量只能以赶上国外的学术潮流为能事。要使中国图书馆学现代化,图书馆学者首先要有自觉反省的意愿和能力,以及对外来的知识采取怀疑和批判的态度。唯有如此,才可能突破研究中的障碍,而展现自主的思考成果。

创新的方法多种多样,在图书馆学发展史上常见的创新方法主要有综合法、修正法和独创法等。

(1)综合法

综合法即综合有关的各种理论和方法,从而形成独具一格的新理论和新方法。

100年来,图书馆学各学派此起彼伏,先后出现了众多的派别。各学派的理论和方法,各有所长,也各有所短。各个学派都从不同的角度,以不同的理论和方法对图书馆现象进行解释,如技术学派、管理学派、社会学派、交流学派、新技术学派、信息管理学派等,每一个学派都偏重某一方面,而忽略其他方面。只有对西方各学派理论、方法进行深入研究和分析,认真加以鉴别,取其所长,弃其所短,才能有所创新。

(2)修正法

修正法即修改或补充他人的理论、概念的方法。

修正法通常是在模仿的基础上修正西方的理论,这也是创新的一种形式。梁启超早在20世纪20年代就提出修正西方理论的重要性,他说:"根据某学科已经发明的原则,证以本国重新搜集的材料;或者令原则的正确程度加增,或者必要时加以修正,甚至完全改造。"① 通过模仿,将会发现其长处与不足,才有可能提出修正或完全改造的方法。如徐引篪和霍国庆根据1992年美国图书馆学家切尼克(B. E. Chernik)的"资源说",指出"图书馆是一种动态的信息资源体系""信息资源体系及其过程是图书馆学的研究对象"。徐引篪和霍国庆对切尼克理论的修正和补充,采用的便是这种创新方式。

(3)独创法

独创法即根据新的材料,创立与众不同的理论或概念,如"要素说""矛盾说""规律说"等。

3. 方法创新

方法创新包含改良西方的旧方法与设计新方法两类。一般而言,方法包括两个层面:一是方法论的层面,二是研究法的层面。前者涉及基本科学方法问题,后者涉及研究者具体研究工作中所使用的方法。这里主要分析图书馆学的研究法。

(1)中西结合

中国图书馆学在引进西方理论的同时,也引进了西方的方法。由于中国文化与西方文化有较大的差异,因而运用西方图书馆学方法研究中国图书馆学必然会不太适用。中国图书馆学者应该充分利用自己比较擅长的比较方法与结构分析方法,深入中国文化资源,把其

---

① 梁启超.社会学在中国方面的几个重要问题研究举例[J].社会学界,1927,2.

中的认知方式、世界观与价值观提炼出来以充实乃至更新现代图书馆学的研究方法。中国学术传统历两千多年而不衰，表明它具有很强的生命力，说明它适合中国人和中国社会。任何国家传统的学术文化，均有其优缺点。中西方法各有长短，应取长补短，互相借鉴。中国图书馆学只有继承、弘扬本国的优秀学术传统，并与西方的研究方法相结合，才有可能形成既与传统有别又与西方不同的方法。

中西方法如何结合？笔者已在《建立现代图书馆学的关键在于体系的更新》一文中论述过，在此仅谈以下两点：

一是中国传统的实证法与西方的理论分析法相结合。中西两种方法的差异表现在两个方面：①中国传统的实证法是重证据、重资料，利用各种资料论证，使人感到证据充足，可信度高，其缺陷是分析不深。西方研究方法的长处是偏重理论分析，但有些分析过于烦琐，有的则过于玄奥，虽然也重视资料，但不像中国学者那样运用多重证据。②中国传统的实证法偏重个性研究，西方的方法偏重共性研究。中国图书馆学研究方法的现代化，最佳方式是中国传统的实证法与西方理论分析法相结合，不能把两者对立起来。只有实证与分析相结合，个性研究和共性研究相结合，才能形成最佳的研究方法。

二是继承中国传统的优秀文风。中国人和西方人在思维方式上有差异，写文章的方法和方式也有所不同。中国人注重文章的结构、层次、条理和文字；注重实证，讲究资料丰富，内容充实，信息量大。而近十几年来西方一些图书馆学家的论著，则缺少严谨性和完善性，信息量少，空话、废话太多。遗憾的是，我国有些人却在竭力模仿西方的文风。

（2）精确化和综合化

①精确化。图书馆学研究方法的精确化，是当前图书馆学研究方法发展的重要趋势，也是图书馆学实现现代化的关键。传统图书馆学长于局部和个体图书馆的定性分析，而弱于定量分析，因此往往得出不够精确、不够科学的结论。随着计算技术的发展，数学开始在各门具体学科中发挥重大作用。近年来，已有人开始将数学方法应用于图书馆学研究中，并取得了可喜成绩。如《随机模拟及其在图书馆借还系统设计与管理中的应用》（见《图书馆学研究,1988 年第 4 期》《图书馆外文核心期刊购买模型探讨》（见《中国图书馆学报 1999 年 4 期》)、《布拉德福定律与检索工具完整性测定》（见《中国图书馆学报》1997 年 1 期）等文章。更值得一提的是，有关《文献计量学》等专著的出版以及有关介绍数理图书馆学基础知识等文章的发表，说明图书馆学研究的数学化程度正在逐渐提高，相信现代数学方法和电子计算机的广泛运用，必将使现代图书馆学面貌焕然一新。

②综合化。所谓综合化，是指跨学科的综合研究，或指使用多学科的研究方法探讨某一特定的研究课题。图书馆学研究方法综合化是人们的唯物辩证法认识在图书馆学研究方法上的反映。这种反映表现在外部，则是哲学、社会学、历史学、语言学、经济学、数学等学科的综合研究；表现在内部，则是图书馆目录、图书分类、编目、读者工作、图书馆网、信息服务等的综合研究。随着图书馆学研究领域的扩展，图书馆学研究方法的综合化，将成为一种基本的发展趋势。传统图书馆学研究方法多具单一性、平面性、个体性等特点，随着现代图书馆学的发展，这样的方法已经远远不能满足需要了。为了了解图书馆学的内在本质及其发展过程，必须对图书馆学进行多角度、多侧面、多层次、多因素、多联系、多领域的研究。例如研究图书馆的演变，不仅要考虑到各个时期的历史特点，还要考虑当时的社会因素、社会文化

特点等。这种分析方法,不仅是整体的、系统的,而且是反映多层次、多角度的立体关系的方法,它比那些"平面"式的孤立个体分析方法具有明显的优越性。

参考文献

1　杨立文,赵文华.当前我国图书馆学研究存在的若干问题[J].图书情报工作,1999(9).

2　徐引篪,霍国庆.图书馆学研究对象的认识过程:兼论资源说[J].中国图书馆学报,1998(3).

3　杨元生.发展中国图书馆学需要着力解决的三个问题[J].中国图书馆学报,1998(6).

（原载《图书情报工作》2001 年第 7 期）

图书馆学发展缓慢的社会根源分析

图书馆事业的历史可谓源远流长。图书馆事业建设也取得了很大成就。但图书馆学方面,长期以来还没有什么根本的革新,图书馆学作为一门科学,与情报学、信息学等学科的深刻发展相比较,与图书馆事业的发展、图书馆工作的改进和图书馆在适应社会政治、经济、文化的变化方面取得的改革相比较,显得非常软弱无力。这种不相称的现象,一直到今天仍然存在。如何分析和解释这种现象呢? 从中能看出图书馆学发展上的什么问题? 我认为,这与图书馆的依赖性、图书馆学的复杂性,以及图书馆专业人员的职业地位、学术地位、专业教育训练不为社会公众认同有关系。

首先,作为图书馆学研究对象的图书馆本身从属于一定的社会政治文化生活。一般地讲,图书馆是搜集、整理、保存文献,并为公众提供文化知识、进行社会教育的文化教育机构。然而更本质地看,图书馆体现的乃是建立在自由、平等、民主基础上的文化资源共享与文化参与,但这仅仅是就图书馆的理想形态而言的。在具体的现实社会中,图书馆的性质会受社会环境和其他各种各样因素的影响而发生变异。比如,外籍人士在中国最初开办的那些图书馆,因附着殖民主义的因素,其蕴含的公共价值就大打折扣。某些方面还表现出与自由、平等、民主之原则的相背离,图书馆不仅丧失了其应有的科学精神,而且几乎被取消了自身存在的意义。因此,在理论上规定一种永恒不变的图书馆模式是不可能的,图书馆的性质总是随着社会所包含的各种复杂因素的变化而变化。

其次,图书馆学是一门较难研究的社会科学。随着当代技术革命的深入发展,社会科学也同自然科学一样,逐渐转变为直接的生产力,并且在其应用过程中已形成一套社会技术。所谓的社会技术是指在经验和理论的基础上总结出的调查和研究社会问题,管理和控制社会过程的一系列的手段和方法。社会技术已成为现代智能技术的重要组成部分。社会科学也像自然科学那样形成了理论研究、应用研究、发展研究的各层次的结构体系。社会科学发展中这3种研究的基本结合以及社会科学理论和社会技术的进一步结合,正是表现了社会科学越来越具有应用性质的发展趋势,图书馆学对这点是非常敏感的。图书馆学不是一门纯粹理论的科学,不同于一般的社会科学。医学应用生物学和普通病理学说明病理,无须涉及所需要达到的目的。但是,图书馆学在应用到心理学和其他学科的实验材料时,则要遇到很多问题,不仅有关目的的问题,而且有关方法问题。同时,这些学科本身还未曾取得足够的进展,而图书馆学本身还要构成它所特有的知识体系。这就是说,图书馆学的发展受到其相关学科和边缘学科的影响和限制。因此,图书馆学与其他学科相比较,由于它所包括的各种因素的复杂性,这门科学是一门研究起来十分困难的科学。

再从现象上看,由于历史和现实的原因,图书馆学不能较快地建设发展,与至今这样庞大的图书馆工作者队伍产生不出多少杰出的科学研究者,应当是有关系的,这诚然不能归罪于图书馆工作者队伍本身,而应归之于社会因素。任何一门科学,在其产生和发展的过程中,如果没有社会环境的需要和刺激,是不能得到完善发展的。这又表现在以下几个方面:

一是图书馆工作者的职业地位问题。如果稍加留心,我们就会看到引人注目而且越来越严重的一个现象,那就是图书馆工作者,特别是青年工作者不安心于图书馆工作。图书馆青年干部存在不稳定状态,根本问题是待遇问题。如果把图书馆工作者的工资及福利待遇提高到与其他职业者相当的水平,外流现象定会减少。整个图书馆工作者在这个社会的生活地位问题,与图书馆学研究工作的开展是紧密相关的。

二是图书馆工作者的学术地位问题。任何一个在图书馆工作过的人都会清楚地看到当代社会的一个真实情况:那就是图书馆工作者没有在学术价值的等级上享受到应有的权利。一位医师,即使并不总是治好病人,也代表着一门受尊重的科学。一位工程师,也总是代表着一门科学和技术。一位教师,一个律师也代表着他们对自身工作和科学的钻研程度。然则,一位图书馆工作者就缺少这种可资比较的学术声誉。在一般人的心目中,图书馆工作者无论从技术或从科学的创造性上来说,都不是一个专家,只需执行给读者借书还书,这似乎是任何人都能做的。整个图书馆工作者没有必要的学术声誉,势必直接影响图书馆学的发展。

三是图书馆工作者的科学动力问题。科学动力,是促进学科发展的重要因素。考察图书馆学发展的历程,我们不难发现一个令人惊奇的事情,就是我们至今还不知道我们的图书馆学所取得的成果。对于图书馆学的许多重大问题,甚至中心的问题,一直到今天,还没有通过科学的论证取得有决定性的解答,因而图书馆界出现种种不可置信的事情。例如,当图书馆学家们面临一些具有争论性的问题而要提出建议时,他所根据的不是知识体系,而只是常识性的考察,或仅仅是方便从事,以致未能进行有组织、有系统的研究、实验,而只能感情用事而不是以有效的科学推理为依据去解决问题。归根到底,就是缺乏一种具有充沛科学动力的学术精神。这可能与图书馆工作者缺乏图书馆学的教育有关。

四是图书馆学教育与图书馆实际工作的专业要求问题。近几十年来,图书馆学教育有了突飞猛进的发展,这是有目共睹的事实,然而,让人们费解的是,我们培养出来的图书情报专业毕业生大部分对图书馆工作不感兴趣。据《天津高校图书馆队伍状况调查报告》报道,该市抽样调查表明,近年来分配来的图书情报专业毕业生80%以上对图书馆工作不感兴趣,50%已"跳槽"。这有两种解释,一种是我们培养出来的图书情报专业毕业生水平太高,"水浅养不了大鱼"。一种是图书馆学教育与图书馆实际工作相脱离,便使得无论是未来的还是现在的图书情报专业毕业生,根本不知道有从事图书馆学研究的必要和可能,更缺乏一种学术研究的精神和方法。这样,又怎样使图书馆学发展起来呢。

从以上分析中可以清楚地认识到,我们应当从社会文化的大格局中来认识和反思图书馆的性质和研究图书馆学的意义,进而采取一切必要的措施,提高图书馆工作者的职业地位和专业水平,增强图书馆工作者团体的科学精神和学术权利,应用多样化的研究方法、理论成果,从图书馆实际出发,加强图书馆学研究工作,建立起具有中国特色的图书馆学体系。

参考文献

1 于鸣镝.关于图书馆学几个问题的再认识[J].中国图书馆学报,1999(1).

2 黄宗忠.中国图书馆事业与改革[J].图书馆建议,1993(1).

3 黎原烁.高等学校图书馆现状分析[J].大学图书馆学报,1992(5).

(原载《图书馆杂志》2000 年第 9 期)

书名定量分析的几个统计量

统计量,又称为统计特征数。根据书名的本质特征构造出若干统计量,是对书名做数理统计、进行定量分析的第一步。由统计量所得到的定量数据和按一定法则经过运算得到的定量数据,都应当具有三种尺度,即标准尺度、比例尺度、等级尺度,下面介绍的几个书名统计量所能得到的定量数据,也分别具有上述三个尺度。

1. 书名密度(D)

定义:单位面积上的书名数(书名数/m^2)。

意义:D 值越大,单位面积上的书名种数越多。

例:某图书馆藏书 10 万册,种数为 22 840,书库面积为 228.7m^2,则书名密度 D = 100/m^2。

2. 书名重名度(G)

定义:某一书库内每 1 万册图书相同名称的书名数(以 0/000 表示)。

意义:G 值越大,表示以某一名称做书名的重复率越多。

例:某书库内有藏书 2560 种,其中以"中国文学史"为书名的有 10 种,以"中国历史"为书名的有 25 种,则 G(1) = 10/2560 = 4‰;G(2) = 25/2560 = 10‰。

3. 书名通名频率(Pe)

定义:某一类图书中,使用同一通名的书名占该类书名总数的百分比。

意义:Pe 值越大,同一类图书中使用相同通名的书名越多。

例:某图书馆有综合性图书 2560 种,其中含"手册"通名的有 256 种,含"辞典"通名的有 25 种,则 Pe 手册 = 256/2560 = 10%;Pe 辞典 = 25/2560 = 1%。

4. 书名衍生指数(Em)

定义:由一书名派生出来的或专名相同,或含义相同,或由两个以上原书名组合而成的书名总数。

意义:Em 值越大,派生书名越多。

例:《尔雅》是我国最早的一部训诂专书,是我国词典的雏形。今有《尔雅》系统辞书,如《小雅》《释名》《埤雅》《乐雅翼》《骈雅》《通雅》《别雅》《拾雅》《比雅》《叠雅》等 10 个书名,则 Em = 10。

5. 书名变异指数(Bc)

定义:一书名的正名和除正名以外的曾用名、别名、简称的总数。

意义:Bc 值越大,该书在历史上先后使用过的书名名称越多,可反映该书发展的历史现状。

例:《红楼梦》,(清)曹雪芹著,又名《金玉缘》,据戚本第一回亦名《石头记》《情憎录》《风月宝鉴》《金陵十二钗》等,则 Bc =6。

6. 书名变更频率(Pn)

定义:一书先后使用过的书名总数与时间(百年)之比。

意义:Pn 值越小,该书名的历史稳定性越好。

例:《三侠五义》,(清)石玉昆著,原名《忠烈侠义传》,俞越改为《七侠五义》,因蓝本为其《包公案》,亦称《龙头公案》或《龙图耳录》,则 Pn =6/100 =0.06。

7. 书名知名度(W)

定义:一定时间内借阅此书的读者人数。

意义:W 值越大,借阅此书的读者越多。

解决了统计量问题,就可以对书名做多方面的数量刻画,进行统计和利用计算机运算;对运算结果进行数学模型分析,进而运用到理论和日常管理中去。当然,这里构造的几个统计量并不是没有缺点的,在计算的简捷、时间和空间的可比程度,以及对书名特征进行刻画的标准程度方面,还有许多问题有待进一步探讨。本文只是从图书馆工作的角度,对书名的几个统计量进行了一些探讨,如果从整个社会角度进行探讨,其意义更加深远。

参考文献

1 喻名芝.图书馆统计子系统发展路向[J].图书馆学研究,1998(5).
2 董慧,焦玉英,刘厚嘉.多媒体人文信息系统设计与实施研究[J].情报学报,1998(3).

（原载《情报杂志》2000 年第 6 期）

论图书馆员的劳动属性

图书馆作为教育、科学、文化事业的一个社会实体,其基本功能是保存和传递文献。"保存"包括对文献的搜集、整理、加工、组织管理等;"传递"包括内阅、外借、复制、检索咨询等对文献的各种利用。保存和传递概括了图书馆的全部工作,构成了图书馆基本职能不可分割的两个方面。只有具备了保存的物质基础,才会有传递的实际内容;通过传递利用,进一步促进保存体系。二者互相依存,形成一个有机整体,从而反映出图书馆员最基本的社会活动,决定了图书馆员的劳动属性。

1. 图书馆员的劳动属于保存人类文化遗产的劳动

从我国灿烂的科学文化发展史上看,图书馆员对繁荣我国科学文化、保存和发展历代文化遗产都做出了重要贡献。

人类的历史,是一个继往开来的发展进程。没有社会文化的继承,就没有社会的发展。继承的系带和桥梁是文献。文献记载着自古至今人类历史的发展和演变,记载着人们征服自然的手段和进程,是帮助人们认识世界、改造世界的珍贵文化遗产。收集和保存文献,是继承和发扬文化的前提条件。图书馆员从出现之日起,就担负起了保存文化遗产的社会职能。无论是古代的藏书楼,还是现代的图书馆,都按照一定的原则和范围,将社会上分散而又零乱的文献搜集起来,经过长期积累,建立起系统完整的藏书体系,成为社会文献收藏储存的中心。从古代的甲骨文和竹木简策、近代的手写本和印刷品,到现代的声像资料和机读目录,所以能够世代相传,留存至今,汇集成人类智慧的宝库,不能不归功于历代图书馆员对文献的精心收藏和妥善保管。他们的历史功绩在于保存了各民族丰富的精神财富,再现了绵延几千年的社会发展历史,推动了知识的继承和发展,促进了人类文明的进步。

2. 图书馆员的劳动属于创造社会精神财富的劳动

图书馆是终身教育最理想的学校之一,图书馆的大门为所有的人敞开着,读者可以自由借阅自己所需要的书刊资料,以文献为老师,进行系统的自我教育。经过不懈的努力,不仅可以获得一般的基础科学文化知识,而且可以自学成才。图书馆是一切求知者的良师益友,起着"导演"和"参谋"的作用,促进社会教育事业的发展。目前,西方发达的资本主义国家,已开始在图书馆进行培养人才的实验。如美国费城图书馆在宾夕法尼亚教育部门的支持下,每年抽出 900 万美元的教育经费,建立一个终身学习教育中心,几年来,有 4000 多名自学者在这个"中心"里受到各科专业知识教育,有不少人,通过考核,达到大学毕业的文化水平。国外图书馆的这种做法,对于我国图书馆如何培养人才有着一定的启发和借鉴作用。

3. 图书馆员的劳动属于科学研究的学术性劳动

科学劳动是社会的一种劳动,它具有明显的连续性、继承性和创新性。任何科学研究工作都必须从搜集、掌握、熟悉各种文献开始,从中借鉴前人和他人的劳动成果。因此,科学劳动所使用的资料,不仅包括实验设备和多种材料等物质资料,而且还包括各种文献等知识形态的资料。科学工作者,只有从各种文献中获取自己所需要的专业知识、数据、观点、图表等,才能在前人的基础上实现科学创新。所以,教学、科研人员都把图书馆和实验室当成自己的左右手,离开了它们,就像体力劳动者缺少了手中生产工具一样,必将一事无成,特别是在新技术革命席卷全球的今天,世界上不少国家都把科学家队伍、实验技术装备、图书情报系统、科学劳动结构以及全民教育等有机结合起来,作为社会的科学能力予以积极发展。

马克思指出,科学劳动"部分地以今人的协作为条件,部分地又以对前人劳动的利用为条件"。这里"前人的劳动"指的正是凝聚在各种文献中的科学知识;"今天的协作"其中一种特殊的方式,就是图书馆所进行的文献信息交流工作。图书馆利用文献将知识创造者与知识利用者联系起来,使他们进行科学劳动的协作。也就是说,现代社会化了的集体劳动,不仅包括了科学家的研究工作,而且还包含图书情报工作者的文献工作。据统计,科学工作者在科研活动中,要用30%—50%的时间查阅文献,而图书馆员所进行的收集文献,解答读者咨询,编制书目索引、文摘、评介等文献服务工作,就代替了科学工作者的前期劳动。在知识激增的今天,正是图书馆员的辛勤劳动,才保证了科学家能在办公室里,直接从"信息库"提取到各种资料,进行比过去效率高得多的现代科学劳动。

同时,图书馆的工作属于知识性的工作,它以文献为工作对象,其学术性和专业性都很强。图书馆的各项工作,如文献的采选、整理、保管、流通、参考咨询等都带有学术性。都需要精心地研究,才能掌握其客观规律。这说明图书馆员的劳动贯穿于科学研究的各个环节,促进着自然科学、社会科学、技术科学、应用科学之间的渗透。图书馆员是科学家集体中的一员。

4. 图书馆员的劳动属于传播社会文明的劳动

图书馆是社会精神文明建设的重要阵地。宣传共产主义思想,向人们进行思想政治教育工作是图书馆员应尽的职责,对提高人们的共产主义道德水平,发展优良的社会风尚,其作用都是不可低估的。为人民服务的图书馆员是崇高的劳动者。

图书馆员的劳动对象是读者和文献,而对千差万别的读者需求,图书馆员要在知识的海洋中导航,要和广大读者一起探索人生的真、善、美;要把人类极其丰富的文化科学知识信息进行采集加工、组织、传递并转化为亿万读者的智慧和才能;要充分挖掘知识的潜能使其迅速转化为社会能源和社会生产力,这无疑是一种艰苦复杂的精神劳动,是一项细致而特殊的系统工程。图书馆员既是人类科学文化的传播者,也是继承、发展人类文明的忠实保卫者。

(原载《图书馆学研究》2000 年第 4 期)

论图书馆学系统的开放性

图书馆界普遍承认,图书馆学理论至今还没有形成能够透彻地说明图书馆现象的本质,准确深刻地揭示图书馆活动的规律,有效地指导当今图书馆实践的图书馆学理论体系。理论上的落后反过来牵制着图书馆实践的发展。图书馆改革的口号提出来已经20多年了,但改革成效却不能令人满意,原因之一就是缺乏系统的和科学的图书馆学理论的有力指导。

现代科学证明,各种各样的事物都以系统形式存在。系统有开放和非开放系统。有生命的组织系统,如动物、人类、人类社会、人类思维以及各类学科等,都应是开放系统。作为开放系统,不仅系统内部要素之间、层次之间相互联系和相互作用,而且一系统与它系统之间,即系统与环境之间,也发生和保持着多种多样的联系和作用,就是说其本身就是开放的。事物在向外部开放的过程中,和其他系统相互交流物质、能量和信息,以补充消耗,排除陈旧,并通过转发信息和反馈信息,感知外界环境的变化,以调节系统行为,调整系统结构,增强系统的功能和对外环境的应变能力,从而使自身逐步优化。如果视本系统为神圣不可侵犯的禁地,拒外界的物质、能量和信息于不顾,搞人为的自我封闭,这一系统就闭塞视听,中止新陈代谢,机体老化、僵化,终究要被淘汰。一个国家、一个民族如此,一项事业、一门科学亦然。像我国的经济改革等社会工作一样,图书馆改革和图书馆学理论的发展,也应当实行开放,在开放中获得勃勃生机和旺盛活力。图书馆学要作为有生命力的系统而存在,必须坚持开放性原则。

(1)顺应时代潮流,面向图书馆实践,调节图书馆学系统和环境变革的关系,实行对外界环境的整体开放

我们的时代是电脑技术向社会生活各个领域广泛渗透的信息时代,国内外的图书馆实践日新月异,呈现出许多传统图书馆学没能概述和难以解释的陌生现象和发展势头。当代图书馆学应当敏锐获取当今环境生发出来的种种信息,从总体上把握当今时代和未来社会对图书馆事业提出的发展需要,以足够的理论勇气,及时地从宏观上确定当前和下一步的研究方向和发展战略,保证图书馆学理论能够站在实践活动的前面,具有指导性和预见性,促使图书馆学的各个分支和系统整体都能适应变革了的环境。

(2)从总体发展需要出发,选定相关学科,大胆交叉渗透,实行图书馆学向其他学科的开放

图书馆学与其他学科的渗透,既要有广泛性,又要有选择性。渗透面太窄,仍然挣不脱封闭束缚;没有适当的选择,会流于牵强附会。选择标准是外界环境和图书馆实践目前阶段和将要到来的发展需要。当前应该注重图书馆学与社会学、心理学、教育学、经济学、管理学、人才学等学科的进一步渗透,创立相应的图书馆学分支学科。不如此,便很难阐发图书馆活动多方面质的规定性,很难揭示出图书馆实践活动的多维因果联系和规律性。同时,图书馆应适应文理交叉、社会科学与自然科学一体化的发展趋势,以及网络技术向图书馆领域

的渗透,图书馆学不得不重视和自然科学的交叉。大学图书馆学系应当开设高等数学、自然科学基础、科技发展史、计算机的原理和使用等课程,还把图书馆学看作单纯的社会学科,已是陈腐之见。

(3)坚持马克思主义哲学方法论和现代科学方法相结合,运用"系、信、控"科学方法进行图书馆学研究,实行研究方法上的开放和更新

马克思主义哲学永远是图书馆学研究的理论基础和根本方法,辩证思维方法仍然行之有效。现在的问题是亟须把"三论"即系统论、信息论、控制论方法真正引入图书馆学研究领域,并且在哲学方法论的指导下,把辩证思维方法和现代科学方法统一起来运用,做到研究方法上的多样性统一。这种统一不是机械外加的,而是内在固有的。"三论"的基本原理和方法,带有很强的哲学意义,已作为要素纳入马克思主义哲学体系,在这一点上不能犹豫不决。情报学和其他许多学科的成功经验一再证明,"三论"作为横断学科,适用范围很广,况且图书馆与信息是有"血缘"关系,运用"三论"研究图书馆现象无可非议、理所当然、非常近便。如果在这方面一直落后于其他学科,是要贻笑大方的。如果事到如今还讥笑这是赶时髦,就是无知的表现了。

(4)实行研究人才的开放和图书馆学研究队伍知识体系的开放

实行图书馆学与其他学科的开放渗透,遇到了一个严重的实际困难:懂图书馆学的渗透不出去,很少有人熟知其他学科;其他学科渗透不进来,很少有人熟知图书馆学专业。以致产生了许多不伦不类的图书馆学分支学科。解决困难的大致方法是:打破专业界限,吸收其他学科的人才加入图书馆学研究队伍;现有的图书馆学研究人员有选择地学习其他学科。对现有的图书馆学研究人才进行培训,更新知识、拓宽狭窄的知识面。图书馆学教育单位本着培养通才、兼才的需要,从招生制度、课程设置、学籍管理等方面进行必要的改革。不造就出大批通才或兼才,图书馆学在开放渗透中的发展就难以完成。

实行开放渗透,一般来说只是手段,形成科学的、能够适应环境变革的图书馆学体系才是目的。这就需要对开放渗透中获得的成果进行综合,进行系统要素的重组,系统结构的调整。一是剔除那些陈旧过时的概念范畴,舍弃那些应当淘汰的系统要素;二是升华图书馆实践提供的新知识、新经验,或者做出新结论,提出新观点,为系统增添新的要素;三是在推陈布新的前提下,按照辩证思维规律,对分支学科的诸要素重新排列组合,形成学科的新结构;四是重把分支学科视为要素,进一步加以综合升华,形成理论程度更高的学科,最后达到学科系列化、整体化,形成具有梯阶层次的内在有机结构。

强调图书馆学永远是一个开放系统,实行交叉渗透,是否会抹掉图书馆学的固有特色、丧失图书馆学独立存在的地位呢。我们前面说过,渗透是有选择的,选择标准是客观的。与此同时,只要我们始终明确研究对象是图书馆现象和图书馆活动,研究目的是揭示图书馆活动的本质和规律,特别是社会主义建设时期图书馆事业的发展规律,一般来说,交叉渗透只不过是"借它山之石",不至于弄到取消图书馆学的地步。这样的渗透交叉,只会从多方面、多角度、多层次加深对图书馆事业的认识。当代图书馆事业是多要素、多状态、多因果、多功能的集合,只有在交叉渗透中才能获得符合客观实际的真理。所以,实行开放渗透是发展当代图书馆学的必由之路。

参考文献

1　许可天,马旭东.图书馆学的尴尬:对图书馆学基础理论研究的思考[J].图书馆学研究,1998(5).

2　储流杰.图书馆学研究的技术化倾向[J].图书馆,1999(5).

3　包和平.对图书馆学理论研究的哲学思考[J].图书情报工作,1995(1).

(原载《河南图书馆学刊》2000年第3期)

论理论图书馆学的学科体系

理论图书馆学不仅对图书馆学科研究具有普遍指导意义,而且对图书馆工作的实践发挥着重大的指导作用。因此,深入研究和发展理论图书馆学,对我国图书馆事业建设具有十分重要的意义。但是,这一门重要学科,在学科自身的建设上还有很大的差距,迫切要求对这一学科的研究对象和建立学科体系做进一步的探讨和确立。出于一名图书馆工作者的责任感,笔者力图探寻理论图书馆学作为一门独立学科的研究对象和体系问题,请同行指正。

1. 理论图书馆学的研究对象

理论图书馆学为整个图书馆学提供基本理论和研究方法,还要描述整个图书馆学发展的概貌,对图书馆学体系中的各分支学科或专门学科起着指导和统帅的作用。

(1)理论图书馆学是研究图书馆发展的一般规律的理论

图书馆这一社会现象,是社会文明发展到一定阶段的产物。它是帮助读者利用藏书的科学、教育、文化性质的服务机构。图书馆也同其他社会组织一样,随着社会的发展而不断发展。理论图书馆学要回答的是图书馆形成的基本途径和一般的时间;图书馆发展的动因和趋势;图书馆从低层次到高层次发展的过程,图书馆的性质、社会职能和作用;图书馆与社会进步、与精神文明和物质文明建设的关系等问题。

(2)理论图书馆学是研究图书馆学发展的最一般规律的理论

图书馆学是一门正在发展中的科学。它植根于图书馆工作和图书馆事业建设的实践,具有很强的实践性和应用性。随着社会和科学技术的进步,特别是人类对信息、文献交流的需要日益增强,图书馆学的研究和应用前景更加广阔。理论图书馆学主要探索图书馆学的定义、研究对象和内容,图书馆学的理论基础、体系和结构以及图书馆学方法论等问题。

(3)理论图书馆学是研究图书馆事业发展的一般规律的理论

图书馆事业作为一项社会事业,其发展必须要和社会经济、教育、科学、文化事业的发展水平相适应,图书馆事业发展的过程也就是和其他外部社会环境不断进行交换的过程。理论图书馆学要回答图书馆事业的构成、发展规律、发展的经验教训、组织原理、事业体制、图书馆的类型和建设原则、图书馆立法、图书馆员的培养、图书馆学学术研究的组织工作、图书馆事业发展的战略研究等问题。

(4)理论图书馆学是研究图书馆学分支学科或专门学科发展的一般规律的学问

图书馆学在其生存和发展过程中,不仅分化出许多专门学科,诸如图书分类学、文献编目学、文献检索研究等,而且不可避免地要与邻近的其他学科发生日益密切的联系,形成诸如图书馆管理学、图书馆社会学、图书馆教育学等分支学科。理论图书馆学就是要对这些学科进行具体的、历史的分析,揭示这些学科产生的根源和实质、发展变化的趋向以及它们的内容、性质,揭示这些学科与图书馆学的关系以及这些学科自身发展的矛盾等。在揭示这些分支学科和专门学科发展规律的基础上,理论图书馆学研究和阐述这些学科之间的联系和区别,不仅研究当今的图书馆学体系中各分支学科或专门学科的本质和相互联系,也对历史上的图书馆学体系中各分支学科或专门学科进行借鉴性、批判性研究,还对未来图书馆学体系中各分支学科和专门学科的发展方向及其趋势进行预测性研究。

综上可知,理论图书馆学是一门研究内容比较广泛,而现实性也很强的一门学科,不仅有自己独特的研究领域,也不例外地有自己独特的研究对象,即理论图书馆学是关于图书馆学的最一般、最普遍的规律的研究。它作为图书馆学体系的一个学科门类,是研究图书馆和图书馆事业发展的一般规律的理论,是研究图书馆学和图书馆学体系中各分支学科和专门学科发展的一般规律及其相互之间的关系、原则和方法问题的理论。

2. 理论图书馆学的科学体系

在一种社会科学中,研究对象和内容是首要的和根本的,而体系属于思想内容的逻辑结构,相对而言是属于次要的和从属的地位的。然而,研究对象和内容必须通过一定的逻辑结构去表现。事实上,每一种理论体系都是一定的理论思想的体现。我们不应当抛开内容把主要的精力用于体系方面,或者为体系而去构造体系,同样地,也不应当不去认真研究体系的问题,而要努力做到内容与形式的完整统一。这当然也需要一个认识的过程,不可能一蹴而就,也不可能一劳永逸。历史上从来没有永恒不变的体系。几种体系相互切磋、比较,借以找出一种表现内容更恰当的形式,是必要的和有益的。

(1)理论图书馆学教材体系

理论图书馆学教材体系,不是理论图书馆学体系,而是理论图书馆学体系的摹本或反映。应该说,整个理论图书馆学体系至今还没有真正建立起来,这是有历史原因的。首先是我们的图书馆学家还没有提供一部全面、系统地阐述理论图书馆学学科体系的专门著作。其次,现行理论图书馆学教材体系,是根据教学的方便来安排内容的,即采取了简单明了的板块形式:情况部分、理论部分。这种目前通行的理论图书馆学教材体系是我国漫长的图书馆实践活动中逐步形成和定型的,是我国老一辈理论图书馆学家的卓越贡献。这个教材体系主要概括了理论图书馆学的基本观点和内容,可以给予人们一个清楚的概念。多年来,这个体系对宣传图书馆学理论起了很大的作用。但也不能不想到,这个教材体系还很不完善,还有很大的缺陷,必须进一步改进。这种教材体系的缺陷有如下方面:

①现行理论图书馆学教材的目的在于传授理论图书馆学的基本知识,它可以随时根据教学对象的不同,对内容进行增删补调。这就说明了它不可能反映出理论图书馆学的全貌,所以,有些理论图书馆学的内容没有包括在理论图书馆学教材体系里。

②理论图书馆学教科书需要比较稳定的内容,因而就有意识地回避了学术界还有争论或还没有定论的问题。这样就影响了体系内容的完整性。

③作为理论图书馆学教科书,在说明(或介绍)理论图书馆学基本原理的同时,还要力求说明图书馆学科各分支学科或专门学科的基本理论,从而造成了"原理+原理""原理+例子"的公式化。

时至今日,历史在前进,理论在发展,人们对理论图书馆学的认识水平也更加提高了。与此相适应,理论图书馆学的教材体系也应当加以改进。

那么,如何改革和建立新形势下的理论图书馆学教材体系?而且,什么样的体系更具有合理性和系统性？笔者通过认真的思考和研究，大胆提出如下的理论图书馆学教材体系。

前　言

第一节　理论图书馆学的概念与研究对象

第二节　理论图书馆学的内容和结构

第三节　理论图书馆学的性质和特点

第四节　理论图书馆学的相关学科和研究方法

第五节　理论图书馆学发展历史概述

第一章　图书馆

第一节　图书馆的概念

第二节　图书馆的性质

第三节　图书馆的社会职能

第四节　图书馆的社会作用

第五节　图书馆发展史

第二章　图书馆事业

第一节　图书馆事业的构成和建设原则

第二节　图书馆事业的规划、组织和管理

第三节　图书馆网络化的理论与实践

第四节　图书馆事业与其他社会信息系统的关系

第五节　图书馆员的培养

第六节　图书馆法

第三章　图书馆学

第一节　图书馆学的定义、研究对象和内容

第二节　图书馆学的理论基础、体系和结构

第三节　图书馆学的分支学科和相关学科

　　一、图书馆学各分支学科产生的根源和实质、发展变化的趋向

　　二、图书馆学各分支学科的内容、性质

　　三、图书馆学各分支学科的发展与理论图书馆学的关系

　　四、图书馆学各分支学科在解决图书馆实际工作问题的方式和途径

　　五、图书馆学相关学科

第四节　图书馆学方法论

第五节　图书馆学发展史

结束语　理论图书馆学目前的任务和发展方向

第一节　理论图书馆学目前的任务

第二节　理论图书馆学的发展方向

　　一、重视基础理论研究

　　二、加强应用研究

理论图书馆学教材体系的改革和建立是一个十分复杂而艰巨的问题，需要从事理论图书馆学研究工作的同志协力探究，共同解决。笔者在这里提出的看法仅属一孔之见，目的在

于提出问题,引起讨论。

(2)理论图书馆学学科体系

一门科学的范畴、原理、规律必须有内在的联系,彼此互为条件,互相衔接,形成一环扣一环的发展链条,才称得上科学的体系。

逻辑的发展与历史发展的一致性,是建立科学的理论图书馆学体系的不可缺少的重要条件。逻辑范畴是客观历史的反映,它概括再现了客观事物的内在关系和发展过程。逻辑范畴的先后顺序是由事物内部的相互关系来决定的。是按照现实的历史进程本身的规律修正的。它摆脱了偶然性的干扰,概括了客观历史的本质过程。所以,笔者认为应该用逻辑与历史相结合的方法分两部分证明理论图书馆学的体系。

第一部分以逻辑分析为主,兼及历史的分析,着重说明理论图书馆学体系所应有的理论研究问题;第二部分以历史分析为主,兼及逻辑的分析,从历史的角度来探寻关于理论图书馆学的思想发展线索。笔者认为,科学的理论图书馆学体系是由理论图书馆学理论研究和理论图书馆学的历史发展两部分构成的。其体系结构是:

(一)理论图书馆学的理论研究问题

  1. 图书馆

    (1)图书馆的概念

    (2)图书馆的性质

    (3)图书馆的社会职能

    (4)图书馆的社会作用

    (5)图书馆发展史

  2. 图书馆事业

    (1)图书馆事业的构成和建设原则

    (2)图书馆事业的规划、组织和管理

    (3)图书馆网络化的理论与实践

    (4)图书馆事业与其他社会信息系统的关系

    (5)图书馆员的培养

    (6)图书馆法

  3. 图书馆学

    (1)图书馆学的定义、研究对象和内容

    (2)图书馆学的理论基础、体系和结构

    (3)图书馆学的分支学科和相关学科

    (4)图书馆学方法论

    (5)图书馆学发展史

(二)理论图书馆学的历史发展问题

  1. 理论图书馆学奠定基础时期

  2. 理论图书馆学发展时期

  3. 理论图书馆学的未来研究

以上所述的理论图书馆学教材体系和理论图书馆学体系,还是粗线条的提纲,只是大致结构而已。其中的每一个题目都有待展开详细论述。特别是理论图书馆学体系的各个部分是一个很有意义而又艰巨的课题。

笔者认为,只有认真地研究理论图书馆学的基本理论,才能充分发挥理论图书馆学的指导作用,否则就会产生片面性,给图书馆工作带来损失。今天,理论图书馆学的应用研究,越来越被人们重视,成为时代发展的需要,这更加需要加强基础理论的研究,为应用研究提供坚实的基础。为使理论图书馆学有一个很大的突破和发展,就必须加强学科自身的建设,形成比较科学的理论体系,使理论图书馆学更好地发挥其重要作用。

参考文献

1 张炎烈. 对图书馆学现状的哲学分析[J]. 图书情报工作,1993(1).

2 柴纯青. 关于图书馆学研究的几点反思[J]. 图书情报工作,1992(1).

3 包和平. 对图书馆学理论研究的哲学思考[J]. 图书情报工作,1995(1).

4 包和平. 对图书馆学基础理论研究的思考[J]. 图书馆建设,1995(6).

(原载《现代情报》2000 年第 6 期)

论图书馆学基本问题

图书馆学自诞生以来,取得了可喜成绩。毋庸讳言,在图书馆学的领域里还有一些重大理论问题尚未引起人们的充分注意,图书馆学的基本问题就是其中之一。

1. 长期以来被忽视的一个重大问题

每门学科都有自己的基本问题,它是这门学科的核心,抓住了它,也就把握了这门学科的关键。所以,基本问题对于每一门学科都非常重要。在哲学中,思维和存在的关系问题是它的基本问题,对这个问题的不同回答和解释划分出不同的哲学流派,产生了不同的哲学理论。

在图书馆学的全部内容中也有核心问题,这个核心就是它所要解决的基本矛盾,就是它的基本问题。重视这个问题的研究,对于推动图书馆学的发展有着重要的意义。

2. 图书馆学基本问题的主要内容

我们认为图书馆学的基本问题是社会环境对于图书馆的制约性和图书馆的能动性之间的矛盾。在图书馆与社会环境的关系上,首先应当说,图书馆是社会环境的产物,社会环境对图书馆有制约性,图书馆的发展必须依赖于社会环境。图书馆创造的业绩、所取得的成果,都要打上时代的烙印。社会环境不仅制约着图书馆发展的可能性,而且还规定着图书馆的性质、职能、作用、社会地位以及图书馆发展的速度、规模、等级、途径等。这是因为作为上层建筑的一部分,图书馆必须要接受统治阶级的领导,反映和代表统治阶级的利益,为统治阶级服务。在我国历史上,从秦始皇的"焚书坑儒",到清代《四库全书》的修撰,图书文化的兴衰始终与统治者的意志和政策息息相关。所以说社会环境对图书馆的发展起着不可替代的主导作用。

社会环境制约着图书馆发展的可能和方向,社会环境的性质与图书馆发展之间有一致性。社会环境优化,图书馆就会迅速发展,反之,则不发展或倒退。从社会环境与图书馆价值关系看,可以把社会环境区分为有利于图书馆发展的顺环境和不利于图书馆发展的逆环境。一般地说,顺环境中图书馆的发展速度可能快些,而逆环境中图书馆发展的速度可能慢些。比如在 1966 年至 1976 年间,图书馆的性质和职能受到歪曲,图书馆学系停止招生,图书馆的规模大大缩减,全国县以上公共图书馆由 1965 年的 573 所减少到 1970 年的 323 所;高校图书馆由 1965 年的 434 所减少到 1971 年的 328 所;仅有的 7 所少年儿童图书馆,都被缩减并入所在地区的公共图书馆;其他如工会系统图书馆和中小学图书馆(室)大部分被关闭或撤销。今天,随着社会主义市场经济改革和法制建设的进一步深化,随着国家政府职能的转变以及"小政府大社会"管理模式的出现,图书馆在数量、种类、办馆模式和与公众之间的关系诸方面,发生了较大的变化,这既补上了我国图书馆发展过程中所遗留下的种种不足,又跟上了时代的发展潮流。这一过程,究其实质,就是图书馆发展与当代中国社会环境的建构相一致的结果。

图书馆不仅受社会环境的制约,而且又能打破社会环境的制约,表现出自觉能动性。比如新中国成立前,在国民党统治区,我们党领导的蚂蚁图书馆、子民图书馆以及八路军办事处和《新华日报》社图书馆成为在"国统区"中向国民党政治、法西斯文化做斗争的有力工具。但在以往的研究中,人们常常强调了社会环境对图书馆的制约性,而忽视了图书馆对社会环境的能动性。有些论著即使在论述图书馆的价值或作用时,也往往离开社会环境的制约性来谈图书馆的能动性,没有从图书馆与社会环境的对立统一中加以把握,这是一种缺乏辩证法思想的表现。图书馆通过创造性活动去打破社会环境的制约,实现发展目标,同时,随着图书馆的发展,在图书馆与社会环境之间又会产生新的关系,又开始了图书馆与社会环境之间的新的矛盾运动。这种矛盾的循环往复,推动着图书馆向更高的目标和层次前进。因此,打破社会环境的制约和图书馆自身状态的改变是同一过程的两个方面,不应把它们割裂开来。

3. 确立图书馆学基本问题的根据和意义

在图书馆学的诸多问题中,图书馆与社会环境的关系问题之所以成为图书馆学的基本问题,首先在于它是图书馆实践活动中要解决的基本矛盾。图书馆实践活动的目的是改造社会环境,促进人类进步。要使图书馆的实践活动取得成功,就得正确认识社会环境,正确处理图书馆与社会环境的对立统一关系。理论是实践的反映,图书馆实践中的基本矛盾反映到理论上来,自然就构成了图书馆学的基本问题。

其次,图书馆与社会环境的关系问题,是理解图书馆学其他问题的钥匙。把握图书馆学的基本问题,可以使图书馆学的研究对象更为明确。图书馆学的研究对象,是指图书馆学研究所直接涉及的领域、范围和面对的客体。图书馆学所要研究的特殊矛盾就是图书馆与社会环境的关系问题,即社会环境的制约性和图书馆的能动性的矛盾问题。不少图书馆学论著虽然也肯定了图书馆学有其研究的特殊矛盾性,但对这个特殊矛盾没有充分揭示出来。这是由于对图书馆学的基本问题缺乏认识而造成的。

我国的图书馆学研究,可以说至今还未真正认识或明确这门学科所面临的客体是什么,所要解决的基本矛盾是什么,因而在理论研究中出现了两种不应该出现的现象:一是把研究内容搞得很狭窄,一些本来属于自己研究的问题却被忽视了。诸如国家有无对图书馆相应的贯彻始终的既定政策,怎样制定适应图书馆事业发展的政策,各地方政府怎样贯彻执行国家图书馆政策,图书馆是公益性事业单位还是创收性经营单位,图书馆员外流的社会根源是什么等,对以上这些社会现实问题缺乏宏观研究,即使有一些研究,但研究的深度不够,对社会常规状态冲击力度低,没有取得明显的社会效果。二是搞扩大化,把其他学科的内容诸如"信息""知识"等也拿来作为自己的研究对象。"种了别人的地,荒了自家的田"。

图书馆发展格局的优化必须有良好的社会发展环境。无论是宏观的图书馆事业或微观的某一图书馆实体,都必须研究社会环境与图书馆的发展趋势,把握社会环境对图书馆的影响。如此,才能为图书馆的发展对策提供客观依据,使之既不超出内部条件的基础,也不脱离外部环境提供的条件。所以我们说,只有把握住图书馆学的基本问题,才能使图书馆学的研究对象更为明确。

图书馆的性质和职能是图书馆学所研究的重要内容,其根据也在于图书馆学的基本问题。社会环境不仅是图书馆活动的场所、条件,而且还是图书馆活动的对象。因此,图书馆的性质和职能总是随着社会环境的性质和内容的变化而发生变化。在理论上规定一种永恒不变的图书馆模式是不可能的。

图书馆事业发展规律,也是可以用图书馆学的基本问题加以说明的。比如社会环境优化,图书馆事业就会发展,反之,则不发展或倒退。这实质上就是图书馆主体与社会环境之间的必然联系的具体化。

至于图书馆学各分支学科,更是需要用图书馆学基本问题加以理解和指导。所谓公共图书馆学、军队图书馆学、学校图书馆学、民族图书馆学、儿童图书馆学等,只是把图书馆与社会环境的关系具体化了,揭示了图书馆与某种特殊社会环境之间的对立统一关系。

当然,我们强调图书馆学的基本问题是图书馆学的核心与关键,绝不是说图书馆学的其他问题就无足轻重,相反,图书馆学的其他问题对于自己的基本问题来说也是很重要的,基本问题只能存在于其他问题之中,离开了其他问题,基本问题也就失去了它的地位和作用。正确地认识这种关系,才不至于把图书馆学基本问题的重要意义绝对化。

参考文献

1　于鸣镝.关于图书馆学几个问题的再认识[J].中国图书馆学报,1991(1).
2　包和平.对图书馆学理论研究的哲学思考[J].图书情报工作,1995(1).
3　李杰东.影响图书馆事业发展的外界因素[J].图书馆建设,1997(1).
4　刘慧娟.公共图书馆发展模式的战略构想[J].图书馆学研究,1996(2).

（原载《图书馆学研究》1999 年第 6 期）

当代中国民族图书馆事业的发展*

中国民族图书馆事业在 1949 年前,基本是个空白,全国在边远地区及少数民族聚居地区,仅有 14 所公共图书馆。

中华人民共和国成立以后,中国政府十分重视民族图书馆事业,在对以往遗留下来的各级民族图书馆进行改造的同时,组建了一批新型的民族图书馆,1954 年内蒙古自治区和广西壮族自治区图书馆等自治区级图书馆相继成立,1956 年新疆维吾尔自治区图书馆正式命名,1958 年宁夏回族自治区图书馆成立。同年 11 月国务院发布了《关于搜集民族文化宫所需展品和图书的通知》,得到全国各地积极协作和大力支援,仅用 1 年时间,就建成了一座中等规模的民族文化宫图书馆,开创了民族图书馆事业史的先例。随着该馆和自治区图书馆的建设,自治区及省所属自治州、盟所在地也相继建立了公共图书馆。到 1979 年,全国除 4 所规模较大的民族自治区图书馆外,青海、云南、贵州等 9 个省共有 262 个民族自治县(旗)图书馆。这些图书馆都有鲜明的民族特点,藏有一定数量的民族文字图书,他们利用这些民族文字图书,积极地为本地区各族读者服务,取得良好成效。1979 年,在中国图书馆学会的指导下,新疆、宁夏、内蒙古自治区图书馆学会先后成立,此后州、盟,及部分县(旗)图书馆学会亦相继成立。

进入 20 世纪 80 年代以来,随着整个国家经济建设的腾飞,中国的民族图书馆事业也得以长足发展。1982 年秋由国家民族事务委员会文化司、文化部图书馆事业管理局、中国图书馆学会组成少数民族地区图书馆特别调查组,赴新疆维吾尔自治区首次对民族地区图书馆状况进行调查,调查组在调查报告中建议召开全国性民族图书馆会议,得到国家民委、文化部有关部门的高度重视。1983 年 7 月,标志着中国民族图书馆事业新局面的全国少数民族地区图书馆工作座谈会在北京举行,这次会议是由文化部图书馆事业管理局、民族文化司、国家民委文化司、中国图书馆学会联合召开的。来自全国 13 个省、自治区、直辖市的 18 个民族百余名代表聚集首都,共商"加快民族地区图书馆事业建设,努力开创新局面"的大计,并交流了经验。这次会议不但是 1949 年以来的首次,也是中国有史以来的头一次。与会代表受到了国家领导人的接见和鼓励,这次载入史册的盛会,对民族地区图书馆事业的发展起到了极大的推动作用。

1984 年 2 月,中国图书馆学会学术工作委员会成立了少数民族地区图书馆事业研究组。同年 4 月,国家民委决定将民族文化宫图书馆改为面向全国的民族图书馆。1989 年 4 月,又经国家民委批准,经文化部同意对外改称中国民族图书馆,成为面向全国的民族系统中心图书馆,并向世界开放。

1984 年 6 月,国家民委、文化部在天津召开会议,决定由北京、天津、上海、南京、西安等市开展为民族地区捐赠图书活动,对口支援西藏、内蒙古、新疆、广西、宁夏等自治区中尚无

---

* 该篇文章与才旦卓嘎、卢晓华、何丽、杨长虹合作。

图书馆的 263 个县(旗),并成立了中央捐赠图书领导小组和对应的地方领导小组,短短几个月共捐赠图书 26 万册。这一活动为改变民族地区图书馆落后局面做了一件有益的工作。

1985 年 8 月,文化部图书馆事业管理局、国家民委文化司、中国图书馆学会在新疆乌鲁木齐召开第二次全国少数民族地区图书馆工作座谈会暨学术研讨会。1990 年 4 月,中国图书馆学会、中国民族图书馆在云南省大理白族自治州举行了第三次全国少数民族地区图书馆研讨会。1994 年 8 月,中国图书馆学会、中国民族图书馆在内蒙古自治区哲里木盟举行了第四次全国民族地区图书馆会议。

中国民族图书馆事业,经过 46 年的建设。已初具规模,截至 1993 年年底全国民族自治地方图书馆已达 573 个,职工总数达 7088 人。图书馆数量比 1981 年增加了 242 个,人数增加了 4235 人。

由于西藏自治区图书馆的建成,将中国民族自治区级图书馆数量由以往的 80% 增至为 100%。这座位于世界屋脊的西藏自治区图书馆,坐落在拉萨美丽的罗布林卡对面,占地 3 万平方米,建筑面积 1.12 万多平方米,现藏书 38 万册,预计藏书 150 万册。

目前,内蒙古、广西、西藏、宁夏、新疆五大自治区图书馆馆舍面积之和 9 万余平方米,藏书总量 518.8 万册,这些图书馆逐渐成为本地区民族文献的存贮中心、信息中心和交流中心。如内蒙古自治区图书馆已经成为全国蒙古族文献收藏和书目中心,现收藏蒙文图书 4 万多册,另有与蒙古族历史文化有关的藏文、满文及日文、俄文、西文藏书 10 万余册,成为全国收藏蒙古族文献最丰富的图书馆。除西藏自治区图书馆外,各自治区图书馆学会及各馆分别出版了《内蒙古图书馆工作》(汉文、蒙古文)、《图书馆界》(广西)、《图书馆理论与实践》(宁夏)、《新疆图书馆》(汉文、维吾尔文)等 4 种定期学术刊物。

此外,全国近 110 所民族院校及民族地区的高等院校图书馆的藏书已达 2000 多万册,并收藏有大量的民族文献,如中央民族大学图书馆藏有民族文字图书达 15 万册。1990 年 10 月,成立了"全国民族高校图书馆协作中心"。1994 年 12 月,国家教育委员会在内蒙古大学成立了"民族学科蒙古学文献信息中心"。

经过多年的建设,中国绝大部分民族自治地方已建立起县级图书馆,在馆舍建设、藏书规模、人员配备和服务水平等方面均具备了相当水准。在全国公共图书馆评估定级中,进入一级序列的自治区馆有广西壮族自治区图书馆、宁夏回族自治区图书馆和内蒙古自治区图书馆;进入一级序列市级馆的有广西壮族自治区的柳州市、玉林市和宁夏回族自治区的吴忠市图书馆;进入二级序列的有河北宽城满族自治县等 43 个民族地区图书馆;进入三级序列的有河北大厂回族自治县等 93 个民族地区图书馆。

1992 年以来,中国政府共投入"边疆文化长廊"建设专项补助资金已达 2100 万元,这是一项跨世纪工程。"边疆文化长廊"贯穿 2.1 万公里内陆边境和 1.8 万公里海岸线上的 18 个省、自治区、直辖市,共 286 个县(市、区、旗),其目标是到 2000 年,在中国边疆地区建成一条由文化馆、图书馆、影剧院、博物馆等一系列文化场所串联起来的文化线,把固定的文化网点和流动的文化服务结合起来,丰富和提高边疆地区各民族文化生活水平,并促进其经济发展。各地也制订了相应的计划和措施,如多民族聚居的云南省,在边境 12 个地州市、50 个县市、82 个重点口岸和重点乡镇,新建和改建 17 个图书馆、27 个文化馆、67 个文化站或文化中心。黑龙江省东南边境 6 市、县、区,吉林省图们边境 5 市、县,内蒙古自治区锡林郭勒盟 5 市、县,部分段内已初具规模,这些段内的边境市、县均建有图书馆。广西壮族自治区尤为突出，除建设"文化长廊"外，还在 1994 年提出旨在发展图书馆事业为宗旨的"知识工程"，即开展以读书、捐书、建立图书馆为内容的系列活动。到 20 世纪末，将实现农村每个乡镇都有一个图书室，其中达到图书馆标准的占 30%，每个乡镇图书馆(室)藏书 2000 册以上。实现每个城区都有图书馆，50 万人口以上的县、市的图书馆配置流动汽车图书馆，在全区 50%的中小学以及大、中型企业设置图书馆，到 2000 年自治区内每 10 万人有一所图书馆，人均拥有图书 0.5 册。为此，广西壮族自治区政府规定，凡投资于"知识工程"的企业可享受减免税收的优惠政策，这一举措当属中国国内首创。

少数民族图书馆专业队伍的建设初具规模，自 20 世纪 50 年代起就开展了初级图书馆学教育，1959 年 2 月广西壮族自治区文化局举办县、市图书馆人员训练班，培训学员 72 人。1960 年 3 月新疆乌鲁木齐地区图书馆业余学校正式开学，39 个图书馆和资料室的 93 名在职人员参加了学习。1981 年中国图书馆学会讲师团到内蒙古、宁夏、甘肃、青海等民族地区讲学。1985 年 4 月中央国家机关和科学研究系统图书馆学会受国家民委文化司委托，为全国民族地区图书馆馆长举办进修班。同年 9 月，文化部图书馆事业管理局、民族文化司拨专款 15 万元，委托北京师范大学图书馆学系举办了"少数民族地区图书馆干部专修班"，参加学习的有来自全国 13 个省、区的 45 个图书馆共 17 个民族的 51 名学员，经过两年的系统学习，获得了大学专科文凭，目前已成为各民族地区图书馆的业务骨干。1990 年至 1994 年间在北京举办 5 次民族地区图书馆馆长及业务骨干培训班和研讨班，共有 500 余人参加了培训和业务交流。自 1985 年以来，北京大学、北京师范大学、中央电视大学等先后为少数民族地区培养 439 名专业人才。各民族地区高等院校及文化行政部门，也广泛开展了图书馆学教育。截至 1993 年，内蒙古各高校的图书情报学专业大专生已毕业 901 名，在校生 285 名。内蒙古文化行政部门举办各类短训班 40 期，受训 2371 人次，同时开展了具有民族特点的图书馆学教育，编写和翻译民族文字专业教材，采用本民族语言授课。1988 年 9 月内蒙古大学创办了蒙古语图书馆学、情报学专修科，培养了各族学员 87 人，这是中国第一次用民族语言进行图书馆学大学专科教育，新疆维吾尔自治区图书馆学会亦采用维吾尔语、哈萨克语培训图书馆专业人才。此外，还采用与内地交换馆员，驻馆学习，互相访问等多种培训方式，都收到了较好效果。

现在民族自治地方馆工作的工作人员半数以上是民族干部。他们和汉族专业工作人员一道，团结合作，共肩重任，植根边疆和基层，采取多种多样的方式为各族读者服务。尤其是地处高原、雪域、山区、牧区、林区、戈壁的工作者，在人烟稀少、交通不便的地理环境中，以特有的手段搞活书刊流通工作，其难度之大，非同一般。他们创立了马背图书箱、骆驼包、大篷车、帐篷借阅点、汽车流动图书室、自行车书架、图书赶集等多种形式，千方百计解决农、林、牧业生产急需的书刊资料，为边疆贫困地区送去了脱贫致富的金钥匙。他们服务上门、送书到手，结合地区和民族特点，结合经济建设实践，编写科技快报、实用手册、致富信息等，在艰苦条件下，取得良好工作成绩。此外，他们还克服经费不足，人力不够的困难，建立和巩固乡、镇(苏木)、村、屯(嘎查)文化站和图书室，各族图书馆工作者为各民族地区的繁荣，为多元文化下人民的服务做出了可贵的贡献。

中国少数民族图书馆还与许多国家和地区图书馆建立了交流关系，各馆曾接待了日、美、英、印、蒙、澳、意、德、泰、匈、伊朗、韩、朝、荷、西、俄罗斯等国的图书情报学者和民族宗教人士，还接待了旅居国外的藏胞及港、台同胞等，与国外和台、港、澳一些学术团体和图书馆建立了人员和图书交换关系,同时也有不少专家学者出国访问和参加国际学术会议。中国民族图书馆代表团先后出访了印度、日本、蒙古国。通过国际交往和学术交流,中国民族图书馆界不仅了解了国外图书馆现状和发展趋势,同时也对外介绍了中国民族图书馆事业的发展与成就,加深了相互了解,增进了友谊。

浩瀚的民族古代文献,是各民族文化发展的结晶,是整个中华民族宝贵文化遗产的组成部分。据粗略统计,中国现拥有满族文献数百万件,藏文典籍60万函,蒙文古籍(不含文书档案)万余种,古壮文文献数万种,彝文典籍万余种、数万册,东巴经书2万余册,另外还有相当数量的傣文等其他民族古籍。中国各类型民族图书馆长期致力于搜集、整理、保存和开发利用这些民族古籍,并借助现代化手段,使古籍生辉,得以资源共享,服务全人类。已整理出版的重要典籍有《中华大藏经》《甘珠尔》《丹珠尔》《八旗通志》《新疆图志》《西南彝志》、贝叶经、菩提叶经数十余种,50万册,有些民族典籍在国际书展中引起学术界的广泛兴趣。

此外,中国目前出版民族文字书刊和音像制品的出版社有30余家,可以用各种民族文字或语言出版各类型图书、报刊、音像制品及缩微资料。截止到1993年年底,已出版的民族文字图书累计达49 267种69 698万册,民族类报刊750种,其中民族文字报刊260种。这些现代民族文献出版物也得到中国各类型民族图书馆很好的收藏与利用。这些图书馆,不但在古今民族文献收藏与利用方面取得了显著成绩,而且在书目工作方面也取得了丰硕的成果,先后编制了蒙古文、藏文、满文、朝鲜文、维吾尔文、哈萨克文、傣文、彝文、纳西族象形文字等民族文字文献书目,如《全国蒙文古旧图书联合目录》《全国满文图书联合目录》《全国满文石刻目录》《北京现存彝族历史文献书目》《藏文典籍类目录》《西北地区民族院校民族文献联合目录》《民族研究参考书目》等。

目前,由北京图书馆、中国民族图书馆、内蒙古图书馆、内蒙古大学图书馆、内蒙古师范大学图书馆、内蒙古民族师范学院图书馆、内蒙古社会科学院图书馆联合编写的《全国蒙古文古籍文献目录》正在编辑出版,并拟向第62届 IFLA 大会献礼。

民族图书馆理论研究自20世纪80年代开始取得进展,在《民族图书馆工作概况》一书中,对民族图书馆工作从实践经验上升到理论并加以科学论述。由中国民族图书馆编写的《中国少数民族图书馆概况》一书是第一部比较全面地介绍中国各少数民族地区各种类型图书馆的资料性工具书,曾荣获中华人民共和国成立40周年、中国图书馆学会成立10周年图书馆学、情报学优秀著作奖。由内蒙古学者编写的《中国少数民族图书馆研究》一书收录了不同民族、年龄、专业、地区的26位民族图书馆专家和学者的47篇论文,全方位地反映了中国当代民族图书馆发展中所涉及的领域,充分显示出了中国民族图书馆理论研究所取得的基本成绩和现实水平。这些专著的相继问世,标志着民族图书馆理论研究工作日趋发展成熟,引起全国同行乃至国外学者的关注。

目前,中国民族文献自动化系统正处在研制建立阶段。中国民族图书馆、内蒙古图书馆、内蒙古电子计算机中心、内蒙古大学、新疆大学、上海教育学院、武汉大学图书情报学院等许多单位都已先行一步,在民族文献标准化著录、采用计算机编目以及开展协作等方面摸索出很多具有实际意义的研究成果。以蒙古文文献为例,编制和研制成功的就有《蒙古文文献著录规则》、"微机蒙文图书目录管理系统""现代蒙古语文数据库""蒙文信息处理系统"等。特别是在开发中国多语种文献检索系统方面,虽然起步晚,但发展很快,已在诸多方面居世界领先地位。从已开发的多语种系统看,它涉及的语种有汉文、朝鲜文、蒙古文、哈萨克文、柯尔克孜文、藏文、傣文、彝文，及日文、越南文等10余种，该系统具有处理语种多，字符集庞大，输入接口复杂，输出方式多、输出模块复杂等特点。

目前，中国民族图书馆事业虽然取得了显著成绩，但由于地域经济、文化环境等历史原因，民族图书馆事业同内地、沿海地区图书馆相比，还有一定的差距，民族地区之间发展也不平衡，全国尚有百余县无图书馆。此外，诸如馆舍不足，经费短缺，工作人员素质尚待提高，设备陈旧，书刊利用率低等，这些均属发展中存在的问题，从中国社会主义经济建设的发展趋势看，民族图书馆事业在面临困难和问题同时，也面临着比以往更好的发展机遇。

（原载《图书馆研究》1996年第2期）

对图书馆学理论研究的哲学思考

从 1990 年开始,张炎烈同志与蒋万民同志就"图书馆学的困扰与方向"展开的讨论已历时三载,至今未达成共识,笔者愿就这一问题谈几点认识,以求教于张炎烈、蒋万民二位同志及同仁。

1. 不必过于忧虑

图书馆学自创立以来,其学术成果之丰硕,发展势头之迅猛,社会效益之明显,都是出乎预料的。但这些年图书馆学研究似乎冷了下来,发展也比较缓慢,特别是图书馆学的基础理论,几乎无多大突破,呈徘徊状态。由此引起了许多人的悲观和担忧,认为图书馆学出现了严重危机。也有人对图书馆学不能完全解决当今中国的图书馆问题,而对图书馆学的科学性产生了怀疑。凡此种种,笔者觉得以上认识作为一种忧患意识,提醒图书馆界的同仁们不要盲目乐观,是积极可取的。但作为一种学术观点,消极悲观地去对待一门学科的发展,把其在前进过程中一时出现的问题视作"危机",显然是不符合事物发展的辩证法的。

唯物辩证法认为,任何新生事物都具有强大的生命力,它总是向前发展的,而发展的过程又总是艰难曲折的。图书馆学这门学科,是顺应时代的潮流,合着社会前进的节拍应运而生的,无疑具有强大的生命力。因此,无论人们的主观意愿如何,任何悲观、忧虑的情绪都是毫无根据的,也是不必要的。

当前,图书馆学的发展正处在一个像其他所有学科一样,波峰过后早晚要出现的"低谷"时期。犹如一出好戏,有序幕,有高潮,也有过场。这种在发展过程中出现的局部的徘徊或停滞现象,是不足为奇的,是符合事物发展的普遍规律的。当前,图书馆学尽管处在"低谷"时期,但也比上一个波峰所达到的高度要高,这大概就叫事物发展的"波浪式前进"。而这种发展模式,其内部结构是有序而稳定的,因为在"低谷"时期,往往就孕育着某种新思想,以突破现有概念要素的局限,或改变学科传统的要素概念,为学科向广度和深度发展做准备。因此,笔者认为图书馆学发展无任何危机可言,更不必悲观失望。应振奋精神,树立信心,全面总结,深刻反思,使图书馆学研究走出低谷,步入更健康的发展道路。

2. 不能急于求成

任何一门学科的创立和发展,都是在不断揭示本学科研究对象规律的基础上,才日益完善和发展学科自身的理论体系的,这是科学自身发展的一般规律。力学理论就是在前人揭示了"天体运动"和"地上运动"的规律之后,再经过牛顿的综合,才由"古典"发展到"经典"的。一门学科,如果对研究对象的了解若明若暗,模糊不清,把握的事实材料不充分,就不可能揭示研究对象的本质,学科自身的理论体系也就不可能得到完善和发展。当前,图书馆学研究正面临着对研究对象的规律把握不准,认识不清与学科自身理论体系要求完善发展的尖锐矛盾。要解决这一矛盾,消极悲观、听其自然不行,急于求成、揠苗助长也不行,必须遵循学科自身发展规律,脚踏实地,一步一个脚印地逐步深化图书馆学研究,完善和发展图书馆学理论体系。

目前,从整体上看,一方面图书馆学的理论研究难以深化;另一方面研究领域不断横移,分化出一系列图书馆学分支,这是学科内在逻辑发展必然引出的结果,许多学科的发展都要经历这么一个过程。科学发展史表明,有些学科在其发展过程中,由于前锋受阻,必然导致智力横向转移,表现在图书馆学上,就是在图书馆学基础理论无重大突破的同时,却诞生了一系列分支学科。就整个自然科学发展而言,自20世纪70年代以来,科学理论极少有重大突破,但出现了一系列新兴的分支学科,形成了既高度分化又高度综合的发展趋势。图书馆学的发展状况,与此有些相似。毫无疑问,科学的整体发展也好,个体发展也好,出现这种情况,都是符合学科自身发展规律的。因此,我们完全不必为图书馆学理论一时难以突破而忧心忡忡,也不必人为地、凭主观意愿去急于构造和完善其理论体系。尤其像图书馆学这样一门年轻的学科,在建立相应的理论体系的客观条件尚不具备时,就急于构造体系,完善理论,势必造成理论与实践相脱节。这样,既不利于学科自身的发展,又不能有效地解决实践中的难题。毛泽东同志的军事辩证法有效地指导了中国革命的实践,是中国革命取得胜利的锐利武器,但毛泽东同志一直没有为构建其理论体系而煞费苦心,他的一系列光辉思想散见在他的许多伟大著作中。所以,就图书馆学本身讲,当前构造完善其理论体系并不重要,重要的是图书馆学研究的方向是否对头,方法是否科学,基础是否牢固扎实。再说,一门学科的理论体系也不是凭主观意愿想完善就能完善起来的,它必须要在收集大量事实材料的基础上,再从学科体系的角度,经过系统地整理、分析、概括、综合,从一些特殊的、个别的现象中抽象出一般的规律,形成相应的概念和理论,再收入学科体系。现在,图书馆学研究领域的横向发展,图书馆学分支学科的不断增多,正在为图书馆学理论体系的完善和发展准备材料。如果不对这些分支学科做系统深入的研究,一般图书馆学就不可能得到深入的发展。当然,各分支学科的发展也有赖于一般图书馆学的指导,但这种指导只有在一般图书馆学达到相当的成熟程度之后才能起作用。当前,一般图书馆学的理论体系尚处在构建完善之中,仅仅是形成了基本的框架,甚至还有些争议,还没有达到成熟的程度。因此,它对分支学科的指导是微弱的。笔者认为,在这样的客观条件下,当前图书馆学研究不应把注意力集中在一般图书馆学理论体系的构造上,应把研究重点放在一些分支学科上,以深刻揭示事物的本质,积累更多的事实,哪怕是创立一个概念,揭示一条规律都是极其宝贵、极富意义的。大家知道,概念是建构一门学科的基本原部件,学科的框架和体系,说到底是该学科基本概念的内涵的阐发和外延的展开。只有建立在这一基础上的、经历过这样的发展道路而构建起来的图书馆学理论体系,才是经得起实践检验的科学理论体系。

3. 不要期望过高

图书馆学是一门实践性很强的学科,它随着图书馆事业的发展而不断发展。而图书馆事业的发展受社会制约的因素比其他事业多得多,情况也复杂得多。因此,图书馆学的每一个新观点的提出,新概念的创立,随时都要接受社会实践的检验。因而,理论研究不可能长驱直入,不可能像有些学科(如数学、心理学)那样进行大跨度的超前研究。为此,对图书馆学研究过程中出现的偏差和不尽人意的地方,不要一味地责难,应摒弃那种由于偏爱而引起的种种高期望心态,以科学的态度对待学科的发展。特别是当前的社会大环境还没有为图书馆学理论提供这么一个"试验场"。比如图书馆学已从理论上充分论证了文献资源共享的必要性和可行性,但在现实生活中,文献资源共享却处处受阻,难以全面实行,其效益微乎其微,而图书馆学本身又无力冲破由权力和习惯势力构筑而成的重重围栏。这样,关于文献资源共享理论的深化必然受到限制。另一方面,图书馆学理论研究还没有达到完善的程度,在短期内图书馆学也不可能解决当代中国的一些重大图书馆问题。科学理论作为一种生产力,而且是"第一生产力",它的力量是巨大的,但要转变为直接的生产力,必须有政策做保证,生产做导向,技术做中介,并经历一定的时间。自然科学是这样,社会科学同样如此。对于图书馆学已经取得的一些理论成果,其价值能否实现或实现程度的大小,不完全取决于理论本身,在一定程度上取决于社会对先进学术思想的吸收和容纳程度。而有些学科的基础理论研究当时只是对"科学价值"的追求,丝毫不带功利色彩,但到了一定时期,这些理论就大显神威,大放光彩了。例如牛顿的万有引力定律,爱因斯坦的相对论等莫不如此。笔者认为,图书馆学理论的潜在价值是不能低估的。一俟图书馆利用环境真正优化,社会之图书馆意识真正改变,它就会发生"裂变",成为推动图书馆事业现代化建设的"能量块""推进剂",加速图书馆事业的繁荣与发展。

参考文献

1 张炎烈.图书馆学的困扰与方向[J].图书情报工作,1990(1).
2 蒋万民."图书馆学的困扰与方向"读后质疑[J].图书情报工作,1991(1).
3 张炎烈.关于"图书馆学的困扰与方向——答蒋万民同志"[J].图书情报工作,1992(1).
4 张炎烈.对图书馆学现状的哲学分析[J].图书情报工作,1993(1).
5 柴纯青.关于图书馆学研究的几点反思[J].图书情报工作,1992(3).

(原载《图书情报工作》1995年第1期)

专门图书馆学研究应注意的几个问题

图书馆学的结构一般可以描述为理论图书馆学、专门图书馆学和应用图书馆学三大系统。其中专门图书馆学是对各种不同类型图书馆进行分析、比较,找出它们特殊性之后逐渐形成的。10 多年来,我国的专门图书馆学研究取得了可喜的研究成果。从目前已经出版的《工会图书馆基础知识》《学校图书馆工作》《军队图书馆管理学》《民族图书馆工作概论》《党校图书馆情报工作概论》等专著,以及有关专业刊物发表的大量论文来看,专门图书馆学已经在图书馆学中争得了一席之地。

专门图书馆学研究虽然出现了全面发展的局面,但距离稳固地确立学科地位和全面繁荣还很远。本文仅就专门图书馆学研究中存在的几种关系问题谈几点认识。

1. 共性与个性的关系问题

当前专门图书馆学研究的重要任务是建立完整、独立的学科体系。这里讲的主要是专门图书馆学各分支学科的学科体系,这个理论体系不是孤立存在的。从系统论角度看,专门图书馆学是图书馆学系统中的一个子系统,它必须同一般图书馆学有着内在联系,从本质上说,它们都是对图书馆客观现实的反映,这是其共性;但专门图书馆学又有其特殊规律性,这是其个性。专门图书馆学不但要研究其共性,更要挖掘其个性,并从其相互联系中把握其本质区别;否则,专门图书馆学的基本理论失去个性,同一般图书馆学贴得太近,作为一门独立学科的翅膀硬不起来,就难以独立翱翔。所以,专门图书馆学研究只有着眼于共性与个性的统一,从其个性中把握本学科独特的规律,才谈得上学科体系的独立。

2. 经验与理论的关系问题

十几年来,专门图书馆学建设有了很大的进展,人们在欣喜之余,又不能不看到研究的理论层次不高,不少论著处于"基础知识加技术方法"阶段。要改变这种状况,就需要正确处理经验同理论的关系,这里涉及对经验的理解。有人认为经验就是规律,就是理论,专门图书馆学从具体实践到经验总结,已跨入理论大门。这是一种误解。从本质上说,经验属感觉、直观的认识阶段。专门图书馆学目前正处于这种初级研究阶段,即对各类型图书馆活动做直观描述。这虽是把握真理的必经之路,但不是最终目标。我们的任务是让经验升华到理论,建立结构完整的理论体系。为此,应从多方面做出努力,比如说专门图书馆学理论的确立,必须对其基本原理做科学论证,提出充分理由,在向人们说明"是什么"的同时,解释"为什么",以增强理论的科学性与可信性。不少研究者正是运用论证方法,逐步揭示专门图书馆学内在规律的。论证是进行理论思维的必要过程。只有正确地论证,才能使经验升华为理论。

3. 宏观研究与微观研究的关系问题

专门图书馆学各分支学科体系的建立,应从总体设计到各单独科目综合考虑,既有宏观研究,又有微观研究。首先,宏观研究是以某一独特类型图书馆的整个活动为研究对象,研究学科的总体构架,对其发展规律做总体分析。微观研究是以某一独特类型图书馆活动中某一方面,某一单项内容为研究对象。目前不少论著或宏观,或微观,或二者结合起来研究,正向一定的理论高度进军,提出不少灼见。但不可忽视的一点是,宏观研究少,微观研究多,这也是学科体系未能真正建立的原因之一。高层次理论的诞生,需宏观研究与微观研究并进,当务之急是需要一大批研究者从宏观上做理论突破,把理论间架建构好,这也必然会推动微观研究。

无论在宏观研究还是微观研究中都要注意其内部关系的协调。在宏观研究中,各项内容比例应大体平衡,而不能让基础知识部分过大;在微观研究中,也需要有整体考虑,以社会信息为调节手段,避免过分集中地研究某个问题,而对另一些重要问题有所忽略。例如专门图书馆学中的工作技术方法问题有不少人在研究,并取得了成果,这无疑是必要的;而对诸如专门图书馆学分支学科各自的特点、内容、结构、内涵和外延等问题,还需加强研究。

4. 借鉴与创新的关系问题

专门图书馆学研究要有理论突破,需要借鉴。首先是借鉴国内外有关专家学者的研究成果,其次是借鉴其他学科与相关学科的理论和成果。没有借鉴,就没有创新,没有发展,但过多地借鉴,等于泯灭了自我。

目前,专门图书馆学论文、论著出了不少,但大家普遍认可的不多,其中一个主要原因是未处理好借鉴与创新的关系。比如,阐述专门图书馆学理论,过多地借鉴理论图书馆学理论,未免有照猫画虎之嫌。运用理论图书馆学的研究思路,去研究专门图书馆学,就很难超出一般图书馆学理论框架。此外,有些论著借鉴同类论著过多,不能形成自身研究特色,也就谈不上理论建树,只能停留在对专业的技术性说明上。

当然,在已出版的有关论著中,能较好地处理借鉴与创新关系而取得成果的,也不乏其例。上面提到的《少年儿童图书馆概论》《军队图书馆管理学》《民族图书馆工作概论》等都是在借鉴中勇于创新的佼佼者。

上述 4 种关系联系密切,相辅相成。处理好这几种关系,必将会推动专门图书馆学研究的发展。

(原载《图书馆建设》1994 年第 4 期)

应用"三论"研究图书馆学应注意的一个问题

系统论、控制论和信息论,在严格意义上讲,是科学而不是哲学。它们主要都是从工程技术实践中产生的,控制论生成于自动化技术,信息论生成于通信技术,系统论生成于组织管理技术。因而,作为方法论的"三论",也主要是自然科学的方法而非哲学的方法。它们所注重的是精确的量的分析,应用数学理论并发展了数学中的某些分支。在实践中,它们的应用都要依赖电子计算机作为其技术手段,尽可能地接近客体的固有本质。图书馆是一个以人的活动为主体的文化系统,馆员、读者是构成图书馆的两大基本要素,成为图书馆学的重要研究内容。在图书馆活动中,馆员、读者的能动性表现得非常突出,个性、偶然、情感、意志等对"三论"来说是务必加以排除的因素,在图书馆活动中恰恰却是必须具备的基本条件。图书馆学无论属于社会科学,还是属于综合性科学,毕竟和自然科学属于两个不同的领域,它们的研究对象有着质的区别。这种研究对象和适应范围的差异规定了认识它们的方法论也必然要有区别。

在图书馆学研究中移植"三论"作为方法,不能停留在追求对"三论"方法的直接运用上,必须经过哲学的引申。这里既包括了方法论意义上的引申,也包括了基本概念和基本原则的引申。因为只有通过哲学的概括,它们才可能摆脱学科局限性,进而成为哲学的范畴。这样,自然科学的"三论"才会上升为哲学的"三论"。前者仅有自然科学方法论的性质,后者才带有普遍适用的一般方法论的性质。在图书馆学研究方法的更新中,就存在着混淆了这两种方法性质的倾向,它突出地表现为不经哲学引申而滥用"三论"的概念和原则。例如有人在分析图书馆现象时,运用了"熵""热力学第二定律""非线性动力学"等概念,不知道图书馆学与热力学第二定律究竟有什么关系。也许论者是为了引出信息论的什么结论,但他们似乎忽略了这么一个问题,即并不是"三论"中的一切概念都可以提升为哲学范畴,更不是都可以被图书馆学所容纳。任何一个理论体系,都是由相应的概念和范畴所构成的,混乱的概念表明理论的混乱;非图书馆学概念的堆砌,不仅无助于图书馆学理论更新,相反倒有可能断送它的生命。

实现"三论"等科学方法的哲学改造,首先要求研究者要懂得"三论",理解这些概念和原则的实质,这是前提。其次,要注意当自然科学的"三论"经由哲学的引申具备了一般方法论的性质时,也不是图书馆学意义上的方法论,更不能代替具体的图书馆学研究方法。哲学的"三论"可以适用于一切系统对象,当然也适用于具有系统性质的图书馆现象。但也正因为它具有对一切系统对象的普遍适用性,所以,在方法论的层次中,"三论"也是处在低于哲学方法论而高于学科方法的中间层次上,属于一般方法论。因此,我们不应该把"三论"直接搬用到具体的图书馆学研究中来,直接搬用只能重蹈庸俗社会学用一般代替个别、用共性代替个性的错误。也就是说,用纯"三论"所建构的图书馆学,必定不能科学地概括图书馆学的性质。拿系统论来说,如果按图索骥,硬要把系统论所揭示的层次、结构、关系一一照套在具体的图书馆现象上,甚至不惜削足适履,宁可无视图书馆活动的特点,也要迁就这种模式的完整,那就更不可取了。再次,要明确"三论"在图书馆学中的运用是有局限性的,即使经过了哲学引申,它也没有完全摆脱来自自然科学母体的痕迹。"三论"作为研究方法,有些类似于数学,它要将多种现象的质的方面舍去,研究其量的方面的规律性。结构、层次等概念在"三论"中所突出的,往往是构成整体的量的方面的内容,而基本上不顾及其质的内容。正因为如此,图书馆学对"三论"的运用必须和最高层次的哲学方法论取得一致性。没有社会历史的观点,不顾及图书馆学的特点,"三论"在图书馆学研究中不可能充分发挥它的功能。

总之,作为自然科学的"三论"对图书馆学研究方法的冲击,主要的表现应该是科学方法的启迪,这是一种潜在的、间接的、内在的影响,它要求图书馆学在自己的研究活动中必须重视科学素质的训练,坚持科学意义上的实事求是。为方法而方法的倾向发生,就是在这个最根本的意义上背离了科学性,因此才产生了新方法与旧内容,或新方法与无内容相混杂的奇怪现象。它告诉我们,没有科学精神潜移默化的渗透,图书馆学研究者不从根本上改变远离实际的研究习惯,再好的方法也会变成无内容的技巧,成为一种时髦的装饰品。在这个前提下,我们可以把"三论"的概念、模式,作为理解图书馆学的一种知识背景,一种"参照系",达到扩大眼界、活跃思路、拓展思维空间的目的。在这种意义上去接受"三论"的挑战,也许要比直接移植"三论"去更新图书馆学理论更有价值。

（原载《图书馆建设》1993 年第 2 期）

应加强对图书馆员问题的理论研究*

发展我国图书馆事业需要解决好馆舍、设备、藏书、经费、工作方法等一系列问题,但关键在于解决图书馆员的问题,恰恰在这个关键的环节上,我国的理论研究显得十分薄弱。在全国 20 多万专业图书馆员中学过图书馆学专业的不到 3%,就是这样一支队伍,由于负担重,待遇差,生活工作上的实际困难等原因,使他们不可能把全部精力都有效地用在图书馆工作上。解决图书馆员问题是一个极其复杂的系统工程,不能只凭经验和感情,必须首先从理论上进行深入而系统的研究。

迄今为止,图书馆理论界、学术界对图书馆员问题的研究没有给予足够的重视,忽视了对图书馆员的研究。至今全国还没有一部专门研究图书馆员问题的学术专著问世,而目前出版的几部图书馆学专著中对图书馆员问题的阐述过于程式化、原则化。

现实迫切要求我们,必须深入开展对图书馆员问题的理论研究,使我们对这个问题的认识达到一个新的高度。把图书馆员问题置于整个社会生活中加以全面、详尽地考察,在认识的广度上来一个大突破。

加强对图书馆员问题的理论研究,其意义在于:

(1)可以使我们进一步提高对图书馆工作规律的认识。在图书馆活动中,图书馆员是中心环节。图书馆活动过程中的任何因素只有通过图书馆员的积极而有效的活动,才能发挥其应有的效能。我们通过对图书馆员问题的理论研究,可以进一步准确地把握图书馆活动机制及其运行规律,从而更加自觉地按图书馆工作规律办事,最大限度地发挥图书馆员的主体作用,提高工作效率和效益。

(2)有助于我们提高对图书馆员政策的科学性、配套性、易行性和执行政策的自觉性,从政策上加强图书馆员队伍的建设。

(3)加强图书馆员问题的理论研究,是加深全社会对图书馆员认识和理解的有效手段,是提高图书馆员社会地位的有效措施。

(4)可以帮助广大图书馆员加强自身修养,提高自身素质。

(5)加强图书馆员问题的理论研究,其直接意义在于它能使图书馆学的研究提高到一个新的水平。图书馆工作从某种意义上说,就是图书馆员与读者的相互作用的过程,或者说图书馆工作的目的是在图书馆员与读者这两个主体的相互作用的过程中实现的,而图书馆员在这个过程中起主导作用。传统图书馆学对主体研究重视不够,加强对图书馆活动主体——图书馆员与读者的研究,正是为了克服传统图书馆学的弱点。

图书馆员问题的研究,概括起来有以下几个方面的内容:

(1)一般理论的研究。这一部分需要探讨的主要问题是:图书馆员的概念问题;图书馆员的起源与历史演化(发展)问题;图书馆员的分类(类型)问题;图书馆员的劳动特点、社会

---

* 该篇文章与王兰合作。

地位、社会历史作用等问题。

（2）图书馆员素养的研究。主要问题是：社会发展对图书馆员的要求，特别是现代科学与图书馆事业发展对图书馆员的要求问题；图书馆员的身体素质和健康水平问题；图书馆员的智能与心理素质问题；图书馆员的政治素质与业务素质问题；图书馆员的知识修养与学术修养问题；图书馆员的品德修养和职业道德问题；图书馆员的思想修养和语言修养问题等。

（3）图书馆员工作行为的研究。主要研究图书馆员的使命与责任问题，它包括图书馆员对读者有效地实施思想品德教育的正确原则和科学方法问题；图书馆员如何通过图书馆活动开发智力资源的问题；图书馆员如何为科研服务，向社会提供信息服务的问题等。

（4）图书馆员权利与义务的研究。这里主要研究的是图书馆员所具有的特殊权利与特殊义务的问题。

（5）图书馆员心理的研究。主要研究职业心理的基本特征问题；图书馆员的心理结构及其诸要素的特点问题；图书馆员的正常心理及其保持以及异常心理及其矫正问题；图书馆员的情感、性格、情绪对图书馆工作的影响等。

（6）图书馆员的社会活动与图书馆员群体的研究。主要研究图书馆员的多重身份及其相互关系问题；图书馆员的家庭问题；图书馆员集体及内部关系问题；图书馆员与读者的关系问题，图书馆员的社会交往问题；图书馆员的学术活动和其他社会活动问题等。

（7）图书馆员管理问题的研究。主要是图书馆员的培训、考核与聘任问题；图书馆员素质的提高和图书馆员的进修问题；图书馆员的劳动量与劳动效果的确定问题；劳动报酬与生活福利待遇问题；图书馆员职级确定与职称评审问题；图书馆员队伍的稳定与更新问题等。

（8）图书馆员的来源与图书馆员教育问题的研究。主要研究图书馆事业发展对各级各类图书馆员要求的预测问题；图书馆员产生的途径问题；图书馆员培养与图书馆学教育发展规律问题；图书馆员的后继力量问题等。

开展对图书馆员问题的理论研究应坚持以下几点原则：

第一，必须坚持马克思主义理论的科学指导，遵循马克思主义的基本理论和基本方法，保证研究的正确方向。

第二，既要总结历史，更要立足现实，面向未来，要具有超前意识，注重预测研究。

第三，要立足国内，重点研究和解决中国的问题，同时也应该面向世界，注重比较研究。

第四，图书馆员问题的研究切忌大轰大嗡，要扎扎实实地做好打基础的工作，实实在在地研究具体的理论问题和现实问题，在反复、深入地讨论、分析、探索的基础上拿出像样的成果来，并形成理论。

第五，图书馆员问题的理论研究必须依靠馆员，服务于馆员，进而服务于图书馆事业。

（原载《图书馆界》1993 年第 2 期）

随机模拟及其在图书馆借还系统设计与管理中的应用

随机服务系统理论是在 20 世纪初起源于电话话务理论的研究,以后陆续应用于航空交通,机器管理和可靠性理论等领域。本文试就随机服务系统中的随机模拟方法对图书馆借还系统的设计与管理,进行定量分析做初步尝试。

任何一个图书馆都至少有一个借书处和还书处。读者到借阅处借书,由工作人员取书;读者将图书送还,通过工作人员验收,送回书库,读者离去。这些构成了图书馆的借还系统。

1. 随机模拟与图书馆随机服务系统

(1)随机服务系统:读者到图书馆借书(还书),图书馆工作人员与读者就构成了服务系统。读者到来的时刻与进行服务的时间都随不同的时机和条件而变化,因而服务系统的状态也是随机的,即随各种时机与条件而波动。所以,我们在考察这些系统时,为了强调其随机性,就称之为随机服务系统。一般随机服务系统由输入过程、排队规则、服务机构三部分组成。

①输入过程:就是指各种类型的读者按怎样的规律到来。他们陆续到来,要求服务。

②排队规则:就是指到来的读者按怎样的规定次序接受服务。

③服务机构:就是指同一时刻有多少服务设备可接纳读者,每一读者服务了多少时间。

(2)研究目的与方法:如何合理地设计与控制随机服务系统,使得它既能满足被服务者的需要,又能使机构的花费最为经济,这就是图书馆随机服务系统理论的研究目的。

随机因素在随机服务系统中起着根本性的影响。读者到来的时刻一般是无法事先规定的,到来读者要求服务的时间也是因人而异,因此,在研究随机服务系统时,要采用概率论的方法研究随机现象的规律性。

(3)几个主要数量指标:随机服务系统最重要的数量指标有三个。

①等待时间:即从读者到达时起到他开始接受服务时止这段时间。

②忙期:即服务台(借书处、还书处)连续繁忙时期,关系到服务台的工作强度。

③队长:即系统中读者的数目。

在随机服务系统的研究中,一般都集中在这三个数量指标的讨论上,即研究等待时间,忙期与队长的分布函数,以及平均等待时间,忙期平均长度与平均队长。

下面再简单地论述解决随机服务系统的实际问题的有力工具——随机模拟方法。

所谓随机模拟,就是在数字电子计算机上模拟所考察的随机服务系统,并按此系统的样本值来计算与之有关的数量指标,以求对系统的性能有所了解。例如我们模拟一个单借书处(即服务台)等待制的随机服务系统,我们可以在数字计算机上按读者到达的随机过程及服务时间的分布,产生相继读者的到达时刻及每个读者的服务时间,然后按等待制的排队规则确定这些读者进入服务台的时刻,于是计算机就能算出我们所需要的一些数量指标,如平均等待时间、平均队长等。

一般地,随机模拟有两个方面的含义,第一个含义是:在生产实践中提出的问题往往比较复杂,因素很多,很难用解析理论加以处理,而随机模拟恰好是处理实际问题的有力工具,它能为各种类型的实际问题提供数值解。第二个含义是:在理论研究中有时要做一些假设,这些假设需要鉴定是否合乎实际,理论研究的一些结论也应该通过实际系统检验。

2. 系统模型

在图书馆借还系统中,有许多环节不完全是确定型的,例如读者借书、还书时间就有随机性。因此,下面用排队论的模式对图书馆借还系统的各个环节和运行规则给予确切的描述,该系统由两个排队子系统组成。

(1)借书系统

①输入过程:

将要借书的读者源源而来,构成一个随机事件流,假定所考虑起始时间 $t_0 = 0$,第 i 个读者到借书处的时间记为 t_i($i = 1, 2 \cdots$),相邻两个借书的读者到借书处的时间间隔记为 $v_i = t_i - t_{i-1}$($i = 1, 2 \cdots$)。t_i,v_i 都是随机变量。v_i 的分布函数为 $B(x)$,假定来借书的读者有 N 种借书量,分别是 $b_1, b_2 \cdots b_n$。

②服务机构:

假定图书馆有 S 个借书处,并分别配有相应设备。对于 N 种借书量的读者其借书作业时间为 $h_1, h_2 \cdots h_n$。它们是各自独立的随机变量,其分布函数分别为 $F_1(x), F_2(x) \cdots F_n(x)$。

③排队规则:

假设书库规模(最大储存量)为 M,当某读者到借书处时,如借书处无人借书,就立即借书,借后即离去,如不具备上述借书条件,该读者就排队等待,当排队读者有借书条件时,就按照"先到先借"的规则,为该排队读者群的第一个借书者。

(2)还书系统

①输入过程:

将要还书的读者接踵而至,同样也构成一个随机事件流,假定每两个还书的读者到达还书处时间间隔为 u_i($i = 1, 2 \cdots$)。它们是独立同分布的随机变量,其分布函数为 $A(x)$,每个读者的还书量近似地取作常量。

②服务机构:

假定有 R 个还书处,每个还书读者的还书时间 W 是独立同分布的随机变量,其分布函数为 $G(x)$。

③排队规则:

当某读者到还书处还书时,如无人还书,则允许该读者还书,还完书后即离去,如不具备上述还书条件,则让该读者排队等待。当排队的读者有还书条件时,也按照"先到先还"的规则进行借阅。

以上对图书馆借还系统的几个主要环节和借还规则用数学的语言做了明确的描述,即构成了图书馆借还系统模型。

此外,通常还需要考虑其他一些因素,如读者的阅读变化、天气因素、工作人员和工作人员的文化水平,服务态度以及设备检修,还有上述模型中没有包括的布局规划等因素。这些因素,往往于馆址、设备类型和建设风格及其布局有关,对这些因素也需要建立相应的模型,并添加到已建立的总体模型中去。

3. 数量指标

对于一个图书馆借还系统,通过能力确定之后,人们通常关心的是以下几项指标:

①借书处利用率:

设 S 个借书处在考察总时间 T(通常假设为一年或一个月)中它们分别被占有的总时间为 $R_1, R_2 \cdots R_n$,于是借书处平均利用率:

$$P = \frac{1}{S \cdot T} \cdot \sum_{i=1}^{S} R_i$$

②读者在借书处平均停留时间:

假定在 T 时间中有 M 个读者从图书馆借书处借完书后离去,他们在借书处停留的时间为 $q_1, q_2 \cdots q_m$,于是读者平均在借书处停留时间:

$$Q = \frac{1}{m} \cdot \sum_{i=1}^{m} q_i$$

③读者在借书处停留的时间分布:

将时间 T 分割成 L 段(可以以天或以小时为单位进行分割),

$$O = t_0 < t_1 < t_2 < \cdots < t_I$$

$$P = P_0, P_1 \cdots P_I$$

在 M 个读者中在借书处停留的时间满足不等式 $t_{i-1} \leq ti$ 的读者数为 P_i,则读者在借书处停留时间分布密度:

$$P_i = \frac{\overline{P_i}}{m} \qquad i = 1, 2 \cdots I$$

同样,我们可以类似地得到如下指标:

①还书处利用率:

$$U = \frac{1}{RT} \cdot \sum_{i=1}^{R} w_i$$

其中 T 为考察的总时间,W_i 为在总时间 T 内 R 个还书处第 i 个还书处被占用的时间的总和,R 为还书处总数。

②读者在还书处平均停留时间:

$$H = \frac{1}{n} \sum_{i=1}^{n} v_i$$

其中 T 定义如前,V_i 为在总时间 T 内 n 个读者中第 i 读者到达还书处还书停留时间的总和,n 还书的总数。

③读者在还书处停留时间分布:

$$K = (K_0, K_1 \cdots K_f)$$

将时间 T 分割成 f 段

$$O = t_0 < t_1 < \cdots > t_f$$

在几个还书读者中在还书处停留时间满足不等式 $t_{i-1} < t \leq t_i$ 时读者为 K_i,则读者在还书处停留时间分布密度:

$$K_i = \frac{K_i}{n} \qquad i = 1, 2 \cdots I$$

在设计图书馆时,有选择地制定若干种设计方案,即选定借书处个数、书库规模、还书处个数以及设备能力之间的若干组不同组合,利用随机模拟,算出这些数量指标的具体数值,可得出若干组相应的数量指标,依此为依据,经过经济分析,算出包括图书馆总造价和借书处(还书处)设备费用在内的单位借书量(还书量)的图书综合流通费用最低的那个方案,便是最为合理的方案。

4. 结语

科学的任务就在于,要从看来是错综复杂的偶然性中揭露出潜在的必然性,即事物的客观规律性,这种客观规律性是在大量现象中发现的。在图书馆的科学研究中,我们经常遇到很多随机现象,对这些随机现象进行分析研究,就会得到图书馆本身所特有的内在联系,从而使我们了解到,读者到馆借书规律,还书规律;确定书库分配和图书采购量,并根据设备能力,对图书馆各项工作进行定额管理。在每个工作环节以及总体建设中,预先搞好切实可行的,合理系统分析和系统设计,并根据工作程序,按部就班地进行工作,合理地组织有限的人力、物力,最大限度提高工作效率,满足读者要求,为实现"四化"服务,将有一定意义。

任何理论都来源于实践又作用于实践,随机服务系统理论自产生以来就成为解决生产实践中随机现象的有力工具。研究随机服务系统理论根本目的,就在于以最少的设备得到最大效益,或者说,在一定的服务质量指标下要求机构最为经济。通过上面的模拟结果,不仅可以确定最优方案,更重要的还在于能看出借书处与还书处的效率随读者的增减而变化的趋势,为今后的技术改革和提高管理水平提供数量依据。

(原载《图书馆学研究》1988 年第 4 期)

"要素说""矛盾说""规律说"方法论特征初探

"要素说""矛盾说""规律说"(以下简称"三说"),作为图书馆学研究对象的三种不同观点,至今还在图书馆界中广泛传播和讨论研究中。本文意图不在于对"三说"的历史概况及具体的研究方法进行评价,而旨在从总体上检视"三说"的方法论特征,以为发展图书馆学科学方法提供借鉴。

阐明图书馆学的本质及其规律性,指出那些使图书馆学区别于其他社会意识形态的因素,从而把握图书馆学的质的规定性与特殊性,是具体分析图书馆学对象的方法论基础。恩格斯在《自然辩证法》中指出,只有研究某门科学对象深刻的、内在的特殊规律性,科学才能获得"本身的发展"。"三说"都以揭示图书馆学"本身的发展"动因为目的,强调图书馆学的自律功能,把研究的矛头指向图书馆实体。比如,作为最早提出图书馆学研究对象的要素说,认为图书馆学的研究对象就是图书馆事业及其各个组成要素,分别就这些要素进行研究,就构成了图书馆学的整体,中心内容是工作方法。而用分析矛盾的方法来确定图书馆学研究对象的矛盾说,实际上是对图书馆的特殊矛盾性的认识,目的在于寻找出确实属于图书馆领域的特殊的矛盾性。以研究图书馆的组织、工作内容和工作方法为主要内容的规律说,其本身是个发展的过程,即从图书馆的个体研究,逐渐走向对图书馆事业的研究,其目的在于寻找出图书馆内部工作的规律。很显然,"三说"虽然对图书馆学的研究对象有着不同的阐述,但都有一个共同的特点,即研究图书馆的内部规律。如果用纺纱厂的情况做比喻,那么,他们所感兴趣的就不是世界棉纱市场的行情,不是托拉斯的政策,而只是棉纱的支数及其纺织方法。显然,"三说"的图书馆学观点是研究图书馆的内部规律,把注意力集中于图书馆实体的分析。从上面的比喻中,我们不难看出,虽然棉纱及纺织方法应该是注意的中心,但是完全脱离棉纱市场的行情,脱离托拉斯的政策,棉纱业也是不会找到自身发展动因的。使图书馆学成为图书馆学的东西,应由两种力合成——作为内因的图书馆实体因素和作为外因的社会因素,这两方面是辩证的关系。"三说"强调图书馆的"独立性",把图书馆活动过程置于真空之中,从而割断了图书馆与社会母体相连的脐带。这样"三说"所坚持的实体研究,便成了孤立的实体,他们所寻找的图书馆学成为图书馆学的东西,便成了无因之果。

不言而喻,从方法论角度看,这种倾向具有形而上学的色彩,武断地割裂图书馆与社会等因素的广泛联系,使之成为无源之水,无本之木,难以广泛深入地阐释图书馆学的本质特征。"三说"把图书馆当作一个"自足体",即自身完整而独立的实体,因而无须考察图书馆实体以外的东西。这就是"三说"方法论原则的逻辑推论。

从固有的图书馆实体出发进行研究,意味着"三说"的图书馆学研究方法从一开始就逻辑先验地被设定在一个有限的范围内,即限定在只能是而不能超出图书馆的"组成要素""特殊矛盾""工作规律"上。研究方法被吸引到对图书馆自身研究产生的孤立性上,这就严重地限制了图书馆学研究的进展和图书馆工作自身的发展。

由于"三说"对图书馆外部因素的决然否定,也就很自然地导致对图书馆学特质的曲解。

显而易见,把图书馆学研究局限于图书馆实体的分析,是不能真正逼近图书馆学本质的。我们毫不怀疑对图书馆实体的分析研究具有重要意义,这种倾向确也提出了一个值得深思的问题"什么是图书馆学有别于其他科学研究的独特性"。把图书馆当作自足体做封闭研究固然不足取,但把它当作哲学、社会学、心理学的问题来探讨,是否能说明图书馆现象呢? 同理,形式主义的研究当然是片面的,但它在揭示某些图书馆的内在规律方面,也颇有创见。可以说,没有对图书馆实体的分析研究,也就不会有图书馆学本身。但是,如果不从图书馆自身的发展以及与周围环境的联系上观察它,对图书馆学的研究也不会取得全面的科学认识。即使抽象出来,也不会带来很大的指导作用。因此,"三说"想通过对图书馆实体的分析来把握图书馆学内在特征的努力,其结果,只能在图书馆学殿堂之外徘徊。

"三说"促进图书馆学的科学化,正是建筑在图书馆自身发展的观念上,他们企图通过对图书馆实体活动的规律性揭示,使人们领略图书馆的社会性、科学性、教育性、服务性,企图通过对图书馆实体工作技术方法的变化,展现图书馆学发展的历史。可是脱离了周围环境的实体的图书馆学与寻求科学的图书馆学的目的之间,有着难以避免的矛盾性。他们像捕捉影子却远避影子的实体一样,目的与方法相悖,难以实现科学的图书馆学的研究目标。这是"三说"共有的矛盾。当然,在具体研究方法上却各有其特点,有待进一步研究。

(原载《图书馆建设》1992 年第 5 期)

关于图书馆建立视导制度的设想[*]

1. 建立视导制度的必要性

顾名思义,所谓图书馆视导制度,就是指在图书馆管理中对图书馆工作进行监督、评价和指导的一项措施。目前,在对我国图书馆宏观管理中,并没有建立起一个系统的图书馆评价和监督制度。在全国各种类型图书馆中,哪个图书馆工作做得好,哪个图书馆工作做得差,人们心中并不清楚,从业务刊物中得到一些零散的报道文章,却如凤毛麟角,不成系统。特别是公共系统图书馆天各一方,各自为政,并没有把竞争机制引进图书馆中来。图书馆之间没有竞争,个人之间也没有竞争,工作效率不高,没有紧迫感,一切安于现状。文化主管部门即使过问,由于不通业务,又缺乏横向比较,也不得其要领。这样,导致好的图书馆得不到表彰,不好的图书馆得不到批评和指导,严重地挫伤了人们的积极性,阻碍了图书馆改革的步伐。为了保证图书馆改革的顺利进行,加强图书馆事业的宏观管理,应逐步建立起系统的图书馆评价和监督制度。首先应由文化部图书馆司组建统管全国公共图书馆的视导机构,其次各省,市,自治区文化厅、处等也应根据本地区图书馆工作的实际需要组建相应的视导机构。

2. 视导工作的任务

组建视导机构,其目的在于加强对图书馆工作的监督、指导、参谋和评估。它的主要任务是:

①对图书馆的各项工作进行视察、监督和指导;

②对图书馆的工作进行评价;

③对图书馆工作中的重大问题进行调查研究,提出加强或改进图书馆工作的意见和建议;

④对图书馆业务人员及干部的聘任、任务、表彰、奖励、批评、处分提出意见;

⑤对图书馆管理工作进行指导;

⑥对图书馆的业务工作进行考核、评估;

⑦对同级或下级人民政府领导图书馆工作的情况提出批评与建议。

3. 视导人员的素质

视导人员是代表人民政府对图书馆工作进行监督、评价和指导的工作人员。应由县级以上文化行政部门提名,同级人民政府任命,颁发证书。这样对视导人员的素质提出了很高的要求:

---

* 该篇文章与王兰合作。

①忠诚图书馆事业,有一定的理论和政策水平,熟悉有关政策、法律、法规和规章;

②受过高等教育或具有同等学力;

③有比较丰富的图书馆工作经验和图书馆管理工作经验;

④实事求是,坚持原则,遵纪守法,作风正派,有一定威望;

⑤有较强的独立工作能力,勤于思考,善于思索,能为领导对重要问题做出抉择提供理论和实践依据;

⑥身体健康。

4. 视导人员的权力

视导人员的职责权力包括:

①根据视导工作的需要,参加各种学术活动和有关会议;

②有权召开座谈会,调阅有关文件、档案、资料等;

③有权对干部、业务工作人员的工作进行考核;

④总结推广各馆优秀干部及先进工作经验;

⑤征求图书馆所在地党政机关对图书馆的意见和建议。

5. 视导工作的原则

所谓视导,视是手段,导是目的。二者的关系是为导而视,寓导于视,视导结合,以导为主。因此,在视导工作中应坚持以下几个原则:

(1)方向性

监督指导图书馆认真贯彻落实党和国家有关图书馆工作的方针、政策和法规,是视导工作的出发点,又是视导工作的落脚点。其监督指导作用通过两个服务来实现:一方面对图书馆提供指导性服务,也就是从理论和实践的结合上帮助图书馆自觉地、创造性地按照党和国家的方针、政策和法规建设图书馆。另一方面为文化行政部门提供参谋性服务,即从视导和反馈中帮助文化行政部门实现决策的合理化和科学化,以利于党和国家方针、政策的贯彻落实。

(2)科学性

对图书馆工作进行视导并不等于评估图书馆,但也不可避免地涉及对图书馆评估问题,而评估图书馆工作必须公正、科学、实事求是。要做到实事求是地评估一个图书馆全面的工作,必须树立:①发展的观点,即要看图书馆的发展趋势;②整体的观点,即从整体看图书馆,从社会看图书馆,从全面看局部,看图书馆工作的本质主流,不能以偏概全;③具体的观点,既看图书馆工作的成绩与问题,又看图书馆工作的条件和基础,成果和条件统一考察,不能一刀切;④过程的观点,即承认事物发展有过程、有层次,从量变到质变,图书馆工作制约因素多,复杂性大,对图书馆工作的考察,要看终端结果,更重要的是看全部发展过程。

同时需要着重指出的是,评估图书馆工作的目的在于全面贯彻党和国家有关图书馆工作的方针、政策,努力提高工作质量,使图书馆成为开发文献信息资源的基地。为此评估中要注意:全程评估和终端评估相结合;整体评估与单项评估相结合,条件评估与成果评估相结合;历史评估和现状评估相结合;自我评估和领导评估相结合,定量分析与定性分析相结合。

（3）民主性

视导工作要相信群众，依靠群众，走群众路线。对图书馆工作的调查研究和分析评估一定要认真听取图书馆职工和读者的意见，允许不同观点争鸣、不同意见争论，也允许图书馆工作人员申辩。通过视导的协调作用，帮助图书馆提高自我调节，自我完善，自我发展的能力。

总之，视导工作是一项新的工作，还有一些理论问题和实际问题有待于进一步研究和探讨。诸如对图书馆工作考核评估的内容、重点、途径、方法、标准等。但这并不妨碍我们得出这样的结论：建立视导制度，强化对图书馆工作的监督和评估是完备图书馆宏观管理体系的不可缺少的有机成分。可以相信，随着图书馆改革的深入，图书馆事业的发展，此项工作定能从理论到实践逐步完善起来，并积极发挥其应有的作用。

（原载《江苏图书馆学报》1990 年第 5 期）

关于图书馆学方法论的思考

在我国，图书馆学研究方法论在相当长的时间里一直没被作为一种相对独立的理论提出来，这种情况使我们的图书馆理论水平长期徘徊不前。近年来，随着新方法浪潮的兴起，图书馆学方法论的问题越来越引起图书馆学研究者的普遍关注。应该说这是一种在实质上接近哲学思考的新意识的觉醒，开拓了我国图书馆学理论研究的视野，带来了图书馆学理论研究的深化和系统化。

对于图书馆学方法论来说，它的根本作用，就是要保证并确立图书馆学研究的方向不是其他学科的，而是图书馆学的。比如近年来，我们能够看到无论是"老三论"（系统论、信息论、控制论），还是"新三论"（耗散结构理论、突变论、协同论），都被广泛地应用于图书馆学的研究，这本来在一定程度上丰富和扩大了理论研究的工具，是一件有益于图书馆学学科建设的大好事。然而有些研究者在借用"三论"的方法时，为了迁就"三论"模式的完整，宁可无视图书馆学的特点，不惜削足适履，把图书馆活动现象一一套在一种模式身上。结果，图书馆活动现象的分析，变成了非图书馆活动现象的剖析，图书馆学的研究变成了系统论的、信息论的、控制论的研究，方法不是手段，反倒变成了目的。这种失误的发生当然应归咎于研究者们缺乏图书馆学的独特方法论意识。这就涉及任何知识的方法都不能以现成的、固定不变的、不需改造的形式自由地进入图书馆学研究的领域，而必须要在一定的图书馆学方法论意识的指导下，在充分顾及图书馆学基本特点的情况下才能充分发挥其效用。比如系统方法可以有效地作用于图书馆学的研究，但它只有在充分地顾及图书馆学基本特点的前提下，才是富有成效的。

由此我们得到一个启示，图书馆学方法论的特殊任务就在于必须关心图书馆学这一特定学科中不同研究方法的认识功能和价值问题，指明和限定其作用范围以及预见到某种方法绝对化或片面化的运用可能会产生什么后果。例如在图书馆学领域内运用数学方法，在一定程度上扩大图书馆学研究的手段，能够将图书馆学的研究引入到定量化研究的道路上，从而进入到一般图书馆学方法难以进入的大门。但纯粹的数学事实，是不能完全做出图书馆活动的价值判断的。要做图书馆活动的价值判断还必须依赖于一定的社会分析等方法。因此，数学方法在图书馆学的研究中只能是一种辅助性方法，一种为实现特定研究目标所运用的技术性措施。这种对具体研究方法的认识功能和评价（即对各种方法的科学性、合理性和有效性的考察，和其适用范围和局限的界定等），就是图书馆学方法论的一个重要任务。

图书馆学方法论的另一项重要任务就是要探索和发展适用于图书馆学这一特定学科的专门方法。目前我国在这方面的研究比较薄弱。梁林德、辛希孟二位同志对此进行了有益的探索，比较客观地提出了图书馆学研究的专门方法，诸如查找和积累资料的方法、分类研究方法、摘要和述评研究法、藏书登记分析法等，并明确指出："图书馆学研究的专门方法是客观存在的,不承认这一点,实际是怀疑或否定图书馆学的科学地位。"①这充分表明,对图书馆学专门方法的研究,无疑是保证图书馆学学科性质的根本一环。

在现代社会中,图书馆学有许多新的非传统的职能,因而要求比较全面地扩大它的研究方法。从当前图书馆学研究现状看,各种方法进入图书馆学研究以后,给图书馆学的研究带来了一定活力,或许在不远的将来,这些方法经过一定的图书馆实践的改进,有可能被纳入图书馆学专门方法的体系中。

从理论上说,方法论受到世界观的规定和制约。图书馆学方法论也不例外,其方法、模式都是建立在图书馆学观念之上的。它们是先有不同的图书馆学观念,而后才形成从属于各自的图书馆学方法论。例如 20 世纪 50、60 年代曾对我国图书馆学理论和图书馆事业实践方面产生过较大影响的"要素说""矛盾说",就是源于这种观念:把研究的目光集中在图书馆本身,集中在图书馆业务工作诸过程和技术方法以及人、财、物、组织管理等因素的内在研究上,认为这样就完全接触到图书馆的本性和核心,确定其价值。而源于 80 年代的"文献信息交流说""知识交流说"则是建立在这样的信念上:图书馆是完成社会知识信息交流的一个社会实体,图书馆与社会紧密相连。因此这种模式主张研究读者、图书馆和社会环节之间的关系,认为只有将图书馆置于特定的社会环境之中来加以仔细考察,才能揭示图书馆学的内在价值。因此我们说,图书馆学方法论都是建立在一定的图书馆学观念的基础之上,这是个前提。

现代图书馆学研究的现状显示了图书馆学观念的多元性,这是否意味着图书馆学方法论上的独特性被淹没在多元的状态中?回答是否定的。图书馆学方法论的独特性指的是不同于其他学科地保持了自己独特研究性质的方法意识,而图书馆学方法论上的多元性则是指汇集于图书馆学这门学科中研究方法的多元状况,显然这是指的两个不同的范畴。

对图书馆独特功能的把握也是确立图书馆学独特的方法论的根本原则和依据。从现代功能主义的观点看,事物的特殊性质可以通过其功能考察的途径来把握,换言之从事物所显现出的功能中可以追踪出其性质。因而对图书馆独特性质的把握是可以通过考察图书馆的社会功能而实现的。

按照传统的观点,图书馆有"传递科学情报""提高科学文化水平""进行思想教育"和"保存图书文化遗产"等社会职能,而在诸职能中最具独特性的是保存图书文化遗产职能。保存图书文化遗产职能的特殊性还表现在图书馆的传递科学情报、提高科学文化水平、进行思想教育等职能必须通过保存图书文化遗产这一中介得以实现。

从当代图书馆功能的考察中,我们可以看到,"收藏图书又借阅图书"(保存图书文化遗产——使人类文化遗产永久被人利用)是图书馆一个最重要、最独特的性质,或称图书馆的本质属性。图书馆学研究必须以保持这一特质为出发点和归宿。因此,图书馆的收藏图书又借阅图书的性质正是图书馆学独特方法论确立的基本原则和依据。

当然,对图书馆学观念的深入研究,则能使图书馆学独特的方法论建立在更扎实的根基上。目前的困难在于,确立科学的图书馆学观念还有一个过程,这就是图书馆学方法论至今尚处于酝酿阶段,还有不少争议。对图书馆学观念的种种界说,其实历史化地形成两

---

① 梁林德,辛希孟.论图书馆学的研究方法[J].图书馆工作与研究,1987(2).

组问题,一是图书馆与社会的相互关系问题,二是图书馆内部诸要素之间的相互关系问题。不同的图书馆学观念的分歧都源于在这两组问题的不同认识上。譬如,对图书馆与社会问题的不同看法,于是有了"文献信息交流说""知识交流说""文献信息论"之分,对图书馆内部诸关系问题的不同认识则有了"要素说""矛盾说""规律说"等。我们倘能综合各家学说,对这两组问题做深入的探讨,科学的图书馆学观念的确立并非没有可能。一旦有了这个前提,建立具有独特性质的图书馆学方法论则完全可能。

（原载《图书馆杂志》1990 年第 4 期）

试论建立现代化图书采购管理信息系统的设想

确定图书馆藏书建设发展目标,进行图书采购决策以及编制图书采购计划,需要有足够的信息。因此,做好图书采购信息管理工作,建立有效的图书采购系统,是提高图书采购管理水平的重要条件。

1. 图书采购信息的作用

图书采购信息,就是反映图书采购过程的特征和发展变化状况的各种消息、情报、数据和资料的统称。随着图书采购活动的不断进行,产生了众多的图书采购信息,这些信息通过接收、传递和处理,反映图书采购过程各方面情况的变化,沟通联络图书采购管理各环节之间的联系,从而为图书馆有计划地实现图书采购管理目标提供可靠的数据。

按信息管理作用的范围,图书采购信息可分为:战略决策信息、管理控制信息、业务管理信息三种。

战略决策信息,是指图书馆馆长或专门负责图书采购的人,为实现本馆藏书发展目标所必需的图书采购信息、图书采购与图书馆经费发展的信息以及图书采购与社会各阶层读者相互关系的信息。这些信息包括图书采购过程内部的和与图书采购相互联系的外部因素,以及有关图书采购过程过去发生过的信息和有关未来的信息。

管理控制信息,是指图书采购管理人员能够掌握的年度内的图书收藏情况和图书流通情况,其中主要是藏书利用、书刊流通、读者到馆人次、拒借等过程的情况。将这些实际发展结果的信息与计划对比,就可以了解年度计划或短期计划的执行情况,从中发现问题,采取有效措施,以促使图书采购按预定的目标发展。管理控制信息一般来自本系统范围内,它跨越于系统各部门之间,构成统一整体。

业务信息,一般就是图书采购系统内的业务记录资料。如,对馆藏、读者需要、书源、出版社等调查记录,藏书补充方式的确定,图书采购经费支出登记等原始资料。

制定正确的图书采购政策和图书采购计划,是图书采购管理的重要职能之一。但是,科学地进行图书采购决策和规划,就必须以全面反映客观的图书采购过程和图书流通过程的信息资料为依据。掌握图书采购过程的信息和图书流通信息,了解图书馆藏书状况和图书流通状况的过去、现在和未来,是决策者和规划者的起码条件,也是正确判断和决策的前提条件。

决策与规划确定以后,就必须通过一系列的管理活动和具体的组织实施,对图书采购过程进行监督、控制、调节和评价,以保证藏书目标和规划任务的实现。而监督、控制、调节和评价图书采购过程必须要依据图书采购过程中准确、全面和及时的信息资料。由此可见,图书采购的四个环节,图书采购决策(包括规划)、规划的执行(包括组织、调节)、规划的控制(包括检查、监督)和总体评价,都离不开信息的输入和处理。如果我们在图书采购管理工作中,每个阶段都能及时、准确地传递信息,并将信息反馈到管理中心,这样管理机关就可以发出调节和控制的指令,使图书采购系统正常的运行并保证藏书目标的实现。

2.建立现代化图书采购管理信息系统的设想

随着经济和社会的发展,图书发行量的扩大,书刊发行信息将会激增。以手工劳动为基础的信息系统,已无力处理这些浩繁的信息。所以,图书采购系统也有必要建立一个统一的、高效的、互相衔接的图书采购管理信息系统,以便及时为各级图书馆提供准确、可靠的信息。

图书采购现代化管理信息系统是以现代化通信技术和电子计算机网络为基础,并从图书采购过程内外两个方面提供信息的结构性的综合体。这种信息综合体的作用,主要表现为:可以高效能地大量收集、存贮和处理图书采购信息资料,从而大大提高信息系统的工作效率和进行复杂的分析;此外,通过信息网络,能掌握图书采购过程的历史和现状、过去和未来、国内和国际、地方和国家的主要数据,为决策者提高决策水平,改善计划工作的经济效益和社会效益。

建立现代化图书采购管理信息系统,首先要有高速运行的电子计算机和现代通信技术系统;除此之外,尚需要大容量的信息数据库和专用的计算机程序。目前,图书采购管理部门还没有形成这种以信息管理为主的综合体。但是,随着电子计算机使用的普及化,特别是近几年微电子技术的应用,这就有必要研究如何健全和完善我们的图书采购管理系统。也就是说,图书采购管理有必要从图书采购过程的整体出发,应用系统论和信息论的理论和方法,对信息的需要、信息的获取、信息源、信息流、信息处理和传递输送等进行通盘的考虑和总体的设计,把信息工作合理地组织起来,从而形成灵敏而又高效的信息情报网。

但是,要完成这一项任务,必须从我国图书采购信息管理的实际情况出发,有计划地逐步进行,当前,迫切的任务是改善现有的图书采购系统,提高现有信息工作的质量和管理水平。同时还要使图书采购情报中心的计算机与现代通信技术联结起来,做到逐步实现图书采购信息系统的网络化、标准化和规范化。

为了要使图书采购管理信息系统现代化,在设计管理信息系统时,必须考虑和依据以下几个基本原则:

(1)要有明确的目的性。在调查研究的基础上,对图书采购规则和具体方案进行定量性研究,图书采购人员必须依据读者借阅各类图书的人次、册次、比例和读者阅读倾向预测等反馈信息来调节完善图书采购规则和具体方案,使图书采购管理信息系统与图书采购决策和图书流通系统相衔接,并且要主动研究图书采购管理各方面的需要。

(2)要注意信息的统一性。在图书采购管理信息系统内部要有统一的信息制度和方法,这种统一性要求信息工作实现制度化、规范化,明确对上下左右各级组织的信息收集范围,并对图书采购指标和指标体系做出规定(包括对指标概念、经费预算方法以及提供的时间等)。

(3)管理信息系统要保持相对独立性。图书采购系统是图书馆图书管理系统的从属系统,图书采购管理信息机构大部分也从属在图书馆管理机构之内。为了确保信息的真实性和准确性,该系统在行使职权时,必须保持相对的独立性。除此之外,还要发挥其监督检查系统的作用。

(4)要适应图书采购现代管理的要求。在图书采购管理中,必须使用一些现代管理方法和手段,对图书采购过程进行分析研究。如决定理想的藏书规模、建立图书采购数学模型进行图书采购预测以及对图书采购决策进行最优采购可行性研究等。这就需要图书采购管理信息系统适应这种现代管理的要求,不断地更新信息工作的内容,改善信息处理的技术和方法等,以提高图书采购信息的质量。

随着文献的剧增,出版发行业也得到了极大的兴盛和发展,许多地区或国家已经建立起一个遍布城乡、指挥较为灵便的强大的图书发行网,而且与图书采购各个环节建立了多条信息渠道,他们为图书采购管理工作分别提供了很多有价值的信息。但如何使他们形成一个更加完备、更加充实的信息情报网,使图书采购信息工作做到网络化、系统化、制度化,这对图书采购管理信息系统来说,是一个十分重要的问题。要研究它就需要研究图书采购信息系统的结构。

对当前我国图书采购管理的信息情报网的结构设想如下:

(1)图书采购信息情报中心。图书采购信息情报中心是管理信息系统的综合体。因为,分散在各种系统中的信息,不能满足对图书采购工作进行现代管理的需要。图书采购信息情报中心的任务是:把分散的信息活动通过中心做出统一安排,把分散的信息活动作为整体的组成部分,这些活动必须由一个独立的图书采购信息情报中心进行统一管理。图书采购信息情报中心兼负图书采购信息的咨询、协调和管理的职能。其具体功能是:确定信息要求,进行信息的收集、处理和使用。

(2)图书采购统计系统。图书采购统计是认识图书采购总体特征的有力工具,是为图书采购管理提供信息的主要系统。图书采购统计工作能全面反映、记录图书采购过程的各个方面,描述图书采购工作在不同时间、不同地点的现状和成绩、问题和缺点。图书采购统计信息的主要特点是:①能够对图书采购进行系统的总体研究;②它不仅能够跟踪检查图书采购计划,而且还能长期检查图书采购计划执行的信息;③它不仅能提供图书采购计划执行的信息,而且还能分析监督和评价图书采购过程的一切活动。

(3)流通系统。图书流通工作是与读者广泛接触的一项工作。为了做好图书采购工作,必须了解读者,知道读者想看些什么书、需要什么书。掌握各类读者的文化程度、阅读兴趣、对各类藏书的利用情况以及读者对书刊需要的发展变化规律等,并以此作为图书采购的依据。所以,图书流通系统最直接地掌握着丰富的读者信息。如果我们能够把这些原始的信息进行去粗取精、去伪存真,这对于我们进行图书采购决策将具有十分重要的现实意义。

(4)会计核算。图书采购管理和图书采购经费,一般是专款专用,但要实行经费包干。会计是进行财务核算与监督的重要工具,它直接以货币形式进行监督,反映图书采购过程的经济效果与社会效果,所以,会计核算是整个信息系统的一个重要分系统。

(5)信息反馈系统。图书采购工作是一项科学性较强的智力劳动。从信息论的观点来看,图书采购就是信息从输入到输出、又从输出到输入的无限循环过程。由于信息的流动,就形成了输入、加工、检核、存贮、输出等环节。建立信息反馈系统,就可以使图书采购从定性分析过渡到定量分析,对于控制藏书数量,提高藏书质量,进行图书采购决策,都具有重要意义。

除此之外,图书采购管理信息系统结构还包括图书馆管理系统内部与图书采购相联结的各个职能机构,如编目系统等,以及与图书馆管理机构并行的各个职能机构,如图书发行单位等。它们都从各自不同的角度,反映图书馆采购过程发生的信息。

3. 图书采购管理信息系统的功能

在图书馆管理中,能够充分发挥图书采购信息系统的作用,其关键在于它能不断地为决策者提供必要的"优质"的信息。所谓优质信息,是指对信息系统提供要求准确、及时、全面、系统、经济与适用等各方面。

信息的准确性,就是指信息资料要有准确性,实事求是,如实反映客观情况。准确是信息的生命,也是信息系统的全部意义所在。假信息、失真的信息,不但无用,而且有害。信息的及时,是指信息的时效性,如果时过境迁,信息虽准,也不能发挥其应有的作用,依据过时的信息,甚至还会导致决策的失误。

图书馆工作是互相联系、彼此制约的。为了深入地了解图书采购现象的规律性,必须取得全面、系统的信息,单个信息只能反映图书采购总体的一个侧面或某一方面的特征,全面而系统的信息,乃是一个有机结合的水平更高的信息。

图书馆管理要考虑经济效益,信息管理也同样要考虑经济效益。这里经济效益是指用少量的费用取得必需的信息。达到这个目的的主要途径,一是改善和健全信息系统和信息渠道,及时地进行信息交流;二是改进信息处理的水平,提高信息利用率,降低单位信息成本。经济和适用是密切联系的。如果信息系统向决策者提供的信息多而无用,就会给图书馆带来经济损失。所以,当前管理信息系统的任务是:如何对大量堆积如山的原始出版信息进行加工、筛选和整理,从中获取反映图书采购过程中最本质和最新的信息。

准确、及时、全面、系统、经济与适用的信息是通过管理系统提供的。图书采购管理信息系统的功能主要是:确定信息的需求、搜集信息、处理信息、信息的传输、信息的存贮和使用信息。管理信息系统必须使每个环节都能灵活而有效地运转,并形成互相协调密切结合的有机体。

(1)确定图书采购信息需求。信息的需求都要依据一定的目的,如果研究的目的不明确,信息系统就无法提供信息。根据一定的研究目的,信息需要回答:①需要多少信息?②什么时候以及由谁来使用这些信息?③需要什么样的信息形式。如果是盲目的或者过多提供不必要的信息,只能给图书采购决策者和管理者带来麻烦。所以,在实际工作中,每个领导掌握的信息不在多而在于"精",所谓"精"就是各级领导进行图书采购决策和指导、监督调节等活动时,掌握应该和必需的信息。

(2)图书采购信息的收集。这是信息系统运行的重要一步,也是整个信息工作的基础。因为信息的质量和信息系统的其他环节,在很大程度上取决于原始信息的真实性和完整性。信息搜集阶段的具体内容要包括信息的获取、验收、汇总、整理。

(3)图书采购信息的加工处理。通过一定方式所取得必要的信息资料后,要用一定的设备和手段,按一定的使用要求加工和改善信息的质量,使信息成为决策者有效用,或转换成便于观察分析、便于存贮的数据。这种工作包含的要素有:信息的检核、数据的转换、数据的筛选提炼、数据的运算、编制索引、数据信息的分析和评价。

信息的检核,这一工作主要是确定某一个特定信息的置信度如何?同时也要检查资料来源的可靠性,数据的准确性和有效性的因素。数据的转换,是指为了使经过检核等信息能运用于计算机处理的形式,因而必须用代码方法转换原始信息资料。数据的筛选和提炼就是把输入的信息和数据加以分组、排序和选编与缩减,其目的是向管理人员提供与他们的特定任务有关的信息。数据的运算包括计算运算和逻辑运算。编制索引的目的是为信息的存贮和检索提供分类的基础。信息的分析与评价,是通过大量信息资料的研究,及时揭露矛盾,发现新问题,并对图书采购工作做出新的评价,对图书采购总体做新的分析。

(4)图书采购信息的传输。这就是把正确的信息适时地提供给有关领导,它是管理信息系统压倒一切的任务。信息能否及时发出和到达,它取决于信息传输系统的功能。如果信息机构有自己的电讯技术和自动化传输系统,这就为信息迅速传输创造了条件。

(5)图书采购信息的存贮。信息存贮有内存和外存。加工后的信息,不管当时是否需要,一般都要将信息贮存起来留作以后参考。这种工作之所以必要,是因为任何一个组织或一个高明的领导是没有这种天然的记忆力,能够把大量的信息记在人脑中。

(6)图书采购信息的使用。图书采购信息的使用效果如何,这在很大程度上取决于信息本身的质量(准确性),提供形式以及它的时效性。当然,这一切与开始阶段确定信息的基本需求有关。如果开始提出问题是正确的,收集信息的系统设计是科学的,那它就会向使用者提供高质量、有用的信息。

综上所述,图书采购管理信息系统的功能可概括为:首先是确定对信息的需求,然后对信息资源的搜集和处理,传输和存贮,最后达到信息的使用(如下图所示)。

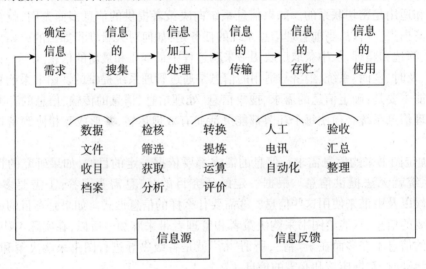

图书采购管理信息系统功能关系示意图

做好信息管理工作,一方面要充分发挥信息系统各环节的基本功能,另一方面要密切注意和严格控制必要的信息量和合理的信息流通。同时,我们还要注意提高现有信息利用率和建立灵敏的反馈系统,从而使图书采购管理信息系统逐步完善,信息管理水平不断提高。

以上仅是对图书采购现代化管理提出了一些粗浅的看法,因篇幅所限,对很多细节问题没有进一步展开,草成此文,恳请各位老师和同行们批评指正。

参考文献

1　斯多利亚洛夫.阿列菲也娃著.图书馆藏书[M].北京:书目文献出版社(今国家图书馆出版社),1983.

2　弗·约翰·彻格温菲莉斯·奥德菲尔德著.图书馆助理员手册[M].北京:书目文献出版社(今国家图书馆出版社),1982.

3 华东师范大学图书馆学系编译.美国及世界其它地区图书馆事业[M].北京:书目文献出版社(今国家图书馆出版社),1983.

4 《经济参考》编辑部科技组编.世界新的技术革命与对策[M].北京:科学普及出版社,1984.

5 何微编著.系统论控制论信息论理论与方法概述[M].内蒙古:内蒙古社会科学杂志社,1984.

6 胡伯骏,朱沈华,莫炳耀.一个实用的"罪犯档案信息管理系统"案件的实施技术[J].计算机时代,1984(3).

7 刘晓迪.中国图书情报工作实现现代化的突破口——谈建立我国目录网的设想[J].图书馆学通讯,1984(3).

8 毛玉姣,王怀汀等.微型机图书流通管理系统设计[J].信息与控制,1984(5).

9 沈如槐.管理信息系统设计方法浅谈[J].电子技术应用,1985(2).

10 张德芳.论图书采访工作[J].图书馆学研究,1982(4).

11 姜志建.论选书工作专业化[J].图书馆,1986(1).

12 王振平.图书采访工作中的关键环节及控制方法初探[J].图书馆学研究,1986(1).

(原载《内蒙古图书馆工作》1986 年)

试谈建立地县级图书情报中心馆的设想

近十几年来,随着国外"第二代图书馆"的出现,我国一些科研和专业技术单位以及一些厂矿企业也正在实行图书情报一体化的体制。但由于历史和现实的原因,一体化体制在我国又不能一下子普遍实现。目前,大多数地区只处在编制馆藏联合目录,开展馆际互借等协作阶段。为了尽快实现图书情报一体化体制,充分开发和利用人类"第二资源",本文试就如何解决地县级图书、情报部门由于分属两个系统,各自为政,缺乏统一规划和组织协调,两者的工作既有重复、又有遗漏等问题提出几点粗浅的看法。

1. 建立中心馆的可能性和必要性

图书馆工作与情报工作都是随着科学的发展,先后由科学研究工作中分化发展出来的,并成为传递知识的两条重要渠道。因此,在工作性质、服务方式、研究对象以及在管理工作上都有很多相同之处。比如:二者都是通过检索途径提供文献为生产和科研服务的;在对文献的收集、分析、综合加工、检索和传播上,都采用以图书馆学为基础的方法来加以处理。这些相同之处,为建立中心馆奠定了可靠的基础。当然,它们也有很多不同之处,在工作范围、工作方式以及在文献的加工处理上都有所侧重和并各有新的发展。比如,传统的图书馆主要从事图书的搜集、分类、编目、典藏、阅览和流通,而情报部门则主要从事情报资料的搜集、加工、报道、分析研究和提供服务,即图书馆侧重于对文献的积累和典藏,而情报部门则侧重于对文献中有效情报的分析和传递。在加工处理上,传统图书馆是以图书为主体,加工时,一般不大顾及书刊内容的具体揭示和报道,而情报机构则以期刊文献为主体,加工比较深入、细致,已经深入到文献中的一个个知识单元(如术语、分子式、数据等),要求深入分析、报道文献的具体内容。然而,现代的图书馆工作,特别是科技图书馆的工作,越来越具有更多的情报工作的职能和特点。情报检索、文献服务、专题文献、题录编制等参考咨询工作都在图书馆业务工作中体现出来,并施于实践。在对文献收集上,各图书馆都在大量增订国内外期刊资料,而情报部门也有大量采购图书的趋势。这种状况在地县级图书、情报部门表现很突出。主要是因为它们的服务对象不仅仅是初、中级技术人员,而且还有大批生产第一线的工人、农民和干部,他们不但需要能够系统介绍某一学科或某一技术问题的图书,而且还需要反映最新动态的国内外期刊和各种不同形式的科技资料。从科技工作的实践性和继承性来看,科技人员在进行重大项目研究的时候,需要了解该项目的历史及现状,掌握尽可能全面的情况,以便得到借鉴,避免走弯路,同时也需要了解与该项目有关的专业书刊,参考价值大的国内外近期期刊以及一些有关内部资料、缩微文献、专利文献、技术标准、科技报告、技术档案等各种文献资料。另外,不论是图书馆还是科委情报所(室),其赖以服务的物质基础是各种科技文献和有关的情报信息,而每项科研工作从开头研究分析到调查总结报告,都离不开文献资料。为此,在科研工作的整个活动过程中,单靠图书馆的一些资料是不能满足需要的,还必须得到情报部门的支持和提供的有效服务。这些说明,为满足社会各方面的需要,各自弥补自己的不足,建立中心馆是合乎实际的。

图书馆与情报所(室)现阶段存在的一些问题:

(1)读者利用图书的要求不能得到满足,书刊资料利用率不高。由于书库紧张,很多新购进的图书不能及时上架。有时还得将一部分藏书打包捆扎堆放,成为死书。出现书库饱和现象。有的馆还没有期刊库,把过刊一律堆积在一起,很难满足读者想查找过刊资料的需求。有的馆不得已把阅览室也变成书库,使读者无法在图书馆里看书学习。

(2)经费紧张、难以全面开展工作。采购书刊资料和调查研究等各项工作都要受到人力、物力的限制,很多现代化服务手段如复印机、缩微照相机、计算机、录音机等,因为没有经费和缺少管理人才而不能购进和利用。

(3)缺乏专业人才,新手多,组织管理不善等,这些严重地影响了科学技术研究工作和生产建设事业的发展。

2. 建立地县级中心馆的设想

要改变图书馆、情报所各自为政,缺乏统一规划和组织协调的状况,应在一定地区、一定范围内,建立图书、情报中心馆。作为图书馆与情报所(室)相联系协作的枢纽,承担面向本地区全体读者的图书外借和阅览辅导等任务。

中心馆由本地区图书馆和情报所(室)集中一部分人力、物力联合组成。作为本地区图书、情报网片的领导机构,统一协调各图书馆和情报所(室)的业务工作,使之成为本地区文献资料管理与服务中心。其具体任务是:

(1)协调本地区各个图书馆、情报所(室)资料收集规划;编制本地区中外文文献资料联合目录;使其收藏的文献资料变为公共财富,达到"资源共享"的目的。做到本地区内有的书刊资料,在本地区内就能查到。

(2)建立基本书库,藏书除了自己选购一定数量的新书、新刊以及必备的工具书外,更主要是收纳各图书馆、情报所(室)的大量多余书籍和期刊(也可以按呈檄本的形式),使中心馆成为一个拥有丰富藏书的基本书库,向本地区所有读者开放,进行外借和阅览。

(3)负责本地区各种书刊资料的搜集、整理、保管、借阅、参考咨询等工作。

(4)开展中心馆与中心馆之间,中心馆与上级图书、情报部门之间的馆际协作,这样对外既能提高馆际间的联系,对内又具有反馈作用,能够满足本地区广大读者利用书刊资料的需求。

(5)中心馆的服务时间应相应延长,争取节假日全天开放,并对农村牧区广大干部、农民、手工业者等办理借书证,借还时间适当放宽。

(6)根据本地区科研和生产的需要,组织专人编写有关的参考资料,编制文献索引和新书通报等工作;还可根据用户需求编写以国内外文献资料为基础的专题报告,以及有关生产技术水平动向的报告;并对读者进行检索工具和检索方法的培训,提高用户查找文献水平。

图书馆和情报所(室)则应确定以用为主、以藏为辅的原则,分别把努力做好新书刊的阅览工作和调研工作作为主要任务。其藏书应密切配合本地区政治思想教育和生产科研工作,以所需要的新书刊为主要搜集资料,主要以专业对口,针对性强,内容新颖,实用价值大,种类多、复本少为原则。定期清理藏书,把与本地区科研生产任务无关、借阅率不高的和陈旧的报刊全部递交中心馆统一处理。但对于一些对科研生产上有参考价值的图书或有关的专业期刊,即使年代长些,也需保留其品种,把复本送到中心馆作为基本馆藏。中心馆与图书馆、情报所(室)可制定一些比较周密的长期藏书调拨制度,以使其馆藏不至于产生混乱。

如果这种设想能够实现,那么将会给图书馆、情报所带来很多益处,例如:

(1)有利于实现"资源共享"。首先改变了大家各搞一套、互不通气的局面,其次也便于形成图书情报网络化。

(2)有利于本地区全体科研工作者、工人、农民、干部、学生充分利用书刊资料。

(3)有利于加强宣传辅导和参考咨询。中心馆应有一定规模,可以有计划地办培训班、专题讲座及专题书刊资料展览等各种宣传辅导和各种形式的参考咨询服务。

(4)减轻了图书馆和情报所(室)的压力,增强了工作效能。

①减轻了图书馆的外借任务,使馆员有更多的时间宣传推荐图书,有更多机会接近读者,了解读者需要,密切了馆员与读者的关系。

②使馆藏复本减少,藏书不断更新,并控制在一定的数量范围之内。书库面积也就相应地固定和缩小,馆藏紧张的矛盾可以缓和。

③进行统一采购、编目,避免重复劳动,人手紧的问题就可以解决,同时在经费安排上更加合理,使有限的经费发挥更大的作用。

(5)开展国内核心期刊和地区常用期刊的研究。这样,有利于图书、情报部门以尽可能少的资金获得最大限度的情报资料,有利于缩小馆藏空间,节省管理经费。也有利于帮助读者以有限的时间、精力选读必要的期刊资料。

(6)编制本地区调研计划,协调本地区调研项目。逐步实现人才共用,充分发挥科研工作者和情报人员的作用,把工作重点放在调研工作上,这样,就解决了情报所(室)力量不足的问题。

总之,建立中心馆,加强情报职能,发挥文献和情报服务的两种作用,组织一个既有分工,又有合作的图书、情报联合体,对于充分开发和利用人类"第二资源",为"四化"建设服务是必不可少的。

（原载《内蒙古图书馆工作》1985 年）

民族文献学研究

多维视野中的蒙古历史与走向边缘的蒙古族文化
——评南文渊教授《可可淖尔蒙古:走向边缘的历史》

关于蒙古史的研究,在我国以内蒙古的学者居多,而且在国内外影响深远。除了内蒙古以外,其他地区从事蒙古史研究的人,可谓凤毛麟角。大连民族学院东北少数民族研究院南文渊教授,历时20余载,著《可可淖尔蒙古:走向边缘的历史》(以下简称"南书")(2007年5月由辽宁民族出版社出版),近70万字,钦佩之余,感慨良多。概言之,南书有如下特点:

1. 选题新颖,填补空白

断代区域蒙古史研究,是我国蒙古史研究的重要组成部分。已经出版的可可淖尔蒙古史著作,只有华一之等编的《青海蒙古族历史简编》等数种。此外,尚有一些探讨可可淖尔蒙古史的单篇论文,除个别文章外,大多铺陈旧语,浮光掠影。

南书以"可可淖尔蒙古历史"研究为题,对可可淖尔蒙古史的研究时段、研究范围、依据的主要资料,参考前贤论著,进行了界定和说明。作者指出,所谓"可可淖尔蒙古",首先是个历史地理概念,指17世纪到20世纪末生活在祁连山东部、青海湖周边地区的蒙古族。该书主要以驻牧此地的固始汗第二子鄂木布后裔所统属的蒙古各部历史活动为主,讲述青海诸蒙古部的发展过程。"可可淖尔蒙古"也是文化概念。从蒙古文化的意义上看,可可淖尔蒙古即为蔚蓝色的蒙古。可可淖尔周围是祁连山,无论是祁连山还是天山,其名皆出于匈奴语,而匈奴语的族群是蒙古、突厥与鲜卑。天山、祁连、昆仑这三个汉语词汇都是从匈奴语tengri而来,即天山之意。蒙古语中"祁连"一词也有淡蓝色之意,因此"祁连蒙古"与"可可淖尔蒙古"皆可以称为苍天下的蒙古或者蔚蓝色的蒙古。她包含有悠久而丰富的蒙古文化内容。蒙古在青海湖形成自己稳定而富有特色的游牧文明并且建立与周围民族的文化联系应该是在1644年固始汗率领和硕特蒙古游牧于该地,从那个时候起,和硕特蒙古在这一地区生存了300多年,蒙古人经历了从强盛到衰败,又从衰败走向复兴的曲折过程,他们的生态环境与民族文化也经历过流失、衰退与变异。该书忠实地记录这一历史过程。

南书确立的研究目标是:通过记述17世纪初到21世纪初这300年来青海湖蒙古人为生存发展而奋斗的历史,力求忠实地阐释草原生态环境与蒙古游牧文化的和谐关系,以及传统蒙古文化发生变迁的过程,通过探寻蒙古人从游牧人成为农业社会的边缘人,又从牧民和农民成为现代城市人的历程,总结不同民族文化交流出现的结果,把握民族文化发展的方向和现代社会中民族传统文化的适应性。从总体而言,南书成功实现了上述研究目标,成为一部真正意义上的"可可淖尔蒙古史",是填补空白之作。

2. 结构严谨,条理清晰

可可淖尔在蒙古语中是指"青湖"或者"青海",因蒙古人把较大的湖称呼为海,南书以青海湖盆地及其边缘地区蒙古及其他诸族为对象,讲述了青海省青海湖地区蒙古族的历史发展与文化变迁过程。

南书以可可淖尔蒙古历史发展的 5 个时期为主要脉络,分别进行了论述、评价和系统总结。

第一时期是西蒙古国时期(公元 7 世纪—1640 年)。即明代汉文献中的"卫拉特"、清代文献中的"额鲁特"蒙古时期。作者讲述了可可淖尔蒙古人的来源、活动区域、卫拉特蒙古帝国的统一以及抗击外敌围剿的英勇斗争。重点讲述了和硕特在 15 世纪到 17 世纪初这一时期作为西蒙古国重要成员而进行的活动。这一时期也是蒙古威震四方、强盛伟大的时代。第二时期是青海湖鄂托克时期(1640—1724 年)。主要讲述了 17 世纪初固始汗进驻青藏高原,雄踞祁连,饮马青海,青海蒙古人成为祁连山下主人的过程。各鄂托克建立了完整的社会管理制度,形成了以游牧经济为主的经济基础,共同统管治理着青藏高原,创造出了蒙藏融合,独具高原特色的和硕特蒙古文化,包括精深博大的藏传佛教文化。第三时期是盟旗制度下的青海蒙古时期(1724—1910 年)。主要讲述了从雍正二年(1724 年)到清朝统治结束这个时期青海和硕特蒙古人被镇压而后走向衰弱的过程。其突出特征是人口减少,地域缩小,经济贫困,文化凋零,蒙古成为被抢劫、被掠夺的对象。青海湖地区各旗的衰落便是青海蒙古的一个缩影。第四时期是青海湖蒙古人衰败与变异时期(1910—1950 年)。作者以群科旗为主线,讲述了青海蒙古人面对外来经济文化的压力而顽强生存发展的过程。不同于清朝时期,在蒙古衰败之际,清政府的政策从"扶番抑蒙"已经转变为"扶蒙抑番",并且尽力保持蒙古游牧文化。但是民国时期青海湖东北的蒙古人人身遭受马氏回族政府的压迫,经济地域已受汉族地主土地兼并威胁,文化上被汉化的程度加深。民族领袖不复出现,百姓流离散落。因而民族自身处于"变异"状态:蒙古色彩淡化,汉藏色彩加重,但尚未形成新的文化。而隔居柴达木盆地的青海蒙古却在相对封闭的环境中保持了蒙古文化。第五时期是游牧民族走向现代化(1950—2000 年)的时期。这一时期是中国进入建设社会主义现代化国家时期。蒙古人在"人民公社"的体制管理下,生活发生根本变化的过程。重点阐述了这一时期海北、海南游牧区的群科旗蒙古人与湟源县农业区的蒙古人社会文化经济特点。全书从结构上由远及近,环环相扣;从层次上由浅入深,层层递进。杂而不冗,繁而不乱,有条不紊,层次井然。

3. 资料翔实,论述详尽

受自然环境的制约,蒙古民族一直以游牧为主要的生产和生活方式,经济很不发达,又经常处于战争状态,社会动荡不安,文化教育事业相对落后,以至于学术界长期忽略了对青海蒙古历史的研究,可供利用的完整资料十分有限。南书在资料运用方面,19 世纪以前的历史主要以历史文献来说明;19 世纪末至 20 世纪 60 年代的内容主要以群科旗蒙古老人的回忆为主,并以相关历史文献做辅助说明(包括地方史志、官方报告、国内旅行者的游记等)。20 世纪 60 年代以后的记述既有作者的亲历经验,也有亲属邻居的口碑传说,同时以历史文献记录做补充。在引用口述者的讲述内容时,尽量保持内容的完整,不随意删改;对不同观点客观陈述,不妄加评说。但是作者作为蒙古人的后代,在此书中仍然贯彻了自己的价值观,如,对蒙古优秀传统文化的颂扬,对游牧文明合理性的肯定,赞美蒙古人珍爱草原环境的生态伦理,而对压制毁坏这种文化的行径表示批评。

作者在写作中注意了以下几个方面:一是叙述 17 世纪以来青海湖蒙古人的历史,但是内容上侧重于近现代社会与文化变迁过程。二是以青海湖地区为背景,分析 19 世纪以来文化边缘地区各民族文化交流、融合与变异过程。三是游牧文化的衰败与草原生态环境的退化是同一进程,二者互为条件,互相影响。应该说,自 20 世纪 70 年代以来,传统的游牧方式已消失,牧民已成为定居的饲养员或农民,蒙古族形成发展的自然地理与经济条件已经发生了根本的改变。该书对生态环境与文化变迁关系做了较多论述。四是写作中力求真实地反映历史的原貌与文化的细节。有关历史事件的环境和过程、风俗习惯的变迁、日常生活的内容,以及不同人物的性格和价值观尽可能给予详尽描述;《历史进程》篇以历史过程和历史事件为基础;《文化变迁》与《走向边缘》较为系统地阐述了物质、活动、制度与精神文化诸方面的内容。作者钩稽史料,互相对比,分析探讨,这是以前蒙古历史学家几乎不曾涉足的领域,其艰辛自不待言。

4. 综合考察,见解独特

自 17 世纪 40 年代和硕特蒙古进入青藏高原,以青海湖周边地区为核心地区,生存发展 300 余年。从人类文明发展历程看,这 3 个多世纪的时间虽短,但社会却发生了巨大的变化:资本主义统治了西方世界,市场经济、工业化、城市化席卷全球;中国也推翻了几千年的专制集权统治,走向了现代化和社会主义道路。处于这样一个翻天覆地的变迁时期,以草原游牧为特征的和硕特蒙古想躲避于青藏高原高寒腹地,坚持传统游牧生活已是不可能的了。蒙古人不可避免地卷入了世界文明发展的潮流,她的文化与世界文明在相互接触、沟通、融合,作为一个民族也逐步走上了现代化的轨道。南书依据大量原始资料,综合考察了 17 世纪初到 21 世纪初青海湖蒙古人的历史发展过程以及蒙古文化的变迁,而且对青海湖地区作为文化边缘地区各民族的边缘特征做了分析,发表了许多独到的见解。

作者明确指出,对一个民族的个体成员来说,走向现代化,意味着同传统的熟悉的生活方式告别,而面对新的环境,新的生活,他处处感到不适应。千年来形成的民族文化正发生异化,赖以生存的生态环境也在急剧退化,人们不能不调整自己的生活方式接受新文化和异族文化。19—20 世纪急剧的社会转型与文化变迁,使得青海湖地区许多蒙古人经历了复杂多变的生活历程:一些蒙古人从游牧的牧人演变为农耕的农民,有的蒙古人从寺院的喇嘛被迫还俗成为自谋衣食的农人;一些蒙古王爷离开草原进入城市融入主流社会;蒙古人的信仰从传统的萨满教转向藏传佛教,又转向现代多元的信仰;蒙古人的生产活动从游牧方式转向农耕方式,又向工业化转变;传统的游牧蒙古人的生存地——草原,正变成农耕区,而蒙古人也从草原、农区走向了城镇。这一切,使蒙古人不再是传统意义上的蒙古人了,而正成为现代蒙古人。然而这一过程远不是轻松愉快的,几多艰辛尽在不言中。

5. 文美质正,庄谐相宜

南书的写作风格继承了被中外学者誉为"蒙古史三大要籍之首""世界文学史上足以赞夸的神品"的《蒙古秘史》,《蒙古秘史》不仅是一部填补世界历史空白的史书,更是一部描述马背民族成长经历的文学作品。南书继承了《蒙古秘史》的写作风格,常常将历史事件蕴于美文之中,气正而不概念,文美而其质淳厚,这种较好的融合应该说是非常难得的。

譬如作者描述札藏寺周围景观时写道:"札藏寺地处湟水南岸,莫尔吉峡谷口,四周群峰环绕,三水在此交汇:自拉拉达板山处流下的莫尔吉河自南向北流出峡谷,在寺院东南方向流入湟水;湟水自西北而来从寺院北部流向东方;胡丹度水自北而来注入湟水。若从高处俯瞰,札藏寺四周地形如同一右旋海螺:山峡自西南处分开,东西两边山微微张开,将寺院围拢中间;山谷口处东西两山又伸向西北方向。札藏寺东山微低,山坡松树苍翠,森林密布;西山稍高,山间柏树耸立,山头奇石林立,石上红苔布满;南山山头白雪皑皑,山间云雾缭绕,山下泉水涌出;北山为阳山,山间岩石壁立,山顶一年四季布满土黄色杂草。以佛教观点解释此处地形:东山为白虎,西山为红鸟,南山为青龙,北山为神龟。札藏寺山形与色彩与此说相同。更奇特的是:四面群山环抱,山谷中间却生一小石山,小石山周边古柏密布,小石山上筑有佛塔。札藏寺便在山谷与小石山并列,有大经堂、小经堂等建筑。据称札藏寺建于东汉年间,当时周围都是茂密的森林。元明之际一直是青海蒙古人的中心寺院,清代也是29个蒙古旗王爷聚会议事之机关。群科部蒙古人居住游牧在寺院周围地区。自清朝到民国时期尽管已经遭受种种社会灾难,但是蒙古地方仍然呈现一种安静吉祥的景象。在高大的柳树、柏树之间的寺院周围,总是有一些蒙古人在背着经文静悄悄地围绕寺院而缓缓行走。各家门口院子里的煨桑台炉青烟冉冉,柏香袭人。札藏寺到西部仓开,是一条静谧安详的河谷。而青海湖周围则水草丰美,生物众多,洁白的蒙古包周围有牛羊悠然游走。"文笔凝练而不粗疏,文凿深邃又利于为人理喻。

又如描写草原畜牧生活情景时写道:"太阳西下,夕阳照在湖上和河上,水面泛荡着闪闪银光。夏日的傍晚晚风习习,凉爽而清明。山里的牦乳牛挺着滚圆的肚子,吃饱返回帐篷,它们急切地'唔、唔'地叫唤着自己的小牛犊。小牛犊们在帐篷附近的草地上,听到母牛的叫唤,撒腿奔跑,一溜烟奔到乳牛跟前,头撞着奶头,急匆匆地寻奶吸。它们不时口里'哞哞'叫唤,竖起的尾巴摇摆着;而母牛亲切地用舌头舔着小牛犊的后背。一时,一群牦乳牛与小牛犊沉浸在相见相亲的叫唤声中,此时此刻,是牦牛、小牛犊们最欢愉的时刻,也是牧人主妇最开心的时刻。她们不慌不忙地让牛犊们吃一会奶。然后,牧童过来将一头头小牛犊拉走。主妇提着牛奶桶(木桶或者野牦牛角)来挤奶;在主妇'依呀哎呀'的轻柔歌声中,一会即挤了二三斤奶,就让牧童放牛犊来吃奶。然后去挤另一头牛。任何人家的主妇都会留出足够的牛奶让小牛犊吃饱。"像电影一样将草原生活图景展现在读者面前,丽而不失自然,正而倍感亲切。阅读全书,作者始终能将浓重的草原特有的文化信息贯穿于行文之中,这一突出特色不是许多史学家所能创造出来的。作者将文美与质正一起"融"进读者心中,读者在审美过程中欣然接受。这是一种资质,一种风格,更是一种功夫。不仅是对故乡情感的自然流露,也是一个蒙古人内心本真的表达。

在全书的最后作者感叹:"眼看着传统的民族习俗一天天在淡化,退出了日常生活,民族文化一天天在改变面貌,蒙古人的后代一个个变成了城市人、商人、民工;而青海湖也在一天天缩小,家乡草原一半退化,另一半开垦成了农田。真不能设想,再过100年青海湖真会成为第二个罗布泊,蒙古人会全成为汉人吗?真是:前不见古人,后不见来者,惜荒漠无情,念天地悠悠!"亦庄亦谐,回味无穷。

据悉,为完成此书,作者从文献中抄录资料,调整访问记,多达200多万字,历时25年。在学风浮躁的今天,这样的治学精神,非常值得称赞。当然,此种鸿篇巨制的开创之作也难免白璧微瑕,那就是由于时代制约,作者对于材料的征引有其局限性,少数民族文字材料利用较少,有些内容的阐述过于琐碎,有些章节之间没有形成严谨的逻辑形式等。但是这些都瑕不掩瑜,无法抹杀此书在蒙古学史上的重要地位。对于这样一部扛鼎之作,南文渊教授在《序言》中表明的态度却毫不自得,仅仅把它看成是一个汉化已很深的蒙古人"对青海蒙古传统文化的一种义务感和责任感""对蒙古族文化的研究仍然只是一种初步探索,仅仅提供某些线索和资料,供我同胞兄弟姐妹和后来的博学者在研究和硕特蒙古的历史和文化传统时作为参考"。此种孜孜于学问的谦逊态度与胸襟,实在可叹可敬,令人动容。

参考文献

1　南文渊.可可淖尔蒙古:走向边缘的历史[M].沈阳:辽宁民族出版社,2007.

(原载《大连民族学院学报》2012 年 9 月 9 日第 6 版)

清代满族编撰的汉文古籍述略

满族文化继承了女真文化、蒙古文化和汉族文化。满族是一个酷爱学习先进文化的民族。满族文化的大发展,突出的表现在满族的汉文著作方面。比如不少满族文人写有大批笔记类掌故史料著作和奏疏类、专项类著作。如昭梿的《啸亭杂录》10卷、《续录》10卷,郭城的《鶹鹕庵笔尘》1卷,斌椿的《乘槎笔记》2卷,揆叙的《隙光亭杂识》6卷、《续识》6卷,英和的《恩福堂笔记》,震钧的《天咫偶闻》《渤海国志》,那彦成的《那文毅奏疏》,常安的《受宣堂居官说》2卷、《居家说》2卷,纳兰性德的《水亭杂识》,鄂海的《抚苗录》,金德纯的《旗军志》,盛昱的《蒙古世系表》,等等。这些著作大多以自己亲身经历参考可靠史料写成,有对重大史实的如实记述;有关于朝廷典章礼仪和满族风俗习惯沿革变迁的记述,如敦崇的《燕京岁时记》是一部经过调查研究写成的关于北京岁时风土的书,昭梿的《啸亭杂录》就其耳闻目睹清代前期的制度、仪礼、事件、人物杂记成书,对研究满蒙历史有参考价值;有关于名宦学者的旧居故第及其创作情况的调查记载,如震钧的《天咫偶闻》中详细介绍了八旗文人的创作情况及书目;有关于贵戚巨贾的遗闻逸事的记载;有专项史如渤海国、八旗军、蒙古世系的研究;有满族官员受朝廷委派治理安抚民族地区情况的描述,等等。涉及清代社会各个方面,加之作者描绘时间贯穿有清一代,可补清正史之不足。

清王朝十分注重利用传统儒学来笼络广大汉族知识分子。康雍两朝都大力宣扬孔孟之道,推崇程朱理学,不仅下令编纂《朱子全书》,而且还把朱熹由孔庙两庑升入大成殿十哲之次。一些信奉程朱的"理学名臣"也得到重用,并享受特殊的恩荣和优厚的俸禄。继顺治年间开始组织学者注释经书之后,康熙和雍正也都注重文治,以官修的方式,不仅对《易》《诗》《书》《春秋》等儒家经典重加疏解,而且还荟萃群书,编成《古今图书集成》等一大批类书。乾隆更以"稽古右文"之君自命,大规模地组织学者校勘十三经,二十一史,开馆纂修《纲目三编》《通鉴辑览》及《三通诸书》,并明确肯定"发挥传注,考校典章,旁暨九流百家之言"的汉学"有所发明""有裨实用"(《办理四库全书档案》,乾隆三十七年正月四日谕)。统治者的优容政策,对学术界整理、研究古代典籍风气的形成,起到了推波助澜的作用,使清代不少满族文人也致力于孔孟儒学和传统经书的研究,出现了一些著名的满族理学家及儒学著作,如阿什坦的《大学中庸讲义》,简献亲王的《周易补注》《方圆二图解》,裕瑞的《参经臆说》,宝廷的《尚书持平》,纳兰性德的《通志堂经解》等。这些著作阐发经书奥义,已汇入中华典籍的洪流之中。

清代满族汉文古籍还有一大批个人创作专集。其中不少是小说诗文作品。有的达到国内一流水平,并产生了世界性影响。如曹雪芹著的《红楼梦》,运用满族贵族封建家庭生活的素材为基础,广泛反映了当时中国的社会现实,揭露封建统治阶级内部丑恶腐败的本质,对封建社会进行了有力的抨击,表现出伟大的艺术天才,把我国古典小说创作推到了空前高峰,普遍受到中外人士的高度赞赏,并形成一个专门学问"红学"研究领域。著名的词家纳兰性德著的《侧帽集》和《饮水集》,清新婉转,生动自然。《饮水集》以写情、写景见长,特别是描写东北和蒙古草原风光是一大特点,具有很高的艺术价值。还有文康的《儿女英雄传》,裕瑞的《枣窗闲笔》,鄂貌图的《北海集》,英和的《恩福堂诗钞》,曹寅的《栋亭集》,郭敏的《懋斋诗钞》,郭诚的《四松堂集》,明义的《绿烟琐窗集》,文冲的《一飞诗钞》,舒瞻的《兰藻堂集》,永忠的《延芳室集残稿》,常安的《受宣堂集》,和邦额的《夜谭随录》,盛昱的《郁华阁遗集》,斌良的《抱冲斋诗集》,奕绘的《明善堂集》,塞尔赫的《晓亭诗钞》,铁保的《惟清斋全集》《熙朝雅颂集》,麟庆的《鸿雪因缘图记》等一大批民族作者的汉文著作,或以其高超的艺术水平,或以其真实生动地反映民族生活,引起人们广泛重视。

在满族文化发展中,出现了不少杰出的女作家、女学者。如科德氏有《琴谱》,完颜悦姑著有《花士果闲吟》,库里雅令文著有《香吟馆小草》,金樨著有《绿芒轩诗钞》,瑞芸著有《白云诗钞》,文篁著有《佩兰轩绣余草》,湘岑著有《梦花阁诗稿》,梦月著有《竹屋诗钞》,莹川著有《如亭诗稿》,兰轩主人著有《兰轩诗》,寿淑著有《箨秋遗稿》,佟佳氏著有《虚舟雅课》《乌私存草》《穗帷泪草》及《宝善堂家训》,乌云珠著有《绚春堂吟草》,恽珠著有《兰闺宝录》《红香馆诗词集》,辑有《恽逊庵先生遗集》《国朝闺秀正始集》《闺秀正始续集》,顾春(即顾太清)著有《东海渔歌》《天游阁诗集》,等等。其中,顾太清被认为是清代第一女词人。

另外,18 世纪中叶,"八旗子第书"创作了一种新的鼓词,只有唱词,没有说白,配合鼓板三弦演唱,名为"清音子弟书"。在北京和沈阳等城市流传很广,最为一般市民阶层所喜爱,著名的作者有鹤侣和韩小窗。他们著作的子弟书《借靴》《诗卫叹》《金德报》《露泪缘》流传最广。还有一种民间文艺"八角鼓"唱腔和鼓词,生动引人,直到清末还普遍流传。

总之,在整个清代满族的文化艺术有了很大的发展,并且以她特有的民族风格为中华民族共同文化艺术、科学技术的发展做出了积极的贡献。

玄烨(1654—1722 年),清朝皇帝。满族。母孝康章皇后佟佳氏,8 岁时其父顺治帝福临崩,他继承了皇位,改年号为康熙。他在位的 61 年中,粉碎了辅佐大臣鳌拜的专权;平定了吴三桂、尚之信、耿精忠三个藩王的叛乱,统一了台湾,捍卫了东南新疆的安全;三次亲征噶尔丹的叛变,巩固了西北边防,加强了国家的统一。为加强皇权,设立了南书房,掌票拟谕旨。在位期间,为恢复和发展社会经济采取了一系列措施:重视农业生产,明令停止圈地,改明末藩王庄田为"更名地";号召和奖励垦殖;大力治河,减轻水患;蠲免钱粮;规定"滋生人丁,永不加赋",等等,缓和了民族和阶级矛盾,提高了生产力。曾六次南巡,察阅河务、调查民生、观览风俗民情。注重笼络人才,开"博学鸿儒"科,大量吸收知识分子。又设明史馆,纂修《明史》,编纂《古今图书集成》《全唐诗》《佩文韵府》《康熙字典》等。对天文、历法、数学、地理及生物和工程技术等自然科学亦有一定造诣,主持编修了《数理精蕴》《历象考成》《皇舆全览图》等,其中《皇舆全览图》历 30 载实地测量而成。在发展民族科学文化方面做出了重大贡献。著述有《庭训格言》《朱子全书序》《清圣祖御制文集》等。庙号圣祖。

其中《清圣祖御制文集》中的大部分是他在世时亲自主持,由大学士张英与詹事府詹事高士奇等人协助他完成的。这部文集共为 4 集,176 卷,其中前 3 集 140 卷是在康熙五十一年至六十一年间陆续出版的,第 4 集 36 卷则是在他谢世后由继承他为君的雍正皇帝筹划刊行问世。康熙的这部文集具有重要的史料价值,尤其是集中收录的千余首七言与五言诗,题材广泛,都是皇帝历年亲身经历重大政治活动时,体现出他思想的真实记录,足以补正史之不足。如《夜至三鼓坐待议政大臣奏事有感而作》,"午夜迢迢刻漏长,每思战士几回肠;海氛波浪何年靖,日望军书奏凯章"。这首诗约作于康熙十七年(1678 年),当时正值三藩作乱,割据台湾的郑锦不断进犯泉州、潮州等地,国家处在多事之秋。全诗表现了他希望平定海内,结束战争,统一寰宇的心情。

纳兰性德(1655—1685年),满族,原名成德,字容若,号楞伽山人,武英殿大学士明珠的长子。康熙十五年(1676年)进士,官至一等侍卫,曾从康熙皇帝游览盛京及江南各地,极大地丰富了生活内容。他轻视仕途,渴求自由。常览山川风物以资博闻,与所游者多江南汉族文人,皆一时名士。工于词诗。其词诗神秀超逸,不拘形式。写景吟物,婉丽缠绵;传情赠友,真挚感人。堪称清初词坛奇杰,与当时享有盛名的汉人朱彝尊、陈维崧等相媲美。有的词过于哀伤,这与其终生忧郁寡欢有关。后潜心佛学、道教,还悉攻经史,搜求宋元诸家经解,从事经学考据。与徐乾学合辑《通志堂经解》;考订、编辑《大易集义粹言》《陈氏礼集说补正》;编选《今词初集》《名家绝句钞》《全唐诗选》。其作品有《通志堂诗集》《通志堂文集》《饮水集》《渌水亭杂识》等。

其中,《饮水集》又名《纳兰词》,5卷,补遗1卷。收纳兰性德诗词300余阕。纳兰性德的词,大都描写男女恋情、离别相思及个人的愁绪哀怨,中多凄婉之音。从表面看似乎与他富贵繁华的生活不相和谐,实际上反映了他在这种生活中的郁郁寡欢及厌倦心理,表现了他的特殊性格和遭遇。他的词继承了南唐李璟、李煜的风格,清新自然,不求雕饰,语言优美,形式和谐,感觉不出格律拘束。在清代词人中极富特色,艺术水平颇高。其中抒写爱情的词在他的作品中占多数,如描写青年男女爱情的《减字木兰花·相逢不语》《如梦令·正是辘轳金井》写得神形毕肖。几首悼念亡妻的词写得一往情深,真切感人。如,"辛苦最怜天上月,一昔如环,昔昔都成玦。但似月轮最皎洁,不辞冰雪为卿热。无奈尘缘容易绝,燕子依然,软踏帘钩锐。唱罢秋坟愁未歇,春丛认取双栖蝶"(《蝶恋花》)。"泪咽更无声,止向从前悔薄情。凭仗丹青重省识,盈盈,一片伤心画不成。别语忒分明,午夜鹣鹣梦早醒,卿自早醒依自梦,更更,泣尽风前夜雨铃"(《南歌子·为亡妇题照》)。一些赠友酬答的词,颇有感慨,对友人落魄的身世充满了同情,也表现了自己孤高的情怀。如写给顾贞观的几首《金缕曲》。此外,还有70多阕描写塞外风光的词,以白描见长,苍凉浑朴,别具一格。王国维评其边塞词是"千古壮观",评价其为"北宋以来一人而已"。

纳兰性德的词,最早康熙十七年(1678年)吴兰次、顾贞观订定付梓,名《饮水词》。嘉庆二年(1797年)杨芳灿曾手抄一本,不知刊印否。道光十二年(1832年)汪珊渔从顾贞观原辑本、杨芳灿抄本,以及多种词选集里汇抄得300余阕,刊刻印行。光绪六年(1880年)许迈孙刻本。《四部备要》本。民国二十年(1931年)上海中华书局排印本。文学古籍刊行社1954年重印本。

曹寅(1658—1712年),满族。字子清,号荔轩,又号楝亭、雪樵、柳山、嬉翁,满洲正白旗包衣人。父曹玺,妻孙氏曾做过康熙皇帝的乳母,所以康熙继位后玺颇受重用。寅小时曾做康熙的伴读,后官至通政使、江宁织造、巡视两淮盐漕监察御史等。他能诗词,亦喜作剧曲,乐藏书。著有《楝亭集》《虎口余生传奇》《续琵琶记》,汇刻前人文字音韵书籍为《楝亭五种》、艺术杂著为《楝亭藏书十二种》、主持编辑刊印了《全唐诗》。

其中,《楝亭集》收入《楝亭诗钞》8卷,《楝亭诗别集》4卷,《词钞》《词钞别集》《文钞》各1卷。寅于康熙五十一年(1712年)自编其诗为《楝亭诗钞》8卷,旋即付刻。集中诗收到该年初秋为止,距寅死数月,为晚年定本无疑。诸诗大抵按年排比,亦偶有参差者。《楝亭诗别集》4卷及其附《词钞》1卷,《词钞别集》1卷,《文钞》1卷,则系寅殁后其门人辑《楝亭诗钞》

删余诗及寅所作词、文而成,与曹寅自编《楝亭诗钞》8 卷合刊,名《楝亭集》,刊于康熙五十二年(1713 年)。1958 年上海古籍出版社影印上海图书馆藏清康熙刻本《楝亭集》线装出版,并有铅字排印本。诸集中作品多为写交往酬唱、日常生活的篇什,也有表现本民族风尚的作品。如《冰上打毬词》:"青靴窄窄虎牙缠,豹脊双分小队圆;整结一齐偷著眼,彩团飞下白云边;万顷龙池一镜平,旗门迥出寂无声;争先坐获如风掠,殿后飞迎似燕轻;开疆争捷论功多,绿酿葡萄金叵罗;自是勤劳防逸乐,西南兵甲渐消磨。"专写北京八旗将士在冰上打球的情景,具有浓厚的民族特色。他的诗风格清整,有一定的文学素养。如《岁暮远为客》:"晓镫寒无光,驱马别亲故;残月堕枫林,荒烟白山路。十年游子怀,惜此岁华暮;载咏无衣诗,何以蒙霜露。"写出了一个漂泊在外、远离故乡的游人心情。《清诗别裁集》的编者沈德潜评论说:"起手(首)十字,写尽辞家之苦。"为我们画了一幅清晨、寒冷、驱马、别亲的图画。又如《读洪昉思稗畦行卷感赠一首,兼寄赵秋谷宫赞》:"惆怅江关白发生,断云零雁各凄清;称心岁月荒唐过,垂老文章忧患生。礼法世难拘阮籍,穷愁天欲厚虞卿;纵横捭阖人间世,只此能消万古情。"另又因多有与名士交往酬唱之作,对于钩稽当时作家生平事迹,多有帮助。对研究曹雪芹及《红楼梦》也有一定参考价值。

图理琛(1667—1740 年),字瑶圃,阿颜觉罗氏,满洲正黄旗人。监生,历官内阁侍读、广东布政使、陕西巡抚、吏部侍郎、内阁学士等职。康熙五十一年(1712 年)以内阁侍读,与侍读殷札礼、理藩院郎中纳颜探望抚慰徙牧伏尔加河下游的土尔扈特部人,由喀尔喀境越西伯利亚至其地,受到隆重接待。往返三载余,行程万余里,以亲身经历,用满、汉两种文字撰成《异域录》1 卷。

《异域录》记述了所经之地楚库柏兴、柏尔湖、尼尔库城、昂噶拉河、伊聂谢柏兴、麻利斯科、揭的河、那里木柏兴、苏尔呼忒柏兴、萨玛尔斯科、狄本演斯科、托波尔喀山、西穆必尔斯科、萨拉托付、塔喇斯科、伊里木城等地的道里、地理、山川、物产、城市村镇、要塞、风土民情、宗教、民族、疆域、四邻、礼仪等。卷首附有舆图,有关自然地理记载尤为详细。如记述在贝加尔湖南部色楞格河与契科年河汇流处的楚库稿兴地区:"其间皆山,不甚大,沿途皆林薮,唯有杉、松、桦树而已。"反映了这里的自然景观为经冰川作用而塑造的低矮的低山丘陵和上面生长着的茂密的由针叶树与小叶树组成的针叶林带。记述叶尼塞河、鄂毕河、鄂尔齐斯河、托波尔河以及土拉河诸河流域,"地甚泥泞""水洼处甚多""其地平坦",记载这些地方生长的树木有杉、松、桦、丛柳,记载这些地方的动物有熊、貂鼠、狐狸、银鼠、灰鼠等。记述了卡马河以南的喀山地区的树木有杉、松、马尾松、杨、桦、椴、柞、榆、柳等,表明这里已是针叶林带与落叶阔叶林带的交接地带。记载了由喀山向南,位于伏尔加河之畔的西穆必尔斯科(近译辛必尔斯克)的景观是:"地势平坦,俱系旷野,无林木。"又记今萨拉托夫地区的景观是:"沿途皆平坦地方,间有山岗,地势渐下,林木稀少。"记载这里的树木有桦、杨、椴、榆、栎等,展示了起伏和缓的俄罗斯平原上森林草原带景观。该书不仅是一本史料价值很高的史地专著,也是我国第一本介绍俄国有关地区情况的书。该书经进呈康熙钦准刊行后,受到国内人士的广泛重视和欢迎。清代的一些作者,包括乾隆皇帝在内,在他们的著作中都很重视引用《异域录》的资料。乾隆年间此书被收入官方编纂的《四库全书》,以后又收入《小方壶斋舆地丛抄》《丛书集成》等多种丛书,并很快名扬国外。从 1726 年至 1821 年,该书先后被译成法、德、俄、英四国文字,分别在巴黎、圣彼得堡、伦敦等地出版。特别是日本学者今西春秋著有《校注异域录》一书,对图理琛原著进行了大量的研究和校注工作。国外史学界研究清初的中俄关系,莫不重视《异域录》一书。图理琛因此而驰名中外,后人把这次出使土尔扈特部使团的名字,统称为"图理琛使团",载入了中外史册。

鄂尔泰(1677—1745年),清朝大臣,满洲镶蓝旗人,西林觉罗氏,字西林,号毅庵,世居汪钦,康熙举人。康熙四十二年(1703年),袭佐领,授三等侍卫。五十五年(1716年),迁内务府员外郎。雍正元年(1723年),特擢江苏布政使。后迁广西巡抚,寻调云南,以巡抚治总督事。四年(1726年),倡于西南少数民族聚居区实行"改土归流",废土司、设府县、置流官、驻军队,加强行政统治。六年(1728年),受命总督云南、贵州、广西三省。镇压云贵苗族人民起义。十年(1732年),授保和殿大学士兼兵部尚书,办理军机事物,授一等伯爵。督巡陕甘,统略军务,大兴屯田,支持张广泗等镇压准噶尔部噶尔丹策零,为雍正帝心腹。十一年,先后充八旗志馆、《皇清文颖》馆总裁。雍正帝死,受遗命辅政。乾隆帝即位,与张廷玉总理事务。乾隆元年(1736年),相继充《三礼义疏》《农书》总裁。乾隆三年(1738年),兼议政大臣。六年(1741年),授军机大臣兼侍卫内大臣,赐号襄勤。十年(1745年),以病请解任。卒,谥文瑞。著有《西林奏议》《平蛮奏疏》和《西林遗稿》6卷,辑《南邦黎献集》16卷。另编修有《八旗通志》356卷,《云南通志》30卷首1卷,《贵州通志》46卷首1卷。

其中,《八旗通志》初集共250卷,嘉庆元年(1796年)续修二集,专收乾隆一朝史事,共356卷。分为志、表、传三部分。八志为旗分、土田、营建、兵制、职官、学校、典礼、艺文。主要内容是记载八旗的建置、规划、驻防、旗地、府弟衙署、官员职掌、礼仪、诏诰、诗文等。八表为封爵世表、世职表、八旗大臣年表、宗人府年表、内阁大臣年表、部院大臣表、直省大臣表、选举表,八表主要记载清初以来世爵承袭和职官擢黜。八传分宗室王公、名臣、勋臣、忠烈、循吏、儒林、孝义、列女,该书资料十分丰富,为研究满族史、清史不可少的参考著作。有乾隆四年武英殿刻本、1985年东北师范大学出版社点校本。

唐岱(1673—1752年),清代画家、美术理论家,字毓东,号静岩、默庄,满族,以荫官参领,历官内务府总管。家祖业甚丰,尽付于弟。山水画沉厚深稳,出于王原祁之家,有画状元之称。著有《绘事发微》《画山水诀》。

其中,《绘事发微》对从雍正年间到乾隆年间的绘画产生过一定的影响。此书以论山水画法为主,兼及人物、花卉画,言简意明,甚得要领。绘事:绘画之事,《论语·八佾》:"绘事后素",译成现代汉语,即是先有白色的绢,然后进行绘画。发微:阐发微妙的旨趣。故名之曰《绘事发微》。体例和宋朝韩拙的《山水纯全集》相似。特别是在图画的理论研究上,提出了许多独到的见解,唐岱在书中对正派、传授、品质、画名、邱壑、笔法、墨法、皴法、著色、点苔、林木、坡石、水口、远山、云烟、风雨、雪景、村寺、得势、自然、气韵、临旧、读书、游览等题目加以论述。对于每个题目,他都根据自己数十年的绘画经验和古今的基本理论,进行深入浅出的总结。他强调"画有正派,须得正传",认为"凡画学入门,必须名师讲究,指字立稿。如山之来龙起伏,阴阳向背;水之来源近远,湍流缓急,位置稳妥;令学者得用墨之法,然后视笔性所近,引之入门"。谈到"笔法"问题时,他说"用笔之法在乎心,使腕运要刚中带柔,能收能放,不为笔使,其笔须用中锋",等等,言简意明,甚得要领。故时人认为这本书使人读之,"令名山大川,跃跃欲出肘腕"(清·陈鹏年:《绘事发微·序》);"得意磅礴,绝妙古今"(清·沈宗:《绘事发微·叙》),作者通过自己对传统山水画的学习和创作实践,对山水画的技法及美学观念提出了自己的见解,这在我国少数民族绘画发展史上还是第一次。所以,其著作《绘事发微》在中国少数民族绘画艺术史上有着重要的历史地位。

傅恒(?—1770年),清朝大臣,满洲镶黄旗人,富察氏,号春和,乾隆帝皇后之弟,察哈尔总管李荣保之子。乾隆五年(1740年),任侍卫,后任总管内务府大臣、户部尚书、军机大臣等。为乾隆帝所倚重。十三年(1748年),受命暂管川陕总督,经略军务。十四年,会同岳钟琪军,分两路进攻大金川,降服莎罗奔。二十年(1755年),力主遣军攻伊犁,征讨达瓦齐,平息准噶尔部叛乱。后充《平定准噶尔方略》正总裁。三十二年(1767年),受命经略云南军务,后督师进攻缅甸,中途染病。三十五年(1770年),班师。卒,谥文忠。曾主修《皇清职贡图》《西域同文志》《西域图志》《平定准噶尔方略》等。

其中,《皇清职贡图》9卷,收入《四库全书》史部地理类,摛藻堂《四库全书荟要》。乾隆二十三年(1758年)告成。二十八年(1763年),补续图1卷。本书内容主要包括族源、居地、历史、封建王朝的治理政策、社会阶级关系、生产活动、日常生活,以及姓氏、婚姻、服饰、发式诸风俗习惯,等等。其编排次序,"以朝鲜以下诸外藩为首,其余诸藩、诸蛮各以所隶之省为次"。采用以文配图的表达方式,"每图各绘其男女之状,及其部长属文衣冠之别,凡性情习俗服食好尚,罔不具"(见《四库全书总目提要》)。本书是研究清代前期我国诸族的重要文献。

《西域图志》,全称《钦定皇舆西域图志》。全书凡48卷首4卷。乾隆二十一年(1756年),刘统勋等奉旨始纂,傅恒等初成,四十二年英廉、于敏中等奉旨增纂。四十七年书成,约60万字。是志为新疆第一部通志,除引用档册、史籍外,兼采实地调查勘测资料,自嘉峪关外至当时新疆全境,皆在记载之列,为《大清一统志》新疆部分之所本。卷首为天章,记康熙、乾隆等有关西域的题咏、统论等。正文48卷,其中图考3卷,包括新图21幅、历代旧图12幅、每图附有图说;列表2卷,从秦汉到元明各朝;晷度2卷;疆域12卷,分安西南路、安西北路、天山北路、天山南路四路;山水9卷;官制、屯政、封爵、服物、杂录各2卷;兵防、贡赋、钱法、学校、风俗、音乐、土产各1卷;藩属3卷。记载地区为当时新疆全部及甘肃嘉峪关以外的州县。是志内容翔实丰富,文笔流畅精练,为新疆其他志书所不及,是研究18世纪前后新疆,乃至中亚地方史、民族史必不可少的重要资料。有乾隆二十一年(1756年)初刻本,乾隆四十七年(1782年)武英殿聚珍本,光绪十九年(1893年)、二十九年(1903年)石印本及民国铅印本等。

《西域同文志》,傅恒等奉敕撰,乾隆二十八年(1763年)成书。全书凡24卷。包括新疆(分天山北路、天山南路)、青海、西藏地区,又分地名、山名、水名、各统治者人名四类。所校文字都用满文、汉文、蒙文、西蕃文(藏文)、托忒文(准噶尔部及新疆使用的蒙文)、维吾尔文6种文字标明,并注有汉字三合切音曲取其声音。用汉文注明其含义、地方沿革及所列人物的简历等。是书为研究新疆、西藏等地区的地理沿革及各民族的语文之重要参考著作。有乾隆二十八年武英殿刻本、《四库全书》本、1984年中央民族学院复印《民族古籍丛书》本。

《平定准噶尔方略》,清官修,傅恒等奉敕纂。乾隆三十七年(1772年)成书。全书凡172卷,分三编。前编54卷,始于康熙三十九年(1700年)七月乙未,迄于乾隆十八年(1753年)九月壬申,正编85卷,始于乾隆十八年十一月甲戌,迄于乾隆二十五年(1760年)三月甲戌,续编33卷始于乾隆二十五年三月庚戌,迄于乾隆三十年(1765年)十一月庚寅。所收文献正与《平定朔漠方略》相衔接。为纪事本末体,以年、月、日为序,收辑清政府西、北两路将军和大臣的奏疏,及康熙、雍正、乾隆有关准噶尔的敕谕,是康熙中期,直至乾隆中期清政府治理西北边疆,以及与卫拉特蒙古准噶尔部和战关系的全面记录,其中也有关于卫拉特蒙古社会经济和南疆情况的重要史料。《四库全书简明目录》称:"式廓舆图,包罗月朏。""是编亦书契以来所未有矣"。今存乾隆三十七年武英殿刻本。1990 年全国图书馆文献缩微复制中心据殿版影印,收入西藏社会科学院西藏学汉文文献编辑室编选之《西藏学汉文文献汇刻》第二辑。

曹雪芹(1715—1763 年),清代著名文学家,汉军正白旗人,名霑,字梦阮、芹圃,号雪芹、芹溪居士。先世居河北丰润,降清后为内务府包衣(又称"阿哈",意奴仆)。生于南京。曾祖曹玺、祖父曹寅、父(一说叔)曹頫三代世袭江宁织造达 60 年之久,康熙间盛极一时。雍正初年,父因骚扰驿站等获罪落职,抄没产业,势遂败落。不久,迁居北京。中年,居北京西山,在艰难困苦的环境中,依靠卖画和朋友接济维生。一生中经历了曹氏盛衰,对封建社会的种种罪恶和黑暗深有感受,对统治阶级的腐朽没落有深刻认识。能诗善画,具有深厚的文学修养和卓越的艺术才能。著作甚富,然散佚殆尽。遗著有《红楼梦》(初名《石头记》八十回),创作中五易其稿。一说其死后,由镶蓝旗满族包衣人高鹗续补后四十回,成一百二十回通行本。

《红楼梦》故事始于贾宝玉衔玉降生,为贾母所钟爱,林黛玉失恃,来依外祖母家,以及二人的爱情发展,迄于黛玉死和宝玉出家。其中穿插写了贾母、贾政、王夫人及十二金钗等人物形象,官场倾轧,百姓穷困,荣宁两府等。作者以贾、史、王、薛四大家族为背景,以贾宝玉、林黛玉的爱情悲剧为主要线索,通过叙述贾家荣、宁二府由盛至衰的历史过程,揭露了封建社会后期的种种黑暗和罪恶,及其不可克服的内在矛盾,对腐朽的封建统治阶级和行将崩溃的封建制度做了有力的批判,使读者预感到它必然要走向覆灭的命运。同时歌颂了封建阶级中具有叛逆精神的青年男女和平民百姓的反抗行为。是中国封建社会的一幅缩影和百科全书。在中国文学史上,还没有一部书像《红楼梦》这样把爱情悲剧写得如此激动人心,把爱情悲剧的社会根源揭示得如此全面、深刻,从而对封建社会做出了最深刻有力批判。

《红楼梦》艺术成就相当高。语言优美、生动、自然、洗练,善于刻画人物,塑造了一批富有典型性格的艺术形象。结构宏伟谨严,善于细节描写。是我国古代长篇小说中现实主义的高峰。在《红楼梦》里,作者塑造了贾宝玉、林黛玉、薛宝钗、凤姐、袭人、晴雯、尤二姐、贾母、刘姥姥等一连串人物群像。才华横溢的曹雪芹在《红楼梦》中一共写了 400 多个人物,从王公侯伯、封建官吏、官府家属、奴隶丫头、僧道尼姑、清客相公直到神人仙子、劳动人民,都有各自的经历、命运及个性,作者为他们代写的诗词歌赋,切贴各人的性格、学识和口气。《红楼梦》对于封建社会与家庭的上下关系、应对礼节、衣食住行、生活习俗,直到医药、建筑、植物、器具,都做了生动的介绍,堪称反映我国封建社会末期生活的百科全书,在我国的艺术长廊里展现了一卷最为瑰丽夺目、彩色缤纷的画卷。

《红楼梦》最早以前八十回抄本的形式在社会上流传,大都带有脂砚斋的批语。现已发现的较早抄本系统有:①《脂砚斋重评石头记》(十六回残本,通称"甲戌本")。此本现存有第一至第八回、第十三至第十六回、第二十五至第二十八回,共十六回。上海人民出版社于 1962 年、1973 年两次影印出版此抄本。②《脂砚斋重评石头记》(七十八回本,通称"庚辰本")。此本于 1955 年曾由文学古籍刊行社缩印发行。人民文学出版社于 1974 年据北京大学图书馆所藏原抄本重新影印发行。③《戚蓼生序本石头记》(八十回本,通称"戚本"或"有正本")。此本由上海人民出版社于 1973 年影印出版。④怡亲王府抄本《脂砚斋重评石头记》(存四十一回又两个半回,通称"己卯本")。此本上海古籍出版社于 1980 年据北京图书馆乾隆抄本原样影印。带有"脂评"的本子比较接近原著,对考证和研究《红楼梦》的创作过程具有一定的价值。印本系统有:①《红楼梦》(程甲本)。此本是程伟元和高鹗于乾隆五十六年(1791年)对社会上流行了20余年但"无定本"的《红楼梦》,做了一番"细加厘剔,截长补短"的工作,并增补了后四十回,与曹雪芹所作前八十回合成一百二十回,形成一部故事完整的小说。由萃文书屋用活字排印,第一次以印本形式出版的本子。②《红楼梦》(程乙本)。此本是程、高二人于乾隆五十七年(1792年)对"程甲本"又做了一些"补遗订讹",重新由萃文书屋排印的本子。此本社会上最流行,新中国成立后出版就刊印了多次,以启功注释,周汝昌、周绍良等校订,人民文学出版社出版的注释本最好。

《红楼梦》从清代开始还被译成蒙、满等少数民族文字,并影响远及国外,1842年就被部分译成英文,以后陆续有英、俄、德、法、意、日等文字的翻译本出版,其中俄、日文为全译本。

《红楼梦》在中国文学史上具有崇高地位,对研究清代文学创作、社会历史有重要价值。同时也对后世产生深远影响,出现了多种续书,研究《红楼梦》形成了一个专门的"红学"。

阿桂(1717—1797年),字广庭,号云岩,章佳氏,满洲正白旗人,乾隆举人。乾隆二十年(1755年)授参赞大臣。平定准噶尔叛乱后驻守伊犁,于当地兴办屯田,筑绥定、安远二城。历官伊犁将军、工部尚书、兵部尚书、礼部尚书、云贵总督、武英殿大学士。屡任清军统帅,指挥进攻大小金川,镇压西北回民起义。曾奉敕编撰《平定两金川方略》,主修《(乾隆)盛京通志》《满洲源流考》等。

其中,《平定两金川方略》凡152卷,卷首附有御制序文1卷,天章8卷。卷末附有臣工诗文8卷。是书汇辑了清乾隆时期平定大小两金川土司叛乱后,将平定两金川期间皇帝的谕旨、大臣的奏章、军事文牍以及平定叛乱的过程等,按时间顺序编辑成书。时间从乾隆二十六年六月至乾隆四十一年十一月。书中记载了金川土司色勒奔初归顺清朝及其清廷授色勒奔初为安抚使并发印信的经过。乾隆二十三年以后,大金川土司、小金川土司联合作乱,并平定其他土司,乾隆帝先后派遣总督阿尔泰、桂林等前去平定,后又派遣阿桂为定西将军,先后经过五年时间平定了两金川土司的叛乱,书中对平定叛乱的过程记载颇详。有《四库全书》本、清嘉庆五年(1800年)刻本、清乾隆刊本、武英殿刊本。

《(乾隆)盛京通志》,阿桂等修,刘谨之等纂。有乾隆十三年(1748年)武英殿刊本、民国六年(1917年)铅印本。全书凡130卷,卷首1卷,图35幅。正文分37门,约140万字。是志为盛京第四次纂修的通志。成书于乾隆四十三年(1778年),命名《钦定盛京通志》。记载盛京辖区建置沿革、方域、城邑、山川、民政、职官、人物、艺文、祀典、风俗、物产、古迹、户口、田赋等,共37类。书中于旗田、官庄、园场等所详定,于满族风俗习惯、风土人情亦多有反映。为研究清中叶以前东北历史要籍。

敦诚(1734—1791年),满族,姓爱新觉罗,字敬亭,号松堂,敦敏之弟,1757年管理山海关税务,后又做宗人府笔帖式、太庙献爵等。著有《四松堂集》《鹪鹩庵笔记》等。

《四松堂集》有清钞本,流传很少。1955年北京文学古籍刊行社影印原钞本,得以广泛流传。卷首有撰者小传。卷一至卷二为诗,卷三至卷四为文,其中序、跋、记、论、行述、祭文等各体均有,而以游记为最佳,纪昀称他"范水模山,妙写难状"。卷五为《鹪鹩庵笔记》,所记有日常读书时的笔记,感物思人的随想,以及与友朋交往唱答的轶事。如所记柳宗元与苏轼同被贬岭南,柳宗元心胸狭窄,迁谪之意形于梦寐,苏东坡则心情开朗,自称"日啖荔枝三百颗,不辞长作岭南人",二人截然不同。敦诚性耽山水,喜爱访奇探胜,虽然一生未曾远游,但对所居北京西郊附近的山水名胜,则多所游览。每游览一处,都要作文记之。他的文章清新飘逸,田园气息较浓,受魏晋文风及明代公安派的影响较大。曾仿陶渊明《五柳先生传》的做法,写有《间庸小传》以自喻,称每日与三间老屋、残书数卷为伴,而不愿与世俗之人交往。文章如《闲慵小传》《闲宜馆记》《哭复斋文》,一再表达了他"不乐荣进""既闲且慵"的视富贵为浮云的胸襟和放浪形骸与世抗争的性格追求。感情诚挚,行文洒脱、练达。诗歌中也有反映现实,同情民生疾苦的篇什。如《璞翁将军八十三,卖棺度日,以诗咏之》,反映了一位曾建战功的老将,晚年穷困靠卖棺度日的冷酷现实。《冬夜南村即事二首》表现了他同情百姓的思想。特别是他与曹雪芹有30余年的挚友往来,写了《赠曹雪芹》《寄怀曹雪芹》等诗。如,"少陵昔赠曹将军,曾曰魏武之子孙。君又无乃将军后,于今环堵蓬蒿屯。扬州旧梦久已觉,且着临邛犊鼻裈。爱君诗笔有奇气,直追昌谷披篱樊。当时虎门数晨夕,西窗剪烛风雨昏。接䍦倒著容君傲,高谈雄辩虱手扪。感时思君不相见,蓟门落日松亭樽。劝君莫弹食客铗,劝君莫叩富儿门。残杯冷炙有德色,不如著书黄叶村"(《寄怀曹雪芹》选自《清诗选》)。对曹雪芹在"环堵蓬蒿"的困境中保持傲岸性格十分赞赏,鼓励他不要去寄人篱下,而要坚持著书,完成巨著。在曹雪芹故去后,又写了悼亡诗,对曹一生做了回顾赞赏,悼念这位文学大师。这些真实反映曹雪芹思想与生活的诗作,成为后世"红学家"了解研究曹雪芹生平创作极为宝贵的资料。

铁保(1752—1824年),清朝大臣、学者,满洲正黄旗人,栋鄂氏,字治亭,一字梅庵,乾隆进士。历任吏部主事、郎中、户部员外郎、侍读学士、内阁学士、漕运总督、广东巡抚、叶尔羌办事大臣等职。因折狱失察,曾多次遭到贬斥。嘉庆元年(1796年)任《八旗通志》总裁,续修《八旗通志》二集。

《八旗通志》初集修于雍正、乾隆年间(1727—1739年),分八志(旗分、土田、营建、兵制、职官、学校、典礼、艺文)、八表(封爵、世职、八旗大臣、宗人府、内阁大臣、部院大臣、直省大臣、选举)、列传等,所收事迹至雍正帝逝世为止。铁保续修的《八旗通志》二集,是在初集的基础上,收入乾隆一朝的事迹,共撰356卷(包括卷首12卷)。《八旗通志》初集、二集,对于研究满族和清代的历史有一定的参考价值。铁保还酷爱诗文,曾收集满人诗文,辑成《白山诗介》,后加增辑,仁宗赐名《熙朝雅颂集》。长书法,与刘墉、翁方纲齐名,刻《惟清斋帖》,著《惟清斋集》。其中《熙朝雅颂集》是铁保编选的清前期满蒙汉军诗人诗歌选集。首集26卷、本集106卷、余集2卷、凡例1卷、目录1卷,共136卷。嘉庆九年(1804年)刻行,凡25册。由嘉庆帝作序并赐名。共收有清初至嘉庆初八旗满洲、八旗蒙古、八旗汉军的585名诗人的7743首诗作。入选之人以《皇清文颖》为圭臬,"故于《皇清文颖》所载之人,其诗未见于他编者仅一一登载,不敢稍为遗漏"。天潢贵胄,另编首集,其后先以爵位高低为序。其他则参照《清诗别裁》顺序,以若干年为一段,一段作者以科名先后为序。此集所收作品多采自诸家本集。无本集者则从伊福纳《白山诗钞》、卓奇图《白山诗存》(此两种旗人总集皆为妙本)及各选本中录入。每位作者名下介绍了其字、号、经历、民族、隶属旗籍、创作情况,并对其创作进行了评价。其中引用了不少时人对这些少数民族诗人的评论。对保存少数民族诗人作品并把他们广泛推向社会起了良好作用。特别是保存了不少诗人至今专集已亡佚的诗作,弥足珍贵。对研究清代少数民族文学创作及人物经历具有重要价值。

《惟清斋全集》19卷,清道光二年(1822年)刻本,石经堂藏版,10册。其目次为:《梅庵年谱(自编)《奏疏》《玉门诗钞》各2卷、《梅庵文钞》6卷、《梅庵诗钞》5卷、《应制诗》《诗余》各1卷,7种。卷首有汪廷珍、阮元、英和的序文。其中《梅庵诗钞》5卷曾于嘉庆十年(1805年)刻行过单行本。铁保的文章有论、传、序、说、记等多种形式。文章多为议论时政,评说古人,阐述自己文学主张的内容。写得笔锋犀利,论说有物,言之成理。如他说,"读古诗不如读今诗""发于性情,见乎歌咏""性情随境遇为转移",在当时拟古主义风气弥漫的情况下,提倡作诗不泥古,抒写自己真实感情,颇有见地。铁保的文学成就主要在诗歌方面,从诗体看有乐府、五七言古、五七言律、五七言绝句、五言排律,从内容看主要有景物、题画、怀友、抒怀等几类。铁保一生活动于中原,任官江南,谪戍西北和东北,经历很广,因此景物诗的数量也最多,其中以边塞诗最有特色。《古北口道中》两首就写得极有气势。如第二首:"大漠天高风已商,萧萧落木野云黄;草深僻路客谈虎,日暮远山人牧羊;飞瀑千寻横雪练,平沙十里走星芒;道逢猎骑归来晚,勒勒声摇满地霜。"另一首《柳条边》也写得苍茫浑厚:"黄沙白草马蹄骄,绵亘身轻塞路遥;十里风烟垂大漠,柳条边外暮萧萧。"铁保还写下了许多描述当地风土人情的诗篇,有着重要的历史和文学价值。《回部》二首描写了维吾尔族衣食住行及宗教信仰的习惯。《见新月》写了维吾尔族360日后见新月为一年,举行节日活动的情景。《妠娜曲》对"低昂应节态婆娑,翩若惊鸿曳双翼"的维吾尔族舞蹈做了细致的描述。《柳泉词》则取材于一个维吾尔族民间故事,他在此诗序中说:"传有回妇不为强暴所污,泪滴柳下,遂化为泉,从树孔中出,回妇秉贞,度越千古,是可记也,作柳泉词。"诗中对这位遭到凌辱的妇女寄予了无限的同情。在《徕宁杂诗》中,他甚至描绘了集市贸易情况,使人耳目一新。为边塞诗增添了新意,并有一定社会历史价值。

和琳(1753—1796年),清朝大臣,满洲正红旗人,钮祜禄氏。乾隆四十二年(1777年),由笔帖式累迁至郎中,历任抚州织造、湖广道御史、内阁学士、兵部侍郎、工部尚书、驻藏大臣、四川总督等职。著有《卫藏通志》《芸香堂集》等。

其中,《卫藏通志》主要是依据《(乾隆)西藏志》《卫藏图识》等有关西藏之史籍,再加各种档册资料汇编而成,分8门26目,约16万字。方舆门包括考证、疆域、山川、程站四类目。考证主要记述唐贞观十五年(641年)文成公主与吐蕃赞普松赞干布联姻以后诸事,间及于汉魏时期通西域之史料等。山川门对于雅鲁藏布江、金沙江记述较详。程站门自成都记起,经打箭炉、里塘、巴塘、察木多、拉里而达于拉萨。又从拉萨记至后藏札什伦布,后藏至西南边境聂拉木,耳拉木经宗喀、萨迦至札什伦布,札什伦布经羊八井达拉萨等。其后附载了驻藏大臣松筠"巡边记",康熙末焦应旂《藏程记略》等史料。僧俗门详载西藏各地之喇嘛、寺庙、番族、番官和户口,较多收入乾隆末期平定噶尔喀叛乱以后之诏奏公牍,有如福康安、和琳等人的奏章。镇抚门对驻藏官员,包括驻藏大臣、达赖、班禅等职官、喇嘛的职权、职司等记述较详。其余贸易、营伍、章程等门类亦多载乾隆五十七年、五十八年间制定的管理章程。纪略门分康熙、雍正、乾隆三朝记述,均系平定西藏各地叛乱之进兵、征剿、设官、量台、驻兵等大事记。外部门主要收载达木蒙古、三十九族、四方外番之史料。经典门尽为《大藏经》子目。另在是志目录中列有艺文门,正卷中则未及编入,仅将御制诗、文、赋编入卷首中。有清抄本,传抄本,光绪二十一年(1895年)刻《浙西村舍汇刻》本,民国二十年(1931年)铅印《万有文库》本,民国二十六年(1937年)铅印《丛书集成初编》本,民国铅印《国学基本丛书本》,民国影印本、石印本等多种版本。

该书对清初在西藏的政治、军事以及重大的历史事件都有详细的记载,特别是对噶尔喀人侵略西藏的前后经过记载尤详,为研究清初西藏的历史、地理、习俗及汉藏关系等提供了珍贵的史料。

裕瑞(1771—1838 年),满族,号思元,思元主人,爱新觉罗氏,豫良亲王次子。历官镶白旗蒙古副都统,镶红旗满洲副都统,正黄旗汉军副都统,正白旗护军统领等职。他喜吟咏,善书画,并注意学习科学知识。曾绘西洋地球图,加以科学说明。通俗西蕃语,曾用唐古特文字校译了大量佛经。除著有《枣窗闲笔》外,尚有《思元斋全集》《参经臆说》等。

其中,《枣窗闲笔》原题思元斋撰,共收 8 篇文章,1 册。最初以手抄本流传,1957 年北京文学古籍刊行社影印北京图书馆藏原稿本。作者从评论《红楼梦》续书的角度,指斥续作的拙劣,盛赞《红楼梦》的杰出成就,在当时很有见地。是一部研究《红楼梦》作者以及了解早期对《红楼梦》研究情况的具有重要资料价值的著作。《枣窗闲笔》是满族文学史上第一部文论,也是"红学"史上较早的专论,其价值比较高。

《思元斋全集》为清嘉庆年间刻本,8 册。其目次为:姜香轩吟草、樊学斋诗集、清艳堂近稿、眺松亭赋抄、草檐即山集、枣窗文稿 2 卷。作品多反映他怅惘落寞的心绪。有酬答、抒怀、写景、咏物、论诗以及介绍西洋先进器具的篇什。艺术手法多采用纪实性,有些篇什尚能做到情景交融。对研究落拓王公的生活情况及处世态度有一定参考作用。

英和(1771—1840 年),清朝大臣,字定圃,号煦斋,别号粤溪生,晚号脀叟,索绰络氏,满洲正白旗人,尚书德保子,少有隽才,乾隆五十八年(1793 年)进士。历官户部尚书,续纂《四库全书》总裁,加太子少保衔,协办大学士等职。他为官直言敢谏,屡遭罢黜,最后一次险些处死,流放到卜魁(今齐齐哈尔)。三年后赦免,终老抱病家居。他创作极丰,著作等身。著有《卜魁城赋》《那恭勤公清安行状》《恩福堂自订年谱》《石氏受姓源流纪略》《思福堂诗钞》12 卷附试帖 1 卷、《恩荣叠唱集》和《植杖集》等。

其中,《卜魁城赋》系作者在遣戍时所作,成于道光九年(1829 年),刊于十年(1830 年)。清人记录黑龙江,初止宁古塔,次及卜魁(今齐齐哈尔),多属流人之笔。赋于鄂伦春、达斡尔等民族的渔猎、游牧等生产方式记述甚详,于该地古今居民的民族源流亦有涉及。又记汉族迁入该地后的农业垦殖和学堂兴办等史实以及汉族与该地少数民族的关系。赋注征引东北地方和有关文献甚多,如《盛京赋注》《全辽备考》《金史·地理志》《金韵诗注》《水道提纲》《龙沙纪略》等。有清刻本传世。

《恩福堂诗钞》有抄本和刻本两种。旧抄本 12 卷,附诗帖诗钞 2 卷。收诗按年代编排,从乾隆四十五年庚子(1780 年)起至道光七年丁亥(1827 年)止,基本是其为官时作品。如法式善所说为"一官一集",包括《蛾术集》《瀛洲集》《容台集》《民部集》《西馆集》《水部集》《赓扬集》等。清刻本收道光八年(1828 年)十月至道光十一年(1831 年)五月诗作,是诗人遭贬流放东北时作品。两种本子所收诗作,其内容和他经历遭遇及思想变化有着密切关系。抄本由于记述其从政为官的大半生经历,内容颇枯燥,多为歌功颂德、奉和酬唱之作。刻本由于写其身遭厄运以后的经历,对社会的观察和体验与前期有所不同,故这期间诗作多反映现实、同情民生,描绘东北风光。诗笔触及到了当时社会"假者恒多真者寡"的可鄙现实,表露了自己恪守美好情操的志向。特别是他晚年流放到祖国东北高寒地区,写下了不少反映满族故乡和塞外蒙古边疆风土人情的作品,如《叶赫站》《打牲乌拉》《观牧》等作品,勾画了满、达斡尔、鄂温克等民族的经济运作场面;《识俗》(四首)等则对当地古风犹盛的原始信仰习俗做了生动记载;而《龙沙物产十六咏》等,还对那里的诸如鲟鱼、水貂、海东青、堪达罕、乌拉草、木耳、蘑菇、烟草等土特产品分别予以真切的描述。这些诗歌,不仅反映了英和毕生心系民间的思想倾向,也为满族古典诗歌创作别开生面。为后世提供了可贵的民族风俗、地理物产资料。1991年,北京古籍出版社将《恩福堂诗钞》与《卜魁集》《恩福堂笔记》《愚福堂年谱》汇为一编,排印出版。

文康,生卒年不详,清朝大臣、学者,字铁仙,费莫氏,满洲镶黄旗人,由理藩院郎中出为徽州府知府。道光二十六年(1846年),授驻藏办事大臣,因病未赴任。著《儿女英雄传》,修《荣昌县志》22卷,辑《史梅叔诗选》12卷。其中,以《儿女英雄传》流传最广。

《儿女英雄传》最初以手稿本流传,名《金玉缘》《正法眼藏五十三参》,共53回,因原稿蠹蚀不清,疑经他人赓续,刊者削去后13回,今存40回。本书直接以清朝社会为背景,写宦家子弟安骥为救父难只身远行,于途中遭人算计,为侠女何玉凤(化名十三妹)所救。何玉凤说合安公子与同时被她救出的庄家女张金凤成亲,之后何便隐遁避世。安父为报十三妹之恩,挂冠辞官,四出找寻,终于澄清何玉凤的身世原为将门之女。并告知何玉凤,其父仇人已被朝廷所除,大仇已报。何在众人劝说下,终改决意出家为父母守丧一生之言,也嫁与安骥,与张金凤同事安家。安公子连年高中,以探花告捷。并在外任山东前又纳一妾,随行侍奉。一人得道,举家荣耀。本书以其情节的生动曲折和语言的地方色彩个性特征而广为流传。

此书在艺术上有相当成就。作者声容毕肖地刻画了一批不同性格、不同身份的人物形象,特别是语言运用上有突出成就,作者十分纯熟地运用北京土话,细腻地描绘了北京旗人生活,具有浓厚的北京乡土气息。所述社会生活面广,茶坊酒肆、贡院科场、吏治宦途、贩夫走卒、侠客义士、达官显贵、庙会集市均有描绘,多方面地展现了19世纪中国社会生活面貌,有一定的历史认识价值。在满族文学发展史上、中国小说发展史上均有不可忽视的地位。这部小说在旧社会的知识分子和小市民中流传较广,后来还多次被改编为戏剧、曲艺演出,因此侠女十三妹的故事,广为人们所知。解放战争时期出的《新儿女英雄传》,内容是写抗日战争时期党领导的新的人民英雄,但仍套用了它的书名。由此也可看出,旧《儿女英雄传》在群众中还是有一定影响的。

《儿女英雄传》主要版本今可见北京图书馆藏旧钞39回残本,光绪四年(1878年)聚珍堂初印活字本,光绪六年(1880年)北京聚珍堂活字本(有评语),光绪十四年(1888年)上海蜚英馆石印本(有精美插图82幅),光绪二十年(1894年)上海书局石印本,光绪三十三年(1907年)上海集成图书公司铅印本,民国十二年(1923年)上海启新书局铅印本和1983年北京人民文学出版社松颐校注本等。

顾春(1799—1877年),满族,原姓西林觉罗氏,后经变故,改姓为顾,字子春,号太清,乾隆玄孙贝勒奕绘之侧室。精于词学,尤重周邦彦、姜夔之作。其观花、游景、状物、咏怀、抒情、题画之作甚富,且情真意切、浑然一体,笔端豪迈,不落窠臼。有"满洲词人,男中成容若,女中太清春"之谓,置太清于满洲女词人之冠,并与纳兰性德(即成容若)齐名。亦能书善画,其书法秀丽超逸,与其词、画堪称三绝。其作品有《东海渔歌》《天游阁诗集》等。

其中,《东海渔歌》3卷,补遗1卷,先以抄本形式流传,民国三年(1914年)西泠印社以木活字刊印2册。此集多咏花、题画、记游、观景及描摹身边现实生活之作,题材较窄。但由于作者具有过人的艺术才华,一扫女性作品的纤艳铅华之气,用朴实流畅的语言,将人们常见的生活情景和常有的心境,创造出令人耳目一新的意境,以艺术取胜。如《喝火令》描写自己冒雪访友,畅饮醉归的豪爽形象跃然纸上,加之银装素裹的北国风光的点染,风味别具。

《江城子·记梦》以实境写梦境,向人们展现了江南水乡月夜的美好景色,体现了太清词特有的流动气势与格调。还有《迎春乐·乙未新正四月看钊儿等采茵蔯》用明白如话的语言,勾勒出一幅生机盎然的暮春画图。太清素爱海棠,有很多咏棠词作,其中最有名的是《临江仙·清明前一日种海棠》。这首词寄情深远,将花喻人,不落纤艳:"万点猩红将吐萼,嫣然迥出凡尘。移来古寺种朱门。明朝寒食过,又是一年春。细干柔条才数尺,千寻起自微因。绿云蔽日树轮困。成荫结子后,记取种花人。"她的词集中也收有不少题画之作,但其书画流传下来的不多。现存的一幅杏花图,乃道光丁酉八月追忆南山野渡杏花而作,画上有她自题的《燕归梁》一阕:"得意东风快马蹄。细草沙堤。几枝丰艳照清溪。垂杨外,小桥西。写来还恐神难似,肥和瘦,要相宜。碧纱窗下倩君题。聊记取,旧游时。"太清词在清代词坛上占有重要地位,人称其为李清照后又一女词人,对研究清代词作有重要价值。

《天游阁诗集》上下2卷,先以抄本流传,后清宣统元年(1909年)南陵徐氏刊刻印行,1册。太清诗一如其词,题材较窄,多题画、写景、记游、赠答及描写身边琐事。如《游仙五首》《题画》《中秋寄仲兄》,《题春山灵雪石画》:"碧山如画自天成,陡涧春融雪后冰。昨夜东风吹梦醒,晓霞烘染一层层。"《秋江渔隐》:"春水迷天淡欲无,春山过雨绿模糊。东风一枝吹花屿,即有新芽长嫩蒲。"等,虽艺术成就不及其词,但也创造了一些具有诗情画意、清新淡雅的图画,抒发了闺家独特情怀,对研究其全部创作及生活经历有一定参考作用。

承龄(?—1865年),字子久、尊生,姓裕瑚鲁氏(又写作胡鲁氏),满洲镶黄旗人,道光十六年(1836年)进士,官至贵州按察使。喜吟咏,曾与蒙古族诗人柏春等结社为诗,颇多诗作。今存有《大小雅堂诗集》4卷,附《冰蚕词》1卷,有光绪十二年(1886年)刻本。

其中《冰蚕词》1卷曾收在云自在龛丛书四集,清江阴缪氏光绪十七年(1891年)刻本第19册,以及民国二十六年(1937年)上海开明书店排印陈乃乾《清名家词》本。承龄词多写离愁别绪与男女相思之情,词意缠绵委婉。如在《忆旧游》中写道:"怎燕子莺儿,匆匆舞倦,便劝春归。荏苒随流水,算榆钱买得,能住多时。落花乍低还起,如诉隔年期。纵说道东风,年年依旧,老人杨枝。徘徊。认踪迹,是碧泛萍园,红沁苔肥。打叠和愁送,奈天涯梦远,粘着游丝。绿阴近来门巷,蜂蝶不曾知。但目断斜阳,芳园客去帘昼垂。"表现了离别后怀念旧游的感情。还有《百字令》《金缕曲·蜡泪》等,描写男女相思,同样具有缠绵委婉特点。满族作家中,吟诗者多,填词者少,所以,承龄的词作引起人们极大关注,是研究满族文学的珍贵资料。

宝廷(?—1890年),清朝宗室、大臣,字竹坡,满族,满洲镶蓝旗人,郑献亲王济尔哈郎八世孙。同治三年(1864年)举人,七年进士,累迁侍读。光绪五年(1879年),转侍读学士。七年,授内阁学士,主福建乡试。因看不惯官场的黑暗自劾罢官,居西山,穷愁抑郁而死。著有《尚书持平》《竹坡侍郎奏议》上下卷、《庭闻忆略》上下卷、《偶斋诗草》36卷及《偶斋词》等。

其中,《偶斋诗草》有清光绪十九年(1893年)刻本,其中包括内集8卷、内次集10卷、外集8卷、外次集10卷。全集大多描写山水的诗作,写的清新秀丽,具有诗情画意,可读性强。也有一些反映社会现实,指斥朝政的诗篇具有一定的价值。如《冬日叹》:"积水久不涸,千里无尘埃。死者随波涛,生者卧沙泥。菽麦敢望食?难免蒿与菜。县官如木偶,更役如狼豺。朝廷黄银米,小民安得哉?"描绘1886年冬北方数省发生的水涝灾害,人民流离失所,生计断绝的惨状和贪官污吏乘机加倍盘剥,锦衣玉食的情况,表达了同情人民疾苦的思想,揭露了严重阶级对立的现象,具有一定的社会现实意义。还有《收新疆》:"十载苦争战,勤劳将帅同。班超真有福,李广竟无功。已喜边疆靖,还忧府库空。中原多饿殍,祷祀望年丰。"诗人对重新收复新疆表示了巨大的喜悦,但对耗尽府库又表示了很大的忧虑,深刻体现了诗人对时局的关心。

盛昱(1850—1899 年),清朝宗室、学者,字伯熙(兮),又字伯蕴、韵时,号意园,满洲镶白旗人,肃武亲王豪格七世孙,左副都御史恒恩之子。少聪慧,10 岁作诗,纠《新唐书·突厥传》"纯特勒"为"特勤"之误。光绪三年(1877 年)进士。授编修,历右庶士、日讲起居注官、祭酒。益笃学,讨究经史、舆地及本朝掌故,皆能详其沿革。著有《蒙古世系谱》《郁华阁金文》48 卷、《雪屐寻碑录》《香南精舍金石契》2 卷、《意园藏书目》《意园文略》2 卷、《郁华阁遗集》3 卷、《白山词介》1 卷,辑有《八旗文经》60 卷、《成均课士录》第 8 集等。

其中,《郁华阁遗集》4 卷,包括诗 3 卷、词 1 卷,清光绪间刻本 1 册。卷首有光绪三十一年柯劭忞序,云"先生既卒,门人蒐其古今体诗得百二十八首,附以词十三阕,都为四卷……先生诗不自收拾,多散佚"。另有留垞武昌刻朱印本 1 册,封面题"韵莳祭酒郁华阁遗集"。集中诗作多酬答、唱和、题图、咏画、写景、抒情篇什。由于诗人是少数民族,诗中不时赞扬北方少数民族历史人物,歌颂民族间友好交往。如《题廉考廉小万柳堂图同凤孙作》:"北人入中土,始自黄炎战。"指出北方少数民族与中原人民交往远自传说中的黄帝、炎帝始。"真人铁木真,一怒九州奠。畏吾廉孟子,秀出中州彦"。赞扬蒙古民族英雄铁木真(成吉思汗)一统九州的伟业和维吾尔人廉孟子的秀出中州。"大破旗民界,谋生皆任便。能使手足宽,转可头目捍"。希望打破清代边疆与内地不许交往的状况,加强手足兄弟间来往,巩固边疆。这种思想在当时具有一定的进步意义。盛昱还有许多感慨抒怀之作,《送门人张季直南归》之二"同是忧君国,吾生早自捐。纷纭今日拯,涕泪十年前。诗稿杯中字,琴心海上天。愿赊干净土,跣足看耕田"。此为盛昱离世前不久的诗作。虽然他已在十年前辞官家居,但他曾为民族之危亡涕泪过,如今虽不再关心时事,于他也是极不情愿的。诗中旧事重提,对十年前那段"涕泪"生活的留恋之情溢于言表。又如《奉谢促华二叔馈鹿尾九叠与云门倡和韵时公方谒假》:"赋就高轩荷播扬,当年曾指是儿狂。少年谈笑匡时略,晚岁经营避四方。匠石成才全大栎,伶伦抱瑟奏空桑。达门潭上神仙鹿,一离分尝念故乡。"写少年谈笑风生,何等狂傲,因无知遇之恩,晚年却退隐谋田。相形之下,诗人心情是何等酸楚,又是何等凄凉!还有《且园八景》《题消寒诗存》《黑石岭》《居庸关》《铁锁崖》等诗描写了淡淡景物,抒发了往事如云感慨。艺术风格淳朴自然、语言明白晓畅,在满族文学史上有一定地位。

志锐(1852—1912 年),满洲镶红旗人,字伯愚、廓轩,号公颖,晚号迁安。光绪十六年(1890 年)进士,清末外戚。1892 年由詹事升为礼部侍郎。中日战争中指责李鸿章因循玩误,竭力主战,后因其妹谨妃、珍妃获罪慈禧,被调任乌里雅苏台参赞大臣,历任杭州将军、伊犁将军等职,曾多次上疏筹划边务。著有《廓轩竹枝词》《穷塞微吟稿》。有清宣统年间石印本。

其中《廓轩竹枝词》辑录了志锐自张家口至乌里雅苏台行程中所写诗百首,包括观六十四台诗 64 首,风俗诗 21 首,杂咏诗 15 首,内容涉及山川、关隘形势、民俗等。对于研究清代后期北部边疆史地及蒙古风俗等有参考价值。《穷塞微吟》凡 8 首,主要是作者位居边城的生活状况和感受,对于研究清后期边防军的生活状况有参考价值。如其词《探春慢》就是其军旅生活的生动写照。"四面寒山,孤城一角,烟外穹庐三五。雨必兼风,霜前见雪,节序恼人如许。沦落天涯久,又谁见羝羊能乳?故乡一片归心,相对药炉同苦。堪笑征衣暗裂,只赢得羁縻塞外骄虏。紫雁秋空,黄云目断,莫问中原鼙鼓。虽有清宵月,浑不管,淹留羁旅。伴我微吟,乍见柳棉飞舞"(《全清词钞》)。

清代满族撰写的汉文古籍还有很多,由于受篇幅所限,在此不一一论述。

参考文献

1 《中国少数民族古籍集解》编委会. 中国少数民族古籍集解[M]. 昆明:云南出版集团公司,云南教育出版社,2006.

2 高文德. 中国民族史人物辞典[M]. 北京:中国社会科学出版社,1990.

3 张公谨. 民族古文献概览[M]. 北京:民族出版社,1997.

4 赵令志. 中国民族历史文献学[M]. 北京:中央民族大学出版社,2006.

5 中国民族古文字研究会编. 中国民族古文字研究[M]. 北京:中国社会科学出版社,1984.

6 云峰. 蒙汉文学关系史[M]. 乌鲁木齐:新疆人民出版社,2000.

7 王佑夫. 中国古代民族诗学[M]. 北京:民族出版社,2002.

8 李晋有等. 中国少数民族古籍概论(1—4卷)[M]. 成都:巴蜀书社,1997,1998,1999,2001.

9 吴肃民,莫福山. 中国民族文学古籍举要[M]. 天津:天津古籍出版社,1990.

10 李陶等. 中国少数民族古代近代文学作品选[M]. 北京:民族出版社,2005.

11 云峰. 我国北方民族汉文古籍评述[J]. 乌鲁木齐职业大学学报,1994(1,2).

12 马学良等. 中国民族文学史[M]. 北京:中央民族学院出版社,1992.

13 祝注先. 中国民族诗歌史[M]. 北京:中央民族大学出版社,1994.

14 包和平等. 中国少数民族古籍管理学概论[M]. 北京:民族出版社,2006.

15 吴肃民. 中国少数民族古籍概论[M]. 天津:天津古籍出版社,1995.

16 魏忠. 中国的多种民族文字及文献[M]. 北京:民族出版社,2004.

(原载《东北民族研究》2012年第4辑)

现代少数民族语言辞书编纂出版特点及其存在的问题[*]

1. 现代少数民族语言辞书编纂出版特点

自 1949 年以来,在党和国家的民族政策光辉照耀下,在有关法令的指引下,少数民族语言辞书的编纂出版取得了很大成绩,几乎所有教学中的民族语言都有其规模不等、形式和规格多样的民族语文词汇和词典。这些辞书,有集体编写的,也有个人编写的,包括单语、双语和多语的大中小类型,品种繁多,内容越来越丰富,体例越来越完备。大量少数民族语文辞书的编纂出版,充分反映出少数民族在政治、经济和文化各方面的发展,对促进各民族互相学习语文及进行文化交流,增进了解,加强民族团结,共同繁荣发展等都起了非常重要的作用。

现代少数民族语言辞书概括起来有以下特点:

一是紧跟时代步伐。新中国成立以后,党和政府十分重视少数民族语言文字的使用和发展,20 世纪 50 年代曾组织了大批人力、物力和财力对少数民族语言进行大规模的调查研究,后来又做了多次补充调查。少数民族语言研究人员得以积累了丰富的第一手资料,并在此基础上,经过潜心研究,完成了一些语言的词典编纂工作。从 80 年代开始,广大辞书编写者注意吸取当今学者的研究成果和采用现代工具书编写方法,使辞书的内容越来越丰富,体例越来越完善。如新编写的一些自然科学及法律、经济、体育等方面的专业性辞书,增加了许多新的知识、新的信息、新的词语,能紧跟现代社会、现代科学的发展步伐,适应人们的认识水平,富有浓厚的时代气息。少数民族语文辞书的编纂不仅完成了其由传统辞书向现代辞书的过渡,且在收词、注音、释义、编制技术及规模上又前进了一步,特别是中国社会科学院民族研究所主编的《中国少数民族语言系列词典丛书》的出版,不仅填补了一些少数民族语言从来没有出过词典的空白,而且为少数民族语言的深入研究提供了翔实资料。

二是规模全面扩大。新中国成立以来,少数民族语言辞书的编纂出版得到了很大发展,在少数民族语言辞书史上揭开了新的一页。在 50 多年的发展过程中,逐步形成了以少数民族文字的形、音、义为系统的字书、训诂书、韵书三大门类,出现了各自的代表作,方言、俗语、虚词辞书等也得到了长足发展。从 1949 年到 1999 年的半个世纪里,编纂出版蒙古语辞书 79 种,藏语辞书近百种,维吾尔语辞书 158 种,哈萨克语辞书 73 种,其他少数民族语辞书也各有不同程度的发展。近年来更显示出明显的系列化的发展趋势。以少数民族语与汉语对照辞书为例:《蒙汉词典》《藏汉词典》《维汉词典》《汉景词典》《低汉简明词典》《景汉词典》《傈汉词典》《汉载词典》《汉瑶简明分类词典(抛语)》《撒拉汉、汉撒拉词汇》《西部裕固汉词典》《汉苗词典(湘西方言)》《汉苗词典(黔东方言)》《黎汉词典》《塔吉克汉词典》《白汉词典》《汉瑶词典(布努语)》《汉水词典》《汉彝字典》《汉羌词典》等,以满足不同少数民族读者

＊ 该篇文章与包爱梅合作。

的需要。就少数民族语言辞书的学科门类而言,除语文词典外,还出版了许多专科词典,如以蒙文编写的就有《简明修辞学辞典》《简明社会政治辞典》《政治经济学名词解释》《哲学名词解释》《语言学名词解释》《中外著名艺术创作描写典范辞典》《简明教育学辞典》《文学描写辞典》《简明中国历代宗族辞典》《心理学辞典》《简明文学辞典》《体育辞典》《语言学辞典》《内蒙古草药》《数理化辞典》《自然地理辞典》《蒙医学辞典》《科学单位辞典》等专科词典。这样大规模的编纂出版是我国古代少数民族语言辞书所望尘莫及的。

三是种类大量增加。新中国成立以后出版的少数民族语言辞书,表现出的另一特点是种类增加。就辞书的语种而言,单语辞书、双语辞书、多语辞书以及各少数民族语言的辞书都有不同程度的发展。单语词典如《新编藏文字典》《蒙文分类辞典》《哈萨克语详解词典》等。双语词典如《汉维词典》《彝汉大词典》《汉朝字典》等。多语词典如《维汉俄辞典》《英语—日语—纳西语象形文字小辞典》等。从辞书的性质来看,语文词典和专科词典都不少,语文词典在我国少数民族语言辞书中占有相当比例,如《藏文同音字典》《词义辨析(汉维对照)》《景颇成语(景汉对照)》《哈语词组和成语词典》《同音字辨认(藏文)》《汉维成语词典》《汉哈成语词典》等。除语文词典外,还有一些专科词典。如用蒙文和汉文编写的,就有《汉蒙对照历史名词术语汇编》《汉蒙对照地理名词术语汇编》《汉蒙对照中外地名手册》《汉蒙对照自然科学名词术语词典》《汉蒙对照数学名词术语汇编》《汉蒙对照物理学名词术语汇编》《汉蒙对照化学名词术语汇编》《种子植物名称(蒙、拉、汉对照)》等专科词典。从辞书的规模来看,大、中、小型兼具。大型的词典如《汉蒙辞典》,收词6.3万条,《现代维吾尔文学语言正字正音词典》,收词5.7万条左右,《汉哈词典》,收词约6.5万条,《藏汉大辞典》收词5.6—5.7万条,其中专科词条约有1.6—1.7万条。中小型的词典比较多,如《维汉词典》《汉景词典》《蒙古正音正字词典》《汉蒙简明辞典》《藏文辞典》《壮语常用词汇(壮汉对照)》《汉维学习小词典》《哈(哈尼语)汉对照小词汇》《侗汉简明词典》《汉布依简明词典》《苗(黔东方言)汉简明词典》等。词条的排列方式主要有形序、音序两类,以音序居多。从辞书的内容来看,普及型、提高型、研究型皆备。编纂出版者大多能以少数民族需要为己任,按少数民族需要及时组织编写。与此同时,还注重人数众多的中等文化层次读者的需求,为他们编写了大量普及文化知识的少数民族语言辞书,并进而为同一读者对象的不同需要编纂出版各种少数民族语言辞书。

四是质量大幅度提高。新中国成立以后出版的少数民族语言辞书,编写者都是长期从事少数民族语文和某一专业的教学、研究和翻译工作的,他们不仅有较丰富的实践经验,而且大多有较高的语言学理论水平及有关的专业知识。少数民族语言辞书的问世,是他们长期搜集资料、调查研究、多次修改、反复核对、不断补充材料的结果。无论选词、释义,还是编排体例,已出版的各类辞书都有较严密的系统性,表达了科学正确的内容,对少数民族语文的使用起到了必要的规范和指导作用。如《藏汉大辞典》《新编藏文字典》等规范性强的辞书,收词广泛而审慎,释义或译文注重词的语义结构,从藏语言的实际出发,描写词义和举例解释比较客观,符合本民族的习惯。词语义项多的,就用数字分开逐项注释及举例。藏语动词具有表时、式、态的较丰富的形态变化,现在不仅有专门的动词词典,在一些语文辞书中也一一指明其时、式、态的变化及搭配特征。又如《新满汉大词典》是一部运用现代词典学理论和方法编写的满汉词典。词典收词、词组约3.5万条,其中单词条约1.6万个,全书280万字,共使用了60多部文献,有近2万个例句,是迄今为止在国内外已出版的满语辞书中字数最多、使用文献最广泛、容纳例句最多的满语词典。为方便读者通过自己熟悉的语言、熟悉的文字查找相应的满语词，词典特意编写了《用汉语拼音检索的〈简明满汉对照词汇〉》和《用英语检索的〈简明满英对照词汇〉》。对不熟悉汉语简化字的一些在中国大陆之外使用汉语、汉文的读者，可以利用词典的附录《简繁体对照的汉语〈简化字总表〉》。这个对照表是根据 1986 年新版的《简化字总表》按笔画数和笔形重新编排的，读者先根据简化字的笔画数，然后再根据简化字的笔形，就可以查到相应的繁体字，进而弄清楚简繁体字的关系，解决阅读中遇到的障碍。

五是具有一定开创性。新中国成立以后出版的少数民族语言辞书，大中小型层次之多，种类覆盖之广，均为前所未有。许多新出版的少数民族语言辞书都具有开创性意义，为少数民族文化、少数民族语言的研究做出了新的贡献。如《西部裕固汉词典》《撒拉汉、汉撒拉词汇》等词典的编纂出版不仅填补了一些少数民族语言从来没有出过词典的空白，而且开创了为没有文字的少数民族出版词典的先河。在注音方面，许多少数民族词典采用国际音标注音。少数民族词典大体有两种类型，一种是该语言有文字的，一种是无文字的。对有文字的语言，一般使用少数民族文字和汉文对照，或者汉文与少数民族文字对照，其中多数词典还有国际音标注音，有的词典即使没有逐词注音，但词典中都有少数民族文字与国际音标的对照表，根据这张对照表，可以马上把文字转写成音标。对于无文字的语言，词典一般均用国际音标标注该语言的读音。有了国际音标注音，读者可以根据注音准确读出少数民族语言的发音。这在一定程度上起到了正音的作用，对于学习语言和研究语言都非常方便。为了适应多方面、多层次读者的使用，广大少数民族语文工作者不拘成规，采纳了当今有关学科的大量研究成果，编写出版了各类辞书。目前除语文辞书外，包括哲学、宗教、政治、历史、地理、经济以及自然科学各方面内容的少数民族语言辞书都已有出版。这标志着少数民族语言辞书编纂出版开始向纵深发展，登上了一个新台阶，其开拓性和学术影响都是有目共睹的。

另外，我国少数民族语言辞书编纂工艺的改观，既表现在对旧有编制技术的改进与完善上，更表现在近年来开始采用现代技术上。近年来，现代化的编纂出版技术开始在少数民族语言辞书编纂出版中得到应用。少数民族语言辞书编纂出版所应用的现代技术主要包括声像技术与以计算机为主体的存贮和检索技术。由于少数民族语言辞书编纂出版现代技术的应用起步较晚，加之各方面条件的限制，目前还未能普遍将现代技术应用于少数民族语文辞书编纂出版，但是，有关少数民族电子辞书的编纂出版已经提到研究日程上，并发表了一系列相关论文，如《维汉—汉维双向翻译电子词典的设计与实现》《英蒙汉电子词典的研究与设计》《朝汉—汉朝电子词典的设计与实现》《藏汉英电子词典的开发研究》等。虽然少数民族电子辞书尚处在开发设计阶段，然而，这一步是可喜的，它说明了我国少数民族语言辞书编纂工艺已向现代化方向迈进。

六是辞书研究崭露头角。我国的少数民族语言辞书研究始于 20 世纪 60 年代，到 80 年代有了长足的发展。据《二十世纪中国辞书学论文索引》统计，从 1963 年到 2000 年共发表论文 156 篇，内容涉及少数民族语言辞书介绍、述评、研究以及辞书史、辞书编纂、辞书研究等。研究队伍主要是由辞书编纂者、辞书出版编辑、教师、科研人员这四个方面人士组成。关于对某部辞书进行综合评论或介绍的有胡振华等的《〈突厥语大词典〉及其作者》，王元鹿的《〈纳西象形文字谱〉评介》，高炳辰的《〈藏汉大辞典〉的特色》等。专门评论少数民族语言辞书的排列法、检字法或提出自己新的设想的有李炳泽的《苗汉词典同形词条按声调次序排列为好》，米吉生的《蒙文字母表与蒙文辞书的音序排列》、王沂暖的《为藏文字典的编排顺序试提一个新方案》等，尤其是辞书编纂原则与方法的第一个地方标准《蒙古语辞书编纂工作原则与方法》（2002 年）的颁布实施，对于规范蒙古语辞书编纂行为和出版标准辞书具有重要意义。关于少数民族语言辞书史研究的有陈炳超的《我国民族语言对照词典简史》，季永海的《满文辞书史话》，史金波的《简论西夏文辞书》，达·巴特尔的《蒙古语辞书史略》，尹伟先的《藏语文词书编纂简史》等。关于少数民族语言辞书理论研究的有戴庆厦、王远新的《试论我国少数民族语言辞书的发展》，魏治臻的《我国少数民族语文辞书编印概况和几点意见》，孙宏开的《论中国少数民族语言系列词典的编纂》，胡增益的《试论双序列结构的民族语—汉语词典》，朱莘莘的《试论单一民族百科辞书的框架构建特色》，蓝书京的《少数民族大辞典编撰规范的几个问题》，史金波的《西夏文辞书及其特点和历史价值》，达·巴特尔的《蒙古语辞书研究》等。这批文章中有不少具有相当高的学术价值，如戴庆厦、王远新的《试论我国少数民族语言辞书的发展》一文，系统地论述了我国少数民族语言辞书的产生、发展的社会历史因素，少数民族语言辞书种类、特点以及少数民族语言辞书的编纂方法和优良传统。充分肯定了少数民族语言辞书的发展和进步，至今仍值得我们辞书编纂工作者学习和借鉴。

2. 现代少数民族语言辞书编纂出版存在的问题

以上不全面地总结了 1949 年以来我国少数民族语言辞书编纂出版的特点和成就，这些事实充分说明我国少数民族语言辞书编纂出版已进入了新的发展阶段。当然，毋庸讳言，这一阶段的辞书，从少数民族社会发展的需要来看，还存在一些有待解决的问题。

一是发展不平衡，主要表现在：①双语词典多，单语词典少；②中小型词典多，大型词典少；③语文词典多，专科词典少；④民族语与汉语对照词典多，民族语与外语、民族语与民族语对照词典少。

二是编排不够科学，主要表现在：①检索不方便，比如我国编纂出版的"汉—民族语"类双语词典，均采用按拼音顺序排列的方法，另附"部首检字表"，对不会读、不会写的一般自学汉语的读者或中学生来讲很难利用。②释义不够精确、全面，比如有些释义只采用汉语借词而忽略了民族固有词。③未能自觉严格遵守编写体例，比如有的编写说明规定：条目"按汉语拼音字母顺序排列"，但辞书的实际编排，却没有严格贯彻这一规定。单字下面带的双音节、多音节词，排错次序的不少。④对现代技术的应用滞后。

三是研究不够深入，主要表现在：①对少数民族语言辞书研究的认识不深；②少数民族语言辞书研究体系不健全；③少数民族语言辞书研究成果不多；④少数民族语言辞书研究队伍不稳定。

四是宣传尚不到位。主要表现在：①对少数民族语言辞书编纂实践的总结不及时；②宣传手段和阵地也不多不大；③没有形成编纂少数民族语言辞书的紧迫感和社会氛围；④对外宣传力度不够，外界不了解情况，其使用率不高。

少数民族语言辞书要向前发展，走向繁荣，建议应做好以下几个方面的工作。

一是下大力气加强少数民族语言辞书编纂出版工作的规划和组织，建立少数民族辞书控制机制，调动一切积极因素，进一步丰富少数民族语言辞书的品种。

二是总结经验,取长补短,努力提高新编辞书的质量。50 多年来少数民族语言辞书编纂出版积累了一套适合于自身发展的经验,将这些经验加以总结,上升到理论的高度,将有助于提高新编辞书的质量。同时,我们有汉语、各种外国语辞书编纂的经验、理论和方法可供借鉴,是完全有可能提高新编辞书水平的。

三是积极利用先进技术和设备,提高工作效率。目前计算机技术已较普及,利用计算机来编纂辞书已越来越受到青睐。以后在编纂少数民族语言辞书时,可以直接与国际接轨,先建立语料库,然后从语料库中提取所需的资料来编成各类辞书。这样的话,少数民族语言辞书的繁荣将成为事实。

四是加大宣传力度,做好多方面的组织工作,形成编纂、出版、使用少数民族语言辞书的有效机制,扎扎实实地把少数民族语言辞书与辞书理论的宣传工作开展起来,提高少数民族语言辞书的使用效率。

五是加强队伍培训,建设高素质的辞书编纂队伍是辞书事业的头等大事。作为这项工作一部分的人员培训,眼下似乎还未纳入议事日程,或者说,还没有走上规范化、制度化的轨道。不少作者和编辑,接触到的少数民族语言辞书编纂知识都只是零散的、非系统化的。有些作者迫切需要掌握少数民族语言辞书的编纂知识和技巧,有些编辑则需要更新和补充。建议制订中长期培训规划,全面开展培训工作。

参考文献

1　达·马特尔.50 年来蒙古语辞书的编纂与出版[J].民族语文,1999(5).

2　华侃.四十多年来藏语辞书的发展[J].辞书研究,1997(4).

3　杨凌.我国出版的哈萨克语辞书类工具书目录[J].语言与翻译,1999(2).

4　阿不都扎伊尔·塔伊尔,阿布都沙拉木·阿布力孜.我国出版的有关维吾尔语辞书类工具书目录[J].语言与翻译,1998(2).

5　秦至.建国以来出版的少数民族语文辞书一览[J].辞书研究,1983(6).

6　达·马特尔.蒙古语辞书史略[J].辞书研究,1997(4).

7　胡增益.《新满汉大词典》编写的主要原则和方法[J].北京社会科学,1995(1).

8　孙宏开.论中国少数民族语言系列词典的编纂[J].辞书研究,1982(3).

9　徐海,丁顺如.二十世纪中国辞书学论文索引[K].上海:上海辞书出版社,2003.

10　达·马特尔.《辞书标准化进程一例——蒙古语辞书编纂工作原则与方法》简介[J].辞书研究,2002(6).

(原载《图书馆理论与实践》2010 年第 11 期)

中国少数民族辞书研究存在的问题及对策[*]

1. 少数民族辞书研究概况

在长期发展过程中,少数民族辞书经历了从发生、发展到逐步趋于成熟的过程,形成了以少数民族文字的形、音、义为系统的字书、训诂书、韵书三大门类,出现了各自的代表作,方言、俗语、虚词辞书等也得到了一定的发展,出现了至今还具有参考价值以至沿用不衰的著作。新中国成立以后,党和政府十分重视少数民族语言文字的使用和发展,20世纪50年代曾组织了大批人力、物力和财力对少数民族语言进行大规模的调查研究,后来又做了多次补充调查。少数民族语言研究人员得以积累了丰富的第一手资料,并在此基础上,经过潜心研究,完成了一些语言的词典编纂出版工作。从20世纪80年代开始,少数民族辞书的编纂不仅完成了其由传统辞书向现代辞书的过渡,且在收词、注音、释义、编制技术及规模上又前进了一步。特别是中国社会科学院民族研究所主编的《中国少数民族语言系列词典丛书》的出版,不仅填补了一些少数民族语言从来没有出过词典的空白,而且,为少数民族辞书的深入研究提供了翔实资料。

据《二十世纪中国辞书学论文索引》统计,从1980年到2000年共发表少数民族辞书研究论文156篇。内容涉及少数民族语言辞书介绍、述评以及辞书史、辞书编纂、辞书研究等。有代表性的研究论文主要有:戴庆厦、王远新的《试论我国少数民族辞书的发展》、魏治臻的《我国少数民族语文辞书编印概况和几点意见》、孙宏开的《论中国少数民族语言系列词典的编纂》、胡增益的《试论双序列结构的民族语—汉语词典》、朱莘莘的《试论单一民族百科辞书的框架构建特色》、蓝书京的《少数民族大辞典编撰规范的几个问题》、史金波的《西夏文辞书及其特点和历史价值》、达·巴特尔的《蒙古语辞书研究》、陈炳超的《我国民族语言对照词典简史》、季永海的《满文辞书史话》、史金波的《简论西夏文辞书》、达·巴特尔的《蒙古语辞书史略》、尹伟先的《藏语文词书编纂简史》等。其中戴庆厦、王远新的《试论我国少数民族辞书的发展》一文,系统地论述了我国少数民族辞书的产生、发展的社会历史因素,少数民族辞书种类、特点以及少数民族辞书的编纂方法和优良传统。充分肯定了少数民族辞书的发展和进步,并对少数民族辞书编纂出版提出了新的要求,至今仍值得我们辞书编纂出版工作者学习和借鉴。

2. 少数民族辞书研究存在的问题

中国少数民族辞书研究已积累了一些研究成果,但是由于少数民族辞书研究底子薄,起步晚,现仍明显滞后于少数民族辞书编纂出版实践,一些不容忽视的问题仍然存在。

---

* 基金项目:中央高校基本科研业务费专项资金资助项目(DC10020205)。

（1）少数民族辞书研究理论性不强

从总体上看，少数民族辞书理论研究水平不高，在研究的内容上倾向于政策、经验总结和现状调查，侧重于对少数民族辞书的阐释。对研究论文的分析表明，在所有研究中对辞书的介绍、述评类文章较多，理论研究方面的文章数量较少，而且缺乏突破性，比如对少数民族辞书概念的界定与划分标准有待于深入地研究。关于"少数民族辞书"这一概念的使用与界定目前较为混乱，出现了"少数民族语文辞书""中国少数民族语言辞书""中国民族语言辞书"多种称谓。实际上除个别概念的内涵是指中国 56 个民族的辞书外，其余的含义则均指中国少数民族辞书，这就造成了"少数民族辞书"概念的内涵与外延的不确定性，从而给少数民族辞书研究的深入开展和"少数民族辞书学"的界定带来了困难。因此，很有必要对少数民族辞书的内涵、外延及其划分当作一个重要课题加以研究，使其内涵与外延相一致，称谓相统一，有一个较固定的科学的公认的界定，以利于今后少数民族辞书的发展和理论研究的深入开展。

（2）少数民族辞书研究方法有待突破

通过对少数民族辞书研究论文的统计分析和主题分析，研究方法主要采用经验的定性的描述性方法，定量研究占比例很小。而且，定性研究的概括性、抽象性较差。另外定量研究主要采取描述统计法，没有真正解决所研究的问题。与其他研究领域相比，少数民族辞书研究由于其显著的跨文化性、语言、地理等方面的困难，要迅速产生有相当深度的研究成果，的确不容易。因此，今后我国的少数民族辞书研究在研究内容上，应以建立自己独特的理论体系为目标，从方法论的角度很好地控制和把握少数民族辞书研究的内容，因为一个学科成熟的重要标志就是必须建立起自己独特的理论体系，失去了独特性，也就没有存在的价值了。也唯有这样，才能更好地解决少数民族辞书研究中的各种问题，彻底改变以往偏重于现象描述、利用别的学科的理论来阐述少数民族辞书理论的状况。

现在对少数民族辞书的研究虽然多了起来，但多数学院式的研究不适合少数民族辞书的基础研究和理论体系的构建。纵观国内外，凡是在科学研究领域有所建树、取得重大研究成果的研究者都有长期、艰苦的实地调查研究的经历。少数民族辞书的研究更应如此，研究者应该走出书斋，对少数民族辞书状况做深入细致的实地调查，将理论研究和实践经验结合起来，这样才能使少数民族辞书研究掷地有声。

（3）少数民族辞书研究队伍不稳定

笔者对《二十世纪中国辞书学论文索引》中的 156 篇论文著者状况进行了统计分析，研究发现 1980 年至 2000 年 20 年间共有 113 人发表了少数民族辞书研究方面的论文，整个研究队伍看起来不小，但仔细研究发现，仅有 1 篇论文发表的作者人数达 95 人之多。任何一个学科都有一个稳定的研究群体，并且长期从事这一学科研究的人员一般都有比较稳定的科研成果发表。如果一个从事少数民族辞书研究的学者在 10 年中只有一篇相关文章发表，很难断定他的研究兴趣和研究方向就在少数民族辞书方面。整个少数民族辞书的研究队伍是极其不稳定的，这就要求加强整个学科的队伍建设，尽快形成稳定、成熟的研究群体，以利于少数民族辞书研究的开展。

（4）少数民族辞书研究缺乏国际交流

由于历史的原因，国外收藏有不少中国少数民族辞书，对中国少数民族辞书的研究也越来越广泛、深入，积累了大量宝贵的成果，其独特的视角、理论、方法、先进的技术很值得我们去借鉴与利用。如20世纪初,《突厥语大词典》的唯一手抄本在土耳其被发现后,一直成为国内外突厥语文学界和中亚史学界的重要研究对象。土耳其学者克里斯·里弗埃提于1919年在伊斯坦布尔将原手抄本铅印刊布后,立刻吸引了国际学术界。1928年,德国著名学者卡尔布洛克尔曼按照德文字母顺序编排出版了《〈突厥语大词典〉索引》,后来又把《突厥语大词典》中的诗歌、民谣、谚语、格言单独汇集成册发表。《突厥语大词典》迄今为止已有土耳其文、德文、土库曼文、乌兹别克文、阿塞拜疆文、英文全译本和俄文节译本等多种语文译本和索引面世。研究《突厥语大词典》的专著、论文也出版了许多。又如自从德国人葛鲁贝(Grube)19世纪末在日内瓦东方学大会上宣布发现永乐《华夷译语》中的《女真译语》后,《女真译语》一直引起国内外有关学者的注意。近百年来,出现了不少整理、研究《女真译语》的专著和论文。而中国对这些专著和论文的研究较少,与国外交流也不多。

3. 加强少数民族辞书研究的建议与对策

（1）加强少数民族辞书的理论研究

如前文所述,有关少数民族辞书的大多数研究还停留在现象的描述和对经验的总结层面,蜻蜓点水似的、重复的低水平研究占据了论文数量的大部分。在检索到的文章中探讨少数民族辞书理论建设的文章非常有限,少数民族辞书研究者的理论素养还有待提高。要完善少数民族辞书理论体系,就要求研究者不断加强民族学和辞书学的理论修养,加强对国外研究成果的消化和吸收,同时结合少数民族辞书的基础研究,建立和完善中国特色的少数民族辞书学理论体系。

（2）注重少数民族辞书研究方法的多元化

少数民族辞书研究来源于实践,又在实践中不断接受检验。研究者必须注重调查法,要深入少数民族地区,直接考察了解当地少数民族语言文字的实际应用情况,在调查过程中,可以根据所研究课题的需要,采用问答、问卷、观察、体验、统计、抽样调查等手段和方法,以获得第一手调查资料。同时,还要运用历史研究法,少数民族辞书研究之所以较一般辞书学研究更复杂,就是因为不同的民族具有不同的文化背景,每个民族特有的语言、词汇往往有其深刻的历史渊源。因此,研究少数民族辞书不能仅着眼于现实,而且还要研究其历史。历史研究法是少数民族辞书研究不可缺少的一种方法,还有比较法也是少数民族辞书研究中经常运用的一种方法。由于各民族均有其不同的文化背景,各少数民族辞书都是呈现出不同的民族性,有其各自不同的特点。在研究中采用比较方法,可以更好地把握各少数民族辞书的特点,鉴别优劣,以便更好地加以继承和创新。此外,还可以应用系统研究法。少数民族辞书研究是一项综合性研究,涉及众多学科,诸如辞书学、民族学、信息科学等。因此,应用系统研究方法,采用以少数民族辞书研究为中心的多学科横向联合攻关,是研究少数民族辞书行之有效的一种现代化研究方法。

（3）建设一支高水平的少数民族辞书研究队伍

要使少数民族辞书研究充分发挥其功能,达到现代化水平,关键在于有一支结构合理、协作配套的少数民族辞书研究队伍。就专职少数民族辞书研究的学者而言,一方面是横向通才,对民族学及相关学科的知识都应当了解,是"百科全书"式的人才;另一方面又要在少数民族辞书编纂的某个领域或某一方面、某个学科有较深的造诣。只有由这些专家组成的少数民族辞书研究队伍,才能创造出深层次的少数民族辞书研究成果。除了专职少数民族辞书队伍外,还需要请一大批专家、学者兼任少数民族辞书研究顾问、委员,由他们提供少数民族辞书研究前期的专题定向的深层信息,这是少数民族辞书研究人员所难以做到的。

(4)加强少数民族辞书研究的国际交流与合作

当今世界是一个整体,人们称之为"四化"世界——经济国际一体化、科技世界网络化、产业结构跨国化、金融流通洲际化。在此形势下,少数民族辞书要适合 21 世纪的需要,必须大力推进国际化。中国少数民族主要居住在边疆地区,陆地边防线长达 2.2 万多公里,与 10 多个国家接壤,有 20 多个民族跨境而居,这为少数民族辞书的国际化交流提供了得天独厚的条件。在国外,如日本、印度及欧美各国都建立了许多研究所、学会和国际常设机构,研究蒙古学、藏学、满学、突厥学、敦煌学等,并出版了大量的中国少数民族辞书及其研究论著。应充分利用独特的地理位置环境和特殊政策,广辟国际信息渠道,广泛开展国际交往。其内容大致包括:①各国互换少数民族辞书,做到文献资源共享;②各国共同编辑少数民族辞书资料索引及少数民族辞书研究刊物;③合作进行专题少数民族辞书调研;④合作编辑出版少数民族辞书;⑤及时交流少数民族辞书工作经验;⑥合作进行少数民族辞书人员培训;⑦合作购置和共同开发运用大型的现代化设施,如建立公用的少数民族语料库;⑧制定共同的少数民族辞书规范,便于国际通用;⑨互相聘请少数民族辞书专家或互派访问学者。

总之,中国少数民族辞书研究在较短的时间内取得了一定的成就。目前,少数民族辞书研究理论水平较为成熟,研究队伍初步形成,受国内外重视程度越来越高,笔者认为从少数民族辞书研究的发展趋势来看,该领域的研究前景广阔。在今后的研究中,研究者应注意扬长避短,吸收前人成果,加强学科间的交流,增强少数民族辞书研究的开放性,唯有如此,少数民族辞书研究的发展才能更上一层楼。

参考文献

1　孙宏开.论中国少数民族语言系列词典的编纂[J].辞书研究,1982(3).

2　徐海,丁顺如.二十世纪中国辞书学论文索引[K].上海:上海辞书出版社,2003.

3　戴庆厦,王远新.试论我国少数民族辞书的发展[J].民族研究,1985(4).

4　塔伊尔江.突厥语大词典语言研究简评[J].语言与翻译(汉文),2002(3).

5　和希格.近百年国内外女真译语研究概况[J].内蒙古社会科学(汉文版),1982(3).

(原载《大连民族学院学报》2010 年第 6 期)

古代少数民族语言辞书的发展及其历史价值

1. 少数民族语言辞书的产生和发展

少数民族语言辞书,包括少数民族语言单语辞书、双语和多语对照辞书,都是重要的工具书。在我国,少数民族语言辞书的编纂和流传具有悠久的历史,其上限至少可以追溯到公元5至8世纪,但这一时期的少数民族语言辞书不仅数量少,而且涉及面较窄,有些只能说是粗具辞书的性质,如"古龟兹语—回鹘语对译字书""梵语—龟兹语对译字书""梵语—于阗语词汇集""突厥语—于阗语词汇集""汉语—于阗语词汇集"等。

公元1072年至1074年间,维吾尔人麻赫穆德·喀什噶里用阿拉伯语编纂了《突厥语大词典》。该词典的第一部分《序言》,专论突厥族的地理分布、突厥语和回鹘文(古维吾尔文)的特点、喀什的土尔克语(维吾尔语)与南疆土著居民语言的融合关系;第二部分"词汇",其词目分为名词、动词,每一词条用阿拉伯文注释,引当时流传于南疆、中亚的民歌、谚语为例证,内容涉及使用突厥语各民族的生活习惯、历史状况、天文地理、部落关系、生产技术、医药卫生等方面的用语。原稿失传,有1266年抄本传世,新疆人民出版社1981年出版了维吾尔文本。2002年民族出版社出版了汉文本。

西夏王朝时,党项族领袖李元昊称帝后,诏令大臣野利仁荣创制西夏文字,大庆元年(1036年)后在其境内广为推行,并相继编制多种西夏文字典,其中以成书于1038年至1227年间的《文海》最为著名。此书以声、韵为经纬进行归类,字义解释涉及其时境内汉、吐蕃、回鹘、契丹、鞑靼、党项等民族的社会生活、经济、文化、风俗习惯、宗教信仰等。又如《番汉合时掌中珠》为西夏、汉字对照词典,由骨勒茂才撰于1190年。该词典按天、地、人"三才"分类,收常用词语261条,每条含4个项目,从右到左依次为:西夏词语的汉字注音、西夏文词语、汉语译词、汉语译词的西夏文注音。

成书于唐宋之间的《西番译语》一书是藏文和汉文对照分类词典,作者和具体写作年代不详,分天文、地理、时令、人物、身体、宫室、器用等20门,收录了不少佛教用语,词条均包含3个项目,上面是藏文词,中间是汉语译词,下面是藏语词的汉字注音,收词在200至300之间。

元末顺帝至正三年(1343年),宰相脱脱受诏组织人力编正史宋、辽、金三史。后来脱脱为使《辽史》中的辽语能为后人所理解,将史书中的官制、宫卫、部族、地理等方面的词语用汉语做译释,收词200多条,作《辽国语解》附于《辽史》之后。又作《金国语解》,将《金史》中的女真词语加以汉译,附于《金史》之后。明代蒙古人火原洁奉敕修纂辞书《华夷译语》,该辞书按类编排,以汉语翻译蒙古语,用汉字拼切其读音。书后有无名氏《增订华夷译语》二卷,分类聚编,上列蒙古文,中为汉译,下面用汉字标注蒙古语词读音。

到了清代,编撰辞书蔚然成风。以《清文鉴》为代表,有《二体清文鉴》《三体清文鉴》《四体清文鉴》《五体清文鉴》等,其中《五体清文鉴》分35部,292类,收词12 000多条,包括清代全国许多民族的社会制度、政治、经济、文化、风俗、习惯、宗教信仰和各民族地区的物产等方面的词语。内容丰富,篇幅浩瀚,具有较高的历史价值和使用价值,为中国少数民族辞书史上的巨著。此外,还有《清文汇书》《清文汇补》《清文总汇》《满汉类书全集》《三合便览》《三合便览正讹》《大清全书》《清语摘抄》《清汉文海》《清文典要》《清文典要大全》《同文广汇全书》《满蒙汉助词虚词》《翻译类编》《六部成语》《满蒙文鉴》《西域同文志》等辞书。

2. 少数民族语言辞书的历史价值

我国古代编撰的少数民族语言辞书,虽为语言工具书,但其内容却涉及当时的政治、经济、社会制度、文化风俗等方面,是研究少数民族历史、社会、语言等有用的参考工具书。

（1）具有推广少数民族语言文字的作用

我国许多少数民族很早就创制了文字,有着悠久的文字历史。彝文已有2000多年的历史,藏文和傣文有1300多年的历史,维吾尔文有1200多年的历史,蒙古文有700多年的历史,壮族使用方块字也有1000多年的历史。历史上一些古代民族曾使用过,但现在已不再使用的古文字有20多种,如西夏文、女真文、契丹文、突厥文、察哈台文、八思巴文、满文等。这些少数民族文字被创制以后,少数民族语言辞书就成为推行少数民族文字的重要工具书。如喀喇汗王朝是公元9世纪中叶至13世纪初由突厥语系的一些游牧民族和部落在塔里木盆地西部至中亚一带建立的政权。喀喇汗王朝将伊斯兰教奉为国教,使伊斯兰文化得以在游牧的突厥人中得到十分迅速的普及。随着伊斯兰教的传入,阿拉伯的语言和文字也随之传入,阿拉伯文化逐渐渗透到突厥民族生活的方方面面。由麻赫穆德·喀什噶里编纂的《突厥语大词典》就是为了帮助阿拉伯人学习突厥语,使他们了解突厥文化而编纂的。西夏王朝为了推行自己民族的文字,在境内把西夏文字"尊为国字",并于政府部门中设管理机构,掌管同周围各王朝、政权的文字往来。由野利仁荣所编12卷《番书》就是第一部推行西夏文字的辞书。在清代,由于满语、满文是国语、国文,因此满文辞书的大批问世与清朝统治者注意加强"国语骑射"有直接关系。

（2）具有规范少数民族语言文字的作用

我国许多少数民族都有自己古老的文字和书面文献,这些少数民族文字和其他文字一样随着社会的发展而发展,语言和文字在使用中会出现一些分歧,或者出现书面语跟口语不一致,或出现方言变异,或出现异形同音词。这就需要对文字进行整理,对语言进行规范。辞书的编写对文字和语言的规范能起到重要的作用。如藏族早在吐蕃赤热巴巾赞普在位(815—841年)时,就曾敕命高僧、学者厘定文字,对历代翻译的佛经进行修订,撰写了一部声明学著作《声明要领二卷》。在该书序言中记载了赤德松赞于814年颁布的一项法令。该法令不仅规定了翻译佛经的总原则,"既不违反原意,藏文又尽量通顺",而且对翻译中语序、一词多义、一义多词、音译与义译、数词、敬语等具体问题的处理原则做了规定。其后,在《声明要领二卷》的基础上增补、修订,又编写了一部词典《翻译名义集》。在以后的很长时期内,这两部词典一直被翻译家奉为金科玉律。15世纪70年代觉顿·仁钦扎西编写的《丁香帐》影响最大,它是一部古今语词对照的藏文辞书。它以赤热巴巾赞普时期厘定文字为界限,此前的称古词,其后的称今词,将古今词语1000多条加以对照,对藏文的规范化起了巨大作用。西夏文辞书《音同》,满文辞书《清汉对音字式》《新旧清语汇书》等都对西夏文和满文的规范化起到了促进作用。

（3）具有推动各民族之间文化交流的作用

我国是一个多民族、多语言的国家，从很早起就出现了不同民族语言的对译工作。最早的对照辞书发轫于佛经的翻译，佛经是用印度古典梵语写成的。梵汉对译最早的时间已难确考。我国现存最早收有梵语词汉译的，是北齐沙门道慧的《一切经音义》、唐沙门慧苑的《华严经音义》、玄应的《一切经音义》等佛典辞书。晚唐以后，汉民族同国内少数民族和其他东方民族的交往日趋频繁，随后出现了一批对照辞书。较早的一部是《番尔雅》，还有西夏文汉语对照词典《番汉合时掌中珠》。唐宋之间编纂了《西番译语》《鸡林》类事。辽、金、元时期的对照词典，主要的有元人托克托（脱脱）的《辽国语解》《金国语解》、无名氏的《蒙古译语》卷等。明代有《华夷译语》9卷，永乐五年（1407年）设立了"四夷馆"，明亡以后，清初恢复了"四夷馆"，更名为"四译馆"，授"夷语"10种，比明代多了"八百"一馆。康熙时还编了《语史纪余》，把百译语、高昌语、缅甸语、八百语、鞑靼语、天竺语等文字与汉语词语对照，汇成一书，每一种民族语独立成篇，收词都不足百条，每一词条分为3项，右为汉语译词，中为民族语词，左为民族语词的汉字音译。清代各民族语对照词典种类较多，主要有《西域同文志》25卷、《满汉六部成语》6卷、《西域尔雅》《御定清文鉴》正续编46卷、《同文广汇全书》9卷、《御定满洲、蒙古、汉字三合切音清文鉴》32卷等。这些对照辞书为少数民族了解汉语搭了一座方便之桥，同时又为少数民族和汉族学习对方的语言文字提供了方便。

（4）具有解读构拟少数民族语言文字的作用

我国有文字的少数民族约25个，如若包括已经消亡的民族文字和兼用两种以上构字法的民族文字，则其种类更多，约有50至60种。这些文字相互之间往往有密切关系。比如有的利用了别种文字的造字方法，有的是对其他文字的形体和书写形式做了一定的改变，有的是参照了别种文字的笔画，有的基本上利用了别的文字，或对一些字合并、改写、增删笔画而成，还有的是系统地借用了其他文字的字母。在使用过程中，有的民族同时使用几种文字。如粟特人在突厥化过程中同时使用粟特文和突厥文，辽代汉字、契丹大小字3种文字并行。金代初年，汉字、契丹大小字和女真大小字5种文字并用。在西夏时期，西夏文和汉文同时流行，有时还使用藏文。因此在编纂少数民族辞书时出现了许多双解词典，如"古龟兹语—回鹘语对译字书"，"汉文—于阗文词汇"，八思巴字和汉字注音的《蒙古字韵》，西夏文、汉文互注音、意的双解语汇本《番汉合时掌中珠》等。这些辞书对解读有关少数民族文字都具有划时代的意义。比如八思巴字与汉语注音的范本《蒙古字韵》对研究元代汉语十分重要，因为用拼音文字记录当时汉语的文献资料是不多见的。

（5）为少数民族社会历史的研究提供了重要资料

少数民族编纂了多种有价值的辞书，对当时少数民族文化的发展起了重要作用，为后世研究少数民族语言文字、社会历史提供了重要而可靠的资料。特别是释义比较详细的少数民族辞书，保存的少数民族政治、经济、文化等各方面的材料较多，对研究少数民族的社会历史、生产情况、日常生活、军事组织、宗教事务等都能提供不少有用的资料，其史料价值也就更大。比如11世纪以阿拉伯文书写而成的《突厥语大词典》被誉为喀喇汗王朝突厥百科全书。该词典分为序言、正文两大部分，序言部分叙述了作者的编纂缘起、词条的编排、文字的结构、突厥各部的地理分布及语言特点，正文部分共收词汇7500个，各种题材的四行诗240多首，格言、谚语300余条，内容广泛涉及11世纪中亚和今新疆使用突厥语诸民族的民族和部落的划分、族名和地名、职官和爵号的名称、历史及历史人物、宗教民俗、天文历法、地理及地名、动物及畜牧业术语、医学、矿物、军事、娱乐等领域,真实地再现了 11 世纪前突厥民族的社会生活原貌,具有极其丰富的史料价值。

参考文献

1　塔伊尔江穆罕默德.突厥语大词典及其作者麻赫穆德喀什噶里[J].新疆社会科学,2004(1).
2　史金波.西夏文辞书及其特点和历史价值[J].辞书研究,1983(6).
3　陈炳超.我国民族语言对照词典简史[J].辞书研究,1982(1).
4　和希格.近百年国内外"女真译语"研究概况[J].内蒙古社会科学,1982(3).
5　刘迎胜.宋元至清初我国外语教学史研究[J].江海学刊,1998(3).
6　季永海.满文辞书史话[J].辞书研究,1982(2).
7　戴庆厦,成燕燕,傅爱兰等.中国少数民族语言文字应用研究[M].昆明:云南民族出版社,1999.
8　塔伊尔江.少数民族的古辞书突厥语大词典[J].辞书研究,1982(1).
9　戴庆厦,王远新.试论我国少数民族辞书的发展[J].民族研究,1985(4).
10　尹伟先.藏语文辞书编纂简史[J].中国藏学,1995(1).
11　华侃.藏语辞书述略[J].西藏研究,1990(3).
12　史金波.中国少数民族古文字概说[J].民族研究,1984(5).
13　铁来提易卜拉欣.试论新疆维吾尔语词典编写史上的三个发展阶段[J].新疆社科论坛,2002(2).

(原载《大连海事大学学报》(社会科学版)2010 年第 3 期)

清代蒙古族编撰的汉文古籍述略

清朝是以"满蒙联合统治为主的政权"①,也是中国历史上的最后一个封建王朝,全国各民族的统一进一步得到巩固和发展。这客观上又对少数民族与汉民族的相互交流学习提供了良好条件。清王朝取得政权后一直奉行满蒙、满汉等"联盟"政策,使这些民族能有更多机会接触汉文化,因而在有清一代民族中掀起了又一次学习汉文化的高潮,产生了比以往任何朝代更多的汉文古籍。

清朝满族贵族统治者曾专设理藩院来管理蒙古事务,并制定了不少规章制度以维护满族贵族与蒙古族的关系。归纳起来有:建立盟旗制度,封赐爵位官职,满蒙联姻政策,大力提倡黄教等。其中尤以盟旗制度极大地限制了蒙古族与其他民族包括汉族等兄弟民族之间的交往,限制了蒙古族的发展。

但清朝毕竟是中国空前的大一统时代,人民的自由交往是限制不了的。如内地汉族到蒙古地区从事农耕、经商,蒙古的王公等亦每年可入京一次,特别是不少蒙古八旗兵派往全国各地驻防,加之咸丰以后清王朝内外交困自顾不暇,所以终清一代蒙古民族还是继元朝掀起了第二次学习汉文化的高潮,出现了大批汉文古籍。

清代蒙古族汉文古籍不仅数量多,而且内容亦十分丰富,涉及文史哲艺术等各方面。其特点是清前期顺治、康熙、雍正朝蒙古人的汉文作品具有一定民族特点。如色冷、奈曼、保安、牧可登等人的创作,多反映军旅生活,充满昂扬豪放、刚健雄浑特色。如奈曼的《壬子二月赴军营作》:"不作边庭看,何愁道路难!缨从丹陛请,剑向玉门弹。饮饯酤春酒,登程破晓寒。为嫌儿女态,一笑据征鞍。"写自己慷慨投军报国的气概,可谓豪情万丈。又如保安的《送友》:"负剑去长征,雄心志未平。廿年牛马走,此日鹭鸥盟。古树荒园秀,疏花细雨明。可怜裘衣敝,风雪一横舟。"写友人年老而雄心未减,感叹自己奔波流离,功业无成,希望像友人那样"负剑去长征",勇赴疆场,壮心不已。这些诗寄托了作者强烈的思想感情,艺术风格上浪漫豪放,与当时汉族诗人诗作明显不同。

另有一些明代以来隐姓埋名的蒙古人大多是元代蒙古后裔,元亡后他们留在中原为了躲避迫害对外不敢称蒙古人,经过几百年在汉族地区生活,已被同化得差不多,其汉文水平也与同时的汉族知识分子取得了一致发展。可这部分人由于隐姓埋名,除少数人可明确其为蒙古人外,大多数还有待继续发现考证,所以人数还比较少。其代表人物是伟大的文学家蒲松龄。蒲松龄的《聊斋志异》继承了魏晋志怪小说、唐宋传奇的传统,加以发展创造,形成了独特的艺术风格,寄托了作者的"孤愤",揭露了封建统治阶级的罪恶,展示了封建科举制度给人们精神上的毒害,歌颂了争取真挚的爱情生活和反对封建礼教的斗争精神,达到了文言小说创作的最高峰。

进入清乾隆、嘉庆、道光朝,不少蒙古人经过较长期的汉文化学习,汉文化水平已达到一

---

① 翁独健,高文德. 蒙古族简史[M]. 呼和浩特:内蒙古人民出版社,1985.

定高度,出现了一大批汉文作者及其作品。如梦麟的《大谷堂山集》,博明的《西斋偶得》《凤城琐录》《西斋诗草》《西斋诗辑选》《祀典录要》《前人砚铭集》《蒙古世系谱》等,法式善的《清秘述闻》《槐厅载笔》《陶庐杂录》《备遗杂录》《洪文襄公年谱》《李文正公年谱》《存素堂诗初集》《续集》《存素堂文集》《梧门诗话》等,和瑛的《西藏赋》《回疆通志》《三洲辑略》《读易汇参》《易简斋诗钞》等,松筠的《镇抚事宜》《西招图略》《绥服纪略》《西藏巡边记》《藏宁路程》《西陲总统事略》《新疆事略》《古品节录》《台规》等,白衣保的《鹤亭诗钞》,托浑布的《瑞榴堂集》,柏葰的《薛篆吟馆诗存》,那逊兰保的《芸香馆遗诗》,等等。由于这些作者都有丰富的阅历,有许多反映现实,描写边疆民族地区风土人情以及中外交往内容的作品,如梦麟诗描写人民困苦,刻画中原黄泛区惨景,具有一定现实意义,其写景诗气势豪放,意境雄浑。博明在滇粤任职多年,描写当地自然风光的作品独具特色,同情人民疾苦的作品具有一定思想深度。和瑛、松筠二位作为多年封疆大吏,熟悉边疆情况,治边有方,深得当地人民的拥戴,其作品刻画描写了西藏、新疆、蒙古地区的自然风光、风俗习俗、宗教信仰及军旅生活,内容充实,风格独特。对了解当时边疆概况、中外交往有一定参考作用。特别是著名诗人学者法式善使蒙古族借鉴利用汉文创作的艺术水平达到了一个新的高度。其诗质而不瘤,清而能绮,为海内学者所仰慕,主持文坛30余年。其史学著作亦具有较高的史学价值,广泛受到史学界的重视。还有柏葰、托浑布、那逊兰保的作品,均达到一定高度。

1840年鸦片战争以后,不少蒙古族作者的汉文作品汇入中华文化洪流,表现抗敌御侮,揭露外夷入侵罪行和朝廷妥协投降腐败黑暗的主题。如柏春的《铁笛仙馆宦游草》、燮清的《养拙书屋诗选》、贵成的《灵石山房诗草》等。特别是延清的《庚子都门纪事诗》,以自己亲身经历反映1900年庚子事变情形,具有较高史学文学价值。他还有《奉使车臣汗记程诗》,专门描写蒙古地区的社会政治,蒙古历史沿革,人民宗教信仰,生活风俗习惯等,民族特色非常鲜明。更可喜的是出现了生活于草原蒙古地区的蒙古族汉文作者作品,如旺都特那木吉拉的《公余集》,贡桑诺尔布的《夔庵诗词稿》,凤凌的《四国游记》《游余仅志》等,表现了蒙汉文化交流的深入。

另外,清代蒙古族汉文古文献还有艺术与科技方面作品。如画家松年的《颐园论画》、布颜图的《画学心法问答》,金石家万选的《金石赏》,继良的《琴鹤堂印谱》,科学家明安图的《割圆密率捷法》等[①]。

下面仅就笔者掌握的一些资料介绍清代蒙古族编撰的汉文古籍。

蒲松龄(1640—1715年),蒙古族,字留仙,又字剑臣,别号柳泉居士,山东淄川县(今淄博市)人。他的祖父蒲泐,父亲蒲槃,都是学识渊博的儒生。松龄早岁即有文名,然屡试不第,到71岁才成为贡生。除中年在宝应做幕客数年外,其余时间都在家乡做塾师。能诗文,善作俚曲。曾以20多年的时间,写成短篇小说集《聊斋志异》16卷,400余篇。还有《聊斋诗集》《聊斋文集》《聊斋俚曲》《日用俗字》《农桑经》等著作。其中以《聊斋志异》成就最高,影响最大。

《聊斋志异》全书共491篇,其故事大都采取民间传说和野史佚闻,内容多谈狐、魔、花、妖,以此来概括当时的社会关系。尖锐地揭露了当时黑暗腐败的政治,鞭挞了无恶不作的贪官污吏和土豪劣绅,同情被压迫人民的痛苦遭遇,以及歌颂被压迫者的反抗斗争。如《促织》

---

① 张公瑾.民族古文献概览[M].北京:民族出版社,1997.

写成名一家的悲剧故事,皇帝酷爱斗蟋蟀,每年都要向民间征索。成名为了满足皇帝贪暴的要求,弄到倾家荡产地步才捉到一头俊健的蟋蟀,但不小心被儿子弄死,儿子也因害怕而自杀。后儿子变成一只善斗的蟋蟀,成名把他送入宫去,才挽救了自己不幸的命运。作品表现了人民从肉体到精神所遭到的迫害。批判矛头直指封建皇帝。《席方平》剖析了封建社会统治机构的丑恶本质,塑造了席方平的反抗斗争形象,对科举制度的罪恶和弊端做了深刻的揭露。如《叶生》《司文郎》《贾奉雉》等篇,描写有才不被寻取,无才反而中举的黑白颠倒现象,指斥了科举制度的腐朽,感叹自己一生不遇。作者通过曲折的情节,揭露封建婚姻制度的不合理,反映当时广大青年男女冲破礼教樊笼的愿望和行动,歌颂了反封建的"叛逆"性格。也有一些宣传因果报应思想和宿命论观念,提倡对压迫者忍让及低级庸俗的内容。蒲松龄把自己对生活敏锐的洞察力和卓越的艺术才能结合起来,从民间故事中充分吸取了人民群众的智慧,通过浪漫主义的创作手法,把各种各样的仙鬼狐魅形象化、人格化,把描写幽冥世界作为现实生活的投影,曲折地表现了人类社会的真实生活。几百年来,这部字里行间渗透着作者"孤愤"的文学名著,以其深刻的思想,鲜明的主题,生动的形象,优美的文笔,脍炙人口,名扬中外。通过蒲松龄笔下那栩栩如生的人物和娓娓动听的故事,使人们看到了早已逝去的那个时代。虽然,他主要以谈狐说鬼的方式写作小说,但这正是他在当时特定的历史条件下,用隐晦曲折的方式表达着他的思想感情,从而也构成了他区别于其他作家的主要艺术特色。《聊斋志异》不愧为我国浩瀚的文学宝库中一颗灿烂的明珠,它数百年来一直为人们所喜爱,不但在国内被誉为"短篇小说之王",在世界文学史上也占有重要的地位。《聊斋志异》版本较多,主要的有下列几种:

①蒲松龄手稿本。②乾隆十六年(1751年)铸雪斋抄本,此本源出于蒲氏手稿本,在原稿本不易见的情况下,对研究《聊斋志异》颇有参考价值。1974年上海人民出版社据北京大学藏《铸雪斋抄本聊斋志异》影印出版。③乾隆间黄炎熙选抄本。④乾隆三十一年(1766年)青柯亭刻本。⑤道光三年(1823年)何守奇评本。⑥道光十五年(1835年)天德堂刊本。⑦道光十九年(1839年)何垠注本。⑧道光二十二年(1842年)但明伦评本。⑨同治八年(1869年)羊城青云楼刊朱墨套印本。⑩光绪十七年(1891年)喻刊四家合评本。⑪会校会注会评本(即"三会"本)。此本在篇数上比通行本增加了60篇,共491篇。在校勘上采用手稿本、铸雪斋抄本、青柯亭刻本及其他石印本等,做了精细的整理。在注释上,把吕湛恩和何垠的注汇集在一起,删去重复。在评语上,则汇集了王士禛、无名氏甲、无名氏乙、何守奇、但明伦等各家评语。是目前最完备、最有研究价值的本子。

明安图(1692—1765年),清代蒙古族杰出数学家、测绘学家和天文历法学家,字静庵,蒙古正白旗(今内蒙古锡林郭勒盟正白旗)人。一说其生卒年为1691—1763年。康熙九年(1670年),被选入钦天监学习天文、历象和数学。由于刻苦学习,深入探究,独立思考,成绩突出。康熙五十一年(1712年),以才华出众,成为得宠人官学生,与当时著名学者伴随康熙赴避暑山庄。并从康熙在皇宫听西方传教士讲授测量、天文、数学。初任钦天监时宪科五官正。乾隆二十五年(1760年)后,升任钦天监监正,执掌钦天监工作。通过长期科学实践,成为我国杰出的天文学家、数学家和地理测绘学家,以毕生精力贡献于科学事业。他以科学方法进行地理测绘工作。乾隆二十一年(1756年)、二十四年(1759年),两次参加对新疆西北地区的地理测量工作,完成天山北路、南路的测绘工作。获得大量有关山川、道里、气候等的科学资料,成为绘制《乾隆内府舆图》新疆部分、《皇舆西域图志》的重要依据,为我国地理测绘工作做出贡献。他在天文学工作中也成绩卓著,对天文、历法、气象进行实地观测,掌握资料,进行科学研究。在钦天监任时宪科五官正时,每年将汉文本的《时宪书》译成蒙文,呈清廷颁行,供蒙古使用。并参加御制《律历渊源》一书的工作。这是一部包括历法、数学和音律三大部分,长达100卷的巨著,是康熙皇帝为了统一音律历法而集中全国有关科技人才编写成的。他将积累的考测资料编入该书《历象考成》部分。雍正八年(1730年),修订编出《日躔月离表》,从乾隆二年至七年(1737—1742年),参加编成《历象考成后编》10卷,反映了中西天文历象科学的新成果,成为清代编制历法的依据,从乾隆九年至十七年(1744—1752年),参加《仪象考成》一书的推算工作。40年中为我国天文历象科学做出杰出贡献。明安图一生最大的科研成果,是他以30多年的精力,以中国传统的数学,结合西方数学的成果,论证了三角函数幂级数展开式和圆周率的无穷级数表示式等9个公式,成功地解析了9个求圆周率的公式,他写了数学巨著《割圆密率捷法》初稿,书未成而死。后由他的儿子明新(字景臻)和他的学生陈际新(字舜五)于乾隆三十九年(1774年)续成。全书共4卷,留传至今。此书在清代数学界被誉为"明氏新法",在我国数学史上占着重要地位。

博明,清代蒙古族学者、诗人,博尔济吉特氏,原名贵明,字希哲、晰斋、西斋,两江总督邵穆布孙。自幼刻苦好学,博学多识,对经史诗文、书画篆刻、马步骑射,编译图书源流以及蒙古、唐古语都贯串娴习。乾隆十二年(1747年)举乡试,十七年(1752年),中进士。入翰林院,充庶吉士,参与编纂《续文献通考》。二十年(1755年)在馆授编修。次年,赴广东任副考官。二十二年,任日讲起居官。二十四年,奉敕撰修功臣传,广征博引史籍,考证史实,撰写功臣传2500余篇。二十九年(1764年),以洗马出守广西庆远府,后典郡柳州。三十五年(1770年),先后出任云南迤东道、迤西道,后因故被贬,降为兵部员外郎,任凤城榷使。五十二年(1787年),因疾罢职。为官30余年间,为人耿直,生活清贫,不屈从权贵,官久居下位,对当时社会现实不满。著有《西斋偶得》《凤城琐录》《西斋诗草》《西斋诗辑遗》等。另著有《祀典录要》《前人砚铭集》《蒙古世系谱》《续文献通考》(与翁方纲同修)等。

其中,《凤城琐录》是作者为官东北边陲凤城,亲自勘察地理、访问耆老,交往朝鲜贡员,在掌握了大量第一手资料的基础上,对凤城地理位置、域界、市容、经济、税收、风俗、物产、自然风光以及历代轶闻、传说,做了详细记叙。并附有《朝鲜轶事》《朝鲜世系考》,对朝鲜的历史地理以及与我国、日本的交往情况做了记叙,为研究北方少数民族的多方面留下了宝贵历史资料。

《西斋偶得》分上、中、下3卷,包括篇幅长短不一的文章多篇,以随笔形式考订了辽金元明清间的诸多国名、地名、宗教名称、历史人名姓氏、物产风俗、度量制式、域外奇闻、自然现象、飞禽走兽、文艺典故等。如《辽金国名》《蒙古呼汉人》《金京都》《饮食音乐》《滇种人》《小说典故》《元朝子姓》《瓦剌》《朔漠部考》《缅甸》《古今尺》《佛书文字》《佛国》《朝鲜诗人》等篇,不沿袭旧说,不穿凿附会,经过缜密考证,提出一些颇有说服力的见解,保存和考订了中国古代各民族多方面难得的史料。"就行文讲,质朴无华,简洁准确,有的可作优美的散文来读"[①]。

《西斋诗草》《西斋诗辑遗》是作者的两本诗集,存诗200余首,其他多散佚。法式善在《梧门诗话》里评博明诗时就说:"惜缣素零散,古刹墙壁间尚有存者。"博明的诗内容丰富,

---

① 云峰.蒙汉文学关系史[M].新疆人民出版社,2000.

有抒发自己做官清廉、为民办事的抱负,表达同情下层劳动人民疾苦的思想,以及描写边疆风土人情、自然风光的诗篇。如《赠讲书诸生》《赠屠太和雁湖》等诗表达了自己为民请命的志向;《会城书寄内子》又流露了作者屡经挫折对时政不满的情绪;《舆人言》8 章则是作者同情劳动人民困苦,抨击时弊的现实之作:"走走复走走,长亭与短亭;十里五里迤丽行;速速更速速,茅亭接茅亭,倚竿且噉两钱粥。过小桥,桥小时防蹶,怪石怒攒剑直突;阴流下有蛟蛇窟,石啮血流足见骨。左靠右靠,左空右空,行战慄,前却东龙;阴风洒洒,雾雨濛,伛偻肩背,其曲如弓。上连台,台高努力上复上。一级一尺,百级十丈。痛彻于心、两脚掌。舆中人,坐而仰。上坡路,奔向前。下坡路,拽在后。前支足,后曲手,泥在身,汗覆首。一筒米,二盅酒,俟归来,养我母。泥水石头路,仔细看著步。泥滑水深奈若何? 且听鹧鸪满山多,行不得也哥哥。且歌,谁敢歌? 官有紧事清晨发,张髯瞋目十走卒,行行若迟便打咄。平阳路,且十里,左有修竹右芳芷。莎青如毯,坡平似纸。嗟嗟招舆儿且莫喜,万仞之山面前起。"全诗描写舆人抬轿的艰难,形象逼真,倾诉舆人为生活所迫的苦衷,沉痛哀怨,惨不卒读。同时寄予了作者的深深同情,揭露了统治者压榨百姓的行径。还有不少描写边疆人民的困苦生活、纯朴的风俗民情及秀丽山水。明白晓畅,内容充实,一定程度上反映了当时的社会现实。

梦麟(1728—1758 年),蒙古族,字文子,号午塘,17 岁即参加乡试,中进士后曾做翰林院庶吉士、国子监满洲祭酒、礼部侍郎、户部侍郎、工部侍郎、广西乡试副考官、江南正试官、提督江苏学政等职。麟年轻有为,参与过朝廷最高机密。官运比较通达。他喜好吟咏,留下不少具有一定思想内容和艺术水平的诗篇。大部分收入《大谷山堂集》。全书 6 卷 2 册。收诗 300 多首。有建业门人严长明编,乾隆间精刊本;道光间木活字刊本;民国间吴兴刘氏嘉业堂刊本(辽东三家诗钞之一)。集中有不少反映人民疾苦的诗篇。如《河决行》《骜阳夜大风雨歌》《沁河涨》等诗,描写江淮水患和治河大员的借机肥私以及人民在天灾人祸煎熬下,家破人亡、妻离子散的惨状:"东家携孩稚,西家呼爷娘。苍茫未识天地意,夫挽妻袖牵儿裳。传闻泽州水更大,冥冥暴雨连霄堕。沁源村户数千室,十家遭水死五个。时见浮尸逐堤岸,半日已阅数人过。"写得如泣如诉,不忍卒读。又如《中元归县驿夜歌三首》:"我妻嫁我一年半,十日啼饥九无饭。苦忆严冬一破裳,嫁我鬻尽供炊爨。年馀饱暖抵几何,奄歘销沉魂已断。肝摧隐痛弥留时,肠牵儿女泪被面。流连知尔意无限,到头何日重泉见。月来数女知何如,凄飙浙沥吹裳裾。朝携祭楄绿青芜,秋坟呼母母则无,觅爷中夜声呜呜。"感情真挚,哀怨动人,读之催人泪下。再如《舆人哭》,借一个舆夫的哭诉,揭示了封建社会中劳动人民的痛苦生活:"舆人进泪声呜呜,舌干口燥哭路隅,尔独何事中烦纡。舆人仰头答,欲语声于唈。自言祖父曾攻儒,孤儿生苦身无襦,收瓜负米贩齐楚,兄嫂不可同家居。去年报名铜山县,负载趋走事良惯,日分五十青铜钱,夫头月给银两半……出门日无几,闻说家遭水;妻在水声中,宛转随波死;所住间半屋,至今在泥里。昨日县帖下,说道官今来,驿吏备马匹,县吏呼舆抬。一班十二人,聚集相分排,平日吃公食,如何逃公差。天明发铜山,午至桃山驿;不道五十里,泥深没腰膝。足下著菲登顿滑,赤脚肉痛畏倾仄。泥深没我身,触石伤我骨……"笔法激楚苍凉、沉郁顿挫。对了解当时的社会现状有一定的认识价值。集中作品更多的是写景抒情之作。五言古诗写景萧寥澄旷,意境壮美。如《古诗二首寄都中知己》其一"步上城东台,苍茫孤烟多。长风吹轻云,倏忽离山阿。西望多苍山,北顾临大河。长空蔽昏景,巨水扬洪波"用白描手法,创造了寥廓、萧瑟、暗色调的壮美意境。近体律诗写景又不乏清新雅丽之作。如《园中春色丽甚触怀为诗》《燕居杂诗》等诗,不时勾画出"和烟煦日满芳塘,绿草晴熏暖翠香"的优美景象。可见诗人创作风格的多样性。总之,梦麟的诗词乐府,都有一定的成就,王昶《蒲褐山房诗话》说:"先生乐府,力追汉魏;五言古诗,取则盛唐,兼宗工部;七言古诗,于李杜韩苏,无所不效,无所不工,风驰电掣,海玄云垂,正如项王之救赵,呼声动地;又如昆阳夜战,雷雨交惊。"评价是很高的。

和瑛(? —1821年),蒙古族,原名和宁,字润平,号太庵,乾隆辛卯(1771年)进士。官四川按察使、西藏办事大臣、山东巡抚、乌鲁木齐都统、陕甘总督、礼部尚书、兵部尚书、工部尚书、军机大臣、文颖馆总裁等,赠太子太保,谥简勤。《清史稿·和瑛传》记其"六任边职,有惠政"。作为诗人和学者,和瑛喜好吟诗作赋,考察边疆历史、地理、物产。著有《西藏赋》《回疆通志》《三州辑略》《读易汇参》《易简斋诗钞》等。

《西藏赋》1卷,和氏任驻藏大臣8年,以自身经历,耳闻目睹并参考图经地志、文献典籍等撰是书。记载了西藏土地沿革、风俗习惯、达赖班禅世系、职官驻兵以及山川、人物、畜产、佛教、寺庙、物产、钱币等。有清光绪八年(1882年)元尚居刻本、《榕园丛书》本、《守约篇》本、《舟车所至》本等。

《回疆通志》12卷,清嘉庆九年(1804年)成书。和氏任喀什噶尔参赞大臣时撰写此书,约15万字。"回疆",是清代文献中对新疆南部维吾尔族聚居地区的总称。是志即为上述各地的通志。卷1为清高宗平定回部御制诗,记清朝统一新疆中平定大小和卓叛乱之武功。卷2至卷6及卷12"纪略",为新疆维吾尔族主要上层人物传记,叙他们在清朝统一新疆战争中的功绩,也反映出维吾尔族群众在维护祖国统一斗争中的贡献。卷7至卷11详叙天山南路各地之沿革、疆域、山川、河道、建置、官制、营伍、屯田、粮饷、赋税、钱法、牧场、卡伦、军台、古迹、回务、事宜等,是研究清朝统治新疆前期新疆南部各地政治、经济、军事和文化等必不可少的资料。对维吾尔族中长期存在的伯克制统治,对古代丝绸之路上的各种文化遗址,均有较多记载,保留了许多可贵资料。在卷12的宗教、习俗中,还记叙了不同于内地各民族的许多风俗习惯和风土人情,对民俗研究具有参考价值。有民国十四年(1925年)外交部铅印本、台北文海出版社《中国边疆丛书》影印本。

《三州辑略》9卷,嘉庆十三年(1808年)任乌鲁木齐都统时编撰,约15万字。为乌鲁木齐、吐鲁番、哈密三地之通志,因地当唐代伊、西、庭三州,故名。先略述三地历史沿革,简介历代中央政府设官置守情况,对人口、驻军数额、分布状况均有准确统计;对垦荒屯田情况记述较详,农业生产的组织形式、使用工具、种地规模、赋税状况和奖罚条例等,以及畜牧业,特别是牧马业,都有具体记述;对交通状况,包括军台、驿站、营塘、卡伦设置的具体状况等都有详明记载。是研究清朝统治新疆前期乌鲁木齐、吐鲁番、哈密三地经济发展和交通状况的重要资料。在"流寓"门中,开列发遣乌鲁木齐效力赎罪官员名单和履历,为他志所阙载。艺文志在书中占有篇幅最多,载录有关诗文碑刻,对研究清代新疆文化状况具有参考价值。有嘉庆和民国刻本、钞本等。

《易简斋诗钞》4卷2册,清道光年间刻本。作者真实、生动地描绘了新疆、西藏地区的地理风光、物产气候、风俗习惯、人民生活等方面,及中原地区社会动乱、民不聊生的社会现实。如《东俄洛至卧龙石》描写雪山奇景,"迢迢大雪山,万顶覆银盆"。《风戈壁吟》写西北地区特有的戈壁风沙。《班禅额尔德尼燕毕款留精舍茶话》描写了活佛法筵盛况及西藏音乐舞蹈。《观回俗贺节》描写了新疆少数民族的宗教活动、风俗习惯,较系统地介绍了西藏、新疆人民的宗教信仰、风俗习惯。在《库车》和《吐鲁番》等诗中作者加以详细批注,从史学的角度考证介绍了这些地方的历史沿革、古迹文物,有一定史料价值。还有《飞蝗行》《兴平粥厂》等诗描写了中原地区人民在天灾人祸的双重灾难下,饿殍载道、满目凄凉的境况,在一定程度上反映了当时的社会现实。此集对于研究新疆、西藏地区的宗教、历史、民族、文化、风俗、习惯、山川、地理、物产气候以及当时社会现实,有一定参考价值。

法式善(1753—1813 年),蒙古族,字开文,号时帆,又号梧门,本名运昌,后奉旨改名式善(满语"黾勉上进"之意)。乾隆四十五年(1780 年)进士,参加《四库全书》编纂,任四库全书馆提调官。后官至国子监祭酒、侍讲学士,长于史学,精通文献。因屡遭贬斥,后遂称病隐居北京厚载门北。著有《清秘述闻》16 卷、《槐厅载笔》20 卷、《陶庐杂录》6 卷、《备遗杂录》8卷、《洪文襄公年谱》1 卷、《李文正公年谱》7 卷。善作诗,广结交文士名流,诗作主要写景,咏物,酬赠,送别等。是清代乾隆、嘉庆年间多产的作家、著名的诗人,主持文坛 30 余年。其诗质而不瘣,清而能绮,为海内学者所仰慕。著有《存素堂诗初集》24 卷,包括古、近体诗2000 多首,另有《续集》及《诗稿》,还有《梧门诗话》《存素堂文集》等。

《梧门诗话》,是法式善撰写的诗歌理论专著。此书辑录清康熙五十六年至嘉庆间之数百诗人名士的诗作故实、遗闻逸事并加以论述,介绍了其籍贯故里、字号举业、创作特色。作者别有会心,不为前人眼光罩定,或纪其人或纪其事,皆与诗相发明,间出数语评说,要无苛论,亦不阿好,比较全面地品评了此时诗歌创作及文坛情况。为研究当时文人学士的创作概貌、生活经历,提供了较为真实可靠的资料。同时较系统地反映了诗人主张写诗要"抒写性情"表达自己真情实感,"不泥古人"的诗歌理论及对不同风格诗歌的欣赏态度。如结合具体诗人诗作说,"作诗好说体面话,真趣必减。然无病呻吟可厌尤甚"(《卷四》)。批评一些无真情实感歌功颂德的诗作,"用事无迹可寻,方为超脱"(《卷四》),"诗至性灵,不由学力"(《卷七》),"诗工之拙,不在字句多少"(《卷二》),对诗歌用典、字句等方面提出自己看法。此书另一重要价值是鉴于此前众多诗话著作"虽搜考极博而地限南北,终亦未能赅备",未能较全面品评北疆少数民族诗人诗作之情形,因此"是编于边省人所录较宽"(《梧门诗话例言》),对边疆少数民族诗人适当放宽收录标准,较详细地介绍了他们的家世、族别及创作情况,保留了大量少数民族诗人的宝贵资料。此书是第一部由少数民族诗人用汉文编著的诗话体诗歌理论著作,它以其较进步的诗歌理论观及充实的资料,为研究清前期诗歌创作,特别是边疆少数民族的诗歌创作,提供了有用的资料。《梧门诗话》有清抄本,现存北京图书馆,存 8 卷又八旗诗话 1 卷。另有台湾文海出版社影印出版的 16 卷抄本,比较全。

《清秘述闻》是法式善专门记叙清代前期科举考试、教育学校、官场学子等方面故实的专著。全书 16 卷,分作三大类:乡会考官类、学政类、同考官类。乡会考官类和同考官类,记载了清初顺治至嘉庆间历科考官、试题及乡试(省试)、会试(礼部主持的考试)、殿试(皇帝主持的考试)中选者解元、会元、状元的姓氏籍贯出身等,为我们研究清代科举制度和人物生平提供了宝贵资料。清代各省设提督学政一人,任期三年,执掌一省生员考课黜陟之事及一省士习文风之政令。学政与科举两者关联,此书学政类记叙清代各省学政一职的演变及其姓名、字号、籍贯、出身、任职时间等,对了解清代科举、教育制度有重要作用。此书材料较翔实,文笔较简洁,是研究清代科举考试、教育学风,以及文人学子、官场显贵经历故实的重要参考书。有嘉庆刊刻本、光绪十五年刻印本,中华书局 1982 年张伟点校本。

《存素堂诗集》,现存清嘉庆十七年(1812 年)刻本,其中初集录存 24 卷,2 集 8 卷,年谱1 卷,诗稿 1 卷,共收诗近 4000 首。集前有阮元、袁枚、洪亮吉、吴锡麟等著名学者文人序文,倍加赞赏。法式善作诗学习借鉴了陶渊明、谢灵运、王维、孟浩然等田园山水诗人的创作经验，提倡写诗要抒写"性情""情景交融"，形成了一种冲和、淡远、含蓄、幽美的艺术风格。诗集中大多是一些幽美的山水诗。如"春波平不流，孤棹寒烟下"（《始春游昆明湖》）。"榆槐阴上天，云霞光入水。数鸥残照明，一牛杏花倚"（《香山道中》）。很富诗情画意。也有一些针砭时弊，关心人民疾苦的诗篇，如"俗弊赖整饬，吏骄贵镇抚""泽中百万鸿，哀鸣徒招徕"（《秋夕寄孙星衍观察》）。要求整饬俗弊，镇抚骄吏，拯救哀鸿。"谁知养蚕人，苦逾吡牛客"（《桑田》），关心桑农疾苦，表达"民心即我心"的思想。另外诗集里一些描写友情的诗感情真挚，论述学习方法、创作技巧的诗多是经验之谈。对研究清代不满现实的文人的生活态度、创作情况有参考价值。

《存素堂文集》4 卷，续集 2 卷，4 册，清嘉庆十二年（1807 年）扬州程氏刻本。卷首有吴锡麟、赵怀玉、杨芳灿、陈用光所作序文。共收论、考、辨、序、跋、书、书后、例言、传、状、墓表、墓志铭、碑文、记、铭文 200 多篇。集中"论"文，不拾别人牙慧，时出新意。如《唐论》言："唐之得天下也以争夺，而其失天下也亦以争夺"，指出封建王朝的改朝换代，最终是为争夺。《宋论》言宋亡不由小人而由君子。还有些历史人物论，对了解他们生平经历创作有帮助。尤其数十篇序、跋文，大多是为别人诗文集所作，在评论别人生平创作的同时，系统地表达了作者的文学观点。如序文中说："诗者何？性情而已矣！""性情真则语虽质而味有余，性情不真则言虽文而理不足。"指出写诗要抒写真实性情，进而提出创作上的"境界""形象"说，这在当时文坛充满"格调说""肌理说"的情况下有一定进步意义。一些人物传记、墓表、墓志铭、碑文，资料翔实、考订确切，有历史价值。十几篇记文，可作优美散文读，如《且园记》描写且园山水竹石，文笔优美，结构谨严。由于法式善盟主文坛数十年，堪称大家，集中所收文章对研究时人故旧、历史人物、文物故实以及当时文学理论状况有一定参考价值。

松筠（1754—1835 年），字湘浦，姓玛拉特氏，蒙古正黄旗人。乾隆三十一年（1766 年）由翻译生员考补理藩院笔帖式。历任工部、户部、吏部、兵部、理藩尚书、内阁学士、军机大臣、驻藏大臣、伊犁将军、绥远城将军、湖广总督、陕甘总督、吉林将军、乌里雅苏台将军、库伦办事大臣、御前大臣等要职。他为官"廉直坦易，脱略文法，不随时俯仰，屡起屡蹶。晚年益多挫折，刚果不克如前"（《清史稿》卷 342）。他在担当边疆要职期间，熟悉边庭事务，"施惠贫民，名满海内，要以治边功最多"。其间写诗、作文、绘图、介绍边疆地区人民生活习俗、宗教信仰、治理方略、地理风光等，著有《镇抚事宜》《西招图略》《绥服纪略》《西藏巡边纪》《藏宁路程》等，主修《西陲总统事略》《新疆事略》等。

其中，《西招图略》又名《西藏图说》。是书编成于嘉庆三年（1798 年），乃松筠任驻藏大臣后期之作，因为嘉庆四年他便授户部尚书，调任陕甘总督。全书分 28 门，约 16 000 字，另有图绘 15 幅并附图说，书末附录成都至后藏途程。28 个专题为安边、抚藩、戒怒、遏欲、抑强、除苛、厉俗、慎刑、绥远、怀柔、成才、述事、审隘、量敌、合操、行操、练兵、申律、制师、驭师、坚阵、出奇、倡勇、谨胜、善始、持志、防微、守正。附录记有成都府至后藏站驿里数。是书对西藏地区的山川形势、边隘兵卡、宗教源流、风俗民情、民族关系等记载，资料丰富。为研究西藏地理沿革，有一定参考价值。有道光三年（1823 年）本、道光二十七年（1847 年）重刻本、光绪二十四年（1898 年）上海书局石印本、皇朝藩属舆地丛书本、西藏人民出版社出版《西藏研究》编辑部的吴丰培校订本、1982 年西藏人民出版社铅印《西招图略》《西藏图考》合订本等。

《镇抚事宜》,诗、文、图画合集本。全书 5 卷 4 册。第 1 册为《绥服纪略》(卷 1),收有自序 1 篇,绥服纪略图诗 108 韵。作者在自序中言,八载库伦,周历徼外,爰采见闻,得 108 韵,非事吟咏,特以注疏地方情形。此诗是一首五言长篇叙事古体诗。诗中记载了清代中叶的中俄关系,以及清王朝对蒙古、新疆、西藏等地区的"绥服"政策。另长诗中还介绍了中俄互开边市贸易的情形以及土尔扈特、杜尔伯特蒙古的情形。诗中所写多为作者所亲历,加之诗中有大量作者详细自注,资料可靠,可作为史诗读。第 2 册为《西招纪行诗》(卷 2),《丁巳秋阅吟》(卷 3),嘉庆年间刻本。《西招纪行诗》是一篇长篇叙事诗,81 韵,810 言。《丁巳秋阅吟》包括近百首古近体诗。二诗记叙了松筠巡视藏地、稽核赈务、抚恤穷困的情况。前者为综述,后者为分论,每诗都加详细自注。松筠巡视足迹遍布藏地曲水、巴则、江孜、聂拉木、济咙、萨迦沟庙、札什伦布等处,详细描写了藏族人民在徭役赋税、外患内祸煎熬下,流离失所、饥寒交迫的悲惨境况,以及他提出的一整套统治办法和藏族地区的宗教风俗、边防哨卡、自然风光等。作者在诗中还对西藏的总体治理提出了一系列主张、政策。如"治道无奇特,本知黎庶苦。卫藏番民累,实因频耗蠹……安边惟自治,莫使民时误。凛然常恪守,西招气自固"。指出治理边疆要让边疆人民自治,自己管理自己。他这种进步主张是一贯的。第 3 册为《西藏图说》(卷 4)。前面已论及。第 4 册为《卫藏全图》(卷 5),此册析为 28 条,详细阐述作者治理藏地的设想、策略,并绘之图加以说明。作者在自序中说:"书二十有八条,以叙其事略,复绘之图,以明其方舆,名之曰西招图略,庶便于交代,以代口述之未尽者。"其中"除苛"条云,"除苛所以苏民也,苏民所以安邦也",要解除苛捐杂税;"戒怒"条云,"夫心平则鲜有怒色,无论汉番百姓,皆宜循循抚导,好言以教之",不要对百姓使用暴力;"绥远"条提到"本乎自治"。这些都有一定可取之处,对研究历史上一些比较开明的封疆大吏们治理边疆的方略有认识作用。

《西陲总统事略》,又名《伊犁总统事略》。清松筠修、汪廷楷原辑、祁韵士编纂。嘉庆十四年(1809 年)成书。有嘉庆十四年、嘉庆十六年刻本、道光十九年(1839 年)重刊本、1958 年中国书店影印本、台北文海出版社影印《中国边疆丛书》本。全书凡 12 卷,约 13 万余字,舆图 19 幅。主要内容有:①清朝统一新疆经过,新疆疆域、城镇、山川、卡伦、军台、官制和兵额等概况;②对伊犁本境之各军政官员的任免,各城池衙署、坛庙祠宇的兴建,及粮饷茶布、军器营务、钱法、船工、图籍及矿厂等记载,尤详屯田和水利;③概述乌鲁木齐、塔尔巴哈台和南疆各城事宜;④概述蒙古、哈萨克、柯尔克孜及古代乌孙、突厥等民族的活动与习俗。内容翔实,资料丰富,是研究清代乾嘉时期新疆,特别是伊犁地区历史、地理、政治、经济的一部重要志书。

《新疆事略》,松筠修,徐松等纂。该书凡 12 卷,徐松贬谪伊犁时,游历新疆天山南北,对山川、道里及民俗进行考查,后受松筠之托编是书。卷首为清高宗诗文,略述统一新疆经过。前 4 卷为新疆总图及各地舆图,另有图说,对各地山川、河流、道路、卡伦和台站等记载甚详。卷 5 至卷 10 记载新疆官制、兵额、屯务、营务、库储、财赋、厂务等,对伊犁地区的农牧业生产记叙尤详,反映各族军民在开发建设新疆中的努力和成绩。卷 11 记边卫,对伊犁各卡伦设置的记载,是研究中国西北边疆史地的重要资料,其中明确记载当时清政府对巴尔喀什湖以东以南地区的有效管辖。最后 1 卷记清朝统治下的哈萨克、柯尔克孜等族状况。此外,书中还有伊犁将军、参赞大臣、领队大臣和总兵等任期表。资料翔实,叙述明晰,是新疆重要通志之一。对研究新疆地区历史、地理沿革及其清政府对新疆的管辖有重要参考价值。道光元年(1821年)奏进,由武英殿刊印。有光绪八年(1882年)同文馆铅印本、光绪二十年(1894年)上海积山书局石印本。

托浑布,生卒未详,蒙古族,字子元,号安敦,别号爱山,嘉庆二十四年(1819年)进士,官湖南知县、山东巡抚等。自幼酷嗜吟咏,弱冠及第,宦迹遍布湘、闽、冀、鲁、浙、台湾等地。祖国大好河山激起诗人由衷赞美,写了大量山水诗篇,描绘祖国名山大川、湖泊园林的神奇秀美,同时由于诗人经历丰富,有一些描述历史典迹、时政民情的诗篇,具有现实意义。这些诗篇收入《瑞榴堂集》。全书4卷,有道光年间刻本,卷前有林则徐、王惟诚、柯培元、穆彰阿等人的序言,均给予了高度评价。其艺术特点是清新、雅丽、苍凉、旷廖,用笔既有精雕细刻,又有粗线条勾勒,描绘了一幅幅具有诗情画意的图画。同时由于各地自然风光的不同,诗人的感受也不同,表现在诗篇里均有较明显的区别。如《淡岩放歌同程春海学使作即用其韵》突出了湘地风光的静丽、奇峻;《过新泰县》《宿富庄驿》突出了北方风光的苍茫、旷冷;《维扬舟次》《姑苏舟次》等诗着重写江南水乡苏州、杭州、扬州的山清水秀、丝竹缭绕、繁华热闹;《前后放洋歌》《渡乌龙江》等诗又全力刻画闽台海洋的神奇风光和奇珍异味。为我们提供了多方面的美学欣赏价值。集中也有一些反映社会现实的诗篇,如《张上舍礼以喜雨诗见投率和原韵》描写湖南地瘠民穷加之天旱,民不聊生的状况;《福州水灾纪实》描写福州大雨成灾,民房倒塌,无以为食的情景,对了解当时当地的社会现实有一定的认识作用。

裕谦(1793—1841年),清代蒙古族杰出爱国将领,字依谷,又字鲁山,号舒亭,姓博尔济吉特氏,蒙古镶黄旗人,出生于封建官僚世家,祖辈三代为清室重臣。嘉庆二十二年(1817年)中进士,选为翰林院庶吉士。后历任礼部主事、礼部员外郎、湖北武昌知府、荆州知府、江苏按察使、江苏布政使兼巡抚等职。道光二十年(1840年)鸦片战争爆发署两江总督,次年,受命为钦差大臣,实授两江总督,战斗在江浙海防前线。最后在镇海保卫战中率领爱国官兵乡勇与外国侵略者进行了殊死战斗,兵败不屈,投水殉国,以身殉职,表现了崇高的爱国精神。著有《勉益斋偶存稿》。

《勉益斋偶存稿》包括存稿8卷,续存稿5卷、12册,道光十二年(1832年)刻本。偶存稿所收主要是作者在湖北任职期间的告示、檄文、奏折、批示等,反映了作者察访吏治、抑制豪强、执法严明、刚正不阿、平反冤狱、不避权贵、惩办贪官污吏、蠲免田赋、兴修水利、救灾救贫、禁止赌博、关心人民疾苦、节俭淳朴、廉洁奉公等。比较真实地反映了当时饿殍载道、民不聊生、官场腐败、贪污倾轧的社会现实。作者的续存稿主要反映了作者极力反对外国鸦片的侵入,认真执行禁烟政策,严禁官兵、差役和平民百姓吸食鸦片的主张;并阐述了反对列强武装入侵,积极备战设防,向朝廷陈述抗战意义,批驳消极投降思想的胸怀。表达了一个民族英雄的爱国主义思想,记述了鸦片战争期间列强的罪行,人民失地之痛和爱国军民的可歌可泣行为。此书篇幅多、内容丰富,采用纪实手法,对研究中国近代史具有一定的史料价值。

瑞常(?—1872年),清代蒙古族文学家,蒙古镶红旗人,石尔德特氏,字芝生,号西樵,累官光禄寺卿、内阁学士、刑部、工部、户部、吏部尚书等。历世三朝,为人品行端正,志成练达,长于诗文,所作诗收入《如舟吟馆诗抄》。有清光绪年间刻本,收诗400多首,原题生长西湖芝生氏撰。集中有不少描写人民困苦生活,指斥统治者税利盘剥,揭露贫富悬殊、阶级对立的诗篇。如《荒村书所见》:"平畦草色肥,高陇麦苗短。望雨雨偏稀,催税税难缓。东邻破屋连,西邻炊烟断。儿童绕街呼,索食愁晡旰。轮蹄忽奔驰,荒鸡檐下散。"描写荒村草盛苗衰、屋破炊烟断、饿儿绕街呼的景象,满目凄凉、悲切。即使如此,统治者丝毫不采取措施,反而催税更切,致民于死地,可见悲惨的荒村景象,完全是统治者一手造成的。还有《大雨行》《咏菜》《育蚕词》《感怀》等诗也描写了人民困苦生活,表达了诗人对人民同情的思想。这些诗具有强烈的现实主义精神,写得感情激切、风格沉郁,对了解当时的社会现实,有一定认识作用。集中还有大量山水诗作。如《落叶》:"昨夜阶前叶有声,林园簌簌嫩寒生。风吹老树昏鸦集,霜满荒郊塞雁鸣。曲径归来凉雨歇,疏枝秃处夕阳明。始知松柏坚无比,苍翠何曾有变更?"作者通过对比的手法,赞美松柏四季常青、岁寒不凋的品格。语言通俗明快,风格清新雅丽。还有《南屏》《早秋湖上》等诗,描写水乡风光,充满诗情画意,构图优美动人,具有较高的美学欣赏价值。集中还有一些描写考场情形、皇家围场打猎、校阅部伍的诗篇,如《武闱校射》《海甸值班》《三月随扈南苑恭记》诸诗,对研究清代科举考试、军队部伍、皇家礼俗,提供了可资参考的资料。

那逊兰保(1801—1873年),清代蒙古族女诗人,喀尔喀部人,字莲友。4岁随父母入京,7岁入私塾,12岁能诗赋,15岁通五经,17岁嫁于清宗室肃武亲王豪格之子恒恩。在老师归真道人教导下,对诗歌有浓厚兴趣。写有《题冰雪堂诗稿》《祝归真师八十寿》等诗。其子盛昱搜辑其诗稿91篇,刻印成《芸香馆遗诗》2卷,流传至今。

《芸香馆遗诗》有作者对国事关心,表达抵御外侮的爱国主义思想的内容;有批判封建礼教,驳斥男尊女卑,同情下层劳动人民的诗作;更多的是抒发闺家独特情怀,描写自然风光的篇章。如《瀛俊二兄奉使库伦故吾家也送行之日率成此诗》:"我兄承使命,将归画锦堂。乃作异域视,举家心彷徨。我独有一言,临行奉离觞。天子守四夷,原为捍要荒。近闻颇柔懦,醇啥醨其常。所愧非男儿,归愿为由偿。冀兄加振厉,旧业须重光。勿为儿女泣,相对徒悲伤……"表达了诗人在国家民族危亡时刻,大义凛然,以国家民族利益为重,激励其兄振奋精神、守卫边塞的爱国热忱。那逊兰保诗作冲破封建礼教束缚,驳斥男尊女卑思想,同情下层劳动人民等内容是其另一方面精华所在,如她在《题冰雪堂诗稿》中写道:"国风周南冠四始,吟咏由来闺阁起。漫言女子贵无才,从古诗人属女子。"批判了"女子无才便是德""男尊女卑"的封建礼教思想,满怀豪情地唱出了"从古诗人属女子"的赞歌。那逊兰保作为一个女诗人,其诗作中更多的还是描写妇女人生情致以及刻画山水风光的作品。如《春晓》:"夜来微雨晓添凉,一枕迟人春梦长。料峭风吹深巷里,卖花声似促晨妆。"描写主人的浓睡初醒,听得风声雨声,联想花木是否遭受侵袭的情景,写闺家情怀很有特点。还有一些写景诗也很美,其诗在艺术特点上明快自然、不假雕饰、清新可读,为研究清代贵族妇人的生活情况和时代风云在她们头脑里的反映,以及妇女文学创作活动有一定的借鉴作用。

倭仁(1801—1871年),清代大臣,蒙古正红旗人,乌齐格里氏,字艮峰。道光九年(1829年)进士。十二年(1832年),授编修,历任侍讲学士、侍读学士。二十四年(1844年),升大理寺卿。咸丰年间,历任侍讲学士、光禄寺卿、盛京部侍郎。咸丰辛酉(1861年)冬,倭仁奉命出使朝鲜,沿途有诗纪其事。如《过摩天岭》,"一峰耸起插天际,曲径盘蛇达翠微。叠石层冰争碍路,初阳宿雪映生辉。置身上接九霄近,回首下看群鸟飞。最喜晴和天气好,征途日日沐恩晖"(《古代蒙古族汉文诗选》)。写摩天岭的高峻险要,历历如画。同治元年(1862年),升工部尚书。以老成端谨,学问优长,命为同治帝师。辑进古帝王事迹及古今名臣奏议,赐名《启心金鉴》。后兼任翰林院掌院学士,调工部尚书,协办大学士、文渊阁大学士。为清政府中守旧派代表,素以理学相标榜,反对革新。著有《倭文端公遗书》。有光绪元年(1875 年)六安求我斋刻本。正文 8 卷、首 2 卷、末 1 卷,共 11 卷。首卷为倭仁辑录古代帝王事迹及古今名臣奏议,加以附解,进呈同治帝,被题名为《启心金鉴》。此书引古喻今,为皇帝提供可资借鉴之法,作为教授皇帝教材而陈设于弘德殿。卷 1 为"讲义";卷 2 为"奏疏";卷 3 是"为学大指";卷 4 至卷 7 是作者"日记";卷 8"杂稿"有诗歌十数首、人物传记数篇、序文杂感若干。其中有不少论述辨识人才,用人之道,统治之法,为人处世的文章,有一定价值。还有一些要求体察民情、关心民苦、轻租减赋、批评虚假的奏疏文章也有一定的进步意义。特别是作者大量的日记,记述了友朋交往,官场经历,维新改良,个人感慨,利于了解作者生平及时人故实、政界情形。此书文笔简练,句法谨严,对研究晚清历史有一定参考价值。

燮清,生卒年不详。蒙古族。清道光年间人,字秋澄,氏奈曼,汉姓项,正黄旗蒙古人。因先世驻防生于京口(今镇江)。弱冠应童子试冠军人润庠,后数战秋闱未捷,因道光二十五年(1845 年)制改文科为翻译,遂无意于进取科举,日以训迪后进为乐。后因鸦片战争爆发,列强铁蹄践踏中华,国无宁日,遂投笔从戎,入魁果肃将军幕,由军功得保蓝翎同知衔候选知县。步入宦途非燮清本志,燮清志在诗书画、古文辞。他喜吟咏、工书画、善抚琴、精岐黄、通六壬奇遁,著有《六壬明镜》《奇遁元真》诸书,并创作了大量现实主义诗篇,可惜散佚殆尽,《养拙书屋诗选》所收,仅存十之一、二。其中,《养拙书屋诗选》上、下 2 卷,最初刊行于咸丰二年(1852 年),翌年由于外夷入侵,城破版毁,几近失传,后由其堂侄延钊多方觅得稿本,于光绪二年(1876 年)仲冬月,由晚香堂影印,上海威海卫路鸿宝斋书局承印得以流传。其诗有揭露了第一次鸦片战争期间外夷侵略者的罪行,歌颂了爱国军民的反抗精神的内容;有表达关心同情人民疾苦的诗篇;有指斥时政,抒发生不逢时,怀才不遇感慨的诗篇;有描写自然风光的诗篇。如《六月十四日》二十一韵、《六月十四日避难》二十九韵、《挽京口都护海公死节诗》等诗,详细描写了 1842 年 6 月 14 日英国侵略军进攻镇江,守城军民奋起抵抗、城破而人民惨遭杀戮、房屋多被夷平的惨状,既壮烈又沉痛,具有很高的史料价值。

延清(1846—1918 年),清代蒙古族诗人,蒙古镶白旗人,巴哩克氏,字子澄,号铁君,也称搁笔老人。自幼学习汉语,读诗书,聪慧过人。同治九年(1870 年),补丁卯科优贡。十二年(1873 年),考中举人,继中进士。在工部都水司、屯田司、宝源局任职。光绪三十年(1904 年),任翰林院侍讲学士。宣统二年(1910 年),充文职六班大臣。三十四年(1908 年),为钦差专使往喀尔喀车臣汗部。延清一生勤奋创作,著述甚丰。有《庚子都门纪事诗》《奉使车臣汗纪程诗》《锦官堂诗草》《锦官堂诗续集》《蝶仙小史汇编》《蓬莱仙馆诗》《遗逸清音集》等。

《庚子都门纪事诗》初刻于光绪二十七年(1901 年),原名为《巴里客余生草》,后因初刻五百部随手辄罄,索求者多,于光绪二十八年(1902 年)再次刊印,并改题今名。全书正编分"虎口集""鸿毛集""蛇足集""鲂尾集""豹皮集""狐腋集"6 集,补编刻于宣统三年(1911 年),题"鸡肋集"。共收诗 400 余首。《庚子都门纪事诗》是延清于庚子围城中所写。作者以亲眼所见,生动形象地反映了庚子事变的前后情况,以及围城北京人民的家破人亡、艰难困苦、八国联军的杀人放火、淫掠猖狂的罪行。如《纪事杂诗》《纪事杂咏》揭露了帝国主义者"杀人竟如草,血染刀光红",掠夺珍宝、钱财、图书,"金穴铜山外,难穷府库财。一朝楂客至,搜括厌装回"。活画出一副强盗罪行。《危城五首》刻画了汉奸奴才狐假虎威、卖国求荣

"翩翩年少半衣冠,面目而今顿改观;横鼻镜夸新样小,称身袍厌旧时宽;巾沾瑞露香殊桂,卷吸名烟臭胜兰;不识人间羞耻事、乘车戴笠满长安"的丑恶嘴脸。今人阿英在 20 世纪 50 年代所编《庚子事变文学集》里收入延清《庚子都门纪事诗》中近 50 首,并做了重点介绍,给予高度评价。

由延清编选的《遗逸清音集》,收有光绪、宣统、民国间旗人 110 多人的诗作 1100 多首。后附延清锦官堂诗草诗作 20 多首。每人名下对其字号、族籍、学业、官历、创作情况做了介绍,集中所收不少诗人诗作今已失传,如著有《八旗艺文编目》的蒙古族学者巴鲁特恩华的诗作;著有《春晖阁诗集》的蒙古族诗人彭年的诗作;著有《不知恨诗词集》的旭朝的诗作;著有《倚楼吟草》的同裕的诗作等。他们的诗作诗集均不易见,赖有此集保存不少,可以窥见其创作概貌,可见此集具有珍贵的资料价值。檀玑在此集跋里说:"后之君子,网罗文献,于《熙朝雅颂集》外,取是编而拣择之,固清诗续别裁之资料,其亦可以观世变也"。对研究晚清满、蒙等少数民族文学创作及社会历史有一定的参考价值。《遗逸清音集》4 卷,附录 1 卷,有民国间铅印本。

《奉使车臣汗纪程诗》是延清奉命出使蒙古祭奠喀尔喀车臣汗部郡王,记叙途中所见所闻、历史掌故的诗歌集。作者行程近万里,历时百余天,创作了 400 余首诗,从历史沿革、现实状况及自然风貌等方面反映了漠北蒙古的情况。如《昨纪游溥恩寺诗意有未尽补撰五古四十韵》描写贫苦牧民生活:"两餐乳分犊,百结衣悬鹑。加以岁屡旱,草枯屈不伸。驼马坐多毙,瘦骨空嶙峋。"而描写郡王、贝勒、牧主、活佛的生活则是:"桐珪应辑瑞,萱屋又称觞。蛮锦彰文彩,龙涎检异香。"贫富贵贱形成鲜明对比,揭示了两个阶级的尖锐对立。再如《又二首》:"占地来农夫,移家慨梵王。当年游牧地,寥落少牛羊。"指出大量移民涌入乱垦牧场也是造成牧民穷困不可忽视的原因。再如《望和林作用景佩珂学士诗韵》正面讴歌蒙古历史;《过土木驿用宝文靖公诗韵》《显忠祠用德文庄公保诗韵》二诗,描写明代"土木之变"蒙古与明廷的战争;《鄂罗胡笃克蒙古包午尖五排四十韵》,描写蒙古人民生活习俗、宗教信仰等。加之诗中有自注,为研究蒙古历史、风俗、宗教提供了可贵的资料。又如《初行草地二首》《蒙古包》《书所见二首》等诗,对北地蒙古山川景物的描写生动形象,极富民族特色。有宣统元年(1909 年)铅印本,3 卷 3 册。

清代蒙古族撰写的汉文古籍还有很多,由于受篇幅所限,在此不一一论述了。

参考文献

1 《中国少数民族古籍集解》编委会.中国少数民族古籍集解[M].昆明:云南出版集团公司,云南教育出版社,2006.

2 高文德.中国民族史人物辞典[M].北京:中国社会科学出版社,1990.

3 张公谨.民族古文献概览[M].北京:民族出版社,1997.

4 吴肃民,莫福山.中国民族文学古籍举要[M].天津:天津古籍出版社,1990.

5 包和平等.中国少数民族古籍管理学概论[M].北京:民族出版社,2006.

6 云峰.我国北方少数民族汉文古籍评述[J].乌鲁木齐职业大学学报,1994(1,2).

7 王佑夫.中国古代民族诗学[M].北京:民族出版社,2002.

8 魏忠.中国的多种民族文字及文献[M].北京:民族出版社,2004.

9 赵令志.中国民族历史文献学[M].北京:中央民族大学出版社,2006.

10 李陶等.中国少数民族古代近代文学作品选[M].北京:民族出版社,2005.

11 云峰.蒙汉文学关系史[M].乌鲁木齐:新疆人民出版社,2000.

12 马学良等.中国民族文学史[M].北京:中央民族学院出版社,1992.

13 祝注先.中国民族诗歌史[M].北京:中央民族大学出版社,1994.

14 中国民族古文字研究会编.中国民族古文字研究[M].北京:中国社会科学出版社,1984.

15 吴肃民.中国少数民族古籍概论[M].天津:天津古籍出版社,1995.

16 李晋有等.中国少数民族古籍概论(1—4卷)[M].成都:巴蜀书社,1997,1998,1999,2001.

（原载《东北民族研究》2010 年第 3 辑）

亟待加强和重视的少数民族辞书研究

少数民族辞书研究是一门正在发展中的新兴学科。加强少数民族辞书研究,进一步完善少数民族辞书理论体系,真正建立具有我国民族特色的少数民族辞书学,对于提高少数民族辞书编纂出版工作的水平,促进少数民族辞书事业的发展,更好地为建设和发展民族地区社会服务,有着重要的意义。

1. 需尽快确立少数民族辞书的学科地位

少数民族辞书是中华民族文化的重要组成部分。随着各民族科学文化的发展和少数民族辞书编纂出版工作的实践,少数民族辞书理论研究逐渐形成并得到发展。特别是党的十一届三中全会以来,少数民族辞书编纂出版出现了一批高水平的研究文章和专著,如戴庆厦、王远新的《试论我国少数民族语言辞书的发展》、魏治臻的《我国少数民族语文辞书编印概况和几点意见》、孙宏开的《论中国少数民族语言系列词典的编纂》、胡增益的《试论双序列结构的民族语——汉语词典》、朱莘莘的《试论单一民族百科辞书的框架构建特色》、蓝书京的《少数民族大辞典编撰规范的几个问题》、史金波的《西夏文辞书及其特点和历史价值》、达·巴特尔的《蒙古语辞书研究》、赵明鸣的《〈突厥语大词典〉语言研究》、金光平和金启孮的《女真语言文字研究》等。其中,戴庆厦、王远新的《试论我国少数民族语言辞书的发展》一文,系统地论述了我国少数民族语言辞书的产生、发展的社会历史因素,少数民族语言辞书种类、特点以及少数民族语言辞书的编纂方法和优良传统,充分肯定了少数民族语言辞书的发展和进步,至今仍值得我们辞书编纂工作者学习和借鉴。

但是,在少数民族辞书编纂出版工作实践中,在学习和研究少数民族辞书的过程中,也形成这么一种状况:就是少数民族辞书编纂出版工作跟不上社会主义现代化建设的需要,少数民族辞书的研究又落后于少数民族辞书编纂出版工作实践的发展。目前,各民族地区经济建设和科学技术发展对少数民族辞书编纂出版工作提出了愈来愈高的要求,在少数民族辞书编纂出版工作发展中提出的许多问题和实践经验得不到科学的解释和总结。虽然经过50多年的努力,少数民族辞书的编纂出版已初具规模,但理论研究成果还是初步的,还有许多问题需要深入研究和探索,少数民族辞书研究还是一个没有完全被认识的"必然王国",其理论体系还需要进一步完善。否则,将影响少数民族辞书事业的发展,难以适应现代化建设的需要。因此,不管是从理论的角度,还是从实际的要求来讲,加强少数民族辞书研究,确定少数民族辞书的学科地位,是摆在我们面前的一项紧迫任务。

2. 需尽快建立少数民族特色的辞书研究体系

少数民族辞书研究是一门新兴的边缘学科,理论性和实践性都很强,涉及的范围也很广,需要研究的问题很多。既要研究基础理论,又要研究实践;既要研究历史,又要研究现状和未来;既要研究少数民族辞书的特点、性质,又要研究少数民族辞书的结构、内容;既要研究本国的经验,又要借鉴国外的长处;既要研究少数民族辞书本身的问题,又要研究少数民族辞书研究与其他学科的关系。这就要求我们选准目标,抓住重点,解放思想,敢于创新。从调查研究重大的、迫切需要解决的问题入手,侧重实际问题的研究,把研究工作同各个时期的工作重点结合起来,着重发现和总结典型经验,从丰富的实践经验中总结出比较深入的理性认识,使认识不断深化。

就基础理论来讲,少数民族辞书的定义仍是众说纷纭,这不只是一个概念之争,更涉及少数民族辞书编纂出版工作和少数民族辞书的研究对象、性质、内容和特点等问题的分歧,是一个需要认真解决的问题。再如,现阶段少数民族辞书编纂出版工作基本规律,也是具有重大理论意义的问题,掌握了现阶段少数民族辞书编纂出版工作的基本规律,可以带动其他有关问题的研究,更好地解决少数民族辞书编纂出版工作的许多具体矛盾。此外,对少数民族辞书编纂出版工作的领导体制、行政管理、经济效益等问题,也要本着改革的精神加以探讨,以便提高我们的认识,更好地发挥少数民族辞书编纂出版管理部门的职能作用。还有,少数民族辞书与其他相关学科,特别是与词汇学、语言学、心理学、社会学、民族学等的关系也需要研究,以便互相启迪,丰富各自的研究内容。就现实方面来讲,要着重研究历史的和现实的实践经验,特别是要研究当前市场经济条件下的少数民族辞书编纂出版工作经验。在研究中既要尊重少数民族辞书编纂出版工作发展的客观规律,又要勇于创新。

3. 需尽快建立一支高水平的专业队伍

少数民族辞书的研究,不仅有自己的一套理论,而且涉及自然科学、社会科学的各个领域,尤其是现代化科学技术在少数民族辞书编纂出版及开发利用中给少数民族辞书研究带来许多新的课题,少数民族辞书的横向发展以及与其他学科的相互渗透日益明显,这就要求少数民族辞书教学、研究以及实际工作者,具有比较广博的知识,努力摄取和掌握多学科的研究成果,并把它应用于少数民族辞书的研究和实际工作中去。但目前这支队伍不仅水平低,而且数量少,许多很好的经验得不到总结,许多应该解决的问题得不到科学回答,新的研究成果也无法推广应用,这与迅速发展的少数民族辞书事业很不适应。因此,加强少数民族辞书专业队伍建设,尽快提高少数民族辞书干部队伍素质,建立一支有一定水平的专业队伍,使少数民族辞书事业后继有人,已成为发展少数民族辞书的一项十分迫切的问题。

为提高少数民族辞书研究水平,首先应将少数民族辞书的研究纳入社会发展的总体规划,做出统一安排,以便有组织有领导地进行,如在高等院校创办少数民族辞书专业,设立专门的研究机构等,这是提高少数民族辞书专业队伍的学识水平和解决实际问题能力的需要。同时,要发挥各个地方的少数民族辞书学术组织的作用,组织各方面的力量,开展各种形式的专题活动。每个少数民族辞书工作者都要认真学习科学发展观,学习党的民族政策,以提高我们的政治理论水平和工作技能;学习语言学、民族学和少数民族辞书的基本理论、技术方法,以提高我们的编纂水平和工作技能;尤其要学习与少数民族辞书有关的现代科学知识,努力掌握当代人类创造的最新成果,采取"拿来主义",并加以消化、吸收,充实自己,为我所用。这样,少数民族辞书研究的道路一定会越走越宽。

(原载《中国民族》2010 年第 6 期)

古代少数民族辞书的种类及其编纂使用特点

1. 古代少数民族辞书的种类

少数民族辞书不仅历史悠久,种类很多,而且在编纂上有自己的传统特点,下面从不同的分类角度对少数民族辞书做一概括的介绍。

按辞书语言分类:既有单语词典又有双语词典和多语词典。单语词典,就是用一种语言对词条释义或举例。如西夏文典《文海》《文海杂类》《音同圣立义海》等。双语词典,即用一种语言对译另一种语言的词典。如藏汉对照词典《西番译语》,西夏文汉文对照词典《番尔雅》《番汉合时掌中珠》,蒙汉对照词汇《蒙古译语》,汉满分类词典《翻译类编清语摘抄》等。3 种以上语言对译的多语词典,如多体分类小词汇《西域尔雅》,满、蒙、汉 3 种文字对照的《三体清文鉴》,满、藏、蒙、汉 4 种文字对照的《四体清文鉴》,满、藏、蒙、维、汉 5 种文字对照的《五体清文鉴》,7 种文字与汉语对照的词汇《语史纪余》,满、汉、蒙对照词汇《三合便览》等。

按辞典性质分类,可分语文词典和专科词典。语文词典主要提供词义,以解释词语本身的意义为宗旨,说明它们在语音、语法和修辞方面的特征。语文词典在我国少数民族辞书中占相当比例,如满汉语文词典《大清全书》《清文汇书》《满汉类书全集》《同文广汇全书》,大型西夏文同义词典《义同一类》,古今藏文词汇对照《丁香帐》,满汉对照的专用成语辞书《满汉六部成语》,蒙古字八思巴字汉语对音的韵书《蒙古字韵》等。专科词典是属于知识词典,以知识的部门分类,主要解释词语所表示的事物和概念,阐明有关的科学知识,如按地区排列的 6 种文字对照的人名地名辞书《西域同文志》,按藏文字母排列的藏蒙翻译辞典《名词术语词义详解辞典》等。此外,在少数民族辞书中还有初具百科全书性质的满汉分类词典《两体清文鉴》、满汉分类词典《御制清文鉴》等。

按收词数量及规模分类,可分大、中、小型。大型的词典如《五体清文鉴》,全书原本 6 函,36 册,共 2563 页;大型满汉语文词典《大清全书》,全书册 12 卷;还有合并《清文汇书》和《清文补汇》而成的满汉语文词典《清文总汇》及大型汉满语文词典《清汉文海》,大型西夏文同义词典《义同一类》,详细注释西夏词语的大型辞典《圣立义海》等。中小型的词典比较多。如西夏文字典《文海》《杂字》、西夏文汉文对照的《番尔雅》以及多体分类小词汇《西域尔雅》等,还有八思巴字和汉字注音的《蒙古字韵》,西夏文汉文互注音、意的双解语汇本《番汉合时掌中珠》等等。

按词条编排方式分类,主要有形序、音序两类。有按汉字部首排列的少数民族辞书,如《清文典要》是按汉字部首排列的汉满语文词典,清文典要大全是按《康熙字典》部首排列的;有按汉语音序排列的少数民族辞书,如按《佩文韵府》中汉语的音韵编辑的大型汉满语文词典《清汉文海》,按《广韵》方式编排以韵分类的西夏文词典《文海》《文海宝韵》《五音切韵》等。有按少数民族语音韵编排的少数民族辞书,如按西夏文声母排列的西夏文字典《音同》,按满文 12 字头排列的《大清全书》《清文汇书》等,按藏文字母排列的《宏日大辞海》《千日光明辞典》《藏语便学书》等。有按类排列的少数民族辞书,如以事分类的少数民族辞书主要有:西夏文词汇本《杂字》和词典《要集》,文鉴辞书类《清文鉴》《满蒙文鉴》《两体清文鉴》等,汉满对照词典《清语摘抄》《同文广汇全书》《翻译类编》和满汉分类语文词典《满汉类书全集》,藏汉对照的《西番译语》,西夏汉语对照的《番尔雅》,多体分类小词汇《西域尔雅》以及《辽国语解》《金国语解》等。

2. 古代少数民族辞书的编纂使用特点

(1)古代少数民族辞书编纂有悠久的历史

我国很多少数民族辞书的编纂时间较早。公元 5—8 世纪就有"古龟兹语—回鹘语""梵语—龟兹语"对译字书。公元 6—10 世纪有"梵语—于阗语词汇集""突厥语—于阗语词汇集"和"汉语—于阗语词汇集"。9 世纪以后,北方的一些少数民族,如回纥、契丹、党项、女真、蒙古等族先后崛起,建立了规模较大的王朝或政权,在二三百年的时间里先后编纂了《突厥语大辞典》《文海》《音同》《番汉合时掌中珠》《鸡林类事》《蒙古译语》《华夷译语》等少数民族辞书。这些少数民族辞书分别有 600 年到 1000 年左右的历史。

(2)古代少数民族辞书编纂多在本民族迅速发展的时期

我国少数民族辞书的发展都与少数民族的发展、兴衰有着紧密的联系。比如 11 世纪后半叶我国维吾尔族语言文学家马合木德·喀什噶里编纂的《突厥语大词典》,就与中亚文化的发展与喀喇汗王朝的强盛分不开;11 至 13 世纪,西夏文辞书的编纂和流行与西夏王朝把西夏文尊为"国字"大力推行有关;辽金、元、明时期,出现了许多少数民族语言与汉语对照的词典,与这一时期的民族大融合与交流是密不可分的;满文辞书的大批问世也与满族入关,清朝统治者注意加强"国语骑射"有直接关系。故就这一意义而言,各时代出版少数民族辞书的多寡并不仅仅反映少数民族辞书发展的程度,同时还反映了一个时代的少数民族社会环境和经济、文化、科技等的发展水平,是研究某一时代少数民族文化的发展以及各民族间文化交流的重要参考资料。

(3)古代少数民族辞书的编纂水平较高

古代少数民族辞书的编纂在当时的历史条件下已达到相当高的水平。如从《文海宝韵》和《文海》对平声、上声的划分,183 韵的区别,杂类部分的设置等,可以看出编纂者对西夏语的深刻了解和音韵学造诣。在注音上,西夏文辞书的作者为了使注音更加准确,采取了一些辅助性技术手段。《番汉合时掌中珠》中的两字注一音,注音字角上标小圆圈,注音字下添加表示特殊发音的字等。在词条的释义上,《文海》对字义的解释能区别不同情况,或详解字义,或以数种同义词相注,或以反义词、否定词相比较,或说明用途,或指出类别,有些一字多义也分别注出,其科学水平能与同时期的汉语辞书相媲美。清朝,由于满汉等民族学习的需要以及清朝统治者注重加强"国语骑射"等原因,出现大量官修和私撰的满文辞书,如《大清全书》《清文汇书》《满汉类书全集》《三合便览》《西域同文志》,等等。其种类之多、分类之细、规模之大、水平之高,在当时的少数民族辞书编纂中首屈一指,有的甚至为当时汉文辞书所不及。其中《五体清文鉴》采用满文、藏文、蒙古文、维吾尔文、汉文与种文字对照(藏文用满文切音和对音直注两种注音,维吾尔文用满文对音直注,蒙古文、汉文则无注音)分天、时令、地、政、礼、乐、文学、武功、人、僧道、医治、衣饰、器皿、船、车轿、食物、牲畜、虫等 35 部,

292 类,收词 12 000 多条,包括清代全国许多民族的社会制度、政治、经济、文化、风俗、习惯、宗教信仰和各民族地区的物产等方面的词语,是 18 世纪我国百科全书式的巨著,同时,它又是当时我国 5 种主要语言的宝贵记录。

(4)古代少数民族辞书编纂受汉语和汉语辞书影响

在历史的发展过程中,汉族成为我国的主体民族,汉文的通行范围很广,少数民族在政治、经济、文化各方面都受到汉族的影响。也可以说少数民族文化包含着大量的汉文化因素。因而少数民族辞书的编纂必然受到汉语和汉语辞书深刻的影响。例如几种主要西夏语文辞书对西夏语的分析,大体上参照了传统的汉语音韵学的方法,引进了汉语辞书编纂的成果。在辞书编纂的体例上,西夏文字典《文海》无论是字条的排列,对字形、字义和字音的注释,还是书写格式,都是综合采用了《说文解字》和《广韵》的编纂方法,《杂字》西夏文、汉文对照的《番尔雅》以及多体分类小词汇《西域尔雅》等则是仿照《尔雅》的体例编成的。习称《至元译语》的《蒙古译语》,是元至元年间(1264—1294 年)根据汉语"雅书"类和"释名"类辞书而分类编著的。汉满语文词典《清文典要大全》《清汉文海》,分别仿照了《康熙字典》和《佩文韵府》的体例,尤其是《番汉合时掌中珠》的释词方式比较特殊,每一词语分为四项:①西夏文词语;②汉文译文;③西夏词语的汉字注音;④汉文译文的西夏文注音。这种释词方式本身就反映出在西夏境内西夏语、西夏文与汉语、汉文的密切关系,它们同时流行使用,互相影响,对解读西夏文字都具有划时代的意义。

(5)古代少数民族辞书的编纂有鲜明的民族特色

少数民族辞书都有鲜明的民族特色。在长期发展过程中,少数民族语文辞书经历了从发生、发展到逐步趋于成熟的过程,形成了以少数民族文字的形、音、义为系统的字书、训诂书、韵书三大门类,出现了各自的代表作,方言、俗语、虚词辞书等也有一定的发展,出现了至今还具有参考价值以至沿用不衰的著作。如公元 1072 年至 1074 年,马合木德·喀什噶尔用阿拉伯文写成了维吾尔族的第一部大辞典——《突厥语大词典》,编者本身就是精通多种语言的翻译家、语言学家和历史学家、马合木德·喀什噶尔创造性地将词典分为 8 卷,各卷分上、下,卷内分章,分列静词、动词。各章词目按词的语音结构类型和字母顺序排列。作者对所收词目大都详细考释,并对一些语音、语法现象做了详细的解释,还将突厥人、回鹘人的历史文化、地理位置、风俗习惯等有关知识,附于各有关词条之下。在不少词条中,作者还辑录了民间诗歌 240 多首,格言谚语 300 多条,分别作为词义注释的举例。此外,作者还在词典正文前附了长篇序言。序言中关于突厥语言和突厥各部落分布的叙述,实际上是一篇比较语言学和突厥民族志的学术论文,可以说这是维吾尔族编纂的第一部,也是当今研究维吾尔语言文化历史上最有价值的一部大型辞典。这部辞书的问世不仅在当时,就是在现在对于学习维吾尔语,研究维吾尔族文化历史及多语词典编写的历史,都具有较高的价值。又如大型的清代官修《五体清文鉴》中的 5 种文字是按满文、藏文、蒙古文、维吾尔文、汉文次序排列的,其中在藏文栏下附有两种满文注音,一为"切音"(用满文字母逐个转写藏文的字母),一为"对音"(用满文字母为该词标音),对沟通这些民族的文化起了很好的桥梁作用。为藏语词和维吾尔词标注的实际读音,在语言研究上弥足珍贵。

(6)两个或两个以上少数民族共同使用同一种辞书

我国少数民族辞书互相之间往往有密切关系,特别是在临近地区,关系更为密切。比如粟特人在突厥化过程中同时使用粟特文和突厥文,回纥文和阿拉伯字母的文字在新疆不同地区使用突厥语的民族中间并行 500 余年。《突厥语大词典》就是一部阿拉伯文诠释突厥语词语的辞书,供阿拉伯人和突厥人使用。在西夏时期,西夏文和汉文同时流行,有时还使用藏文。《要集》一书专门用汉语语音释西夏字,为党项人了解汉语搭了一座方便之桥。《番汉合时掌中珠》则为西夏人和汉人学习各自对方的语言文字提供了方便。《宏日大辞海》《千日光明辞典》《藏语便学书》《新旧韵典》《详解月光辞典》《名词术语词义详解辞典》等藏蒙翻译辞典均被蒙古族、藏族共同使用。清代文鉴系列辞典《清文鉴》《满蒙文鉴》《两体清文鉴》《三体清文鉴》《四体清文鉴》《五体清文鉴》等更是广泛被多个民族共同使用。反映了当时少数民族辞书编纂使用的情况,也是我国古代民族文化共同发展的代表例证。

参考文献

1 陈炳超.我国民族语言对照词典简史[J].辞书研究,1982(1).

2 史金波.西夏文辞书及其特点和历史价值[J].辞书研究,1983(6).

3 戴庆厦,王远新.试论我国少数民族辞书的发展[J].民族研究,1985(4).

4 金炳哲.《五体清文鉴》和它的价值[J].辞书研究,1986(5).

5 达·巴特尔.蒙古语辞书史略[J].辞书研究,1997(4).

6 季永海.满文辞书史话[J].辞书研究,1982(2).

7 塔伊尔江.少数民族的古辞书突厥语大词典[J].辞书研究,1982(1).

8 华侃.藏语辞书述略[J].西藏研究,1990(3).

9 胡增益.满通古斯语辞书概说[J].辞书研究,1997(4).

(原载《图书馆理论与实践》2009 年第 8 期)

中国古文献中年、月、日的表示方法研究

现在最常用年、月、日来表示日期,分别是以太阳公转、月亮盈亏和太阳东升西落的时间过程为基准,年、月、日的组合可以非常明确地表示特定日期。国际通用的是公历。我国古代劳动人民在生产劳动和生活中逐渐认识和掌握了记录时间的方法。在不同历史时期,由于生产生活实践和科学发展水平的不同,表示时间的方法也有所不同。了解和掌握这些表示时间的方法,对研究和利用古代文献大有裨益。表示日期的方法有以突出统治阶级地位为核心的,有以天象为核心的,也有以占卜、迷信活动为主要目的的。相关研究的侧重点也有所不同,以研究某种表示日期的方法与公历的对应关系和转换方法的居多,也有以某个民族历法为研究对象的。本文从古文献学的角度对古代主要纪年、纪月、纪日的方法进行归纳和梳理,追述其起源与沿革。

1. 表示年份的方法

在研究古文献时对记载年份的确定是至关重要的。我国从 1912 年 1 月 1 日起采用公历纪年,但从 1949 年中华人民共和国成立后才真正施行。在此之前出现过许多种表示年份的方法。学者们对各种纪年方法的代表性有不同的认识,分类方法及命名也有所不同。

(1)王位纪年法

我国古代最早是用王位纪年法,即以各国王公在位的年次纪年,继位之年为"××元年",以下按序数递记,直到出位为止,新王即位又重新计算。这种王位纪年法起源较早。殷商和西周时代都是依王在位的年数来纪年,西周有大量金文可证。殷商甲骨卜辞中虽无直接记载,但《尚书·商书》的"伊训"篇中有"太甲元年"之说。随着周王室权力的削弱,春秋以来列国虽说是奉周正朔,然各诸侯国皆用本地区诸侯在位年数来纪年。《春秋》一书就是以鲁国诸侯在位年数来纪年。

(2)岁星纪年法

岁星纪年法以天象为基础,是我国古代天文占星家根据天象制造的一种纪年方法。究其根源,远在石申、甘德之前,战国时日臻完备,最早出现在《左传》和《国语》两书中。反映的都是一些春秋中、后期的政治家、星占家就当时或古代的历史事件中岁星位置所做的预言。在《淮南子·天文训》《史记·天官书》《汉书·天文志》等史籍中也都有记载岁星纪年法的内容。岁星即木星,木星在星空中绕行一周的周期是 11.86 年。在古人看来,大约过 12 年后,木星又会在同一星空区域出现。因此,古人就把它运行的轨道分为 12 等分,叫十二次。由西向东命名为星纪、玄枵、诹訾等。每年行经一个星次,分别叫作"岁在星纪""岁在玄枵""岁在析木"等,12 年周而复始。尽管岁星纪年法在实际生活中应用起来并不方便,但在春秋战国时代纪年混乱的情况下,它却起到了统一纪年的作用。其层次顺序、名称及与十二支对应(见表 1)。

表1　十二次与十二支对应

十二次 （由西向东）	星纪	玄枵	诹訾	降娄	大梁	实沈	鹑首	鹑火	鹑尾	寿星	大火	析木
十二支 （由东向西）	丑	子	亥	戌	酉	申	未	午	巳	辰	卯	寅

岁星纪年法在先秦古籍较常见。如《国语·周》下，"昔武王伐殷，岁在鹑火，月在天驷，日在析木之津"等。自东汉以后，因大都采用年号和干支纪年，岁星纪年法就很少采用。

（3）太岁纪年法

天文占星家设想了一个理想的天体。这个天体的运行方向与岁星相反，从东向西，也是12年一周天，但是速度均匀，把这个天体称为太岁、岁阴或太阴，太岁和木星保持大致一定的对应关系，用它来纪年，就叫太岁纪年法。而且还取了摄提格、单阏、执徐12个太岁年名作为12个年份的名称。其层次顺序、名称及与十二支对应（见表2）。

表2　岁阴与十二支对应

岁阴	摄提格	单阏	执徐	大荒落	敦牂	协洽	涒滩	作噩	阉茂	大渊献	困敦	赤奋若
十二支	寅	卯	辰	巳	午	未	申	酉	戌	亥	子	丑

注：这些奇怪的名称在各种古书中记载略有小异，但读音是近似的。这份名单是《尔雅·释天》中所用的。《史记·天官书》中就把"大荒落"写作"大荒骆"，"协洽"写作"叶洽"。

春秋战国时代人们只单以岁阴的12个名称来纪年，如《吕氏春秋·季冬纪·序意》中记有，"维秦八岁，岁在涒滩"，意思是（按当时的历法所用的纪年法）秦始皇八年的年名为申。到了西汉年间，历学家又给年名也配上天干，而且也给取了阏逢、旃蒙、柔兆等十岁阳名。与十天干对应（见表3）。

表3　岁阳与十天干对应

岁阳	阏逢	旃蒙	柔兆	强圉	著雍	屠维	上章	重光	玄黓	昭阳
十天干	甲	乙	丙	丁	戊	己	庚	辛	壬	癸

注：这份名单是根据《尔雅·释天》所记，其他各书不仅有同音异字的差别，而且还有次序对应上的差别。如《史记·历书》中就把"阏逢"写作"焉逢"；把"癸—昭阳"换作"辛—昭阳"。

这样，每一太岁年就有了一阴一阳两个专名，阴阳依次相配以纪年，60年为一周次。甲子之初，太岁在寅，该年便称"阏逢摄提格"，以干支称则为"甲寅年"，第二年，太岁在卯，该年称"旃蒙单阏"，在干支为"乙卯年"，如此类推，60年周而复始。这种纪年法在古书中亦偶有所见，如《老老恒言序》，"乾隆三十八年，岁在昭阳大荒落之涂月上浣"即是说乾隆三十八年，癸巳年的十二月上旬。自东汉以后古文献大都采用干支纪年，太岁纪年法已属少见。

（4）干支纪年法

古人用干支纪年始见于《淮南子·天文训》和《汉书·律历志》。这说明西汉初年已有干支纪年。但正式采用是从王莽开始的，此法一经采用，就没有中断过。这种纪年法在我国历史学中使用非常广泛。在近代史中有很多重要历史事件的年代也常用干支年表示，如甲午战争、戊戌变法、辛亥革命等。

（5）年号纪年法

"年号"是指帝王在位纪年用的名号。汉武帝元狩元年，即公元前122年始创。用年号纪年，即称为年号纪年法。后世一直沿用至清，这些年号都使用所谓象征"吉兆"的名称。如"永平""永兴""太康""乾隆"等。有些皇帝只用一个年号，有些皇帝则多次更换年号，如汉武帝改了11次年号，唐高宗用了14个年号，更换年号时便重新计算年份，故称"改元"，有的几个皇帝用一个年号，如"至元"，元世祖（忽必烈）与元惠宗（妥欢帖睦尔）用过，又如"大同"南朝梁武帝（萧衍）用过，辽太宗（耶律德光）也用过。有的年号甚至被用很多次，如"太平"用过九次，"太和""天佑"用过10次，所以，不能笼统地说"太平多少年""天佑多少年"，而必须与所属的帝王联在一起，才能确定历史上的年代。

（6）十二生肖纪年法

中国古代还有一种颇有影响的纪年法，即十二生肖纪年法。十二生肖，或叫十二属相，是古人根据一些动物的习性，附会五行学说，与十二地支相配。这种纪年法早在东汉时已有，王充《论衡·物势》篇里就提到所谓"十二辰禽"其中有：子鼠、丑牛、寅虎、卯兔、辰龙、巳蛇、午马、未羊、申猴、酉鸡、戌狗、亥豕。在《论衡·物势》篇里则提到了"辰为龙"。由于各少数民族的生活环境和习惯的不同，所用的12种动物是有变化的。例如，云南的傣族就把"猪"改为"象"，把"龙"改为"蛟"或"大蛇"，而"蛇"则称为"小蛇"。又如，哀牢山的彝族就把"龙"换成"穿山甲"。新疆的维吾尔族把"龙"换成"鱼"，等等。

除上述几种纪年法，古时还有以草纪年，以禾纪年，以重大事件纪年。近代还采用黄帝纪年，民国纪年，周共和纪年，佛历纪年，孔子纪年等。

2. 表示月份的方法

古人纪月一般用序数纪月法，即一月、二月、三月……十二月。另外还有月名纪月、四季纪月、月建纪月、律吕纪月等。

（1）名纪月

在先秦时代，每个月还有特定的名称，正月为陬，二月为如，三月为寎，四月为余，五月为皋，六月为且，七月为相，八月为壮，九月为玄，十月为阳，十一月为辜，十二月为涂。汉郑玄笺："十月为阳，时坤用事，嫌于无阳，故以名此月为阳。"《国语·越下》："至于玄月，王召范蠡而问焉。"又正月为泰月，二月为大壮，三月为央月，四月为蚕月，五月为端月，六月为伏月，七月为巧月，八月为获月，九月为杪秋，十月为小阳春，十一月为葭月，十二月为腊月。《楚辞·九辩》："靓杪秋之遥夜兮，心缭悢而有哀。"还有用相应的花木给月起别名的。如正月为杨，二月为杏，三月为桃，四月为槐，五月为榴，六月为荷，七月为桐，八月为桂，九月为菊，十月为梅，十一月为葭，十二月为橘等。

古文献中关于月份的代称还有很多，有些还根据该月的气候物象特征命名。如正月为春王，三月为暮春，四月为清和、麦秋，六月为暮夏，七月为霸月，九月为暮秋，十二月为暮冬等。这些比较简单明了，而有的却较为复杂。如《素问·大奇论》有"草干而死""下霜而死""悬去枣华而死""枣叶生而死""榆荚落而死""韭英而死"等说法。草干于霜降之时，故知"草干""下霜"即阴历九月。枣树四月生叶，五月开花，故"悬去枣华"当在五月之前，"枣叶生"则为四月，榆树三月结实，随即果落，故"榆荚落"乃三月之称。韭菜八月开花，故"韭英"即八月之名。此外，还有许多古怪的代称。如以"石水"代称冬月，取冬月水冰如石之意，以

"盛水"代称正月,谓正月雨雪皆化而水盛,以"濂水"代称七月,因七月秋水清静而名,等等。

（2）季纪月

在商代和西周前期,一年只分为春秋二时,所以后世常以春秋作为一年的代称。开始时的四时顺序不是"春夏秋冬",而是"春秋冬夏"。如《素问·八正神明论》:"四时者,所以分春秋冬夏之气所在,以时调之也。"西周中期之后,四时之称就规范为春夏秋冬了。古人把四季的每一季节都分成孟、仲、季三个阶段,然后再依次分别代称月份。这种纪月法,常见于序跋。

（3）月建纪月

月建纪月又称地支纪月,即用十二地支和十二个月份相配纪月。月建的"建"指"斗建",即北斗七星斗柄所指的时辰,由子至亥,每月迁移一辰,故称月建。

以通常冬至所在的夏历十一月配子,以正月为岁首建寅之月,依次称之为正月建寅,二月建卯,三月建辰,四月建巳,五月建午,六月建未,七月建申,八月建酉,九月建戌,十月建亥,十一月建子,十二月建丑。月份有大小,则称大建、小建。这种纪月法在古文献中使用也较广泛,如唐代诗人杜甫就有"荒村建子月,独树老夫家"(《草堂即事》)的诗句。

春秋战国时代有过3种不同的历法制度,即所谓夏历、殷历、周历。三者主要的区别在于岁首的不同,也就是正月的月建不同,所以叫作"三正"。夏历以建寅之月(即冬至后二月,相当于现今夏历正月)为正,殷历以建丑之月(即冬至后一月,相当于现今夏历十二月)为正,周历以建子之月(即冬至所在的月份,相当于现今夏历十一月)为正。

由于春秋战国时期不同地区使用不同的历法制度,先秦古籍所据以纪时的历法制度也就不能统一,《黄帝内经》是三正兼用,甚至有用秦历(秦始皇时以建亥之月即夏历十月为岁首)的。汉武帝太初元年(公元前104年)起使用太初历,以建寅之月为岁首,这是我国历史上第一部比较完整的历法。此后大约两千年间都是用的夏正。所以辛亥革命后,对于旧用的历法称为"夏历",俗称"阴历""旧历",也称"农历"。

（4）律吕纪月

律吕是六律、六吕的合称,即十二律。律本来是古代用竹管制成的校正乐律的器具,共有十二个名称,后来被借用为十二月的代称。六律用以指单月,六吕用以指双月。如《类经·序》"岁次甲子黄钟之吉"的"黄钟"即指阴历十一月。

3. 表示日的方法

日是最容易认识的时间单位,也是最重要的时间单位。历法的建设首先要从认识"日"开始。只有认识了日,能够把日子连续地记载下来,才能谈得上认识各种各样的周期。

（1）用干支纪日

在我国古文献中最常见的是用干支纪日,即以十天干与十二地支依次组合为60个单位。干支纪日法是我国古代历法中很重要的组成部分,使用非常早。殷代(公元前14世纪到公元前11世纪)的甲骨文都以干支纪日,并且有长达500多天的日数累计结果,可以说是我国最早的一种纪日方法,而且至迟从春秋鲁隐公三年(公元前722年)二月己巳日起连续纪日,一直到清代宣统三年(1911年)止,计有2600多年历史,堪称世界上最长久的纪日资料。

（2）数字纪日法

秦汉时期盛行干支纪日法的同时,也产生数字纪日法。最早的数字纪日法资料是1972

年于山东临沂出土的汉武帝七年（后追改，这年定为元光元年）历谱竹简，这份历谱在 30 根竹简的顶上标了从一到三十的数字，这是每月内各个日子的序数，每根简下面写着各个月中这个日子的干支日名。而且凡以后发现的历谱都记有月内各日的序次数字，只是由于历代史官仍主要采用干支纪日法，所以，数字记日法在古文献中极为鲜见。

（3）月相纪日法

中国古代纪日除采用干支纪日、数字纪日法以外，对某些日子还赋予特定的名称。月相纪日法指用"朔、朏、望、既望、晦"等表示月相的特称来纪日。如阴历初一称"朔"，又称"吉旦""谷旦""初吉"。初三称"朏"。大月十六、小月十五日称"望"，近在"望"后的日子叫"既望"。每月的最后一天称"晦"。初七、八称"上弦"，二十三日左右称"下弦"。古人很重视春分、秋分、夏至、冬至这几个日子，称春分为"日中"，秋分为"宵中"，冬至之日称"日短至""日南至""短至日"，夏至之日称"日长至""长至日"，汉魏以后也有称冬至日为"长至"或"冬长至"的。

参考文献

1 南治平.谈谈我国历史上的纪年纪月纪日法[J].绵阳师专学报（哲学社会科学版），1996(4).
2 胡培安.论时间基准及其对时间词语研究的价值[J].华侨大学学报（哲学社会科学版），2007(2).
3 刘鹏.公元纪年与干支纪年换算盘的基本原理及使用方法[J].河南图书馆学刊，2000(1).
4 杨志芹，曹进军.古籍著录中帝王干支纪年与公历的自动转换[J].情报探索，2008(8).

（原载《大连民族学院报》2009 年第 2 期）

我国少数民族辞书编纂出版概况及其未来展望

少数民族辞书是民族文化的结晶,是中华民族丰富的文化知识资源的重要组成部分。加强少数民族辞书事业建设,大力开发利用少数民族辞书资源,对繁荣我国少数民族文化事业,增进民族团结和民族文化交流,发展民族地区经济建设都具有重要的理论意义和现实意义。

1. 少数民族辞书编纂出版概况

我国少数民族辞书至少可以追溯到公元5—8世纪,但这一时期的少数民族辞书不仅数量少,而且涉及面较窄,有些只能说是初具辞书的性质。11世纪后半叶我国维吾尔族语言文学家马合木德·喀什噶里编纂的《突厥语大词典》,11—13世纪党项族建立的少数民族政权所创制和使用的西夏文进行编纂的《文海》《音同》《番汉合时掌中珠》,宋代孙穆编辑的朝鲜语汉语对照词汇《鸡林类事》,元人编纂的蒙汉对照《蒙古译语》,明代蒙古族火原洁奉敕编修的蒙汉对译《华夷译语》等,其编纂都达到了较高的水平。

清代编撰辞书蔚然成风。《大清全书》,12卷,收词12 000余条,按满文12字头排列,为我国第一部大型满汉语文词典。此外,还有《清文汇书》《清文汇补》《清文总汇》《清文鉴》《满汉类书全集》《三合便览》《清语摘抄》《清汉文海》《清文典要大全》《同文广汇全书》《翻译类编》《六部成语》《五体清文鉴》《西域同文志》等辞书,在当时少数民族辞书中首屈一指。其中《五体清文鉴》采用满文、藏文、蒙古文、维吾尔文、汉文5种文字对照(藏文用满文切音和对音直注两种注音,维吾尔文用满文对音直注,蒙古文、汉文则无注音)。分天、时令、地、政、礼、乐、文学、武功、人、僧道、医治、衣饰、器皿、船、车轿、食物、牲畜、虫等35部,292类,收词12 000多条,包括清代全国许多民族的社会制度、政治、经济、文化、风俗、习惯、宗教信仰和各民族地区的物产等方面的词语,是18世纪我国百科全书式的巨著,同时,它又是当时我国5种主要语言的宝贵记录。

我国的少数民族辞书编纂出版虽然历史悠久,卷帙浩繁,但由于种种主观和客观的因素所约束,少数民族辞书事业基础薄弱,发展缓慢。新中国成立以来,经过几代人的艰苦努力,我国少数民族辞书编纂出版事业从小到大,逐渐发展起来,特别是20世纪80年代末以来,少数民族地区经济文化事业有了突飞猛进的发展,少数民族辞书编纂出版也取得了令人瞩目的成就。

新中国成立以后,党和政府十分重视少数民族语言文字的使用和发展,20世纪50年代曾组织了大批人力、物力和财力对少数民族语言进行大规模的调查研究,后来又做了多次补充调查。少数民族语言研究人员得以积累了丰富的第一手资料,并在此基础上,经过潜心研究,完成了一些语言的词典编纂工作。从80年代开始,广大辞书编写者注意吸取当今学者的研究成果和采用现代工具书编写方法,使辞书的内容越来越丰富,体例越来越完善。如新编写的一些自然科学及法律、经济、体育等方面的专业性辞书,增加了许多新的知识、新的信息、新的词语,能紧跟现代社会、现代科学的发展步伐,适应人们的认识水平,富有浓厚的时代气息。少数民族语文辞书的编纂不仅完成了其由传统辞书向现代辞书的过渡,而且逐步形成了以少数民族文字的形、音、义为系统的字书、训诂书、韵书三大门类,出现了各自的代表作,方言、俗语、虚词辞书等也得到了长足发展。

据不完全统计,从1949年到1999年的半个世纪里,编纂出版蒙古语辞书79种,藏语辞书近百种,维吾尔语辞书158种,哈萨克语辞书73种,其他少数民族语辞书也各有不同程度的发展。特别是中国社会科学院民族研究所主编的"中国少数民族语言系列词典丛书"的出版,不仅填补了一些少数民族语言从来没有出过词典的空白,而且,为少数民族语言的深入研究提供了翔实资料,显示出明显的系列化的发展趋势。以少数民族语与汉语对照辞书为例:《蒙汉词典》《藏汉词典》《维汉词典》《汉景词典》《佤汉简明词典》《景汉词典》《傈汉词典》《汉载词典》《汉瑶简明分类词典(勉语)》《撒拉汉、汉撒拉词汇》《西部裕固汉词典》《汉苗词典(湘西方言)》《汉苗词典(黔东方言)》《黎汉词典》《塔吉克汉词典》《白汉词典》《汉瑶词典(布努语)》《汉水词典》《汉彝字典》《汉羌词典》等,以满足不同少数民族读者的需要。就少数民族语言辞书的学科门类而言,除语文词典外,还出版了许多专科词典,如以蒙文编写的就有《简明修辞学辞典》《简明社会政治辞典》《政治经济学名词解释》《哲学名词解释》《语言学名词解释》《中外著名艺术创作描写典范辞典》《简明教育学辞典》《文学描写辞典》《简明中国历代宗族辞典》《心理学辞典》《简明文学辞典》《体育辞典》《语言学辞典》《内蒙古草药》《数理化辞典》《自然地理辞典》《蒙医学辞典》《科学单位辞典》等专科词典。这样大规模的编纂出版是我国古代少数民族语言辞书所望尘莫及的。

2. 少数民族辞书编纂出版的未来展望

随着经济、技术、社会的发展,少数民族辞书编纂出版总量、知识陈旧速率和知识更新周期将发生变化,而且随着量变的逐渐积累,将发生质的变化。回顾少数民族辞书编纂出版的历史,总结少数民族辞书编纂出版的现状和经验,寻找少数民族辞书编纂出版演化趋势,我们可以大致推断、构想出未来少数民族辞书编纂出版的基本轮廓和特征。

(1)少数民族辞书编纂出版结构网络化

新中国成立初期至党的十一届三中全会之前,我国相继成立了17家民族出版社,共出版19种民族文字的图书3万多种,发行达5亿册。改革开放以来,又相继在中央和地方建立了20家民族出版社。目前,我国用民族文字出版图书的中央和民族地方的出版社共有37家(中国出版协会民族出版工作委员会会员单位),占全国各类出版社的6.6%。其中31家出版社承担民族文字图书出版任务,分别用蒙古文、藏文、维吾尔文、哈萨克文、朝鲜文、彝文、壮文、锡伯文、柯尔克孜文、西双版纳傣文、德宏傣文、景颇文、傈僳文、佤文、拉祜文、哈尼文、苗文(4种)、纳西文、白文、布依文、侗文、满文等26种少数民族文字出版各类图书。全国民族类出版社分布在14个省区。涵盖了政治、经济、文化等领域。而且少数民族语文的跨省、自治区、直辖市的协作组织正初具规模,如五省(区)满文,四省(区)彝文,八省(区)蒙古、达斡尔、鄂伦春,六省(区)回族等少数民族语文协作网络。今后,我们要充分利用这些网络,建立少数民族辞书编纂出版网络。我们不仅要通过这些网络及时交流少数民族辞书编纂出版信息,而且要深入网内各层次之间、各个分网之间,以加强横向联系;少数民族辞书编纂出版要与国内科研院所、高等院校、地方政府之间加强横向联系;要在现有的基础上,进一步加强与国际辞书网络的联系与合作。使中国的少数民族辞书编纂出版真正达到布局合理、结构科学、联系密切、运转灵活、适应需要、效益显著的目标。

（2）少数民族辞书编纂出版交流国际化

我国少数民族主要居住在边疆地区,陆地边防线长达 21 000 多公里,与 10 多个国家接壤,有 20 多个民族跨境而居,这为少数民族辞书的国际化交流提供了得天独厚的条件。在国外,如印度、日本及欧美各国都建立了许多学会、研究所,研究蒙古学、满学、突厥学、藏学、敦煌学等,并出版了大量的中国少数民族辞书及其研究论著。我们应充分利用独特的地理位置环境和特殊政策,广辟国际信息渠道,广泛开展国际交往。其内容大致包括以下几点:

①合作进行专题少数民族辞书调研;

②各国共同编辑少数民族辞书资料索引及少数民族辞书研究刊物;

③各国互换少数民族辞书,做到文献资源共享;

④合作编辑出版少数民族辞书;

⑤及时交流少数民族辞书出版编纂经验;

⑥合作进行少数民族辞书人员培训;

⑦互相聘请少数民族辞书专家或互派访问学者;

⑧合作购置和共同开发运用大型的现代化设施,如建立公用的少数民族语料库;

⑨制定共同的少数民族辞书规范,便于国际通用。

（3）少数民族辞书编纂出版手段现代化

我国少数民族辞书编纂工艺的改观既表现在对旧有编制技术的改进与完善上,更表现在近年来开始采用现代技术上。从 20 世纪 80 年代以来,在国家民委、国家技术监督局、国家科委、电子工业部等有关部门的关心支持和帮助下,集结起各方面的力量协同攻关,使少数民族文字的信息处理工作取得了很大的进展。如许多高校、民族研究所、计算机中心等机构在少数民族文字处理技术方面开发出了藏文、蒙古文、维吾尔文、哈萨克文、柯尔克孜文、朝鲜文、彝文、壮文、傣文、锡伯文、满文、苗文等。以蒙古文为例:1987 年完成中世纪蒙古语文数据库;1993 年在完成 100 万词缀(现代蒙古语文数据库)的基础上,又完成了"500 万词级现代蒙古语文数据库";完成了《元朝秘史》拉丁标注、汉文标注和汉文旁注本的检索统计系统,在《现代蒙古语词频统计》的基础上又整理出《现代蒙古语频率词典》;研制了 MHJ—1型蒙古语言分析软件包;1990 年推出蒙古文拉丁化输入方法,开发了从新蒙古文到老蒙古文的转写软件,完成了蒙古文词根、词干和附加成分的自动切分与复合词的自动识别系统;蒙文字幕机系统,蒙汉混排图章计算机辅助设计系统,蒙语文节目微机管理系统,微机蒙文图书目录管理系统,蒙医癫痫病专家系统等。

这些少数民族文字信息处理技术的成功开发研制,为少数民族辞书现代化建设创造了必要的条件,为少数民族电子辞书的深层次开发开辟了广阔的前景。

近年来,现代化的编纂技术开始在少数民族辞书编纂中得到应用。少数民族辞书编纂所应用的现代技术主要包括声像技术与以计算机为主体的存贮和检索技术。由于少数民族辞书编纂现代技术的应用起步较晚,加之各方面条件的限制,目前还未能普遍将现代技术应用于少数民族语文辞书编纂,但是,有关少数民族电子辞书的编纂已经提到研究日程上,发表了一系列相关论文,如《维汉—汉维双向翻译电子词典的设计与实现》《英蒙汉电子词典的研究与设计》《朝汉—汉朝电子词典的设计与实现》《藏汉英电子词典的开发研究》等。虽然少数民族电子辞书尚处在开发设计阶段,然而,这一步是可喜的,它说明了我国少数民族辞书编纂工艺已向现代化方向迈进。

(4)少数民族辞书编纂出版队伍专家化

要使少数民族辞书编纂出版达到现代化水平,关键在于有一支数量足够、结构合理、素质良好、协作配套的少数民族辞书编纂出版队伍。少数民族辞书编纂出版人员除了应该具备必需的专业知识外,还应有较强的社会能力(触角要伸展到社会各个角落)、人际交往能力、语言表达能力(包括少数民族文字水平)及具有较高的外语水平。为了使我国少数民族辞书事业在新世纪有更快的发展,必须在造就少数民族辞书编纂出版队伍上下功夫。为此,我们应该:

①要拓宽现有少数民族辞书专业的专业面,并招收有一定少数民族辞书编纂经验的青年加以培养。

②对现有的少数民族辞书编纂出版队伍加以充实调整,不合要求的,或改行,或加以培训。

③要提高少数民族辞书工作者的社会地位和工资待遇,吸引一批头脑灵、能力强、素质好的青年来从事少数民族辞书编纂出版工作,造就一批高水平的少数民族辞书专家队伍。

参考文献

1　详见李铁:《焉耆—龟兹文》,黄振华:《于阗文》《中国民族古文字》,中国民族古文字研究会编印,1982.

2　达·巴特尔.50年来蒙古语辞书的编纂与出版[J].民族语文,1999(5).

3　华侃.四十多年来藏语辞书的发展[J].辞书研究,1997(4).

4　杨凌.我国出版的哈萨克语辞书类工具书目录[J].语言与翻译,1999(2).

5　阿不都扎伊尔·塔伊尔,阿布都沙拉木·阿布力孜.我国出版的有关维吾尔语辞书类工具书目录[J].语言与翻译,1998.

6　秦至.建国以来出版的少数民族语文辞书一览[J].辞书研究,1983(6).

7　达·巴特尔.蒙古语辞书史略[J].辞书研究,1997(4).

8　毅立特,李海燕.全国民族图书出版现状及其发展对策[J].中央民族大学学报,2004(5).

9　江嘎.民族文字迎接信息化时代的到来[J].中国民族,2004.

(原载《中国出版》2009年第8期)

增强民族高校图书馆管理的创新意识

改革开放 20 余年的实践表明,各项事业要保持经久不衰、兴旺发达,必须树立与时俱进的管理思想,才能适应市场经济要求,在激烈的市场竞争中立于不败之地,民族高校图书馆,在深化改革,强化管理的同时,首先应根据"三个代表"重要思想,解放思想,实事求是,及时转变那些不合时宜的观念,树立开拓创新、与时俱进的管理思想,增强改革意识、创新意识、服务意识,跟上时代的发展。这就要着重于馆员管理、服务管理、制度管理理念的科学化、民主化和现代化。

1. 树立以人为本的管理思想

当今社会已是重视社会性人才的时代,图书馆最需要的是创新与团队精神的人才。权衡人才的标准,不只是知识掌握程度,关键是运用和驾驭知识的能力以及团结协作的精神,馆员是图书馆管理的主体。不言而喻,图书馆发展的关键,就是提高馆员队伍整体的素质。

(1)以新的起点配置图书馆人才

随着我国图书馆事业的发展,特别是进入 21 世纪以后,各类高等院校非常重视图书馆计算机信息管理和网络硬件的引进和建设,这些为数字化图书馆的建设打下了良好的基础。下一步应以新的起点重视图书馆人才的引进。要改变图书馆工作什么人都能干,图书馆是安排教师家属的地方等陈腐观念。要按发展的需要,有计划、有针对性地引进人才,严格把好进人关。

(2)以新的制度确立馆员培训机制

要把图书馆员的培训纳入学校教师培训计划之中,加大对图书馆员的智力投资,开发图书馆的人力资源,加快人才培训,实施终身教育。终身教育,对馆员来说,就要把工作过程变成一个永无止境的学习和提高过程,变单一型人才为复合型人才,以变应变。只有这样始终把握主动,在激烈的社会竞争环境中才能立于不败之地。

对馆员的培训,应包括以下三个方面的内容,一是要在馆员中树立全心全意为读者服务的思想,注重职业道德教育,确立爱岗敬业精神。二是要面向数字网络,使馆员具备相应的网络知识和技能,包括①精通全球网络信息资源的识别、组织和服务;②熟悉不同学科领域的网络信息以满足不同需要;③熟悉不同的网络系统和技术及其应用范围;④扩展网络信息资源服务的知识;⑤精通数据库处理、系统分析和评估,使信息服务具体化。三是要不断进行知识更新,学习新知识,了解新科技,探讨新理论,研究新方法。

2. 树立以服务为中心的管理思想

在当今信息时代,如何为高校教学和科研提供高水平的学术性服务,是摆在民族高校图书馆面前的重要课题。

（1）以新的高度确立图书馆的地位

高校图书馆是为高校教学和科研服务的学术性机构。为高校教学和科研服务，是高校图书馆的基本特征，也是其全部工作的出发点和归宿。高校图书馆的服务是一种专业性、学术性很强的服务。从服务内容、服务手段到服务方法，均反映了它的学术性质。高校图书馆既不是一个独立的教学机构或学术研究机构，也不是一个行政机构或单纯事务性机构；既不是一个以收藏为主的藏书楼，更不是一个以普及为主的文化馆，而是为教学和科研服务的学术性机构。

当今，在高等学校中，图书馆与师资、实验设备成为并驾齐驱的三大支柱。而且图书馆文献量的多寡，服务水平的高低，技术设备的好坏已成为衡量一所大学教学、科研水平的重要标志。国内外著名的大学，之所以人才辈出，硕果累累，闻名遐迩，除教师水平高、实验设备先进外，图书馆是功不可没的。中国科技大学首任校长郭沫若曾说，没有一流的图书馆，就没有一流的大学。

（2）以新的观念重组图书馆的资源

过去图书馆馆藏是以纸张为载体的出版物为主，随着网络和信息存储等现代信息技术日益向图书馆渗透，电子出版物和网上信息资源的大量涌现，迫使我们要以新的观念重组图书馆的资源。①通过重新修订收集政策，加强电子出版物的收集工作，加紧数字化图书馆的建设。②结合本馆馆藏，挑选具有特色的文献信息资源，有计划地开展资源的数字化制作工作。③充分掌握搜索技术，在资源共享的基础上，从其他图书馆中取用取之不尽的文献信息资源，最大限度满足读者需求。

（3）以新的标准革新图书馆的服务

对于改革图书馆的读者服务工作，我们都做出很多努力，从开架阅览，到阅览、外借、典藏合一，形成典、阅、藏、借一条龙服务体系。虽然从方便读者的角度，较之以往有较大改进，但这尚处于为读者提供求知、求解的阶段。用图书馆的读者服务的新标准来衡量，服务的深度有待提高，我们应加强参考咨询服务，利用现代最新信息技术，运用对读者的需求较为了解的优势，系统地对信息加以组织，形成知识库，使图书馆员成为知识导航员。

3. 树立以创新为龙头的管理思想

随着现代社会信息化的不断推进，图书馆的改革与发展既是机遇，也是严峻的挑战。知识经济讲究创新，图书馆需要创新，为此必须高度重视创新人才和高素质人才的培养，让他们在知识再创造的过程中，充分利用丰富的馆藏信息资源和先进的技术手段，建立多功能、全方位的创新服务体系。高校作为既是知识吸纳、传播需求最密集的地带，也是知识研究、生产最密集的地带，其图书馆在高校的知识存储、交流中处于核心位置，其服务好坏直接影响到知识的吸纳、交流和教学、科研，因此民族高校图书馆改革创新显得特别重要，其中不仅要适应瞬息万变科技发展和日益提高的教学科研需求，也要适应不断发展的文献信息化要求。

（1）以新的机制实现图书馆管理创新

一是观念创新。观念的创新是图书馆发展的重要一环。"发展是硬道理"，图书馆要发展就要解放思想，开拓创新，更新观念。一个馆要达到协调持续发展的境界，就要不步人后尘，不因循守旧，不断推陈出新，在全馆中大力提倡创新意识，在馆员中积极培育创新精神。

在图书馆管理工作中,无论是干部考核、职称评审、业务规划、工作总结都应把有无创新作为重要内容。例如,干部的年度考核,应该看其与上一年比较有什么新的思路、新的方法、新的举措、新的拓展,其本人是如何创造性地完成落实各项工作任务的。

二是制度创新。制度对创新往往具有促进或阻碍的作用。而创新的载体是人。因此,人的问题是首要的问题。馆员是一个图书馆最重要的资源,馆员队伍建设也是图书馆一切建设中最根本的建设,要实现图书馆管理改革,首先要实现用人制度的改革,在人员流动过程中不断优化队伍结构。一方面通过全馆竞聘竞争上岗,合理设置全馆岗位责任制,充分发挥图书馆工作人员的特长和积极性;另一方面实行轮岗制,为防止图书馆工作分工过细,造成图书馆员视野狭窄,能力单一等问题的出现,要在图书馆内适当地实行轮岗制,这样有利于图书馆员了解图书馆的全貌并树立全局的意识。

三是管理创新。管理创新是在创造和掌握新的科学管理知识基础上,主动适应外部环境,提高组织整体技能,推动组织各要素在量上发生新的变化和新的组合的过程。图书馆要实现管理创新,应做好以下三个方面工作。①建立激励机制,在全馆中设立合理化建议奖,让全馆上下都能提合理化建议,让每一个职工都能为图书馆贡献其创意和智慧。②建立知识主管机制,成立相应的图书馆发展研究部,从图书馆大局出发,对图书馆工作进行宏观调控和规划,促进图书馆的发展。③建立图书馆专家咨询会议制度,从图书馆的战略发展到图书馆功能开发,从图书馆的文献采访到图书馆的数据库建设,认真听取专家的意见,不断改进工作,提高服务质量。

(2)以新的技术手段实现图书馆服务创新

一是技术创新。图书馆的技术创新主要体现在:建立数字图书馆,为网络提供高质量的信息;建立虚拟图书馆,实现全球范围的资源共享;提供集成化的信息检索界面,使读者足不出户,即可访问各种信息系统以实现信息化、网络化、虚拟化、全球化。使"知识传播"得以广泛的实现。通过实行这种开放式的资源共享型的文献资源建设,改变传统图书馆运作机制和服务方法,即图书馆将从以收藏为基础的模式转变为以检索为基础的模式,从追求自给自足的"随手可得"式服务转变为快捷、高效的"及时提供"式服务。

二是手段创新。长期以来,图书馆对服务态度强调的比较多,很少涉及服务手段。在网络信息时代,图书馆要在服务手段上有所创新,有所突破,就必须主动上门服务,大力发展检索服务、文献传递服务、成果查新服务、情报分析和决策支持服务等,多渠道、多途径、多方式全方位提供信息服务,充分发挥图书馆对学校科学研究和技术开发工作的信息保障和决策参考作用。使图书馆的服务工作重心以形式单一的流通借阅服务转向多种形式的参考咨询和信息服务,不断促进服务手段创新,这是图书馆开始从传统图书馆向现代化图书馆转变的标志之一。

(原载《中国民族》2007年第6期)

中国少数民族古籍书目数字化及其国际合作化前景*

1. 我国民族古籍书目概况

我国民族古籍目录历史悠久,源远流长。早在 9 世纪藏族学者就编制了著名的三大藏文佛经目录,在其后的各个历史时期,特别是中华人民共和国成立以来,我国的民族古籍学者、目录学家编制了多种类型的少数民族古籍书目、索引、文摘、题录和综述等,积累了一定的书目文献,取得了令人瞩目的成绩。

从 20 世纪 70 年代末开始,人们已开始重视民族古籍的书目控制。从 80 年代至 90 年代,民族古籍书目达到空前的繁荣,这一时期,民族古籍书目特别是馆藏民族古籍书目不断增多,并进行了全国收藏民族古籍的书目控制。全国各地区、各类型民族古籍信息单位和全国各相关科学研究、出版机构等,先后编制了蒙古文、藏文、满文、朝鲜文、维吾尔文、哈萨克文、纳西象形文、傣文、彝文以及民族古文字等民族古籍书目、提要、目录、索引等。其数量之多、类型之繁、质量之高、效益之大都是前所未有的。在书目分类的科学化、文献著录的标准化、检索手段的多样化方面都有很大提高,呈现了蓬勃发展的新局面。

全国性民族古籍联合目录主要有由八省区蒙古语文工作协作小组办公室编辑的《全国蒙文古旧图书资料联合目录》,该目录 1979 年 10 月由内蒙古人民出版社出版。1979 年,黄润华、屈六生编辑了《北京地区满文图书资料联合目录》(油印本)和《北京地区满文石刻拓片目录》(油印本),并在此基础上编制了《全国满文图书资料联合目录》,该目录于 1991 年 7 月由书目文献出版社(今国家图书馆出版社)出版。在全国民族古籍研究室的支持下,内蒙古古籍办公室、内蒙古自治区图书馆协会及 8 家图书馆联合编辑出版了《中国蒙古文古籍总目》(上、中、下)(2000 年 5 月北京图书馆出版社,今国家图书馆出版社)。该书目是一部民族性、文献性、学术性都很强的综合性大型书目工具书。

特别值得一提的是在 1996 年 5 月召开的第二次全国少数民族古籍工作会议上决定在"九五"期间或用更长时间编纂跨世纪重点项目——《中国少数民族古籍总目提要》,这将是一部综合性的、具有多功能学术价值的巨著,将成为国内外诸多领域科学研究的必备工具书,它同《四库全书》一样,将对中华民族文化的发展产生重大影响。

地区性的民族古籍联合目录主要有《北京现存彝族历史文献部分书目》(1981 年 10 月中央民族学院少数民族语言研究所彝族历史文献编译组编,油印本),《彝文典籍目录·贵州卷》(1994 年四川民族出版社出版)由贵州省毕节地区彝文翻译组编辑,是一本彝文古籍整理必备的大型工具书,方国瑜编著的《纳西象形文字谱》(1981 年 4 月云南人民出版社),和

* 该篇文章与王学艳合作。

本文为辽宁省教育厅高等学校科学研究项目(A 类)《中国少数民族古籍管理学研究》(202285606)的成果之一。

志武 1983 年编制的《纳西象形文东巴目录》,张公瑾编著的《傣文古籍见知录》(《民族古籍》1987—1990 年连载),库尔班·维力编辑的《维吾尔、乌孜别克、塔塔尔古籍目录》(1988 年 11 月喀什维吾尔文出版社),策司·桑杰嘉措编著的《南瞻部州唯一庄严目录》(1990 年 4 月西藏人民出版社),还有西藏社会科学院资料情报研究所藏文编目组编辑的《藏族史料书目举要:藏文一》(《西藏研究》1985 年 4 期),于宝林编的《契丹文字文献论著解题》(《文献》1985 年 1—3 期)等。

凡是藏有民族古籍的文献信息部门,大都有馆藏民族古籍目录。在这些众多的馆藏民族古籍目录中,尤以藏文古籍目录最为突出。新中国成立后最先编印的一部大型馆藏古籍目录是 1959 年编印的《拉卜楞寺总书目》(油印本),1985 年由青海人民出版社正式出版时书名改为《藏文典籍要目(藏文)》,该书是拉卜楞寺公私藏书的联合目录。中国民族图书馆编辑的《藏文典籍目录:文集类子目》共 3 册,1984 年 7 月、1989 年 12 月由四川民族出版社出版了上册和中册,下册于 1997 年 3 月由民族出版社出版。与《藏文典籍目录》相对应的文集类目录是 1995 年 12 月由中国藏学出版社出版的《德格印经院目录大全》。该目录由四川省甘孜藏族自治州编译局和德格印经院联合编纂,是一部书目及资料为一体的大型工具书。另外,还有一部大型馆藏古籍目录是由李鹏年、吴元丰主编的《中国第一历史档案馆所存西藏和藏事档案目录(满藏文部分)》,该目录于 1999 年 12 月由中国藏学出版社出版。

2. 国外编制的我国民族古籍书目概况

由于历史变迁、外国列强入侵等一些举世周知并令人难以忘却的原因,我国许多珍贵的民族古籍流散于世界各地。世界各国不仅收藏有大量的中国民族古籍,还出版了不少中国民族古籍目录,主要情况如下:

有关蒙古文古籍书目主要有德国 W·海西希编的《德国东方写本目录:蒙文手抄本、木刻本卷》(1961 年)。日本岩村忍、藤枝晃编的《蒙古研究文献目录》(1953 年)、日本蒙古学会编的《蒙古研究文献目录:1900—1972》(1973 年)、原山煌编的《元朝秘史关系文献目录》(1978 年)、京都帝大农学部编的《满蒙研究资料一览表》(1932 年)、大佐三四五编的《以满蒙为主的文献目录》(1932—1933)、神田信夫编的《东洋文库藏满蒙文献资料目录》(1984 年)等。俄国 А. Г. 卡泽金编的《苏联东方科学院蒙文手抄本木刻本目录》,第 1 卷,(1988 年)。美国 D. M. 法夸尔编的《华盛顿地区蒙古文手抄本木刻本目录》,《中亚杂志》第 1 卷第 3 期(1955 年)。

各国有关藏文古籍的目录主要有:比利时藏学家布桑编纂的《印度事务部图书馆藏敦煌藏文写本目录》,1962 年伦敦牛津大学出版社出版。法国拉露编的《国立图书馆所藏敦煌藏文写本注记目录》,共 3 卷,分别于 1939、1950、1961 年由巴黎阿德里安、梅松耶夫书店与国立图书馆联合出版,法国麦克唐纳夫人与今枝由郎合编的《国立图书馆所藏藏文文书选刊》,1978—1990 年由法国国立图书馆出版。匈牙利德尔杰克编的《乔玛收集的藏文手抄本和木刻本书目录》,收书 38 种,内容有宗教、医药、历算、语言、文学等。日本近年来出版了不少有关机构收藏的藏文书目,如《大谷大学图书馆藏大藏经甘珠尔勘同目录》(1965 年)、《大正大学所藏西藏大藏经那塘版论疏部目录》(1967)、《东洋文库所藏藏文历史著作目录》(1970 年)、《大谷大学图书馆所藏西藏文献目录》(1973)等几十种,其他还有日本东洋文库西藏研究会编的《斯坦因搜集藏语文献解题目录》1—12 分册,1977—1988 年日本东洋文库出版,贞兼绫子编的《西藏研究文献目录日文、中文篇 1877—1977》及续集《西藏研究文献目录Ⅱ：1978—1995》，分别由亚细亚大学亚洲研究所和高科书店于 1982 年和 1997 年出版。此目录是目前所见数量最多的日、汉文藏学目录，收录范围十分广泛，具有重要史料价值。苏联 Б. Д. 丹达龙编的《布里亚特综合科学研究所藏文手抄本和木刻本目录》，2 卷本，1960、1965 年版。

有关满文古籍目录主要有：日本神田信夫等编的《八旗通志列传索引》（东洋文库满文卷档研究会，1965 年）、太田辰夫编的《八旗文人传记综合索引稿（附字号索引）》（汲古书院，1975 年）、渡部薰太郎编的《满语图书目录》（大阪东洋学会，1925 年）和《增订满洲语图书目录》（亚细亚研究会，1932 年）、天理大学图书馆编《天理图书馆藏满文书籍目录》（1985 年）、日本满铁调查部的《满洲金石志稿》（1936 年）等。俄国沃尔科夫的《苏联科学院亚洲民族研究所满文文献》、T. A. 潘编的《俄国科学院东方研究所圣彼得堡分所所藏满文手抄本木刻本目录》（2001 年）、热列勃罗夫斯基的《满文刊本记述》、格列宾希科夫的《满文文献书目》以及扎哈罗夫编的《满汉大辞典》等。英、美、德等国家也都在不同程度上开展了满文古籍的编目工作。例如英国伦敦大学名誉教授塞门与大英图书馆东方写本部部长助理涅尔逊合编了《伦敦现存满文图书综合目录》，该目录收录了大英图书馆、伦敦大学的东方和非洲学院、印度省图书馆的文书馆、日本国立公文书馆、英国海外圣书协会、皇家地理学会等单位所藏满文古籍。

有关西夏文古籍目录主要有：苏联克恰诺夫与戈尔芭乔娃合编的《苏联科学院亚洲民族研究所列宁格勒分所所藏西夏文手写本和木刻本目录》（1963 年）、Е. И. 克恰诺夫编《苏联东方科学院西夏文宗教文献目录》（1999 年）。英国格林斯蒂德的《大不列颠博物馆中的西夏文献残本》（1961 年）和《西夏文大藏经》。日本西田龙雄的《关于天理图书馆所藏西夏语文书》（一）（二）（1958 年）和《西夏文华严经》（一）（二）等，其中，以《苏联科学院亚洲民族研究所列宁格勒分所所藏西夏文手写本和木刻本目录》最著名。在这部书中，作者著录了405 种西夏文古籍，并为其中 60 种非佛教著作撰写了详细的提要，成为当前研究西夏文古籍最重要的工具书。

除以上所列目录之外，国外还有一些中国少数民族古籍目录出版，如日本山路广明编的《契丹墓志铭文字索引》（含：《契丹语文献目录》）（1974 年），松冈正子编的《彝族有关文献目录》，由早稻田大学教育学部中国民俗研究会 1988 年出版，该目录收录从 19 世纪到 1987 年间发表的有关彝族的古籍目录，计有中文 803 条、日文 78 条，英文 47 条。德国施文特纳编的《吐火罗语著述目录（一八九〇——一九五八）》，收主要书目 526 条（不包括一些书刊评介），等等。

3. 国内外民族古籍书目编辑特点及其存在的问题

（1）国内外民族古籍书目编辑特点

国内外民族古籍书目编辑特点是拉丁转写和本国文字相结合，即标题、著者、引文用民族文字的拉丁转写记录，叙述文字用本国语言，如英语、德语、俄语、日语、汉语等。这些目录题录的数量多少不一，编辑内容的详略不一，但大多数目录的编辑质量都很高，记录准确，描述详细，有分类，有译名，编有各种索引。如俄国 Е. И. 卡恰诺夫所编《西夏文宗教文献目录》，题名用的是西夏文原文，行文用俄文，题名有汉文和汉文的俄文拼音。西夏文引文有俄文翻译。我国乌林西拉等编的《中国蒙古文古籍总目》是一部民族性、文献性、学术性都很强的综合性大型书目工具书。它收录了全国 180 个藏书单位和 80 个个人所收藏的 1949 年以前中国抄写、刻印的蒙古文文献,分图书经卷、检索资料、金石拓片和期刊报纸 4 部分,共 13 115 条,并依照国家标准进行著录,还做了必要的分析、考证。其附录由 3 部分组成,一是新版古籍简目,二是蒙古文国际音标书名索引、汉译书名索引,三是甘珠尔经、丹珠尔经蒙古文目录。编制书本式目录的同时,还组织力量建立了中国蒙古文古籍总目数据库。这些都是水平很高的书目。

(2)国内外民族古籍书目编辑存在的问题

①分类标准不一。分类法是分类标引依据,只有使用统一的分类标引依据,才能实现民族古籍分类规范化。目前,民族古籍的分类标引尚无统一标准可循,不仅不同语种之间民族古籍没有统一标准,就是同一语种的民族古籍其分类标引也不统一。以彝文古籍的分类为例,现采用的分类法有马学良、杨成志、陈士林、果基·宁哈、西田龙雄、段尔煜等人的学科分类法;有黄建民、红河州民族研究所的方言(支系)分类法;有朱崇先的地域分类法等不下十几种。这种分类标引的多头现象无法实现民族古籍网络化。

②著录格式不一。目前国际图联有 UNIMARC,中国有 CNMARC,美国有 USMARC,近来,还出现另外一种趋势,即采用 Dublin Core 替代 MARC。这些 MARC 在著录内容上没有太大的区别,主要是格式上有所区别,而国际联合目录需要使用统一的 MARC 格式。

③著录内容不一。民族古籍的著录只有使用统一的著录规则,才能保证做出的书目数据信息源一致,信息范围一致,各种信息的处理方法一致,从而保证著录内容规范化。目前,民族古籍的著录极不规范,主要表现在:著录内容详略不一,有的有内容提要,有的有汉译书名,有的详列子目,有的还为作者写了生平简介。如 W. 海西希编的《(丹麦皇家图书馆)蒙文手抄本和木刻本目录》,除了题名的转写和英译之外,还有文章开头结尾的转写和英文翻译,除了常规著录之外,还有一些有关的参考说明。中国民族图书馆编辑的《藏文典籍目录:文集类子目》,该目录收录中国民族图书馆馆藏 180 余家文集的要目,书中正文按作者姓名字顺排列,每一文集详列子目,著录每一子目的藏文书名、汉译书名、版本类型、页数、次序编号及索取号等。这样既保持了文集原有卷帙和篇目次序,又参照其他版本,进行校勘补缺,还为文集作者写了生平简介,具有很高的学术价值和实用价值。

④叙述文字不一。在上述各国所出版的目录中,除了记录题名、著者、引文的民族文字(拉丁转写)外,叙述文字是各不相同,著录用文字复杂多样。有的用汉文著录,有的用民族文字著录,有的用汉文和民族文字两种文字著录,有的用汉、满、拉丁文转写 3 种文字书写,有的使用现行的民族文字(拉丁转写),如蒙文、藏文等,然后再将其译成英文、汉文,而对那些现在已经不再使用的古文字,比如回鹘文,除了题名、著者、引文用民族文字(拉丁转写)外,叙述文字用英、汉两种文字等。如黄润华、屈六生主编的《全国满文图书资料联合目录》共收录全国 17 个省、自治区、直辖市 48 个单位收藏的满文图书资料 10 150 种,拓片 693 种,基本反映了清代满文图书、拓片的概貌。书目正文分列满文图书和石刻拓片两部分,分类排列,每一书目皆用汉、满、拉丁文转写 3 种文字书写,并标明出版年代、出版者、版本、文种、册数、版柜、馆藏情况等,编有满文书目索引、汉译书名笔画索引、汉译书名汉语拼音索引、书名拉丁文转写索引和汉译著者笔画索引,是我国民族古籍书目中,检索途径较多的书目工具书,具有很高的学术价值、收藏价值和使用价值。

⑤拉丁转写不一。目前,对于一种少数民族文字国际国内都存在有多种拉丁转写方案,需要确立一个统一的转写方案。

4. 中国少数民族古籍书目数字化国际合作化前景

民族古籍书目要实现数字化,需要解决的问题很多。笔者认为应从以下几方面入手,为建立国际中国少数民族古籍书目数据库创造条件。

(1)成立国际中国少数民族古籍书目数据库协作中心

民族古籍书目数字化建设是一个庞大的系统工程,需要集合各方面的人才和技术力量,也需要大量资金投入。这就需要政府出面统一组织协调,建议由全国少数民族古籍整理研究室牵头,组成一个由国家民委、地方政府、高校三方联合起来的专门领导小组,开展对民族古籍书目数字化的研究工作,其工作内容主要包括:①申请民族古籍书目数字化专项经费,积极向国家民委及有关部门宣传开展民族古籍书目数字化工作的意义和作用,争取建立专项基金。②负责制定民族古籍书目数字化的各种标准。比如分类法的使用、民族语言文字编码、民族文字的信息处理和民族文字标准平台等,负责申报民族古籍书目数字化的有关标准。③定期举办民族古籍书目数字化学术活动,召开研讨会、经验交流会和专家论证会。④举办民族古籍书目数字化技术培训班和研讨班。

(2)制订国际中国少数民族古籍书目数据库总体建设方案

首先,在国际中国少数民族古籍书目数据库协作中心指导下,组织有关专家制订具有可操作性的总体规划。其次,在整理已有的民族古籍目录的基础上,进行民族古籍书目数据库建设。一是选择一些编制比较好的、有代表性的民族古籍书目进行数字化,比如通过已经出版的《中国蒙古文古籍总目》编制《中国蒙古文古籍总目数据库》,这项工作已在进行之中。二是利用目前在全国范围内编纂《中国少数民族古籍总目提要》的机会,直接编制《中国少数民族古籍总目提要数据库》,为民族古籍书目数字化打下坚实基础。

(3)加快国际中国少数民族古籍书目数据库的软硬件建设

民族古籍收藏单位应加大民族古籍书目数字化的宣传力度,使决策层意识到民族古籍书目数字化的重要性。政府应将民族古籍书目数字化纳入国家信息基础设施建设之中,除加大资金投入之外,还应制定相应的政策和法规,以激发产业界对民族古籍书目数字化的研究和投资热情。民族古籍书目数字化建设是一项整体性很强的系统工程,单凭政府投入或收藏单位自身的资金和技术力量很难完成这一艰巨任务,需要计算机界、软件工程界、通信网络工程界及其他方面共同努力才能完成。从 20 世纪 80 年代以来,在国家民委、国家技术监督局、国家科委、电子工业部等有关部门的关心支持和帮助下,集结各方面的力量协同攻关,使民族文字的信息处理工作取得了很大进展。至 90 年代初,先后推出了蒙古文、藏文、维吾尔文、哈萨克文、朝鲜文、彝文、壮文以及柯尔克孜文、锡伯文等少数民族文字的字处理系统,以后不久,新疆、青海、甘肃、西藏、四川、吉林等地的专家学者也在国家的扶持下,开发了各种民族文字的字处理技术和应用系统,为民族古籍书目数字化奠定了一定的技术基础。但从国内外古籍书目数字化的实践来看,民族古籍书目数字化涉及的技术领域非常广泛,包括三维建模、人工智能、声频、视频技术、语言处理技术、光学字符识别等几十种相关技术。针对民族古籍书目数字化所涉及的技术领域的复杂性,在国内应选择一些国家部委、地方政府重点扶持的收藏单位、院校、研究所等建立民族古籍数字化技术研究中心,以保证民族古籍书目数字化建设的长期性、连续性和科学性。

(4)加强国际中国少数民族古籍书目数字化的信息交流与合作

在国外,如日本、印度、俄罗斯及欧美各国都建立了许多研究所、学会和国际常设机构,研究蒙古学、藏学、满学、突厥学、敦煌学等,并出版了大量的中国少数民族古籍书目。在民族古籍书目数字化方面也取得了很大成就。比如美国国会图书馆网上可以看到藏文、蒙古文的目录,日本东洋文库的网上有藏文的数据库,而美国哥伦比亚大学东亚图书馆与我国国家图书馆最近合作的哥伦比亚大学东亚图书馆所藏的中国少数民族古籍目录将在 RLN 和 CLOT 网上发布。该目录有 100 余条目,文种包括满文、蒙古文、西夏文、苗文、女真文。该目录采用 USMARC 格式,著录文字全部是民族文字的拉丁转写,同时再用汉文重复一遍。有主题词,有责任者文档。另外值得一提的与中国少数民族古籍有关的是正在进行的"国际敦煌项目(IDP)",这是一个由英国大英图书馆主持的国际合作项目,它将把世界上所有的敦煌文献数字化,其中包括西夏文、藏文等中国少数民族文献。"国际敦煌项目"的开展给了我们许多启发和借鉴。我们应充分利用独特的地理位置环境和特殊政策,广辟国际信息渠道,广泛开展国际交往。其内容大致包括:①各国共同编辑标准化的民族古籍书目及民族古籍研究刊物;②及时交流民族古籍书目数字化工作经验;③合作进行民族古籍书目人员培训;④合作购置和共同开发运用大型的现代化设施,如建立公用的民族古籍书目数据库;⑤制定共同的民族古籍书目规范,比如规定统一模式,协调文字模式,协调 MARC 格式,确立网络系统,统一拉丁转写方案,确定著录要求等,便于国际通用;⑥互相聘请民族古籍书目专家或互派访问学者;⑦建立共建共享机制,为有藏书但没有专业人员的藏书单位提供专业编目服务,与有藏书也有专业技术人员的藏书单位或著有相关专题目录的学者专家协商建立网上国际联合目录。

参考文献

1 张公瑾.民族古文献概览[M].北京:民族出版社,1997.

2 申晓亭.建立国际中国少数民族古籍目录数据库的背景和设计[J].文津流觞,2003(8).

3 包和平.少数民族古籍的科学管理和开发利用[J].中国图书馆学报,2001(1).

4 包和平.我国民族文字文献工作的现代化[J].图书与情报,2000(3).

5 包和平,王学艳.我国民族古籍的书目控制[J].图书馆杂志,2002(3).

6 包和平.国外出版的中国少数民族文献目录概况[J].图书馆杂志,2002(3).

(原载《情报资料工作》2006 年第 4 期)

论民族古籍整理中的翻译问题*

1. 翻译民族古籍的意义

民族古籍是少数民族人民千百年来创造的丰富多彩的历史文化沉积,是少数民族人民宝贵的精神财富,也是中华民族灿烂文化的重要组成部分。整理民族古籍,既可以保存民族文化的根,让子孙后代了解民族的过去,吸取民族文化精华,还可以从多学科研究民族文化,了解民族发展的历史进程,促进民族繁荣昌盛。要达到这些目的,就要重视民族古籍翻译的科学性。所谓翻译的科学性,就是翻译依据的底本真实、可信,翻译的方法科学,即达到"信""达""雅",翻译后的版本能全方位反映原著的价值。汉文古籍整理经过几千年的努力,已经形成一套比较完善的方法,如对古籍版本的鉴定、训诂学等。民族古籍整理工作开展不过20 年,是一门新兴学科,除了经验不足外,民族古籍本身的复杂性也增加了整理的难度。

过去民族古籍翻译工作长期处于分散无序状态,对翻译体例、翻译原则、翻译方法等没有统一规范。现在的情况与过去相比已发生了根本性变化,专业队伍的扩大、研究机构的设置、研究方法的更新完善,使这项工作呈现出崭新的面貌。我国民族古籍整理工作从 20 世纪 70 年代末开始受到重视,80 年代初走上正轨。1982 年 3 月国务院召开了古籍整理出版规划会议,提出并部署了搜集、整理、出版民族古籍的任务。1984 年 7 月全国少数民族古籍整理出版规划小组成立,在国家民委成立了办事机构。目前,全国有 25 个省、自治区、直辖市及 130 个州、地、盟相继建立民族古籍整理机构,在一些民族院校和民族地区建立了古籍研究所。据不完全统计,自 1984 年以来,已抢救、搜集民族古籍 12 万种(部、件、册),整理 11 万种(部、件、册),出版古籍、书籍(不包括馆藏古籍)5000 余种(部、件、册)。

当民族古籍整理研究工作形成一定规模之后,应当加强理论研究和方法论的探讨,才能将此项工作推向前进。由于民族古籍卷帙浩繁,从中挑选出一部一部的专著或一套一套的丛书进行科学整理并加以出版,不仅需要系统的理论原则作指导,而且要有一套严密的工作程序和先进的科学方法供翻译者遵循。因此,在注重民族古籍翻译工作的同时,也要加强专业理论建设。只有不断地改进原有的整理研究方法,才能提高民族古籍的翻译质量。从目前民族古籍整理研究工作的实际出发,最现实的问题,就是用汉文把民族古籍的著述内容翻译出来,予以出版。民族文字和汉文合璧的科学翻译本,可为中外学者提供重要的少数民族历史文献资料,不但有利于少数民族社会历史与传统文化的研究,而且有利于丰富中华民族的文化宝库。由此可见,用汉文翻译民族古籍是一项十分重要的文化建设工作,应当引起高度重视。

---

* 该篇文章与王学艳合作。

本文系辽宁省教育厅高等学校科学研究项目(A 类)《中国少数民族古籍管理学研究》(202285606)的成果之一。

2. 翻译民族古籍的原则

从事民族古籍翻译工作也同其他翻译工作一样，必须遵循一定的原则。"信、达、雅"被视为翻译工作的基本原则，民族古籍的翻译也要遵循这一原则。为了认真遵循翻译工作的"三性"原则，切实保证翻译作品"信、达、雅"。可根据民族古籍翻译工作的实际情况，提出以下具体原则：

（1）完整性原则

无论翻译一部专著，还是翻译一套丛书，都要从头至尾地全部翻译，只有这样，才能让读者了解到原著的全貌。切忌从个人的好恶出发，对那些自己认为不重要或不感兴趣，甚至认为是糟粕的东西，进行任意删改或加工。因为现在自己认为不太重要的部分，也许其中蕴含具有重要价值的内容；有些现在看来是糟粕的部分，随着研究的深入，可能会在里面发现深层文化的内涵。

（2）真实性原则

对民族古籍的翻译要做到"三性"具备，即真实性、鲜明性、艺术性，也就是"信、达、雅"。其中真实性是最根本的条件。翻译品的内容若不真实，不仅不能确切地揭示原著的含义，不能向读者提供切实可靠的资料，反而会给人以模糊的印象，甚至得出错误的理解，那就贻害不浅了。所以，对民族古籍的翻译，真实性是首先必须保证的。在保证真实性的基础上，才可进一步讲求鲜明性与艺术性，要求译文通顺，语义清晰，形象鲜明，情节生动，给读者以切实、完整而深刻的印象。

（3）准确性原则

民族古籍的写作时代距今少则数百年，多则上千年，所记述的史事和各种文化事象与当今的见闻相比，必然有较大的差异；加上古人抄写时用字混乱，书中出现很多异体别字，不可能一目了然。只有对原著进行反复阅读，反复研析，深刻领会，并对其有了比较系统全面的认识之后，对文义的理解才会趋于正确。

（4）语言特性原则

用汉语文或其他语文翻译民族古籍都很难充分地将原文中的语言特点表现出来。而这些语言特点又是民族古籍中最生动、最细腻、最精彩、最富有民族特色、最耐人寻味之处。因此，在翻译过程中，要尽量反映原文的语言特点，除了选用较恰当的语词对译外，还要充分利用其他手段加以阐述。

（5）时代性原则

这里所说的时代性原则，是指译文的语词要符合原文的时代背景及其文化特征。在民族古籍的具体翻译过程中，要充分考虑其时代背景。特别是翻译那些因时代变迁而发生转义或赋予多义的语词，要尽可能选择与之时代相应、文化特征类似的语词对译，并加以必要的注释或说明。

（6）实事求是原则

在民族古籍的翻译过程中，对暂时不理解或不十分明白的句子或语词，不应该牵强地翻译。对目前尚未能翻译或不准备翻译的地方要交代清楚。在古籍中遇到个别难以解读的字词句和一时难以认识理解的学术用语，都是在所难免的。若碰到这类字、词或学术用语，应当在译文注释里加以说明。如果是两种文字对译合璧的文稿，可在所录原文下标记符号以存疑。无论采用何种方式,总要把实际情况表示出来。让读者知道,哪些问题已弄清楚,哪些问题尚有疑问,哪些还没有弄懂。把现在的一些疑难问题留待以后深究,把自己未弄明白的地方,让后人去解决,或者让读者去探讨、钻研,都是很正常的现象。正如孔夫子所言:"知之为知之,不知为不知,是知也。"因为这是科学的态度,是值得提倡的。

3. 民族古籍翻译底本的选择

由于历史的变迁、民族矛盾、民族迁徙、民族习惯加上社会和自然条件造成的灾害等原因,民族古籍散失情况较汉族古籍更为严重,但幸存下来的民族古籍数量也蔚为可观。如藏族古籍,在西藏自治区各大寺院及档案部门存有古籍 4.6 万多函;甘肃省甘南州拉卜楞寺印经院保存 3.4 万多块经版,每块双面刻板,计 4.3 万多面,藏文档案 300 万卷;北京地区各单位收藏藏文典籍近 2 万函。傣族古籍,至明万历四十二年(1614 年),傣族叙事长诗已发展到 500 多部;傣文古籍 8.4 万卷。满文古籍仅档案一项就有 150 万件,其他文献约 1000 余种。彝文古籍近万种。蒙古文古籍 1.7 万余种。纳西族东巴经卷有 1000 余种 2 万册。维吾尔文、哈萨克文古籍也非常丰富。此外,汉文古籍中也保留大量与少数民族有关的文献,总数约在 7000 种左右。据记载,保留下来的民族古籍有 30 个文种。国家图书馆收藏的民族文字文献共有 26 个文种 10 多万册/件。文种繁多的民族古籍主要有藏文、蒙文、八思巴文、西夏文、女真文、回鹘文、察合台文、东巴文、彝文、傣文、满文等 10 余个文种。一些没有民族文字的民族,也有大量研究他们的文献,可见民族古籍卷帙之浩繁。

可是对这些文化遗产进行整理时,不能一概而论,也不能见书就整理出版,见文便翻译注释,总得有个轻重缓急或优劣差异的问题。要对上百万册典籍进行科学整理与译注出版,是一项宏伟的系统工程,需要缜密的计划和统筹安排。译注出版和整理研究诸方面,都受人力、财力和时间等因素的制约。因此,不能各自为政,各行其是。而是应当从全局出发,根据实际情况,做出切实可行的规划,进行统一部署。对民族古籍进行系统全面的考察与检阅,做些筛选工作,以区分轻重缓急。哪些应首先译注出版,哪些能稍后整理,哪些可留待将来再研究等都要做出分类排队。在具体筛选过程中,应坚持以下几点:

首先,要选择具有重要学术价值和实际应用价值的民族古籍做翻译底本,如记载古代科学技术和民族工艺的古籍。

其次,要优先选择能够反映各民族特点的古籍做翻译底本。

再次,在相同或相近的版本中优先选择年代久远、书写工整、全书完好的民族古籍作为翻译底本。因为像这样选择出来的本子错误较少,有利于解读和翻译、注释。也有利于读者真正认识了解原著的本来面目。

最后,从同书异抄的本子中优先选择文字脱论衍误较少的民族古籍做翻译底本。由于少数民族地处偏远,印刷技术不发达,所以民族古籍中抄本居多。作为抄本,不可能像版印书那样整齐划一。就是一部书的不同抄本,由于各种原因,形成各自的特点,也是难免的,它们之间同样存在优劣之别。如有的抄本书写很工整,而有的抄本书写凌乱;有的抄本直接抄自原稿,错误较少,而有的多次辗转传抄,不断论误、增衍、脱漏,乃至难以贯通释读。因此,从同书异本中选择较好的抄本作为民族古籍翻译底本是极为重要的。

4. 民族古籍的翻译体例

选好民族古籍翻译底本之后,要根据古籍本身的实际内容和学术价值以及整理研究工作的需要和出版印刷条件等情况,选择合适的翻译体例。

翻译体例的形式要依据古籍的内容、体裁、学术价值以及不同的读者对象加以确立。近年来常见的形式大体可分为两类,即完全的翻译本和原文译文对照本。翻译本大都附有注释,附注可以补充译文不足,或点明民族特色,做到译注两全,互相辉映,更受到普通读者的欢迎。比如重庆人民出版社出版的彝文译本《妈妈的女儿》就是这样的译注本。原文译文对照本又可分为三种格式:

一是汉译文集中书前,原文列书后,加注释。如贵州人民出版社出版的《彝族诗文论》。

二是原文、译文逐字对照行式。如西南民族印刷厂 1978 年印的《勒俄特依》。

三是四行对照式,即各行依次为原文、注音、逐字直译、逐句意译四行对照排列。多用于诗歌翻译或语言学界。例如丁文江的《爨文丛刻》。

这种对照本因为保留有原文,确保了民族文字古籍的可靠性、科学性。同时也利于读者学习民族语言文字,有利于学术研究中参照原文。无疑,这种方法也拖长了整理翻译、出版的周期,增加了费用。在实际整理翻译过程中,采取何种方式,应区别对待。

5. 民族古籍翻译者应具备的素质

民族古籍翻译工作除了遵循上述基本原则和方法体例外,还要求翻译者具备一定的基础理论知识和专业技能。可将其归纳为以下几个方面:

(1)要有一定的思想修养

作为民族古籍翻译工作者,首先要热爱祖国,具有民族的自信心与责任感。要认识到整理、继承前人的文化遗产,是一项光荣而艰巨的工作。要明确这项工作的目的,是为了把这笔珍贵的历史文化财富继承下来,用以促进我国的社会主义建设,繁荣和发展祖国的科学文化事业。要树立辩证唯物主义和历史唯物主义的观点,从而正确认识民族古籍中所反映的各项历史事实,积极妥善地提供利用。要有不怕苦累、甘当无名英雄的精神。尤其是在当今市场经济条件下,要有奉献精神,尽最大努力为这项重要事业做出贡献。

(2)要具有一定的文化修养

因为民族古籍内容包罗万象,涉及广泛的学科领域,如果翻译者知识面不广,就难以系统、全面地译述古文献所包容的各科内容。所以,要求翻译者具备多方面的知识,才能胜任所担负的工作。同时,可以借助各学科专家学者的优势弥补自己知识方面的不足,做多学科知识的配合,翻译出高质量的民族古籍。所以,我们既要扩大视野,拓宽知识面,又要积极主动地与各学科专业人员进行密切合作。

(3)要有应用汉文翻译民族文字古籍能力

因为目前民族古籍整理、研究工作中的首要任务就是应用汉文翻译民族古籍。此项翻译工作,一方面要求翻译者精通民族古文字,并能够对文献内容有深刻的领会;另一方面,要有较高的汉语表述能力。与此同时,还要求翻译者对有关少数民族和汉民族的风俗习惯、历史沿革、文化传统、宗教信仰等方面进行广泛深入的调查研究。

(4)要具有应用新技术的能力

要解放思想,更新观念,与时俱进。随着电子科学技术的普及应用,缩微技术、复印技术、民族文字信息处理、民族古籍数字化等新科技将成为民族古籍整理研究工作的重要手段。在新形势下,要求民族古籍翻译工作者,既要有较好的专业基础知识,又要开拓进取,不断更新知识、改进方法,提高工作效率。总之,民族古籍翻译工作是一项艰深而浩大的工程,要付出大量艰辛的劳动,需几代人不懈的努力,翻译好一部民族古籍,应视为重要的科学研究成果。有志于民族古籍事业的同志,自当奋力工作,为弘扬光大中华民族传统文化,为社会主义精神文明建设贡献力量。

参考文献

1 彭卓吾. 翻译理论与实践[M]. 北京:外语教学与研究出版社,1998.
2 朱崇先. 彝族典籍文化研究[M]. 北京:中央民族大学出版社,1996.
3 吴肃民. 中国少数民族古籍概论[M]. 天津:天津古籍出版社,1995.
4 乌谷. 民族古籍学[M]. 昆明:云南民族出版社,1994.
5 梁杏云. 试论民族古籍整理的科学性[J]. 广西民族研究,2001(1).
6 于萍海. 略论民族古籍的整理方法[J]. 中央民族大学学报,2000(2).

(原载《图书馆学刊》2005 年第 4 期)

民族古籍计算机检索网络建设研究*

1. 建立民族古籍计算机检索网络的时代背景

21 世纪是信息数字化的世纪。电信技术的新发展,全球网络基础设施的扩大以及新的数字化服务的快速增长对传统的图书馆功能和发展模式提出了挑战。电子资源正在以几何级数迅速增长,二、三次文献的电子版已相当普及,通过网络获取的全文文献信息已越来越多。如近年涌现的《超星》数字图书馆、《书生之家》全文数据库、《中国学术期刊》全文数据库、《维普科技期刊》全文数据库、《万方》全文数据库、《人大复印资料》全文数据库等。截至目前,我国已经启动多项数字图书馆工程,包括国务院正式批准立项的"国家图书馆二期暨国家数字图书馆基础工程",国家科学数字图书馆(中国科学院知识创新工程的重要组成部分),中国高等教育文献保障体系(CALIS)二期工程——国家教育数字图书馆以及全国党校系统数字图书馆,国防大学数字图书馆等,形成一轮数字图书馆建设的热潮。

2003 年高建中率先发出《谁来建造中国民族数字图书馆》的呼吁。其后不久,包和平、刘斌联合发表了《中国民族数字图书馆建设研究》的文章,系统阐述了建设我国民族数字图书馆的意义,同时结合我国数字图书馆建设实际,提出了建设中国民族数字图书馆的基本原则,并对如何建设中国民族数字图书馆提出科学构想。相信不久的将来,一个颇具中国各民族特色的数字图书馆将在中华民族大地上诞生。她的诞生,将对抢救民族古籍,开发少数民族信息资源,为西部大开发提供强有力的信息和知识支持,为提高全国信息化整体水平发挥重要作用。

在国外,如日本、印度、俄罗斯及欧美各国都建立了许多研究所、学会和国际常设机构,研究蒙古学、藏学、满学、突厥学、敦煌学等。在民族古籍数字化方面也取得了很大成就,比如美国国会图书馆网上可以看到藏文、蒙古文的目录;日本东洋文库的网上有藏文的数据库,而美国哥伦比亚大学东亚图书馆与我国国家图书馆最近合作的哥伦比亚大学东亚图书馆所藏的中国民族古籍目录将在 RLN 和 CLOT 网上发布,该目录有 100 余条目,文种包括满文、蒙古文、西夏文、苗文、女真文,该目录采用 USMARC 格式,著录文字全部是民族文字的拉丁转写,同时再用汉文重复一遍,有主题词,有责任者文档;另外值得一提的与中国民族古籍有关的是正在进行的"国际敦煌项目(IDP)",这是一个由英国大英图书馆主持的国际合作项目,它将把世界上所有的敦煌文献数字化,其中包括西夏文、藏文等中国民族古籍,"国际敦煌项目(IDP)"的开展将给我们许多启发和借鉴。

* 本文系辽宁省教育厅高等学校科学研究项目(A 类)《中国少数民族古籍管理学研究》(202285606)的成果之一。

2. 建立现代化民族古籍检索网的方法和途径

多年来,我国民族古籍的检索,一直是停留在手工方式上。各种民族古籍目录索引,虽然也发挥了重要作用,但它们存在着速度慢、效率低、工作重复和不能从多种角度适应读者要求的局限性,现已远远不能满足需求。只有采用机器检索,才能有效地达到各方面的要求,随着电子技术的发展,从手检逐步过渡到机检,已成为必然趋势。现在民族古籍信息部门面临的重大任务之一,就是怎样准备并及早建立现代化检索网络,充分发挥民族古籍的作用。

我国的民族古籍事业网有纵横两条系统,为联机检索网的建立打下了良好的基础。一是按领导关系组织起来的有上下隶属关系(纵)的民族古籍网;二是按行政区域通过协作和业务辅导关系将各级民族古籍信息单位组织起来(横)的地区民族古籍网。因此,我国应该建立两个民族古籍检索中心,即全国检索中心和地区检索中心。

全国检索中心是检索网络的主体,它应具备下列条件:①有大量的可供检索的民族古籍,设有相当规模的民族古籍数据库;②有协调和统一全国民族古籍检索标准的能力,主要包括数据库的建立、资料档案的设计、机读代码、民族古籍主题分析、资料记录形式,分类的标准化等;③有足够的设备。

这三者缺一不可。全国检索中心在具备上述条件以后,它应起以下的作用:①连接各地区的检索中心;②实行国际性的情报检索。

地区检索中心的作用,主要表现在以下两个方面:①将各民族古籍信息单位在本地区范围内连接起来,形成地区检索中心,满足本地区检索的需要;②能够形成地区性民族古籍检索的特点,便于全国联机检索。

检索中心应该设在民族古籍利用率较高的区域。全国检索中心应设在北京,地区检索中心应设在呼和浩特、银川、乌鲁木齐、拉萨、南宁等城市以及少数民族比较多的省,如云南、贵州、青海、甘肃、四川等有关城市。

在全国与地区相结合的基础上,我国统一的民族古籍现代化检索网可以分两步完成。第一步,首先在自治区、省以上的民族古籍信息部门内建立起计算机成批检索系统。把各个检索系统统一起来,每个系统都可以分别进行新到情报资料的定题检索和过期资料的回溯检索。这一阶段,检索系统的主要使用者是民族古籍工作人员,他们是用户与计算机之间的桥梁。用户不直接使用计算机。第二步,在第一步基本实现和完善的同时,通过数据通信网络,逐步在社科院、高等院校、自治区及省级文献信息单位和有关专业研究中心内建立终端,实现用户直接使用终端的联机检索。这一阶段,用户可以通过终端装置直接使用计算机,通过中心计算机检索出的情报资料可以在远方的终端装置上显示出来。在第二步完成的同时,应建立全国的检索网络,并利用卫星等通信设施进行国际性的民族古籍检索。

在我国,民族古籍检索网以四级为宜,即全国检索中心一级;地区检索中心一级;社科院、高等院校、自治区级文献信息单位和有关专业研究中心一级;用户终端一级。在这四级网络中,第一和第四级的目的比较明确,唯第三级较为复杂。因为这一级的机构不但是情报的利用者,同时也是情报的产生者,他们应设有自己的小网络。所以这一级与地区检索中心一级构成网络时,应考虑它们各自对情报输入贮存的相对独立性,它们应该有自己的民族古籍数据库,随时予以更新。

在组织现代化民族古籍网络的过程中,由计算机的开始使用到联机检索,在技术上要求达到一系列的标准化,它应当放在民族古籍检索现代化的重要位置上加以考虑,各行其是是不行的,这会给以后的发展造成极大的困难。我们要学习先进国家的经验,加强集中领导,统一组织,统一规划,统一标准以及机构之间的互相协调。我们坚信,随着四个现代化宏伟事业的不断向前发展,具有我国民族特色的现代化的民族古籍检索网一定会在全国建立起来。

参考文献

1 张公瑾.民族古文献概览[M].北京:民族出版社,1997(9).

2 高建中.谁来建造中国民族数字图书馆[J].中国民族,2003(5).

3 包和平,刘斌.中国民族数字图书馆建设研究[J].图书情报工作,2003(12).

4 申晓亭.建立国际中国少数民族古籍目录数据库的背景和设计[J].文津流觞,2003(8).

5 包和平.少数民族古籍的科学管理和开发利用[J].中国图书馆学报,2001(1).

6 包和平,王学艳.我国民族古籍的书目控制[J].图书馆杂志,2002(3).

(原载《现代情报》2005 年第 6 期)

民族古籍工作的特点及其未来发展趋势研究[*]

1. 民族古籍工作的特点

我国少数民族人口分布、历史发展、文化氛围、社会环境、生产与生活方式、产业与经济结构等方面千差万别,都会不同程度地影响着民族古籍工作的形式与内容,也赋予了民族古籍工作许多特点。根据民族古籍工作的历史和现状,通过理论和实践的研究,其特点大体可归纳为以下几个方面:

(1)语言文字的多种性

我国少数民族在自己历史发展的长河中,大部分很早就出现了本民族的语言文字。如藏文延续了 1200 多年的历史,蒙古文有 500 多年的历史,维吾尔文、哈萨克文亦有几百年的历史。此外,朝鲜文、乌孜别克文、柯尔克孜文、塔塔尔文、彝文等民族文字都已形成了比较完整的文字体系,各民族用本民族文字,创造了许多流传久远,丰富多彩的文献,对这些民族文字文献的搜集、加工整理、分析研究、编译报道等业务工作是民族古籍工作的主要内容之一,因此,用少数民族语言文字开展各项业务工作,是民族古籍工作的特殊要求。

目前,在我国已经实现了文献著录的标准化。《文献著录总则》就是概括各类型文献共同特点而制定的有关文献著录的原则、内容、标识符号、格式和规则等的统一规定。与此同时,我国又制定了一系列少数民族文字文献著录标准,如《蒙文图书著录规则》就是我国第一部民族文字文献著录标准。因此,在文献著录标引工作中,根据民族文字的特点,充分考虑民族读者的书写习惯和阅读习惯,形成具有本民族特点的款目内容,使其具有民族特性。

新中国成立后。我国还充分利用民族古籍,有目的、有计划地编制了联合目录、索引、文摘等。如《全国蒙文古旧图书资料联合目录》(1979 年 10 月内蒙古人民出版社),《全国满文图书资料联合目录》[1991 年 7 月书目文献出版社(今国家图书馆出版社)],《中国蒙古文古籍总目》(上、中、下)[2000 年 5 月北京图书馆出版社(今国家图书馆出版社)]。该书目是一部民族性、文献性、学术性都很强的综合性大型书目工具书。

特别值得一提的是在 1996 年 5 月召开的第二次全国少数民族古籍工作会议上决定在"九五"期间或用更长时间编纂跨世纪重点项目——《中国少数民族古籍总目提要》,这将是一部综合性的具有多功能学术价值的巨著,将成为国内外诸多领域科学研究的必备工具书,它同《四库全书》一样,将对中华民族文化的发展产生重大影响。

这些书目无一不带着民族特点和烙印,反映各少数民族文化的过去和将来。同时,这些目录索引的编纂,不仅对整理民族古籍有着直接的现实意义,而且能使民族古籍得到更好的保护,使我国少数民族的文化瑰宝得到开发利用。

* 本文系辽宁省教育厅高等学校科学研究项目(A 类)《中国少数民族古籍管理学研究》(202285606)的成果之一。

（2）布局的分散性

民族古籍的分布比其他古籍更加分散，即其散布性更加明显。首先，保存机构众多。以云南等地的彝文、傣文、东巴文古籍为例，这些民族古籍除分布于云南各少数民族地区外，北京、天津、广州等市，我国台湾地区，美国、法国、英国、越南和缅甸等国均有保存，主要收藏在图书馆、博物馆、档案馆、研究所。此外，民委、高等院校、寺庙、文化馆、群艺馆、史志办等都保存有珍贵的民族古籍。

其次，由于少数民族共同的游牧生活，共同的宗教信仰，再加上和汉族的密切联系，文化上的互相沟通，文字上的相互记载就成了必然现象，在我国极其丰富的汉文古籍中，其中相当部分古籍包含有少数民族的内容。如先秦古籍《诗经》《左传》《逸周书》《墨子》等都有不少有关古代少数民族的记载，是研究古代各民族历史的珍贵资料。正史如司马迁的《史记》，首先为少数民族立传，设有匈奴、东越、南越、西南夷、大宛等《列传》，集中保存了我国少数民族的一批史料。自司马迁始，一部二十四史，除《陈书》《北齐书》外，大都有《南蛮传》《西羌传》和《土司传》之类的民族传记，此外，正史中的《地理志》也记载了不少有关少数民族地区的山川形势和风俗民情。正史以外的专著，如东汉时的《越绝书》《吴越春秋》，晋人常璩的《华阳国志》，宋人范成大的《桂海虞衡志》，周去非的《岭外代答》，元代耶律楚材的《西游录》，明代陈诚、李暹的《西域番国志》，何秋涛的《朔方备乘》等都是研究少数民族的重要专著。其他历史资料，如比较著名的地方志有李吉甫的《元和郡县志》，北宋乐史的《太平寰宇记》，王存的《元丰九域志》等，广述兄弟民族状况。另外，像《资治通鉴》这样一些编年体史书和《册府元龟》《太平御览》《古今图书集成》等类书，也含有大量的民族史料。至于那些散见于历代名人的文集、笔记、杂著、碑刻、墓志中的民族史料，更是数不胜数。

（3）国际影响的广泛性

由于历史变迁、外国列强入侵等一些举世周知并令人难以忘却的原因，我国许多珍贵的民族古籍流散于世界各地，世界各国收藏有大量的中国民族古籍。流失国外最为严重的是藏文、蒙古文、满文、维吾尔文、彝文、东巴文、西夏文、女真文、契丹文等民族古籍。现今收藏我国民族古籍的国家主要有：英国、法国、俄罗斯、日本、美国、丹麦、奥地利、比利时、荷兰、挪威、瑞典、澳大利亚、尼泊尔、锡金、缅甸、波兰、新加坡、德国、意大利、捷克、印度、匈牙利、加拿大、蒙古等。仅以东巴文古籍为例，在国外收藏情况大致如下：美国赫伦梅勒（个人）藏约4000册，美国国会图书馆藏3038册，美国哈佛大学燕京学院藏约1000册，美国洛克赠送的私人收藏本约25册，英国芮兰兹图书馆藏约150册，大英博物馆91册，英国印度事务局图书馆约50册，英国林登民俗博物馆藏15册，英国曼彻斯特博物馆1册，法国吉梅特博物馆约10册，法国巴黎东方语言学院25册，德国柏林国立图书馆2000余册，德国马尔堡国立图书馆1115册，德国国家图书馆6册，西班牙个人收藏本1000余册，荷兰莱顿收藏本约10册。

近十几年来，前来民族地区旅游、考察、探险的西方人士众多，其中一些人士不惜用重金购买仍然残存于边远山村的民族古籍，民族古籍流失国外的问题仍然存在。

在国外，如俄罗斯、印度、日本及欧美各国都建立了许多国际常设机构、研究所和学会，研究蒙古学、藏学、满学、突厥学、敦煌学等，并出版了大量的中国少数民族古籍。中国少数民族早已走出国门，成为国际研究的热点。

总之，民族古籍工作涉及我国文献工作的一切方面和全部问题，弄清了民族古籍工作的共性和特性，也就抓住了我国文献工作的主要问题。

2. 民族古籍工作的未来发展趋势

随着经济、技术、社会的发展,民族古籍信息总量、知识陈旧速率和知识更新周期将发生变化,而且随着量变的逐渐积累,将发生质的变化。回顾民族古籍的历史,总结民族古籍开发利用的现状和经验,寻找民族古籍演化趋势,我们可以大致推断、构想出未来民族古籍工作的基本轮廓和特征。

(1)民族古籍管理一体化

从我国目前情况来看,收藏民族古籍,不只是图书情报部门的任务,档案馆、博物馆、文物所等也部分地收藏民族古籍,所以,全面实现民族古籍实体材料的共同管理是难以实现的。如果采取图书、情报、档案、文博等部门所藏民族古籍所含信息的一体化管理,我们认为是可以实现的。虽然上述有关部门所藏的民族古籍的实体材料分别存放于不同的地方和部门,但可以把它们所藏的民族古籍的知识内容浓缩后贮存在古籍目录和电子计算机中,由一个部门集中管理目录和信息库。进而建立民族古籍信息的检索服务中心,形成全国的、地区的、专业系统的、基层单位的不同层次的检索网络体系。从社会发展的角度讲,这才是民族古籍信息一体化管理的有效形式。为实现民族古籍信息一体化管理,我们应在整理已有的民族古籍目录的基础上,进行民族古籍的数据库建设。从目前情况来看,民族古籍数字化可采用四种形式,即书目数据库、提要数据库、全文数据库、混合数据库。一是选择一些编制比较好的、有代表性的民族古籍书目进行数字化,比如通过已经出版的《中国蒙古文古籍总目》编制《中国蒙古文古籍总目数据库》,这项工作已在进行之中。二是利用目前在全国范围内编纂《中国少数民族古籍总目提要》的机会,直接编制《中国少数民族古籍总目提要数据库》,为民族古籍数字化打下坚实基础。三是对收集到的民族古文献,如老彝文、老傣文、古藏文、东巴经、贝叶经及其他载体的古文献,可采取照相复制方法保留原貌,再用扫描技术录入照片,辅以文字说明,同时对一些有价值的重要古籍,采用扫描技术全文录入,从而建立全文数据库。四是为了解决民族古籍"广"与"精"之间的矛盾,原则上看,只要有利于民族文化的传承,有利于民族经济发展的民族古籍,都应将其全文数字化。但苦于资金的制约,古籍的浩瀚,又迫于民族研究对民族古籍的急切需求,只能选择主干精华古籍的数字化,辅之以书目、提要指示。

(2)民族古籍保护法制化

与汉族的古籍整理相比较,民族古籍整理和抢救工作显得尤为紧迫。这是因为,历代封建统治者几乎从未做过民族古籍的收集整理,使民族古籍长期散落民间,加上各种因素制约,民族古籍印刷成书的极少,大多数或是手工传抄,或是口头承袭,口传的东西,一旦没有了继承人,它就自然消失了。一些民族古籍,尽管已经被收集保存起来,但能读懂的人已故去,这些书也就成了千古之谜。同时,由于有的民族古籍以手抄本方式传世,一部作品在上百年的时间内处于不停的复制之中,而且皆是归私人所有,口头流传的作品更是如此,大致内容相同的作品经民间历代多人的传诵,已有多种不同的版本,这些民族古籍的知识产权问题显然要比一般作品的知识产权复杂得多,用《著作权法》不完全套得上。这些情况足以说明民族古籍立法工作的紧迫性。但是,相比之下,这方面的立法工作滞后。迄今为止,国家没有制定关于保护民族古籍的专门法规,而《民族区域自治区》等具有法律效力的文件,对民族古籍的整理多为一些较为概括性原则,具体操作性不强,这样,就使民族古籍的收集整理工作在某种程度上存在无法可依的状况。由于民族古籍保护方面的法律不够健全,民族古籍被倒卖到国外的并不是个别现象。

（3）交流国际化

当今世界是一个整体,人们称之为"四化"世界——经济国际一体化、科技世界网络化、产业结构跨国化、金融流通洲际化。在此形势下,民族古籍要适合 21 世纪的需要,必须大力推进国际化。其内容大致包括:①合作编辑出版民族古籍;②合作进行民族古籍人员培训;③合作进行专题民族古籍调研;④各国互换民族古籍,做到文献资源共享;⑤及时交流民族古籍工作经验;⑥制定共同的民族古籍规范,便于国际通用;⑦合作购置和共同开发运用大型的现代化设施,如建立公用的民族古籍数据库;⑧各国共同编辑文献资料索引及民族古籍情报刊物;⑨互相聘请专题民族古籍撰稿人或互派访问学者。

（4）队伍专家化

要使民族古籍充分发挥其功能,达到现代化水平,关键在于有一支数量足够、结构合理、素质良好、协作配套的民族古籍队伍。

为了使我国民族古籍在新世纪迈入现代化之门,必须在造就民族古籍队伍上下功夫。为此,我们应该:①要拓宽现有民族地区高校图书情报专业的专业面,并招收有一定民族古籍工作经验的青年加以培养。②对现有民族古籍队伍给以充实调整,不合要求的,或改行,或加以培训。③与国外图书情报机构互换访问人员或共同培训民族古籍研究人员。④要提高民族古籍工作者的社会地位和工资待遇。要改变"老弱病残"搞图书情报的错误观点,吸引一批头脑灵、能量大、素质好的青年来从事民族古籍工作,造就一批高水平的民族古籍专家队伍。

参考文献

1　李杰.我国民族文献及其建设[J].图书馆,1992(5).

2　吴棠.开发民族文献资源为弘扬民族文化和科学研究服务[J].图书情报工作,1992(6).

3　包和平.我国民族文字文献工作的现代化[J].图书与情报,2000(3).

4　包和平.少数民族古籍的科学管理和开发利用[J].中国图书馆学报,2002(3).

5　纳勇.试论民族文献[J].云南民族学院学报(哲学社会科学版).2000(1).

（原载《图书情报工作》2005 年第 8 期）

民族古籍保护及其策略研究*

民族古籍是指我国少数民族在历史上遗留下来的古代书册、典籍和资料。由于各民族历史文化不同,民族古籍存世情况有很大的差异。有些民族古籍以 1911 年为下限,有些民族古籍可以定在 1949 年以前。民族古籍分为有文字类和无文字类,有文字类的民族古籍包括各种用少数民族文字记载的古籍和用汉文记载的有关民族资料的古籍;无文字类古籍主要是指口碑古籍。口碑古籍即口头资料,是指各少数民族在历史上以口耳相传留下来的具有文学和历史价值的各种史料,反映了本民族的风土人情、生活习俗、民族性格、宗教信仰等,内容涉及民族政治、经济、军事、宗教、文学、哲学、历史、自然科学等,主要有神话、史诗、传说、故事、歌谣、谚语、谜语等。

1. 民族古籍保护取得的成就

我国民族古籍整理工作从 20 世纪 70 年代末开始受到重视,80 年代初走上正轨。1982 年 3 月国务院召开了古籍整理出版规划会议,提出并部署了搜集、整理、出版民族古籍的任务。1984 年 7 月全国少数民族古籍整理出版规划小组成立,在国家民委成立了办事机构。目前,全国有 25 个省、自治区、直辖市及 130 个州、地、盟相继建立民族古籍整理机构,在一些民族院校和民族地区建立了古籍研究所。据不完全统计,自 1984 年以来,已抢救、搜集民族古籍 12 万种(部、件、册),整理 11 万种(部、件、册),出版古籍、书籍(不包括馆藏古籍) 5000 余种(部、件、册)。

特别值得一提的是在 1996 年 5 月召开的第二次全国少数民族古籍工作会议上决定在"九五"期间或用更长时间编纂跨世纪重点项目——《中国少数民族古籍总目提要》,这将是一部综合性的具有多功能学术价值的巨著,将成为国内外诸多领域科学研究的必备工具书,它同《四库全书》一样,将对中华民族文化的发展产生重大影响。

在民族古籍法律保护方面,《民族区域自治法》第 3 章第 38 条明确规定:"民族区域自治地方的地方机关收集、整理、翻译和出版民族书籍、保护民族的名胜古迹、珍贵文物和其他重要历史文化遗产。"《国务院关于进一步贯彻实施〈中华人民共和国民族区域自治法〉若干问题的通知》中也明确指出:"对少数民族的优秀文化遗产要注意发掘、保护和弘扬。"国家民族事务委员会《关于抢救、整理少数民族古籍的请示》中谈到要抓紧抢救民族古籍工作,对已经集中保存的民族古籍要做好编目、整理工作;对散存在民间的民族古籍要组织力量做好征集工作;各图书馆和收藏单位,对现有已征集到的民族古籍,要加强保管;所有流散在国外的民族古籍资料,应通过多种途径,采取适当措施,购置、交换或复制回来;对口头流传的资料,

---

　* 该篇文章与何丽合作。

　本文系辽宁省教育厅高等学校科学研究项目(A 类)《中国少数民族古籍管理学研究》(202285606)的成果之一。

各省、自治区、直辖市应及时组织力量，深入群众中去抢救，勿使失传。《国务院办公厅转发国家民委〈关于抢救、整理少数民族古籍的请示〉的通知》中着重指出："少数民族古籍是祖国宝贵文化遗产的一部分，抢救、整理民族古籍，是一项十分重要的工作。"2000 年 5 月云南省出台了《云南省民间传统文化保护条例》。这些规定和条例对民族古籍保护工作提供了法律依据。

2. 民族古籍保护存在的问题

（1）保存机构众多，保存分散

以云南等地的彝文、傣文、东巴文古籍为例：这些民族古籍除分布于云南各少数民族地区外，北京、天津、广州等市，台湾地区，美国、法国、英国、越南和缅甸等国均有保存，主要收藏在图书馆、博物馆、档案馆、研究所。此外，民委、高等院校、寺庙、文化馆、群艺馆、史志办等都保存有珍贵的民族古籍。众多保存机构，使得民族文献难以集中，不利于保管和使用。

（2）立法不够健全

因为历代封建统治者几乎从未做过民族古籍的收集整理，使民族古籍长期散落民间，加上各种因素制约，民族古籍印刷成书的极少，大多数或是手工传抄，或是口头承袭，口传的东西，一旦没有了继承人，它就自然消失了。一些民族古籍，尽管已经被收集保存起来，但能读懂的人已故去，这些书也就成了千古之谜。同时，由于有的民族古籍以手抄本方式传世，一部作品在上百年的时间内处于不停的复制之中，而且皆是归私人所有，口头流传的作品更是如此，内容大致相同的作品经民间历代多人的传诵，已有多种不同的版本，这些民族古籍的知识产权问题显然要比一般作品的知识产权复杂得多。这些情况足以说明民族古籍立法工作的紧迫性。但是，相比之下，这方面的立法工作滞后。迄今为止，国家没有制定关于保护民族古籍的专门法规，而《民族区域自治区》等具有法律效力的文件，对民族古籍的整理多为一些较为概括性原则，具体操作性不强，这样，就使民族古籍的收集整理工作中在某种程度上存在无法可依的状况。由于民族古籍保护方面的法律不够健全，民族古籍被倒卖到国外的并不是个别现象。

（3）残损毁坏严重

受自然和人为因素的影响，许多民族古籍都已经受到损毁。民族地区历史上留存下来的民族古籍以纸质材料数量多，但由于纸质民族古籍极容易损坏。如云南省楚雄州档案馆收藏的 58 个卷宗 150 册彝文古籍中，前残的有 18 册，占 12%；前后残的有 29 册，约占 19%；后残的有 14 册，约占 9%；严重残损无法修复的有 6 册，占 4%。四川甘孜藏族自治州康定县档案馆从 1961 年就开始进行藏文古籍的收集工作，到 1966 年年初，共收集到 3000 卷藏文古籍。遗憾的是这些藏文古籍在"文革"中散失殆尽。甘肃省甘南藏族自治州夏河县的拉卜楞寺建有正规的藏经楼和印经院，1958 年前，藏经数达 228 620 部，藏文经版 6200 余块。1958 年"反封建"斗争及 10 年"文革"中，藏经楼和印经院被毁，经籍、经版大量散失毁坏，后经收集和抢救，现今仅存经籍 65 000 余部，经版 18 216 块。所存藏文经卷中，有许多字迹褪色或变质，多为翻阅磨损造成。而同一地方的夏河县档案馆所存的藏文古籍中，已有 20% 的藏文古籍字迹褪色或变质。保存条件较好的档案馆尚且如此，散落民间的古籍的遭遇便可想而知了。

（4）大量流失国外

流失国外最为严重的是藏文、蒙古文、满文、维吾尔文、彝文、东巴文、西夏文、女真文、契丹文等民族古籍。现今收藏我国民族古籍的国家主要有：英国、法国、俄罗斯、日本、美国、德国、意大利、捷克、印度、匈牙利、丹麦、奥地利、比利时、荷兰、挪威、瑞典、波兰、新加坡、加拿大、澳大利亚、尼泊尔、锡金、缅甸、蒙古等。仅以东巴文古籍为例，在国外收藏情况大致如下：美国哈佛大学燕京学院藏约 1000 册，美国国会图书馆藏 3038 册，美国赫伦梅勒（个人）藏约 4000 册，美国洛克赠送的私人收藏本约 25 册，英国芮兰兹图书馆藏约 150 册，英国林登民俗博物馆藏 15 册，英国印度事务局图书馆约 50 册，大英博物馆 91 册，英国曼彻斯特博物馆 1 册，法国吉梅特博物馆约 10 册，法国巴黎东方语言学院 25 册，德国国家图书馆 6 册，德国马尔堡国立图书馆 1115 册，德国柏林国立图书馆 2000 余册，荷兰莱顿收藏本约 10 册，西班牙个人收藏本 1000 余册。

近十几年来，前来民族地区旅游、考察、探险的西方人士众多，其中一些人士不惜用重金购买仍然残存于边远山村的民族古籍，民族古籍流失国外的问题仍然存在。

3. 民族古籍保护策略研究

（1）更新观念

民族古籍保护的重要性，对民族古籍工作者来讲可能是人所共知的，但在具体工作中往往容易忽略，把保护放在了次要的位置，想起来时提一提，而在更多的时候是把它尘封在记忆中，这就涉及一个意识和理念问题。通常来讲，我国现在对民族古籍的保护都是处在最简单、最基本的层面上，这表现在两个方面：一方面是顺其自然，各自为政，任其自由，也就是说对民族古籍的保护还没有站在系统、全局统一的角度加以考虑；另一方面是缺乏创新意识及先进技术手段的运用。因此，改变这种现状首先要有一种全新的理念。这种理念包括：一是忧患意识。民族古籍是民族传统文化的最原始记载，民族古籍的毁坏和消失在很大程度上意味着民族文化的消失，因此，民族古籍工作者必须要有忧患意识。二是全局意识。民族古籍是中华民族乃至整个世界的宝贵文化遗产，它绝不是哪一个馆或哪一个地方的"私有"财产，对于民族古籍的任何损坏和保护不当，都是对民族古籍事业全局的影响和保护传统民族文化的制约。三是现代意识。这种意识要求我们时刻关注现代技术的发展及其在保护民族古籍领域的应用，只有这样才能使民族古籍源远流长。

（2）健全法制

关于民族古籍的保护立法方面的情况，前面已经分别进行了说明，总的看来，这方面的工作是有成绩的，全国的《民族区域自治法》《文物保护法》和《通知》等法律文件中，都涉及民族古籍法律保护方面的内容，特别应该指出的是，改革开放以来，这方面的立法工作有了长足的进步。但是，与当前的形势和改革开放的要求来说，这方面的工作还存在滞后问题。因此，首先是要加大立法工作力度，要加强对民族古籍立法重要性的认识，要提高立法队伍的素质，保证立法工作顺利进行。其次是严格按照现有有关法律法规办事，既保护当事者的合法权益，又对损害民族古籍的行为绳之以法，真正把对有关民族古籍的法律保护落到实处。第三是加强对执法的监督工作，充分发挥国家机关、社会力量对执法的监督作用。

（3）完善管理体制

民族古籍的管理体制直接影响民族古籍的保护问题。目前,我国收藏和保存民族古籍的机构和组织比较复杂。民族古籍不仅在各地图书馆、博物馆、档案馆、科研单位及寺院里有收藏,还有相当一部分收藏在各地的民委古籍办、民族语言工作委员会和文化局、编译局等。这种收藏布局显然不利于民族古籍的保护与开发,不利于民族古籍的科学管理,更不利于民族古籍的统一规划和民族古籍事业的长久发展。但是,根据我国目前情况,不可能成立单独的民族古籍保护机构,所以要在现有条件下对收藏民族古籍的部门赋予新的职能,负责对民族古籍进行收集、整理、保护工作。

（4）采用新技术方法

一般来说民族古籍的保护措施有两种,一是延缓性保护,一是再生性保护。延缓性保护是指在不改变原件载体的情况下,对民族古籍进行修复、加固以及控制保存环境等延长原件寿命的过程,这是保存和抢救民族古籍的一种行之有效的方法。但它只是减缓了民族古籍的衰老速度,并不能从根本上解决民族古籍的长期保存问题。再生性保护是指通过现代的技术手段将纸张载体上的民族古籍内容复制或转移到其他载体上,以此达到对民族古籍的长期保护和有效利用的目的。再生性保护的最大特点是将原有民族古籍的内容转移到其他载体上,即使原件毁灭了,其记载的内容仍可以保存下来。再生性保护有以下几种措施和方法:一是缩微技术。缩微技术为扩大利用和保存提供了技术上的保证。选用高反差胶片或超微粒缩微材料,可使缩微复制达到去除原件污渍、斑点、发黄变暗、字迹褪色的目的,使冲洗后的胶片只有清晰字迹,而无其他损坏的痕迹。二是数字化技术。目前民族古籍全文数据库的录入方式分为全文版和图像版。全文版形式便于检索,但有失原貌,无校勘价值。图像板形式由于它具有保持其原有文献形式的特点,从民族古籍保护这一角度来讲,是最理想的选择。而且随着扫描器的发展,通过扫描可以使其转存到光盘等数字介质上,使民族古籍能得到更加广泛的利用。三是整理复制出版。复制出版虽然没有改变载体的性质,但对民族古籍的内容进行了转移。民族古籍的三种保护方式对民族古籍来说同等重要。

（5）多方筹集资金

在民族古籍法律保护的物质条件方面,国家和各省、市、自治区人民政府都做了大量的工作,尽其所能,拨出资金,支持民族古籍保护工作。但由于我国还处于社会主义初级阶段,财力有限,不可能拿出更多的资金投入,在这种情况下,要完全依靠国家和政府的资金来解决这方面经费短缺的问题显然是不可能的,也是不现实的。但是任务又是刻不容缓的,因此,我们在民族古籍保护工作中要不等不靠,充分发挥民族古籍的优势,自筹资金解决这方面经费短缺的困难,走出一条综合治理的新路。

（6）开展多方交流合作

我们应充分利用我国独特的地理位置环境和特殊政策,广辟国际信息渠道,广泛开展国际交往。其内容大致包括:①互相聘请民族古籍专家或互派访问学者;②制定共同的民族古籍规范,便于国际通用;③合作购置和共同开发运用大型的现代化设施,如建立公用的民族古籍数据库;④合作进行民族古籍人员培训;⑤及时交流民族古籍工作经验;⑥合作编辑出版民族古籍;⑦各国共同编辑民族古籍资料索引及民族古籍研究刊物;⑧各国互换民族古籍,做到文献资源共享。

参考文献

1 包和平.少数民族古籍的科学管理和开发利用[J].中国图书馆学报,2001(1).

2 国家民族事务委员会《中国民族工作五十年》编委会.中国民族工作五十年[M].北京:民族出版社,1999.

3 华林.西部大开发与少数民族历史档案保护政策研究[J].档案学研究,2002(2).

4 华林.论藏文历史档案的发掘利用[J].中国藏学.2003(4).

5 张公瑾.民族古文献概况[M].北京:民族出版社,1997.

（原载《中国图书馆学报》2005 年第 6 期）

民族高校民族文献数据库建设探讨*

民族高等教育是我国高等教育的组成部分,民族高校民族文献工作是我国高校文献工作不可缺少的内容。进入 21 世纪,人类已置身于数字化时代。民族高校民族文献工作如何跟上时代步伐,实现馆藏民族文献的数字化,是摆在我们面前的一项重要课题。

1. 民族高校馆藏民族文献概况

(1)民族高校图书馆概况

我国民族高校图书馆在 1949 年前基本是个空白,全国在边远地区及少数民族聚居地区,仅有 4 所民族高校图书馆。新中国成立后,党和政府十分重视民族教育事业,早在 20 世纪 50 年代初期就开始在各地创建民族学院和一批民族高等院校,为民族高校图书馆事业的发展奠定了基础。党的十一届三中全会以后,随着民族高等教育事业的发展,民族高校图书馆事业更是锦上添花,进入了改革开放、迅速发展的新时期。截至 1995 年,全国民族高校图书馆达 113 所,藏书总量达到 2000 万册,比 1950 年增加了 28 倍。从全国看,民族地区的高等院校与内地的民族院校、民族师资培训中心相辅相成,构成了从首都到地方,从南疆到北国边陲广阔地域上的民族高等教育网络。这种分布适应了我国少数民族人口聚居与杂居互相交错的情况,为各少数民族培养高级专门人才提供了有利条件。同时也为实现民族文献资源共享,实现计算机联网打下良好的基础。

(2)民族高校民族文献资源概况

经过多年的收集积累,民族高校图书馆已形成了独具特色的藏书体系,形成了分布全国各地以民族高校为中心的民族文献群落。如中央民族大学图书馆自从建馆以来,根据学校的性质、任务和专业设置,在全国范围内广泛采集图书资料。经过 50 多年的努力,目前已拥有中外文图书资料 120 多万册,成为高等学府藏书较丰富的图书馆之一,也是民族院校中的佼佼者。现在图书馆已初步建成了具有针对性、系统性、连续性的能反映中央民族大学主要专业特色的藏书体系。特别是在中国民族史、少数民族语言文学等专业的文献尤为丰富。馆藏民族文字图书 13 万册,有藏文、满文、蒙古文、彝文、傣文、纳西文等 20 多个文种,其中有不少属于珍贵的文献或已绝版的书籍。如藏文《大藏经》的纳塘版《甘珠尔》部;历代高僧全集、传记;《多仁班智达传》手抄本、《贤者喜宴》初印本,均属一级特藏。在特藏文献中还有稀世珍品贝叶经,是用铁笔刻在贝多罗树叶上的古代佛教经典。

西北民族学院馆藏 48 万册,其中藏文、蒙古文、维吾尔文、哈萨克文等民族文字图书有 8 万册,手抄本《大藏经·甘珠尔》10 万函 3000 余种;云南民族学院馆藏 58.5 万册,其中东巴文、彝文、傣文文献 1000 多种,民族古籍 1335 种;内蒙古大学现为我国蒙古学文献中心,馆藏蒙古文文献 5 万册;西藏大学图书馆以藏文文献为藏书特色,收藏有关藏文历史、经济、文

* 该篇文章与包爱梅合作。

化、教育、艺术、宗教、天文历算、藏医学等各学科门类图书共 1.3 万册,藏文木刻板 4000 多函;延边大学图书馆馆藏朝鲜文图书 6.6 万册,朝鲜文古籍 630 种,朝鲜文期刊 200 多种,朝鲜文报纸 40 多种;新疆大学图书馆收有汉文、维吾尔文、哈萨克文、柯尔克孜文等十几种文字图书共 90 万册,7 种民族文字期刊 2500 余种,珍贵的西域史料 500 种,还收藏有 13 世纪到 19 世纪初察合台文献和维吾尔古文献等。

又如青海民族学院图书馆关于土族研究文献资料,西北民族学院图书馆关于"花儿"研究的素材,吉首大学图书馆的苗族、土家族研究文献等,都各具特色。再如贵州民族学院图书馆编辑出版的《傩戏傩文化资料》三集,被海内外有关专家推崇为"中国文化史上的瑰宝"。内蒙古大学图书馆所藏的有关蒙古史方面的文献资料,促进了内蒙古大学的"蒙古学"研究,使之成为国内外研究"蒙古学"方面的学术中心,并被国际上的权威机构认可为中国 15 所最著名的大学之一。从 1994 年起国家教育委员会在中央民族大学设立"民族科学文献信息中心",在内蒙古大学成立了"民族学科蒙古学文献信息中心",在新疆大学成立"民族学科维吾尔学及哈萨克学文献信息中心"。与此相对应,西藏民族学院成立了全国高校藏学研究资料中心,贵州民族学院建立了全国傩文化研究资料中心,延边大学成立了朝鲜学文献信息中心。此外,还有彝学、壮学、侗学、苗学等文献信息中心也在有关民族高校建立,形成了一批民族文献实力雄厚的信息中心。

2. 民族高校馆藏民族文献数据库建设已具备的条件

(1)民族文献的整理初具规模

经过几十年的不懈努力,民族文献的搜集、整理工作已经取得很大成绩,各类民族文献书目的编制出版,为建立民族文献数据库奠定了基础,如中央民族大学图书馆历年编印的《中国少数民族研究资料索引》,1985 年云南民族学院图书馆编印的《图书馆馆藏报刊有关民族研究论文索引》(上、下),1989 年西南民族学院图书馆编印的《西南民院图书馆馆藏民族文献资料目录》(上、下),1989 年西藏民族学院图书馆编印的《西藏民院图书馆民族文献目录》及《藏学文献论著索引》(1—5 册),1990 年黔东南民族师专图书馆编印的《馆藏民族文献目录》,1989 年贵州民族学院图书馆编著的《馆藏民族文献目录索引》,1991 年青海民族学院图书馆编著的《中国藏学研究文献目录资料索引》(上、中、下)比较全面地反映了中国藏学文献情况,为从事藏学研究者打开了方便之门。1990 年西南地区民族院校图书馆协同编制的《民族和民族文献联合目录》,是在各参加馆所编的各馆馆藏民族文献目录的基础上汇总编辑而成。1997 年,四川省高校图工委组织申报了《四川省高校图书馆馆藏西南少数民族文献的开发和共享》课题,建立了《四川省高校图书馆馆藏西南少数民族文献数据库》,将编辑出版《四川省高校图书馆西南少数民族文献综录》,这一课题目前正在进行中。

(2)民族文字信息处理初见成效

民族文字信息处理问题一直是围绕民族文献数字化的一个大问题。民族文献数字化,无论是建立数据库还是网上信息交换都需要一个能够运行相应软件程序的具有国际统一标准编码的民族文字平台。目前,国际标准 ISO/IEC 10646(GB 13000,Unicode)把迄今为止尚存的语言(Living Languages)按照其文字(Script)统一编码,制定出全球通用的编码字符集标准。

从 20 世纪 80 年代以来,在国家民委、国家技术监督局、国家科委、电子工业部等有关部门的关心支持和帮助下,集结起各方面的力量协同攻关,在民族文字计算机编码字符集标准、键盘标准、字模标准、计算机民族文字操作系统和电子出版系统、民族语文数据库、民族文字识别系统等方面取得很大进展。以编码标准为例:内蒙古自治区计算机中心完成了蒙古文字符集国家标准、蒙古文键盘国家标准、蒙古文字模国家标准;新疆维吾尔自治区语委主持完成了维吾尔文、哈萨克文、柯尔克孜文的字符、键盘、字模的国家标准;四川省民语委办公室主持完成了彝文字符集、键盘、字模的国家标准;四川省民语委办公室主持完成了彝文字符集、键盘、字模的国家标准;由西藏自治区藏语文工作委员会办公室牵头,西藏大学、西藏技术监督局、西北民族学院、青海师范大学共同完成了藏文编码字符集、藏文键盘、藏文字模国家标准。值得一提的是,1997 年,我国提交的藏文编码字符集国际标准正式进入了国际标准化组织(ISO)制定的统一编码的国际标准,即 ISO/IEC 10646,这一先进的标准编码体系结构,成为第一个进入该标准基本平面的少数民族文字,为藏文字符编码的统一做出了贡献。1999 年我国内蒙古自治区有关单位和蒙古国有关部门共同制定了蒙古文编码字符集国际标准,四川省民委制定了彝文编码字符集国际标准。以上两个标准经国际标准化组织(ISO)审定,正式编入国际标准编码体系结构中。维吾尔文、哈萨克文等文字的编码标准经多方面协商也得到圆满解决。为我国几个少数民族文字的计算机处理打下了良好的基础。国家标准锡伯文信息处理信息交换用七位和八位编码图形字符集也正在编制中;蒙古文、彝文、傣文、锡伯文和维吾尔文、哈萨克文、柯尔克孜文等文字符集的补充集正在制订中。这样,数字化的民族文献可在中文、日文、朝鲜文、英文、藏文、蒙古文、彝文、维吾尔文、哈萨克文、柯尔克孜文等视窗平台上运行,这种跨语境关联的全文检索系统,极大地方便了使用不同语种用户的检索,是未来民族文献数字化的方向。

(3)民族高校计算机网络初步建成

自 1994 年中国科学院和清华大学、北京大学组成的中国教育科研示范网(NCFC)与 Internet 正式接通以来,国内先后组建了中国科学技术网(CSTNet)、中国公用计算机互联网(ChinaNet)、中国教育和科研计算机网(CERNet)和中国金桥信息网四大网系并与 Internet 联通。据统计,截至 2000 年 12 月 12 日,中国民族类顶级域名网站已超过 90 家,二级域名网站 100 多家。其中全面综合性站 6 家,类别综合性站点 10 个,族别类站点 70 个,区域性民族站点 40 个,机构与社团类站点 10 个,教学与研究类站点 30 个,企业类站点 30 家,专题站点 10 个。民族高校图书馆系统以 CERNet 为依托,在民族图书馆中较早加入互联网,截至 2000 年 12 月,已有 60% 的民族高校通过 CERNet 与 Internet 联通,这就为建设民族高校馆藏民族文献数据库提供了通信和技术保障。

3. 民族高校建立馆藏民族文献数据库的基本策略

(1)成立民族文献数据库建设委员会

民族文献数据库建设是一个庞大的系统工程,需要集合各方面的人才和技术力量,也需要大量资金投入。这就需要政府出面统一组织协调。建议在国家民委民族教育司领导下,由全国民族高校图书馆工作委员会牵头,成立全国民族高校图书馆民族文献数据库建设委员会,开展对民族文献数据库的组织与研究工作,其工作内容主要包括:①申请民族文献数据库专项经费,积极向国家民委及有关部门宣传开展民族文献数据库工作的意义和作用,争取建立专项基金,确保顺利开展工作。②负责制定民族文献数据库的各种标准和规范。比如分类法的使用、民族语言文字编码、民族文字的信息处理和民族文字标准平台等,负责向国家标准局申报民族文献数据库的有关标准。③负责制定民族文献数据库发展规划和实施方案,为上级部门提供决策依据。④定期举办民族文献数据库学术活动,召开研讨会、经验交流会和专家论证会。

(2)积极参加 CALIS 特色数据库建设联盟

中国高等院校文献资源保障体系(CALIS)的重点任务是文献信息服务网络建设和文献资源及数字化建设。其中,高校图书馆自建特色数据库又是 CALIS 文献资源及数字化建设的重要内容。进入"211 工程"的民族高校,大多在 CALIS 的资助下建立了民族文献数据库。比如内蒙古大学图书馆在 CALIS 的资助下研制开发的《蒙古学文献信息特色库》,该特色数据库包含了一批与内蒙古自治区经济建设和社会发展,以及与"211 工程"的重点学科项目密切相关的、代表着高校特色和优势的文献数据库,具体内容包括:《中国蒙古文古籍总目数据库》《内蒙古大学蒙古学书目数据库》《蒙古学汉文古籍书目提要数据库》《中国蒙古学书目提要数据库》《国际蒙古学书目数据库(中国卷)》《国际蒙古学学者数据库(中国卷)》《近几十年来韩国学者的蒙古学研究成果索引数据库》《500 万词现代蒙古学文献信息数据库》及《非书资料、多媒体、电子出版物和网上资源联合目录数据库》等。建立了以蒙古学等重点学科为主的多语言的多种书目数据库和文献数据库、以现代蒙古语文信息处理数据库、蒙古文文献数据库与蒙古文图书馆业务数据库为特色的导航库。形成了一套具有生命力的、独具魅力的特色数据库群,为特色数据库的系列化发展奠定了坚实的基础。其他未进入"211 工程"的民族高校图书馆也应在 CALIS 全国中心、地方中心的统一协调下,进行有计划、有步骤的建设,尽快建立起学科种类齐全、形式多样的民族文献数据库体系,做到发挥各自的专长,避免重复建设,走共建共享之路。

(3)加快整顿现有民族文献书目数据

民族文献的标引、著录是从手工阶段起步的,但在近 10 年里,许多民族高校开始采用计算机著录格式,使民族文献的标引、著录产生了质的飞跃。目前,利用计算机对民族文献进行著录,已经形成了一个比较完善的体系,即严格按著录标准,遵循 MARC 格式著录,如四川省高校图工委组织建立的《四川省高校图书馆馆藏西南少数民族文献数据库》等。但在利用计算机进行著录的初始阶段,鉴于经验的不足以及无固定模式可参照,各民族高校图书馆或多或少在书目数据记录里会遗留一些问题,如书卡账不符,一书有两条以上记录,著录详简级次不一,内容不准确,著录方式不一致,同书异号、异书同号,等等。随着民族文献事业不断向信息化、网络化发展,资源共享,尤其是网上资源共享将是一条必经之路,因此,各民族高校要抓紧时间规范本部门的民族文献书目数据,为建立全文数据库、为网上资源共享打好基础。

(4)重视民族文献数据库专业人才的培养

民族文献数据库建设是一项专业性很强,涉及多学科知识的技术性工作。要求每个工作人员除具备一般图书情报知识外,还必须在科学技术知识、民族语言文字方面有一定造诣,还应努力掌握电子计算机等现代化技术手段。只有这样才能适应现代化的民族文献开发趋势,也只有如此高水平的队伍,方能进行民族文献数据库建设工作,才能多主题、多途径、全方位地满足读者对民族文献信息广、快、精、准的需求特点,提供系统化的服务。

参考文献

1 孙家正.数字图书馆——新世纪信息技术的机遇与挑战国际研讨会论文集[M].北京:北京图书馆出版社(今国家图书馆出版社),2002.

2 包和平,王学艳.中国少数民族文献的数字化研究[J].情报杂志,2002(4).

3 胡京波.当前我国民族地区图书馆面临的机遇与挑战[J].图书馆论坛,2002(5).

4 崔旭.论西北地区高校数字图书馆建设[J].中国图书馆学报,2002(2).

5 中国图书馆学会.知识经济时代图书馆的发展趋向[M].北京:北京图书馆出版社(今国家图书馆出版社),2002.

6 宋光淑等.西南民族研究特色数据库建设探讨[J].大学图书馆学报,2002(4).

7 刘泳洁,王月娥.关于西部民族地方文献数字化的几点思考[J].大学图书馆学报,2002(4).

8 陈奇世.关于西部少数民族文献资源数据库建设的思考[J].情报资料工作,2001(5).

(原载《情报资料工作》2005 年第 4 期)

论民族文献导读

所谓民族文献导读就是引导和辅导读者利用民族文献进行阅读的过程。导读的重点在引导上,即通过民族图书馆有效的活动,引导读者阅读有关的民族文献,使读者的阅读动机、阅读兴趣、产生的阅读影响自觉发生位移,逐渐趋近和达到民族图书馆的某个目标,从而使读者在潜移默化中政治上受到教育,知识上得到补充,情操上得到陶冶。

民族文献的形成是我国少数民族产生、变化、发展的间接体现,它忠实地展示了我国各民族古往今来的全面貌。通过民族文献,不仅使人们了解各民族及民族地区的过去,也使我们看到了各民族亟待发展腾飞的今天,它始终都影响着民族地区经济文化事业发展的现在和未来。特别是民族文献中包含着大量的、不可多得的原始资料,早期在青藏公路线中的实地勘查和白银金川两大有色金属矿区的勘探、建设中就得到了充分的利用,即使是在黄河上游龙羊峡水库和刘家峡水电站的兴建上也重视到了民族文献中所记载的一些水文参考材料。近期在西部开发的新的历史时期中,民族文献的信息导向和决策功能,将在我国西部经济建设中起着举足轻重的作用。

1. 民族文献导读工作的内容

(1)提高民族文献工作人员的素质

民族文献工作人员素质的高低直接影响着民族文献导读工作的开展。因此,建立一支思想素质好、作风过硬、业务能力强的业务人才队伍,是进行民族文献导读必不可少的前提条件。一要有组织措施保证。民族文献工作队伍建设需要引起领导和人事部门的重视,从实际岗位需要出发,给足必要的人员编制数额,同时要考虑民族文献工作的性质和任务,注意文化程度、学科、专业结构的合理搭配,真正认识民族文献工作的性质和作用,把有较高水平、热爱民族文献工作、有志于民族文献事业的人员充实到民族文献工作岗位。二要重视在岗人员的培训提高。在思想政治方面,民族图书馆应当结合形势,长期不懈地进行有理想、有道德、有文化、有纪律的教育,培养正确的人生观、道德观、价值观,培养热爱民族文献工作的思想感情,树立全心全意为读者服务的思想,默默奉献的精神,自觉地做好为读者服务的工作。在业务技能方面,大力倡导为生产、科研服务,学知识,学本领,从馆内实际出发,鼓励、支持参加继续教育,凡符合条件又有学习机会时,都应尽量提供方便。主要注意挖掘本单位人才潜力,实现内外结合共同做好民族文献工作。可聘请那些具有专长又热心民族文献工作的专家、学者等作兼职信息资料员,与专职民族文献工作人员配合,以弥补民族文献工作人才的不足。

(2)加强民族文献的收藏工作

如果一个民族图书馆没有丰富的民族文献,民族文献导读就会失去物质保障,因此,民族图书馆要在提高民族文献工作人员素质的基础上,根据本单位的性质、任务、读者服务面等因素,提高民族文献的收藏量,最大限度地为民族文献导读工作提供物质保障。

民族文献从形式上分类主要有:图书、期刊、报纸、特种文献(会议文献、原始调查材料等)。在内容上、民族文献具体包括:①马克思、恩格斯、列宁以及我国老一辈无产阶级革命家毛泽东、周恩来、邓小平等关于民族问题的论著是民族文献的经典。在改革开放的社会主义建设新时期,党和国家领导人关于中国民族问题的论述及各项政策、法规、文件等,是当前民族文献工作的指导方针。②凡内容涉及民族问题,即民族的政治、经济、文化、历史、宗教、风情、习俗等各方面的文献,反映在学科上有民族政治法律、民族经济、民族文教科技、民族语言文字、民族文学艺术、民族宗教、民族历史、民族医药卫生等论著。在建设馆藏时,以上各类图书及综合类的有关工具书都必须进行全面系统的收藏,这是藏书广泛性的一种体现,并将其列为民族图书馆的藏书重点。

总之,内容涉及民族,不管是综合性论著还是专著,兼论或涉及某一方面的著述,不论是史籍还是现代出版物,以及不同类型的载体,这些均应收藏。如地方志、民族志、文化志、家谱、民族的碑文、字画、考古文物资料、文集、诗歌、专著、论文、信札、日记、传记、涉及民族问题的外文文献、地方出版物(正式与非正式)、新中国成立前的书刊,当地生产科研单位的内部资料等。这些文献能够反映本地民族的历史沿革、地理环境、自然环境、经济条件、文化教育、风土人情、技术水平以及民族特点等。

(3)重视民族文献目录的使用

我国民族文献目录学历史悠久,源远流长。早在9世纪,藏族学者就编制了著名的三大藏文佛经目录,在其后的各个历史时期,特别是新中国成立以来,我国的民族文献目录学家编制了多种类型的民族文献书目、索引、文摘、题录和综述等,积累了一定的书目文献,取得令人瞩目的成就。单以民族文献联合目录而论,1979年,由北京图书馆和内蒙古图书馆主持编辑,内蒙古人民出版社出版的《全国蒙文古旧图书资料联合目录》,反映了全国各地的60多个图书馆收藏的蒙古文古籍的情况,分为宗教、政治、法律、军事、语言等15类。其著录内容包括蒙汉文对照书名、著者、出版年代、出版者、册数等项,是一部比较全面的国内蒙古文古籍目录。该目录出版20多年来,为从事蒙古文各学科研究者,提供了比较准确的资料线索。同时也为其他文种文献目录的建立,提供了经验。1991年由黄润华、屈六生主编,书目文献出版社(今国家图书馆出版社)出版的《全国满文图书资料联合目录》,基本反映了清代满文图书、拓片的概貌。1991年青海民族学院图书馆编著的《中国藏学研究文献目录资料索引》(上、中、下)比较全面地反映了中国藏学文献情况,为从事藏学研究者打开了方便之门,起到了"衣领"作用。比较有影响的联合目录还有:《北京现存彝族历史文献部分书目》《傣文古籍知见录》《维吾尔、乌孜别克、塔塔尔古籍目录》《傣文古籍目录》《吐蕃简牍综录》《藏文典籍目录》《世界满文文献目录》等。其他有关的专题或专科书目、索引、提要等,其数量更大、范围更广。

读者要全面利用民族文献,就必须学会使用各种民族文献目录。所以,指导读者学会使用民族文献目录,是导读工作的重要内容之一。首先要帮助读者了解本馆设有哪几种读者目录,各种目录的作用及反映藏书范围,介绍目录卡片的著录事项,索书号的组成及组织方法,目录组织体系,说明分类目录、字顺目录的组织体例及检索使用方法,说明本单位采用分类法的分类体系、大类类目表、标记符号及特殊分类规则,字顺目录排列取字方法和查找方法,以及填写借书单的方法和要求等。其次指导读者利用有关参考检索工具,如本馆收藏的有关书目、索引、文摘、题录等,为读者提供较广泛的查找民族文献线索。

2. 开展多种形式的民族文献导读工作

民族图书馆的民族文献导读工作刚刚起步,要做好这项工作,必须付出艰苦的劳动,提倡创业精神。不能将导读工作停留在空泛的议论上,我们需要的是切合实际的实践活动。

(1)把握社会的总体需求

社会主义制度下的民族文献工作,有其十分明确的政治方向,这就是党和国家的要求与社会的总体形势。民族图书馆本身要坚持社会主义方向,同时又要把读者的阅读倾向纳入正确的轨道。为此,民族文献导读工作要时刻把握党和国家的要求及社会的整体要求,使民族文献导读工作有明确的方向性和阶级性,为党的方针、路线服务,为社会主义服务,为社会生活服务。

(2)了解读者的阅读需求

要搞好民族文献导读工作,必须做到心中有数,将此项工作建立在读者阅读需求的基础之上。这就要求民族图书馆把调查读者的阅读倾向当作一项经常性的工作来抓,以便在此基础上制订可行的民族文献导读工作计划,使这项工作确有成效。在开展民族文献导读工作中,诚然有民族图书馆"干预"和"扭转"读者阅读兴趣的一面,同时也存在"顺应"读者阅读潮流的一面,这两个方面的工作都很重要,不能只强调一方面。

(3)开展多种形式的民族文献导读服务

民族文献导读工作除了有明确的政治方向和特定目的以及要了解读者需求外,更重要的是采用灵活多样的方法。我们应当力戒那些枯燥无味的说教形式,主张用活泼生动的形式去开展民族文献导读工作。这些形式除了大家所熟知的宣传栏、座谈会、读书书评会之外,还可以采用读后交流、专家谈书、阅读讲座、作品鉴赏会、录像等形式来开展此项工作。采用小报的形式来引导读者的阅读倾向也是一项十分有效的方法,这种形式既沟通了民族图书馆与读者的交流,又可登载各种书评文章和介绍好书。同时,传统的新书展览、导读书目等形式也是必不可少的。总之,民族文献导读工作是一个多样化的活动体系,它需要创造性的工作,需要工作人员的努力和认真负责,同时,它又需要读者的响应和支持,使读者认识到,在他们的阅读活动中,民族文献导读确实有一定的作用,这样,我们的民族文献导读工作才是有效的。

(4)研究读者阅读兴趣的形成

要想更好地开展民族文献导读工作,使民族文献导读工作更有效力,研究读者阅读兴趣的形成是十分必要的。它是更深层影响和干预读者倾向所必须开展的工作。总的说来,读者阅读倾向受这样一些因素的影响:社会局势、社会总体阅读倾向、政治气候、民族心理、民族读者间的相互感应及新闻媒介、教学导向等,这种多方聚焦,给民族图书馆的导读工作带来了一定的困难和影响,为此,要有效地开展民族文献导读工作,民族图书馆必须善于分析和利用这些因素,以自己特有的力量去影响读者的总体阅读倾向,使读者读好书,正确地理解民族文献的内容。

(5)加强民族文献导读工作理论与方法的研究

这是开展民族文献导读工作必不可少的一项内容,要探讨民族文献导读工作的方法,建立指导民族文献导读工作的理论体系,只有这样才能使民族文献导读工作较深入地开展下去。

参考文献

1 李晓菲.中国民族文献检索[M].赤峰:内蒙古科学技术出版社,1998.
2 包和平.民族图书馆学概论[M].长春:吉林人民出版社,1999.

（原载《图书馆学研究》2001 年第 6 期）

关于少数民族文字文献的数字化思考

中国民族文化是古老、伟大、多源的文化,是生息在中华大地上的各个民族共同缔造的文化。如若把中华民族文化比作江河汇聚成的浩瀚的大海,那么各少数民族文字文献就是汇入其间的一条条水量充沛的河流。中国少数民族文字文献独具天地、别具精彩,是中华文献宝库中珠光璀璨的一部分。

目前我国的各类型图书馆正经历着前所未有的发展变化,正朝着自动化、电子化、网络化、虚拟化的方向迈进。数字图书馆建设已经成为 21 世纪我国图书馆发展的基本潮流和建设项目,国内汉文图书、报刊等书目数据库的建设可谓蓬蓬勃勃,但少数民族文字文献的信息价值并未受到足够的重视,其中所蕴含的信息远未得到开发。随着文献信息载体向数字化、网络化发展的趋势,少数民族文字文献的数字化存储和网络化服务将成为我国数字图书馆发展中的一个重要的组成部分。

1. 少数民族文字文献数字化建设的必要性

(1)有利于弘扬少数民族文化

在 55 个少数民族中,有 21 个民族有自己的文字。480.6 万人口的蒙古族,至今仍在使用传统的蒙古文。459.3 万人口的藏族,早在 7 世纪初就创造了藏文。当你走进西藏的寺院,会惊奇地发现,那里的每个寺院,都是一个庞大的图书馆。

我国政府历来重视民族出版业的发展,给予积极的政策扶持和经费补贴。目前,我国有民族出版社 37 家。每年出版民族文字图书 5000 多种,4000 多万册。另外出版少数民族文字期刊 180 余种、报纸 80 余种。少数民族文字不仅在中国,在世界跨民族中也有着普遍的传播价值。比如在欧洲,能够应用藏文的便有 30 万人之多。我国少数民族文字文献不仅数量庞大,而且内容丰富,她记录了各族人民千百年来的生产斗争和社会生活的历史,她凝聚了各族人民智慧的结晶,是中华民族文化宝库中一笔珍贵的财富。要弘扬我国各民族优秀文化,促进世界各民族的文化交流,少数民族文字文献工作就必须采用现代化的技术手段,建立少数民族文字文献数据库,让民族文化信息在信息时代、在世界文化领域中占有自己的位置。

(2)有利于民族语言文字的抢救

少数民族语言文字,相对来说是弱势文化,在改革开放的情况下,难免遇到冲击。这就会造成一些民族语言文字使用的萎缩,就会有濒临失传的危险。比如"女书"又称"女字",就是湖南省江永县及附近一带只有妇女中流行的一种奇特文字,有 2000 多个字符,是一种能运用于日常生活的符号体系,内容多表达妇女内心感受或记载一些重大历史事件。1983年,江永"女书"被中南民族学院的学者鉴定为一种独特的女性文字符号体系,迅即引起中外学者的广泛关注。"女书"的流传靠老传少,母传女,世代传袭。而今天,年轻姑娘上学读书学习的是汉语,没有人再学习和使用"女书"。目前在世的能阅读和书写"女书"的只有 93

岁的杨焕谊、60 多岁的何艳新等人。"女书"作为一种文字正处于濒危阶段。如果采用多媒体形式存贮下来,不能不说是抢救"女书"的最好形式。

(3)有利于少数民族文字文献的充分开发利用

少数民族文字文献数字化的目的,一方面为了适应中国民族研究之需要,利用现代化手段为教学科研人员提供研究信息动态、最新研究成果,把握研究方向,引导民族学科研究走向为民族地区现代化建设服务的正确轨道。另一方面为党政领导机关科学决策提供信息咨询,为科技扶贫注入活力。我国少数民族文字文献数量庞大,学科门类繁多,光靠人工检索某一课题的有关文献需耗费巨大的人力和时间,而当今的信息检索系统平均每 10 分钟就能完成一个课题的调研,其工作量相当于一个人读了 30 种文字的 2000 种专业杂志和 9000 篇科学论文。数字化后的少数民族文字文献信息不仅可供研究人员从不同的途径进行检索,做各种目的的统计分析,而且可供网上流通,实现资源共享。因此说,少数民族文字文献只有实现了数字化,才能真正达到充分开发利用的目的。

2. 少数民族文字文献数字化的规范控制

文献数据库的质量控制,包括数据库软件的水平、数据增加的及时性、数据的完整性、数据输入的准确性和数据处理的规范性,其中,尤以数据处理的规范性更为重要。数据的规范性是实现数据自动化和网络化的先决条件,直接影响数据库的质量。少数民族文字文献数据库要以发展地区间的网络为目标,其数据产品能够与国内、国际接轨,因此,必须采用标准化的原则,实现数据库的规范控制。

少数民族文字文献数据库是一个集多文种、多种文献类型于一体的综合性数据库。由于受国内、国际文献工作标准化发展程度的限制,各文种和各类型文献在采用标准化方面有相当大的难度。因此,原则上应尽可能采用现有的国家标准和国际标准,有国家标准的,就执行国家标准,没有国家标准的,就参照国际标准执行。若遇到标准未明确规定的,则采取套用有关国家标准和国际标准的方式进行。

(1)少数民族文字文献的分类问题

较之汉文文献来说,少数民族文字文献的分类标引更为复杂,一时很难编制一套适应各少数民族文献特点的分类法,所以,在目前情况下,笔者认为一律采用《中国图书馆分类法》为好。这样有利于少数民族文字文献分类标引的一致性,有利于网络化建设。问题在于要将增设、扩充、靠类标引的类目通过一定的方式统一起来,固定下来,在条件成熟时,可以编制《中国图书馆分类法·少数民族文献分类表》。

(2)少数民族文字文献的编目问题

这里主要涉及的就是少数民族文字文献的编目是以少数民族文字为主著录,还是以汉文为主著录的问题。这是国内长期讨论而悬而未决的问题。其实如果有条件的话,还是先用少数民族文字著录一遍,再用汉文著录一遍为最好。这样既客观地反映了少数民族文字文献的情况,又增加了学术性(因为汉译本身就是一项学术性很强的工作),更便于利用和管理。

(3)少数民族文字文献的主题标引问题

主题标引是通过对文献内容的分析,把文献所论述的对象(对事物)概括出来,再使用规范化词汇——主题词,将其按照一定的规则加以组织,使之成为检索语言的过程。由于主题检索能将一个研究对象(事物)集中在一起,人们根据事物的主题概念直接用汉语词汇进行检索,直观性好、专指性强,在检索时可选择相应的主题词从不同途径进行检索,比用分类检索更快捷方便。主题检索是读者利用书目数据库不可缺少的手段,是衡量其质量好坏的关键。要进行少数民族文字文献的主题标引必须有可依据的主题词表,但目前尚无专供少数民族文字文献使用的主题词表。为了使少数民族文字文献主题标引工作规范化,可采用《中国分类主题词表》作为少数民族文字文献主题词标引的统一依据,用它对少数民族文字文献进行标引之后,直接著录在《中国机读目录格式》的"606 学科名称主题字段"。

(4)少数民族文字信息处理问题

这一直是困扰少数民族文字文献数字化的一个大问题。少数民族文字文献数字化,无论是建立数据库还是网上信息交换都需要一个能够运行相应软件程序的具有国际统一标准编码的少数民族文字平台。目前,国际标准 ISO/IEC 10646(GB 13000,Unicode)把迄今为止尚存的语言(Living Languages)按照其文字(Script)统一编码,制定出全球通用的编码字符集标准。现在进入 ISO 10646 编码的文种有朝鲜文、藏文、蒙古文(包括满文)、彝文,另有维吾尔文、哈萨克文、柯尔克孜文通过对阿拉伯文进行相应的补充也基本进入 ISO 10646。这样,数字化的民族文献可在中文、日文、朝鲜文、英文、藏文、蒙古文、彝文、维吾尔文、哈萨克文、柯尔克孜文等视窗平台上运行,这种跨语境关联的全文检索系统,极大地方便了使用不同语种用户的检索,是未来少数民族文字文献数字化的方向。对未进入 ISO 10646 编码字符集的少数民族文字文献及一些民族古文字文献则适宜采用扫描方法,以图像全文的形式上网。图像全文方式处理简单,可保留原文原貌,各收藏部门可用深加工的目录与图像全文结合的方式来提供服务,以满足用户之需要。

3. 网络环境下的少数民族文字文献的数字化建设

少数民族文字文献要实现数字化,需要解决的问题很多。笔者认为应从以下几方面入手,为我国少数民族文字文献实现数字化创造条件。

(1)建立管理机构

建议由全国少数民族古籍整理研究室牵头,组成一个由国家民委、地方政府、高校三方联合起来的专门领导小组,开展对民族古籍数字化的研究工作,负责制定民族古籍数字化的各种标准和规范。比如分类法的使用、民族语言文字编码、民族文字的信息处理和民族文字标准平台等,负责向国家标准局申报民族古籍数字化的有关标准。

(2)增加经费投入

少数民族文字文献数字化建设是一个庞大的系统工程,需要集合各方面的人才和技术力量,也需要大量资金投入。这就需要政府出面统一组织协调,把少数民族文字文献数字化纳入国家信息基础设施建设之中,建立专项资金,应由国家划拨和各地方政府筹措,保证项目顺利开展。当少数民族文字文献数字化初具规模时,可以引进市场机制,通过开展各种网上信息服务,吸引社会各方力量,扩大资金来源渠道,使项目分阶段长期开展下去。

(3)加强软硬件建设

少数民族文字文献数字化建设是一项整体性很强的系统工程,单凭政府投入或收藏单位自身的资金和技术力量很难完成这一艰巨任务,需要计算机界、软件工程界、通信网络工程界及其他方面共同努力才能完成。从 20 世纪 80 年代以来,在国家民委、国家技术监督局、国家科委、电子工业部等有关部门的关心支持和帮助下,集结各方面的力量协同攻关,使民族文字的信息处理工作取得了很大进展。至 90 年代初,先后推出了蒙古文、藏文、维吾尔文、哈萨克文、朝鲜文、彝文、壮文以及柯尔克孜文、锡伯文等少数民族文字的字处理系统,以后不久,新疆、青海、甘肃、西藏、四川、吉林等地的专家学者也在国家的扶持下,开发了各种民族文字的字处理技术和应用系统,为少数民族文字文献数字化提供了一定的技术基础。但从国内外少数民族文字文献数字化的实践来看,少数民族文字文献数字化涉及的技术领域非常广泛,包括三维建模、人工智能、声频、视频技术、语言处理技术、光学字符识别等几十种相关技术。针对少数民族文字文献数字化所涉及的技术领域的复杂性,在国内应选择一些国家部委、地方政府重点扶持的收藏单位、院校、研究所等建立少数民族文字文献数字化技术研究中心,以保证少数民族文字文献数字化建设的长期性、连续性和科学性。

(4)采用多元化运营模式

在少数民族文字文献数字化建设过程中,根据政策、资金、人员等因素的影响,可以采取不同的运营模式。一是政府资助型,即通过政府部门资助建立特色数据库,如《四川省文化旅游资源数据库》等。二是基金资助型,如以国际图联和国家社会科学基金资助项目研究编制的《中国蒙古文古籍总目数据库》等。三是联盟资助型,主要是指由高校 CALIS 系统、中科院系统的"国家科学数字图书馆工程"、国家图书馆牵头的"中国数字图书馆工程"等数字图书馆联盟资助而建立的特色数据库,比如 CALIS 等一批资助的 25 个特色数据库中,西部高校就有 5 个特色数据库建设得到资助。四是馆企共建型,即指图书馆与当地企业联手共同投资建设的特色数据库,如《中国西南民族文化多媒体资料库·羌族历史文化》就是由四川省少数民族文化艺术基金会、四川省前景文化传播有限公司资助而建的。

(5)建立共建共享体系

目前,由于缺乏全国性的宏观规划,各个收藏部门各自为政,比较分散,资源建设重复浪费。少数民族文字文献数字化建设不能仅仅依靠几个图书馆和情报部门,而是依靠社会所有少数民族文字文献拥有者的通力合作,克服壁垒森严和条块分割的局面。加强横向联系,建立馆际合作和资源共享的动力机制,制定强有力的少数民族文字文献资源共享的政策和法规管理制度,以法律手段对各系统和各地区少数民族文字文献资源共建共享发挥导向和制约作用,推进少数民族文字文献资源建设的共建共享步伐。

参考文献

1 申晓亭.关于建立少数民族语文图书目录数据库的一点思考[M]//21 世纪图书馆可持续发展战略.北京:北京图书馆出版社(今国家图书馆出版社),2001.

2 李晋有.中国少数民族语言文字现代化文集[M].北京:民族出版社,1999.

3 孙家正.数字图书馆——新世纪信息技术的机遇与挑战国际研讨会论文集[C].北京:北京图书馆出版社(今国家图书馆出版社),2002.

4 包和平,王学艳.中国少数民族文献的数字化研究[J].情报杂志,2002(4).

5 包和平.我国民族文字文献工作的现代化[J].图书与情报,2000(3).

(原载《图书馆论坛》2004 年第 6 期)

中国少数民族文献目录学的研究现状及其未来发展趋势*

1. 民族文献目录学的研究现状

中国少数民族文献目录学(以下简称"民族文献目录学")历史悠久,源远流长。早在9世纪藏族学者就编制了著名的三大藏文佛经目录,在其后的各个历史时期,特别是中华人民共和国成立以来,我国的民族文献学者、目录学家编制了多种类型的少数民族文献书目、索引、文摘、题录和综述等,积累了一定的书目文献,取得了令人瞩目的成绩,同时开始了民族文献目录学的理论研究。

(1)关于基础理论研究

在我国较早系统地提出民族文献目录学概念的学者首推内蒙古大学乌林西拉教授。她在《中国少数民族文献目录工作概述》(《中国民族图书馆理论与实践》,中国华侨出版社,1996)一文中,阐述了民族文献目录学的源流与发展,认为民族文献目录学是中国目录学研究的重要内容之一,是中国目录学不可分割的组成部分。全面系统地研究民族文献目录的历史、现状和发展趋势,深入地总结民族文献目录工作的优良传统和辉煌成绩,是摆在我们面前的一项重要研究课题。它将对建立具有中国特色的目录学体系;弘扬中国多民族文化、促进各民族共同繁荣、共同发展;对挖掘、抢救、整理、研究少数民族文献资源,建立现代化的少数民族文献报道和检索体系,有效地进行少数民族文献资源的综合开发,充分发挥其作用,实现文献资源共享等,均具有重大而深远的理论意义和现实意义。

与此同时,包和平、许斌等同志发表了《中国民族图书馆理论与实践》,对民族文献目录学的研究对象、研究内容、研究的发展方向等提出了一些新的看法,认为民族文献目录学是研究民族文献目录工作形成与发展的一般规律的科学,民族文献目录学是目录学的一门分支学科,同时对于民族学科来说,它又是一门辅助学科。民族文献目录学的研究内容主要包括:民族文献目录学的理论基础,民族文献目录的历史及现状,民族文献目录的编制技术和方法等,为民族文献目录学理论研究打下了良好基础。

(2)关于目录学史的研究

有关民族文献目录学史的研究,过去比较偏重单一少数民族文献目录学史的研究,如藏文目录学史的研究、蒙古文目录学史的研究等,近年来,这一现象有所改变,出现了较全面系统研究各少数民族文献目录学史的文章。有代表性的文章有:《我国民族古籍的书目控制》[《图书馆杂志》2002(3)]、《我国古代汉文民族古籍目录概述》[《图书与情报》2002(3)]、《我国少数民族文字文献的书目控制》[《中国图书馆学报》2002(3)]、《现代汉文民族文献的书目控制》[《图书情报工作》2002(8)],《国外出版的中国少数民族文献书目概述》[《图

---

* 该篇文章与包爱梅合作。

本文系大连民族学院科研基金资助项目"中国少数民族文献目录学研究"成果之一。

书馆杂志》2002(6)]等,从不同的角度阐述了少数民族文献目录产生的社会背景、成书年代、编著者、分类体系、著录项目和社会历史价值等。

(3)关于目录编制技术的研究

我国早在公元 9 世纪就已开始编制了民族文献目录,其编制技术方法自有其独到之处,但有关编制技术方法的专门论著尚不多见,1998 年出版的《民族文献组织管理》(吉林人民出版社,1998.5)一书中,对民族文献的分类、著录、目录组织编排等做了较为系统阐述。另外,近几年发表了许多这方面的文章,如《我国少数民族文字文献著录标准化刍议》《藏文古旧图书著录暂行条例说明》《少数民族语文图书编目工作初探》《壮文出版物的藏书建设与著录标准化》《具有多元文化特色的中国少数民族语种文献编目与检索》等,对书目分类体系和著录项目等做了有益的探讨,特别是由内蒙古大学图书馆起草的《蒙古文文献著录规则》和北京图书馆制定的《北京图书馆藏文古旧图书著录暂行条例》等,在实践中均发挥了重要作用。

(4)关于民族专科目录学研究

这里所说的民族专科目录学,是针对某一具体的少数民族文献目录学而言,在这一研究领域成绩尤为突出的是关于藏文文献目录学的研究,有代表性的论文有:《藏文文献目录学》《藏文典籍的分布及其分编问题》《藏文典籍目录学的源流与分类研究》《我国藏学文献目录分类简论》等。其中尤以东嘎·洛桑赤列著的《藏文文献目录学》最具特色,作者在比较研究藏文各种目录分类大纲后,提出"改进目录编排"的 19 大类新分类体系和以藏文字母与阿拉伯数字相结合的标记符号,在实践中发挥了较好的作用,又如作者提出"听法笔记"是藏文图书的一种题录,扩大了藏文文献目录学研究领域,增加了目录类型。

(5)关于数字化研究

早在 1985 年内蒙古自治区图书馆与内蒙古电子计算机中心联合研制成功《微机蒙文图书目录管理系统》,1995 年,内蒙古图书馆又建立起符合国家标准的《蒙文书目机读目录数据库》。该数据库以 C 语言控制,用户界面良好,数据库组织是以系列库的形式采用多级索引,实现了全屏幕编辑和可变长格式的存贮处理;原始数据为代码形式,代码可转为蒙古文国际码和其他代码;系统有 7 个检索点,检索速度快;采用蒙文 MARC 格式控制数据格式,以蒙文 MARC 格式输出数据,实现数据共享。该项成果的先进性在于它实现了标准化,采用标准建立蒙古文书目数据库在国内外均为首例,填补了我国蒙古文文献事业上的一项空白,对促进我国各少数民族文献实现计算机化、自动化发挥了重要作用。

此外,在开发我国多语种文献检索方面,虽然起步晚,但发展很快,已在诸多方面居世界领先地位。从已开发的多语种系统看,它涉及的语种有汉文、朝鲜文、蒙古文、维吾尔文、哈萨克文、柯尔克孜文、藏文、傣文、彝文、壮文及越南文等 10 余种。根据其编目特点,分为三大类,即汉文编目子系统、蒙古文编目子系统和维吾尔文编目子系统。根据文献编目的特点和传统的书写习惯,汉文编目子系统可以对汉文、日文、朝鲜文、藏文、彝文、壮文、傣文、越南文等进行编目,蒙古文编目子系统可以对蒙古文、满文文献进行编目,维吾尔文编目子系统可以对维吾尔文、哈萨克文、柯尔克孜文文献进行编目。

有代表性的文章有:《维、哈、柯、汉、英多种文字信息处理系统》《东方多语种文献信息处理的进展》《东方多语种文献编目方法的初步研究》《关于建立少数民族语文图书目录数据库的一点思考》《中国少数民族文献的数字化研究》《我国民族文字文献的现代化》《民族古籍书目数据库建设探讨》等。

2. 民族文献目录学的研究方向和发展趋势

随着我国民族经济文化的迅猛发展,民族学科分支越来越多,民族学科之间的交叉渗透也日益深入,民族文献目录学和民族学科之间的关系更加紧密结合,民族文献目录学知识在民族学科领域里已广泛利用。因此,加强民族文献目录学研究,探索民族文献目录学今后的发展方向,至关重要。根据当代目录学的发展趋势,结合我国民族文献目录学历史发展和研究现状,可以从以下几个方面进行研究:

(1)加强民族文献目录学理论研究

我国最近几年才开始对民族文献目录学理论进行研究,但研究得很不充分和系统,今后还应进一步深入系统地进行研究。由于电子计算机及其他新技术在民族文献书目工作中的应用,给民族文献目录带来了一系列新课题。为了使民族文献目录学跟上时代的步伐,要求民族文献目录学的理论研究达到很高水平,对民族文献目录学的概念、对象和内容,民族文献目录学与其他学科的关系等,都应研究得比较充分,有统一的认识,使民族文献目录学理论知识系统化。为了有效地进行研究,早出成果,研究方法也应相应改变,如采用系统的方法、比较研究的方法和综合研究的方法,并在此基础上逐步形成我国民族文献目录学的理论体系。

(2)重视民族文献目录学史的研究

我国民族文献目录学历史悠久、源远流长。特别是中华人民共和国成立以来,我国的民族文献目录学家编制了多种类型的民族文献书目、索引、文摘、题录和综述等,积累了一定的书目文献。从我国民族文献目录学发展的历史阶段及其内容来看,现代民族文献目录学是我国传统民族文献目录学的继承和发展。但从现实情况来看,对古代民族文献目录学的研究还是一个非常薄弱的环节,故今后应把古代民族文献目录学的研究作为重点。开展我国古代民族文献目录学研究的首要任务,就是要搞好资料收集和整理工作,尤其是关于民族文字文献书目资料工作,有许多还是古代民族文献目录史料的空白点,应集中力量抓好。

(3)加强民族专科目录学的研究

有关民族专科目录学的研究,目前除藏文文献目录学研究独树一帜外,其他少数民族文献目录学研究则如凤毛麟角,这与我国少数民族文献目录工作实际不相符,严重影响了民族文献目录工作的进展,也很难体现民族文献目录学的独特功能。由于民族专科目录学最能体现"辨章学术、考镜源流"的目录学功能,并能在当代情报服务和参考咨询中发挥作用,因此,加强对民族专科目录学方面的研究,对我国民族文献目录学的发展,具有十分重要的意义。

(4)重视民族文献目录学方法的研究

我国在编制民族文献目录方面,积累了比较丰富的经验,但对民族文献目录学方法的研究,长期以来没有引起足够的重视。新中国成立以来虽然有过一些零星研究和探索,但基本还是采用传统的方式进行的。因此,必须用马列主义、毛泽东思想做指导,运用唯物辩证法,认真总结民族文献目录学方法的实践经验,开展民族文献目录学方法的研究,使之真正建立在科学方法的基础上。民族文献目录学方法大致包括民族文献的选择、揭示、编排等方面的问题,故应在民族文献的揭示与利用等方面做进一步的研究。近年来,由于现代科学技术在书目工作中的应用,开始对民族文献书目著录标准化和目录工作自动化进行探讨,并取得了令人满意的效果,如《中国蒙古文古籍总目数据库》的研制成功等,今后还需进一步开展这方面的研究。

(5)加强民族文献目录学课程建设

近年来,各高等学校针对中青年教师、研究生和本科毕业生普遍缺乏文献检索能力的问题,如不了解文献类型和结构,不会积累资料,不会使用文献检索工具,甚至不会利用图书馆,陆续开设了文献检索课。《中华人民共和国高等学校图书馆工作条例》规定:高校图书馆应开展查阅文献的教育辅导工作。全国高等学校图书馆工作委员会秘书处,还委托不同类型的高校图书馆组织力量编写教材,举办文献检索师资培训班或讲习班,普遍开展了文献检索课的教学工作。这些措施从当前的需要来说,是很有针对性的。实践也证明,在高等学校开设文献检索课,或举办文献检索方法的讲座,进行文献检索基本技能训练,起到了积极的作用。目前,我国有部分民族高等院校也开设了民族文献检索课,有些院校组织力量编写了民族文献检索教材。由于《民族文献检索》课本身就是民族文献目录学的一部分,因此,我们在强调《民族文献检索》课的同时,加强民族文献目录学课程的建设,加强民族文献目录学这门课程的教材编写工作。根据民族文献目录学本身所具有的特点,民族文献目录学在教材内容上必须有以下三个方面,即民族文献目录学的理论基础、民族文献目录的历史和现状、民族文献检索工具的编制和使用方法。这三部分内容互相联系,构成民族文献目录学课程的整体。这样的民族文献目录学课程对于民族院校大学生,是民族学科发展史、民族文献使用法的入门向导;对于民族图书情报专业的学生,是一门必修的专业课;对于广大的民族工作者,则是比较实用的民族文献指南。

参考文献

1 刘维英,赵淑琴.民族文献组织管理[M].长春:吉林人民出版社,1998.

2 包和平.中国民族文献管理学[M].赤峰:内蒙古科学技术出版社,2001.

3 包和平,许斌.中国民族图书馆理论与实践[M].北京:中国华侨出版社,1996.

4 吕桂珍.民族文献研究述评[J].西藏民族学院学报,2000(3).

(原载《情报资料工作》2004年第4期)

中国少数民族文献目录学的研究对象和任务*

中国少数民族文献目录学(以下简称"民族文献目录学")是我国目录学研究的重要内容之一,是我国目录学的重要组成部分。全面系统地研究民族文献目录的历史、现状和发展趋势,深入地总结民族文献目录工作的优良传统和辉煌成绩,是摆在我们面前的一项重要课题。它将对建立具有中国特色的目录学体系,挖掘、抢救、整理研究民族文献资源,建立现代化的民族文献报道和检索体系,有效地进行民族文献资源的综合开发,实现民族文献资源共享等,具有重大而深远的理论意义和实践意义。

1. 国内外研究民族文献目录概况

我国民族文献目录学历史悠久,源远流长。早在公元 9 世纪藏族学者就编制了著名的三大藏文佛学文献目录。在其后的各个历史时期,特别是中华人民共和国成立以来,我国民族文献学者、目录学家编制了大量民族文献书目、索引、文摘、题录和综述等,积累了丰富的书目文献,取得了令人瞩目的成绩。同时开展了民族文献目录学的理论研究,出版的主要著作有《中国民族文献检索》《民族文献组织管理》《民族文献检索与利用》《中国民族文献管理学》《中国民族文献导读》《中国民族工具文献辞典》等。发表的论文有代表性的有《藏文文献目录学》《藏文目录学的历史发展和面临的几个课题任务》《中国少数民族文献目录综述》《我国少数民族文字文献著录标准化刍议》《中国古代民族文献目录概述》《中国少数民族文字古籍及其书目概况》《我国少数民族文字文献的书目控制》《国外出版的中国少数民族文献目录概述》等。

在国外,如日本、印度、俄罗斯及欧美各国都建立了许多研究所、学会和国际常设机构,研究蒙古学、藏学、满学、突厥学、敦煌学等,出版了许多中国少数民族文献目录,如日本学者神田信夫编的《东洋文库藏满蒙文献资料目录》、法国拉露编的《国立图书馆所藏敦煌藏文写本注记目录》、俄国拉德洛夫的《回鹘文文献汇编》、英国塞门等编的《伦敦现存满文图书综合目录》等。对国外出版的中国少数民族文献目录进行系统研究,将有助于推动我国少数民族文献目录学的发展。

2. 民族文献目录学的研究对象

民族文献目录学是目录学的一门分支学科,同时对于民族各学科来说,它又是一门辅助学科。

近几十年来,随着民族学科的发展,民族文献数量不断增多,任何希望得到民族学科专业知识,或者从事民族科学研究的读者,都不能不借助于书目资料来挑选对自己有用的信

* 该篇文章与包爱梅合作。
本文系大连民族学院科研基金资助项目"中国少数民族文献目录学研究"成果之一。

息,避免泛滥无归,耗费精力。因而书目资料的编制和利用,成为民族科学工作者最关注的问题之一。一方面要求不断提高书目工作质量,改善书目工作,编出更多更好的专科目录,一方面应该使民族科研和民族工作者,懂得如何利用民族文献目录学去开启知识之官的大门,更好地掌握和利用民族文献。

民族文献目录工作,是对民族文献进行系统认识和揭示的过程。民族文献目录工作是一种社会现象,它的产生和发展,以一定的少数民族社会、政治、经济、文化的发展等时代因素为背景,同时,民族文献目录工作又具有特定的活动范围。它要认识与揭示特定类型的文献,满足特定类型的社会性需求,编制特定类型的书目资料。民族文献目录学又有其特定的规律性,它要应用目录学的一般原理和方法,解决民族工作者与浩瀚的民族文献之间所具有的特定矛盾。因此,它有一般目录学的共性,又有民族文献目录学的特性。这些特性就成了民族文献目录学的研究对象,使民族文献目录学成为一门研究民族文献目录工作形成与发展的一般规律的科学。

民族文献目录工作在长期的实践活动中,形成了诸如目录、索引、文摘等检索工具,民族文献目录学要对民族文献书目工作实践及其成果,进行系统地概括和总结,找出它的内在联系和规律,形成完整的理论认识体系。

3. 民族文献目录学的研究内容

民族文献目录学本身所具有的特点,决定其内容必须有以下几个方面:

(1)民族文献目录学的理论基础

结合目录学的基本理论,具体论述研究对象与内容,阐明民族文献目录学的体系和结构、民族文献目录学与相关学科的关系,以及民族文献目录学的研究方法和任务。

(2)民族文献目录的历史及现状

介绍我国各个历史时期,特别是近现代民族文献目录工作概况,结合民族文献历史发展、民族各学科出版的情况,研究民族文献目录产生、发展的历史意义和成就,从而对历史上民族文献目录工作和典型书目做出评价。

(3)民族文献检索工具,诸如目录、索引、文摘等的编制和使用方法

这一部分应着重介绍国内外主要民族文献检索工具的沿革和使用方法,也要阐明我国古代不但有优秀的民族文献,而且还有宝贵的民族文献目录,从而高度重视目录工作的优秀传统。目录索引、文摘等检索工具,是目录工作的产物,近代目录学的出现,深入到文献内容的索引法和文摘法,是在传统目录学方法上发展起来的。

(4)民族文献目录工作现代化,重点研究民族文献目录实现数字化的技术与方法

这四部分内容,互相联系,构成了民族文献目录学的整体。这样的民族文献目录学,才能对解决民族文献目录工作与人们对民族文献需要之间的矛盾提供基本理论和基本方法。

4. 民族文献目录学的研究任务

在认清民族文献目录的类型、结构、特点的基础上,提示民族文献目录工作的发展规律。不仅要揭示民族文献目录工作发展的共同规律,而且要指明民族文献目录工作发展的不同层次的特殊规律。

在揭示民族文献目录工作发展规律的基础上,总结民族文献目录工作的经验教训,找出

发展的新路子,回答民族文献目录工作实践提出的新问题。

在完成上述两项任务的基础上形成民族文献目录学的理论体系,为民族文献的开发利用提供科学依据,以加速民族文献事业的发展,更好地为民族研究,以及民族团结和民族经济文化发展服务,实现各民族共同繁荣。

5. 民族文献目录学的研究方法

(1)调查法:民族文献目录学的研究是一门实践性很强的研究,调查法是民族文献目录学研究中使用最普遍的一种方法。研究者深入少数民族地区,直接考察了解当地民族文献目录工作的实际情况,在调查过程中,可以根据所研究课题的需要,采用问答、问卷、观察、体验、统计、抽样调查等多种手段与方法,获取第一手调查资料。

(2)历史研究法:民族文献目录学研究之所以较一般目录学研究更复杂,就是因为不同的民族具有不同的文化背景,每个民族特有的文献目录往往有其深刻的历史渊源。因此,研究民族文献目录学不能仅着眼于现实,而且还要研究其历史。所以,历史研究法是民族文献目录学不可缺少的一种方法。

(3)比较法:比较研究法是民族文献目录学研究中经常运用的一种方法。由于各少数民族均有其不同的文化背景,因此,各民族的文献都呈现出不同的民族性,有其各自不同的特点,鉴别优劣,以便加以继承和创新。

(4)系统研究法:民族文献目录学研究是一项综合性研究,涉及众多学科。主要涉及文献学、目录学、民族学三大学科中的众多学科。因此,应用系统研究方法,采用以民族文献目录学研究为中心的多学科横向联合攻关,是研究民族文献目录学行之有效的一种现代化研究方法。

参考文献

1 武汉大学,北京大学《目录学概论》编写组.《目录学概论》[M].北京:中华书局,1982.

2 汪辟疆.目录学研究[M].上海:华东师范大学出版社,2000.

3 包和平,王学艳.我国民族文字文献的书目控制[J].中国图书馆学报,2002(3).

4 包和平,王学艳.国外出版的中国少数民族文献目录概述[J].图书馆杂志,2002(6).

5 包和平.我国民族文字文献工作的现代化[J].图书与情报,2000(3).

6 包和平.少数民族古籍的科学管理和开发利用[J].中国图书馆学报,2001(1).

(原载《图书馆学研究》2004 年第 9 期)

中国少数民族古籍的收藏与研究现状[*]

1. 国内收藏与研究民族古籍概况

中国少数民族古籍(以下简称"民族古籍")是指我国少数民族在历史上遗留下来的古代书册、典籍资料和口头传承及碑刻铭文等。由于各民族历史文化不同,民族古籍存世情况有很大的差异。有些民族的古籍以 1911 年为下限,有些民族的古籍可以定在 1949 年以前。民族古籍分为有文字类和无文字类,有文字类的民族古籍包括各种用少数民族文字记载的古籍和用汉文记载的有关民族资料的古籍;无文字类古籍主要是指口碑古籍。口碑古籍即口头资料,是指各少数民族在历史上以口耳相传留下来的具有文学和历史价值的各种史料,反映了本民族的风土人情、生活习俗、民族性格、宗教信仰等,内容涉及民族政治、经济、军事、宗教、文学、哲学、历史、医学、地理、历法、农技等。

我国的民族古籍内容丰富,文种多样,数量庞大,但由于民族古籍收藏分散,有些古籍尚未发现或尚无力整理等原因,对其数量进行统计相当困难,只能从有关古籍记载和一些收藏出版情况中了解和估测。如藏族古籍,在西藏自治区各大寺院及档案部门存有古籍 4.6 万多函;甘肃省甘南州拉卜楞寺藏经卷 6 万多部;青海省塔尔寺除《甘珠尔》《丹珠尔》外,另有藏文古籍 3341 函,编为 2.55 万多条书目;四川省德格印经院保存的经版有 21.55 万块;青海省塔尔寺印经院保存 3.4 万多块经版,每块双面刻板,计 4.3 万多面,藏文档案 300 万卷;北京地区各单位收藏藏文典籍近 2 万函。傣族古籍,至明万历四十二年(1614 年),傣族叙事长诗已发展到 500 多部;傣文古籍 8.4 万卷。满文古籍仅档案一项就有 150 万件,其他古籍约 1000 余种。彝文古籍近万种。蒙古文古籍 1.7 万余种。纳西族东巴经卷有 1000 余种、2 万册。维吾尔文、哈萨克文古籍也非常丰富。此外,汉文古籍中也保留大量与少数民族有关的古籍,总数约在 7000 种左右。据记载,保留下来的民族古籍有 30 个文种。国家图书馆收藏的民族文字古籍共有 26 个文种、10 多万册件。文种繁多的民族古籍主要有藏文、蒙古文、八思巴文、西夏文、女真文、回鹘文、察合台文、东巴文、彝文、傣文、满文等 10 余个文种。

我国民族古籍整理工作从 20 世纪 70 年代末开始受到重视。80 年代初走上正轨。1982 年 3 月国务院召开了古籍整理出版规划会议,提出并部署了搜集、整理、出版民族古籍的任务。1984 年 7 月全国少数民族古籍整理出版规划小组成立,在国家民委成立了办事机构。目前,全国有 25 个省、自治区、直辖市,及 130 个州、地、盟相继建立民族古籍整理机构,在一些民族院校和民族地区建立了古籍研究所。据不完全统计,自 1984 年以来,已抢救、搜集民族古籍 30 万种(部、件、册),出版古籍、书籍(不包括馆藏古籍)5000 余种(部、件、册)。这也是各地民族古籍研究和整理机构几十年来辛勤工作的成果,是民族古籍工作者精心保护和管理的结果。

---

* 该篇文章与包爱梅合作。

在蒙古族古籍整理方面,我国取得了引人注目的成就。在历史文献整理研究方面的主要成果有道润梯步的《新译简注蒙古秘史》(1978年),额尔登泰、乌云达来的《蒙古秘史校勘本》(1978年),巴雅尔标音、复原、今译并附注音字典的《蒙古秘史》(1980年),亦邻真复原本《蒙古秘史》(1987年),乔吉的《恒河之流校注》(1980年、1999年)、《黄金史校注》(1983年)、《蒙文历史文献概述》(1994年)等校订本、专著共11部。留金锁整理、校注的《十善福白史册》(1980年)、《水晶鉴》(1984年)等3部,乌力吉图校勘、注释的《大黄册》(1983年),巴根校注的《阿萨拉克齐史》(1984年),珠荣嘎校注的《阿拉坦汗传》(1984年)、道润梯步校注的《卫拉特法典》(1985年),呼和温都尔校注的《水晶注》(1985年),纳古单夫、阿尔达扎布的《蒙古博尔济吉忒氏族谱》(1989年),阿尔达扎布校注的《宝贝念珠》(1999年)等。语言文字方面的研究成果有道布整理、转写、注释的《回鹘式蒙古文文献汇编》(1983年),李保文编辑、整理、转写的《十七世纪蒙古文文书档案》(1997年),以及由内蒙古人民出版社出版的《蒙古语文研究资料》3部。文学研究方面的成果有巴·格日勒图整理的《蒙古族作家文论选》(1981年),《蒙古文论集录》(2003年)等。这些成就从一个侧面表明了我国近年来在蒙古历史文献研究方面的成绩,展示出研究的深度与广度,在国际、国内都有很大影响。

在收集、整理民族古籍的过程中,我国的一些学者开始对民族古籍理论问题进行研究,涌现出了《中国民族古文字》(1982年)、《中国民族古文字研究》《中国少数民族文学古籍举要》(1990年)、《民族古籍学》(1994年)、《中国少数民族古籍论》(1997年)、《民族古文献概览》(1997年)、《新中国民族古籍工作》(1999年)、《中国少数民族文献探研》(2002年)、《中国少数民族文献学概论》(2004年)等一大批研究民族古籍的论著。这些著作从不同角度、不同方面丰富了中国民族古籍研究的内容,扩大了民族古籍的研究领域,同时也为创建民族古籍学奠定了理论基础和实践基础。

2. 国外对我国民族古籍的收藏与研究概况

(1)藏文古籍的收藏与研究

从17世纪20年代开始到20世纪60年代,先后有欧洲天主教教士、匈牙利学者乔玛,英国驻尼泊尔代办何德逊、英印政府雇佣的印度文人达斯(S. C. Das)、英国的斯坦因(A. Stein)、法国的伯希和(P. Pelliot)以及俄国、德国、日本、瑞典等国的帝国主义分子从喜马拉雅山外或从我国内地进入青藏高原,劫掠走了大批藏文资料。其在国外的收藏情况大致如下:英国伦敦大英博物馆藏敦煌藏文古籍约5000卷,法国国立图书馆藏2500卷,匈牙利仅乔玛个人就收藏38种,俄国马洛夫收藏藏文木牍6支,俄国还收藏有敦煌及新疆古藏文古籍约1000多件。捷克东方学研究所图书馆藏65种(不含《甘珠尔》和《丹珠尔》在内)、日本仅东洋文库就藏有数百种(日本大正大学、大谷大学等图书馆都有收藏,但具体数字不详)。1959年印度藏有44 000余册从我国流失的藏文古籍。

目前,除上述英国、法国、日本、俄罗斯、捷克、匈牙利等国家大大增加了收藏的数量外,藏有藏文古籍的国家和地区主要还有:印度、美国、德国、意大利、丹麦、奥地利、比利时、荷兰、挪威、瑞典、波兰、新加坡、加拿大、澳大利亚、尼泊尔、锡金、缅甸、蒙古国等。其数量难以准确统计。

西方人着手研究藏学始于17世纪。其中较著名的研究者是匈牙利人乔玛。他在1834年编著了《藏英词典》和《藏文文法》,其后,又撰写了介绍《甘珠尔》《丹珠尔》的论文。在他之后,德国、法国、英国、意大利、俄国、日本、美国等国的研究成果也不断出现。例如西藏僧人多罗那他的《印度佛教史》于 19 世纪中叶即被译成俄文、德文,布敦的《佛教史大宝藏论》后来也被译成英文。在这个时期,法国的巴黎大学开始设立了中国以外的第一个西藏教学中心,意大利的图齐先后 8 次到过西藏,撰专著十几部,论文近百篇。另外,还有被称为西藏古代史研究新阶段界碑的《敦煌文书中之吐蕃史料》(法国巴考、英国托马斯、法国杜散1940—1946 年合译)、对古藏文木简和其他文书写卷译释的《新疆的藏文史料》(英国托马斯1935 年编),以及吐蕃时期重要古籍《巴协》校订本的出版(1961 年法国石泰安校订)等。近30 年来,国外的藏学研究队伍和研究范围日益扩大,研究成果也越来越多。自 1976 年在匈牙利召开第一次国际研究西藏的专家学术会议以来,许多国家相继出现了藏学研究中心,藏学逐步成为国际性学科。

(2)蒙古文古籍的收藏与研究

蒙古文古籍产生于 13 世纪上半叶。先有回鹘蒙古文(1225 年),后有八思巴蒙古文(1269 年),1648 年后又有了托忒蒙古文。3 种蒙古文都有大量古籍传世,而且在国外流传也非常广泛。世界上许多国家和地区都藏有蒙古文古籍,除我国藏书量居首位之外,蒙古国和苏联也是蒙古文古籍藏书最多的国家。其他国家的藏书量也相当可观,前联邦德国有手抄本和木刻本 672 件,丹麦首都哥本哈根皇家图书馆蒙古文馆藏书达 560 件,美国芝加哥远东图书馆劳费尔文库藏有藏传佛教经卷木刻本 72 本,华盛顿国会图书馆有手抄本和木刻本81 件,哈佛大学图书馆、耶鲁大学图书馆和纽约大都市图书馆都藏有蒙古文古籍,法国巴黎国家图书馆藏有木刻本 165 件,巴黎法兰西研究院藏有手抄本和木刻本 40 件,巴黎盖伊麦特博物馆收藏木刻本 3 本,英国伦敦东方和非洲研究院藏有木刻本 34 本,剑桥大学图书馆馆藏藏传佛教经卷 35 件,瑞典首都斯德哥尔摩民族博物馆藏有手抄本和木刻本 126 本,芬兰赫尔辛基大学图书馆和芬兰——乌戈尔学会藏有手抄本和木刻本 105 本,比利时首都布鲁塞尔藏有手抄本和铅印本 23 本,挪威奥斯陆大学图书馆藏有 10 本,梵蒂冈教廷国家秘密档案库藏有 13 世纪伊儿汗国外文文书 3 件。

在国外,随着蒙古学研究的发展,许多国家都设立了蒙古学研究机构,在蒙古学方面取得很多研究成果,并有许多珍贵的蒙古文古籍都被译成外文出版。比如国外对《蒙古秘史》的研究就有一百多年的历史。《蒙古秘史》已在日本、俄国、德国、法国、英国、捷克、芬兰、匈牙利、土耳其、哈萨克斯坦等国翻译出版,在这些国家的《蒙古秘史》研究领域已涌现出海涅什、伯希和、库赞、李盖提、那阿通世、山林高四郎、小泽重男等著名学者。除此之外,还有美国的柯立甫、比利时的田清波、澳大利亚的拉哈立兹、蒙古的策·达木丁苏荣、舍·嘎丹巴、达·策仁曹德那木等学者。又如《格斯尔》问世以来,引起国外学者的极大兴趣,先后被译成俄、英、法、德、日、印度文等多种文字,广泛流传于国外。同时有许多学者从不同的角度对《格斯尔》进行研究和探讨,如俄国的雅·伊·施密特、法国的阿·斯提思、德国的海西希等。

(3)满文古籍的收藏与研究

满文古籍从满文创制起(1599 年)至清末年止(1911 年),其间经历了 300 多年。在这期间,产生了大量的满文古籍,仅中国第一历史档案馆所藏满文古籍就有 150 万件左右。北京、沈阳、台北是我国的三大满文古籍宝库。由于历史变迁等举世周知并令人难以忘却的原因,我国珍贵满文古籍还流散于世界各地。在国外收藏情况大致如下:日本京都大学人文科学研究所图书馆收藏满族镶红旗文书(雍正至清末)2402 函,日本东洋文库收藏有近百种。

此外,东京帝国大学也有部分收藏。俄国国立列宁格勒大学高尔基科学图书馆东方部,东方学研究所列宁格勒分所手稿部,国立 M. E. 萨尔蒂科夫——谢德林公共图书馆手稿部和彼得堡图书馆等处都藏有满文古籍。美国国会图书馆藏有满文古籍 8916 册,此外,芝加哥大学图书馆、哥伦比亚大学图书馆也有部分收藏。英国大英图书馆、伦敦大学的东方和非洲学院、印度省图书馆的文书馆、日本国立公文书馆、英国海外圣书协会、皇家地理学会等均收藏有满文古籍。此外,法国也有部分收藏。

沙皇俄国从 18 世纪中叶起就已开始研究满文古籍。十月革命后,1936 年苏联科学院东方研究所组成了满学家小组,广泛开展满学研究,其代表人物有潘克拉托夫、热勃罗夫斯基、格列宾希科夫、切列米索夫、迪雷科夫、扎哈罗夫、戈尔斯基等。日本学术界极重视满文古籍的研究,其代表人物有内藤次郎、藤冈胜二、鸳渊一、今西春铁、松村润、冈田英弘、石桥秀雄氏、绅田信夫等。美英等国也越来越重视满学研究,其代表人物有美国的 J. 诺尔曼、英国的塞门、涅尔逊等。

(4)维吾尔文古籍的收藏与研究

维吾尔族曾经使用过回鹘文、突厥文、察合台文等。19 世纪末和 20 世纪初,俄国、德国、法国、英国、日本、瑞典、芬兰、丹麦等国的探险队纷至沓入新疆(包括敦煌)这块古文化的宝地,数万卷古籍流落异邦。在国外收藏情况大致如下:原东德科学院历史与考古中央研究所、原西德国立普鲁士文化藏品图书馆东方部、西柏林印度艺术博物馆、美英兹科学院图书馆、慕尼黑人种学博物馆等均有收藏,其中柏林至少藏有 90 多件回鹘文世俗文书。俄罗斯科学院东方学研究所的回鹘文世俗文书约有 50 件,列宁格勒亚洲人民学院藏有 7 件回鹘文世俗文书照片,俄罗斯圣彼得堡东方学博物馆藏有回鹘文木活字约 10 万枚。法国亚洲学会图书馆藏有突厥文——粟特文——汉文三语《九姓回纥可汗碑》残碑;法国国立图书馆东方古籍部藏有二行突厥文残片,回鹘文手稿约 408 个编号,察合台文手抄本约 60 个编号,吐蕃文回鹘语古籍 1 件;法国国立亚洲艺术吉美博物馆现藏有大型回鹘文《大唐大慈恩寺三藏法师传》100 多叶 200 多面,回鹘文木活字 940 枚;法兰西学院图书馆藏有 62 种察合台语写本。瑞典隆德大学图书馆藏有察合台语古籍约 900 种,瑞典民族学博物馆藏有 41 件约 50 页的回鹘文写本,瑞典乌普萨拉大学图书馆里也收藏有察合台语古籍(总数不详)。土耳其伊斯坦布尔大学藏有约 20 件回鹘文古籍。英国图书馆和大英博物馆现藏有突厥文、回鹘文古籍约 60—70 件,察合台古籍 10 种写本,英国印度事务部图书馆收藏有 29 种写本。芬兰赫尔辛基大学图书馆藏有回鹘文古籍约 70 件,此外还有察合台文手稿。日本龙谷大学图书馆藏有约 2758 件。

早在 17 世纪末,国外学者就对古代突厥文碑铭进行研究,直到 1893 年才由丹麦著名语言学家 V. 汤姆森解读成功。1894 年俄国拉德洛夫发表了《阙特勤碑》和《毗伽可汗碑》的拉丁字母和斯拉夫字母转写及德语译文。自此以后,近一个世纪以来,随着新材料的不断发现,各国学者对古代突厥文碑铭古籍的研究更加深入、全面,发表和出版了数以千计的论著。内容包括语言、文字、文学、历史、地理、民俗、宗教、艺术、文化等各个领域。世界各国研究回鹘文古籍的热潮是随着 19 世纪末 20 世纪初新疆南部和甘肃敦煌等地大量用回鹘文字写成的各种内容古籍的出土而开始的。近一个世纪以来,各国学术研究刊布了数以千计的回鹘文古籍,其中代表人物有法国米勒、冯加班、勒柯克,俄国拉德洛夫、马洛夫、吐古舍娃,土耳其拉赫马提,日本山田信夫、庄垣内正弘等。察合台古籍历来是世界各国突厥学家、中亚学者研究的重点之一。俄国、土耳其、德国、法国、英国、美国、日本的学者整理、刊布了大量的察合台古籍。其代表人物有日本的间野英二、滨田正美,法国的巴克——格拉蒙,英国的 K. 格伦贝赫、芬兰的哈伦等。

(5)彝文古籍的收藏与研究

近代,自西方殖民主义者的大炮打开了中国封建王朝的大门后,随着一系列不平等条约的签订,列强们打着"旅游""探险""科学考察""传教"和"兴办慈善事业"的幌子,深入云、贵、川三省的广大彝族地区。他们除了广泛搜集彝族地区的政治、军事、经济情报以及掠夺物质财富外,还收集了大量的彝文古籍。目前国外收藏彝文古籍的情况如下:法国巴黎东方语言学校藏有 30 册、法国巴黎东方博物馆藏书室藏有 4 册、法国巴黎天主教外国教会藏有 20 本、法国巴黎国立图书馆藏有 17 册、法国巴黎民族志博物馆藏有 2 册、英国伦敦不列颠博物馆藏有 8 册,其他还有法国远东学院、迷哇基博物馆、美国国会图书馆、日本京都大学文学部等。

对彝族语言文字和彝文典籍的研究、出版,从公元 1852 年开始,法国人就首先把彝文《宇宙源流》译成法文,并在 1898 年用法文、彝文对照的形式出版了;1905 年又出版了法文与彝文对照的《法罗字典》,1909 年重印了第 2 版。其他还有英国布鲁豪尔的《坚固的堡垒》(1947 年)、美国弗兰克的《华南漫游记》(1964 年)、法国亨利·科尔迪埃的《倮倮的现实形态问题》(1907 年)、日本西田龙雄的《中国西南部的倮倮文字》(1980 年)等。在众多编译研究彝文古籍的外国人中,法国研究彝族语文和彝文典籍的论著,及用法文翻译彝文典籍的著作为数众多,其中成果最多的是法国传教士保禄·维亚尔(Pavl Vial),其代表作有《云南罗罗文字研究》《罗罗历史与宗教》《法罗词典》等。

(6)纳西文古籍的收藏与研究

纳西文古籍产生、存在于中国大地,但对它的学术性收藏却是首先由西方人开始的。1840 年鸦片战争之后,中国逐渐沦为半殖民地半封建社会的国家,帝国主义列强开始肢解中国的山河,纳西族居住地因处在滇、川、藏三省交界处,战略地位十分重要,先后有法国、英国、美国、意大利、荷兰、德国等国的传教士、探险家、军事人员、学者等对纳西族居住区的自然情况与社会情况进行考察,并发现了纳西古籍的存在。他们用各种手段搜集到大量纳西文古籍,使大量纳西古籍流失海外。近十几年来,前来纳西族地区旅游、考察、探险、访问的西方人士众多,其中一些人士不惜用重金购买仍然残存于边境山村的东巴经典。据目前所知,流入西班牙和西方国家的就有 2000 多册。迄今为止,收藏于国外有关图书馆、博物馆、研究机构及个人手中的纳西文古籍可以统计到 1 万余册。在国外收藏情况大致如下:美国哈佛大学燕京学院藏约 1000 册,美国国会图书馆藏 3038 册,美国赫伦梅勒(个人)藏约 4000 册,美国洛克赠送的私人收藏本约 25 册,英国芮兰兹图书馆藏约 150 册,英国林登民俗博物馆藏 15 册,英国印度事务局图书馆约 50 册,大英博物馆 91 册,英国曼彻斯博物馆 1 册,法国吉梅特博物馆约 10 册,法国巴黎东方语言学院 25 册,德国国家图书馆 6 册,德国马尔堡国立图书馆 1115 册,德国柏林国立图书馆 2000 余册,荷兰莱顿收藏本约 10 册,西班牙个人收藏本 1000 余册。

国外研究纳西文古籍的有法国人巴克(J. Bacot),著有《么些研究》(1913 年),美国人洛克(J. E. Rock)著有《纳西百科辞典》两卷(1962 年)。另有西德科隆大学印度东方学研究所主任雅纳特(Janert)教授,根据中德文化交流协定,来我国研究纳西族语言文字,已出版东巴经目录 5 册,又出版东巴经《祭风经》原文 5 卷。此外,日本也有一些学者研究纳西文古籍,如白鸣芳郎教授主持的"中国大陆古文化研究会",于 1978 年出版了研究纳西族的特辑(共 8 集)。国外学者的这些研究,也为纳西文古籍的繁荣发展,做出了贡献。

(7)西夏文、女真文、契丹文古籍的收藏与研究

西夏文是公元 11 至 13 世纪党项族所建的大夏(西夏)国使用的文字。保存至今的西夏文古籍种类繁多,就其数量和价值来讲,在传世的中国民族古文字古籍中,都占据相当突出的地位。在国外收藏情况大致如下:俄国柯兹洛夫在黑水城所获西夏古籍,现藏俄国科学院东方学研究所圣彼得堡分所;英国斯坦因在黑水城所得西夏古籍,现藏伦敦大英博物馆;日本大谷探险队所获西夏古籍,现藏日本天理图书馆;此外,在瑞典斯德哥尔摩民族博物馆也有一些收藏。

在研究方面,19 世纪末以后,国外学者逐渐对繁复难解的西夏文字和语言进行摸索和探讨,20 世纪 20 年代以后,随着各国研究人员的增多,研究资料的丰富,西夏古籍的研究工作进展较快。到目前为止,最为全面的西夏古籍学著作首推俄国捷连吉耶夫-卡坦斯基的《西夏国家的书籍事业》,而目录著作则以俄国戈尔巴乔娃和克恰诺夫的《西夏文写本和刊本》最为著名。在这部书中,作者著录了 405 种西夏古籍,并为其中 60 种非佛教著作撰写了详细的提要,成为当前研究西夏古籍最重要的工具书。

契丹古籍指公元 10 世纪至 12 世纪间用契丹文字记录的材料。这批材料保存至今的很少,除少量碑铭、墓志和哀册外,纸书则一件没有。而且没有什么相关的字典可供研究参照,以致现存的成篇的契丹古籍尚没有一篇被彻底解读。早在 20 世纪 20 年代,内蒙古地区昭乌达盟(今赤峰市)巴林右旗的辽庆陵被人盗掘,闻讯赶来的比利时传教士凯尔于 1922 年 6 月在此掘获辽兴宗和仁懿皇后哀册,并抄录了全部契丹文。次年,凯尔抄本公开发表。此后不断有新碑铭发现,半个多世纪以来,以中、日、俄三国学者为代表的契丹文字学界几乎尝试了所有的办法来解读契丹小字,例如山路广明曾利用汉字,村山七郎曾利用突厥字母,长田下树曾利用蒙古语,斯达里科夫曾利用字频统计法来研究,但他们的解读结论均不够科学,互相矛盾的地方很多。此外还有俄国的鲁多夫、达斯金、沙夫库诺夫,日本的爱宕松男、田村实造、小林行雄等。

女真古籍指公元 12 世纪至 15 世纪间用女真文字记录的材料。女真古籍存世很少,所幸有《女真译语》这部明代工具书的帮助,现存古籍已获得初步解读,由此而引起的深入研究也在进行中。明代所编《女真译语》有数种抄本,多已散失国外,现在常用的《女真译语》是德国夏德藏本(后归柏林图书馆,因称柏林本)。传世女真字碑有九,其中《奴儿干永宁寺碑记》原在黑龙江北岸近海口的特林地方,今藏俄国伯力博物馆。随着女真石刻相继被发现,日本、德国、法国、英国、俄罗斯、韩国、匈牙利、澳大利亚等国都有学者从事专门研究,其中收集资料最全的著作则当属日本安马弥一郎的《女真文金石志稿》。

(8)佉卢文、焉耆—龟兹文、于阗文、粟特文古籍的收藏与研究

19 世纪末和 20 世纪初,大批外国殖民者和探险家相继来到我国新疆地区,通过考古发掘和向民间收购等方式得到了大量珍贵的文物和古籍。这些古籍中有四种属于当时讲印欧语系语言的民族,通称为佉卢文古籍、焉耆—龟兹文古籍、于阗文古籍和粟特文古籍,总件数在 2000 左右,其中记录了古代中亚地区的民族、政治、经济、宗教、语言诸方面的情况,具有极为重要的历史价值。不过,这些古籍绝大多数都收藏在国外的图书馆和博物馆里。

在中国新疆发现的佉卢文古籍均为晚期古籍,时代最晚的在公元4世纪至5世纪之间,当时佉卢文在印度本土已趋消亡。今天保存下来的佉卢文古籍大都是外国殖民者和探险家在新疆发掘和收购所得,且都被携往国外,其中霍恩勒和斯坦因所获古籍今藏英国伦敦,彼得洛夫斯基所获今藏俄国圣彼得堡,斯文赫定所获今藏瑞典斯德哥尔摩,亨廷顿所获今藏美国洛杉矶,伯希和所获今藏法国巴黎,橘瑞超所获今藏日本龙谷大学,格伦威德尔和勒柯克所获今藏德国柏林。在国外所藏的古籍当中,以斯坦因在新疆的尼雅、安得悦和楼兰遗址所获最为引人注目,这批古籍多达757件,已由波义耳、拉普森等合作转写刊布。

焉耆—龟兹文古籍于19世纪末20世纪初在新疆相继被发现,今分藏德国、法国、英国、日本、印度、中国等国。这些古籍多数尚未刊布和整理,甚至连一个详细的目录都未见出版。由于学界对焉耆—龟兹文的研究兴趣仅在它所记录的语言,所以我们还难以找到令人满意的文献学论述,仅仅看到德国和法国藏品已多由西方学者整理刊布,其中一般附有拉丁文字的转写,一直被视为深入研究的基础。此外另有一些零星的古籍释读文章,散见于欧洲各学术刊物上。

我国境内的于阗文古籍相继出土于19和20世纪之交,出土地点在今天新疆的和田、图木舒克、木头沟和甘肃的敦煌等地。主要古籍均被外国探险者携走,其中伯希和所获古籍今藏法国巴黎,霍恩勒和斯坦因所获今藏英国伦敦,斯文赫定所获今藏瑞典斯德哥尔摩,彼得洛夫斯基所获今藏俄罗斯圣彼得堡,亨廷顿所获今藏美国的哈佛大学和耶鲁大学,橘瑞超所获今藏日本龙谷大学。此外,印度的新德里、加尔各答,德国的柏林、不莱梅等地也有收藏。有关于阗文古籍的研究著作主要有英国学者贝利的《于阗文献》《于阗佛教文献》和《于阗塞语词典》以及埃默里克的《于阗文献指南》等。

保存到今天的中国粟特文古籍都是20世纪初在新疆和甘肃找到的,多已被携往国外,其中斯坦因所获古籍今藏英国伦敦,伯希和所获今藏法国巴黎,鄂登堡所获今藏俄国圣彼得堡,格伦威德尔和勒柯克所获今藏德国柏林。对这些古籍的转写和研究由本维尼斯特、西蒙斯－威廉斯、亨宁、乌茨等分头进行,其成果散见于欧洲各学术杂志上。

其他民族古籍在国外也有一些收藏,但收藏量不多,研究也不够深入,限于篇幅,不一一介绍。

3. 中国少数民族古籍研究的国际合作化前景

当今世界是一个整体,人们称之为"四化"世界,即国际经济一体化、科技世界网络化、产业结构跨国化、金融流通洲际化。在此形势下,民族古籍要适合21世纪的需要,必须大力推进国际化。我国少数民族主要居住在边疆地区,陆地边防线长达21 000多公里,与10多个国家接壤,有20多个民族跨境而居,这为民族古籍的国际化交流提供了得天独厚的条件。在国外,如日本、印度、苏联及欧美各国都建立了许多研究所、学会和国际常设机构,研究蒙古学、藏学、满学、突厥学、敦煌学等,并出版了大量的中国少数民族古籍。我们应充分利用独特的地理位置环境和特殊政策,广辟国际信息渠道,广泛开展国际交往。其内容大致包括:

①各国互换民族古籍,做到古籍资源共享;
②各国共同编辑民族古籍资料索引及民族古籍研究刊物;
③合作进行专题民族古籍调研;

④合作编辑出版民族古籍；

⑤及时交流民族古籍工作经验；

⑥合作进行民族古籍人员培训；

⑦合作购置和共同开发运用大型的现代化设施,如建立公用的民族古籍数据库；

⑧制定共同的民族古籍规范,便于国际通用；

⑨互相聘请民族古籍专家或互派访问学者。

如果能在这些方面实现较好的国际合作,将对我国民族古籍研究有重要的推动作用。

参考文献

1　张公瑾.民族古文献概览[M].北京:民族出版社,1997.

2　中国民族古文字研究会.中国民族古文字研究[M].北京:中国社会科学出版社,1984.

3　中国民族古文字研究会.中国民族古文字[M].北京:中国民族古文字研究会,1982.

4　牛汝极.维吾尔古文字与古籍导论[M].乌鲁木齐:新疆人民出版社,1997.

5　李晋有等.中国少数民族古籍论[M].成都:巴蜀书社,1997.

(原载《内蒙古社会科学(汉文版)》2004 年第 6 期)

我国古代少数民族宗教文献及其书目控制[*]

1. 古代民族宗教文献概述

宗教作为思想意识形态与人类社会相伴相随,历史悠久,在千百年来的延续中形成与积累了大量的宗教文献。我国古代少数民族宗教文献种类繁多,几乎囊括了世界上所有的宗教,形式多样,既有典籍文献又有口碑文献。少数民族宗教文献是研究少数民族政治、历史、文化的重要文献,也是少数民族文献中富有魅力的部分。

(1)原始宗教的神话传说

我国有 30 多个民族信奉原始宗教。各民族的原始宗教都有着古老而美丽的神话传说,这些神话包括创世神话、洪水神话、人类起源神话、图腾神话等,内容丰富多彩。如创世神话,有阿昌族的《遮帕麻和遮米麻》,布朗族的《顾米亚造天造地》,布依族的《赛胡细妹造人烟》,傣族的《金葫芦生万物》,独龙族的《创世纪》,哈尼族的《烟本霍本》《俄拔密拔》,哈萨克族的《人类的由来》,基诺族的《阿嫫腰白》,拉祜族的《牡帕密帕》,傈僳族的《创世纪》,景颇族的《穆瑙斋瓦》,苗族的《吃牛古根》,佤族的《司岗里》以及洛巴族、普米族、水族、瑶族、彝族等民族的开天辟地神话。又如关于人类起源的神话,有德昂族的《葫芦与人》,拉祜族的《传人种》,傈僳族的《民族的起源》,彝族的《三族起源》,普米族的《久木鲁》《石头阿祖和石头子孙》,傣族的《布桑嘎与雅桑嘎》,哈尼族的《俄妥努筑与仲墨依》,以及侗族、独龙族、怒族、水族、土族、瑶族、彝族等民族的洪水神话故事。

我国各民族古老宗教的神话故事数量之大、内容之丰富是世界上任何国家和民族所不能比拟的。古老的神话故事描述了原始宗教的发生发展,孕育了哲学的萌芽思想,是研究民族宗教与哲学不可多得的口碑文献。

(2)民族宗教的经书

我国信奉原始宗教的许多民族,在长期的宗教活动中形成了具有本民族特色的经书,这些经书记录了民族宗教的形成与发展,以及宗教活动的具体内容,是研究民族宗教的第一手资料。

《彝经》是彝族宗教经典,靠毕摩传抄、保存而流传于世。彝经的种类繁多,内容大部分为祭祀经和占卜经,还包括有律历、天文、历史、地理、伦理、谱牒、医药、诗文、诗律等内容。彝经是历代毕摩宗教活动的产物,彝经不仅集中地反映了彝族原始宗教的意识形态,而且不同程度地反映了彝族社会的历史面貌。西波教是云南昆明地区彝族支系撒美人所信奉的宗教,该教在原始宗教的基础上又融入了道教的内容,其经文《西波经》,依篇幅长短分为"科""经"两种,其中"科"的篇幅较长,有的要诵读数日方能诵完。

---

[*] 该篇文章与李晓菲合作。

本文系大连民族学院科研基金资助项目"中国少数民族文献目录学研究"成果之一。

师公教是壮族民间信奉的一种古老的宗教,以原始宗教为主,兼以道教成分。师公的经书约有120多部,以壮族方块土俗字写成,内容大体上分为创世纪史诗、英雄史诗、爱情故事、孝悌故事等四类。

《萨满神书》是锡伯族萨满的经书,内容有萨满的口头咒词、神歌、故事以及萨满的神祇、礼仪、祭祀活动等。萨满神书经萨满记录整理编写,被视为圣物珍藏供奉,神书只归编写的萨满所有,不外传。

《水书》是水族的宗教典籍,因创制的年代久远等原因,现在的水书只是400多个单字,因水书的字少,只局限于记载年月日和方位吉凶,多用来占卜,水书分为普通水书和秘密使用的黑书两种,内容大致涉及嫁娶、丧葬、营造、出行、巫咒等。水书反映了水族人民生产斗争和社会生活,是研究水族宗教的重要文献。

东巴经是纳西族人民的宗教经书,以纳西族象形文字东巴文写成。纳西族信奉东巴教,因经师被称为"东巴"而得名。东巴教约形成于公元3世纪,兴盛于公元4至5世纪,至今已有1000多年的历史。东巴经卷帙浩繁,约有600卷,近800万字,内容除宗教外,还涉及了纳西族的语言文字、历史地理、文学艺术、天文历法、民族关系等诸方面,是纳西族宗教、文化的百科词典。

经文、经书很好地保存了各民族古老宗教的原始面目,因此是民族宗教文献检索的重要内容。

(3)佛教经典

佛教自公元1世纪开始传入我国,公元7世纪前后由我国内地和印度传入西藏,后与西藏原始宗教苯教融合,经过"前弘期"和"后弘期"两个阶段的发展,形成了独具内涵的藏传佛教,俗称"喇嘛教"。目前,我国信仰喇嘛教的民族主要有藏族、蒙古族、土族,另有裕固族、门巴族、珞巴族、羌族、锡伯族等民族的一部分也信仰喇嘛教。藏传佛教对广大信徒的思想意识、民族心理、生活习俗、婚姻家庭等均影响重大。

自7世纪佛教传入西藏后便开始了对佛经的翻译,直至13世纪,将佛教经论译为藏文的任务才基本完成。藏传佛教的经典称《大藏经》,其中包括《甘珠尔》《丹珠尔》两部分。《大藏经》版本多,各种版本藏文大藏经的《甘珠尔》和《丹珠尔》的部数和内容有所不同,但主要内容均为13—14世纪所编定。以德格版藏文大藏经为例,《甘珠尔》部分包括①律部;②般若;③华严;④宝积;⑤经部;⑥续部;⑦总目录,共1114部。《丹珠尔》部分包括:①赞颂;②续部;③般若;④中观;⑤经疏;⑥难识;⑦俱舍;⑧律部;⑨本生;⑩书翰;⑪因明;⑫声明;⑬医方明;⑭工巧明;⑮修身明;⑯杂部;⑰阿底峡小部集;⑱总目录,共3559部。

除了《大藏经》外,有关藏文的佛教论著可谓卷帙宏富。如噶当派阿底峡的《菩提道炬论》《噶当根本书》以及被称为噶当六书的《本生经》《集法句经》《菩萨地论》《大乘庄严经论》《入菩萨行论》《集菩萨学论》。

宁玛派的"伏藏"(从地下或山洞中挖出的古代埋藏的经典),有"上部伏藏"与"下部伏藏"之分,近年铅印出版有《五部遗教》《莲花生遗教》等。

噶举派的典籍有:琼波南交的《师长依怙无别修法》、塔布拉结的《道次第解脱庄严论》、让迥多吉的《历算论》《佛本生论》、巴俄·祖拉陈瓦的《入行论大疏》《历算论》《洛札教法史》、索南坚赞的《大乐明朗千光》、蔡巴·贡噶多吉的《红史》《白史》、温·喜饶迥乃的《一密意趣》、绛央公保的《深义心要》、巴若·坚赞贝桑的《三方域论》等。

萨迦派的典籍有萨迦班智达的《理藏论》《三律仪差别论》。

格鲁派的典籍有宗喀巴的《菩提道次第广论》《现观庄严论》《正理海疏》《辩了不了义论善说藏论》《密宗道次第论》等。

由于各派各代高僧都有大量阐释佛经的著述,因此自14世纪以来各教派都为本派高僧汇编文集。8世纪末,隆多喇嘛·阿旺洛桑编《噶当、格鲁派高僧文集简目》,收文集40家。19世纪中叶,仲钦·喜饶嘉措编《罕见书目》,收文集90余家。1959年,甘肃拉卜楞寺编《藏书目录》,收文集174家。

在信奉藏传佛教的蒙古族、土族、裕固族等民族中也出现了许多翻译、论述佛经的典籍文献。如蒙古族的佛教典籍除1717至1718年间的蒙古文译本《甘珠尔》108函、1749年《丹珠尔》225函外,还有译经《释迦佛赞》《缘起赞》《宗喀巴上师赞》《二十一尊度母礼赞》《白度母礼赞》《功德根本颂》《般若波罗蜜多经》《文殊真实名称经》《金刚经》《金光明经》《无量寿经》《涅槃经》《三十五佛名礼忏文》《斋戒仪轨》《皈依发心仪》《献沐浴供养》《人行论》《戒律本论》《人中论》《摄类论》《释量论》《五愿书》等。《土观宗派源流》是土族宗教的著名典籍,成书于嘉庆六年(1801年)。全书12卷,主要论述了印度佛教和藏传佛教前弘期、后弘期各教派及西藏苯教的流源、传播等,是研究藏传佛教的重要参考文献。《如意宝树史》是土族的另一部宗教典籍,成书于乾隆十三年(1748年),记述了印度古代正统佛教发展的历史,以及中国汉、藏、蒙各地的佛教历史,也是一部重要的佛教史参考文献。

10世纪末,南部上座部佛教传入云南西双版纳,16世纪中叶后又传入德宏和耿马地区,傣族、布朗族、德昂族、阿昌族、景颇族、拉祜族等民族都在原始宗教的基础上改信佛教,形成了滇西南的南传佛教文化圈。在信奉南部上座部佛教的民族中,傣文佛经贝叶经享有盛名。贝叶经因将佛经刻写在贝叶上而得名。贝叶经号称8万多卷,内容涉及了傣族的政治、经济、文学、天文历法、医药、数学等,是研究南部上座部佛教的重要参考文献。

(4)伊斯兰教经典

在我国,伊斯兰教拥有教众最多,共1760万人。伊斯兰教于公元7世纪初产生于阿拉伯半岛,后得到广泛的传播和发展,成为世界三大宗教之一。早在唐代,伊斯兰教传入新疆地区,至今已有1000多年的历史。

伊斯兰教经典很多,而以《古兰经》和《圣训》最为重要。《古兰经》是伊斯兰教的根本经典,全经共30卷,114章,6200余节,内容大致包括以下5个方面:①伊斯兰教的基本信仰和基本功修;②对阿拉伯半岛社会的种种主张和伦理规范;③为政教合一的宗教公社确立的宗教、政治、经济、社会、军事和法律制度;④与多神教徒、犹太教徒和基督教徒进行论辩的记述;⑤根据传教需要引用一些流行于阿拉伯半岛的宗教故事及古阿拉伯人的民间故事、传说、谚语等。中国穆斯林的抄经历史起始于元代,《古兰经》的中国刻本,就目前所知,始于19世纪中叶。

《圣训》是穆罕默德阐释古兰经和实践伊斯兰教理的言行录,其中包括他所默认的圣门弟子的重要言行。伊斯兰教圣训学家们将圣训分为三类:①言行的圣训,为穆罕默德有关宗教、社会等问题的论述;②行为的圣训,对穆罕默德行为和习惯的记述;③默认的圣训,穆罕默德默认的圣门弟子的行为或习惯。穆斯林学者又按照圣训所涉及的问题,将其归为6个部类:①对《古兰经》某些重要经文的阐述和补充;②对伊斯兰教义和制度的进一步阐释;③论述伊斯兰教对各种社会问题的主张;④论述穆斯林应遵守的道德规范;⑤对穆罕默德情操、传教活动和家庭生活的记述;⑥对穆斯林求学的论述。《圣训》被认为是仅次于《古兰经》地位的权威经典,千百年来,《圣训》对穆斯林的思想言行及生活方式都产生了很大的影响。

伊斯兰教在中国传播过程中,信奉伊斯兰教的各族穆斯林学者翻译、著述了大量的伊斯兰著作。如回族的《正教真诠》《清真大学》《希真正答》《天方典礼》《天方性理》《五功释义》《天方至圣实录》《天方三字经》《经学系传谱》《四篇要道》《归真总义》《四典会要》《祝天大赞》《修真蒙引》《归真要道》《清真释疑》《清真教考》《四教要括》等;维吾尔族的《福乐智慧》《突厥语大辞典》《卡瓦伊迪》《纳帕哈提》《喀什噶尔史》《和卓传》《阿帕克和卓传》等;撒拉族的《菲杂依力》。这些著述对伊斯兰教在我国的广泛传播起到了重要作用。

2. 古代少数民族宗教文献的书目控制

书目控制工具主要有书目、文摘、索引等。目前我国出版的有关古代少数民族宗教文献的书目控制工具主要有以下几种:

《大藏经总目录》,丁福保编著,新文丰出版公司 1983 年 1 月出版。大藏经共 8 千余卷,1 亿余万语,是佛学经典集大成之丛书。该书是历代藏经集之最后,也是以居士私人立场主持编务之最初,基本佛典大致完备。尤其各经多附校勘,更为进步。总目录是研究《大藏经》的指南针和导游图,欲登《大藏经》之堂奥者,不可不借助于总目录之指南。

《新编汉文大藏经目录》,吕澄编,齐鲁书社 1980 年出版。本书是对汉文《大藏经》中译部分重做整理而另编的新目。其内容有两方面,第一,将大乘经重分部类,把其分为宝积、华严、磐四部,表示大乘佛学各个方面的特质。第二,关于一些有或无译经本的核实。本目录共分为五大类:一经藏,二律藏,三论藏,四密藏,五撰述。前四类收译本;后一类收中国撰述。四类译本均依佛学之体系而编次,律藏合大小乘为一部,先列大乘律,后列小乘律,又各先藏经而后经释;论藏分释经,宗荆两部;密藏综合经轨,列为金刚项、胎藏、苏悉地、杂咒四部;撰述类以中国撰述为主,高丽暹罗学人之作在中国流行者亦酌量收入。本录所载各书,均编号以便检索。

《德格版大藏经〈甘珠尔〉总目录》,司徒·曲吉穷乃著,四川民族出版社 1989 年 12 月版。31 万字。作者司徒·曲吉穷乃(1700—1774 年)是 18 世纪誉满全藏的一流学者。1729年,德格土司丹巴才仁刊刻《大藏经》,由司徒·曲吉穷乃担任《甘珠尔》部的校勘编纂工作,因而撰成这部提要性质的《甘珠尔》总目。书中介绍了佛祖释迦牟尼 3 次讲经和弟子们 3 次集结佛语的情况;介绍了佛教在印度和西藏的弘传历史;记载了作者对不同版本的《甘珠尔》经进行编辑校勘和德格土司刊刻该书的经过情形;讲述了德格版《甘珠尔》经如何依据《三藏》《四续》分类编次,校勘成 103 函的依据,同时编出提要式的详细目录,并对全书的藏文译者一一立传介绍。本书是一部校勘精细的善本,标志着藏文目录学、校勘学、编辑学、训诂学的新发展。

《丹珠尔目录(藏文)》,崔成仁钦编,西藏人民出版社 1985 年 12 月出版。本书为《大藏经》中《丹珠尔》各种书目的汇编,它是编者多年研究该书成果的结晶,是藏文同类书各版本的集大成著作。

《佛典精解》,陈士强撰,上海古籍出版社 1992 年 11 月版,91.6 万字。共汇解中国佛教文史类典籍 226 部 2453 卷,按部(大部)、门(相当于"章")、品(相当于"节")、类(子类)、附

(附见)5 级分类编制。其中所分的 7 大部是:①经录部,收录历代佛经目录和《大藏经》解题著作;②传记部,收录佛祖、高僧、居士的各类传记;③宗系部,收录记载佛教各宗派传承源流和布教言行的各类著作;④纂集部,收录有关佛教事理、文述、语录、典故、规制、术语、音义、梵语学习和翻译等各类著作;⑤护法部,收录有关佛儒道三教关系史的各类文献;⑥地志部,收录各种佛教游记、名山记、寺塔记;⑦杂记部,收录佛教的各种笔记史料。各大部之首均有"总叙",综述这一大类典籍的性质、历史、门类、存佚、收录状况和备考书目。对见录的每一部佛书的解说,大致包括:名称、卷数、撰作年代、作者名氏、版本、作者生平、写作经过、序跋题记、内容大旨、前后因革、学术价值、资料来源、体例上的缺陷和记载上的失误等。另有同类经典的比较,不同记载的对勘,史实的辨证和补充等。行文中间有校释性质的按语。书末附有"人名索引"和"典籍索引"。

《西北民族宗教史料文摘(甘肃分册)》,甘肃省图书馆书目参部编,甘肃省图书馆 1984 年 10 月印行。本分册选编该馆所藏新中国成立前旧报刊中有关甘肃民族宗教资料 170 篇,约 50 万言,按资料性质内容归纳为总论、民族分布、民族研究、政治设施、社会结构、宗教信仰、经济生活、文化教育、生活习俗、人物等 10 类。每类中尽量将内容相近或地区相连的资料排在一起,有时则按问题发生的时间顺序排列。文摘所选资料均来源于新中国成立前的旧报刊中。因此无论其观点和作者的立场,都可能存在不少问题,但从发掘和保存资料的角度考虑,力求齐全,以便从不同的角度认识问题、研究问题。在摘编过程中,根据资料的价值有详有略,但都忠于原文,力求准确,并注明原文出处和文章字数,以便查考。

《西北民族宗教史料文摘(新疆分册)》,甘肃省图书馆书目参考部编,甘肃省图书馆 1985 年 4 月印行。本分册分上下册。本书选编该馆新中国成立前旧报刊有关新疆民族宗教资料 161 篇,约 75 万言。书中根据性质和内容分为总论、历史地理、政治军事、民族研究、宗教研究、文化教育、经济生活、各族习俗、人物等 9 个大类。每篇资料均注明其来源和原文字数,便于读者查对。

《西北民族宗教史料文摘(青海分册)》,甘肃省图书馆书目参考部编,甘肃省图书馆 1984 年 9 月印行。本书选编了该馆所藏新中国成立前旧报刊中有关青海民族宗教资料 138 篇,约 55 万字。每篇资料注明其来源和原文数字,便于查对。全书分上下两册,并按内容归为总论、历史地理、政治军事、民族研究、宗教信仰及活动、文化教育、民族习俗、人物等 8 个部分。

《甘肃伊斯兰教史料文摘》,甘肃省图书馆 1980 年 3 月编印。本书根据西北五省(区)伊斯兰教资料调查编辑工作座谈会决定,从该馆馆藏新中国成立前散见于报刊中的 121 篇有关甘肃伊斯兰教的论述中节选编辑而成。

《中国穆斯林大事年表》,(美)巴巴拉·皮皮斯伯里编,载于《新疆社会科学情报》(乌鲁木齐)1986 年 4 期。该年表起于公元前的周朝,下限为 1980 年,译者认为在公元 570 年穆罕默德诞生之前的一段历史对研究中国穆斯林史关系并不紧密,故删去,另外,又做了一些必要的增补。

从以上所列古代少数民族宗教文献书目、文摘情况来看,我国的古代少数民族宗教文献的书目控制还未形成一定的体系,有些方面尚处起步阶段。如何建立健全古代少数民族文献的书目控制体系,笔者认为可以从如下几个方面入手。

首先,要在我国宗教界和图书情报界宣传建立健全我国古代少数民族宗教文献书目控制体系的重要性。

其次,应由我国国家级文献情报部门组织建立我国古代少数民族宗教文献书目控制系统。

再次,在编辑出版我国古代少数民族宗教文献书目、文摘、索引等检索工具的同时,要注意印刷型文献与电子文献相互配合,取长补短,共同发展。

参考文献

1 时先,王岚.宗教学引论[M].北京:中央民族大学出版社,1994.

2 覃光广等.中国少数民族宗教概览[M].北京:中央民族学院出版社,1988.

3 《中国各民族宗教与神话大词典》编委会.中国各民族宗教与神话大词典[M].北京:学苑出版社,1990.

4 李晓菲,包和平,杨长虹.中国民族文献导读[M].沈阳:辽宁民族出版社,1999.

5 宋木文,刘杲.中国图书大辞典[M].武汉:湖北人民出版社,1997.

6 刘光宏.中国民族工具文献辞典[M].北京:改革出版社,1995.

7 包和平.我国少数民族文字文献的书目控制[J].中国图书馆学报,2002(3).

(原载《图书馆学刊》2004 年第 4 期)

民族古籍检索的原理和方法*

民族古籍是我国各族人民在创造历史的进程中的智慧结晶,它记载了不同历史时期各民族的文明程度和发展状况,并使优秀的民族文化传统得以传承。历史上,各民族人民积累了卷帙浩繁的民族古籍,从众多的文献中查找出特定需要的资料,以解决工作、研究中的疑难问题,这就需要具备民族古籍的检索知识。

1. 民族古籍检索的特征和作用

我们知道,"检索"一词本身含有考查、寻找、求取的意思。民族古籍检索同其他文献检索一样,既包括对书目、索引、文摘等二次文献的利用,同时也包括了对综述、述评、辞书、百科全书、年鉴等三次文献的利用,以及对原始文献的利用。文献检索按检索对象分为数据、事实检索和书目检索。数据、事实检索是要检索出包含在文献中的专门数据、事实等具体情报;而书目检索则是要检索出包含所需情报的文献线索。

(1)民族古籍检索的特征

民族古籍的检索与其他文献的检索相比,具有自身独特的特点。

①民族古籍检索的广泛性。它涉及中外的民族古籍,检索时既要使用我国古代的工具书,有时还会用到国外的检索工具书;检索者不仅要具备一定的古汉语和外语水平,而且还要对少数民族的语言和文字略知一、二。

②民族古籍检索的回溯性。与其他文献相比较,民族古籍的生命力强,老化速度较慢,所以,民族古籍检索的回溯性强,所检索的课题内容往往具有较长的生命力。

③民族古籍检索的关联性。民族古籍内容丰富、种类繁多,文献间呈现一定的关联性。因此,我们在进行民族古籍检索时应重视那些具有综合性分析和宏观性研究的问题。乍看起来,我们在检索中所遇到的多是一地、一事、一人、一物、一时之类的问题,但检索时如果只把视觉盯在一地、一事、一人、一物、一时之上的话,无形中圈定了一个不可超越的范围,就会出现只见树木不见森林的倾向,使检索难以收到好的效果,这就要求我们在进行民族古籍检索时充分注意有综合分析性质的问题,把视觉放宽,争取更多的查找线索。

(2)民族古籍检索的作用

①有利于开发民族古籍资源。通过民族古籍检索,可以使每一件具有借鉴、参考作用的民族古籍,在人们需要时充分发挥作用,使知识得到传承,并不断开拓新的研究领域。

②有利于了解民族古籍研究的发展趋势和动向。通过开展民族古籍检索可摸清国内外有关民族古籍研究的发展趋势和动向,帮助有关人员选择正确的研究课题和方向,提高科研效率,减少人力财力的重复和浪费,保证科研工作的不断发展。

---

* 本文系辽宁省教育厅高等学校科学研究项目(A 类)《中国少数民族古籍管理学研究》(202285606)的成果之一。

③节省工作时间和精力,提高教学、科研水平。国内外有资料表明,研究人员在查找文献上所花费的时间是相当多的,一般约占全部科研工作时间的1/3左右。如果有完善的检索设施和周到的检索服务,无疑会节省研究人员的大量时间,加速科研进度。

④为民族研究工作者继续学习、更新知识提供门径。民族古籍检索是民族科研工作的重要组成部分,是打开民族古籍宝库的钥匙,掌握了这把钥匙,需要文献时,就能一检即得,还能比较文献之异同,辨别真伪,得知识宝库之门而登堂入室,择善而读,掌握要领,事半功倍。因此,文献检索是一个人终生所必备的科学的学习方法、研究方法的基本功。

2. 民族古籍检索的内容和要求

(1)民族古籍检索的内容

民族古籍检索大致可包括存贮和检索两部分。存贮是指检索工具的编制,也就是建立检索系统,组织检索工具。检索是指从大量存贮的文献中选取对课题有用的文献及检索工具的使用,也就是文献的查找。

①民族古籍的存贮过程。实际上就是民族古籍检索工具编制过程。它包括:a. 收集有关的民族古籍,力求做到"准、全、快";b. 筛选、整理,并根据文献的外表特征和内容特征进行加工、积累;c. 编制检索工具,一般程序为选题,确定编制形式,制订编制计划,限定文献收集的范围和起止时间,编制类目表,收集文献。将所收条目按要求或按分类,或按主题,或按拼音音序,或按笔画笔顺排序,编制辅助索引,撰写前言、凡例,然后排版印刷出版。

②民族古籍的检索过程。是根据一定的需要,按照课题的提问方式,依照检索工具的排检方法,查检出贮存在经过整序了的检索工具中的文献线索的过程。或者可以说,文献检索的过程正是文献存贮和整序的逆过程。也就是说,按照文献存贮的方法,再用同一思路从检索工具或系统中把相关的文献查出,这就是民族古籍检索的基本原理。

(2)民族古籍检索的要求

①建立完善的检索系统。由于民族古籍内容分散、交叉等原因,给民族古籍的检索带来很大的困难。对此,民族古籍收藏部门必须重视加强民族古籍检索系统的建设。目前,我国民族古籍检索工作大部分停留在手工阶段,这与世界先进水平相比差距很大。鉴于我国当前的情况,一方面要加强完善手工检索系统,另一方面应大力开展计算机检索的开发和利用。

②加强民族古籍检索人员的培训工作。一个称职的民族古籍检索人员起码要具备图书馆学、情报学和民族学基本知识,要了解当前民族古籍研究的发展趋势,具备一定程度的外语水平和民族语文水平以及某一民族专业知识。当前,文献工作正以加速度向自动化方向发展,文献检索也逐步采用计算机网络检索,所以,人员素质的高低以及掌握现代化技术的程度都与民族古籍检索的效果直接相关,间接地影响着科学研究工作,影响第一生产力的发展。所以,加强民族古籍检索人员的素质培训是当务之急。

③普及民族古籍检索知识。培养文献检索意识,提高科研人员的民族古籍检索能力是民族古籍检索工作的一项重要内容。这是因为,首先,民族古籍检索人员是科研课题的辅助人员而不是主持人员,大量的检索工作还得由主持者亲自去做,避免由检索人员转手而造成情报失真,提高文献检索效率,缩短周期。同时,在检索过程中由于能接触到本专业和边缘学科的研究动向,可以使科研人员及时了解国内外的科研动态。其次,要加强高校图书情报

专业的建设,加强非图书情报专业文献检索选修课程建设,向社会广大读者开展如何利用图书馆、如何查找文献的教育。

3. 民族古籍检索的方法与步骤

（1）民族古籍检索的方法

检索方法,是按着一定的检索策略所采用的方法,检索策略是为达到检索目的而制订的具体检索方案。决定采取某种检索方法后,须遵循文献检索怎样贮存整序就怎样检索的基本原理,依据有关检索工具编排法的途径去检索文献。民族古籍的检索方法一般分工具法、抽查法、扩展法、循环法四种。

①工具法。工具法就是我们经常使用的利用检索工具查找文献的方法。按查找文献的时间顺序又分为顺查法、逆查法。a. 顺查法。一种在时间顺序上由远而近的查找方法。这种方法的优点是从某一研究的起始年代查起,可以得到有关该项研究比较全面的文献信息,便于了解其发展的全过程。缺点是需要较全的检索工具书,检索时间长。b. 逆查法。一种在时间顺序上由近而远的查找方法。利用逆查法通过大致判定所需文献的年限较快地查到文献,节省检索时间,但是查全率不高。

②抽查法。一种不按时间的正、反顺序查找,而是超越某些时间阶段跳跃式的检索方法。任何一项研究的发展过程,总是包括其开始阶段、高峰阶段和低落或结束阶段。抽查法运用了事物发展的这一普遍规律,利用研究的高峰阶段,在较短的时间内查找到相关的文献。如运用得当,抽查法效率较高。

③扩展法。一种传统悠久的获取文献的方法。这种方法不是直接利用检索工具,而是利用文献后所附的参考目录查找相关文献的方法。在没有检索工具或检索工具不全的情况下,扩展法是一种查找文献的便捷方法,但缺点是追溯的文献只能越来越旧,检索面窄。

④循环法。循环法是上述三种方法的结合,也就是分期分段地交替使用工具法和扩展法。具体做法,首先利用检索工具查出一批质量较高的文献,然后利用这些文献后所附的参考文献目录进一步扩大文献线索。如果这两批文献可以满足课题,检查即可结束。否则,可以利用检索工具再查出一批文献,重复上述过程,直到查出文献满足需要为止。在文献线索较少的情况下可使用循环法。

任何事物都不是孤立存在的,民族古籍检索也是一样,应视具体情况采用不同的检索方法,同时还应学会综合利用各种检索方法,以使检索达到预期的效果。

（2）民族古籍检索的步骤

民族古籍检索是根据既定的课题,利用适当的检索工具,通过不同的检索途径,按照一定方法和步骤,把所需的文献挑选出来的过程。这个过程可能因为采用的方法不同或选用的工具书不同而有所不同。但归纳起来检索的全过程可分为以下几个步骤:

①分析课题。在接受课题之后,首先同课题人员研究分析课题的实质,明确所需查找的信息是否属于文献检索的范畴,之后再考虑所属学科的范围和所需文献的类型,确定的答案是某个学科和某种类型的文献。

②制订检索方案。在课题分析的基础上,制订检索方案,解决将如何进行检索的问题。它包括对课题相关文献和检索工具的摸底调查;通过哪些检索工具可以检索到最切题的文献等内容。

③选择检索工具。根据课题分析和方案的制订,根据检索工具类型和作用,从中选出若干种最适用的检索工具。选择检索工具时,应尽量利用本单位收藏的检索工具。当检索重大课题而工具书不足时,可通过馆际互借、复印、复制、上网等方法加以解决。

④选择检索途径。决定所采用的检索工具后,应进一步确定从什么途径入手检索文献。例如是从分类途径还是从主题途径,是从著者途径还是从检索工具所提供的其他检索途径检索。多数情况下,检索者对目标文献的了解较少,能确定的是课题所属学科范畴或论述的主题,所以多从分类或主题途径入手查找。

⑤从事检索实践。在上一步骤即将完成时,文献的查找工作已经开始。在查找过程中,除记录查到的文献线索外,要充分利用在查找过程中已经掌握到目标文献和其他特征去使用辅助索引、累积索引,这样可以大大简化检索过程。

⑥索取原始文献。掌握了所需文献的线索后就要索取原文。索取原文首先要确定文献的收藏单位。先查本地文献信息部门的馆藏目录,查到后记下索书号向工作人员索取。若本地查不到原文,应查反映其他文献信息部门收藏情况的专题文献目录、联合目录等。外地文献信息部门收藏的文献可以通过馆际互借或函索复印件,或可直接从网上下载。

4. 民族古籍检索的效果评价

检索出文献以后,并不意味大功一定告成。有时,因为某个环节的失误,或者检索方案的不足,也会造成检索失败。在这种情况下,就有必要回过头来核对检索过程,或修正失误,或重新检索。那么,如何评价检索效果?怎样提高检索效率?这是每个检索者都非常关心的问题。

(1)造成检索失败的原因

造成检索失败的原因很多,归纳起来主要有以下几点:

①找不到检索工具。由于专门的民族古籍检索工具比较少,所以检索者在开始时就会遇到这样的问题。如果一时找不到合适的检索工具,可以请教参考咨询人员或有关专家。

②不能正确使用检索工具。多数民族古籍检索工具书在编排和使用方法上都有其各自的特点,即使是经常使用检索工具的人,在检索过程中也可能遇到使用方法方面的问题。

③感到确定检索标识的困难。这里主要指从民族古籍的内容特征入手确定检索标识的困难。由于大部分民族古籍检索工具没有自己的分类表或主题表,因此,在检索中很难确定检索标识。

④找不到原文。从检索工具中找到一批被认为有价值的文献信息,可是却找不到原文,这种情况在利用民族文字检索工具时常会出现。出现这样的情况可能有三个方面的原因:a. 没有正确判别文献的类型;b. 没有正确判别原文的语种;c. 本单位无原文,又没有合适的专题目录或联合目录,不知何处有收藏。

(2)提高检索效果的措施

①认真进行课题分析。制订最佳的检索方案。

②掌握检索的基本要领。了解重要检索工具的编排、使用方法,反复进行检索实践。

③丰富知识,开阔视野。这是完成检索课题的重要基础。

(3)评价检索效果的方法

评价检索效果的数据是"查全率"和"查准率"。我们将文献集合按检索的需要分为两部分:应该检索的切题文献叫相关文献,不应该检索的非切题文献叫非相关文献。这样,查全率是指检索出的相关文献量占文献综合中所有相关文献总量的百分比;查准率是指检索出的相关文献量占检出文献总量的百分比。

查全率和查准率之间是一种互逆关系,即要想查全,就要扩大检索范围,但是查准率下降;要想查准,就得缩小检索范围,但查全率下降。这一矛盾的互逆公式,提醒我们在进行民族古籍检索时应采取有效的做法,把查全率和查准率交叉在一个适当的焦点上,提高检索的效果。

参考文献

1 李晓菲,包和平,杨长虹.中国民族文献导读[M].沈阳:辽宁民族出版社,1999.

2 宋木文,刘杲.中国图书大辞典[M].武汉:湖北人民出版社,1997.

3 刘光宏.中国民族工具文献辞典[M].北京:改革出版社,1995.

4 包和平,王学艳.我国少数民族文字文献的书目控制[J].中国图书馆学报,2002(3).

（原载《现代情报》2004 年第 9 期）

我国民族文献工作特点分析

我国的民族文献工作是中国特色的社会主义市场体系中的重要组成部分,是全社会文献系统中的一个子系统。因此,民族文献工作既有我国社会主义文献工作的共性,又具有它自身鲜明的个性。

由于我国少数民族人口分布、历史发展、文化氛围、社会环境、生产与生活方式、产业与经济结构等方面千差万别,都会不同程度地影响着民族文献工作的形式与内容,也赋予了民族文献工作许多特点。根据民族文献工作的历史和现状,通过理论和实践的研究,大体可归纳为以下几个方面的显著特点。

1. 地域的边远性

我国有 55 个少数民族,据 1990 年统计,全国少数民族人口有 9056.7 万,占全国人口的 8.01%,少数民族主要分布在内蒙古、广西、西藏、宁夏、新疆 5 个自治区和云南、贵州、青海以及甘肃、四川等多民族省份。

在我国少数民族地区,边远山区是少数民族分布最多的区域。分布在山区和高寒山区的少数民族约有 4000 万人,占少数民族总人数的 40% 以上。南方各地的少数民族,如瑶族、侗族、壮族、哈尼族、黎族、土家族、彝族、畲族、高山族、拉祜族、景颇族、仫佬族、布朗族、仡佬族、苗族、阿昌族、普米族、独龙族、怒族、德昂族、佤族、傈僳族等 20 余个少数民族,基本上分布在边远山区;白族、傣族、纳西族及东北的少数民族也部分分布在山区,或者以山区作为自然屏障;藏族、门巴族、珞巴族等民族主要分布在边远的高寒山区。

少数民族居住在草原牧区的人数也占有相当大的比例,在号称全国五大牧区的内蒙古、新疆、青海、西藏、甘南—川西草原,也都集中于从大兴安岭—阴山—贺兰山—横断山一线的边远地区,如蒙古族、哈萨克族和藏族等。

西北地区的维吾尔等少数民族,基本上分布在干旱、半干旱地区。

少数民族居住的山区,地貌复杂,峰峦重叠,绵延千里,起伏不平;干旱、半干旱地区,荒漠戈壁,地域辽阔;青藏高原地势险要,海拔很高。无论是分布在山区、干旱、半干旱地区的少数民族,还是分布在高寒地区或草原牧区的少数民族,都有地理环境复杂和居住地域边远的特点。正确认识民族分布的这一特性,对于观察分析民族文献工作的现状和制定民族文献工作发展战略具有重要的现实意义。

2. 语言文字的多种性

我国少数民族在自己历史发展的长河中,大部分很早就出现了本民族的语言文字。如藏文延续了 1200 多年的历史,蒙古文有 500 多年的历史,维吾尔文、哈萨克文亦有几百年的历史。此外,朝鲜文、乌孜别克文、柯尔克孜文、塔塔尔文、彝文等民族文字都已形成了比较完整的文字体系,各民族用本民族文字,创造了许多流传久远,丰富多彩的文献,对这些民族文字文献的搜集、加工整理、分析研究、编译报道等业务工作是民族文献工作的主要内容之一,因此,用少数民族语言文字开展各项业务工作,是民族文献工作的特殊要求。

不同的民族有着不同的语言文字,它们在语法、词汇以及表达方法上各有其特点,在民族文献工作中使用民族语言文字,最易生动地反映少数民族的社会生活、心理素质和民情风俗。目前,在我国已经实现了文献著录的标准化。《文献著录总则》就是概括各类型文献共同特点而制定的有关文献著录的原则、内容、标识符号、格式和规则等的统一规定。与此同时,我国又制定了一系列少数民族文字文献著录标准,如《蒙文图书著录规则》就是我国第一部民族文字文献著录标准。因此,在文献著录标引工作中,根据民族文字的特点,充分考虑民族读者的书写习惯和阅读习惯,构成具有本民族特点的款目内容,使其具有了民族特性。

新中国成立后,我国还充分利用民族文献,有目的、有计划地编制了联合目录、索引、文摘等。如《全国蒙文古旧图书联合目录》《全国蒙文图书联合目录》《回族研究资料索引》《民族文献提要》等,这些无一不带着民族特点和烙印,反映各少数民族文化的过去和将来。同时,这些目录索引的编纂,不仅对整理民族文献有着直接的现实意义,而且能使民族文献得到更好的保护,使我国少数民族的文化瑰宝得到开发利用。

3. 发展的不平衡性

由于种种原因,我国少数民族地区的经济、社会的发展是很不平衡的,就整个民族地区来说,其内部有多种民族,这些民族的分布、社会发育的程度、经济发展的进度等都有极大差别。例如:部分少数民族在 2000 年前已进入封建社会,但有的民族到新中国成立前夕还有浓厚的原始社会残余。因此,社会主义建设的起点不同,有的民族是原始社会,有的是奴隶社会,有的是封建社会,有的则不同程度地发展了资本主义成分。同时地理环境条件、生产方式、经营种类、传统特点也都有千差万别的不同情况。例如:有的民族生产生活在平原;有的在山地;有的在盆地;有的在高原的高寒地区;有的在温带、亚寒带;有的在亚热带、热带等,地域性差别很大,各自拥有的资源不同,生产部门不同,经营方式不同,生活方式也不同。

由于我国地域辽阔,地形复杂,少数民族人口众多,历史起点、社会经济发展、文化背景等方面差别极大,所以,我国民族文献工作的发展水平,也必然具有相当大的不平衡性。

4. 传递形式的特殊性

民族文献工作是我国整体文献工作的一个组成部分,所以,它具有一般文献工作的共性,但是,正因为它是民族文献工作,所以它又具有许多有别于一般文献工作的特殊性。

民族文献工作最为显著的特征之一就是民族文献交流传递形式的特殊性,新中国成立50 多年来,经过反复实践,我国各地逐步摸索出一整套较为适合民族地区特点的信息交流、传递形式,这些形式,有的在多数民族中适用,有的则是在部分或个别民族中适用。归纳起来,大体有如下一些交流、传递形式:马背图书箱、骆驼包、大篷车、帐篷借阅点、乌兰包克其(红色书包)、汽车流动图书室、自行车书架、图书赶集、背篓书箱等。几十年来,我国的民族文献工作就是从民族地区实际出发,采用适合民族特点的信息交流、传递形式,发展了民族文献事业。如果忽略了民族文献工作的这些特殊性,一味追求正规化,民族文献工作就不会取得今天这样的成果。

5. 文献布局的分散性

我国少数民族人口分布具有面广、线长、点多、量大的特点。所谓面广,即占全国8.01%的少数民族,绝大多数居住在占全国国土的64.3%的民族自治地方。所谓线长,即在21 000多公里的国境沿线,居住着33个少数民族,人口2000多万,居住十分稀疏。所谓点多,即有聚居、杂居,还有2100万人口分布在杂散地区,600多万人分布在城镇,民族居住点星罗棋布。所谓量大,即我国少数民族人口有9056.7万,虽然只占全国总人口的8.01%,但比整个德国人口还多,相当于英国和加拿大人口的总和,或相当于澳大利亚人口的5倍。由于上述特点,决定了我国少数民族居住的状况必然是地域辽阔,人口稀少。例如,广西、云南、贵州等省的少数民族人口密度仅在每平方公里50人以下;西藏高原、内蒙古高原及新疆维吾尔自治区,人口密度为每平方公里20人以下。尤其是边境地区、沙漠地带,绵延数千里,人口更为稀少,还有相当广大的牧区,游牧民族长期过着逐草而居的游牧生活,流动性很大,而且一些地处偏远的县、乡、村落之间,有的相距数百公里,既无公路连接,又无邮电通信设施,交通十分不便,信息十分闭塞,几乎与现代文明隔绝。至今还有相当一部分牧区和边远山区,仍处在封闭或半封闭简单再生产状态,基本上没有受到外来文化的渗透和冲击。少数民族的这种人口分布的分散性和地理环境的封闭性,必然导致民族文献布局的分散性和民族文献工作的封闭性,客观上加大了发展民族文献工作的难度,延缓了民族文献事业的发展速度。

6. 工作内容的复杂性

由于民族地区特殊的战略地位及其所处的地理环境和由此而形成的生产结构的特点,加之历史发展的不平衡性,决定了我国民族文献工作的复杂性。从文化背景上看,我国的每个民族在其悠久的历史中,都创造了丰富多彩的民族文化,而不同的民族文化,必然反映不同的民族心理、民族意识、民族感情和民族性格。这种民族文化多元性的特点,会使各少数民族读者在共同的学习生活中,一方面会相互渗透和吸收,相互影响和促进,另一方面,也会产生一定的民族隔阂、民族矛盾和民族纠纷。从语言文字上看,由于我国许多少数民族都有自己的语言文字,所以在各项民族文献工作中,都离不开民族语言文字,这就为工作内容增加了复杂性。从读者(用户)对象上看,虽然少数民族读者(用户)人数相对少一些,但读者(用户)成分都很复杂。有的民族文献机构虽然只有几百或几千个读者(用户),但有时都有几个甚至十几个民族现象。不仅读者(用户)如此,就是民族文献工作人员,一馆由几个民族成员组成的现象也不少见。所以这些为本来较为复杂的民族文献工作又增加了复杂性。

7. 国际影响的广泛性

我国内陆边境线长约21 000公里,全国有9个省、自治区,41个市、州、地、盟,136个县(旗)分别与周边18个国家接壤,居住在边境地区的少数民族有33个,占我国少数民族成分的60%。

我国少数民族人口分布状况,决定了边境民族文献工作必然受到国际性的影响。

首先,由于我国许多民族与国外同一民族跨境而居,他们语言相通,感情相近,地相临、山相连、水相通,在政治、经济、文化、教育、宗教信仰上也会有各种联系。这种联系,在正常情况下,可以加强民族之间和国家的自身发展。新中国建立初期,我国北部边境与苏联的交往密切,在文献工作指导思想、体制、形式方法等方面受到影响很深,这一影响,不仅对边境少数民族,乃至全国的影响也是相当普遍的。在中朝、中越、中缅边境,跨境民族也相当多,民族文献工作的往来也较密切,特别是自 1992 年开展万里边疆文化长廊建设以来,全国已有 18 个省、自治区、直辖市的各级地方政府,已经投入建设资金约 14 亿元,共建部门投入资金约 5 亿元,几年来,边疆地区新建、扩建或改建的文化馆、图书馆、文物所、博物馆、工人文化宫、电影院等共建文化设施约 1700 多个,总面积达 80 多万平方米,边疆地区约有 1000 万人受益。这对提高边境少数民族的文化素质,加强国际文化交流,促进跨境民族的自身发展具有重要意义。

其次,沿海、沿边、沿江的"三沿"发展战略,实行全方位开放,使内陆边境的少数民族地区一跃成为改革开放的前沿阵地。由于"三沿"发展战略的实施,促进了边境地区经济贸易的发展,同时也使边境地区民族文献工作更具国际影响。我国边疆民族文献工作,与相邻国家的交往会不断增多,影响不断扩大,今后,在友好相处中,必然会给边疆民族文献工作带来繁荣和发展的新局面。

8. 宗教影响的长期性

我国 55 个少数民族,几乎全部信仰宗教,特别是边远地区、牧区和高寒地区更为普遍。居住在西部和西南部青藏高原的藏族和部分羌族、普米族信仰藏传佛教——喇嘛教;居住在西北部干旱半干旱地区的回族、维吾尔族、哈萨克族、柯尔克孜族、塔吉克族、乌孜别克族、塔塔尔族、撒拉族、东乡族、保安族等信仰伊斯兰教;主要居住在北部地区的满族、鄂伦春族、鄂温克族、赫哲族、锡伯族、达斡尔族等信仰萨满教;主要居住在西南的傣族、布朗族、阿昌族、德昂族等信仰小乘佛教;京族、白族、拉祜族等信仰佛教;彝族、苗族、傈僳族、怒族、独龙族、景颇族、佤族、纳西族和东北地区的朝鲜族,有一部分信仰基督教或天主教;东乡族、仫佬族、白族、纳西族等民族中有一些人信仰道教;俄罗斯族信仰东巴教;蒙古族信仰喇嘛教。

宗教是一种社会现象,也是一个复杂的社会问题,宗教信仰作为最古老、最深层的历史文化形态,不仅在过去,而且在现在或今后相当长的时期内,都在影响着数以万计的群众,在社会生活中有着不容忽视的影响。千百年来,民族文献工作与宗教紧密相连,并且民族文献工作依附于宗教,这就形成了民族文献工作与宗教的不可分割的关系。以藏族为例:藏族是一个信仰佛教的民族,从创制藏文之日起,在翻译佛经的过程中,藏族文化就和佛教文化逐步结下了不解之缘,并同佛教的兴衰紧密地联系在一起,还在吐蕃王朝时期,佛教文化在藏族地区得到了广泛的传播,留下了以翻译佛经为主要内容的藏文文献。到了公元 11—12 世纪的时候,以佛经注疏为主要内容的包括历史、传记、语言、文学等多种学科的藏文文献急剧增多。特别是元朝开始,藏族社会实行"政教合一"制度后,寺院成为教育文化的中心和主要阵地,著书立说的学者,同时也是各教派的大师和代表人物,佛教思想成为全社会的指导思想,其文献的思想内容大都与佛教有关,而且大多集中在寺院收藏。寺院的历史越长、规模越大、领地越多、经济实力越雄厚,其藏书的历史也越久,数量也就越多。就目前的情况而言,除了北京图书馆、中国民族图书馆和有关民族院校图书馆及藏族聚居的地方公共图书馆等收藏一定数量的藏文文献外,绝大部分古籍依然存放在藏族各佛教寺院,约占国内整个藏文文献的 70%—80% 左右,而且各寺院藏书借阅限制很严,一般只供寺属喇嘛使用,寺外人员不予外借,同时还有法位等级的规定,许多藏书只供活佛、高僧使用,一般喇嘛难以见到。有的典籍,甚至不准携出书库门槛。更多的藏书则沉睡书库,长期不曾为人利用。

民族文献的这种宗教特点,将会在相当长时期内影响民族文献工作。

9. 事业发展的落后性

我国少数民族由于新中国建立前所处的历史发展阶段不同,新中国成立后又是从不同的社会经济形态跨越几个世纪,共同进入社会主义初级发展阶段,这就必然导致许多民族地区经济的先天不足。在国家的大力帮助和支援下,民族地区得到了较快的发展,面貌发生了较大的变化,但是由于许多民族地区仍处于封闭和半封闭状态,使社会经济发展缓慢,生产力水平低下,生产经营简单粗放,经济活动范围狭小,建立社会主义市场经济体制的条件很差,许多人的温饱问题没有从根本上得到解决。这种落后的经济状况,也就决定了民族文献工作的落后性。据统计,目前我国还有 178 个县、19 个县级市没有图书馆,62 个县,4 个县级市没有文化馆,5934 个乡镇没有文化站,而其中少数民族地区都占近一半。此外,诸如馆舍不足,经费短缺,工作人员素质低,设备陈旧,文献利用率低等问题,更是普遍现象。这些虽然是发展中存在的问题,但从侧面也可看出民族文献工作和全国相比,还有很大的差距,民族文献工作者要正视现实,迎头赶上,为少数民族文献事业的发展做出贡献。

总之,民族文献工作涉及我国文献工作的一切方面和全部问题,弄清了民族文献工作的共性和特性,也就抓住了我国文献工作的主要问题。

参考文献

1　包和平.论民族古籍的科学管理和开发利用[J].中国图书馆学报,2002(3).

2　纳勇.试论民族文献[J].云南民族学院学报(哲学社会科学版),2000(1).

3　张公谨.民族古文献概览[M].北京:民族出版社,1997.

4　李晓菲.中国民族文献检索[M].内蒙古科学技术出版社,1997.

(原载《图书馆学刊》2003 年第 3 期)

民族古籍书目数据库建设探讨*

1. 民族古籍书目概况

从 20 世纪 70 年代末开始,人们已开始重视民族古籍的书目控制。从 80 年代至 90 年代,民族古籍书目达到空前的繁荣。

(1)全国性书目

①八省区蒙古语文工作协作小组办公室编辑,《全国蒙文古旧图书资料联合目录》,1979年 10 月内蒙古人民出版社出版。②黄润华、屈六生编辑,《北京地区满文图书资料联合目录》(1979 年,油印本)。③黄润华、屈六生编辑,《北京地区满文石刻拓片目录》(1979 年,油印本)。④黄润华、屈六生主编,《全国满文图书资料联合目录》,1991 年 7 月由书目文献出版社(今国家图书馆出版社)出版。⑤内蒙古古籍办、内蒙古自治区图协及 8 家图书馆联合编辑,《中国蒙古文古籍总目》(上、中、下),2000 年 5 月北京图书馆出版社(今国家图书馆出版社)出版。

(2)地区性书目

①中央民族学院少数民族语言研究所彝族历史文献编译组编,《北京现存彝族历史文献部分书目》(1981 年 10 月,油印本)。②贵州省毕节地区彝文翻译组编辑,《彝文典籍目录·贵州卷》,1994 年由四川民族出版社出版。③方国瑜编著,《纳西象形文字谱》,1981 年 4 月,云南人民出版社出版。④和志武编,《纳西象形文东巴目录》,1983 年。⑤张公瑾编著,《傣文古籍见知录》(《民族古籍》1987—1990 连载)。⑥库尔班·维力编,《维吾尔、乌孜别克、塔塔尔古籍目录》,1988 年 11 月,喀什维吾尔文出版社出版。⑦策司·桑杰嘉措编,《南瞻部州唯一庄严目录》,1990 年 4 月,西藏人民出版社出版。⑧西藏社会科学院资料情报研究所藏文编目组编,《藏族史料书目举要:藏文一》(《西藏研究》1985 年 4 期)。⑨于宝林编,《契丹文字文献论著解题》(《文献》1985 年 1—3 期)。

(3)馆藏书目

在这些众多的馆藏民族古籍目录中,尤以藏文古籍目录最为突出。①《藏文典籍要目(藏文)》,1985 年由青海人民出版社出版。②中国民族图书馆编,《藏文典籍目录:文集类子目》,共 3 册,1984 年 7 月、1989 年 12 月由四川民族出版社出版了上册和中册,下册于 1997年 3 月由民族出版社出版。③四川省甘孜藏族自治州编译局、德格印经院编,《德格印经院目录大全》,1995 年 12 月,中国藏学出版社出版。④李鹏年、吴元丰主编,《中国第一历史档案馆所存西藏和藏事档案目录(满藏文部分)》,1999 年 12 月,中国藏学出版社出版。

2. 建立民族古籍书目数据库的障碍

(1)收录不完整

民族古籍散失情况较汉族古籍更为严重。汉族古籍在历史上虽有数次劫难,禁书销毁

---

* 该篇文章与包爱梅合作。

虽也十分严重,但毕竟有"盛世修文"的传统。历朝历代都有专人整理,天灾人祸毁掉的书,基本上还有案可查。而民族古籍,由于历史变迁、民族矛盾、民族迁徙、民族习惯加上社会和自然条件造成的灾害损失的书籍无法统计。汉族古籍今天可以报出有 8 万或 10 万种,而民族古籍不消说历史上没有统计,就是今天也没有大约的数字。这是多种原因造成的。近年来随着民族古籍整理工作的开展,有人对蒙古族、满族、彝族、傣族、藏族、纳西族、朝鲜族等古籍做了初步的收录,但距实际存数还相距甚远。绝大多数的民族古籍散存于民间。因此这就决定了民族古籍的书目控制更为艰巨和繁重。

(2)分类不标准

分类法是分类标引依据,只有使用统一的分类标引依据,才能实现民族古籍分类规范化。目前,民族古籍的分类标引尚无统一标准可循,不仅不同语种之间民族古籍没有统一标准,就是同一语种的民族古籍其分类标引也不统一。以彝文古籍的分类为例,现采用的分类法有马学良、杨成志、陈士林、果基·宁哈、西田龙雄、段尔煜等人的学科分类法;有黄建民、红河州民族研究所的方言(支系)分类法;有朱崇先的地域分类法等不下十几种。这种分类标引的多头现象无法实现民族古籍网络化。

(3)著录不规范

民族古籍的著录只有使用统一的著录规则,才能保证做出的书目数据信息源一致,信息范围一致,各种信息的处理方法一致,从而保证著录内容规范化。目前,民族古籍的著录极不规范,主要表现在:著录内容详略不一。有的有内容提要,有的有汉译书名,有的详列子目,有的还为作者写了生平简介。著录用文字复杂多样。有的用汉文著录,有的用民族文字著录,有的用汉文和民族文字两种文字著录,有的用汉、满、拉丁文转写三种文字书写,如《全国满文图书资料联合目录》等。

(4)标引不统一

利用计算机检索文献,必须使检索者的语言与计算机所用的语言一致。这就要求编制出规范化的检索语言,即主题词表,这是实现检索的基本要求。《汉语主题词表》和《中国分类主题词表》的编制出版为建立全国统一联机信息检索网络创造了必要条件。但是,由于民族古籍的特殊性,上述两个主题词表无论在深度上还是在广度上都不能准确地标引民族古籍,特别是民族文字古籍。从而造成民族古籍标引的不一致性,为了解决这一问题,各馆采用了增设、扩充、靠类等办法进行标引。但是,由于没有统一固定下来,各馆各行其是,随意性很大,不利于实现统一检索。

3. 建立民族古籍书目数据库的基本策略

(1)广泛开展收集整理工作

由于我国各少数民族在历史上官办的藏书楼比较匮乏,有些召庙、寺院、王府虽曾有过藏书,但由于连年的战争,游牧迁徙,召庙寺院塌毁,致使许多珍贵的民族古籍散落民间,所以,深入民间、召庙、古旧书店、书摊搜集选购民族古籍,是民族文献信息部门搜集民族古籍的最有效途径。比如被内蒙古图书馆视为镇库之宝的《甘珠尔》《丹珠尔》就是从召庙里请回来的。

(2)积极采用现有国家标准

民族古籍分类、著录、主题标引等与汉文古籍相比虽有其特殊性,但基本原理是一样的。因此,笔者主张应积极采用现有的国家标准进行操作,建立规范化的民族古籍书目数据库。

具体包括:①以《中国机读目录格式》为民族古籍书目数据库的规范化格式;②以《古籍著录规则》为民族古籍著录内容规范化的准则;③以《中图法》作为民族古籍分类的规范化标准;④以《中图分类主题词表》作为规范化的民族古籍主题标引依据;⑤采用 GB 2312—80 字符集和 ISO 10646 字符集(目前进入 ISO 10646 编码的民族文字有朝鲜文、藏文、蒙古文(包括满文)、彝文、维吾尔文、哈萨克文、柯尔克孜文)作为民族古籍著录规范用字依据。但在实际操作过程中应有所变通,灵活掌握。比如在著录时除用民族文字著录外,再用汉文重复著录,这样既客观地反映了民族古籍的情况,又增加了学术性,便于利用和管理。又如可以采用两种分类法同时给一部民族古籍分类的做法,即先用《中图法》分类,同时又用该民族古籍的习惯分类法再行分类,这样做,虽然费时、费力,但两种方法的分类结果可以互相校正,使分类质量更高,同时为读者提供了两种分类检索途径,更加方便读者。

(3)加快整顿现有书目数据

民族古籍的标引、著录是从手工阶段起步的,但在近 10 年里,许多民族古籍收藏部门开始采用计算机著录格式,使民族古籍的标引、著录产生了质的飞跃。目前,利用计算机对民族古籍进行著录,已经形成了一个比较完善的体系,即严格按著录标准,遵循 MARC 格式著录,如内蒙古图书馆研制开发的《蒙文书目机读目录数据库》等。但在利用计算机进行著录的初始阶段,鉴于经验的不足以及无固定模式可参照,各收藏部门或多或少在书目数据记录里会遗留一些问题,如书卡账不符,一书有两条以上记录,著录详简级次不一,内容不准确,著录方式不一致,同书异号,异书同号等问题。随着民族古籍事业不断向信息化、网络化发展,资源共享,尤其是网上资源共享将是一条必经之路,因此,各收藏部门要抓紧时间规范本部门的民族古籍书目数据库,为建立全文数据库和网上资源共享打好基础。

(4)努力建立共建共享体系

目前,由于缺乏全国性的宏观规划,各个收藏部门各自为政,比较分散,资源建设重复浪费。民族古籍书目数据库建设不能仅仅依靠几个图书馆和情报部门,而是依靠社会所有民族古籍拥有者的通力合作,克服壁垒森严和条块分割的局面。加强横向联系,建立馆际合作和资源共享的动力机制,制定强有力的民族古籍资源共享的政策和法规管理制度,以法律手段对各系统和各地区民族古籍书目资源共建共享发挥导向和制约作用,推进民族古籍书目资源建设的共建共享步伐。

参考文献

1 孙家正.数字图书馆——新世纪信息技术的机遇与挑战国际研讨会论文集[C].北京:北京图书馆出版社(今国家图书馆出版社),2002.

2 包和平,王学艳.中国少数民族文献的数字化研究[J].情报杂志,2002(4).

3 胡京波.当前我国民族地区图书馆面临的机遇与挑战[J].图书馆论坛,2002(5).

4 崔旭.论西北地区高校数字图书馆建设[J].中国图书馆学报,2002(2).

5 中国图书馆学会.知识经济时代图书馆的发展趋向[M].北京:北京图书馆出版社(今国家图书馆出版社),2002.

6 王学艳.西部开发信息先行——兼论民族文献信息资源的开发利用[J].图书馆理论与实践,2002(5).

7 包和平.中国民族文献管理学[M].呼和浩特:内蒙古科学技术出版社,2001.

(原载《图书馆理论与实践》2003 年第 6 期)

民族古籍管理学的研究对象和任务*

1. 国内外研究民族古籍概况

我国民族古籍卷帙浩繁,种类繁多,其内容涉及政治、哲学、法律、历史、宗教、军事、文学、艺术、语言文字、地理、天文历算、医药等诸多方面。民族古籍整理工作从 20 世纪 70 年代末开始受到重视,80 年代初走上正轨。1982 年 3 月国务院召开了古籍整理出版规划会议,提出并部署了收集、整理、出版民族古籍的任务。1984 年 7 月全国少数民族古籍整理出版规划小组成立,在国家民委成立了办事机构。目前,全国有 25 个省、自治区、直辖市,130 个州、地、盟相继建立民族古籍整理机构,在一些民族院校和民族地区建立了古籍研究所。这几年,相继成立了蒙古、鄂伦春、达斡尔等民族古籍,彝族古籍,朝鲜族古籍,满族古籍,锡伯族古籍,回族古籍,壮族古籍,藏族古籍等跨省区协作小组。自 1984 年以来,据不完全统计,已抢救、收集民族古籍 12 万种(部、件、册),已整理 11 万种(部、件、册),出版古籍、书籍(不包括馆藏古籍)5000 余种(部、件、册)。在收集、整理民族古籍的过程中,我国的一些学者开始对民族古籍管理问题进行研究,涌现出了《中国民族古文字》(1982 年)、《中国民族古文字研究》(1984)、《中国少数民族文学古籍举要》(1990 年)、《民族古籍学》(1994 年)、《中国少数民族古籍论》(1997)、《民族古文献概览》(1997 年)、《新中国民族古籍工作》(1999 年)、《中国民族古籍集成》(2003)等一大批民族古籍论著。这些著作从不同角度、不同方面丰富了中国民族古籍研究的内容,扩大了民族古籍的研究领域,同时也为创建民族古籍管理学奠定了理论基础和实践基础。

在国外,如日本、印度、俄罗斯及欧美等国不仅收藏有大量中国少数民族古籍,而且还建立了许多研究所、学会和国际常设机构,研究中国少数民族古籍,并对中国少数民族古籍分类、著录、目录组织、编译出版以及计算机处理等方面进行了有益探索,积累了一定经验,值得我们去探讨。

2. 创建民族古籍管理学的意义

(1)创建民族古籍管理学有利于更好地保护与抢救这一珍贵的少数民族历史文化遗产

目前,我国保存下来的民族古籍现状不容乐观,由于保存机构众多,部分民族古籍散存民间,再加上自然和人为因素的影响,许多民族古籍已遭受到不同程度的损毁,如不及时进行科学的管理,这些珍贵的民族古籍随时都有毁坏丧失的危险。民族古籍管理学的创建将从学科建设的高度对民族古籍的产生发展、本质属性、运动规律、种类特点、价值功能和民族古籍管理工作的基本原则和性质、实体管理和信息开发利用的方法技能、民族古籍事业的组织和管理进行探索研究,从而全面地揭示民族古籍的珍贵历史研究和现实利用价值,进而引

---

* 本文系辽宁省教育厅高等学校科学研究项目"中国少数民族管理学研究"成果之一。

起社会的关注和重视,加强对民族古籍的收集整理和资源开发利用工作,更好地保护与抢救这一珍贵的少数民族历史文化遗产。

(2)创建民族古籍管理学有利于实现管理民族古籍手段和方法的规范化、标准化和科学化

民族古籍管理学是一门新兴的研究领域,由于起步较晚,各地民族古籍管理机构对民族古籍的管理工作尚属探索阶段,如何总结现有经验,制定相应的规章制度,并采取有效的方法和措施来管理民族古籍是我们在理论和实践上所必须解决的紧迫课题。民族古籍管理学正是适应了民族古籍科学管理的需要而产生形成的,该学科总结现有民族古籍管理机构收集整理民族古籍的有益经验,借鉴文献管理学的有关方法、手段、原则和措施,并根据民族古籍的实际状况,探索出一套收集整理、分类著录、编译出版、保管修补、鉴定统计民族古籍的科学方法。这一管理既保持民族古籍的内部有机联系,又对民族古籍进行科学的分类整理,将极大地促进民族古籍科学管理工作发展,对实现民族古籍管理工作的规范化、标准化和科学化有重要的现实意义。

(3)有利于更好地开发利用民族古籍信息资源

民族古籍作为一种珍贵的文献信息资源,其学术研究与现实利用价值已引起了社会各界的高度重视。而现今虽然民族古籍管理机构收集到的民族古籍数量繁多,但许多民族古籍还未分类整理,民族古籍提供利用的方法和措施较为单一,极大地限制了社会各界对民族古籍珍贵价值的认识与利用。创建民族古籍管理学不仅向人们揭示民族古籍的珍贵历史研究和现实利用价值,阐述管理民族古籍的科学方法,还结合民族古籍的实际状况,探讨民族古籍资源的开发利用问题。从编制目录、译注出版、馆内查阅、文献编研、举办展览、学术研讨、文化交流等方面提出全面开发利用民族古籍信息资源的可行性方法与措施。

3. 民族古籍管理学的研究对象和研究内容

民族古籍管理学以民族古籍实体和民族古籍实体管理工作为研究对象,具体研究民族古籍的形成、本质属性、运动规律、种类特点、价值功能和民族古籍管理工作的基本原则和性质、实体管理和信息开发利用的方法技能以及民族古籍事业的组织管理。具体研究内容包括:

(1)研究民族古籍管理学的研究对象、内容、任务和方法及学科体系;探讨民族古籍管理学研究的现实意义、时代特点以及它同少数民族传统文化之间的关系,使民族古籍管理具有自己的理论体系、以促使该学科的成熟和发展。

(2)从不同的方位论述民族古籍的历史源流、学科内容、文献类型、版本情况、校勘注疏及收藏整理情况。

(3)研究民族古籍的特点、价值及充分开发利用的现实意义。

(4)研究民族古籍管理活动及其规律,主要包括5个方面:①以收集为重点的馆藏建设,主要研究对各民族古籍的接收与征集丰富馆藏的途径和方法;②民族古籍的日常管理,主要研究民族古籍的整理、鉴定、保管等业务原则与技术;③民族古籍的检索与编研,主要研究各种检索工具和民族古籍参考资料的编制,为开发利用民族古籍资源创造条件;④民族古籍出版与利用服务,主要研究民族古籍的出版以及如何对社会各方面的利用者进行服务,包括民族古籍利用的需求以及提供利用的原则、方式和方法等;⑤民族古籍的综合管理与组织。

（5）研究民族古籍的数字化，建立民族古籍数据库，为我国建立民族学科文献信息中心网络提供依据。

（6）研究民族古籍管理工作者的职责和任务，其中着重研究实现民族古籍管理干部队伍的革命化、年轻化、知识化和专业化的方法和措施。

（7）研究民族古籍事业管理问题，即在民族古籍机构、行政管理、法制建设、宣传教育、出版发行和科学研究等方面对民族古籍进行宏观管理，以利于我国民族古籍事业的建设与发展。

4. 民族古籍管理学的学科地位和相关学科

（1）民族古籍管理学的学科地位

民族古籍管理学是管理科学与民族古籍学相互交叉、相互结合的一门学科。从一般意义上说，民族古籍管理学研究的是民族古籍的管理问题，民族古籍管理学的原理与基本方法是从管理科学中抽出来的，是以管理科学的原理作为自己的理论基础而发展起来的，因此它是管理科学的一个分支。民族古籍管理学又属于民族古籍学，是民族古籍学的组成部分、分支学科，它离不开民族古籍管理活动的实践，也离不开民族古籍学的基本原理，是管理科学与民族古籍学相互交叉、彼此结合而成。如果离开了民族古籍管理活动的实践，仅仅套用一般管理原理，就不可能很好地指导民族古籍管理活动，也不可能探索民族古籍管理活动的规律。

民族古籍学是一门综合性学科，作为民族古籍学分支学科的民族古籍管理学，其学科基本性质也是综合性的，而且它更接近实际，渗透于实践，应用性更强，所以民族古籍管理学是一门综合性的应用学科。

（2）民族古籍管理学的相关学科

民族古籍管理学是一门综合性学科，因此，它与许多学科相互联系，有的性质相近，有的是内容相互交叉。出现这种现象的原因，一是民族古籍管理学在形成和发展过程中需要广泛吸收其他学科的某些理论与方法；二是在民族古籍管理实践过程中需要综合运用多学科知识。

①与民族古籍管理学有隶属关系的学科

与民族古籍管理学有隶属关系的学科是管理学和民族古籍学。管理科学研究的是社会系统的管理活动及其规律，而民族古籍管理学则是社会系统的一部分——民族古籍的管理活动及其规律，是从属于管理科学的。因此，民族古籍管理学有管理科学的共性。

民族古籍管理学是民族古籍学的分支学科，二者存在着血缘关系。民族古籍学研究民族古籍学的总体，民族古籍管理学研究民族古籍管理活动，是民族古籍学的子系统。二者既有共性，又有各自独立性。

②与民族古籍管理学有指导关系的学科

与民族古籍管理学有指导关系的学科是哲学、系统科学、民族学等。这些学科虽然与民族古籍管理学在层次、部类上相距很远，它们之间的关系不那么直接，但这些学科为民族古籍管理学提供一种思想和方法，具有方法论上的指导意义。

③与民族古籍管理学有交叉应用关系的学科

有些学科与民族古籍管理学不属同族，或不属同一部类，研究对象也相差较远，但仍有某种特殊的联系。民族古籍管理学与社会学、读者学、心理学、计算机科学、数学、统计学、经济学、运筹学、决策技术、价值分析、全面质量管理等是一种交叉应用关系。民族古籍的内容十分广泛,包括社会各个方面,民族古籍的读者面也是多层次的,民族古籍在现实社会中,发挥十分重要的作用。所以关于民族古籍的地位和作用,不同读者群的分析,读者的阅读心理,民族古籍的宏观管理、微观管理、经营管理、现代化管理问题,都要应用上述学科的理论和方法,以推动民族古籍管理学的发展。

④与民族古籍管理学有并列关系的学科

与民族古籍管理学有并列关系的学科是民族古籍学的各分支学科,如民族古籍目录学、民族古籍版本学、民族古籍校勘学、民族古籍编纂学、民族古籍考证学等。

5. 民族古籍管理学的研究任务与研究方法

(1)民族古籍管理学的研究任务

民族古籍管理学是民族古籍工作实践与管理科学相结合的产物,民族古籍管理学不仅仅是研究民族古籍管理的理论,而且也是一门关于民族古籍管理的应用性学科。就是说,它不仅说明民族古籍搜集、著录、分类标引、主题标引、检索和利用等工作过程所遵循的科学原理,而且从宏观上阐明如何从整体上把握民族古籍管理工作,即民族古籍管理的基本原则和主要方法。

民族古籍管理工作者进行民族古籍管理的最终目的是最大限度地满足少数民族社会发展的需要,推动各少数民族社会进步。民族古籍管理学除了要说明科学管理民族古籍在促进各少数民族社会进步中的意义,还要告诉人们如何有效地开发利用民族古籍促进各少数民族社会的进步事业。

民族古籍管理学是促进各少数民族社会进步自然因素之一。为此,它必须为民族古籍管理确定相应的职能。它不仅应该提出民族古籍管理之所以具有这些职能的理论根据,还应该提出实现这些职能的指导原则和方法。

民族古籍管理学的根本任务是实现民族古籍管理的科学化,为了确保民族古籍管理实际工作能够严格地按科学规律办事,确保民族古籍管理工作的质量,必须制定出民族古籍管理工作的各种基本规范,以及民族古籍管理的基本原则和主要方法,以达到最佳效果。

(2)民族古籍管理学的研究方法

①以马克思主义民族理论为指导,总结我国民族古籍工作的实践经验,根据中国民族古籍事业的特点和民族古籍管理学的特点,吸取相关学科的研究成果,力求使其理论性和实用性同步提高。

②从民族古籍管理学方法论来说,以辩证唯物主义和历史唯物主义的哲学方法论,作为本学科最高层次的方法论,以信息论、系统论、形式逻辑等作为本学科的一般方法论。运用上述方法来观察和分析民族古籍管理的对象和管理行为及其过程,同时注意防止生搬硬套其他学科的体例和名词术语。

③具体方法主要包括调查法、历史研究法、比较研究法、数学方法和系统研究法。民族古籍管理学的研究是一项实践性很强的研究,调查法是民族古籍管理学研究中使用最普遍的一种方法。研究者深入少数民族地区,直接考察了解当地民族古籍工作的实际情况,在调查过程中,可以根据所研究课题的需要,采用问答、问卷、观察、体验、统计、抽样调查等多种

手段与方法,以获取第一手调查资料。

民族古籍管理学之所以有复杂性、特殊性等特点,就是因为不同的民族具有不同的文化背景,每个民族特有的古籍往往有其深刻的历史渊源。因此,研究民族古籍管理学不能仅着眼于现实,而且还要研究其历史。所以历史研究方法是民族古籍管理学不可缺少的一种方法。

比较研究法是民族古籍管理学研究中经常运用的一种方法,由于各少数民族均有其不同的文化背景,因此,各民族的古籍都是呈现不同的民族性,有其各自不同的文化背景,有其各自不同的特点。因此,在研究中采用比较研究法,可以更好地把握各少数民族古籍的特点,增强管理的针对性。

数学方法在民族古籍管理的计划、目标管理、组织、决策、计量等方面得到广泛的应用。它是使民族古籍管理学进入定量分析阶段不可缺少的方法。古籍计量学中的布拉德福定律、齐夫定律、洛特卡定律、普赖思曲线等,以及古籍的变化规律、半衰期的研究、古籍率、引文率及古籍流通中的一些公式,都是通过数学方法计算得来的,此外,古籍检索系统设计等领域,还广泛地应用了运筹法、优选法、集合论等数学方法,所以数学方法也是民族古籍管理学研究的一种重要方法。

民族古籍管理学是一项综合性研究,涉及众多学科,因此,应用系统研究方法,采用以民族古籍管理学为中心的多学科横向联合攻关,是研究民族古籍管理学行之有效的一种现代化研究方法。

参考文献

1 李杰. 中国少数民族文献探研[M]. 北京:民族出版社,2001.

2 刘光宏. 中国民族工具文献辞典[M]. 北京:改革出版社,1997.

3 包和平. 少数民族古籍的科学管理和开发利用[J]. 中国图书馆学报,2001(10).

4 包和平,王学艳. 国外对中国民族文献的收藏与研究概述[J]. 情报杂志,2002(5).

5 包和平. 民族文献学的研究对象和学科体系[J]. 情报资料工作,2002(2).

(原载《情报资料工作》2003 年第 4 期)

论民族文献的性质和价值*

1. 民族文献的性质

民族文献是文献的一个组成部分。因此,文献共有的性质,民族文献全部具备。同时,民族文献作为特定的文献,它又具有其独有的性质。用矛盾论的观点加以分析,我们可以把民族文献的基本属性概括为五个统一:静态性与动态性的统一,主观性与客观性的统一,积累性与传递性的统一,老化性与再生性的统一,民族性与地域性的统一。

(1)静态性与动态性。民族文献同一般文献一样,它也是一种固化于一定物质载体上的信息。是民族信息的物化结晶,独立存在于人体之处,若没有人作用于它,就处于相对静止状态。而少数民族文献又是供少数民族社会使用的,随时处于纵横交流之中,在不断运动着,所以又是动态的。

(2)主观性与客观性。从民族文献生产的过程来看,它是少数民族客观信息反映到人的大脑,经过人脑加工改造之后,转换成的有关少数民族的观念信息,所以,民族文献所包含的内容,属于少数民族精神信息,是精神财富。因此,民族文献具有主观性特点。民族文献一旦形成,它就脱离了人的主观范围,异化为一种客观存在。也就是说,它是一种物化了的思维,凝固了的意识,所以它又具有客观性。

(3)积累性与传递性。民族文献是少数民族物质生活和精神生活赖以进步的重要手段。它可以帮助少数民族把社会实践中所获得的经验传播开来,并且保存下去。如果没有民族文献的积累,就不能继承前人的一切成果,少数民族任何文化科学方面的发现、发明成果,如果不通过民族文献的保存、流传,少数民族科学文化就不会呈现出当代的这种高速发展的状态。信息可以通过各种形式的载体为媒介进行传递,民族文献在时间和空间中不断地运动,才使民族文献得以推广和被利用。民族文献内容的连续性和继承性决定了民族文献的积累性和传递性,从而使民族文献总是处于不断积累和传递使用的连续循环之中。

(4)老化性与再生性。民族文献具有老化和再生特点,不管其内容还是形式,都存在着这两个特点,一定的民族文献经过人们利用、认识、吸收之后,再经过人的大脑加工和一定方式制作,便可产生新的民族文献,并逐步代替老的民族文献,老的民族文献也便随之老化、淘汰。由于民族文献的内容大部分属于社会科学范畴,其老化性不明显或不存在,但其再生现象和交替现象大量存在。

(5)民族性和地域性。民族文献最大的特点,就在于民族文献所体现出的鲜明的民族性和地域性,只要具备这两个特点,文献就具备了被确认为民族文献的基本条件,民族文献的民族性和地域性反映了民族文献的民族族属特点、民族风格特点、民族内容特点、民族形式特点、民族地方特点和民族传统特点等,因此我们说,民族性与地域性是民族文献的重要特

* 本文为国家哲学社会科学基金项目"中国少数民族文献学概论"(00BTQ005)成果之一。

征,是民族文献所特有的,有别于其他文献的特征。

2. 民族文献的价值

民族文献的产生与发展是我国少数民族产生、变化、发展的间接体现,它忠实地展示了我国各民族古往今来的全貌。通过民族文献,不仅使人们了解各民族及民族地区的过去,也使我们看到了各民族亟待发展腾飞的今天。它始终都影响着少数民族地区政治、经济、科学、文化事业发展的现在和未来,因此,民族文献是我国55个少数民族光辉灿烂的宝贵精神财富,有着不可估量的价值和作用。

(1)民族文献对于从事少数民族社会形态的研究具有重要的学术价值

新中国成立之前,我国各少数民族的社会经济形态发展极不平衡,甚至在同一民族内也存在着复杂的情况。与经济制度相适应,少数民族地区的政治制度也很复杂,在一些保持原始公社残余的民族中,存在着原始民主制度,在彝族奴隶社会中存在着家支制度,在西藏存在着"政教合一"的联合专政制度,在西双版纳傣族中存在着土司制度。这种发展上的不平衡,反映了人类社会发展中不同阶级的共性和民族特点,是一部活的人类社会发展史。民族文献在有关少数民族社会形态的研究中,特别是对有关原始社会父系家庭公社及其向阶级社会的过渡的研究,对于了解人类历史上业已消失的古代社会,丰富马克思主义唯物史观,有着重要的学术价值。

(2)民族文献对研究民族族源问题具有重要学术价值

民族文献中一般都有各民族族源的产生、繁衍、迁徙、发展等方面的记载,真实再现了各个民族成败兴衰、分化融合的历史画卷。如著名社会学家费孝通先生在《关于我国民族的识别问题》一文中提到的"平武藏人"即白马人的族属论断,就是由四川《龙安府志》和甘肃《文县县志》中取得的资料。又如"百越"是我国古代南方少数民族一个古老族群,在一些民族文献中屡屡见之,较早见于《史记·南越列传》《越人歌》《越绝书》《吴越春秋》《后汉书·南蛮传》等书;近则吕思勉《中国民族史》、林惠祥《中国民族史》、罗香林《中夏系统中之百越》等书中都有专门章节论述;关于近几年有关这方面的文献更使我们对"百越"民族的概念有了深化的认识。今天,人们通过民族文献的研究认为,"百越"民族在与汉民族的交往过程中,有一部分融合于汉民族,有一部分则分化和聚合为新的族体,形成于今天侗族、傣族、布依族、壮族、水族、黎族、仫佬族、仡佬族等中国南方的主要民族。民族文献中的家谱、族谱、村史中也有有关民族族源问题的记载,如家谱中记载着家庭的变迁、父子连名制等。

(3)民族文献对于古代疆域史的研究具有重要的学术价值

从历史上讲,每一个民族都有自己或大或小的一定活动区域。自从夏民族形成的时期起,其周边就有东夷、西戎、南蛮、北狄等古代民族。以后,在西越葱岭、东至日本海、南起长城、北到贝加尔湖的北方广大地区,相继活动有匈奴、东胡、肃慎、鲜卑、乌桓、柔然、高车、突厥、高句丽、契丹、党项、蒙古、女真、满、朝鲜、鄂伦春等一系列民族。他们战严寒、斗风沙、辟森林,开发了北国的边塞沃土;西北的维吾尔、哈萨克等西域各民族,维护着丝绸古道的繁荣;青藏高原上的诸羌部落,逐渐形成了藏族,世世代代镇守和建设着"地球的第三级",并在近代勇敢地抵御了外国势力的扩张;西南的西瓯、骆越、彝、白、壮、侗等族,南方的百越、苗、瑶、畲、京等族在建设海防边疆中都建立了不可磨灭的功勋。黎族之于南海,高山族之于台湾,也都是人所共知的边疆保卫者和开发者。

（4）民族文献对我国历史研究具有重要学术价值

在民族文献中，以民族文字和语言记载流传的各民族在统一国家中参与政治、经济、文化等活动的史料，有很多内容是汉文史料不载、漏载或误载的，很多问题是汉文史籍所解决不了的。从而，可以用来补充、校正、完善汉文史料，为我国历史研究提供了珍贵的资料。

在我国几千年的封建社会中，元朝和清朝都是少数民族贵族建立起来的政权。蒙古族早在公元 8 世纪时，使蒙古文得到了进一步发展。由蒙古族建立起来的元朝从公元 1271 年至 1368 年，统治国家长达 97 年之久。满族在公元 1599 年也有了自己的文字。满族贵族建立的清朝政权从公元 1644 年至 1911 年，统治国家长达 267 年之久，满、蒙民族都留下了大量的民族文字文献，这些民族文字文献对于我国历史研究，尤其是元、清两朝的历史研究，具有极其重要的价值，如我国最早的官修满文编年体史书《满文老档》，成为研究清入关前满族的兴起、发展和社会性质以及东北边疆各民族的历史、分布地域和语言文字的珍贵文献。又如关于科尔沁部的历史，史书上不具有系统、完整的记载。内蒙古社会科学院留金锁研究员据蒙古文史料中有关科尔沁部的记载，与汉文和其他文种的资料进行对比、考释后指出，科尔沁部并非像有些专家所指出的那样是有共同血缘关系的共族集团，而是指成吉思汗之弟合撒儿领地内的诸百姓而言。留金锁的考证显然不只是补充了汉文资料不足，重要的是纠正了汉文资料之谬误。

（5）民族文献对世界历史的研究也有重要价值

我国的领土和 12 个国家接壤，全国有近 20 个民族跨境而居，这一特定的地理环境使我国部分民族史和外国民族有着一定的联系。所以，通过对我国民族珍藏的史料，可以对邻国历史研究及世界历史研究提供宝贵资料。如蒙古族文化早在成吉思汗统一各部落之后就得到了长足发展。从 13 世纪开始，蒙古族开创了书面文字的新纪元。由于蒙古民族所建立的大蒙古汗国横跨欧亚两洲，对世界的历史进程产生过重大影响，所以自 19 世纪中叶开始在世界范围内形成了研究蒙古民族的专门学科——蒙古学。它所研究的对象包括蒙古民族的社会、经济、风俗、地理、语言、文学、医学等许多个学科，研究范围涉及了欧、亚、非数十个国家和地区。历史悠久，内容丰富的蒙古文文献散存于世界各地，我国是收藏最多的国家之一。蒙古族的 3 个重要历史著作《蒙古秘史》（原名《忙豁仑·纽察·脱卜察安》）、《蒙古黄金史》《蒙古源流》（原名《宝贝史纲》），对于研究蒙古族的历史、语言、文化都有重要的学术价值。其中《蒙古秘史》成书于 13 世纪中叶，是蒙古族用蒙古文写的最早的历史文学文献。记述了蒙古族的起源，成吉思汗祖先的谱系和生平以及窝阔台朝的史实。其珍贵之处在于详细记载了蒙古族统一各部落而成为庞大的、稳定的并不断发展的民族的全部过程。这部史书受到古今中外蒙古学家的广泛重视，法国、德国、俄罗斯、日本、英国、匈牙利、捷克斯洛伐克、土耳其等国都相继翻译出版。

（6）民族文献对研究各民族的宗教信仰和自然崇拜有重要价值

在原始社会，由于生产工具十分落后，人类的劳动生产力水平低下。人类祖先生活在既无基本物质保障，又无法抵御外物侵袭的险恶环境中。人们一方面出自对生活的追求和幻想，一方面对整个自然缺乏认识，因而产生了各种不同的敬慕、崇拜、感激、惊恐等情绪，进而创造出主宰自然和人的神灵，由此产生了原始宗教。原始宗教是自发的产生于尚不具成文历史的原始社会中的、以自然崇拜为主的宗教，但至今仍支配、影响着人们的经济生活和思想观念。它是人类童年时期幼稚世界观的反映。

伊斯兰教主要流行于丝绸之路沿途各民族,而以回族为代表。回族是我国最早以商为本的民族,他们的文化观念正好与以农为本的中华民族的文化互补。

小乘佛教主要流行于傣族、布朗族、德昂族、阿昌族、普米族等西南各族。它将土寺庙体系与封建式领属关系结合在一起,融社会教育、学校教育、宗教教育为一体,对社会生活起着极为重要的作用。

喇嘛教属藏传佛教,广泛流行于草原地区,体现为政教合一、注重经典等特点。

少数民族宗教在其产生、发展的过程中,产生了大量的民族宗教文献。如藏文的《大藏经》、回鹘文的《大磨法师三藏菩萨法师传》、西夏文《大方千佛华严经》、蒙古文《七佛如来供养经》,以及西南地区傣族的贝叶经、彝族的彝文经、纳西族的东巴经等。

众多的民族宗教文献,大部分是宣扬宗教内容的经文,但其中涉及了有关各民族的政治、历史、地理、天文、历法等方面的资料。在对少数民族宗教的研究中,我们应吸其精华,弃其糟粕,提炼出有价值的部分。

(7)民族文献对于研究畜牧业和农业技术具有重要价值

我国的森林和草原面积比耕地还广,自古以来,狩猎业及动物驯养,畜牧业及其相关的畜产品加工、草场养护等,几乎都是以少数民族为主的,如匈奴族及其先民北狄族养畜事业很发达,殷商时北狄把骑术传入周族,以后,北狄、匈奴又把养马术以及驴和骡传入了中原,对中原地区的农业、畜牧业、军事骑兵的发展以及后来的通信、驿站等都产生了重大影响。

农业方面,在岭南地区,早在秦代骆越族就开垦农田,修渠灌溉。今新疆地区的西域各族,在秦汉时代就能种植五谷、桑麻、葡萄等多种作物。我国现在的很多作物如高粱、玉米、棉花、芝麻和葡萄、西瓜、黄瓜、胡萝卜等瓜果、蔬菜都是从古代西域地区陆续传入内地的。

每个少数民族几乎都有自己独具特色的手工纺织业,加工出的服装、锦带等产品,绚丽多彩,风格万千,是国际旅游产品市场的抢手货。其他如新疆的"坎儿井",北方冰雪地上的"爬犁",契丹人的冰柜,蒙古族的饰品加工,西域各民族的果树栽培,储存技术,藏族的酥油制品,京族的海产养殖,满族的人参栽培等,都具有独特的创造。

(8)民族文献对我国文学艺术的研究具有重要价值

长期以来,我国各少数民族在创造物质文明的同时,也创造了相应的精神文明。各民族都留下了不同数量、不同内容的宝贵的民族文学、艺术文献。如鲜卑族民歌《敕勒歌》,元代回族诗人萨都剌的《雁门集》,明朝产生的蒙古族第一部文学著作《蒙古秘史》,清代蒙古族作家尹湛纳希的《一层楼》《泣红亭》,以及11世纪以来产生的维吾尔族叙事长诗《福乐智慧》、藏族史诗《格萨尔王传》、蒙古族史诗《章噶尔》、柯尔克孜族的史诗《玛纳斯》、彝族撒尼人的叙事长诗《阿诗玛》等,都是具有一定思想性、艺术性的有名作品。闻名中外的敦煌、云岗、龙门石窟、克孜尔千佛洞,是汉族、鲜卑族、吐蕃族以及西域各族的艺术家和劳动人民共同创造的,广西左江沿岸的花山崖壁画,据认为系壮族先民在秦代所作,壁画中数以千计的人物、动物、铜鼓、铜锣的形象生动,构图严谨,具有很高艺术水平。南绍白蛮、乌蛮等族所凿剑川石窟的大量石雕,人物姿态生动,具有浓郁的民族风格,在我国石刻史上占有很高地位。汉朝著名的"巴渝舞",是巴族板楯蛮的民间创作。唐朝的十部乐中有多部是从西域西凉、龟兹、疏勒、于阗、高昌等地少数民族那里引进的。我们现在所有的笛、琵琶、箜篌、胡琴、腰鼓、羯鼓、铜钹等很多民族乐器,是汉代以后陆续从少数民族那引进来的,所有这些都说明,民族文学、艺术是我国百花园中的奇苑异葩,它对我国文学艺术的研究,繁荣社会主义文学艺术,有着重要的作用。

(9)民族文献对研究我国少数民族科技史有重要的学术价值

少数民族对祖国的科学技术事业也做过重大贡献。早在汉魏时期,骆越族就能铸造图案多彩、花纹细致的铜鼓;西域的龟兹是著名的产铁区,冶铁足供西域 36 国之用;西南夷能开采铜、铁、铝、锡、金、银、朱砂等多种矿产,能制作具有高度技术水平的金银镂刻、玉石镶嵌的金玉器具;匈奴族能制造弓、矢、刀、铤、铁剑、铜镞等兵器。同时也产生了许多著名的科学家,如元代回族人扎马鲁丁是著名的天文学家,他所著的《万年历》曾被元朝颁行。他创造了浑天仪等 7 种科学仪器,在大都(今北京)建立了观象台,为祖国的天文学做出过重要贡献。元代回族人亦黑迭尔丁领导和设计了元大都宫阙的建筑工程,对以后北京故宫和整个北京的城市建筑和发展,都产生了影响。元代维吾尔人农学家鲁明善的《农桑衣食撮要》、清代著名的数学家蒙古人明安图的《割圆密率捷法》等著作,都具有相当高的科学水平。

(10)民族文献反映了我国民族文字发展变化的历程

民族语言文字是民族形成的一个重要标志,是民族文化得以延续和传播的桥梁。我国少数民族的多种语言文字,丰富了中华民族的语言文字宝库。早在汉代,西域地区的焉耆、龟兹、于阗等地少数民族便有了拼音文字,说明他们的文字在当时是比较先进的。11 世纪维吾尔学者马赫穆德·喀什噶尔编纂的《突厥语大辞典》,以其丰富的内容和学术价值而闻名于世,很早就引起了世界许多学者的重视。

目前,白文、方块壮字、哈尼文、西夏文、佉卢文、于阗文、粟特文、契丹文、突厥文、女真文、回鹘文等大批的民族古文字的古文献已经出版,而这些文字的产生、发展、演变等复杂的文字现象,在民族文献中均有所体现。

(11)民族文献对我国医药卫生事业的研究具有重要价值

在漫长的历史发展中,我国各族人民长期以来同疾病做斗争,并不断总结经验,这就形成了我国许多少数民族自己的民族医药。特别是其中藏医、蒙医、维吾尔医及傣医等民族医药学,不仅有悠久的历史,而且形成了独特的理论体系,成为我国医药宝库中的一个重要组成部分。早在 8 世纪末,著名藏族医学家宇妥·元丹贡布就用藏文写下了医学巨著《四部医典》,后经历代名医整理、注释,成为现在保留的"药王山版本",直到今天,这部医典还是青藏高原地区防病、治病的重要工具。其他如蒙古文《临症医药鉴》,彝文《寻医找药》《齐书苏》,纳西族象形文东巴经中的医药书《玉龙本草》等,都是有重要参考价值的医学文献。

(12)民族文献对我国地质、矿产、森林等自然资源的勘察利用提供重要线索

民族文献中有不少记载有关天文、气象、地质、地震、森林等资料和数据,它们的作用往往是考古所难以达到的,为科学研究提供了不可多得的原始信息。如对黄河、长江源头的勘测,黄河水系及流量的探测,青藏公路路线的实地勘查,黄河上游龙羊峡水库和刘家峡水电站的兴建和有关地震资料汇编,新疆塔里木盆地和白龙江流域森林资源的调查,修包兰铁路时对腾格里沙漠的治理,白银、金川两大有色金属矿区的勘探和建设,河西走廊、柴达木盆地石油地质的再勘测,祁连山第四纪冰期冰川冻土考察……总之,民族文献为民族地区的经济建设、科技事业提供了大量的原始信息。

参考文献

1　包和平.论民族古籍的科学管理和开发利用[J].中国图书馆学报,2002(3).

2　纳勇.试论民族文献[J].云南民族学院学报(哲学社会科学版),2000(1).

3　张公谨.民族古文献概览[M].北京:民族出版社,1997.

4　李晓菲.中国民族文献检索[M].内蒙古科学技术出版社,1997.

(原载《津图学刊》2003 年第 4 期)

国外出版的中国少数民族文献目录概况

中国少数民族文献目录学是中国目录学研究的重要内容之一,对国外出版的中国少数民族文献目录进行系统的研究,将有助于推动我国少数民族文献目录学的发展。由于历史变迁、外国列强入侵等一些举世周知并令人难以忘却的原因,我国许多珍贵的少数民族文献流散于世界各地。世界各国不仅收藏有大量的中国少数民族文献,还出版了不少中国少数民族文献目录,积累了一定经验,值得我们去探讨、研究。

1. 蒙古文文献目录概况

蒙古文文献的传播极广,不仅在国内以手抄本形式广泛传播,而且在国外流传也非常广泛。世界上有许多国家都藏有蒙古文文献。除我国藏书量居首位之外,蒙古国和俄罗斯也是蒙古文文献藏书最多的国家。其他还有德国、丹麦、美国、法国、英国、瑞典、芬兰、比利时、挪威、梵蒂冈等国家也有数量不等的收藏。在国外,许多珍贵的文献都被译成各国文字出版。

蒙古文文献书目主要有德国 W. 海西希编的《哥本哈根收藏的蒙文文献》和《蒙古学·柏林吐鲁番资料汇编》(1959 年),匈牙利学者李盖提的《蒙古碑铭集》《云南王阿鲁蒙古文碑铭》(1940 年),蒙古学家尼·鲍培搜集整理、研究注释的《八思巴蒙古文碑文》,该书目共收集了 13 件八思巴蒙古文文献。法国波纳帕特的《十三、十四世纪蒙古时代的文献》(1895 年),俄国波兹德涅耶夫编写的《蒙古文学史讲义》(1896 年),蒙古罗布桑巴拉丹的《托忒蒙古文及其文献》(1975 年在乌兰巴托出版),该书把托忒蒙古文文献分为历史、传记、宗教史、训谕文学、祭祀、占卜、医药等 7 大类。他在此书中提到,蒙古国立图书馆和社会科学院共藏有 15 大类、424 种、2000 多册托忒蒙古文文献,1969 年,罗布桑巴拉丹在《蒙古研究》第 6 卷第 33 册上发表了《关于托忒蒙古文木刻版本》一文,重点介绍了托忒蒙古文早期文献木版书;1970 年,博·索德那木在《蒙古研究》第 8 卷第 24 册上发表了《用托忒蒙古文创作的文学片断》一文,介绍了托忒蒙古文部分文学古籍;1976 年,阿·鲁布桑登德布在乌兰巴托出版了《托忒蒙古文文献资料》,为托忒蒙古文文献研究者提供了又一批第一手材料。日本学者也非常重视蒙古学研究,有关书目主要有:岩村忍、藤技晃编的《蒙古研究文献目录》(1953 年)、日本蒙古学会编的《蒙古研究文献目录:1900—1972》(1973 年)、原山煌编的《元朝秘史关系文献目录》(1978 年)、京都帝国大学农学部编的《满蒙研究资料一览表》(1932 年)、大佐三四五编的《以满蒙为主的文献目录》(1932—1933 年)、神田信夫编的《东洋文库藏满蒙文献资料目录》(1984 年)等。

2. 藏文文献目录概况

西方人着手研究藏学始于 17 世纪,到 19 世纪 30 年代以后,他们使用现代科学研究方法对藏文文献进行了多项研究,出了不少成果。如匈牙利人乔玛在 1834 年编著的《藏英词典》和《藏文文法》以及他后来撰写的介绍《甘珠尔》《丹珠尔》的论文,开了国外依据藏文文献研究藏族历史、宗教和文化的先河。在他之后,德、法、英、俄、日、美等国研究藏文的工具书陆续出现,使研究者不断增多起来。各国有关藏文文献的目录主要有:比利时藏学家布桑编纂的《印度事务部图书馆藏敦煌藏文写本目录》,1962 年伦敦牛津大学出版社出版。该目录著录英国印度事务部图书馆馆藏斯坦因劫取的藏文佛典 765 件,内容包括西藏的政治、经济、历史、宗教、文化、科学等方面的珍贵资料。法国拉露编的《国立图书馆所藏敦煌藏文写本注记目录》,共 3 卷,分别于 1939、1950、1961 年由巴黎阿德里安、梅松耶夫书店与国立图书馆联合出版。第一卷收 1—849 号,第二卷收 850—1282 号,第 3 卷收 1283—2216 号。除一些《无量寿宗要经》藏文写本外,本目录著录了法国家图书馆所藏敦煌藏文写本的全部。法国麦克唐纳夫人与今枝由郎合编的《国立图书馆所藏藏文文书选刊》,1978—1990 年由法国国立图书馆出版。第一辑影印 58 件藏文写本,第二辑影印 111 件写本,第三辑为藏文词汇合集。俄国沃罗比耶夫 – 捷夏托夫斯基的《马洛夫收藏的藏文木牍》和《罗布泊地区的藏文木牍》,两文共收藏文木牍 6 支。匈牙利德尔杰克编的《乔玛收集的藏文手抄本和木刻本书目》,收书 38 种,内容有宗教、医药、历算、语言、文学等。日本除藏有藏文大藏经的所有各种版本外,还有大批敦煌文献和 11 世纪以后的文献。日本近年来出版了不少有关机构收藏的藏文书目,如《大谷大学图书馆藏大藏经甘珠尔勘同目录》(1965 年)、《大正大学所藏西藏大藏经那塘版论疏部目录》(1967 年)、《东洋文库所藏藏文历史著作目录》(1970 年)、《大谷大学图书馆所藏西藏文献目录》(1973 年)等几十种,其他还有日本东洋文库西藏研究会编的《斯坦因搜集藏语文献解题目录》1—12 分册,1977 年—1988 年日本东洋文库出版;贞兼绫子编的《西藏研究文献目录(日文、中文篇 1877—1977)》及续集《西藏研究文献目录 II:1978—1995》,分别由亚细亚大学亚洲研究所和高科书店于 1982 年和 1997 年出版,此目录是目前所见数量最多的日、汉文藏学目录,收录范围十分广泛,具有重要史料价值。

3. 维吾尔文文献目录概况

德国拥有大批古代维吾尔文文献,其研究成果颇丰,原东德科学院历史与考古中央研究所早在 20 世纪 60 年代成立了“吐鲁番文献委员会”,其研究成果《柏林吐鲁番文献丛刊》已出刊 10 多卷。德国有关维吾尔文文献目录主要有勒柯克的《吐鲁番出土的回鹘文写本》(1919 年)、《高昌突厥语摩尼教文献》(1911—1922 年)、《中亚佛教晚期古物——吐鲁番探险收获》(1922 年),威利·邦格和冯加班的《突厥语吐鲁番文献 1929—1939》,缪勒的《回鹘文献》(1908—1922 年),茨默的《回鹘文题跋集释》等。

苏俄的维吾尔文献学的研究在世界上具有举足轻重的地位,苏俄有关维吾尔文献书目主要有拉德洛夫的《回鹘文文献汇编》(1928 年),C. E 马洛夫的《古代突厥语文献》(1951 年),姆格诺夫的《亚洲民族研究所收藏的突厥语写本概述》(1962 年),吉米特里耶娃和姆格诺夫的《东方学研究所收藏的突厥语写本概述》(1975 年),还有 C. 木塔里波夫和 F. 阿不都拉合曼诺夫编写的《突厥语辞典索引》(1967 年)等。

日本在维吾尔古文献的研究方面是世界上研究成果较多的国家之一。其目录编撰数量也较多。主要有羽田亨的《回鹘文佛典》(1914 年)、石浜纯太郎的《回鹘佛典杂考》(1937 年)、护雅夫的《突厥语文献》、山田信夫的《大谷探险队携归回鹘文资料目录》(1961 年)、《伊斯坦布尔大学图书馆所藏西域出土文书类——特别是回鹘文书》(1968 年)、《大谷探险队携归回鹘文买卖借贷文书》(1961 年)、《各国所藏回鹘文书综述》(1970 年)、小田寿典等编的《回鹘文契约文书集成》(1993 年)、百济康义的《瑞典民族学博物馆所藏回鹘文写本暂编目录》(1980 年)、《天理图书馆藏回鹘文文献》(1986 年)、梅村坦的《吐鲁番展览馆展出的回鹘文公文文书》(1981 年)、《1879—1987 年日本中亚研究文献目录》《东京国家博物馆藏回鹘文木简》(1983 年)等。

法国现藏的维吾文文献主要是伯希和的考察队(1906—1909 年)在敦煌和新疆收集所得。其书目文献主要有哈密尔敦的《9—10 世纪敦煌回鹘文文献》(1986 年)以及与他人合作完成的《9—10 世纪敦煌突厥——粟特文献》(1990 年)等。

瑞典、匈牙利、土耳其、英国、美国、芬兰等国也出版有维吾文文献书目,如瑞典古纳尔、雅林的《维吾尔语资料汇编(1946—1951)》、芬兰 H. 哈伦的《芬兰东方收集品手册》等。

4. 满文文献目录概况

满文文献的主要收藏地在我国的北京、沈阳、台北。由于历史的原因,满文文献还散失于世界各地,在俄罗斯、日本、德国、美国、英国等国家的图书馆、博物馆也有数量不等的收藏。

日本学术界非常重视满文文献的搜集和研究。有关满文文献目录主要有:神田信夫等编的《八旗通志列传索引》(东洋文库满文卷档研究会,1965 年),辑录《八旗通志》中将近 4000 个满洲人的传记资料及出处;太田辰夫编的《八旗文人传记综合索引稿(附字号索引)》(汲古书院,1975 年);渡部薰太郎编的《满语图书目录》(大阪东洋学会,1925 年)和《增订满洲语图书目录》(亚细亚研究会,1932 年);天理大学图书馆编《天理图书馆藏满文书籍目录》(1985),收录满文书籍及相关书目 314 条,内容分为 10 大类,附有满文索引、汉字索引、洋书索引等;细谷良夫编的《〈摺奏成语〉满洲语索引》(文经论丛 14—4,1979 年);日本满铁调查部的《满洲金石志稿》(1936 年)等。

俄国有关满文文献书目主要有:沃尔科夫的《苏联科学院亚洲民族研究所满文文献》,热列勃罗夫斯基的《满文刊本记述》、格列宾希科夫的《满文文献书目》以及扎哈罗夫编的《满汉大辞典》等。

英、美、德等国家也都在不同程度上开展了满文文献的编目工作。例如英国伦敦大学名誉教授塞门与大英图书馆东方写本部部长助理涅尔逊合编了《伦敦现存满文图书综合目录》,该目录收录了大英图书馆、伦敦大学的东方和非洲学院、印度省图书馆的文书馆、日本国立公文书馆、英国海外圣书协会、皇家地理学会等单位所藏满文图书。

5. 回族文献目录概况

自 19 世纪中叶以来,国外就对中国的伊斯兰教问题和回族问题进行了研究,其研究十分广泛。对于回族古籍,他们很早就搜集、研究,并且编出许多书目。有代表性的目录有:英国伟烈亚历(卫理)著的《中国文献纪略》(1868 年),该书共收书 1800 余种,在子部中专门有伊斯兰教汉文译著部分;海思波著的《清真教》(1910 年),是研究中国伊斯兰教的名著,书后附录列有伊斯兰教汉文书目,录书 20 种;玫逊(梅益盛)著的《中国回教书目》(1925 年),共著录 318 种书籍刊物。俄国帕拉久斯著的《回人汉籍著述考》(1887 年),此书于 1977 年由潘斯卡娅及莱斯利译成英文,并加注释校订出版。微席叶著的《中国伊斯兰教研究》(1911

年),列书 30 种,分 4 类,附作者索引。澳大利亚莱斯利著的《伊斯兰汉籍考》,日本佐久间贞次郎著的《支那回教文献解说》(1931 年)及田坂兴道的《回教的传入中国及其传播》也对许多古籍做了研究。

6. 西夏文献目录概况

苏联有关西夏文献目录主要有:克恰诺夫编的《收藏在苏联科学院亚洲民族研究所列宁格勒分所所藏西夏文新字典》(1961 年)、克恰诺夫与戈尔芭乔娃合编的《苏联科学院亚洲民族研究所列宁格勒分所所藏西夏文手写本和木刻本目录》(1963 年),捷连吉耶夫 - 卡坦斯基的《西夏国家的书籍事业》(1981 年),英国格林斯蒂德的《大不列颠博物馆中的西夏文献残本》(1961 年)和《西夏文大藏经》,日本西田龙雄的《关于天理图书馆所藏西夏语文书》[(一)(二)1958 年]和《西夏文华严经》[(一)(二)]等,其中,最为全面的西夏文献学研究著作是《西夏国家的书籍事业》一书。该书对西夏文献的起源和发展,文献的自然形态甚至题款、画押等都有详细介绍。而目录著作则以《苏联科学院亚洲民族研究所列宁格勒分所所藏西夏文手写本和木刻本目录》最著名。在这部书中,作者著录了 405 种西夏文献,并为其中 60 种非佛教著作撰写了详细的提要,成为当前研究西夏文献最重要的工具书。

7. 彝文文献目录概况

国外最早编译研究彝文文献成果最多的是法国传教士保禄·维亚尔,其代表著作有《云南罗罗文字研究》《罗罗历史与宗教》《法罗词典》等,其中《法罗词典》附了《撒尼祖先的族谱》《一个梦》《为什么地球起了皱纹》《悲歌》等彝文文献编译的节选。有关彝文文献目录主要有日本松冈正子编的《彝族有关文献目录》,由早稻田大学教育学部中国民俗研究会 1988 年出版,该目录收录从 19 世纪到 1987 年间发表的有关彝族的文献目录,计有中文 803 条、日文 78 条,英文 47 条。

8. 焉耆—龟兹文文献目录概况

焉耆—龟兹文献绝大部分在国外,分藏于柏林、巴黎、列宁格勒、伦敦、新德里、东京等地。有关目录大致如下:德国泽格和泽格林及托马斯刊布的《吐火罗语残卷 A》(1921 年)和《吐火罗语残卷 B》(续编)(1953 年);法国烈维的《库车文献残卷》第一卷(1933 年)和费约扎的《库车的医学和咒语文献残卷》(1948 年);日本井之口泰淳的《西域文化研究》第四编(1964 年);印度和俄罗斯所藏焉耆—龟兹文献除了刊布一些片断外,俄国麦尔丘克的《吐火罗语词法概要》(1959 年),书后附有研究论著索引 200 余条;比利时温特金斯的《焉耆—龟兹语与印欧语对照手册》(1976 年);杰克的《吐火罗语研究论文目录》(1948 年),收书刊文章 242 篇;德国施文特纳编的《吐火罗语著述目录(一八九〇——一九五八)》,收主要书目 526 条(不包括一些书刊评介),此书有齐默的续编。

9. 粟特文文献目录概况

粟特文献也多被携往国外,英国、法国、俄国、德国等国都有收藏。有关书目大致如下:法国本维尼斯特的《粟特文献》(1940 年),巴坎济的《大英博物馆藏粟特文佛经文献》(1967 年),德国缪勒—伦茨的《粟特文献Ⅱ》(1934 年),西蒙斯 - 威廉斯的《大英博物馆藏粟特文残经》(1967年),俄国弗列曼的《穆格山所出粟特文书》(1964年),拉戈札的《苏联科学院东方学研究所中亚蒐集品粟特文残页》,收录全部藏品142件,日本井之口泰淳的《西域文化研究》卷四:《守屋孝藏氏蒐集古经图录》(1964年)等。

10. 于阗文文献目录概况

于阗文献相继出土于19世纪和20世纪之交,主要文献均被外国探险者携走。法国、英国、瑞典、俄国、美国、日本、印度、德国等国均有收藏。集中刊布于阗文献最多的著作都出自英国学者贝利之手,他从20世纪40年代以后推出的6卷本《于阗文献》和《于阗佛教文献》始终是学者书架上不可或缺的资料。有关书目还有埃默里克的《于阗文献指南》(1979年)、《塞语文献》(1971年),霍恩勒的《在东突厥斯坦发现保留下来的佛教文献手稿》(1916年),以及贝利的《塞语文献》(1—6)(1960—1967年)、《塞语文献卷》(1968年)等。

11. 佉卢文文献目录概况

今天保存下来的佉卢文献大都被携往国外。英国、俄罗斯、瑞典、美国、法国、日本、德国等国家均有收藏。有关目录主要有由波义耳、腊普森、森纳、诺布尔合编的《斯坦因在中国突厥斯坦所发现的佉卢文字集录》,该书把斯坦因和亨廷顿所得的佉卢文书总共764件用拉丁字母转写,合编3册,分别于1920、1927、1929年发表,并附有分析研究论文。

国外还有一些中国少数民族文献目录出版,如在日本出版的就有:1943年,安马弥一郎编的《女真文金石志稿》誊印出版,收入了8个女真字碑和《可陈山谋克印》《移改达葛河谋克印》,书后并附《女真语法概说》7章;山路广明编的《契丹墓志铭文字索引(含:契丹语文献目录)》(1974年);松冈正子编《氐、羌族有关文献资料选编》(1988年),收录民国时代起至1987年间发表的有关氐、羌族的日文、中文等著作和论文150多条。

参考文献

1 彭斐章.中国图书交流史[M].长沙:湖南教育出版社,1998.
2 张公瑾.民族古文献概览[M].北京:民族出版社,1997.
3 中国民族古文字研究会.中国民族古文字研究[M].北京:中国社会科学出版社,1984.
4 李晋有等.中国少数民族古籍论[M].成都:巴蜀书社,1997.
5 中国民族古文字研究会.中国民族古文字[M].北京:中国民族古文字研究会,1982.
6 周月亮.中国古代文化传播史[M].北京:北京广播学院出版社,2001.
7 牛汝极.维吾尔古文字与古文献导论[M].乌鲁木齐:新疆人民出版社,1997.

(原载《图书馆杂志》2002年第6期)

中国少数民族文献数字化建设研究*

在网络时代,任何知识信息得到充分利用的前提,是看其能否转化为数字化信息。中国少数民族文献(以下简称"民族文献")是各民族在长期发展中形成的文化典籍,是祖国灿烂文化的重要组成部分。民族文献在少数民族经济建设、科学研究及文化建设等方面都有重要的作用。因此,民族文献数字化对充分开发利用民族文献,促进民族文化事业向现代化和国际化方向发展具有重要作用。

1. 民族文献数字化的重要性

民族文献数字化的意义应在原有的对民族文献的编辑、出版、开发、使用的基础上,赋予其新的时代意义。

(1)民族文献数字化有利于弘扬各民族文化

建设体现中华民族特色、具有中华文化丰富内涵的数字库群,是中国数字图书馆工程资源建设的总体目标。这个总体目标的实现,既要靠国家大型项目来完成,又要通过全国每个独立数据库来体现。数字图书馆建设,正逐渐成为各国竞相投入的一个热点,而其信息资源建设的重点,全都放在反映其国家和民族历史文化精华上。中华民族文化是生息在中华大地上的各族人民共同缔造的文化,是具有悠久历史的多元文化。我国民族文献不仅数量庞大,而且内容丰富,她记录了各族人民千百年来的生产斗争和社会生活的历史;她凝聚了各族人民智慧的结晶,是中华民族文化宝库中一笔珍贵的财富。要弘扬我国各民族优秀文化,促进世界各民族的文化交流,民族文献工作就必须采用现代化的技术手段,建立民族文献数据库,让民族文化信息在信息时代、在世界文化领域中占有自己的位置。

(2)民族文献数字化有利于抢救、保护民族古籍

中国的民族古籍一般指1949年10月以前以民族文字(含口头语言)书写、刻印、记录的一切文化载体。大体上包括以下三个方面:一是古代民族创制或曾经使用过、但现在已不再行用的古文字书写、印刷的文献。主要有佉卢文、焉耆—龟兹文、于阗文、突厥文、鲜卑文、粟特文、回鹘文、察合台文、西夏文、契丹文、女真文、满文等,这部分文献学术价值很高,但没有精确的统计。二是历史上由少数民族研制、现今仍在行用的文字书写、印刷的文献,这些文献数量庞大,据统计:全国现存藏文古籍60多万函,蒙古文古籍1万余种,彝文古籍现存于北京的就有1000多部,而散存于全国的有万余种,纳西族的东巴经2万余册,傣文典籍中仅佛经就有84 000部,叙事长诗500余部,古壮字文献数万种。三是各少数民族经过世代言传口授,用口碑方式流传保存下来的民族文献。如蜚声世界文坛并与著名的荷马史诗相提并论的《格萨尔》《江格尔》《玛纳斯》三大英雄史诗已是家喻户晓,侗族的《侗歌》、土家族的

* 该篇文章与王学艳合作。

本文系国家社会科学基金资助项目《中国少数民族文献学概论》(00BTQ005)子课题之一。

《摆手歌》、哈尼族的《哈尼创世史诗》、赫哲族的民间说唱文学《伊玛堪》、苗族的《古老歌》、水族的《古歌》、彝族的《阿诗玛》等都是有口皆碑的经典之作。口碑文献无疑是中国民族文献宝库中不可缺少的组成部分。

民族古籍不仅卷帙浩繁,而且载体形式多样,其中不少珍贵的古籍因年代久远已破损严重,急待抢救,现代化的技术手段为古籍的抢救提供了条件,利用照相、录音、录像、缩微、光盘等技术都可以快速地对古籍实行全文存储,从而使抢救真正得以实现。

(3)民族文献数字化有利于民族文献的充分开发利用

民族文献数字化的目的,一方面为了适应中国民族研究之需要,利用现代化手段为教学科研人员提供研究信息动态、最新研究成果,把握研究方向,引导民族学科研究走上为民族地区现代化建设服务的正确轨道。另一方面为党政领导机关科学决策提供信息咨询,为科技扶贫注入活力。中国民族文献数量庞大,学科门类繁多,光靠人工检索某一课题的有关文献需耗费巨大的人力和时间,而当今的信息检索系统平均每 10 分钟就能完成一个课题的调研,其工作量相当于一个人读了 30 种文字的 2000 种专业杂志和 9000 篇科学论文。数字化后的民族文献信息不仅可供研究人员从不同的途径进行检索,做各种目的的统计分析,而且可供网上流通,实现资源共享。因此说,民族文献只有实现了数字化,才能真正达到充分开发利用的目的。

2. 民族文献数字化的主要原则

民族文献数字化建设是社会信息数字化建设的一个组成部分。可以说一般文献信息数字化建设中一些普遍的原则同样也适用于民族文献数字化建设,如实用性原则、针对性原则、系统性原则、整体性原则、标准化原则、便利性原则、安全性原则等。由于民族文献本身的特殊性,除了这些基本的、共同的原则之外,民族文献数字化建设还应遵循以下特定原则:

(1)特色性原则

进行民族文献数字化建设的关键,是充分体现民族文献的特色和优势,以特色和优势取胜,扬长避短,在特色和优势方面产生突破,这是在当今竞争与抗衡时代开展民族文献数字化建设的策略问题。

中国少数民族多元文化为民族文献数字化建设提供了无可比拟的条件。如独特的巴蜀文化、藏文化、滇文化、羌文化、东巴文化、夜郎文化等都在中华民族的历史上留下了光辉灿烂的一页,南北丝绸之路上丰富的历史古籍,如敦煌、西夏、吐蕃、大理、西凉等都留下了珍贵的文献。各民族图书馆根据自身优势,编制了众多的民族文献目录。如《中国蒙古文古籍总目》编委会编的《中国蒙古文古籍总目》(上、中、下)[2000 年 5 月,北京图书馆出版社(今国家图书馆出版社)]、黄润华、屈六生主编的《全国满文图书资料联合目录》[1991 年 1 月,书目文献出版社(今国家图书馆出版社)]、中央民族大学图书馆编纂的《东北亚地区中国少数民族研究论著目录》(1997 年,中央民族大学出版社)、吕名中主编的《南方民族古史书录》(1989 年,四川民族出版社)、孙雨志编纂的《藏学研究论文资料索引》(1999 年,中国藏学出版社)、温景春编的《青藏高原科技文献目录大全》(1996 年,中国藏学出版社)等,其他还有甘肃省图书馆编制的《西北地方文献索引》、宁夏回族自治区图书馆编制的《宁夏地方文献联合目录》、新疆维吾尔自治区图书馆编制的《塔克拉玛干沙漠研究文献目录索引》、青海省图书馆编的《馆藏青海文献目录》、内蒙古大学蒙学部编制的《蒙古学论文资料索引》、中国社会科学院民族研究所编的《民族研究论文资料索引》等,均为建立民族文献数据库奠定了基础。

(2)协同性原则

中国少数民族分布的状况是又杂居、又聚居,相互交错居住。各少数民族在经济、政治、文化生活方面,不仅相互影响,而且都和汉族有着密切的联系。在中国,一个少数民族完全居住在一个地方的很少,如藏族居住在西藏的仅是一小部分,其余的大部分都是同其他民族交错杂居在川、滇、甘、青等地。新疆居住有 13 个民族,广西居住着 12 个民族,云南则居住有 23 个民族,就以少数民族最少的江西省而论,那里也散居着回族、畲族 1 万多人。从全国来说,70% 以上的县都有两个以上的民族杂居在一起,这一点反映在民族文献上,其分布的区域性是显而易见的。因此,民族文献数字化建设必须打破"小而全"的封闭、分散状态,在国内各级各类民族文献收藏部门之间要根据需要与可能,合理分工,形成特色,突出优势,走协作攻关的道路,在此基础上形成全国性的综合优势。目前中国民族文献的跨省、自治区、直辖市的协作组织正初具规模。如五省(区)满文、四省(区)彝文、八省(区)蒙古、达斡尔、鄂伦春、六省(区)回族等协作组织。在进行民族文献数字化建设时,这些协作组织要进一步健全、发展。

(3)国际化原则

民族文献数字化要适应新世纪的需要,必须大力推进国际化,以保证民族文献信息资源的共建共享。不但同一语种的民族文献要统一标准,而且要和国家、国际标准相统一。主要包括数据格式的标准化、标引语言的标准化、通信协议的标准化、描述语言的标准化、硬件的标准化、数据管理软件以及安全保障技术的标准化等。

(4)多角度提示原则

中国少数民族成分众多,历史悠久,在民族文献上,表现为内容丰富,文种多样、种类繁多的特点,特别是由于生产发展水平和科学发展水平的制约,民族文献中记载的大量知识,在现代科学分类的意义上是极为分散的,比如一部《丹珠尔》经,上至天文、下至地理正论经史,旁述农医,无所不著,无所不论,实际上是一部百科全书。在民族文字文献里,这类经卷和书籍较多。与此相反,另有一大部分则是散见于各类著作里的内容零散的片断章节,这在汉文书写的民族文献中相当普遍。

现代科学研究工作的特点是细小专题研究日益增多,所需资料的专指性强,在手工操作查找资料时经常出现遗漏现象,使文献资源得不到充分利用,解决这个问题的最有效途径,就是对民族文献数字化信息从多角度进行主题标注,以揭示民族文献所包含的多种内容,提高检索效率和利用率。

3. 民族文献数字化建设的内容

按学科内容划分,民族文献数字化建设的内容主要包括以下方面:

(1)民族哲学与宗教文献。这类文献包括民族思想和哲学,尤其是中国少数民族哲学思想史的理论研究和资料汇编,以及民族心理学、原始宗教、宗教问题的研究及其资料。

(2)民族学及相关文献。主要包括民族学理论、人类学、民族研究、人口学中的民族人口研究及其统计资料与民族问题有关的其他社会科学方面的综合性资料或论述。

(3)民族政治与法律文献。包括民族问题理论、民族理论和民族政策、民族工作、民族法制及有关文件等方面的出版物。其中,主要是中国民族问题专家和权威的理论著述,党和国家领导人及有关部门的政策性讲话或报告,公开发表的党和国家的民族政策及有关文件,民族区域自治法及其学习研究中国民族工作的情况、经验和成绩等,还有关于世界民族问题、社会主义社会民族问题、种族问题等方面的文献。

(4)民族经济文献。主要是指从经济学和经济工作角度来研究民族问题的文献,涉及民族经济理论,地区民族经济,民族商品等问题。

(5)民族教育、文化、体育文献。主要是关于民族教育的理论性探讨,民族地区文化教育情况的介绍与研究,以及民族体育方面的传统项目、竞技的综述等。

(6)民族语言文字文献。这里主要是指从语言学的基础理论来探讨民族语言文字方面的文献,涉及民族语言文字的研究、学习等方面的理论和经验,还包括一些民族语言工具书。

(7)民族文学文献。这类文献主要涉及两大方面:一是民族文学的基础理论和发展史及对各种体裁的民族文学作品的研究与评论。二是各种民族文学作品,包括以民族为题材的民间文学和作家文学。

(8)民族艺术文献。主要包括民族艺术理论研究,以民族为题材的音乐、绘画、书法、雕塑、摄影、电影以及民族舞蹈戏剧的研究与调查资料等。

(9)民族历史和地理文献。主要包括关于民族历史和民族地理方面的著述,此外还包括人物传记、文物考古、社会风俗和地理学方面的文献。

(10)自然科学方面的民族文献。这类出版物比较少,涉及的学科主要有天文学、生物学、医药学、农业科学、工业技术等。

(11)综合性工具书。包括《辞海》和《中国大百科全书》的各版民族分册,民族文献的篇目索引和书目索引以及各种字典、词典、百科全书、年鉴、手册等。

4. 民族文献数字化的制作技术及方法

以往由于民族文字方面的障碍,使民族文献的数字化受到限制。现在,一些关键的技术难题已经逐步得到解决,越来越多的民族文献正在被转换为数字信息。目前从信息的存储形式上看,民族文献数字化分为图像版和全文版两种。

(1)民族文献数字化的图像版

图像版是利用扫描技术将民族文献以图像方式存入光盘或计算机存储器,这种方式可以保存民族文献的原貌,在技术上比较容易实现,以前国内在民族古籍数字化制作时多采用这种方式。其制作过程是利用扫描仪将民族古籍逐页扫描,每一页制作一个图像文件,图像文件的存储、处理、压缩、转换等通过扫描软件实现。每一个图像文件赋予一个文件名,作为该文件的地址,与其相应的索引记录相联结。图像版的民族古籍如果没有索引,只能逐页翻阅,用户使用起来非常不方便,因此图像版的民族古籍必须配备索引,在索引结构中除了标题和作者外,还应包括部、类等检索途径,因为图像版不能进行逐字、词的检索,所以要求索引尽可能完备,能够揭示每页民族古籍内容中重要的字、词,这样可以为用户使用民族古籍时提供方便、快捷的检索途径,索引可采用数据库方式建立,以每条记录所揭示对应页的古籍图像的文件名地址与该页图像联接。

图像版民族古籍存在的缺点是占据存储空间较大,不能检索到字、词,必须配备索引,如果索引过于简单(目前一般只设标题索引),对民族古籍的揭示就会不够深入。但索引越完备,所需的标引工作量就会越大。目前商家为避免制作成本增加和制作时间延长,一般不做深入标引,这就使得图像版民族古籍在某种程度上只是原件的复制品,不便于使用。而针对民族古籍多学科内容并存的现象,图像版的制作技术只是起到了保存民族古籍的作用,但限制了民族古籍的充分开发与利用。

(2)民族文献数字化的全文版

全文版是以文本方式将民族文献存入光盘或存储器,并在全文检索系统的支持下,对文本实行逐字、词检索。相对于图像版来讲,全文版的民族文献具有更大的优点,可以更有效地支持学术研究和快速检索的需要。

全文版民族文献制作时,民族文字的信息处理技术是关键问题。从 20 世纪 80 年代以来,在国家民委、国家技术监督局、国家科委、电子工业部等有关部门的关心支持和帮助下,集结起各方面的力量协同攻关,使民族文字的信息处理工作取得了很大的进展。

由内蒙古自治区计算中心、内蒙古大学、北京大学、潍坊计算机照排研究所、内蒙古自治区图书馆等研制完成的蒙古文信息处理项目有:《蒙古文字符集国际标准》《蒙古文键盘、字模国家标准》《蒙古文、汉文、西文操作系统》《华光 V 型蒙古文书刊、图表、报纸激光照排系统》《IMU-I 蒙古文排版系统》《MPS 蒙汉混合字处理系统》《蒙古文版北大方正电子出版系统》《中世纪蒙古语文数据库》《500 万词级现代蒙古语文数据库》《现代蒙古语词频词典》《蒙古文拉丁化输入方法》《微机蒙古文图书目录管理系统》《蒙文书目机读数据库》等。另外,《中国蒙古文古籍总目数据库》也正在研制中。

由西藏自治区藏语文工作委员会、西藏大学、西藏技术监督局、西北民族学院、青海师范大学、航天部 701 所等研制完成的藏文信息处理项目有:《藏文编码字符集国际标准》《藏文键盘、字模国家标准》《TCDOS2RM 藏文操作系统》《兰海藏文系统》《华林书林藏文激光照排系统》《北大方正藏文书版系统》《WIN95 藏文文字平台》《藏文电子词库》《藏文字处理软件》等。

由新疆维吾尔自治区民族语言工作委员会、新疆大学、四川省民族语言工作委员会、北京大学、辽宁省档案馆、东北大学等研制完成的维吾尔文、哈萨克文、柯尔克孜文、朝鲜文、彝文、壮文、傣文、锡伯文、满文等信息处理项目有:《维吾尔、哈萨克、柯尔克孜文字符集国际标准》《朝文字符集国际标准》《彝文字符集国际标准》《维吾尔、哈萨克等文的键盘、字模国家标准》《博格达维吾尔、哈萨克、柯尔克孜、汉、英、俄多文种排版系统》《维文之星 Windows95 操作系统平台》《方正朝鲜文书版系统》《UCDOS 汉彝文双语平台》《SPDOS 汉彝文版汉字操作系统》《WIN95 彝文文字平台》《傣文电子出版系统》《计算机锡伯文、满文文字处理系统》《壮语词库》《满文档案数据库》等。

在多文种操作系统方面,内蒙古电子计算机的课题组完成了《蒙古、藏、维吾尔、哈萨克、朝鲜、满、汉文操作系统 V4.0》,新疆未来软件制作室开发了新一代多文种操作系统——《未来多文种系统 UTDOS6.1》,实现了民族文字、汉文、俄文、英文一体化的多文种混合处理。西北民族学院承担的《藏汉双语信息处理系统》已完成《信息技术藏文编码字符集构件集》《信息技术藏文构件集 24×48 点阵字型白体》《藏汉双语格萨尔史诗信息研究系统》《藏汉双语历算系统》《藏文历算日月食预报系统》《藏汉双语藏医胃病诊断系统》《藏汉双语藏药管理信息系统》《藏汉双语字词诗句字频统计工具软件》《藏汉双语工农业基本数据统计系统》《藏汉双语学校信息管理系统》等。

另外,中国社会科学院等单位的专家在国家自然科学基金及社会科学基金等的资助下在诸如计算语言学、实验语言学等更深层次的领域进行多方面的研究。

民族文字信息处理技术的成功开发研制,为民族文献数字化建设创造了必要的条件,为民族文献的深层次开发利用开辟了广阔的前景。

5. 结语

随着计算机、通信、多媒体、高密度存储等信息技术的发展和应用,尤其是网络的迅速普及和扩大,文献资源的数字化程度已经成为世界各国信息水平的标志。中国少数民族文化在 21 世纪面临着前所未有的发展机遇,实现少数民族文化现代化和国际化的一个重要环节是少数民族文化信息的数字化。民族文献凝聚了各族人民的智慧,是中华民族文化宝库中一笔珍贵的财富,也是世界上独一无二的宝贵信息资源。因此,加快民族文献资源的数字化建设,必将促进中华民族文化的发展。

参考文献

1　李晓菲.关于我国民族古籍整理工作现代化的思考[J].西南民族学院学报(哲学社会科学版),1998(2).

2　黄佳.中国民族高校图书馆自动化现状与前瞻[J].中国图书馆学报,2000(6).

3　申晓亭.关于建立少数民族语文图书目录数据库的一点思考[M]//21 世纪图书馆可持续发展战略.北京:北京图书馆出版社(今国家图书馆出版社),2001.

4　李晋有.中国少数民族语言文字现代化文集[M].北京:民族出版社,1999.

5　包和平.中国民族文献管理学[M].赤峰:内蒙古科学技术出版社,2001.

6　包和平.西部大开发与民族文献信息资源的开发利用[J].情报杂志,2001(3).

7　包和平.我国民族文字文献工作的现代化[J].图书与情报,2000(3).

(原载《情报杂志》2002 年第 2 期)

现代汉文民族文献的书目控制*

我国民族文献是各民族文化发展的集中表现,它不仅是中华民族文化的重要组成部分,也是人类的共同财富。民族文献按不同标准划分,会有不同类型,若依文种划分,有民族文字文献(含民族古文字文献、口碑文献)、汉文民族文献、外文民族文献等。有关民族文字文献的书目控制、外文民族文献的书目控制及古代汉文民族文献的书目控制,笔者曾发表过《我国民族文字文献的书目控制》《外文民族文献及其书目控制》《我国古代汉文民族文献的书目控制》等文章,本文则重点探讨现代汉文民族文献的书目控制。

"现代民族文献"一般指 1949 年 10 月中华人民共和国成立后的文献,其前的称"古代民族文献"或"民族古籍"。

1. 1949—1976 年:我国民族文献书目控制的兴盛与衰落

新中国成立初期,党中央和人民政府就组织了大规模的民族调查组到全国各少数民族地区进行调查研究。1953 年,开始了全国性的民族识别工作。1956 年,全国民族调查研究工作在各民族地区普遍展开,共 1000 多人参加,其中包括社会学和民族学专业的师生和研究人员,还有语言、考古、历史、文艺和其他学科的专家和工作者。经过 8 年的艰苦努力,到 1964 年,基本摸清了各个少数民族的社会历史状况、社会结构、意识形态、传统文化、风俗习惯、宗教信仰以及其他各种现象。据不完全统计,调查中记录的各种资料多达 340 余种,2900 多万字,整理的档案资料和文献摘录 100 余种,1500 多万字。除此之外,还拍摄了反映 17 个民族的有关社会发展状况和社会生活的科学纪录片 16 部、相关图片 103 本,搜集了大量的少数民族文物。这次调查为民族科学研究积累了珍贵的资料,对当时民族地区政治、经济和文化建设以及正确开展民族工作,提供了全面而准确的参考依据。民族调查研究和民族史志编纂工作的开展,促进了民族文献书目事业的发展,全国少数民族地区图书情报机构和相关研究机构纷纷编制了许多民族文献书目。现列举部分书目如下:日本京都大学人文科学研究所编,人文学会 1953 年印行的《蒙古研究文献目录(1900—1950)》;中央民族学院西南民族研究所 1953 年编印的《西南民族中文书目》;中央民族学院研究部图书资料室 1954 年编印的《中央民族学院研究部现存汉文有关民族问题参考图书草目》;广西民族学院图书馆 1954 年编印的《少数民族研究资料索引(第一辑)》和《民族问题研究资料索引(第一辑)》,冯家升辑录的《新疆研究参考图书知见录》(1954 年手抄本);中央民族学院图书馆 1954—1959 年编印的《少数民族研究资料索引(1—4 辑)》;何廷瑞编的《有关台湾土著民族文献目录》(载于《古人类学刊》1955 年 6 期);民族出版社图书资料室编的《民族工作重要资料索引》(民族出版社 1957 年 6—12 月出版,共 3 册);中央民族学院研究部 1957 年编印的

* 该篇文章与王学艳合作。
本文系国家社会科学基金资助项目《中国少数民族文献学概论》(00BTQ005)子课题之一。

《有关中缅国境上少数民族的专著及论文索引》;方国瑜编的《云南民族史史料目录解题》(云南大学 1957 年印行);中央音乐学院音乐研究所 1957 年编的《少数民族音乐资料索引(第一辑)》;甘肃省图书馆等 1957 年编印的《兰州各图书馆馆藏西北文献联合书目》;广西省第一图书馆 1957 年编印的《广西省第一图书馆馆藏广西省方志目录》;甘肃省图书馆 1958 年 5 月编印的《新疆地方资料索引(1949—1957)》;贵州省图书馆 1958 年编印的《贵州地区少数民族资料索引》;张兴唐编的《蒙古参考书目》(中华丛书委员会 1958 年印行);邓衍林编的《中国边疆图籍录》(商务印书馆 1958 年 4 月出版);徐迈之编的《青康藏高原及毗连地区西文文献目录》(科学出版社 1958 年出版);中央民族学院图书馆 1958 年编印的《有关中国民族问题研究文献参考书籍草目》和《民族资料合辑目录》;赵松乔编的《内蒙古自治区地理文献目录》(1959 年 7 月科学出版社出版);中央民族学院分院图书馆资料室 1959 年编印的《民族资料目录(第一辑)》;西北民族学院图书馆 1959 年编印的《西北少数民族向社会主义飞跃发展资料索引》;中国人民大学图书馆编的《关于西藏问题资料索引》(中国人民大学出版社 1959 年出版);中央民族学院图书馆 1959 年编印的《少数民族研究资料索引(1)》;中央民族学院分院图书馆资料室 1959 年编印的《民族问题与民族政策报刊资料索引(1958—1959)》;中国科学院新疆分院图书馆 1959 年编印的《中国科学院新疆分院馆藏少数民族文献书目》;中国科学院图书馆 1959 年编印的《中国科学院图书馆有关西藏图书目录》;广西壮族自治区第一图书馆 1960 年编印的《馆藏广西地方文献目录》;中央民族学院图书馆 1960 年编印的《西藏民族改革资料索引》;中国科学院内蒙古分院历史研究所和内蒙古大学历史系 1961 年合编的《蒙古史研究图书目录:汉籍部分》;民族文化宫图书馆 1961 年编印的《我国少数民族的原始、奴隶、封建农奴社会情况资料索引》;中国科学院民族研究所新疆少数民族社会历史调查组 1962 年 10 月编印的《新疆研究参考书目》;云南省图书馆 1962 年编印的《云南省图书馆馆藏云南地方文献目录(第一辑)》;中国民间文艺研究会研究部 1964 年编印的《中国少数民族民间文学参考书目》等。从总体上看,这一时期的民族文献书目是配合党中央、国务院有关民族识别、少数民族语言、少数民族社会历史等大规模的系统调查和研究工作而开展的,并取得可喜的成绩。然而,1966—1976 年"文化大革命"期间,民族研究工作同其他领域一样也受到严重破坏,大量的民族研究成果被尘封埋没,民族文献书目控制活动因此而中断。

2. 1977—2001 年:我国民族文献书目控制的恢复与发展

1978 年党的十一届三中全会给我国民族文献事业带来了春天,1979 年,在国家民委直接领导下,根据保存的调查资料和其他有关文献,开始了"民族问题五种丛书"的编写工作。这 5 种丛书是《中国少数民族》《中国少数民族简史丛书》《中国少数民族语言简志丛书》《中国少数民族自治地方概况丛书》和《中国少数民族社会历史调查资料丛刊》,计 368 种,1 亿多字,1990 年全部出齐,印数达 100 万余册。从 1978 年至 1999 年,我国民族自治地方出版图书 117 119 种,739 665 万册;杂志 8447 种,153 689 万份;报纸 4549 种,1 737 358 万份。到 2001 年,民族地区各级各类图书情报机构 1994 所,涵盖了全国 20 个省、市、自治区。随着民族文献事业的发展,民族文献的书目控制迅速发展。

（1）综合性民族书目

综合性民族书目主要有：甘肃省图书馆 1977 年编印的《新疆地方文献书目》和《西北地方文献书目（初稿）》、"故宫博物院"（台湾）于 1982 年编印的《故宫博物院（台湾）清代文献档案总目》、广西民族学院图书馆 1983 年编印的《广西历代文人著述目录》和《广西历代文人著述馆藏联合目录》、甘肃藏族自治州编译局 1984 年编印的《历代藏族译师译著目录》、中央民族学院图书馆编的《馆藏中国民族研究参考简目》（中央民族学院科研处印行）、内蒙古图书馆 1987 年 3 月编印的《建国前内蒙古地方报刊考录》、民族图书馆编的《民族研究参考书目》（天津古籍出版社 1987 年 10 月出版），吕名中主编的《南方民族古史书目》（四川人民出版社 1989 年 6 月出版）、青海省图书馆编的《馆藏青海文献目录》（青海人民出版社 1988 年 6 月出版）、中央民族大学民族图书馆学研究所编著的《东北亚地区中国少数民族研究论著目录》（中央民族大学出版社 1997 年出版），等等。其他还有黄国政编的《民族研究书目》（载于《民族研究通讯》1980 年 3、4 期）、吴碧云编译的《苏联科学院民族学研究所著作集 1—100 卷（1947—1972）目录》（载于《民族研究通讯》1983 年 1 期）、吴丰培编撰的《藏族史料书目举要（汉文一、二）》（载于《西藏研究》1981 年创刊号）、吴玉清、吴永清编的《清史书目》（载于《清史研究通讯》1987 年 4 期）、孙玉臻等编的《清代蒙古族作家汉文著作目录》（载于《内蒙古大学学报》1985 年 1 期）。卞宗孟编的《新疆书录：中文之部》（载于《边疆研究》创刊号）等。现着重介绍以下两种书目：《民族研究参考书目》收录了 1959 年至 1986 年间民族图书馆藏的有关民族问题（包括世界民族和宗教）的图书。凡书中涉及民族宗教问题，或作者是少数民族成分的均收录在内。所列图书按《中国人民大学图书馆分类法》和《中国图书馆图书分类法》序列编排。每书著录书名、编著者（译者）、出版者和出版时间，该书是我国较早正式出版的综合性民族书目。《南方民族古史书录》是一部南方民族古代史目录学工具书，收录了有关南方少数民族古籍资料 1653 种，近人、今人有关著述，社会调查和考古资料 828 种，共 2841 种。所收的资料，以长江以南少数民族为对象，时间自先秦至辛亥革命前夕，著录时限止于 1985 年。所收内容，除正史，类史及其衍生书名，因易于查找，不予收录；官修方志已有书目可资检索，亦不收录之外，以材料比较集中的野史、杂记为主体而扩及其他，举凡别史、杂志、诏令奏疏、全记、文集、金石、传奇、小说、舆地图、风俗图、人物图谱等，均已著录；同时，收录了不少重要的抄本。是研究中国南方民族古代史的重要工具书。

（2）提要性民族书目

提要性民族书目主要有：方国瑜著的《云南史料目录概况》（中华书局 1984 年 1 月出版），纪大椿编著的《新疆地方志简介》（吉林省地方志编纂委员会 1985 年 3 月出版），高树瑜等编著的《宁夏方志述略》（吉林省地方志编纂委员会、吉林省图书馆学会 1985 年 3 月出版），陈起、刘玉清编著的《青海地方志书介绍》（吉林省地方志编纂委员会、吉林省图书馆学会 1985 年 3 月出版），齐顺清编写的《新疆地方志简介》（新疆社会科学情报 1986 年 8 月印行），周丕显等编著的《甘肃方志述略》（吉林省地方志编纂委员会、吉林省图书馆学会 1988 年 2 月出版），广西通志馆编的《广西方志提要》（广西人民出版社 1988 年 10 月出版），甘肃省社会科学联合会、甘肃省图书馆编的《丝绸之路文献叙录》（兰州大学出版社 1989 年 9 月出版），吴肃民、莫福山主编的《中国少数民族文学古籍举要》（天津古籍出版社 1990 年 5 月出版），吴永章编著的《中国南方民族史志要籍题解》（华中理工大学出版社 1991 年 3 月出版），董广文、耿孝玉主编的《民族文献提要（1949—1989）》（云南教育出版社 1991 年 4 月出版)、吕桂珍、刘静编的《馆藏藏学文献解题》(西藏民族学院科研所、图书馆1992年8月印行)、索文清编的《藏学研究目录》(日本东京外国语大学亚非语言文化研究所1999年9月出版)、王尧主编的《法藏敦煌藏文文献解题目录》(民族出版社1999年2月出版),等等。其他还有发表在杂志上的提要性民族书目:如魏治臻编的《有关我国西藏的六十种外文图书简介》(载于《西藏研究》1983年1期)和《新疆书目述略(提要)》(载于《民族研究通讯》1982年3期),众成编的《民族研究著作提要(1976—1982)》[载于《民族研究通讯》1983年增刊(二)],魏治臻、张景兰编的《〈中国民族问题研究集刊〉篇目提要》[载于《民族研究通讯》1983年增刊(二)],吴丰培编的《丝绸之路资料钩沉(简介)》(载于《民族研究通讯》1983年2期)。现着重介绍以下两种提要性书目:《民族文献提要》是由西南民院图书馆、云南民院图书馆、广西民院图书馆、贵州民院图书馆、西藏民院图书馆等5所民族高校图书馆协同编纂的,是新中国成立以来第一本较全面系统地介绍我国民族图书文献情况的资料性工具书。本书收录的是自1949年10月起至1989年10月底止,在全国各地出版的汉文版图书,重点选收了关于中国各个少数民族和全国各地方民族情况的文献,共计2000余种。全书以文献专题目录的形式编纂,各条目参照国家文献著录标准进行著录,其重点在提要部分。各项提要的撰写均以揭示文献的学术性和资料性为主。《中国少数民族文学古籍举要》是我国第一部较全面系统地对少数民族文学古籍进行收集、评述的著作。该书重点介绍35个少数民族的358篇文学古籍。按照我国少数民族文学的实际情况,兼收并蓄,其中有作家文学和民间口头文学。对作家文学除了对作者加以评介外,还对著作内容、艺术风格、文史价值以及著作版本都加以评述。参加编写的许多都是本民族的作家和民间文学工作者,既有亲身体会,又有很好的素养,突出了该书的科学性、人民性和代表性。该书引文确实,资料可靠,便于检索。全书编排,按条目首字笔画排列,书后附有按民族排列的著作目录。

(3)民族书目索引

①综合性民族书目索引:新疆维吾尔自治区喀什师范学院图书馆1981年编印的《新疆地方文献资料目录(中文部分)》,广西师范学院图书馆1981年9月编印的《广西少数民族史料目录》,卢善焕、师勤编著的《中国敦煌吐鲁番学著述资料目录索引》(中国敦煌吐鲁番学会1985年8月印行),(日)贞兼绫子编、钟美珠译的《西藏研究文献目录:日文、中文篇(1877—1979)》(中州古籍出版社1986年8月出版),黄启善、陈左眉主编的《广西文物考古文献目录》(广西壮族自治区博物馆1986年出版),林恩显主编的《近代中国边疆研究论著目录》(台湾政治大学边政研究所1986年印行),贾忠匀编的《布依族研究资料目录》(学苑出版社1988年10月出版),广西通志馆等编的《广西地方志文献联合目录》(广西人民出版社1988年12月出版),中南民族学院图书馆1988—1989年编印的《中国少数民族研究著述综目(1976—1986)》,陈左眉编的《广西少数民族文献目录(1949—1986)》(广西人民出版社1989年8月出版),王铁斌编的《藏学文献论著索引》(西藏民族学院科研所、图书馆1992年4月印行),张继曼编的《馆藏藏学文献题录(报刊部分)》(西藏民族学院图书馆期刊部1992年4月印行),阿·乌宁巴图编的《蒙古学论著索引(1985—1990)》(内蒙古大学出版社1992年6月出版),陈延琪、王庭恺主编的《中国少数民族论著索引》(新疆人民出版社1992年6月出版)。其中《中国少数民族论著索引》是一部中型检索性工具书,共收录1949—1989年有关中国少数民族研究方面的著作3088种,论文28 500余篇。本书编排参照《中图法》,以学科分类为基础,采取从总到分,从一般到具体的逻辑系统。全书分著作和论文两大部分,

著作分为:总论、哲学与宗教、政治与法律、军事、经济、文化、科学、教育、体育、卫生、语言文字、文学艺术、历史、综合等 11 大类;论文除以上 11 大类外还加上历史人物、考古、风俗习惯、历史地理、书目索引等共 15 大类。一般分到四级类目。对同一类目的题录,按书名或篇名的第一字汉语拼音字母顺序排列;对历史人物,亦按汉语拼音字母顺序排列。该书主要收录中国作者用汉文撰写或虽用民族文字撰写但已翻译成汉文的论著。此外还酌情收入了一些外国作者撰写的涉及中国少数民族研究的已译成汉语的论著,以扩大视野。该书引用、涵盖的报刊达 1708 种,台港地区的部分论著,也酌情收录。

②专门性民族书目索引:中央民族学院图书馆 1979 年 4 月编印的《中国少数民族作家、作者文学作品目录索引》和《中国少数民族民间文学作品目录索引》,汤晓芳编的《蒙古史论文目录索引(1979—1986)》(中国蒙古学会 1987 年印行),西南民族学院西南少数民族哲学思想史研究组 1982 年 5 月编印的《西南少数民族哲学思想史书刊目录》,中国民族关系学术座谈会秘书组 1981 年 3 月编印的《中国民族关系史论文目录(1951—1980)》,辽宁社会科学院历史研究所 1982 年 3 月编印的《辽史研究论文专著索引》,杜元凯编的《有关乾隆的部分专著论文索引》(中国人民大学清史研究所 1984 年 5 月印行),西北师范学院历史系资料室 1982 年 5 月编印的《甘肃史有关论文、书目资料索引(1905—1981)》,龚正英编的《贵州文物考古博物馆文献目录(1949—1986)》(贵州省博物馆 1988 年 6 月印行),李仙竹、玄英子编的《北京大学图书馆馆藏朝鲜学书目汇编》(北京大学图书馆、北京大学朝鲜文化研究所 1992 年编印),温景春编的《青藏高原科技文献目录大全》(1996 年中国藏学出版社),简涛主编的《中国民族学与民族学研究论著目录 1900—1994》(台北汉学研究中心 1997 年出版),郑阿财、朱凤玉编的《敦煌学研究论著目录 1908—1997》(台北汉学研究中心 2000 年出版)等。其中《中国少数民族作家、作者文学作品目录索引》收集了新中国成立以来至 1977 年国内主要报刊和民族地区一些报刊(汉文版)以及中央民族学院图书馆馆藏有关部分材料中的 50 个少数民族及苦聪人的 2100 多名作家、作者作品目录 5 千多条。其编制体例首先按作家、作者的族别集中,再按作者姓氏笔画顺序排列,之下按作品的体裁或日期编排,每个作者的作品都注明出处,主要特色在于把每个民族的作家作者按族属集中,方便查找某一民族作者及其作品。

③篇章性民族书目索引:吴天墀编的《西夏史文献目录》(载于四川人民出版社 1980 年出版的《西夏史稿》),史继忠编的《贵州史料目录》(载于贵州省民族研究所 1980 年印行的《民族研究参考资料》第三集),白滨编的《西夏研究论文、资料目录索引(国内部分)》(载于《民族研究通讯》1981 年 4 期),刘耀荃编的《黎族研究参考资料简目》(载于广东省民族研究所 1982 年 5 月印行的《黎族历史纪年辑要》),原山煌编、余大钧译的《元朝秘史有关文献目录》(载于《蒙古研究参考资料》1982 年新编 21 辑),马彦编《渤海史专著论文目录》(载于《学术研究丛刊》1983 年 2 期),吴建华译《渤海史研究论文著作目录索引》(载于《国外社会科学情报》1983 年 2、3 期),乔吉搜集整理的《国外蒙古历史编纂学研究论文、专著(1801—1973)》(载于《蒙古学资料与情报》1983 年 3 期),冬青编的《中国少数民族语文论著目录(1981—1983)》(载于《民族语文》1984 年 5—6 期),牛汝辰编的《古代新疆史地书目索引》(载于《新疆社会科学情报》1987 年 9 期),《中国少数民族社会历史调查资料丛书》中福建省编辑组编的《畲族主要论著及调查资料目录》(载于福建人民出版社 1986 年 3 月出版的《畲族社会历史调查》),冯继钦编译的《日本有关中国民族史研究论文著作索引(1985—1986)》

（载于《民族研究动态》1988 年 2 期）。

（4）民族论文索引

①综合性民族论文索引：中国社会科学院民族研究所图书室 1980—1981 年编印的《民族研究论文资料索引(1976—1980)》、内蒙古大学蒙学部编的《蒙古学论文资料索引》(内蒙古大学出版社 1987 年出版)、甘肃省图书馆历史文献部编印的《西北地方文献索引(1905—1949)》、刘戈等编的《西域史地论文资料索引》(新疆人民出版社 1988 年 9 月出版)、杨峰等编著的《回族研究资料索引》(昌吉回族自治州图书馆 1987 年 9 月印行)、杨茂森编的《中国藏学研究文献目录资料索引》(青海民族学院 1991 年印行)、孙雨志编纂的《藏学研究论文资料索引》(中国藏学出版社 1999 年 12 月出版)。现介绍一种综合性论文索引,《藏学研究论文资料索引》收录了中国 1872—1995 年 124 年间公开或半公开发行的各种报纸杂志上刊载的有关藏学方面的论文和有参考保存价值的资料目录 26 000 余条,涉及报刊 500 余种,其中包括藏文刊物 10 余种,同时还收录有 45 种 100 余册藏学论文集论目录和香港、台湾地区藏学论文目录 1000 余条。该书内容广泛,信息量大、查找十分方便,是藏学工作者必备之工具书。

②专门性民族论文索引：辽宁《清史简编》编写组编的《清史论文索引(上编)》(辽宁人民出版社 1976 年出版),中国社会科学院少数民族文学研究所 1981 年编印的《当代少数民族作家文学研究资料索引》,崔文印编的《金史人名索引》(中华书局 1981 年 1 月出版),中央民族学院历史系 78 级、图书馆合编的《中国少数民族史论文资料索引》(中央民族学院科研处 1982 年 11 月印行),姚景安编的《元史人名索引》(中华书局 1982 年 2 月出版),曹怡芬、崔文印编的《辽史人名索引》(中华书局 1982 年出版)、王德毅等编的《元人传记资料索引》(祈丰文化出版公司 1982 年 12 月出版)、中国社会科学院少数民族文学研究所 1982—1984 年编印的《中国少数民族文学论文作品索引(1981—1983)》、中国社会科学院历史研究所清史研究室、中国人民大学清史研究所合编的《清史论文索引》(中华书局 1984 年 6 月出版),中国社会科学院少数民族文学研究所 1984—1986 年编印的《中国少数民族文学论文作品索引(1984—1986)》,中国人民大学清史研究所、中国社会科学院中国边疆史地研究中心编的《清代边疆史地论著索引》(中国人民大学出版社 1988 年 8 月出版)。《清代边疆史地论著索引》由著名清史专家戴逸和马汝衍教授主持编辑,共收论文篇目 8 千余条,著作 1200 余种。收录论文的时限为 1900—1986 年,凡属港台地区发表的论文篇目,为查阅方便均在报刊和论文集名称前加双引号。共分为总论、政治、自然地理、历史地理、经济、科技文化、宗教、社会风俗、民族与民族关系、军事、对外关系、人物、书评书目及论文索引、著作共 14 大类。各类下再列细目,文章排列以发表先后为顺序,因此使用十分便捷,是研究清史的一本重要工具书。

③篇章性民族论文索引：众成等编的《民族研究论文资料索引(1983—1989)》(载于《民族研究动态》1983 年 1 期—1989 年 4 期),华祖根、胡起望编的《瑶族研究论文目录》(载于中南民族学院民族研究所 1985 年 9 月印行的《瑶族研究论文集》),于宝林编《契丹学文献综录》(载于《民族研究通讯》1982 年 4 期),张国燕编的《1976 年以来新疆少数民族民俗学研究论文索引》(载于《新疆社会科学情报》1986 年 4 期),李燕青编的《三十五年来东乡族研究论文、资料部分目录索引》(载于《甘肃民族研究》1985 年 3、4 期),石云子辑的《新华社有关蒙古学的新闻稿索引(1953—1986 年 5 月)》(载于《蒙古学资料与情报》1986 年 4 期),杨茂

森编的《西藏学研究资料索引:近代期刊部分(1840—1949)》(载于《西藏研究》1984 年),李松茂编的《中国伊斯兰教论文资料简目(1949—1980)》(载于《民族研究通讯》1981 年 4 期),黄庭辉辑的《1949—1979 年回族史研究论文目录》(载于《民族研究通讯》1980 年 4 期),戴良佐编的《新疆北庭史研究的报刊资料索引》(载于《新疆社会科学情报》1987 年 11 期),刘戈编的《清以前新疆历史人物论文索引》(载于《新疆社会科学情报》1985 年 11、12 期,1986 年 1、2 期)和《新疆蒙古史研究论文索引》(载于《新疆社会科学情报》1986 年 6、7 期),杨茂森编的《青海蒙藏关系和蒙古族研究资料索引》(载于《蒙古学资料与情报》1984 年 4 期),闵丁编的《厄鲁特蒙古历史论文索引》(载于《民族研究通讯》1981 年 2 期),刘戈编的《柯尔克孜、塔吉克、塔塔尔、乌孜别克、锡伯族历史研究论文索引(1900—1983)》(载于《新疆社会科学情报》1986 年 8 期),鄂贵京辑的《1906 年至 1949 年全国主要报刊关于藏族史学研究论文索引(包括台湾省 1949 年至 1968 年论文)》(载于《西藏研究》1983 年 4 期),刘戈编的《新疆考古论文索引(1900—1983)》(载于《新疆社会科学情报》1987 年 10、11 期),新疆博物馆资料室编的《1980—1984 年新疆文物考古历史论文目录》(载于《新疆文物》1985 年 1 期、1986 年 1 期),郭大烈辑的《纳西族东巴文化研究资料索引》(载于云南人民出版社 1985 年出版的《东巴文化论集》),树江辑的《中国回族民间文学作品、资料年表(1540—1980)》(载于《宁夏大学学报》1985 年 1 期),扎格尔辑的《国内〈江格尔〉研究论文目录索引》(载于《内蒙古师大学报》1985 年 1 期),图娅辑的《国内格萨尔研究论文资料索引 1958—1986》(载于《内蒙古资料与情报》1987 年 2 期),吴碧云、邝东编的《〈格萨尔王传〉研究论文资料目录》(载于《民族研究通讯》1983 年 2 期),广西壮族自治区博物馆编的《铜鼓文章目录》(载于《民族研究通讯》1981 年 2 期),林斡辑的《匈奴史论文目录(1919—1982)》(载于《民族研究通讯》1983 年 2 期)和《东胡乌桓鲜卑历史论文目录(1919—1984)》(载于《民族研究动态》1985 年 3 期),林斡辑的《突厥与回纥历史论文目录》(载于《民族研究动态》1983 年 3 期),中国社会科学院民族研究所民族史研究室南方组、厦门大学人类博物馆民族研究室合编的《百越民族史研究论文目录》(载于中国社会科学出版社 1982 年 2 月出版的《百越民族史论集》),百越民族史研究会编的《1980—1981 年百越民族史研究论文目录》(载于广西人民出版社 1985 年 5 月出版的《百越民族史论丛》)。

(5)资料性民族书目和索引

①资料性民族书目:中国社会科学院历史研究所编的《八十年来史学书目》(中国社会科学出版社 1984 年 10 月出版),上海图书馆编的《中国丛书综录》(上海古籍出版社 1983 年 5 月出版),吉林大学社会科学学报编辑部 1981 年编印的《全国高等院校社会科学学报总目录》,北京图书馆《中国国家书目》编辑组编的《中国国家书目》(1987—1994)[书目文献出版社(今国家图书馆出版社)等出版],中国科学院北京天文台主编的《中国地方志联合目录》(中华书局 1985 年 1 月出版),中国版本图书馆编的《全国总书目》(中华书局出版),金恩辉、胡述兆主编的《中国地方志总目提要》(汉美图书有限公司 1996 年出版)等。

②资料性民族索引:杨秀君等编印的《中国语言学论文索引》(吉林图书馆学会 1986 年 12 月印行),张忱石、吴树平编的《二十四史纪传人名索引》(中华书局 1980 年出版),复旦大学历史系资料室编的《中国古代史论文资料索引(1949—1979)》(上海人民出版社 1985 年 1 月出版),徐立亭、熊炜编的《中国近代史论文资料索引(1949—1979)》(中华书局 1983 年 5 月出版),上海图书馆编辑出版的《全国报刊索引》,中国人民大学书报资料社编辑出版的

《报刊资料索引》,上海社会科学院图书馆编辑出版的《内部资料索引》,中国社会科学文献题录编辑部编辑出版的《中国社会科学文献题录》等。

③资料性民族数据库:中国人民大学书报资料中心编辑出版的《人大报刊资料系列光盘》,其中包括《复印报刊资料专题目录索引》光盘版、《报刊资料索引》光盘版和《中国人民大学复印资料全文及目录索引》光盘版。还有清华大学主办,清华大学光盘国家工程研究中心学术电子出版物编辑部与北京清华信息系统工程公司联合编辑制作的《中国学术期刊(光盘版)》等。

3. 现代汉文民族文献书目控制分析

综上所述,我国汉文民族文献的书目控制已有了深厚的基础。不仅拥有丰富的汉文民族文献源,而且编制了大型的汉文民族文献检索工具,在少数民族经济建设和科学研究以及文化建设服务方面取得了成效。其特色主要表现在以下几个方面:

一是普遍实行了标准化著录和统一了分类法(绝大多数采用《中国图书馆分类法》和《中国图书资料分类法》)。

二是辅助索引的质量进一步提高并呈多样化趋势。如王铁斌编的《藏学文献论著索引》(西藏民族学院科研处、图书馆1992年印行)不仅设有"书名索引",还编有"主题综合索引""著者音序索引""论文集序号表"。

三是文献丰富、研究较深入的相关学科或地区的目录种类多、质量好。如有关蒙古学、藏学、新疆、宁夏、广西等目录较全面、系统。

四是初步形成了相互补充、相互协调的社会化的民族文献检索系统。各有关部门和信息机构根据自身的优势和特点编制了有关的民族文献书目。如有关蒙古学的书目索引主要由内蒙古大学和有关信息机构编辑出版,有关藏学的书目索引主要由西藏民族学院和西藏自治区所属院校及有关信息机构编辑出版。到目前为止,我国对汉文民族文献的书目控制初步形成了覆盖面较广,重点和一般相结合,控制层次逐步深入,基本实行标准化著录和使用统一的分类法的控制格局,其发展前景是极其广阔的。

虽然我国对汉文民族文献的书目控制取得了一定成绩,并具有特色,但也存在一些亟待解决的问题。现提出相应的建议:

一是缺乏强有力的民族文献书目控制协调机构,建议应对全国的民族文献书目进行全面调查,然后进行统筹规划和协调,及时解决在书目控制实践中出现的问题,保证标准化和自动化的顺利实施。

二是要打破民族文献印刷型书目一统天下的局面,积极采用新的信息技术,建立民族文献数据库和全文数据库。因此,必须充实研究队伍,订出研究计划,组织研究工作的实施,使民族文献书目控制实践得到健康、稳定、全面的发展。

三是民族文献书目没有民族文献呈缴制做保障,民族文献书目在数量与质量、广度与深度上都存在问题。因此,应建立民族文献书目立法制度,重点是呈缴本制度,用法律手段保证民族文献源的完整与全面,以建立权威性的民族文献国家书目。

四是民族文献书目宣传力度不够,外界不了解情况,其使用率不高。为此,要加大宣传力度,并做好多方面的组织工作,形成使用民族文献书目的有效网络,提高使用效率。

各级各类民族图书情报机构应充分认清当前电子检索工具迅猛发展的新形势,认真分析本部门的实际情况,抓住机遇,早日采用新技术来改变民族文献检索的现状,使民族文献的开发利用提高到一个新水平。

参考文献

1 包和平.中国少数民族文字古籍及其书目概况[J].图书情报工作,2000(10).

2 张公瑾.民族古文献概况[M].北京:民族出版社,1997.

3 包和平.少数民族古籍的科学管理和开发利用[J].中国图书馆学报,2001(1).

4 包和平,许斌.中国民族文献学研究[M].北京:中国华侨出版社,1997.

5 刘光宏.中国民族工具文献辞典[M].北京:改革出版社,1995.

6 李晓菲等.中国民族文献导读[M].沈阳:辽宁民族出版社,1994.

7 丁宝林,毕祖根.中国民族研究年鉴:1993—2000[M].北京:民族出版社,1995—2000.

8 包和平.中国古代民族文献目录概述[J].情报资料工作,2001(1).

9 乌林西拉.我国少数民族文字文献著录标准化刍议[J].福建省图书馆学会通讯,1986(2).

10 杨长虹等.具有多文化特色的中国少数民族语种文献编目与检索[M]//中国民族图书馆理论与实践.北京:中国华侨出版社,1996.

11 国家民族事务委员会《中国民族工作五十年》编委会.中国民族工作五十年[M].北京:民族出版社,1999.

12 包和平,许斌.关于民族文献目录学研究的几个问题[J].图书馆学研究,1996(5).

13 乌林西拉.中国少数民族文献目录工作概述[M]//中国民族图书馆理论与实践.北京:中国华侨出版社,1996.

14 刘维英,赵淑琴.民族文献组织管理[M].长春:吉林人民出版社,1998.

15 国家民委古籍整理研究室.新中国民族古籍工作[M].北京:民族出版社,1999.

16 包和平.我国民族文字文献工作的现代化[J].图书与情报,2000(3).

（原载《图书情报工作》2002 年第 8 期）

我国少数民族文字文献的书目控制[*]

民族文字文献的书目控制是我国书目控制研究中的一个重要而特殊的领域。但是,由于认识和其他方面的原因,民族文字文献的书目控制还未引起人们足够的重视。现根据掌握的情况进行一些探索性研究,不足之处,请方家指正。

我国最早的民族文字文献源于公元前2世纪,佉卢文字传入中国的于阗地区,被用于铸币、书写契约及翻译佛教文献。随着历史的推进,许多少数民族创造了本民族文字,并用以创作了本民族的文献。从古而今以文字、符号、电子等多种方式创作形成的民族文字文献浩如烟海,难以数计,极大地丰富了中华民族的文献宝库。

1. 我国古代民族文字文献的书目控制

我国最早的民族文字文献目录产生于西藏地区。在公元9世纪中叶,藏族学者在对大批佛教经典进行整理的基础上,按经卷所藏宫殿名称的不同,先后编制了《旁塘目录》《钦浦目录》和《登迦目录》。前两种目录已佚失,《登迦目录》收录在《丹珠尔经》杂部中,保存了其全貌,这是我国现存第一部民族文字文献目录。《登迦目录》成书于公元824年,收录藏文经籍738种,其中大小乘、显密具备,共收27门,著录有书名、著者、译者等。它是一部分类较科学、著录较详细的专科文献目录。反映了当时藏传佛教经典翻译、著述的盛况,对研究藏族古代社会历史文化、佛学史和藏文文献目录等均具有重要史料价值。

我国古代民族文字文献著述丰富,需要花大力气挖掘、整理和研究。目前所能见到的民族文字文献目录主要有藏文、蒙古文和满文文献目录,其中藏文、蒙古文较多。

关于藏文文献目录,目前考订出来有十几种。其中有元朝时期的《大藏经目录论典广说》《甘珠尔目录太阳之光》,公元1322年布顿大师在其所著《宗教源流宝藏》一书之末尾详细记载的大藏经目录(简称《布顿目录》)、《新选佛说甘珠尔之目录——白册》(简称《蔡巴目录》或《蔡巴甘珠尔》)。明清以来,继续编制了《江孜"天邦玛"本甘珠尔目录》《丽江土司所造存于里塘大寺的佛说甘珠尔经目录》《佛说甘珠尔三界严饰神幻乘之目录》《译成藏文的善逝佛论教语印制目录——打开显密佛门的钥匙》《吾等导师释迦牟尼所说佛语世界财宝之目录——格言神幻之钥匙》等。

有关蒙古文文献目录,目前所能见到的也有十几种。其中最有名的是公元1720年编译的北京版木刻朱字本御制蒙古文《甘珠尔总目录》、公元1749年编译的北京版木刻朱字本《登迦目录》和《御制蒙文丹珠尔总目录》等。此外,还有《御制满汉蒙古西番合璧大藏全咒目录》《宝贝甘珠尔目录》《丹珠尔部分目录》《宗喀巴著作目录》《主持金刚禅师箴言目录》《龙都尔喇嘛著作目录》《阿格旺丹达尔著作目录》《阿拉善名贤丹达尔拉苏巴著作目录》《乌

---

[*] 该篇文章与王学艳合作。

本文系国家社会科学基金资助项目《中国少数民族文献学概论》(00BTQ005)的研究成果之一。

拉特前旗墨尔根格根著作目录》等。

满文图书目录，目前所能见到的只有 20 世纪 30 年代李德启、于道泉编的《满文图书联合目录》。该目录收录了北京图书馆和北京故宫博物院图书馆所藏满文图书 419 种。满文目录虽只一种，但它却是民族文字文献联合目录的开端。

2. 新中国成立后民族文字文献的书目控制

新中国成立以后，随着民族文字文献的增加，各有关部门先后编制了多种民族文字文献书目、索引、文摘、提要等。从时间的角度，民族文献书目控制呈现出两个发展阶段：报道民族文字文献源的书目控制阶段及系统整理和开发利用的书目控制阶段。

（1）1949—1976 年：我国民族文字文献书目控制的初步发展时期

新中国成立初期，党中央和人民政府非常重视民族文献工作。1953 年，开始了全国性范围的民族识别工作。1956 年，民族调查研究工作在全国 16 个省（区）展开，共 1000 多人参加，其中包括社会学和民族学专业的师生和研究人员，还有语言、考古、历史、文艺和其他学科的专家和工作者。1963 年，在 16 个省（区）调查资料的基础上，各地分工编写了关于我国少数民族简史、简志和民族区域自治的三套丛书共 100 多种，内部发行。到 1964 年，全国共调查了 50 多个少数民族，编写了几千万字的调查报告和文献资料，翻译成汉文的少数民族文字文献达数百万字。民族调查研究和民族史志编纂工作的开展推动了民族文字文献书目的编制。如中国科学院民族研究所（即中国社会科学院民族研究所的前身）新疆少数民族社会历史调查组 1962 年 10 月编印的《新疆研究参考书目》收录维吾尔文图书 349 种；其他有关民族文字图书 163 种，对所收图书，均附有提要。从 1956 年至 1962 年，我国编印的民族文字文献目录有十多种，如 1956 年中央民族学院研究部图书资料室编印的《中央民族学院研究部现存旧杂志草目：蒙藏回族等》，1958 年中央民族学院图书馆编印的《馆藏有关中国民族问题研究文献参考书籍草目：少数民族文字部分》，1959 年中国科学院新疆分院图书馆编印的《馆藏少数民族文字书目》，内蒙古师范学院图书馆编印的《馆藏蒙译经卷目录》，旅大市图书馆参考部编印的《馆藏汉满蒙文字档案目录》。1960 年西北民族学院图书馆编印了两套书目，即《西北民族学院馆藏哈文书目》和《西北民族学院馆藏藏文书目》。此外，1962 年内蒙古图书馆编印了《内蒙古图书馆馆藏蒙文古旧图书书目》。由于受当时条件的限制，这些书目均为油印本，未能正式出版发行。但是这一时期的书目控制为当时的民族研究服务发挥了很好的作用。然而，1966 年至 1976 年"文化大革命"期间，民族文字文献的书目控制遭到破坏，给民族文献工作带来一定损失。

（2）1977—2000 年：我国民族文字文献书目控制的迅速发展时期

1977 年后，我国的民族文献事业恢复生机，随着 20 世纪 80 年代民族文化事业的发展，民族文字文献的书目控制迅速发展，主要表现在普通民族文字图书的书目控制和民族文字古籍的书目控制上。

①民族文字图书出版事业的蓬勃发展推动了民族文字图书书目的发展，民族文字图书的书目控制引起重视。

从 20 世纪 80 年代开始，我国恢复和建立了一批民族文字出版机构，目前已有 36 家，民族文字文献的剧增使得民族文字文献的书目控制愈来愈显得重要。

首先，20 世纪 90 年代初，我国出版了两部大型回溯性总书目——《中国蒙古文图书综录:1947—1986》(乌林西拉主编,1990年10月内蒙古大学出版社)和《中国朝鲜文图书总目录:1947—1991》(池玉子、任南洙编辑,1992年12月延边人民出版社)。前者收录了40年间全国出版的蒙古文图书6000种;后者收录了44年间全国出版的朝鲜文图书5800余种。两部目录都采用了科学的分类体系和标准化的著录规则。1999年萨仁在《中国蒙古文图书综录:1947—1986》的基础上,又续编了1987—1997年部分,由内蒙古大学出版社出版。它们的出版标志着我国民族文字文献的书目控制进入了一个新的发展阶段。

其次,各类民族文献信息部门比以往任何时候都加倍重视民族文字图书工作,民族文字图书工作加速了民族文字图书的书目控制,各民族文献信息部门纷纷建立民族文献室,设立民族文字文献专藏,积极主动地做好民族文字图书的整理与编目。如1987年编辑出版的《新疆大学图书馆民文图书索引目录(维吾尔文):1950—1985》和《新疆大学图书馆民文图书索引目录(哈文):1950—1980》等。为了揭示馆藏,各民族文献信息部门编制了民族文字图书卡片目录,如中国民族图书馆收藏有24种民族文字书籍25万册,该馆均按不同语种文献,分别编制了相应的卡片目录20多种。

除此之外,出版民族文字图书的出版社也出版了不少积累性书目索引,如《民族出版社图书目录:1953年1月—1993年1月》《内蒙古人民出版社三十周年图书目录:1951—1981》《延边人民出版社图书目录:1947—1982》等。

②民族古籍的搜集、整理和出版促进了民族古籍书目的发展,民族古籍的书目控制卓有成效。

我国民族古籍整理工作从20世纪70年代末开始重视,80年代初走上正轨。目前,全国有25个省、自治区、直辖市,130个州、地、盟相继建立民族古籍整理机构,在一些民族院校和民族地区建立了民族古籍研究所和跨省区协作小组。1984年以来,已抢救、搜集民族古籍12万种(部、件、册),已整理11万种(部、件、册),出版古籍、书籍(不包括馆藏古籍)5000余种(部、件、册)。随着民族古籍整理工作的开展,人们已开始重视民族古籍的书目控制。从20世纪80年代至90年代,民族古籍书目达到空前的繁荣,这一时期,民族古籍书目特别是馆藏民族古籍书目不断增多,并进行了全国收藏民族古籍的书目控制。全国各地区、各类型民族文献信息单位和全国各相关科学研究、出版机构等,先后编制了蒙古文、藏文、满文、朝鲜文、维吾尔文、哈萨克文、纳西象形文、傣文、彝文和民族古文字等民族古籍书目、提要、目录、索引等。其数量之多、类型之繁、质量之高、效益之大都是前所未有的。在书目分类的科学化、文献著录的标准化、检索手段的多样化方面都有很大提高,呈现了蓬勃发展的新局面。这一时期民族古籍的书目控制主要有3个途径,一是全国性书目控制,二是地区性书目控制,三是馆藏书目控制。

我国第一部全国性民族古籍联合目录是由八省区蒙古语文工作协作小组办公室编辑的《全国蒙文古旧图书资料联合目录》(1979年10月内蒙古人民出版社),该目录收录了全国21个省、市、自治区66个图书馆收藏的蒙古文古旧图书资料1500种7000余册,分15大类,书目后附有汉译书名索引。这是我国民族古籍目录发展史上的创举,也为以后的民族古籍目录的编制打下了良好的基础。

1979年,黄润华、屈六生编辑了《北京地区满文图书资料联合目录》(油印本)和《北京地区满文石刻拓片目录》(油印本),共收录北京地区满文图书资料和碑刻拓片1400余种。其后,在此基础上黄润华、屈六生主编的《全国满文图书资料联合目录》于1991年7月由书目文献出版社(今国家图书馆出版社)出版。该联合目录共收录全国 17 个省、自治区、直辖市 48 个单位收藏的满文图书资料 10 150 种,拓片 693 种,基本反映了清代满文图书、拓片的概貌。书目正文分列满文图书和石刻拓片两部分,分类排列,每一书目皆用汉、满、拉丁文转写三种文字书写,并标明出版年代、出版者、版本、文种、册数、版柜、馆藏情况等,编有满文书目索引、汉译书名笔画索引、汉译书名汉语拼音索引、书名拉丁文转写索引和汉译著者笔画索引,是我国民族古籍书目中,检索途径较多的书目工具书,具有很高的学术价值、收藏价值和使用价值。

在全国民族古籍研究室的支持下,内蒙古古籍办、内蒙古自治区图协及 8 家图书馆联合编辑出版了《中国蒙古文古籍总目》(上、中、下)[2000 年 5 月北京图书馆出版社(今国家图书馆出版社)]。该书是一部民族性、文献性、学术性都很强的综合性大型书目工具书。它收录了全国 180 个藏书单位和 80 个个人所收藏的 1949 年以前中国抄写、刻印的蒙古文文献,分图书经卷、检索资料、金石拓片和期刊报纸 4 部分,共 13 115 条,并依照国家标准进行著录,还做了必要的分析、考证。其附录由 3 部分组成,一是新版古籍简目,二是蒙古文国际音标书名索引、汉译书名索引,三是甘珠尔经、丹珠尔经蒙古文目录。编制书本式目录的同时,还组织力量建立了中国蒙古文古籍总目数据库。

另外西藏、四川、云南、青海、甘肃五省区藏文古籍协作小组从 1997 年 9 月开始着手编纂《全国藏文古籍联合目录》,计划 1997—2001 年完成藏文古籍的普查和简目编写工作,在 2007 年全部完成《全国藏文古籍联合目录》。

特别值得一提的是在 1996 年 5 月召开的第二次全国少数民族古籍工作会议上决定在"九五"期间或用更长时间编纂跨世纪重点项目——《中国少数民族古籍总目提要》,这将是一部综合性的具有多功能学术价值的巨著,将成为国内外诸多领域科学研究的必备工具书,它同《四库全书》一样,将对中华民族文化的发展产生重大影响。

地区性的民族古籍联合目录主要有《北京现存彝族历史文献部分书目》(1981 年 10 月中央民族学院少数民族语言研究所彝族历史文献编译组编,油印本),收录北京地区现存彝族典籍 659 种,分 11 大类,并撰写有详细类序,对该类的历史状况,典籍沿革及其特点、内容等做了介绍。《彝文典籍目录·贵州卷》1994 年由四川民族出版社出版,该书由贵州省毕节地区彝文翻译组编辑,是一本彝文古籍整理必备的大型工具书。该书著录彝文古籍 1246 册,分类排列,撰有内容提要。方国瑜编著的《纳西象形文字谱》(1981 年 4 月云南人民出版社)收录东巴古籍 394 种。和志武 1983 年编制的《纳西象形文东巴目录》收录东巴古籍 643 种。张公瑾编著的《傣文古籍见知录》(《民族古籍》1987—1990 连载)著录傣文古籍 180 种。库尔班·维力编辑的《维吾尔、乌孜别克、塔塔尔古籍目录》(1988 年 11 月喀什维吾尔文出版社),策司·桑杰嘉措编著的《南瞻部州唯一庄严目录》(1990 年 4 月西藏人民出版社),还有西藏社会科学院资料情报研究所藏文编目组编辑的《藏族史料书目举要:藏文一》(《西藏研究》1985 年 4 期),于宝林编的《契丹文字文献论著解题》(《文献》1985 年 1—3 期)等。

凡是藏有民族古籍的文献信息部门,大都有馆藏民族古籍目录。在这些众多的馆藏民族古籍目录中,尤以藏文古籍目录最为突出。新中国成立后最先编印的一部大型馆藏古籍目录是 1959 年编印的《拉卜楞寺总书目》(油印本),1985 年由青海人民出版社正式出版时书名改为《藏文典籍要目(藏文)》,该书是拉卜楞寺公私藏书的联合目录。书中收有 178 位大师的近万部著作。该目录把冗长的藏文全书名,按传统方法进行了缩减,对作者名字的著录,以惯称、地名、职位等加以区别,解决了同名同姓的矛盾。分 17 个大类,子目详细,便于查找。这是藏文目录中记录最详细的一部。中国民族图书馆编辑的《藏文典籍目录:文集类子目》共 3 册,1984 年 7 月、1989 年 12 月由四川民族出版社出版了上册和中册,下册于 1997 年 3 月由民族出版社出版。该目录收录中国民族图书馆馆藏 180 余家文集的要目,书中正文按作者姓名字顺排列,每一文集详列子目,著录每一子目的藏文书名、汉译书名、版本类型、页数、次序编号及索取号等。这样既保持了文集原有卷帙和篇目次序,又参照其他版本,进行校勘补缺,还为文集作者写了生平简介,具有很高的学术价值和实用价值。与《藏文典籍目录》相对应的文集类目录是 1995 年 12 月由中国藏学出版社出版的《德格印经院目录大全》。该目录由四川省甘孜藏族自治州编译局和德格印经院联合编纂,是一部书目及资料为一体的大型工具书。还有一部大型馆藏古籍目录是由李鹏年、吴元丰主编的《中国第一历史档案馆所存西藏和藏事档案目录(满藏文部分)》(1999 年 12 月中国藏学出版社),共收录条目 13 334 条,其中满文档案条目 13 040 条,藏文档案条目 294 条。《中国第一历史档案馆所存西藏和藏事档案目录(满藏文部分)》的编译出版,为藏学研究工作提供了可信的文献资料信息,为国内外学者查阅利用有关档案资料提供了方便的检索工具。

3. 民族文字文献书目控制的发展前景

(1)少数民族文字信息处理工程全面启动

我国的民族文字信息处理的研究应用始于 20 世纪 70 年代后期,发展于 80 年代,到 90 年代初,几乎中国各少数民族文字完全和汉字同步地实现了电脑化处理,其重量、大小、外观形状、颜色等毫无二致,只是软件不同。这是电脑技术为各种民族文字平等发展创造的全新的技术条件。1991 年,由中央民族大学语言研究所和计算机系联合研究编著了《中国各民族文字与电脑信息处理》一书,从理论上对我国各少数民族文字进行微机处理所面临的各种问题,做了全面透彻的研究,并对这一领域中所取得的成果做了详细介绍。事实表明,在电脑面前,各种文字并无优劣高下之分。现今电脑处理技术及产品的先进与落后,主要已不是文字本身属性差异所致,而是经济实力大小,管理是否科学合理,用户是否广大等因素造成的。

(2)少数民族语文主题词表正在研制当中

利用计算机检索文献,必须使检索者的语言与计算机所用的语言一致,这就要求编制出规范化的检索语言,即主题词表,这是实现计算机检索的基本要求。我国《汉语主题词表》的编制出版为建立全国统一联机信息检索网络创造了必要条件,对我国文献工作现代化具有重要意义。但是,《汉语主题词表》并不能很好地反映少数民族的历史和现状,有关词条无论在深度上还是在广度上都不能准确地标引民族文字文献,为了解决这一难题,目前已提出两种方案:一是编制《民族学科主题词表》,具体方法就是在使用《汉语主题词表》的体系下,增编民族学科主题词,在对民族文字文献进行主题标引时,二者同时使用。二是无须单独建立《民族学科主题词表》,在对民族文字文献进行主题标引时,可在《汉语学科主题词表》中增加少数民族语文与汉语对照索引,在附表中增加民族机构和宗教机构,在辅助部分范畴索引中扩充民族宗教类等。这两种方案都有一定的合理性,但都处在研究阶段,离实施还有一定距离。

(3)逐步实现少数民族文字文献著录标准化

文献工作现代化的关键之一是文献著录工作标准化。在我国自 1979 年成立全国文献工作标准化技术委员会以来,文献标准化工作已取得很大成绩,对我国少数民族文字文献工作的标准化给予了应有的重视,早在 1984 年 9 月,中国标准化综合研究所就提出了《关于蒙文图书著录规则作为国家标准颁布的建议报告》,从此,我国少数民族文字文献标准化工作进入了探索时期,经过 10 多年努力,已经取得部分研究成果。如关于标识符号问题,在保持原符号意义的基础上,采用变通方法进行标识。如对从右至左横书的民族文字改用镜像符号;对从右至左上下直书的文字改用转向符号。通过这样的变通方式来适应民族文字文献著录的要求。又如关于文种选择问题,此问题涉及使用多种文体的民族,如蒙古文有 7 种文体,著录时,各项目可用文献本身的语种著录,而做标引时,应统一为一种文体,即回纥式蒙古文,以利排检等等。

(4)少数民族文字文献书目管理系统开始运行

1985 年内蒙古自治区图书馆与内蒙古电子计算机中心联合研制成功《微机蒙文图书目录管理系统》,1995 年,内蒙古图书馆又建立起符合国家标准的《蒙文书目机读目录数据库》。该数据库先进性在于它实现了标准化,采用标准建立蒙古文书目数据库在国内外均为首例,填补了我国蒙古文文献事业上的一项空白,对促进我国各少数民族文献实现计算机化、自动化发挥了重要作用。

另外,在开发我国多语种文献检索方面,虽然起步晚,但发展很快,从已开发的多语种系统看,它涉及的语种有汉文、朝鲜文、蒙古文、维吾尔文、哈萨克文、柯尔克孜文、藏文、傣文、彝文、壮文及越南文等 10 余种。

民族文字文献书目控制的现代化建设虽然取得了可喜的成绩,但是,要实现我国民族文字文献完善的书目控制还存在着许多困难。目前的问题是:①民族文字文献工作者受传统观念束缚,民族文字文献书目编制缺乏统一规划与组织管理;②民族文字文献书目没有民族文字文献呈缴制做保障,民族文字文献书目在数量与质量、广度与深度上都存在问题;③民族文字文献的书目控制理论大大落后于实践的进步;④民族文字文献书目宣传力度不够,外界不了解情况,其使用率也不高。因此,笔者认为,首先,应建立强有力的民族文字文献书目控制和协调机构,对全国的民族文字文献书目和数据库进行全面调查,然后进行统筹规划和协调。其次,应建立和完善民族文字文献书目立法制度,用法律手段保证民族文字文献源的完整与全面,以建立权威性的民族文字文献国家书目。再次,加强民族文字文献书目控制理论研究,及时解决在书目控制实践中出现的新问题,保证标准化和自动化的顺利实施。最后,要加大宣传力度,努力做好各方面的组织协调工作,提高书目的使用效率。

参考文献

1 包和平,许斌. 中国民族文献学研究[M]. 北京:中国华侨出版社,1997.

2 刘光宏. 中国民族工具文献辞典[M]. 北京:改革出版社,1995.

3 乌林西拉. 我国少数民族文字文献著录标准化刍议[J]. 福建省图书馆学会通讯,1986(2).

4 包和平. 少数民族古籍的科学管理和开发利用[J]. 中国图书馆学报,2001(1).

5 包和平. 中国古代民族文献目录概述[J]. 情报资料工作,2001(1).

6 包和平. 中国少数民族文字古籍及其书目概况[J]. 图书情报工作,2000(10).

7 包和平. 我国民族文字文献工作的现代化[J]. 图书与情报,2000(3).

(原载《中国图书馆学报》2002 年第 3 期)

我国民族古籍的书目控制[*]

1. 民族古籍书目控制的特殊意义

中国少数民族文献目录学历史悠久,源远流长。早在 9 世纪藏族学者就编制了著名的三大藏文佛经目录,在其后的各个历史时期,特别是中华人民共和国成立以来,我国的民族文献学者、目录学家编制了多种类型的少数民族文献书目、索引、文摘、题录和综述等,积累了一定的书目文献,取得了令人瞩目的成绩。

民族古籍(本文指中国少数民族古籍)的书目控制是中国目录学研究的重要内容之一,是中国目录不可分割的组成部分。全面系统地研究民族古籍书目的历史、现状和发展趋势,深入地总结民族书目工作的优良传统和辉煌成绩,是摆在我们面前的一项重要研究课题。它将对建立具有中国特色的目录学体系;弘扬中国多民族文化、促进各民族共同繁荣、共同发展;对挖掘、抢救、整理,研究民族古籍资源,建立现代化的少数民族古籍报道和检索体系,有效地进行少数民族古籍资源的综合开发,充分发挥其作用,实现文献资源共享等,均具有重大而深远的理论意义和现实意义。

(1)民族古籍散失情况较汉族古籍更为严重。汉族古籍在历史上虽有数次劫难,禁书销毁虽也十分严重,但毕竟有“盛世修文”的传统。历朝历代都有专人整理天灾人祸毁掉的书,基本上还有案可查。而民族古籍,由于历史的变迁、民族矛盾、民族迁徙、民族习惯加上社会和自然条件造成的灾害损失的书籍无法统计。汉族古籍今天可以报出有 8 万或 10 万种,而民族古籍不消说历史上没有统计,就是今天也没有大约的数字。这是多种原因造成的。近年来随着民族古籍整理工作的开展,有人对蒙古族、满族、彝族、傣族、藏族、纳西族、朝鲜族等古籍做了初步的收录,但距实际存数还相距甚远,绝大多数的民族古籍散存于民间。因此这就决定了民族古籍的书目控制更为艰巨和繁重。

(2)在我国这个多民族的大家庭里,由于少数民族的历史发展较缓慢,社会发展不平衡,大多数民族古籍与宗教关系密切。有的与佛教、伊斯兰教关系密切,有的与原始宗教密切相关,这又加重了民族古籍书目控制上的困难,也构成了民族古籍书目控制的又一特色。

(3)由于少数民族地处偏远,印刷技术不发达。有文字的民族古籍大多数为抄本,在传抄过程中,不可避免地造成文字的脱讹,加之抄本多无年代记录,在整理过程中势必会加重校勘和版本源流的考证工作。这表现出民族古籍书目控制还具有它的原始性。

(4)如果说用民族文字书写的古籍汗牛充栋,那么民族古籍中的口碑文献则是浩如烟海。没有文字的民族,其古籍都是口碑文献,就是有文字的民族也有大量的口碑文献存世。这些口碑文献又都极其重要,不仅有文学价值,更有历史和社会价值。这又形成了民族古籍书目控制范围广、类型多的特色。

---

* 该篇文章与王学艳合作。

2. 民族古籍的书目控制

我国民族古籍卷帙浩繁,种类繁多,其内容涉及政治、哲学、法律、历史、宗教、军事、文学、艺术、语言文字、地理、天文历算、医药等诸多方面。民族古籍整理工作从 20 世纪 70 年代末开始被重视,80 年代初走上正轨。1982 年 3 月国务院召开了古籍整理出版规划会议,提出并部署了搜集、整理、出版民族古籍的任务。1984 年 7 月全国少数民族古籍整理出版规划小组成立,在国家民委成立了办事机构。目前,全国有 25 个省、自治区、直辖市,130 个州、地、盟相继建立民族古籍整理机构,在一些民族院校和民族地区建立了古籍研究所。这几年,相继成立了蒙古、鄂伦春、达斡尔等民族古籍,彝族古籍,朝鲜语古籍,满族古籍,锡伯族古籍,回族古籍,壮族古籍,藏族古籍等跨省区协作小组。自 1984 年以来,据不完全统计,已出版古籍、书籍(不包括馆藏古籍)5000 余种(部、件、册),已整理 11 万种(部、件、册),抢救、搜集民族古籍 12 万种(部、件、册)。

从 20 世纪 70 年代末开始,人们已开始重视民族古籍的书目控制。从 20 世纪 80 年代至 90 年代,民族古籍书目达到空前的繁荣,这一时期,民族古籍书目特别是馆藏民族古籍书目不断增多,并进行了全国收藏民族古籍的书目控制。全国各地区、各类型民族文献信息单位和全国各相关科学研究、出版机构等,先后编制了蒙古文、满文、朝鲜文、藏文、维吾尔文、纳西象形文、傣文、彝文、哈萨克文和民族古文字等民族古籍目录、书目、索引提要等。其质量之高、类型之繁、数量之多、效益之大都是前所未有的。在书目文献著录的标准化、分类的科学化、检索手段的多样化方面都有很大提高,呈现了很好的发展趋势。这一时期民族古籍的书目控制主要有三个途径:

一是全国性书目控制:

(1)《全国蒙文古旧图书资料联合目录》,八省区蒙古语文工作协作小组办公室编辑,1979 年 10 月内蒙古人民出版社出版。该目录收录了全国 21 个省、市、自治区 66 个图书馆收藏的蒙古文古旧图书资料 1500 种 7000 余册。分 15 大类,书目后附有汉译书名索引。

(2)《北京地区满文图书资料联合目录》,黄润华、屈六生编辑(1979 年,油印本)。

(3)《北京地区满文石刻拓片目录》,黄润华、屈六生编辑(1979 年,油印本)。

(4)《全国满文图书资料联合目录》,黄润华、屈六生主编 1991 年 7 月由书目文献出版社(今国家图书馆出版社)出版。该联合目录共收录全国 17 个省、自治区、直辖市 48 个单位收藏的满文图书资料 10 150 种,拓片 693 种,基本反映了清代满文图书、拓片的概貌。

(5)《中国蒙古文古籍总目》(上、中、下),内蒙古古籍办、内蒙古自治区图协及 8 家图书馆联合编辑,2000 年 5 月北京图书馆出版社(今国家图书馆出版社)出版。它收录了全国 180 个藏书单位和 80 个个人所收藏的 1949 年以前中国抄写、刻印的蒙古文文献,分图书经卷、检索资料、金石拓片和期刊报纸 4 部分,共 13 115 条。国家图书馆副馆长孙蓓欣研究馆员认为:"《中国蒙古文古籍总目》的问世,为人类展现了蒙古族历史文化绚丽多彩的风貌,它对于继承蒙古族的优秀文化遗产,发扬蒙古族的优良文化传统,对于蒙古文古籍文献的抢救整理、开发利用,对于国际国内蒙古学的研究,都具有重大的、深远的作用与影响。《中国蒙古文古籍总目》的出版还将促进全国少数民族古籍目录的编辑与出版,促进西部少数民族地区的文化发展,为中华民族文化增添光彩。"①

二是地区性书目控制:

(1)《北京现存彝族历史文献部分书目》,中央民族学院少数民族语言研究所彝族历史文献编译组编,(1981年10月,油印本),收录北京地区现存彝族典籍659种。

(2)《彝文典籍目录·贵州卷》,贵州省毕节地区彝文翻译组编辑,1994年由四川民族出版社出版。著录彝文古籍1246册。

(3)《纳西象形文字谱》,方国瑜编著,1981年4月,云南人民出版社出版。收录东巴古籍394种。

(4)《纳西象形文东巴目录》,和志武编,1983年,收录东巴古籍643种。

(5)《傣文古籍见知录》,张公瑾编著,(《民族古籍》1987—1990年连载)著录傣文古籍180种。

(6)《维吾尔、乌孜别克、塔塔尔古籍目录》,库尔班·维力编,1988年11月,喀什维吾尔文出版社出版。

(7)《南瞻部州唯一庄严目录》,策司·桑杰嘉措编,1990年4月,西藏人民出版社出版。

(8)《藏族史料书目举要:藏文一》,西藏社会科学院资料情报研究所藏文编目组编,(《西藏研究》1985年4期)。

(9)《契丹文字文献论著解题》,于宝林编,(《文献》1985年1—3期)。

还有《壮族古籍目录》《藏族古籍目录》《白族古籍目录》《傣族古籍目录》《贵州彝文金石图录集》《彝族古籍目录》《纳西族古籍目录》等正在由云南古籍办编辑出版之中。

三是馆藏书目控制:

在这些众多的馆藏民族古籍目录中,尤以藏文古籍目录最为突出。

(1)《藏文典籍要目(藏文)》,新中国成立后最先编印的一部大型馆藏古籍目录是1959年编印的《拉卜楞寺总书目》(油印本),1985年由青海人民出版社正式出版时书名改为《藏文典籍要目(藏文)》,该书是拉卜楞寺公私藏书的联合目录。书中收有178位大师的近万部著作,是藏文目录中记录最详细的一部。

(2)《藏文典籍目录:文集类子目》,中国民族图书馆编,共3册,1984年7月、1989年12月由四川民族出版社出版了上册和中册,下册于1997年3月由民族出版社出版。收录中国民族图书馆馆藏180余家文集的要目,具有很高的学术价值和实用价值。

(3)《德格印经院目录大全》,四川省甘孜藏族自治州编译局、德格印经院编,1995年12月,中国藏学出版社出版。是一部书目及资料为一体的大型工具书。

(4)《中国第一历史档案馆所存西藏和藏事档案目录(满藏文部分)》,李鹏年、吴元丰主编,1999年12月,中国藏学出版社出版。共收录条目13 334条,其中藏文档案条目294条,满文档案条目13 040条。该目录所收录的藏满文档案条目反映的档案内容甚为丰富。主要有:①在西藏和藏区发生的重大事件;②政教官员任免调补、奖惩抚恤;③宗教事务和礼仪活动;④西藏地方军政管理事务;⑤涉外事件。这些档案是反映和记载清朝治理西藏和藏区施政活动最真实可靠的记录,是清朝中央对西藏地方行使主权管辖的历史凭证,也是研究西藏

---

① 孙蓓欣,申晓亭.《中国蒙古文古籍总目》——中国第一部大型少数民族古籍联合目录[J].中国图书馆学报,2000(6)

历史、西藏地方与中央政府关系史的第一手资料。《中国第一历史档案馆所存西藏和藏事档案目录(满藏文部分)》的编译出版,为藏学研究工作提供了可信的文献资料信息,为国内外学者查阅利用有关档案资料提供了方便的检索工具,对开展藏学研究事业必将发挥积极的作用。

3. 对今后民族古籍书目控制的建议

虽然我国对民族古籍的书目控制取得了一定成绩,但也存在一些需要解决的问题。现提出相应的建议:

(1)加强民族古籍书目控制理论研究。目前我国民族古籍书目控制的实践发展迅速,然而其理论研究大大落后于实践的进步。因此,必须充实研究队伍,订出研究计划,组织研究工作的实施。要有重点的研究出有指导意义的高质量的论文,指导民族古籍书目控制实践健康、稳定、全面的发展。

(2)努力实现民族古籍书目控制的标准化和自动化。首先要实行标准化著录和统一的分类法;其次是要打破民族古籍印刷型书目一统天下的局面,积极采用新的信息技术手段,逐步建立民族古籍书目数据库和全文数据库。目前正在研制的《中国蒙古文古籍总目数据库》将为民族古籍书目数据库建设打下良好基础。

(3)加大民族古籍书目的宣传力度,提高利用率。对于民族古籍书目的不断建立,其开发利用是一个突出问题。为此,要加大宣传力度,并做好多方面的组织工作,形成使用民族古籍书目的有效网络,提高使用效率。

总之,各级民族文献信息部门及研究部门应充分认清当前民族古籍书目迅猛发展的新形势,认真分析本部门的实际情况,抓住机遇,从民族古籍书目编制方法到开发利用的各个环节上采用相应的、有效的对策,加大人员培训的力度,早日采用新技术来改变民族古籍书目工作的现状,使民族古籍的开发利用提高到一个新水平。

参考文献

1　包和平,许斌.中国民族文献学研究[M].北京:中国华侨出版社,1997.

2　李晓菲等.中国民族文献导读[M].沈阳:辽宁民族出版社,1994.

3　张公瑾.民族古文献概况[M].北京:民族出版社,1997.

4　国家民族事务委员会《中国民族工作五十年》编委会.中国民族工作五十年[M].北京:民族出版社,1999.

5　国家民委古籍整理研究室.新中国民族古籍工作[M].北京:民族出版社,1999.

6　刘光宏.中国民族工具文献辞典[M].北京:改革出版社,1995.

7　丁宝林,毕祖根.中国民族研究年鉴:1993—2000[M].北京:民族出版社,1995—2000.

8　刘维英,赵淑琴.民族文献组织管理[M].长春:吉林人民出版社,1998.

9　乌林西拉.我国少数民族文字文献著录标准化刍议[J].福建省图书馆学会通讯,1986(2).

10　乌林西拉.中国少数民族文献目录工作概述.中国民族图书馆理论与实践[M].北京:中国华侨出版社,1996.

11　杨长虹等.具有多文化特色的中国少数民族语种文献编目与检索[M]//中国民族图书馆理论与实践.北京:中国华侨出版社,1996.

12　包和平,许斌.关于民族文献目录学研究的几个问题[J].图书馆学研究,1996(5).

13　包和平.少数民族古籍的科学管理和开发利用[J].中国图书馆学报,2001(1).

14　包和平.中国古代民族文献目录概述[J].情报资料工作,2001(1).

15　包和平.中国少数民族文字古籍及其书目概况[J].图书情报工作,2000(10).

16　包和平.我国民族文字文献工作的现代化[J].图书与情报,2000(3).

（原载《图书馆杂志》2002 年第 3 期）

我国古代汉文民族文献书目概述

用汉文记载少数民族历史等情况的文献,可溯源到殷周时期。《左传》记载,周王朝境内杂居着多种不同的民族,使用着不同的语言。"诸侯力征,不统于王,言语异声,文字异形"(《说文解字·序》)。公元 1 世纪,西汉杨雄著《方言》,记录"楚语"190 多处。《国语·楚语》中载有一份楚太子箴的必读书目,其中有《春秋》《世》《诗》《礼》《乐》《令》《语》《故志》《训典》等(周月亮《中国古代文化传播史》)。正史《二十六史》记载了从黄帝至清末 4000 多年的史事、人物、经济、文化、政治、军事、教育、典章制度、民族、天文、地理、灾异等,形成了许许多多的历史典故,是中华文化的宝库。"二十六史"中几乎每部都设有少数民族列传,汇集积累了大量民族史料,是进行民族研究的重要文献。其中《汉书·艺文志》开创了根据官修目录编制正史艺文志的先例。此后,《隋书》《旧唐书》《宋史》《明史》乃至《清史稿》均编有艺文志和经籍志,在正史中留下记一朝藏书或一朝人著作的记录。

除正史《艺文志》《经籍志》外,还有许多历史学家、目录学家在其所编纂的历史、书史、书目当中记录了民族文献的情况,搜集了有关的资料。他们的劳动成果为以后研究工作提供了重要的线索和有价值的资料。如清代厉鹗编撰的《补辽史经籍志》(1 卷),系辑录汇编宋代郑樵《通志艺文略》、宋代尤袤《遂初堂书目》、明代王圻《续文献通考》、明代陈第《世善堂书目》和清代黄虞稷《千顷堂书目》各书中所著录辽人著述,共 41 种,编排而成(有清道光元年(1821 年)钱塘汪氏振绮堂重刊《辽史拾遗》本)。又如,清代龚显增编撰的《金艺文志补录》,收录图书 416 种。主要辑录《中州集》《全金诗》《国史经籍志》《经义考》《归潜志》《四库全书总目》《爱日精庐藏书志》等书中著录的金人著述,并与倪灿《补辽金元艺文志》、金门诏《补三史艺文志》、钱大昕《补元史艺文志》相参照,补其缺漏,编辑而成。

除此之外,还有许多民族文献书目。如清缪荃孙编撰的《辽艺文志》,著录辽代图书 51 种,分 14 大类,其中以释道类居多,是查核考订辽代典籍存佚的重要书目资料。《补辽史经籍志》,清代杨吉复编撰,辑录辽人著述 13 种;《补辽金元艺文志》,清代倪灿编撰,全书收录经部 502 家,3984 卷,史部 294 家,6455 卷,子部 308 家,4550 卷,集部 606 家,7231 卷,共计 1710 家,22 220 卷;《辽史艺文志补证》,清代王仁俊编撰,辑录辽人著作 101 种,皆标注出处,并加考证,后附宋、金人谈辽事的书 25 种,另附清人孙承泽《辽金遗事》1 卷,在同类补志中,该书系比较齐全精当的一种;《西夏艺文志》,清王仁俊编撰,该书系作者在编辑《西夏文缀》时,将所见有关西夏艺文之故籍、碑志等诸著录从西夏传和大藏经中辑出,得西夏撰译之书 18 种,附宋人谈西夏之事的书 4 种。其他补志之书还有倪义山、卢文绍《补金元艺文志》、钱大昕《补元史艺文志》、金门诏《补三史艺文志》、黄任恒《补辽史艺文志》、龚显增《金艺文志补录》、孙德谦《金史艺文略》、张绵云《元史艺文志补》、吴骞《四朝经籍志补》等。1958 年商务印书馆出版了《辽金元艺文志》,该书把以上各种补志并在一起出版,并根据断代分明的原则将原来三朝合在一起的或辽、金附于元朝的志书,加以分析,各归各朝,断代排列,而于每朝志前列出该朝补志书目,书末附四角号码索引。该书为辽金元三代补志之书做了一次系统的总汇,读者据此可了解三朝著述的全貌。

　　《清史稿》补志主要有 2 种,即清人章钰等编的《清史稿艺文志》和《清史稿艺文志及补编》。前者由吴士鉴搜集资料,章钰排比分类,后经朱师辙删改增补而成。收录清人著述和所辑佚书 9633 种,138 087 卷。分经史子集四部 45 类 60 多子目,每类目后附清人辑录的古佚书。近人范希曾指出该书有不少错误疏漏之处:误明初人为清人,误外国人为本国人,误同书异名为二书、三书,重复出现门类不清者为数也不少。尤其严重的是,收录不全,著录未及清代著述半数。《补编》为武作成编,为了弥补《清史稿艺文志》的脱漏及其他不足之处,做了大量的增补工作。其经部著录图书 1267 种,7687 卷;史部 3442 种,54 205 卷;子部 1835 种,11 127 卷,集部 3894 种,20 753 卷,共增补四部之书 10 438 种,93 772 卷。若除去重复,则收书数量与《艺文志》大体相符,它大大弥补了《艺文志》的脱漏,可以使人们在更大范围内了解清代的文化学术概貌,也为清代学者著述情况的研究提供了新的线索。

　　民国时期,边疆民族地区形势复杂,很不稳定,民族矛盾激化,引起了各族学者对少数民族和少数民族地区的历史文化和社会状况的关注。他们不惧艰辛,千方百计地对流失于国外的民族文献进行了调查、复制,对国内尚存的大量民族文献进行了有效保护和搜集整理,编制了有关民族文献书目、索引、提要和综述等。单独发行的书目主要有:哈佛燕京学社引得编纂处编的《辽金元传记三十种综合引得》和《三十三种清代传记综合引得》;蒙起鹏编纂,大成印书馆 1934 年出版的《广西近代经籍志》;广西统计局编纂,1934 年 6 月印行的《广西省志书概况》;李小缘编纂,金陵大学中国文化研究所 1937 年印行的《云南书目》;中山文化教育馆 1939 年出版的《近代我国民族学译著目录》;邓衍林编,成书于 20 世纪 30 年代,1958 年由商务印书馆出版的《中国边疆图籍录》等。其中尤以《中国边疆图籍录》和《云南书目》最有影响力。前书虽然仅是旧籍图录的记录性材料,仍为研究边疆问题及民族历史必不可少的参考资料。《云南书目》是一部国内少见的高质量的有关云南的专题书目,收录有汉代到 20 世纪 30 年代有关云南的各种题材、各种类型的中外文(日文、英文、荷兰文、意大利文)文献资料 3000 多种。编者根据云南的实际情况,自编类目,首先分总录(期刊、丛书)、历史(古史地、通史、断代史、传记、族谱)、地理(总志、舆地沿革、方志、游记、省际关系)3 大类,以下再分山川、水利、气候、物产、地质、动物、植物、社会、教育、经济、实业、农业、商业、交通、民族、军务、边务等类,每类中又分若干细目。该书著录项目齐全,使用不同字体排印,突出重要著作和重要内容,编排颇为醒目。

参考文献

1　吕桂珍.民族文献研究述评[J].西藏民族学院学报,2000(3).

2　包和平.少数民族古籍的科学管理和开发利用[J].中国图书馆学报,2001(1).

3　包和平.我国古代民族文字文献目录概述[J].情报资料工作,2001(1).

4　包和平.我国少数民族文字古籍及其书目概况[J].图书情报工作,2000(1).

5　张公瑾.民族古文献概况[M].北京:民族出版社,1997.

6　王远新.中国民族语言学史[M].北京:中央民族大学出版社,1993.

7　周月亮.中国古代文化传播史[M].北京:北京广播学院出版社,2000.

8　范秀传.中国边疆古籍题解[M].乌鲁木齐:新疆人民出版社,1995.

9　谢玉杰,王佳光.中国历史文献学[M].北京:民族出版社,1999.

10　刘光宏.中国民族工具文献辞典[M].北京:改革出版社,1995.

(原载《图书与情报》2002 年第 3 期)

民族文献整序研究 *

1. 民族文献的收集

民族文献具有数量大、类型杂、文种形式多样、发行分散以及互相交叉、重复等特点。此外,民族文献中也有质量参差不齐的现象,这就给收集工作带来了一定的困难。民族文献工作者面对具有一系列特点的民族文献,要想方设法,广辟来源,尽量把读者用户所需要的民族文献搜集到手。

(1)向新华书店或出版发行单位预订。每年全国出版发行各类文献数万种,近亿册,在这些浩如烟海的文献中,民族文献及其他所需文献,都会在新书目录或征订单上反映出来。新书预订是搜集民族文献最经常最可靠的方法,也是获取民族文献的主要渠道。

(2)充分利用直接选购、委托代购、邮购等方式搜集民族文献,以补预定之不足。

(3)在藏书补充的非购入方式中,要注意利用征集、交换、赠送等方式搜集民族文献。交换文献,互通有无是文献信息部门获取文献资料的另一途径,它主要是指用本单位出版的或文献信息部门已有剩余的文献同其他有关单位交换本馆需要的文献,用我国出版的书刊去交换海外机构出版的书刊。为进行学术交流,文献信息部门经常会收到有关单位或个人赠送的书刊。另外,科研报告、学术动态、会议文献等特种文献,一般不是通过购买获得的资料,都应留心收集。这是一种增加馆藏,而又少花钱、不增加开支的好办法。贵州民族学院图书馆 1994 年 4 月 21 日就获得了该院原院长安毅夫捐赠的图书资料 810 册(件),其中民族文献 480 册。

(4)直接与从事民族研究和各地县有关部门,以及省内外有关民族作家联系,也可获得很多信息。他们经常与基层接触掌握大量的第一手资料,他们的研究成果也很乐意赠送文献信息部门收藏,通过他们往往得到很多免费的资料。

(5)通过民间访问的方式调查了解本省本地区古代人的著作、私人收藏的珍贵民族文献,以及口头流传下来的民族资料。深入到少数民族地区调查搜集,实地考察是搜集民族文献的不可缺少的途径。具体做法为,首先通过县志办、民委、乡村基层组织、文化馆、农村剧团、中小学校联系,了解本地区歌手、故事家、寨老、理老、巫师等,与他们接触,取得信任和理解,获取第一手民族文献资料。这些人可以说都是当地民族文化的传承者,他们有本民族渊博的知识,精通本民族古今典籍风土人情等。我国有许多民族有自己的语言,但过去却无文字,对悠久灿烂的历史文化,只能凭借传承者的口耳传授,比如《苗族古歌》就是通过歌手唱出后整理加工的。因此,通过他们我们可以找到很多珍贵的资料。

(6)复印。本馆缺藏,但阅读使用价值又很大的图书,可以向有关单位复印,以充实馆藏,满足读者需求。如贵州民族学院图书馆古籍文献中就有 10 000 余册是通过复印得来的。

---

* 该篇文章与刘维英合作。

（7）从大量的汉文历史文献中搜集民族文献。①从先秦古籍中去寻找，如《诗经》《左传》《逸周书》《墨子》等；②从正史中去查找，如司马迁的《史记》，首先为少数民族立传，设有匈奴、东越、南越、西南夷、大宛等《列传》，集中保存了我国少数民族的一批史料；③从正史外的其他专著中去求索，如东汉时的《越绝书》《吴越春秋》等；④从其他历史资料中去寻找，如唐李吉甫的《元和郡县志》等。另外，像《资治通鉴》这样一些编年体史书和《册府元龟》等类书，也含有大量的民族史料。至于那些散见于历代名人的文集、笔记、杂著、碑刻、墓志中的民族史料，以及外国人的有关论著，更是不胜枚举，更须留心搜集。

2. 民族文献的分类、著录和主题标引

民族文献的整理办法很多，有按民族文献原有号码整理的，有按书名、著者的，还有按民族文献类型的等，但最有用处的整理办法就是按学科、专业和按主题、对象，即我们常说的分类法和主题法。

文献分类是一种揭示、组织文献内容（有时也包括形式）的手段。对于多种文献来说是"分"类，对于具体一种文献来说是"归类"。经过分类处理的文献，在内容上构成了一个逻辑体系，这个体系可做排列文献、编制分类目录和各种书目的依据，可供按类统计文献和进行参考咨询工作时的参考。

在民族文献分类过程中，分类人员要对民族文献作者的立场观点及科学内容、实际用途诸方面进行判别，然后将其纳入到分类法体系中去，这是一项具有高度思想性和科学性的学术工作。它要求民族文献分类工作者不但具有正确的立场、观点，一定广度和深度的科学文化知识，而且要掌握和熟悉分类法，包括分类法的基本体系，标记制度和使用特点等。

就目前来看，我国还没有一部公认的民族文献分类法。各文献信息单位大都采用《中国图书馆图书分类法》来类分民族文献。

在实际分类过程中，民族文献的分类方法与一般非民族文献一样，首先要进行主题分析，即查明所分民族文献的研究对象是什么，所属的学科专业，作者是以什么观点和方法进行论述的，是理论的还是应用的……民族文献涉及该研究对象的范围、条件等，主题分析是比较复杂的，要能正确判断可用下列方法：①分析书名、篇名；②检阅目次；③详阅内容简介；④阅读序言或说明；⑤涉猎全文；⑥从民族文献本身了解著者、编辑出版者。把上述情况了解后，就可得出这一民族文献的学科属性以及其他特殊属性的正确结论，最后归入最能体现其本质属性的类。第二，类号标引（也叫归类），就是根据主题分析的结果，结合分类规则，在分类表中找到适合的类目，对文献给予相应分类号。第三，组织目录，即按分类号将目录卡片排成与分类法同样的次序，从而通过目录揭示出该文献信息单位收藏哪些属于某个类目的民族文献，以及各个类目的民族文献在内容上的联系，也可用分类成果编制书本式索引。

主题法是一种以自然语言作为文献主题标识和查找依据的检索方法。这种词称为主题词，通常用它来描述和表达文献内容主题。从广义讲，它包括标题词、单元词、关键词和叙词；从狭义讲，主要是指叙词，往往作为主题词的同义语。用主题法整理文献和组织检索工具必须具备两个条件：其一就是必须有科学性强、实用性好的主题词表；其二就是要求文献资料整理人员掌握主题词表的使用规则和方法，同时要有广博专深知识。

主题词表（叙词表）是将文献内容出现的自然语言规范为检索语言的一种控制术语的工具。它把主题词按一定规则（字顺、音序、范畴、词族）排列起来，因此，它实际上就是一种检索词(标引词)词典。1980年中国科技情报研究所和北京图书馆组织全国上千个单位共同编制出版了《汉语主题词表》。该词表是一部大型、综合性检索工具书,包括一切知识门类,既适合手工检索,也适合于电子计算机存贮与检索,同时可用来组织卡片式主题目录和书本式主题索引,并在一定意义上可起英汉、汉英简明词典作用。《汉语主题词表》范畴大类"13民族"大类中主要包括:

13A 民族一般概念　13B 民族问题理论、民族政策　13C 社会制度　13D 事件

13E 文化生活　13F 中国民族　13G 世界民族

采用主题法整理民族文献与分类一样也分三个步骤:第一,主题分析。所谓主题,即民族文献所论述的中心问题或研究的对象,其内容包括;主题核心部分、主题的动态部分和主题的限定部分。主题分析的关键是对主题进行概念的分解与综合过程。对民族文献进行主题分析时要求既要分析书名、篇名,又要详阅文摘、简介、序言、绪论等,必要时还要浏览全文及所附参考文献。第二,标引主题词。即根据民族文献主题分析结果从规定使用的词表中,选取正式主题词,作为民族文献内容的标引词,同时应从标引的一组主题词中组成主题款目,并赋以特殊标记,作为排检用。第三,组织目录。对手工检索而言,就是将标引好主题的卡片按其字顺或音序排列起来,成为主题目录或主题索引,供查用。

民族文献经过分类标引和主题标引之后,必须编制目录或索引。编目既可以通过卡片形式,又可以通过书本式检索刊物的形式。只有经过编目才能供读者查阅。因此可以说,卡片目录或书本式检索刊物是文献信息部门的藏书与广大读者间的重要桥梁,没有这样一个桥梁,读者就无法利用文献信息部门宝贵的民族文献。

众所周知,编目工作的重要一环就是著录。所谓著录就是对某一具体文献的描述,用文字将其内容特征(所属学科、所论述的主题以及内容简介等)、外表特征(文献题名、著者、来源出处、出版地、出版者、出版时间、文献类型、页册数、图表、开本、装订、价格等)以及顺序号、索取号表示出来,使读者从这些特征中,对文献有个概括的了解,以便考虑是否阅读。著录的载体形式有:卡片式、书本式、磁带式,在国内文献信息部门中,大部分都采用卡片目录,即使是书本式目录,多数也是先用卡片著录,然后编排起来送去印刷出版成书本式的检索刊物。

用汉文书写的民族文献的著录与汉文文献著录没什么两样,其著录格式,著录内容基本一致,而用民族文字书写的民族文献的著录问题是一个值得研究的课题。在我国首先提出并推广应用民族文字文献著录标准化的当属内蒙古大学图书馆馆长乌林西拉教授。她提出"我国各少数民族根据本民族文字文献的实际情况及其发展都可以而且应该制定本民族的文献著录标准"。并率先提出并制定了《蒙古文文献著录规则》,为制定民族文字文献著录标准提出了许多宝贵的具有开创性的意见和建议:

(1)根据民族文字的书写习惯,对标识符号做适当变动。如蒙古文、满文及锡伯文都是上下垂直书写,行款从左到右,维吾尔文、哈萨克文字母书写则从右到左,行款横向,这时标识符号须竖立或使用镜像符号。

(2)在著录内容中应反映少数民族的民族特点、风俗习惯以及民族文字文献的特征。如在《蒙古文文献著录规则》中,对各种蒙古文,即现行回纥式蒙古文、托忒蒙古文、八思巴蒙古文、索永布蒙古文、斯拉夫蒙古文、布里亚特蒙古文、卡尔梅克蒙古文,在著录用文字中明确规定:各著录项目用文献本身的蒙古文著录,但当用于目录排检时,再以现行的蒙古文为标

目,加以统一;又如为了便于利用和开发蒙古文文献资源,在编制国家书目及全国集中编目时,题名的汉文译名著录于附注项等。各少数民族都有自己的不同于其他民族的特色,这些内容构成了其具有本民族特色的条款内容,在著录时应确切地全面地反映这些特点。

民族文献著录后,就要编制目录。目录的种类是很多的。一个文献信息部门到底设立哪几种民族文献目录才最合适,这应当根据本单位的方针、任务、服务对象以及收藏民族文献的规模、类型等条件来统筹规划,民族文献信息部门的目录种类可多至十几种,最少也有几种。不能说越多越好,但最基本的目录必须设置,而且要处理好各种目录之间的关系,尤其是民族文字图书目录与汉文图书目录之间的关系,充分发挥目录的整体作用。

3. 民族文献的布局、排架与保护

民族文献经过加工整理一系列工序后,送入书库,必须进行科学的组织管理。文献信息部门的民族文献,由于长期积累,具有数量庞大、类型复杂、内容广泛、文种多样等特点。将这些浩瀚的民族文献组织起来,做到布局合理,组织科学,管理妥善,检索方便,是关系到长久而完整地保管资料,提高文献利用率的问题。

(1)民族文献的布局

作为专门的民族文献信息部门来讲,民族文献的布局一般也应分基本藏书、辅助藏书和专门藏书,基本藏书是本单位藏书的基础。辅助藏书一般多是推荐性的民族文献,如借书处、研究室、检索室等部门的藏书。专门藏书往往是由于某一部分民族文献需要特殊的整理、保管,如民族古籍等,或由于特定服务对象的需要才设立的,如专家阅览室等。为了充分发挥民族文献的作用,可按照其利用率的高低,采用"三线制"的办法组织藏书线:一线开架阅览室,二线为辅助书库,三线为基本书库,并实行分科开架借阅制度,书库里能阅览,阅览室里文献资料能借阅,文献资料与读者接近。这种办法有利于读者利用民族文献。

(2)民族文献的排架

民族文献不仅需要正确地组织和划分,而且需要合理地排列。只有这样,才能使众多的民族文献便于管理和查找,文献排列分为按内容排列和按形式排列两种。按内容排列又可分为分类排列法和专题排列法,按文献形式的排列法包括登录号排列法、固定排架法和字顺排架法等。因为民族文献的排列和非民族文献的排列没有太大差别,所以,在此不再赘述。下面简单介绍一下按地域、族别、文种排列民族文献的方法。

①由于许多民族文献一般是综合性地概述或研讨某个地区的民族,大都和地点、时间关系密切,所以,这类民族文献比较适合用地域排列法排列。其方法是先"世界"(用 11 表示)各大洲、地区、国家,然后是"中国"(用 12 表示)及其各大区、各省和自治区;以世界各大洲、地区、国家和中国各大区、省和自治区的称谓为专题来分别集中民族文献。其索书号采用数字 + 地方称谓的汉语拼音文字的缩写词 +《中图法》分类号的混合编码。例如:"11YZ·K"表示"1 类—世界—亚洲—历史类","12N·I"表示"1 类—中国—南方—文学类"。

各地一般性民族文献排列表

世界一般性民族文献

11YZ 亚洲　11DY 东亚　11DNY 东南亚　11NY 南亚　11XY 西亚(西南亚)

11FZ 非洲　11BF 北非　11DF 东非　11XF 西非　11ZF 中非　11NF 南非

11EZ 欧洲　11DE 东欧(中欧)　11BE 北欧　11NE 南欧(东南欧、西南欧)

11XE 西欧　11DYZ 大洋洲及太平洋岛屿　11OXB 澳、新、巴地区

11BLNXY 波利尼西亚　11MKLNXY 密克罗尼西亚　11MLNXY 美拉尼西亚

11MZ 美洲　11BMZ 北美洲　11LDMZ 拉丁美洲、中美洲　11XYD 西印度群岛

11NMZ 南洲

中国一般性民族文献

12B 北方　12N 南方　12X 西部　12D 东部　12Z 中部　12BJ 北京　12HB 华北

12TJ 天津　12HB 河北　12SX 山西　12NMG 内蒙古　12DB 东北　12LN 辽宁

12JL 吉林　12HLJ 黑龙江　12XB 西北　12SX 陕西　12GS 甘肃　12NX 宁夏

12QH 青海　12XJ 新疆　12HD 华东　12SH 上海　12SD 山东　12JS 江苏　12AH 安徽

12ZJ 浙江　12JX 江西　12FJ 福建　12TW 台湾　12ZN 中南　12HN 河南　12HB 湖北

12HN 湖南　12GD 广东　12XG 香港　12OM 澳门　12HN 海南　12GX 广西

12XN 西南　12SC 四川　12CQ 重庆　12GZ 贵州　12YN 云南　12XZ 西藏

②专门涉及我国各个民族的各个方面情况的民族文献,其排列方法分为两种情况:a. 内容涉及两个或两个以上民族者,按《中图法》各类目归类集中排列;同类中,再以书名的汉语拼音字母顺序来编排。b. 内容专指一个民族者,则以各族称为专题集中,各族之间的顺序,按各民族称谓的汉语拼音顺序编排;同一民族中,按《中图法》类目归类顺排;再分别按书名的汉语拼音字母顺序排列。两个或两个以上民族的文献按《中图法》分类号表示;专讲某个民族的文献用民族族称的汉语拼音文字的缩写词+《中图法》分类号来表示。例如:"MG·H"表示"蒙古族—语言文字类","YI·P"表示"彝族—天文类"。

中国各少数民族文献排列表

阿昌族　白族　保安族　布朗族　布依族　朝鲜族　达斡尔族　傣族　德昂族(原名崩龙族)

东乡族　侗族　独龙族　俄罗斯族　鄂伦春族　鄂温克族　高山族　仡佬族　哈尼族　哈萨克族

赫哲族　回族　基诺族　京族　景颇族　柯尔克孜族　拉祜族　黎族　傈僳族　珞巴族　满族

毛南族　门巴族　蒙古族　苗族　仫佬族　纳西族　怒族　普米族　羌族　撒拉族　畲族　水族

塔吉克族　塔塔尔族　土家族　土族　佤族　维吾尔族　乌孜别克族　锡伯族　瑶族　彝族

裕固族　藏族　壮族　登人　苦聪人　夏尔巴人

③民族文字图书的排列方法是以文种汉语拼音顺序排列。其排列顺序为:

BA. 白文　BY. 布依文　CX. 朝鲜文

DA. 傣文(傣仂文,傣哪文,傣绷文,金平傣文)

DO. 侗文　EL. 俄罗斯文　HN. 哈尼文　HS. 哈萨克文　JP. 景颇文(景颇文,载瓦文)

KR. 柯尔克孜文　LH. 拉祜文　LI. 黎文　LS. 傈僳文(傈僳文,老傈僳文)

MG. 蒙古文　MI. 苗文(黔东苗文,湘西苗文,川黔滇苗文,滇东兆苗文)

NX. 纳西文　TU. 土文　WA. 佤文　WW. 维吾尔文　XB. 锡伯文　YA. 瑶文

YI. 彝文(规范音节文字)　ZA. 藏文　ZH. 壮文

(3)民族文献的保护和清理

保护和管理好民族文献,是民族文献信息部门的重要工作任务,为了能保证民族文献完整而长久地提供使用,首先,要在思想上重视,制度上严密,即要加强工作人员的责任心,又要宣传和教育读者自觉爱护民族文献。此外,要注意防火、防潮、防虫、防尘、防鼠等,要注意书库的环境卫生。对于某些民族文献要定期装订和修补,定期不定期地清点馆藏民族文献,可以从中发现工作上的缺点,找出损失的原因,这本身也是保持民族文献安全与完整的一项

重要措施。对于保密资料,应当定期清理,并按有关规定进行密级调整工作。

参考文献

1　包和平.我国民族文献资源建设概况及其开发利用的未来展望[J].大连民族学院学报,2000(4).

2　刘维英,赵淑琴.民族文献组织管理[M].长春:吉林人民出版社,1998.

（原载《大连民族学院学报》2002 年第 2 期）

民族文献学研究浅议

民族文献学是整个科学之林的一株新秀,是一门正在发展中的新兴学科。加强民族文献学研究,进一步完善民族文献学理论体系,真正建立具有我国民族特色的民族文献学,这对于提高民族文献工作的水平,促进民族文献事业的发展,更好地为建设和发展民族地区社会服务,有着重要的意义。

1. 要有紧迫感,进一步提高对民族文献学研究重要性的认识

民族文献是中华民族文化的重要组成部分,一向以恢宏富丽,风姿卓异而闻名于世。随着各民族科学文化的发展和民族文献工作的实践,民族文献学逐渐形成并发展。但是,由于认识和其他方面的原因,作为反映各民族政治、经济、科学、文化的各种民族文献,目前还是一个尚未完全被开发和认识的知识宝库。民族文献学的研究也未提到应有的地位。在漫长的历史中,由于在不平等的民族政策下,许多在历史上曾灿烂夺目、盛极一时的民族文献被视为禁书,或鄙夷为微不足道,从而知之者少,用之者寡,有些已濒临散佚消亡的境地,民族文献学的研究工作发展极慢。中华人民共和国成立后,各民族在政治、经济、文化一律平等的民族政策照耀下,党和政府及时提出收集整理各民族文献,以利于继承、发扬民族文化,增进民族团结和民族文化的交流。在马列主义民族理论的指引下,民族文献学的研究工作有了很好的发展,取得了前所未有的成果,具有我国民族特点的民族文献学初具规模。特别是党的十一届三中全会以来,民族文献工作有了长足的发展,出现了一个群众性的研究民族文献学的生动局面。发表了一系列有关民族文献学方面的论著,取得了一些令人欣喜的成果。具有代表性的论文有:《藏文文献目录学》(东嘎·洛桑赤列著,《西藏研究》1987 年第 4 期,1988 年第 2—3 期),《伊斯兰教论文译著书目简论》(杨大业著,《民族古籍》1994 年第 1 期),《我国少数民族文献著录标准化》(乌林西拉著,《青海图书馆》1995 年第 3、4 期)等。此外,还出版了有关民族文献学方面的专著,有代表性的有《中国民族文献学研究》(包和平、许斌著,中国华侨出版社,1996 年),《中国民族文献检索》(李晓菲著,内蒙古科学技术出版社,1998 年),《民族文献组织管理》(刘维英、赵淑琴主编,吉林人民出版社,1999 年),由于广大民族文献工作者的艰苦努力,比较深入地总结了历史经验,科学地阐明了许多从实践中提出的理论问题,有些问题有了突破。民族文献学的研究出现了很好的形势,开拓了新的前景,这是毋庸置疑的。但是,在民族文献工作实践中,在学习和研究民族文献学的过程中,也形成这么一种状况:就是民族文献工作跟不上社会主义现代化建设的需要,民族文献学的研究又落后于民族文献工作实践的发展。目前,各民族地区经济建设和科学技术发展对民族文献工作提出了愈来愈高的要求,在民族文献工作发展中提出的许多问题和实践经验得不到科学的解释和总结。就是说,虽然经过 50 多年的努力,民族文献学基本形成了自己的学科体系,但研究成果还是初步的,还有许多问题需要深入研究和探索,民族文献学还是一个没有完全被认识的"必然王国",其理论体系还需要进一步完善。否则,将影响民族文献事

业的发展,难以适应"四化"建设的需要。因此,不管是从理论的角度,还是从实际的要求来讲,加强民族文献学研究,确定民族文献学的学科地位,正是摆在我们面前的一项紧迫任务。

当前,随着民族地区社会经济的发展,特别是西部大开发战略的实施,社会对民族文献的需要越来越迫切,民族文献的作用范围也越来越宽,民族文献的搜集、整理及开发利用手段也日益先进,如果没有科学的理论做指导,只根据以往的经验来管理和使用浩如烟海的民族文献,那就很难适应"四化"建设的需要。因此,我们进行创造性的研究和探索,不仅是发展民族文献学本身的需要,而且关系到祖国"四化"建设的发展。所以,加强民族文献学研究,是客观形势的要求。我们应当看到这种要求,立志改变上述那种不适应的状况,不断研究新情况,解决新问题,总结新经验,创造新理论;同时对民族文献上在实践中产生的丰富经验和重大问题进行认真研究,提到应有的理论高度,从中找出其发展规律,引出正确结论。我们要力争使民族文献学的研究走在实际工作前面,以便促进和指导民族文献工作健康而迅速的发展。

党的十一届六中全会通过的《关于党的若干历史问题的决议》提出,要大力加强"各门社会科学和自然科学的研究",党的十二大报告中明确指出:"民族团结、民族平等和各民族共同繁荣,对于我们这个多民族的国家来说这是一个关系到国家命运的重大问题。"我们应当根据党中央批示精神,进一步从思想上提高对民族文献学研究的认识,加强紧迫感和责任感,立志提高民族文献学水平,深入实际,调查研究,独立思考,勇于探索,大胆地提出自己的见解,为建立一门严密的、高水平的民族文献学做出艰苦的努力,为发展民族文献学和民族文献事业做出应有的贡献。

2. 解放思想、明确方向,着重研究解决民族文献学出现的新问题

民族文献学是一门新兴的边缘学科,理论性和实践性都很强,涉的范围也很广,需要研究的问题很多。既要研究基础理论,又要研究实践;既要研究历史,又要研究现状和未来;既要研究民族文献的管理,又要研究民族文献的内容,既要研究本国的经验,又要借鉴国外的长处;既要研究民族文献学本身的问题,又要研究民族文献学与其他学科的关系。这就要求我们解放思想,选准目标,抓住重点,敢于创新。对于一个科学工作者来说,解放思想就是要在党的实事求是的思想路线指引下,遵循客观规律,进行大胆探索,提出真知灼见。从当前情况来看,应该主要研究些什么呢? 总的来讲,就是要研究我国民族文献工作在新形势下面临的重大问题,更好地为"四化"建设服务。就是说,既要加强民族文献学的基础理论研究,又要抓好民族文献学的应用研究;既要研究历史经验,又要进行新的探索,做到理论与实践相结合,继承和创新相结合。没有理论上的提高和发展,基础理论太薄弱,应用也无法提高。但是,基础理论不与实践相结合,不能回答实践中提出的问题,基础理论就失去了再发展的源泉。可见,民族文献工作需要民族文献学理论做指导,民族文献学理论又以民族文献工作实践为基础。因此,当前应当从调查研究重大的、迫切需要解决的问题入手,侧重实际问题的研究,把研究工作同各个时期的工作重点结合起来,着重发现和总结典型经验,从丰富的实践经验中、总结出比较深入的理性认识,使认识不断深化。

就基础理论来讲,民族文献的定义仍是众说纷纭,这不只是一个概念之争,更涉及民族文献工作和民族文献学的研究对象、内容、性质和特点等问题的分歧,是一个需要认真解决的问题。再如,社会主义初级阶段民族文献工作基本规律,也是具有重大理论意义的问题,

掌握了社会主义初级阶段民族文献工作的基本规律,可以带动其他有关问题的研究,更好地解决民族文献工作的许多具体矛盾。此外,对民族文献工作的行政管理、领导体制等问题,也要本着改革的精神,加以探讨,以便提高我们的认识,更好地发挥民族文献管理部门的职能作用。还有,民族文献学与其他相关学科,特别是与文献学、图书馆学、情报学、目录学、民族学等的关系也需要研究,以便互相启迪,丰富各自的研究内容。就现实方面来讲,要着重研究历史的和现实的实践经验,特别是要研究当前市场经济条件下的民族文献工作经验。在研究中既要尊重民族文献工作发展的客观规律,又要勇于创新。总之,研究的内容很多,研究领域很广阔,我们要解放思想,开动机器,面向社会,开阔视野,把民族文献学的研究工作面向经济、面向社会,加强横向联系,从宏观和微观上进行考察,以便牢固地确立民族文献学的学科地位,不断丰富民族文献学的研究内容,使我们的研究工作向广度和深度发展,尽快建立起具有中国特色的民族文献学。

3. 加强队伍建设,不断提高民族文献学研究水平

科学研究工作,是一种创造性的劳动,要求研究人员有比较坚实的理论基础,坚韧不拔的精神和踏踏实实的作风。同时,如前所述,民族文献学的研究,不仅有自己的一套理论,而且涉及自然科学、社会科学的各个领域,尤其是现代化科学技术在民族文献管理及开发利用上的应用,给民族文献学研究带来许多新的课题,民族文献学的横向发展与其他学科的相互渗透日益明显,这就要求民族文献学教学、研究以及实际工作者,具有比较广博的知识,努力摄取和掌握多学科的研究成果,并把它应用于民族文献学的研究和实际工作中去。但目前这支队伍不仅数量少,而且水平低,知识面窄,许多很好的经验得不到总结,许多应该解决的问题得不到科学回答,新的研究成果也无法推广应用,这与迅速发展的民族文献事业很不适应。因此,加强民族文献专业队伍建设,尽快提高民族文献干部队伍素质,建立一支有一定水平的又红又专的专业队伍,使民族文献事业后继有人,就成为发展民族文献学的一项十分迫切的问题。

知识就是力量,人才是创业之本。提高民族文献学研究水平,非下决心提高干部素质不可,首先应将民族文献学的研究纳入国民经济和社会发展的总体规划,做出统一安排,以便有组织有领导地进行,如创办民族文献学的正规高等教育、中专教育、电视教育、函授教育,设立专门的研究机构等,这是提高民族文献干部队伍的学识水平和解决实际问题能力的需要。同时,要发挥各个地方的民族文献学术组织的作用,组织各方面的力量,开展各种形式的专题活动。理论来自实践,要鼓励在职学习,在实践中提高,走自学成才的道路,有志者,事竟成。贵在自觉,贵在坚持。古人云:"世上无难事,只怕有心人。"只要敢于拼搏,有进取精神,并勤于思索,细心钻研,一定会出成果、出人才。即使文化程度较高,受过专业训练的同志也需要再学习、再提高。每个民族文献工作者都要认真学习马列主义、毛泽东思想,学习党的民族政策,以提高我们的政治理论水平和工作技能;学习民族学和民族文献学的基本理论、技术方法,以提高我们的管理水平和工作技能。当前,我们处在知识爆炸的时代,随着新技术革命的到来,科学技术发展非常迅速,新兴学科层出不穷,管理技术日新月异,科学技术更新的周期大为缩短。民族文献工作者要使自己知识面更宽些,就尤其要学习与民族文献学有关的现代科学知识,努力掌握当代人类创造的最新成果,采取"拿来主义",并加以消化、吸收,充实自己,为我所用。这样,民族文献学研究的道路一定会越走越宽。

　　学习是为了励精图治,不甘落后是中国各族人民的高风亮节。但真正要学到本事,还要有个良好的学风。既要发挥主观能动性和创造精神,立志为振兴中华,发展民族文献事业进行大胆探索;又要踏踏实实,埋头苦干,在不断出现的新问题面前,善于学习,善于总结,把学习和实践,学习和研究结合起来。只学不干或只干不学都不是科学的态度。我们要有严肃认真的态度和虚心好学的精神,养成理论联系实际的学风,使民族文献学研究和民族文献事业健康发展。

(原载《古籍整理研究学刊》2002 年第 1 期)

民族文献学的研究对象和学科体系*

中华民族文化是古老、伟大、多源的文化,是生息在中华大地上的各个民族共同缔造的文化。如若把中华民族文化比作江河汇聚成的浩瀚的大海,那么各民族文献就是汇入其间的一条条水量充沛的河流。民族文献,独具天地,是中国文献宝库中珠光璀璨的一部分。以民族文献和民族文献发展规律为研究对象的民族文献学是我国文献学研究的重要内容之一,是我国文献学不可分割的组成部分。全面系统地研究民族文献的历史、现状和发展趋势,深入地总结民族文献工作的优良传统和辉煌成就,是摆在我们面前的一项重要研究课题。它将对建立具有中国特色的文献学体系,弘扬中国多民族文化,促进各民族共同繁荣、共同发展;对挖掘、抢救、整理研究民族文献资源,建立现代化的民族文献报道和检索体系,有效地进行民族文献资源的综合开发利用,实现民族文献资源共享等,均具有重大而深远的理论意义和实践意义。

1. 民族文献学的研究对象和学科体系

（1）民族文献学的研究对象

民族文献学,这一学科的名称是文献的一种类型——民族文献。民族文献学要研究民族文献,这似乎是不容置疑的,但是这样表述还不够完全。我们知道,文献是人类社会的一种文化现象,民族文献是文献的一个组成部分,是文献系统的子系统。因此,民族文献学的研究对象应该是民族文献系统。具体说,民族文献学就是以民族文献和民族文献发展规律为对象进行系统研究的学问。

这个表述包括如下几层含义:

①民族文献学要研究民族文献,但不只是孤立地去研究单个的民族文献,它还要研究由众多民族文献组成的有机整体,即民族文献系统。所谓民族文献系统,是指人们有目的、有意识、有组织地收集、整理、存贮、转化、传递、利用和发展民族文献信息的全部过程,以及围绕着这些过程所进行的一切活动的总和。而且,这种研究并不是孤立地进行的,而是要从少数民族社会、心理、经济、科学、文化诸方面去研究民族文献与少数民族社会发展的关系,从而明确民族文献在少数民族社会中的地位和作用。

②民族文献学不是静止地去研究民族文献系统,而是将其看成是一个不断发展的动态进程。这种研究不但包括现阶段上的民族文献事业,也包括历史上的民族文献事业。一部完整的民族文献学,应该包括民族文献发展史。只有尊重历史事实,进而认清促成民族文献的产生和影响民族文献的诸多因素和过程,才能总结历史经验和规律,有利于研究民族文献事业的今天,开创民族文献事业的未来。

③民族文献学的研究对象可以分为不同的层次。以整个民族文献系统为对象,是为宏

＊ 本文系国家社会科学基金资助项目《中国少数民族文献学概论》(00BTQ005)子课题之一。

观的研究,它包括民族文献的数量发展、传播速度、总体布局、宣传评价、组织管理、社会作用、发展规律等问题;以各个不同类型民族文献为对象,是为中观的研究,如民族文字文献、口碑文献、汉文民族文献、外文民族文献等,各有其特点、任务、组织形式、管理方法和发展规律,都需要分类总结研究;以具体一种民族文献为对象,是为微观的研究,包括某一具体民族文献的编辑、出版、校勘、内容、流传等。

(2)民族文献学的研究内容

①研究民族文献学的研究对象、内容、任务和方法及学科体系;探讨民族文献学研究的现实意义、时代特点以及它同少数民族传统文化之间的关系,使民族文献学具有自己的理论体系,以促使该学科的成熟和发展。

②研究民族文献产生与发展的历史,考察与分析民族文献与我国社会、政治、经济、文化等诸多方面的相互联系,从而把握民族文献产生、发展的一般过程,弄清现在民族文献的状况,为积累、保存、研究与利用民族文献指引途径和提供依据。

③研究民族文献的性质及构成。不仅要研究个体民族文献的内容与形式,而且要从总体上研究民族文献如何分门别类,使人们能辨章学术、考镜源流,更好地研究和利用民族文献。

④研究民族文献工作领域存在和发展的内在联系,揭示民族文献工作发展的根本规律和总的趋势,展示它们存在和演化的辩证过程和客观辩证法。

⑤研究民族文献的整理、开发、传播和存贮,即要对前人整理与揭示民族文献的方法加以考察和阐明,并探求其新的途径和方法,又要总结研究整理与利用民族文献的经验,并研究如何批判与继承。

⑥研究民族文献的发展变化和分布规律以及与当代各学科相互交叉渗透状况,为我国建立民族文献信息中心网络提供理论依据。

⑦研究民族文献工作者的职责和任务,民族文献工作者的政治修养和业务素质,民族文献工作者的学习进修和培养提高,民族文献队伍的规划和建设,其中着重研究实现民族文献干部队伍的革命化、年轻化、知识化和专业化的方法和措施。

⑧研究民族文献学的发展历史,通过民族文献学在每一个历史阶段成就的记述,以确定它们各自的地位和特点,从而探索其自身发展的基本联系和内在规律,并给予理论上的阐述和分析。

(3)民族文献学的学科体系

民族文献学的研究对象,决定了它的学科体系。

民族文献学的学科体系是以内容为基础的,它的学科体系同其他学科一样,既有理论,又有技术方法与应用,从民族文献学的发展趋势来看,其体系将由如下4个部分构成:

①理论民族文献学。是指人们对"民族文献"这个特定研究对象的抽象分析和理性说明。理论民族文献学排除那些非本质的东西,抽象概括出最本质的东西来说明研究对象。由于理论民族文献学只是对民族文献这个特定研究对象的抽象分析,因而它并不企图、直接地应用实践,也不去解释一些具体问题,而是要在观察和分析的基础上,对各种民族文献现象进行本质说明,为应用民族文献学提供具有指导意义的理论基础。

理论民族文献学的性质决定了它与应用民族文献学不同,虽然它们都是以"民族文献"这个特定对象为研究内容,但研究的角度不同。理论民族文献学主要从较高层次和整体性上对民族文献进行抽象分析,总结的是一般发展规律,诸如民族文献的本质、构成要素、类型、特征、价值、功能,民族文献的历史演变过程、现状和发展趋势,民族文献工作原理,比较民族文献学等。

②应用民族文献学。是以理论民族文献学的原理为指导,具体研究民族文献的生产制作过程以及收集、整理和开发利用的方式、方法、手段与技术等的学科。应用民族文献学与理论民族文献学相比,它不是一种抽象说明,它是对民族文献工作的直接说明。诸如民族文献的编纂、出版、收集、整理、开发利用等。

③专门民族文献学。是对不同类型、不同地域、不同民族的民族文献进行专门研究的学科,它不同于理论民族文献学可以撇开一些次要和非本质的因素,它需要在一定的范围和领域下说明具体民族文献现象。具体学科包括:民族古籍学、民族期刊学、民族工具书学等;具体地域包括:西藏民族文献学、内蒙古民族文献学、新疆民族文献学、宁夏民族文献学、广西民族文献学等;具体民族包括:蒙古族文献学、藏族文献学、维吾尔族文献学、回族文献学等。

④交叉民族文献学。交叉民族文献学是民族文献学理论与其他领域和学科相交而形成的一种交叉学科。交叉民族文献学不是人们对民族文献现象深化研究的产物,它是人们为了研究民族文献现象,而借用其他学科的理论,或者与其他领域进行相交而形成的学科,比如民族文献管理学、民族文献教育学等。

(4)民族文献学的任务

从民族文献学的理论与工作实践的关系来看,没有民族文献的存在,就没有民族文献学的存在。民族文献学的理论与方法都是从民族文献工作实践中总结和概括出来的,并又回到实践,指导实践,接受实践的检验。民族文献学与民族文献工作的这种辩证关系,决定了民族文献学的基本任务:认识并掌握民族文献发展的客观规律,借以指导民族文献工作实践。具体说,应包括以下几个方面:

①坚持用马克思主义的民族理论、观点和方法,对我国民族文献和民族文献事业的历史发展和实际工作经验进行认真的总结,加以系统地、科学地研究,使经验升华为理论。尤其是加强民族文献学的基本理论、应用理论的研究,揭示民族文献的发展规律与民族文献工作规律,逐步建立起具有中国特色的民族文献学的理论体系。

②要着重研究民族文献事业发展与民族地区政治、经济和文化的关系,民族文献事业建设的规模和速度,以及如何合理组织民族文献事业的人力、物力、财力,探求一整套适合我国国情的建设民族文献事业的新理论、新经验、新模式和新方法。

③通过对社会需要和用户需求的研究,进一步提高民族文献利用率。这也是当前一个突出薄弱环节。我国民族文献不仅内容丰富,语种各异,而且数量庞大,种类繁多。这些丰富多彩的民族文献,对增强少数民族科学文化素质,促进少数民族社会、政治、经济的发展应该起到重要作用。然而事实上,民族文献资源的作用远未充分发挥,这是因为对民族文献的宣传、利用没有引起足够的重视。民族文献学的基本任务之一是分析用户对象及其需求,对古今中外各类民族文献加以评价、介绍,为广大用户鉴别、选择、利用提供帮助,最大限度地提高民族文献的利用率。

2. 民族文献学的学科特点和相关学科

民族文献学是适应我国社会主义现代化建设对民族文献事业发展需要产生的。它来源于民族文献工作实践,同时又对民族文献工作实践具有巨大的推动作用。它是文献学科中又一个系统的新兴学科。

(1)民族文献学的学科特点

民族文献学是以马克思主义的民族理论为指导,运用马克思主义的认识论和辩证法研究和探讨民族文献活动,发挥民族文献的最大社会效益,以适应民族文献事业发展需要的一门新兴学科。它是适应我国各民族政治、经济、科学、文化发展的宏观需要而产生的。

民族文献是文献的一种,是文献的组成部分。文献学便是民族文献学的母体学科,换句话说,民族文献学是文献学的分支学科。

由于文献是一种普遍的社会现象,伸展到社会科学、自然科学、技术科学的各个领域,服务于实践,它的理论与方法就侧重于应用,因此,文献学是一门综合性的应用学科。作为文献学的分支学科的民族文献学,其学科的基本性质也是综合性的,而且它更接近实际,渗透于实践,应用性更强。所以,我们认为民族文献学是一门综合性的应用学科。

在文献学总的发展过程中,文献学的基础理论对民族文献学的理论和实践发展具有重要意义。同时,民族文献学的产生,填补了文献学基础理论的空白,开辟了新的领域。

民族文献学作为文献学中新兴的一门学科,有其自己独特的个性和显著特征。

①民族文献学是一门具有民族特点和地域特点的学科

民族文献学是从民族文献事业中总结出来的理论体系和实践经验,是对民族文献事业发展的特点及其规律的概括,特别是对一些特殊规律的概括,或者说在共同规律中存在一些特殊的表现形式以及由此而来的应当在形式和内容上注意的一些特点,包括民族特点和地区特点。民族文献学就是要照顾到民族特点和地区特点,反映这些特点。同时把民族特点和地区特点有机结合起来,不体现民族特点,不考虑到一个民族在文献事业中发展的优势与劣势,不考虑他们的长处和短处,这就是没有很好地结合民族实际。同样,不体现地区特点,离开了地域特点,也往往陷入单纯研究一个民族的文献事业建设,而忽略整个民族地区的文献事业建设的发展战略和宏观指导、控制的措施和方法。所以,民族文献学在必须体现民族特点的同时,也应紧密结合和体现地区特点,从中总结出带有规律性的东西。只有既坚持共性的方面,又考虑、探索它的特点,才能有助于加深对民族文献学理论体系和本质规律的认识,才能促进民族文献学的发展与变革。也只有这样才能够直接服务于少数民族地区的文献信息工作,促进民族文献事业的发展与繁荣。

②民族文献学是一门实践性较强的学科

民族文献学,顾名思义,就是研究与民族文献有关的事物的学科。民族文献是文献的一个组成部分,它本身有其特定的工作实践。民族文献学的理论就是要为民族文献工作实践服务。一方面它是民族文献工作实践的经验总结;另一方面它又要指导民族文献工作实践并受其检验。因此,民族文献学的理论具有极强的针对性、特指性。

③民族文献学是一门开放型的学科

鉴于我国少数民族成分的众多,各民族的历史悠久,在民族文献上,也表现为内容丰富、种类繁多的特点。各个学科、各个知识门类在民族文献中几乎都有所反映。民族文献可以为社会上少数民族各学科、各专业的人们服务。因此,民族文献学有必要也有可能吸收并应用各种学科的知识和方法。民族文献学是一种动态的开放型的学科,绝不能自己封闭在窄小的圈子里,它要向各条战线、各行业的读者开放。同时,民族文献的多学科特点,也为我们多学科开展民族文献学研究奠定了基础。因此，我们应积极采用以民族文献活动为主体的多学科相结合的方法研究民族文献学，注意吸收国内外一切有价值的东西，逐步建立起多学科相结合的民族文献学研究体系。

（2）民族文献学的相关学科

在学科体系中，许多学科之间不是孤立存在、互不联系的，它们之间存在着各种各样的关联，或是直接的包容、派生、交叉、应用关系，或是指导中介等间接关系，共同形成科学体系的有机体。学科之间的这种相关性，反映出它们之间内在的本质联系，体现出了一门学科在整个学科体系中的地位。民族文献学如同其他学科一样，它的发展也是与许多学科有关联的。

①民族文献学同民族学、民族理论的关系

各门学科之间最大的区别是研究对象不同。民族学和民族理论的研究对象在理论界尚不尽一致，但一般都认为民族学的对象是一切民族，它研究民族的产生、发展演变和消亡的过程和规律，研究处于不同历史发展阶段的各民族的经济基础和上层建筑，从而为社会主义建设事业服务。民族理论的对象是民族和民族问题，它研究民族和民族问题的产生、发展的规律，说明民族和民族问题的特点、性质和解决问题的途径，为正确解决民族问题、建设社会主义服务。而民族文献学则是研究民族文献和民族文献事业，揭示民族文献和民族文献事业产生发展的特点和规律，为加速民族文献事业的发展，促进少数民族地区文献工作的现代化建设，实现各民族的共同繁荣服务。三者之间的不同是明显的。但是，民族文献学与其他文献学有一个明显的不同特点，即它研究的是民族的文献，必然关系民族和民族问题，因而就与民族学、民族理论有了密切的联系。研究民族文献事业的发展问题不懂得民族和民族问题的理论，不能正确认识和把握民族，不了解民族问题的性质及其发展方向，就不可能正确地研究解决民族文献事业发展问题，甚至会走到邪路上去。所以，研究民族文献学必须以马克思主义民族学、民族理论为指导思想。

②民族文献学与文献学的关系

文献学是以文献和文献事业为研究对象的科学，它研究的是文献系统的一般规律。而民族文献学则是研究民族文献系统的特点和发展规律的科学，它研究的是民族文献系统的特点和特殊规律，以及一般规律的特殊表现形式。可见，民族文献学与文献学是不同的。但是，民族文献学研究民族文献系统，揭示民族文献的特点和规律，必须运用文献学的基本原理分析民族文献的特点和规律，只有运用文献学的基本理论，才能分析说明民族文献的特点和规律。因此，文献学就成为民族文献学的学科基础。

③民族文献学与系统科学的关系

系统科学包括系统论、信息论和控制论，是第二次世界大战以后才得以发展和受到科学界重视的学科。其中信息论是利用数学方法研究信息的计量、传送、交换和贮存的学科。控制论研究的是生命、人类社会、机器系统、思维和一切可能的一般结构的内部的调节和控制的规律。它在生命科学、技术科学和社会科学之间架起了"桥梁"。系统论包括系统哲学（系统观点）、系统分析、系统优化技术等几方面的内容。系统论的基本思想是认为任何事物都是由相互作用和相互依赖的若干部分组合而成的，它是一个有机的整体。系统内部是等级态的，有层次的，系统具有特定功能和目的，动态系统必须保持"动态体内的平衡"，而系统本身又是它所从属的一个更大系统的组成部分。民族文献学与信息论、控制论、系统论的关系也是显而易见的。民族文献学就是要研究民族文献的数量、质量、加工、输出、传递等一系列问题。民族文献工作本身就是一个复杂的系统工程,对民族文献的控制、管理等都离不开"三论"。"三论"的原则原理作为一般科学,都可以为民族文献学所借鉴,成为十分重要的研究手段,并推动民族文献学和民族文献事业的发展。

民族文献学作为文献学的分支学科,它与文献学的相关学科都有密切的联系,如图书馆学、目录学、情报学、教育学、社会学、心理学、管理学、经济学、计算机科学、统计学、科技学、数学等。

除此之外,由于民族文献学的民族性,民族文献学还与有关民族学科有密切的联系,如民族信息学、民族文化学、民族教育学、民族语言学、民族经济学、民族心理学、民族社会学、民族图书馆学等。对于上述相关学科,限于篇幅,就不一一评述了。

3. 民族文献学的研究方法

任何一门学科的研究方法取决于每个不同历史阶段的社会经济条件和一定社会制度中占统治地位的思想,民族文献学的研究方法也是如此。当代我国民族文献学方法论的基础是辩证唯物主义和历史唯物主义。系统论、信息论、控制论等新科学的理论也对民族文献学的研究有指导意义,它们从各个侧面揭示了民族文献的属性,并为民族文献学在信息科学、文献信息科学领域找到了应有的位置。这些方法丰富了民族文献学的内容,也拓宽了民族文献学研究领域。另外一些在多学科研究中都通用的研究方法,如观察法、实验法、调查法、模拟法以及在逻辑思维中的分析、比较、类比、综合、抽象、假设、归纳、演绎等方法都在民族文献学中得到应用。但在具体应用中还要特别注意以下几点:

(1)重视应用系统方法

马克思主义认为,世界是以系统形式存在和运动的。系统是整个世界存在和发展的普遍形式。所谓系统,是指由相互联系的各部分(要素)组成的具有一定结构和功能并与环境相联系的有机整体。系统方法,就是把科学研究对象作为系统,用系统观点进行认识和改造的一种方法,即用系统观点分析系统整体与部分、部分与部分、整体与层次、层次与层次、整体与环境的相互联系,揭示研究对象的系统特征和运动规律,从而达到最佳处理问题的一种科学方法。

我们研究民族文献事业发展问题,也应重视应用系统方法。我国是一个多民族的社会主义国家,我国的文献是由多民族文献结合而成的以汉族文献为主体的多民族文献的有机整体。在这个有机联系的整体中,有整体与部分,即全国文献与民族文献、汉族文献的关系;有部分与部分,即少数民族文献与汉族文献等的关系;也有整体与环境,即全国文献与国外文献的关系。它们之间相互制约、相互作用,促进着文献的发展。对于作为少数民族文献来说,它除了与全国文献的关系之外,也有整体与部分,即民族文献与其组成部分各少数民族文献的关系;有部分与部分,即各少数民族文献之间的关系;有整体与层次,即民族文献与民族文献各层次之间的关系以及各个层次之间的关系等,所有这些联系,也是相互制约、相互作用的。对上述这种客观的具体联系,就需要应用系统观点从系统整体出发,进行综合分析研究,揭示民族文献的内在动因和外在条件及其发展规律,以达到科学地、全面地优化处理问题,加速民族文献事业发展的目的。

（2）坚持从直观到抽象思维，从抽象思维到实践的认识途径

列宁指出："从生动的直观到抽象的思维，并从抽象的思维到实践，这就是认识真理，认识客观实在的辩证途径。"①为了研究和认识民族文献这个系统的发展特点和规律，必须坚持这个认识客观实在的辩证途径。

文献学的基础是文献，不是教条。民族文献学的基础自然是客观存在的民族文献，为了掌握民族文献发展的事实资料，必须进行调查了解。经过调查掌握了大量民族文献事实资料，这些事实资料反映着民族文献的情况，只是一种直观的外表和现象形态，还看不出内在的必然联系和本质。为了达到认识民族文献发展的内在的本质联系，必须进行科学的抽象，即对取得的直观资料进行理论分析。"经过思考作用，将丰富的感性材料加以去粗取精，去伪存真、由此及彼、由表及里的改造制作的功夫，造成概念和理论的系统"②。从直观达到抽象的思维，形成理论，再使抽象思维，即抽象出来的理论回到实践中去，用于指导实践，并受实践的检验。通过实践的检验还会修正、丰富和发展民族文献理论。坚持这样的认识真理、认识客观实在的辩证途径，就会使民族文献学具有强大的生命力。

（3）运用共性与个性统一的分析方法

任何事物既有共性又有个性，是二者的统一体。民族文献同样是共性和个性的统一。"这一共性个性，绝对相对的道理，是关于事物矛盾的问题的精髓，不懂得它，就等于抛弃了辩证法"③。因此，研究民族文献事业发展问题必须坚持运用共性与个性统一的分析方法。

我国是一个多民族的国家。在长期的历史发展过程中，各民族共同为祖国创造了光辉灿烂的历史文化。我们从各民族的文化中，都能察觉出民族间文化的相互吸收与交融的现象。这种彼此的交融，无疑是推动各民族文化发展的一个重要因素。同时，文化发展的历史也告诉我们，各民族的文化在相互吸收交融的同时，又均保持着各自的传统特点。从而，也就使我们祖国的文化丰富多彩。民族文献作为保存民族文化和体现民族心理素质的最重要的宝贵财富，除具有一般文献的特点外，又具有不同的特点。这些特点主要表现在内容特点、表述特点和运动特点3个方面。因此，我们研究民族文献必须应用共性与个性统一的分析方法，既要看到其共性，又要重视其个性，在共性与个性的统一中探讨其运动规律，既要找出一般规律的特殊表现形式，又要揭示其特殊规律，得出符合民族文献事业发展实际的科学结论，那种以一般、共性否定特殊、个性，或者以特殊、个性否定一般、共性的做法，都是片面的。

（4）进行比较分析

比较，从逻辑思维来说，是确定事物同一关系的思维过程和方法。比较，作为人类认识客观事物的基本方法，有独特的认识功能。世界上的事物是普遍联系而又互不相同的。人类社会的历史发展是共同性和多样性的统一。对比地研究事物，把握事物在不同条件下的不同发展和形态差异，可以更深刻地认识事物的性质和规律。恩格斯在研究政治经济学、批判资产阶级经济学时，就强调了比较分析方法。他在《反杜林论》中曾经指出，对资产阶级经济学全面地进行批判，只知道资本主义的生产、交换和分配的形式是不够的。对于发生在这

---

① 列宁.黑格尔《逻辑学》一书摘要［M］//列宁.列宁全集北京：人民出版社，1959:181.
② 毛泽东.毛泽东选集（第1卷）［M］.北京：人民出版社，1967:280.
③ 毛泽东.毛泽东选集（第1卷）［M］.北京：人民出版社，1967:308.

些形式之前的那些形式,或者在比较不发达的国家内和这些形式同时并存的那些形式,"同样必须加以研究和比较,至少是概括地加以研究和比较"①。研究民族文献事业的发展也应该用比较分析方法。

比较分析,可以进行纵向比较分析和横向比较分析。

纵向比较分析就是对民族文献的不同发展阶段进行比较分析,掌握民族文献在不同发展时期的特殊性、差异性和共同点,全面地认识其发展特点和规律。其具体做法是把民族文献纵向发展的历史分成不同的层次结构,整理出各个层次的不同点和共同点,并把民族文献纵向发展过程作为一个有机整体来考察,从整体与部分(层次结构)相互联系、相互作用的关系中揭示民族文献的特征和运动规律。把握好历史发展的进程,从中总结经验教训。同时,还要认准各地区、各民族很不一致的现代化起点,根据民族文献事业建设的现有条件设计发展的蓝图。

横向比较分析,就是对并行的不同地区、国家的民族文献事业进行比较分析。通过这种分析更深入了解各民族文献的不同特点、长处和短处,使各民族根据各自的特点,吸收和借鉴别的地区和国家的先进经验和技术,取长补短,促进民族文献事业的共同发展。

科学的认识论告诉我们,人类社会中的各种事物由于内部的条件制约以及外部作用的影响,而显示出它无穷无尽的差异。分析一种社会问题,一个国家,要把问题提到一定的历史范围之内,要充分认识到该国的具体特点。研究民族文献也是一样,不仅要充分考虑到中国的特色,而且要考虑到少数民族地区的地方特色和民族特点。在此基础上通过横向比较和纵向比较,才能更清楚地认识到民族文献发展的实情,以及全国、全世界文献发展的趋向,以立足于民族地区的区情,把握时代跳动的脉搏,从而科学地制定发展目标。

(5)从民族文献的特色和优势上寻找突破口,树立群体意识,走协作攻关的道路

进行民族文献学研究的关键,是充分体现民族文献的特色优势,以特色和优势取胜,扬长避短,在特色和优势方面产生突破,这是在当今竞争与抗衡时代开展民族文献学研究的策略问题。

随着时代的进步和科学的发展,科学研究工作的社会化势在必行,高效率、高效益使得群体合作愈来愈为人们所重视。民族文献学作为涉及领域广,研究内容丰富的一门学科,其研究视野不断扩大,专业分工越来越深入精细,新的课题将层出不穷。这些在深度和广度上都不能同以往的课题研究相比,要求研究者不仅要具备专业知识和专业基本功,而且还需要具备广博的民族知识和较强的学术综合能力。与之相应,民族文献学研究工作的成效也将更多地取决于民族文献学研究者之间能否组成合理的多学科的知识结构和能力结构,彼此之间能否建立起良好的学术合作关系和气氛,所以,我们必须打破那种研究者之间自我封闭、彼此隔断的状态,加强群体合作,走协作攻关的道路。

参考文献

1　包和平,许斌. 中国民族文献学研究[M]. 北京:中国华侨出版社,1998.

2　李晓菲. 中国民族文献检索[M]. 赤峰:内蒙古科学技术出版社,1998.

3　包和平,许斌. 中国民族图书馆理论与实践[M]. 北京:中国华侨出版社,1996.

---

① 马克思,恩格斯. 马克思恩格斯选集(第1卷)[M]. 北京:人民出版社,1953:190.

4　包和平,许斌.关于民族文献学研究的几个问题[J].图书馆学研究,1989(4).

5　吕桂珍.民族文献研究述评[J].西藏民族学院学报,2000(3).

6　包和平.民族文献学研究浅议[J].古籍整理研究学刊,2001(6).

7　李杰,蔡璟.民族文献界定管见[J].民族研究,1993(1).

8　陈奇志.关于西部少数民族文献资源数据库建设的思考[J].情报资料工作,2001(5).

（原载《情报资料工作》2002 年第 2 期）

论民族文献的开发利用*

我国各民族都有极其丰富、极其珍贵的有自己民族特点和风格的文化遗产,这些民族文献是祖国历史文化遗产的重要组成部分。开发利用这些民族文献,不仅对繁荣民族文化事业和建设社会主义精神文明有积极作用,而且对国家的统一和国内各民族的团结,也具有重大的现实意义。

民族文献是反映少数民族过去和现在的有关政治、经济、文化教育、风俗民情、山川形势、民族迁徙、地理沿革、天文气象、地质矿藏、城郭郊野等方面具有保存和实用价值的各种文字、图表、声像等不同形式的文献,其内容是人们认识世界和改造世界活动的记录和反映。

信息作为一种战略资源已被人们所公认,而民族文献信息是信息的一种,当然它也是一种资源。随着新技术革命的到来,民族文献信息的这种重要价值将会越来越被人们所认识,保护和开发民族文献信息资源已成为图书情报部门的一项重要工作内容。

随着我国少数民族地区现代化建设和改革开放事业的蓬勃发展,我国民族图书情报界文献资源协调已出现新局面。不少学者和民族文献工作者从理论上、学术上就如何合理地布局和有效地开发利用民族文献资源进行了大量系列化的研究和探讨,并在实践上取得了可喜的成果。但是,目前由于组织领导、指导思想、活动内容和方法上还不能摆脱旧的管理体制和传统观念的束缚,不能完全打破民族文献收藏部门各自为政、互不往来、信息不灵的格局,因而影响了民族文献有效地开发和利用。为了尽快改变这种状况,全面开发利用民族文献,我们提出了以下几点设想和对策。

1. 加强宣传报道,改进服务方式

宣传报道是读者与图书馆及藏书联系的纽带。宣传报道工作是否成功,直接影响民族文献的利用。应针对现实,着重宣传民族文献的历史意义和现实意义,介绍服务工作,推荐阅览书目,举办专题展览,便于引起读者的浓厚兴趣和利用馆藏的强烈愿望。宣传报道的最终目的是扩大图书馆及其藏书的影响,吸引尽可能多的读者,而高水平地服务于读者,则是图书情报部门一切任务的出发点和归宿,也是衡量其藏书有效利用的主要标准。

应变被动为主动,不再坐等读者上门,而应通过各种方式与读者建立广泛联系,逐步形成利用民族文献的基本读者群。建立一套需要而完备的读者卡,以便了解读者要求,分析阅览规律,预测发展趋势。应采用复向服务方式,既认真做好流通,又随时注意效果反馈,还可通过举办馆藏报告会和读书会的方式,寻求与读者的共鸣,从而为每一个读者提供尽可能便利的多方位服务。

---

* 该篇文章与王学艳合作。

2. 在现有馆藏资源的基础上,建立特色民族文献藏书体系

馆藏质量是提高藏书利用率的前提条件。民族文献代表着我国少数民族政治、经济和文化等方面的文明成果,不仅是我们国家的宝贵财富,也是全人类文化的重要组成部分。年代愈久,数量愈少,愈显得珍贵。我们必须保证民族文献的安全,使其随时处于提供利用的最佳状态。在保证现有馆藏完好的基础上,还应不断补充缺藏,调整结构,使藏书日趋完善。

(1)对民族文献进行深入细致的调查

这是我们目前急于要做的工作。特别是民族古籍的调查,不仅要有数量和种类方面的准确数据,还必须分析结构成分、学科分布和收藏范围。同时,应利用各种目录和相关资料,全面了解同民族文献收藏的地区、单位、种类、数量乃至研究利用成果等,在此基础上,建立各馆藏目录,进行比较分析。一方面据此确定今后收集的指导方针、途径和具体方法,同时也为读者提供查询线索。

(2)要做好馆藏民族文献的补充工作

馆藏补充的具体方式除常用的采购、征集、接受捐赠和照相复制等以外,还应采取以下几种方式:

对珍贵民族文献应提倡多余复本的交换,以开拓书源,调整馆藏。北京图书馆已开始普通古籍复本交换工作,并取得了意想不到的收获。我们应该借鉴这一经验,广泛开展复本交换工作,互通有无,达到资源共享。

民族文献工作者还应深入民间、召庙、古旧书店、书摊等收集民族文献。这方面云南、贵州、内蒙古等省、区做了不少工作。如楚雄彝族自治州在 1980 年全国彝族文字工作会议以后,从民间搜集到彝文古籍就有 300 多部,呼盟莫力达瓦达斡尔族自治旗图书馆搜集、整理、保存民族文献 800 多册,逐步形成内蒙古保存达斡尔族文化遗产和开发利用中心。

加强对零散民族文献的编辑与制作。由于民族文献的特殊性,有大量的民族文献信息分散在正史、丛书、文集和各类文献之中。如正史《史记》《后汉书》《三国志》《魏书》《宋书》《新五代史》,以及《元史》《清史稿》都有有关少数民族的记载,将这些分散的民族文献信息集中起来,并按专题加以编辑、复制加工,装订成册,系统入藏,这种民族文献专题资料汇编除包括资料原文外,还应包括采访、编辑人员撰写的编辑说明,并考虑公开发表和出版。

3. 合理布局民族文献资源,实现馆际协作与共享

由于科技的飞速发展,民族文献的增多,读者需求的广泛,任何一个单个馆是无法独立满足客观需求的,这就迫使图书情报等部门不得不走协作的道路。

然而,目前我国图书情报部门民族文献资源建设的格局属于纵向型,缺乏全国一盘棋的统一领导。各系统按照自己的模式分别进行本单位的建设。这种各自为政、分散盲目式的经营,使民族文献布局严重脱离实际而向两极分化:大城市大型馆的民族文献愈来愈多,小城市、基层馆则"每况愈下","贫富"相当悬殊。以内蒙古自治区蒙古文文献布局为例:《内蒙古文献资源调查工作综录》统计,内蒙古图书馆藏蒙古文文献 4.9 万册,内蒙古大学图书馆 3.4 万册,内蒙古师范大学图书馆 8.3 万册,内蒙古农牧学院图书馆 0.4 万册,内蒙古社会科学院图书馆 3.1 万册。呼和浩特市地区共藏蒙古文文献 20.1 万余册,收藏量占全区总藏书量的 74%。由于文献布局的缺陷,反映在民族文献资源开发与利用上则是:基层图书情

报单位无必需的民族文献可以开发，甚至无资源可以开发，广大读者处于"饥饿""半饥饿"状态，而大城市各类型大馆的民族文献却闭在架上，造成浪费。这就是民族文献资源布局盲目发展给自身带来的恶果。

我们认为要使民族文献资源合理布局、协作与共享需要做如下几点：

（1）建立我国民族文献保障体系。把全国民族文献资源建设作为一个系统工程，在全国大系统总体最优文献资源增长的前提下，结合我国少数民族地区大杂居、小聚居的特点，规划区域的民族文献资源建设，寻求制订区域民族地区少数民族经济、社会协调发展的总体规划方案，结合发展前景，组成多层次、多学科、多方面人才的文献资源建设班子，来建立一个较完整、系统而又符合中国国情的民族文献资源体系。

首先以地理因素为主，建立本地区、本民族、本部门各自不同的民族文献收藏中心和开发中心。在此基础上，通过中央、地区、基层三级藏书，把科研、高校、公共三大系统图书馆建成纵横交错的民族文献网络。其步骤为：先可在中国民族图书馆和自治区、各民族地区图书馆建立民族文献的服务中心，形成公共图书馆的民族文献网络。同时，各民族院校、科研部门要根据所处的地域、所设的学科和专业，建立民族文献的资料中心和学科中心，以形成民族院校、科研部门之间的联系，建立相互开放、互相协作、紧密联系、资源共享的跨系统、跨地区的中国民族文献开发利用协调组织。在这一协调组织领导下，协调全国各大系统民族文献的采访，合理使用有限的财力，使各馆之间的主要民族文献形成一个完整的体系。

（2）加强与非少数民族图书情报部门的联系。除少数民族地区外，我国大约有1000万少数民族人口散居在全国各大省、市的大小城镇和乡村，各少数民族在经济、政治和文化生活方面，不仅相互影响，而且都和汉族有着密切的联系。许多非少数民族图书情报部门也部分地收藏民族文献。比如我国的北京、沈阳、台北是我国三大满文宝库。因此，各民族地区图书情报部门要加强与国家图书馆，各省、市公共图书馆系统，中国科学院图书馆系统，全国高校图书馆系统的联系。除此以外，还要与民族地区档案馆、博物馆、文物所等建立广泛联系，互通有无，达到资源共享。

（3）要在边远少数民族地区大力兴办科学技术信息中心。进行乡村图书馆室的建设、大量订购民族文献，引导他们利用信息，开阔眼界，发展农副产品加工业、养殖业，兴办乡镇企业，以科技、信息推动农业更上一个台阶，这是发展我国少数民族农业的必由之路，同时对全国民族文献资源建设要采取国家、集体、个人同参与的办法，加快发展民族文献资源建设，为信息开发、满足社会需求奠定物质基础。

4. 实现民族文献检索现代化和信息一体化管理

（1）改变传统著录方式，实施标准化规则，力求使民族文献著录规范统一，逐步实现利用计算机编目和目录制作的自动化。

没有标准化就没有了专业化，就没有高速度和高质量。标准化是实现图书情报自动化和现代化的基本前提和技术条件，也是图书情报部门科学化管理的重要组成部分。我国有关民族文献标准著录问题正在研究探讨之中，其中有一些少数民族文字文献著录标准已经制定出来，如《蒙古文文献著录规则》为民族文献著录标准化带来了曙光。民族文献著录标准化是一个新的课题，要研究的问题很多，现在仅仅是小小的开端，还有待于在实践中不断深入完善，最终达到民族文献工作的全面标准化，为实现计算机管理创造必要的条件。

（2）完善现有民族文献书名、著者和分类目录组织形式,提高文献揭示的深度和广度,实现现代化的检索手段和检索的多途径。

民族文献一直采用的书名、著者和分类的目录形式已不能完全满足日益广泛的需求。我们应在揭示民族文献的深度和广度上下功夫,进一步开展主题、专题和专科等多种目录形式。实践证明了主题目录不受学科体系限制,有利于对民族文献的进一步揭示,也便于集中研究同一主题的全部民族文献,同读者需求相一致。它代表着文献目录的一大发展趋势。因民族文献主题目录的关键是必须有适合民族文献特点的主题词表,可以借鉴、参考已有的《汉语主题词表》,组织专人进行研究,提出可行方案。对一些学术价值较高或者读者感兴趣的藏书,可以编制更为方便适用的专题和专科目录或索引、文摘等。

5. 开展民族文献学研究,促进民族文献工作发展

开展民族文献学研究的根本宗旨就是促进民族文献工作发展。因此,民族文献学研究要坚持民族文献学的理论体系和自身主体建设。在研究中,要深入分析研究民族文献形成与发展的历史,看到各类型民族文献的特性及其发展规律,同时也要看到民族文献工作发展缓慢的"症结",紧密结合民族文献工作实绩,发挥优势,积极合理地吸收现代科学技术,全面系统地开展研究。在研究的方式上,应提倡应用系统工程原理,组织力量协助攻关,逐步建立起具有民族特色的民族文献学体系。

随着时代的进步和科学的发展,科学研究的社会化势在必行。高效率、高效益要求使得群体合作愈来愈为人们所重视。民族文献学作为涉及领域广、研究内容丰富的一门学科,其研究视野将不断扩大,专业分工越深入精细,新的课题将随之层出不穷。这些在深度和广度上都不能同以往的课题研究相比,要求研究者不仅要具备专业知识和专业基本功,而且还需要具备广博的知识和较强的学术综合能力。与之相应,民族文献学研究工作的成效,也将更多地取决于民族文献研究者之间是否组成合理的多学科的知识结构和智力结构,彼此之间能否建立起良好的学术合作关系和气氛。所以,必须打破那种研究者之间自我封闭、彼此隔断的状态,加强群体合作,走协作攻关的道路。近年来,不少学者采用多学科的知识与方法研究民族文献学,取得了较大的成绩和宝贵的经验,为建立多学科结合的民族文献研究体系提供了条件。但是,从整体上看,仍然是自发地进行,孤军作战者多,联合作战的少;观望者多,支持者少。没有制订一系列的研究规划与统筹安排,也没有有组织、有计划、有领导地进行战役性的攻关,而是各自为战、零敲碎打,势必造成研究课题、研究成果的支离破碎。为了使多学科结合民族文献研究有组织、有计划地进行,必须把它当作民族文献学研究发展的重要战略问题来抓,建立全国性或地区性的多学科结合的民族文献研究组织,逐步形成全国性的研究网络。该组织对全国多学科结合的民族文献研究进行规划、安排与协调,并对某些课题组织力量共同攻关,带来突破性进展。

6. 建立高水平的民族文献资源开发队伍

开发文献资源,关键是人才。民族文献内容丰富,卷帙浩繁,没有一支具有较强的信息意识,敏锐的判断力、丰富学识的民族文献开发队伍,民族文献资源的有效开发将只能是美好的幻想。我国当前以图书、情报、档案为主体的民族文献开发队伍,尽管各有侧重但实质都是民族文献信息的整理加工工作。从整体上看,民族文献信息开发人员知识面窄,信息意

识不强、知识结构不合理,从而不能有效地开发民族文献资源,为此要有计划地建立一支高水平的民族文献信息开发队伍。

民族文献工作是一项专业性很强,涉及多学科知识的学术性、服务性工作。要求每个工作人员除具备一般图书情报知识外,还必须在科学技术知识、民族语言文字方面有一定造诣,还应努力掌握电子计算机等现代化技术手段。只有这样才能适应民族文献开发趋势,也只有如此高水平的队伍,方能准确揭示民族文献信息,进行目录、索引、文摘、综述等信息加工工作,才能多主题、多途径、全方位地满足读者对民族文献信息广、快、精、准的需求特点,提供系统化的服务。对当前的民族文献信息开发人员,进行知识的更新与扩展的培训。同时积极推行理论教育的信息渗透,在各层次教育机构中开设民族文献信息有关课程,特别是大学生、研究生应加强民族文献信息知识的教育,从而建成一支适合我国民族文献信息业发展的队伍。

参考文献

1 李杰.我国民族文献及其建设[J].图书馆,1992(5).

2 吴棠.开发民族文献资源为弘扬民族文化和科学研究服务[J].图书情报工作,1992(6).

3 包和平.民族古籍的作用及其开发[J].图书馆杂志,1992(1).

4 包和平.西部开发与民族文献情报资源开发利用[J].情报杂志,2001(3).

5 包和平.我国民族文献资源建设及其开发利用的未来展望[J].大连民族学院学报,2000(4).

6 包和平.我国民族文字文献工作的现代化[J].图书与情报,2000(3).

(原载《图书馆学研究》2002 年第 2 期)

国外对中国少数民族文献的收藏与研究概述*

1. 藏文文献的收藏与研究

从 17 世纪 20 年代开始到 20 世纪 60 年代,先后有欧洲天主教教士、匈牙利学者乔玛、英国驻尼泊尔代办何德逊、英印政府雇佣的印度文人达斯(S. C. Das)、英国的斯坦因(A. Stein)、法国的伯希和(P. Pelliot)以及俄国、德国、日本、瑞典等国的帝国主义分子从我国劫掠走了大批藏文资料。其在国外的收藏情况大致如下:英国伦敦大英博物馆藏敦煌藏文文献约 5000 卷,法国国立图书馆藏 2500 卷,匈牙利仅乔玛个人就收藏 38 种,俄国马洛夫收藏藏文木牍 6 支,俄国还收藏有敦煌及新疆古藏文文献约 1000 多件。捷克东方学研究所图书馆藏 65 种(不含《甘珠尔》和《丹珠尔》在内)、日本仅东洋文库就藏有数百种(日本大正大学、大谷大学等图书馆都有收藏,但具体数字不详)。20 世纪 50、60 年代,印度藏有从我国流失的藏文文献 44 000 余册。

目前,除上述英国、法国、日、俄、捷克、匈牙利等国家大大增加了收藏的数量外,藏有藏文文献的国家和地区还主要有:印度、美国、德国、意大利、丹麦、奥地利、比利时、荷兰、挪威、瑞典、波兰、新加坡、加拿大、澳大利亚、尼泊尔、锡金、缅甸、克什米尔、蒙古国。

西方人知道西藏始于 17 世纪,他们着手研究藏学也是从那时开始的。其中较著名的研究者是匈牙利人乔玛。他在 1834 年编著了《藏英词典》和《藏文文法》,其后也撰写了有关介绍《甘珠尔》《丹珠尔》的论文。在他之后,德国、法国、英国、意大利、俄罗斯、日本、美国等国的研究成果也不断出现。例如西藏僧人多罗那他的《印度佛教史》于 19 世纪中叶即被译成俄文、德文,布敦的《佛教史大宝藏论》后来也被译成英文。在这个时期,法国的巴黎大学开始设立了中国以外的第一个西藏教学中心,意大利的图齐先后 8 次到过西藏,撰专著十几部,论文近百篇。另外,还有被称为西藏古代史研究新阶段界碑的《敦煌文书中之吐蕃史料》(法国巴考、英国托马斯、法国杜散 1940—1946 年合译)、对古藏文木简和其他文书写卷译释的《新疆的藏文史料》(英国托马斯 1935 年编),以及吐蕃时期重要古文献《巴协》校订本的出版(1961 年法国石泰安校订)等。近 30 年来,国外的藏学研究队伍和研究范围日益扩大,研究成果也越来越多。自 1976 年在匈牙利召开第一次国际研究西藏的专家学术会议以来,许多国家相继出现了藏学研究中心,藏学逐步形成为国际性学科。

2. 蒙古文文献的收藏与研究

蒙古文文献产生于 13 世纪上半叶。先有回鹘蒙古文(1225 年),后有八思巴蒙古文(1269 年),1648 年后又有了托忒蒙古文。3 种蒙古文都有大量文献传世,而且在国外流传也非常广泛。世界上许多国家和地区都藏有蒙古文文献,除我国藏书量居首位之外,蒙古国

---

* 该篇文章与王学艳合作。

和苏联也是蒙古文文献藏书最多的国家。其他国家的藏书量也相当可观,前联邦德国有手抄本和木刻本 672 件,丹麦首都哥本哈根皇家图书馆蒙文馆藏书达 560 件,美国芝加哥远东图书馆劳费尔文库藏有藏传佛教经卷木刻本 72 本,华盛顿国会图书馆有手抄本和木刻本 81 件,哈佛大学图书馆、耶鲁大学图书馆和纽约大都市图书馆都藏有蒙古文文献,法国巴黎国家图书馆藏有木刻本 165 件,巴黎法兰西研究院藏有手抄本和木刻本 40 件,巴黎盖伊麦特博物馆收藏木刻本 3 本,英国伦敦东方和非洲研究院藏有木刻本 34 本,剑桥大学图书馆馆藏藏传佛教经卷 35 件,瑞典首都斯德哥尔摩民族博物馆藏有手抄本和木刻本 126 本,芬兰赫尔辛大学图书馆和芬兰——乌戈尔学会藏有手抄本和木刻本 105 本,比利时首都布鲁塞尔藏有手抄本和铅印本 23 本,挪威奥斯陆大学图书馆藏有 10 本,梵蒂冈教廷国家秘密档案库藏有 13 世纪伊儿汗国外文文书 3 件。

在国外,随着蒙古学研究的发展,许多国家都设立了蒙古学研究机构,在蒙古学方面取得很多研究成果,并有许多珍贵的蒙古文文献都被译成外文出版。比如国外对《蒙古秘史》的研究就有 100 多年的历史。《蒙古秘史》已在日本、俄国、德国、法国、英国、捷克、芬兰、匈牙利、土耳其、哈萨克斯坦等国翻译出版,在这些国家的《蒙古秘史》研究领域已涌现出海涅什、伯希和、库赞、李盖提、那阿通世、山林高四郎、小泽重男等著名学者。除此之外,还有美国的柯立甫、比利时的田清波、澳大利亚的拉哈立兹、蒙古的策·达木丁苏荣、舍·嘎丹巴、达·策仁曹德那木等学者。又如《格斯尔》问世以来,引起国外学者的极大兴趣,先后被译成俄、英、法、德、日、印度文等多种文字,广泛流传于国外。同时有许多学者从不同的角度对《格斯尔》进行研究和探讨。如俄国的雅·伊·施密特、法国的阿·斯提思、德国的海西希等。

3. 满文文献的收藏与研究

满文文献从满文创制起(1599 年)至清末年止(1911 年),其间经历了 300 多年。在这期间,产生了大量的满文文献,仅中国第一历史档案馆所藏满文文献就有 150 万件左右。北京、沈阳、台北是我国的三大满文文献宝库。由于历史变迁等举世周知并令人难以忘却的原因,我国珍贵满文文献还流散于世界各地。在国外收藏情况大致如下:日本京都大学人文科学研究所图书馆收藏满族镶红旗文书(雍正至清末)2402 函,日本东洋文库收藏有近百种。此外,东京帝国大学也有部分收藏。俄罗斯国立列宁格勒大学高尔基科学图书馆东方部,东方学研究所列宁格勒分所手稿部,国立 M. E. 萨尔蒂科夫—谢德林公共图书馆手稿部和彼得堡图书馆等处都藏有满文文献。美国国会图书馆藏有满文文献 8916 册,此外,芝加哥大学图书馆、哥伦比亚大学图书馆也有部分收藏。英国大英图书馆、伦敦大学的东方和非洲学院、印度省图书馆的文书馆、日本国立公文书馆、英国海外圣书协会、皇家地理学会等均收藏有满文文献。此外,法国也有部分收藏。

沙皇俄国从 18 世纪中叶起就已开始研究满文文献。十月革命后,1936 年苏联科学院东方研究所组成了满学家小组,广泛开展满学研究,其代表人物有潘克拉托夫、热勃罗夫斯基、格列宾希科夫、切列米索夫、迪雷科夫、扎哈罗夫、戈尔斯基等。日本学术界极重视满文文献的研究,其代表人物有内藤次郎、藤冈胜二、鸳渊一、今西春铁、松村润、冈田英弘、石桥秀雄氏、绅田信夫等。美英等国也越来越重视满学研究,其代表人物有美国的 J. 诺尔曼、英国的塞门、涅尔逊等。

4. 维吾尔文文献的收藏与研究

维吾尔族曾经使用过回鹘文、突厥文、察合台文等。19世纪末和20世纪初,俄国、德国、法国、英国、日本、瑞典、芬兰、丹麦等国的探险队纷至沓入新疆(包括敦煌)这块古文化的宝地,数万卷古文献流落异邦。在国外收藏情况大致如下:原东德科学院历史与考古中央研究所、原西德国立普鲁士文化藏品图书馆东方部、西柏林印度艺术博物馆、美英兹科学院图书馆、慕尼黑人种学博物馆等均有收藏,其中柏林至少藏有90多件回鹘文世俗文书。俄罗斯科学院东方学研究所的回鹘文世俗文书约有50件,列宁格勒亚洲人民学院藏有7件回鹘文世俗文书照片,俄罗斯圣彼得堡东方学博物馆藏有回鹘文木活字约10万枚。法国亚洲学会图书馆藏有突厥文—粟特文—汉文三语《九姓回纥可汗碑》残碑;法国国立图书馆东方文献部藏有二行突厥文残片,回鹘文手稿约408个编号,察合台文手抄本约60个编号,吐蕃文回鹘语文献1件;法国国立亚洲艺术吉美博物馆现藏有大型回鹘文《大唐大慈恩寺三藏法师传》100多叶200多面,回鹘文木活字940枚;法兰西学院图书馆藏有62种察合台语写本。瑞典隆德大学图书馆藏有察合台语文献约900种,瑞典民族学博物馆藏有41件约50页的回鹘文写本,瑞典乌普萨拉大学图书馆里也收藏有察合台语文献(总数不详)。土耳其伊斯坦布尔大学藏有约20件回鹘文文献。英国图书馆和大英博物馆现藏有突厥文、回鹘文文献约60—70件,察合台文献10种写本,英国印度事务部图书馆收藏有29种写本。芬兰赫尔辛基大学图书馆藏有回鹘文文献约70件,此外还有察合台文手稿。日本龙谷大学图书馆藏有约2758件。

早在17世纪末,国外学者就对古代突厥文碑铭进行研究,直到1893年才由丹麦著名语言学家V·汤姆森解读成功。1894年俄国拉德洛夫发表了《阙特勤碑》和《毗伽可汗碑》的拉丁字母和斯拉夫字母转写及德语译文。自此以后,近一个世纪以来,随着新材料的不断发现,各国学者对古代突厥文碑铭文献的研究更加深入、全面,发表和出版了数以千计的论著。内容包括语言、文字、文学、历史、地理、民俗、宗教、艺术、文化等各个领域。世界各国研究回鹘文文献的热潮是随着19世纪末20世纪初新疆南部和甘肃敦煌等地大量用回鹘文字写成的各种内容文献的出土而开始的。近一个世纪以来,各国学术研究刊布了数以千计的回鹘文文献,其中代表人物有法国米勒、冯加班、勒柯克,俄国拉德洛夫、马洛夫、吐古舍娃,土耳其拉赫马提,日本山田信夫、庄垣内正弘等。察合台文献历来是世界各国突厥学家、中亚学者研究的重点之一。俄罗斯、土耳其、德国、法国、英国、美国、日本的学者整理、刊布了大量的察合台文献。其代表人物有日本的间野英二、滨田正美,法国的巴克—格拉蒙、英国的K.格伦贝赫,芬兰的哈伦等。

5. 彝文文献的收藏与研究

近代,自西方殖民主义者的大炮打开了中国封建王朝的大门后,随着一系列不平等条约的签订,列强们打着"旅游""探险""科学考察""传教"和"兴办慈善事业"的幌子,深入云、贵、川三省的广大彝族地区。他们除了广泛搜集彝族地区的政治、军事、经济情报以及掠夺物质财富外,还收集了大量的彝文文献。目前国外收藏彝文古籍的单位及其彝文文献收藏数量如下:法国巴黎东方语言学校藏有30册、法国巴黎东方博物馆藏书室藏有4册、法国巴黎天主教外国教会藏有20本、法国巴黎国立图书馆藏有17册、法国巴黎民族志博物馆藏有

2 册、英国伦敦不列颠博物馆藏有 8 册,其他还有安南河内法国远东学院、迷哇基博物馆、美国国会图书馆、日本京都大学文学部等也有收藏。

对彝族语言文字和彝文典籍的研究、出版,从公元 1852 年开始,法国人就首先把彝文《宇宙源流》译成法文,并在 1898 年用法文、彝文对照的形式出版了;1905 年又出版了法文与彝文对照的《法罗字典》,1909 年重印了第 2 版。其他还有英国布鲁豪尔的《坚固的堡垒》(1947 年)、美国弗兰克的《华南漫游记》(1964 年)、法国亨利·科尔迪埃的《倮倮的现实形态问题》(1907 年)、日本西田龙雄的《中国西南部的倮倮文字》(1980 年),等等。在众多编译研究彝文文献的外国人中,法国研究彝族语文和彝文典籍的论著,及用法文翻译彝文典籍的著作为数众多,其中成果最多的是法国传教士保禄·维亚尔(Pavl Vial),其代表作有《云南罗罗文字研究》《罗罗历史与宗教》《法罗词典》等。

6. 纳西文文献的收藏与研究

纳西文文献产生、存在于中国大地,但对它的学术性收藏却是首先由西方人开始的。1840 年鸦片战争之后,中国一天天沦为半殖民地半封建社会的国家,帝国主义列强开始肢解中国的山河,纳西族居住地因处在滇、川、藏三省交界处,战略地位十分重要,先后有法国、英国、美国、意大利、荷兰、德国等国家的传教士、探险家、军事人员、学者等对纳西族居住区的自然情况与社会情况进行考察,并发现了纳西文献的存在。他们用各种手段搜集到大量纳西文文献,使大量纳西文献流失海外。近十几年来,前来纳西族地区旅游、考察、探险、访问的西方人士众多,其中一些人士不惜用重金购买仍然残存于边境山村的东巴经典。据目前所知,流入西班牙和西方国家的就有 2000 多册。迄今为止,收藏于国外有关图书馆、博物馆、研究机构及个人手中的纳西文文献可以统计到 1 万余册。在国外收藏情况大致如下:美国哈佛大学燕京学院藏约 1000 册,美国国会图书馆藏 3038 册,美国赫伦梅勒(个人)藏约 4000 册,美国洛克赠送的私人收藏本约 25 册,英国芮兰兹图书馆藏约 150 册,英国林登民俗博物馆藏 15 册,英国印度事务局图书馆约 50 册,大英博物馆 91 册,英国曼彻斯特博物馆 1 册,法国吉梅特博物馆约 10 册,法国巴黎东方语言学院 25 册,德国国家图书馆 6 册,德国马尔堡国立图书馆 1115 册,德国柏林国立图书馆 2000 余册,荷兰莱顿收藏本约 10 册,西班牙个人收藏本 1000 余册。

国外研究纳西文文献的有法国人巴克(J. Bacot),著有《么些研究》(1913 年),美国人洛克(J. E. Rock)著有《纳西百科辞典》两卷(1962 年)。另有西德科隆大学印度东方学研究所主任雅纳特(Janert)教授,根据中德文化交流协定,来我国研究纳西族语言文字,已出版东巴经目录 5 册,又出版东巴经"祭风经"原文 5 卷。此外,日本也有一些学者研究纳西文文献,如白鸣芳郎教授主持的"中国大陆古文化研究会",于 1978 年出版了研究纳西族的特辑(共 8 集)。国外学者的这些研究,也为纳西文文献的繁荣发展,做出了贡献。

7. 西夏文、女真文、契丹文文献的收藏与研究

西夏文是公元 11 至 13 世纪党项族所建的大夏(西夏)国使用的文字。保存至今的西夏文文献种类繁多,就其数量和价值来讲,在传世的中国民族古文字文献中,都占据相当突出的地位。在国外收藏情况大致如下:俄国柯兹洛夫在黑水城所获西夏文献,现藏俄罗斯科学院东方学研究所圣彼得堡分所;英国斯坦因在黑水城所得西夏文献,现藏伦敦大英博物馆;

日本大谷探险队所获西夏文献,现藏日本天理图书馆;此外,在瑞典斯德哥尔摩民族博物馆也有一些收藏。

19世纪末以后,国外学者逐渐对繁复难解的西夏文字和语言进行摸索和探讨,20世纪20年代以后,随着各国研究人员的增多,研究资料的丰富,西夏文献的研究工作进展较快。到目前为止,最为全面的西夏文献学著作首推俄国捷连吉耶夫·卡坦斯基的《西夏国家的书籍事业》,而目录著作则以俄国戈尔巴乔娃和克恰诺夫的《西夏文写本和刊本》最为著名。在这部书中,作者著录了405种西夏文献,并为其中60种非佛教著作撰写了详细的提要,成为当前研究西夏文献最重要的工具书。

契丹文献指公元10世纪至12世纪间用契丹文字记录的材料。这批材料保存至今的很少,除少量碑铭、墓志和哀册外,纸书则一件没有。而且没有什么相关的字典可供研究参照,以致现存的成篇的契丹文献尚没有一篇被彻底解读。早在20世纪20年代,内蒙古地区昭乌达盟(今赤峰市)巴林右旗的辽庆陵被人盗掘,闻讯赶来的比利时传教士凯尔于1922年6月在此掘获辽兴宗和仁懿皇后哀册,并抄录了全部契丹文。次年,凯尔抄本公开发表。此后不断有新碑铭发现,半个多世纪以来,以中国、日本、俄罗斯三国学者为代表的契丹文字学界几乎尝试了所有的办法来解读契丹小字,例如山路广明曾利用汉字,村山七郎曾利用突厥字母,长田下树曾利用蒙古语,斯达里科夫曾利用字频统计法来研究,但他们的解读结论均不够科学,互相矛盾的地方很多。此外还有俄国的鲁多夫、达斯金、沙夫库诺夫,日本的爱宕松男、田村实造、小林行雄等。

女真文献指公元12世纪至15世纪间用女真文字记录的材料。女真文献存世很少,所幸有《女真译语》这部明代工具书的帮助,现存文献已获得初步解读,由此而引起的深入研究也在进行中。明代所编《女真译语》有数种抄本,多已散失国外,现在常用的《女真译语》是德国夏德藏本(后归柏林图书馆,因称柏林本)。传世女真字碑有九,其中《奴儿干永宁寺碑记》原在黑龙江北岸近海口的特林地方,今藏俄罗斯伯力博物馆。随着女真石刻相继被发现,日本、德国、法国、英国、俄罗斯、韩国、匈牙利、澳大利亚等都有学者从事专门研究,其中收集资料最全的著作则当属日本安马弥一郎的《女真文金石志稿》。

8. 佉卢文、焉耆—龟兹文、于阗文、粟特文文献的收藏与研究

19世纪末和20世纪初,大批外国殖民者和探险家相继来到我国新疆地区,通过考古发掘和向民间收购等方式得到了大量珍贵的文物和文献。这些文献中有4种属于当时讲印欧语系语言的民族,通称为佉卢文献、焉耆—龟兹文献、于阗文献和粟特文献,总件数在2000左右,其中记录了古代中亚地区的民族、政治、经济、宗教、语言诸方面的情况,具有极为重要的历史价值。不过,这些文献绝大多数都收藏在国外的图书馆和博物馆里。

在中国新疆发现的佉卢文献均为晚期文献,时代最晚的在公元4—5世纪之间,当时佉卢文在印度本土已趋消亡。今天保存下来的佉卢文献大都是外国殖民者和探险家在新疆发掘和收购所得,且都被携往国外,其中霍恩勒和斯坦因所获文献今藏英国伦敦,彼得洛夫斯基所获今藏俄国圣彼得堡,斯文赫定所获今藏瑞典斯德哥尔摩,亨廷顿所获今藏美国洛杉矶,伯希和所获今藏法国巴黎,橘瑞超所获今藏日本龙谷大学,格伦威德尔和勒柯克所获今藏德国柏林。在国外所藏的文献当中,以斯坦因在新疆的尼雅、安得悦和楼兰遗址所获最为引人注目,这批文献多达757件,已由波义耳、拉普森等合作转写刊布。

焉耆—龟兹文资料于 19 世纪末 20 世纪初在新疆相继被发现,今分藏德国、法国、英国、日本、印度、中国等国家。这些文献多数尚未刊布和整理,甚至连一个详细的目录都未见出版。由于学界对焉耆—龟兹文的研究兴趣仅在它所记录的语言,所以我们还难以找到令人满意的文献学论述,仅仅看到德国和法国藏品已多由西方学者整理刊布,其中一般附有拉丁文字的转写,一直被视为深入研究的基础。此外另有一些零星的文献释读文章,散见于欧洲各学术刊物上。

我国境内的于阗文献相继出土于 19 和 20 世纪之交,出土地点在今天新疆的和田、图木舒克、木头沟和甘肃的敦煌等地。主要文献均被外国探险者携走,其中伯希和所获文献今藏法国巴黎,霍恩勒和斯坦因所获今藏英国伦敦,斯文赫定所获今藏瑞典斯德哥尔摩,彼得洛夫斯基所获今藏俄国圣彼得堡,亨廷顿所获今藏美国的哈佛大学和耶鲁大学,橘瑞超所获今藏日本龙谷大学。此外,印度的新德里、加尔各答,德国的柏林、不莱梅等地也有收藏。有关于阗文献的研究著作主要有英国学者贝利的《于阗文献》《于阗佛教文献》和《于阗塞语词典》以及埃默里克的《于阗文献指南》等。

保存到今天的中国粟特文献都是 20 世纪初在新疆和甘肃找到的,多已被携往国外,其中斯坦因所获文献今藏英国伦敦,伯希和所获今藏法国巴黎,鄂登堡所获今藏俄罗斯圣彼得堡,格伦威德尔和勒柯克所获今藏德国柏林。对这些文献的转写和研究由本维尼斯特、西蒙斯·威廉斯、亨宁、乌茨等分头进行,其成果散见于欧洲各学术杂志上。

其他民族文献在国外也有一些收藏,但收藏量不多,研究也不够深入,限于篇幅,不一一介绍了。

参考文献

1　张公瑾.民族古文献概览[M].北京:民族出版社,1997.
2　中国民族古文字研究会.中国民族古文字研究[M].北京:中国社会科学出版社,1984.
3　中国民族古文字研究会.中国民族古文字[M].北京:中国民族古文字研究会,1982.
4　中国社会科学院民族研究所,国家民委文化司.中国少数民族文字[M].北京:中国藏学出版社,1992.
5　周月亮.中国古代文化传播史[M].北京:北京广播学院出版社,2001.
6　彭斐章.中国图书交流史[M].长沙:湖南教育出版社,1998.
7　杜泽逊.文献学概要[M].北京:中华书局,2001.
8　牛汝极.维吾尔古文字与古文献导论[M].乌鲁木齐:新疆人民出版社,1997.
9　李晓菲等.中国民族文献导读[M].沈阳:辽宁民族出版社,1995.
10　王远新.中国民族语言学史[M].北京:中央民族学院出版社,1993.
11　李晋有等.中国少数民族古籍论[M].成都:巴蜀书社,1997.
12　中央民大藏学系.藏学研究(第9集):汉、藏文[M].北京:民族出版社,1998.
13　朱崇光.彝族典籍文化研究[M].北京:中央民族大学出版社,1996.

(原载《情报杂志》2002 年第 6 期)

少数民族古籍的科学管理和开发利用[*]

我国是一个多民族国家,每个民族都有一部悠久的历史,每个民族都创造了自己灿烂的古代文化,古代典籍十分丰富。

1. 民族古籍的数量

我国的民族古籍内容丰富,文种多样,数量庞大,但由于民族古籍收藏分散,有些古籍尚未发现或尚无力整理等原因,对其数量进行统计相当困难,只能从有关文献记载和一些收藏出版情况中了解和估测。如藏族古籍,在西藏自治区各大寺院及档案部门存有古籍4.6万多函;甘肃省甘南州拉卜楞寺藏经卷6万多部;青海省塔尔寺除《甘珠尔》《丹珠尔》外,另有藏文古籍3341函,编为2.55万余条书目;四川省德格印经院保存的经版有21.55万块;青海省塔尔寺印经院保存3.4万多块经版,每块双面刻板,计4.3万多面,藏文档案300万卷;北京地区各单位收藏藏文典籍近2万函。傣族古籍,至明万历四十二年(1614年),傣族叙事长诗已发展到500多部;傣文古籍8.4万卷,其中《经卷》2.1万卷,《律经》2.1万卷,《论藏》4.2万卷。满文古籍仅档案一项就有150万件,其他文献约1000余种。彝文古籍近万种。蒙古文古籍1.7万余种。纳西族东巴经卷有1000余种,2万册。维吾尔文、哈萨克文古籍也非常丰富。此外,汉文古籍中也保留了大量与少数民族有关的文献,总数约在7000种左右。据记载,保留下来的民族古籍有30个文种。国家图书馆收藏的民族文字文献共有26个文种,10多万册件。其中文种繁多的民族古籍主要有藏文、蒙古文、八思巴文、西夏文、女真文、回鹘文、察合台文、东巴文、彝文、傣文,满文等10余个文种。一些没有民族文字的民族,也有大量研究他们的文献,可见民族古籍卷帙之浩繁。

2. 民族古籍的特点

(1)语言文种的多样性

我国少数民族在漫长的历史发展过程中,创造并使用多种文字,如蒙古族、藏族、维吾尔族满族、哈萨克族、柯尔克孜族、朝鲜族、彝族、傣族、拉祜族、景颇族、锡伯族、俄罗斯族、壮族等民族都有自己的文字,其中有的文字具有较长的历史,如藏文字创制于7世纪上半叶吐蕃赞普松赞干布时期;早在12世纪初,蒙古族就已熟练地应用回鹘蒙古文;彝文有2000—3000年的历史;维吾尔文有1200年的历史;壮族的方块字也有1000多年的历史。这些民族文字历史悠久,都有丰富的典籍传世。

(2)载体形态的复杂性

我国国土辽阔,疆域广大,少数民族大多生活在祖国的边陲。由于每个民族所处的地理位置不同,自然和社会生存环境不一,因而导致了文明程度和科学技术发展水平也不尽相

* 本文系国家社会科学基金资助课题《中国少数民族文献学概论》(00BTQ005)阶段性成果之一。

同,民族古籍载体形态因此呈现多样性,有图书、表谱、文件、手稿、档案等。有记录吐蕃时期典章制度、政治机构、经济体系、社会结构、民族关系等珍贵资料和远古传说等文学作品的敦煌写卷;有记载官方会盟、记功、述德、祭祀、颁赏、封诰的金石铭刻;有用铁笔刻在贝多罗树叶上的佛经贝叶经;有雕凿在岩壁上描绘先人生产生活壮观景致的崖画,等等。

(3)文献体裁的多样化

除史书、政书、天文历算书、宗教经典、土司世系、文牍档案等体裁的文献外,许多民族拥有特殊体裁的文献:如彝文古籍中的作斋经、作祭经、指路经、占卜书、福禄书、百解经,以及不同场合使用的歌书,如婚姻歌、酒礼歌、丧祭歌等。再以纳西族的东巴经为例,《东巴经》500多卷,700多万字,全部用象形字写成,对天文、历法、地理、历史、人文、医药、动物、植物、武器、服饰、饮食、生活、家庭形态、宗教信仰、民族关系、农业、畜牧业等均有记载,是了解纳西族古代社会的百科全书。

民族古籍体裁的多样性更充分地体现在文学作品上。几乎每个民族都有自己的创世神话,这些神话包括开天辟地、人类起源等。叙事长诗是民族文学的另一种体裁,各民族的叙事长诗歌颂了本民族的历史,歌颂了民族英雄、美好爱情和人间的真善美,故事、谚语、传说、祭词等体裁的文献都以不同的方式记录了一个民族文化历史的发展过程。

(4)文献分布的地域性

占全国人口总数8.04%的少数民族,居住在面积为64%的国土上,少数民族居住地域辽阔,不同地区的自然环境差异很大。地域的多样性导致了民族古籍的地域特点,这种地域文化的特点在民族古籍中随处可见。

民族古籍的地域性反映在文献的具体内容上,还体现在民族古籍的收藏上。如藏文古籍目前主要收藏于西藏、甘肃、青海等藏族聚居地的寺院,收藏地点相对集中。

收藏相对集中有利于文献的保存和管理,但由于地域之间的差异和闭塞,在民族地区经济条件较为落后的情况下,有碍于文献资料的共享和各民族文化的交流。

3. 民族古籍的科学管理

搞好民族古籍的管理工作,充分发掘各少数民族的古代文化典籍,做到古为今用,是民族文献情报部门的一项重要任务。

(1)做好民族古籍的收集工作

我国各少数民族在历史上官办的藏书楼比较匮乏。有些召庙、寺院、王府虽曾有过藏书,但由于连年的战争,游牧迁徙,召庙寺院塌毁,致使许多珍贵的民族古籍散落民间。深入民间、召庙、古旧书店、书摊搜集选购民族古籍,是图书馆搜集民族古籍的最有效途径。比如被内蒙古自治区图书馆视为镇库之宝的《甘珠尔》《丹珠尔》就是从召庙里请来的。

(2)实现民族古籍分类标准化

目前我国少数民族古籍分类很不统一,极不规范。有的沿用四库分类法,有的用新中国成立前所编的分类法,有的用自编民族古籍分类表,有的用新分类法,基本上各自为政,严重影响了民族古籍分类工作的标准化。笔者以为,除特殊情况外,民族古籍的分类还是采用标准分类法——《中国图书馆分类法》为宜。

(3)编目要符合民族古籍的特点和规律

民族古籍相对新书来说,著录比较复杂。在以往编制款目的过程中,大都没有针对具体民族古籍区别运用附加和分析方法,读者很难从概括、粗泛的目录中查找到所需资料。加之民族古籍内容庞杂、主题多样、书名晦涩、名实不符的特点,更增加了查找判断古籍内容的困难。在目录上,应根据每种民族古籍的具体情况,增加内容提要,分编人员应有区别地增加附加和分析款目,给读者检索提供方便。

(4)重视民族古籍的流通管理

民族古籍的流通和保管应设专人负责。民族古籍比较珍贵,由专人保管,容易培养管理责任心;由专人负责流通,能使工作人员熟悉它们,在工作中能够主动为读者提供,提高民族古籍流通率。

(5)完善民族古籍现代化管理,实现资源共享

一是利用计算机编制书目索引,为读者提供现代化的民族古籍目录检索手段,使读者可以快速查找所需资料;二是建立专题数据库,提高服务层次;三是走协作攻关的道路。各收藏部门可以联合将孤本、善本的原文用刻录方式制成光盘纳入数据库,共同开发利用,实现资源共享。

4. 民族古籍的开发利用

民族古籍资源的开发利用,主要是指在保存好、整理好浩如烟海的民族古籍的基础上,将具有研究参考价值或现实作用的史料揭示并提供出来,为社会发展和经济建设服务。民族古籍资源的开发利用必须以保存和整理好民族古籍为基础,有组织、有计划、有目的地进行。开发利用民族古籍是全社会的事情,没有图书馆同研究、出版等部门的协作配合,没有财力、人力的保障,同样不会收到实效。

按照社会需要,组织实际工作部门同民族古籍资料工作者相结合,选择确定专题,将散见于民族古籍的相同、相近或相关的论述汇集起来,加以编撰,或出版印行或制成卡片,使需要者一检即得,既方便又省时。

组织有关专家学者,对众多的民族古籍资料进行鉴定评估,对其中确有学术价值的进行翻译、校勘、标点、断句、注释等整理工作,重新出版。

有目的、有选择、有计划地编制各种不同的专题或专科的书目、索引和文摘。举凡山川、地理、人物、风情、事件、掌故、词语、物产等均可作为标目,充分发挥、揭示馆藏,提高读者使用民族古籍资料的利用率,降低拒借率。《全国蒙文古旧图书资料联合目录》《全国满文图书联合目录》《全国满文石刻目录》《北京现存彝族历史文献目录》《藏文典集类目录》《中国蒙古文古籍总目》等目录的相继问世,为编制各种不同的专题或专科的民族古籍书目、索引和文摘提供了方便。我们应该把握这一有利条件,开展更深层次的服务。

对可供使用、研究并具有参考价值的孤本,可影印出版,广泛扩散,使孤本不孤。比如中国民族图书馆复制出版的大部头民族古籍《八旗通志》一书,出版后很快销售一空,满足了用户的需要。

大力开展馆际互借和交流,提高民族古籍的利用率。搞好馆际互借和交流可以有效地打破封闭,实现资源共享。中国民族图书馆自 1983 年以来共开发汉文、蒙古文、藏文、维吾尔文、哈萨克文、朝鲜文、满文、彝文等 12 种文字的馆藏民族古籍 500 种,31.7 万册,提供给全国 19 个省、市、自治区的 500 多个单位使用,产生了良好社会效益和经济效益。

5. 建立完善的民族古籍整理体系

虽然历代都曾有人对民族古籍做过一些整理。但还很不够。为了抢救保护我国少数民族宝贵的文化遗产,有必要大力开展古籍整理工作。自 1983 年民族古籍整理工作走上正轨以来,在党和政府各有关部门的支持下,在各地同仁的共同努力下,全国已出版了 3000 多种民族古籍。但是,过去的民族古籍整理工作往往偏重民族古籍内容本身,如鉴别、标点、注释、校勘、编选、辑佚、出版等范围内。这是对民族古籍整理工作狭义的理解和做法。民族古籍整理工作的范围,还应更广泛得多,应该包括领导机构、工作体系、专业队伍、科学理论、搜集挖掘(包括收购、调查)、整理保护、技术设备等方面。目前,民族古籍整理工作应大力从广义范围来开展,具体说就是要建立一个完整的民族古籍整理体系,并着重解决以下几个方面的问题。

(1)建立强有力的民族古籍整理领导机构和有效的工作体系

党的十一届三中全会以后,民族古籍整理工作得到中央的大力支持。1983 年国家民委专门召开全国民族古籍整理规划会议,并建立了相应的机构。即使这样,仍然不够,要在这一总机构下,再设若干层次的工作体系来负责领导、规划和进行民族古籍整理的实际工作,只有这样,才能提高工作效率,多出成果。

(2)迅速培养一支民族古籍整理的专业队伍

目前我国民族古籍整理工作岗位上的在职人员,大多数是从其他方面转过来的业务干部或行政干部,其中有相当一部分是青年人,他们克服困难,开拓前进,取得了可喜成绩。但是就其业务素质来讲,与民族古籍整理工作的实际要求还不能完全适应,如何提高在职民族古籍整理干部的业务素质便成了迫切需要解决的重要问题。而且,从近几年的实际情况看,熟悉民族古文献的人减少了,能整修、保护民族古籍的技术人员则更少。因此,只注意培养熟悉民族语文、民族古籍、能整理民族古籍内容的古籍整理专业人员是不够的,还应从广义的范围来培养民族古籍整理专业人员。

现在应该对培养民族古籍整理专业队伍有一个整体计划,长期目标和应急措施相结合。所谓应急措施就是立即培训急需的民族古籍整理人员,具体包括:①发挥老专家(包括对民族古籍整修、保护有手艺专长的人员)的作用,抢救他们的专业知识。这部分人现在为数很少,并多在 60 岁以上,今后还会越来越少,如不及时抢救他们的知识、技术,努力培养后继力量,造成的损失将很难弥补。②合理使用现有民族古籍整理人员,并采取措施,调动他们的积极性,提高工作效率。③抽调一些有条件的人员来做一些民族古籍整理急需的工作。④挖掘潜力,扩大培训范围,一些有条件的地方,可办培训班,可以提倡个人带徒弟。

所谓长期目标就是通过民族古籍整理系统正规的教育培训、研究活动和实际工作来培养各层次的专业人员。首先,在文、史方面基础较好的综合性大学里以系、科配合形式建立学科交叉型的民族古籍专业。其次,鉴于民族古籍本身的学科属性,应采取基础宽厚、文理渗透的办法以多学科综合配置的方式设置科目,在此基础上,建立本科生、在职培训和研究生教育同步发展的教育机构。同时,将民族古籍专业建成为教学与科研相结合的实体。民族古籍专业与民族古籍整理、出版机构挂钩,建立稳固的教学与生产实习基地,用对口设学(科),以用求学的精神去做,达到学用一致。

（3）开展民族古籍整理研究，建立民族古籍整理学科体系

到目前为止，已有 24 个省、自治区、直辖市相继建立了民族古籍整理出版规划小组、古籍办公室、民族古籍研究所、民族古籍出版社及相应机构。研究内容包括民族古籍本身和如何使民族古籍在社会主义文化事业发展中发挥作用，以及民族古籍的整修、保护、保存的理论、技术和设备。特别是整修保护工作绝不能忽视。因为有许多民族古籍经历了几百年，甚至上千年，由于过去保护不好，老化、脆裂、虫蛀鼠咬，已濒于毁灭的边缘，必须及时抢救整修。

据有关材料介绍，美国国会图书馆通过化学处理，纸张脆裂的问题得到根本解决。其方法是在真空中把书烘干喷以二乙烷基锌，再恢复其温度，可使老化脆裂的书恢复原状，延长保存期 500 年，而且可以不断反复处理。毫无疑问，这些新技术的利用，应该是民族古籍整理研究的一项重要内容。

关于民族古籍的保存，排架也值得研究。过去的传统习惯都是用四合或者六合的布函套，这种办法费工费料，使用起来又很不方便，很有必要进行改进。

民族古籍的科学管理是一门新兴学科，需要研究的课题很多，它应该发展成一门专门的科学，有自己的理论、学科、技术、设备体系。这有待于有志之士继续去开拓创造。

参考文献

1　包和平，许斌. 中国民族文献学研究［M］. 北京：中国华侨出版社，1997.

2　刘雏英. 民族文献检索和利用［M］. 长春：吉林人民出版社，1999.

3　李晓菲. 中国民族文献检索［M］. 赤峰：内蒙古科学技术出版社，1998.

4　张公瑾等. 民族古籍概况［M］. 北京：民族出版社，1997.

5　吴枫. 中国古籍文献学［M］. 济南：齐鲁出版社，1982.

（原载《中国图书馆学报》2001 年第 1 期）

中国少数民族文字古籍及其书目概况

1. 我国少数民族文字概况

在漫长的历史发展过程中,我国少数民族创造并使用着多种文字。从文字历史来看,彝文有 2000—3000 年,藏文和傣文各有 1300 多年,维吾尔文有 1200 多年,蒙古文有 700 多年,壮族使用方块字也有 1000 多年的历史。有些民族的祖先曾使用过多种文字,现在已成为古文字的就有 20 多种。如佉卢文、焉耆—龟兹文、于阗文、粟特文、回鹘文、察哈台文、突厥文、西夏文、契丹文、女真文、回鹘式蒙古文、八思巴文、东巴文、古彝文、水书等。在保留下来的古文字文献中,有哲学、宗教、文学、法学、经济、天文、历法、医药、地理、农业、手工业等各方面的内容。这些文字虽然多数已不再使用,但却为我们研究各民族的历史发展、文化渊源与相互关系,提供了重要依据。

突厥文的创制和使用大约在公元 5 世纪左右,今存的古突厥文文献主要是碑铭。它们反映了东西突厥汗国、黠嘎斯人、漠北时期回纥汗国、高昌回鹘王国时代的历史、政治、宗教、社会生活等各方面的情况,比较有影响的有《阙特勤碑》《毗伽可汗碑》《九姓回鹘碑》等。

契丹文创制于 10 世纪初,分大小字两种。大字系采用汉字加以简化或增添笔画而成,小字是仿照回鹘文制成。契丹文文字材料湮没多年,于 1930 年才被发现,对其文字材料的解读,仍在进行之中。大字材料主要有《肖李忠墓志》《故太史铭石记》《耶律延宁墓志》《北大王基志》等碑铭。小字材料主要有《兴宗哀册》《仁懿皇后哀册》《道宗哀册》《宣懿皇后哀册》《许五墓志》《胡耶律氏铭石》《大金皇弟都统郎君记》《肖仲恭基志》等。

女真文字也有大小两种。金朝迁都中都之后,渐用汉字,到明朝中叶后,女真文字便弃置不用。现在女真文献主要有《女真进士题名碑》《大金得胜陀颂》《奴儿干永宁寺碑记》《海龙摩崖石刻》《奥屯良弼饯饮碑》《女真译语》等。

在南诏末期,白族民间就开始利用汉字记录白语,创造了一种用增损汉字笔画构成的白文,流行于元初。白文古代文献有《白古通》《玄峰年远志》《西南列国志》《杨公墓志》《赵公墓志》《山花碑》《段信苴宝舍幕住田纪事碑》等。

八思巴文是 13 世纪 60 年代忽必烈皇帝特命国师创制的,于至元六年(1269 年)颁诏推行于全国。后随着元朝的灭亡而逐渐被废弃。现已发现的八思巴字图书有《萨迦格言》蒙古语译本、八思巴字和汉字对照的《百家姓》、八思巴字和汉字对音的韵书《蒙古字韵》以及汇编多种语言文字资料的《译语》。此外还有碑刻、印章、牌符等八思巴字资料。

回鹘式蒙古文是公元 1204 年开始使用的,经元、明两代,到 17 世纪初发展成为两个支派。一支是现在通行于我国蒙古族大部分地区的蒙古文,一支是只在新疆蒙古族中使用的托忒文。回鹘式蒙古文文献原件传世者不多,今存回鹘式蒙古文文献有写本、刻本、碑铭、印文、符牌等几大类。较有影响的有:伊儿汗国诸王的官方文牍,汉蒙合璧《孝经》《八菩提行论疏》《也松格碑》《云南王藏经碑》等。

朝鲜族目前使用的朝鲜文是从 15 世纪朝鲜李朝世宗创制的训民正音发展演变而成的。"训民正音"创于公元 1443 年,1446 年正式颁布。现在正音文文献也很丰富,主要有《训民正音》《飞龙御天歌》《月印千江之曲》《东国正韵》《续三纲行实图》《训蒙字会》《东医宝鉴》《兵学指南》等,此外还有许多手稿和手抄文献。

佉卢文在古代曾使用于印度西北部、巴基斯坦、阿富汗、乌兹别克斯坦、塔吉克斯坦、土库曼斯坦以及我国新疆于阗、鄯善一带,所书写的资料年代最早者属公元前 3 世纪,最晚者属公元 4—5 世纪,所书写的语言属印度语系的西北俗语。现存的佉卢文字资料大多数是世俗文字,主要内容有国王敕谕、公私信札、各种契券、簿籍账历等。

于阗文字源出于印度波罗米字笈多正体,是于阗地区塞族居民使用的文字。现在发现的于阗文文献,年代约属 6—10 世纪内容多为佛经和文书,较著名的文献有:《于阗沙州纪行》(即钢和泰残卷)《甘州突厥记事》《于阗王致曹元忠书》等。

焉耆—龟兹文旧称"吐火罗文",用的是印度的婆罗米字母叙体。20 世纪初发现于新疆库车、焉耆和吐鲁番等地,所记录的语言属于印欧语系。现存焉耆—龟兹文文献也很丰富,主要有《弥勒会见记剧本》《六牙象本生故事》《箴言诗集》《摩尼赞美诗》《托胎经》《商旅通行木简》等。

粟特文出自波斯时代的阿拉美文字草书,只有 19 音节字母,是一种没有标明元音的音节文字,只用弱辅音字母兼表元音。迄今所发现的最早的粟特铭文属于公元 2—3 世纪。现存的粟特文文献主要有宗教文献、社会经济文书、钱文、印章、碑刻、壁画题记、书简等,其中在敦煌附近汉代烽火台遗址出土的《粟特古书简》尤有历史价值。

西夏文是公元 11—13 世纪党项部所建的大夏(西夏)国所使用的文字。在现存的少数民族古文字文献中,西夏文文献是数量较多的一种。西夏文文献佛经居多,但也有大量世俗文献。著名的有《天盛年新定律令》《新集金碎掌直文》《圣立义海》《治疗恶疾要语》《音同》《文海》《番汉合时掌中珠》等。此外,还有大量译自汉文的典籍,如《论语》《孟子》《孝经》《贞观政要》《孙子兵法三注》等。

由于历史原因,流传下来民族文字古籍有的很丰富,有的已为数不多;有的至今还不能完全解读,有的虽能解读,但限于力量只整理翻译出很小的一部分。目前收集整理工作较有进展的有藏文、蒙古文、满文、维吾尔文(回鹘、察哈台文)、彝文、傣文、东巴文。

2. 主要少数民族文字古籍收集整理情况介绍

(1)藏文古籍

从松赞干布时期创立藏文起,直到清末民初,藏族人民创作和翻译的典籍可谓卷帙浩繁,按时间先后顺序,可分为两大类。第一类是吐蕃时期的古藏文文献,包括佛教典籍、敦煌写卷、金铭石刻和木简。第二类是 11 世纪以后,历代藏族学者著述和翻译的大量藏文典籍。这一批藏文书是我国现存藏文文献典籍的主体。部分版本可分为木刻本、手抄本、石刻本。据不完全统计,目前在西藏各大寺院及档案馆存有藏文典籍 46 000 多函;甘南藏族自治州的拉卜楞寺藏经卷 60 000 多部(册);青海塔尔寺除《大藏经》外,收藏藏文经卷约 50 000 多卷;四川德格印经院除藏有经版 217 500 块(双面雕刻)外,还有数量可观、珍贵的藏书。北京各单位藏有藏文经典近 20 000 函;其他各地,特别是民间还藏有大量的藏文古籍。1981年,四川藏文典籍经版征集组仅在德格、白玉、新龙、甘孜 4 个县 16 个区的 37 个乡,就征集到印版 130 205 块,典籍 12 657 种(其中印本 11 986 册,手抄本 671 包),"唐卡"(藏族卷轴画)2125 幅,由此可见民间收藏之一斑。

藏文古籍目录的发展经历了相当漫长的历史过程——公元 8 世纪后期赤松德赞在位时开始编制目录,至今已有 1000 多年的历史。藏文古籍目录主要有《拉卜楞寺藏文书目》,收录藏文万余册;《德格印经院目录》,收录藏版 2000 多部,约 10 000 种;《藏文典籍目录·文集类子目》,收录藏文文集 180 余家;《藏文典籍要目》,其内容及著录项目等和《拉卜楞寺藏文书目》基本相符;此外,还有《丹珠尔目录》和《甘珠尔总目录》等。

藏文古籍目录虽然很多,但都是地区性的,或者是一家之藏书目录,不能全面反映藏文古籍情况,我们期望一部新的能反映藏文古籍全貌的全国性藏文古籍目录早日问世。

(2)蒙古文古籍

蒙古文古籍不仅种类繁多,而且内容也非常丰富。它涉及政治、经济、文化、军事、宗教、历史、地理等多门学科,其版本有手抄本、木刻本、铅印本、影印本、石印本和蓝图晒印本等多种类型。据 1979 年《全国蒙文古旧图书资料联合目录》所录,国内 60 余家图书馆所收藏的新中国成立前出版或抄写的蒙古文图书资料有 1500 余种,总计 7000 多册。

现存最早的蒙古文文献当是 13 世纪 20 年代的碑铭。著名的有"成吉思汗名碑""窝洞台评圣旨碑"等。《蒙古秘史》《蒙古黄金史纲》《蒙古源流》在蒙文古籍中最为有名,被誉为三大历史文献。它们不仅是历史著作,而且更具有文学价值。除这三大文献之外,还有《阿萨拉格齐史》《黄史》《黄金史》《宝联珠》《水晶鉴》《成吉思汗传》《阿勒坦汗传》《月亮的光辉》《内齐禅师传》《如意念珠》等。《阿勒坦汗传》是传世仅有的手抄孤本,现收藏在内蒙古历史研究所,已整理出版。

蒙古文古籍,除以上所列,尚有英雄史诗、祝词和赞词、训谕诗、抒情诗、叙事诗、民歌、传记、《大藏经》及哲学、宗教、政治、经济、法律、教育、语言文字、军事、天文、地理、医学等方面的著述和金石拓片,材料异常丰富。这些古籍文献对研究蒙古族的历史与文化,丰富中华民族的文化宝库,都有着不可忽视的作用。

蒙古文古籍的民间收藏亦不容小视,"文革"期间有的群众把很多典籍藏在山洞里,1984 年在新疆曾有所发掘,也曾有人献出珍贵的土尔扈特族谱。对于尚散落在民间的蒙古文古籍,应进一步做好征集工作。

蒙古文古籍目录有着与藏文文献目录类似的情况。早在元代,尤其是在公元 16 世纪后期,有了较大的发展。现存的有十几种,其中最著名的是 1720 年编译的北京版木刻朱字本《御制蒙文甘珠尔总目录》、1749 年编译的北京版木刻朱字本《登迦目录》和《御制蒙文丹珠尔总目录》。新中国成立后编制的蒙古文古籍书目除《全国蒙文古旧图书资料联合目录》外,由内蒙古大学图书馆、内蒙古图书馆、内蒙古社会科学院图书馆、内蒙古师范大学图书馆、内蒙古民族师范学院图书馆、北京图书馆、中国民族图书馆、中央民族大学图书馆联合编制的《中国蒙古文古籍总目》正在编辑出版之中,收录了全国 260 个文献单位和个人收藏者的蒙古文古籍 1.7 万余种,实际著录条目 1.3 万余种。"中国蒙古文古籍总目数据库"的研制工作和由该课题组伸延出来的《蒙古文甘珠尔、丹珠尔目录》的编制工作,也正在进行之中。

(3)满文古籍

满族人的古代文化是丰富多彩的,而在长期的统治过程中所积累的大量满文档案文献在中国少数民族文字古籍中最为历史学家所珍视。中国第一历史档案馆、沈阳故宫、台北图书馆是我国三大满文文献宝库。据《全国满文图书资料联合目录》所录,国内 17 个省、市、自治区 48 个单位收藏的满文图书资料有 10 150 种,拓片 693 种,内容非常广泛。

现存的满文古籍,基本可分档案、著译、碑铭、谱牒 4 大类。

档案类包括满文"老档"和有关清一代各朝的文书档案。"老档"共 40 册,原本现藏台湾。"老档"是清朝最早的一部原始资料,也是研究满族早期历史的重要文献资料,它记载了女真各部从分散到统一,到努尔哈赤建立后金,皇太极改称大清统一东北,准备进关夺取全国统治中心的阶段史。清朝政府建立后,特别是康、雍、乾三朝,大量公文都是满文书写的。因此,满文继"老档"之后,又形成了规模更大的"新档",仅中国第一历史档案馆现存的满文档案就有 145 万余件。大连图书馆还藏有数量可观的满文档案,主要是清代总管内务府题本。经初步整理,该档满文题本约有 800 余件,满、汉合璧题本约 1100 余件,起于顺治,终至光绪,反映了清朝政治、经济、文化及社会生活的各个方面,是研究清史的第一手资料。其他省、自治区也有收存。

清政权入关前,为了军事和政治的需要,皇太极于崇德四年(1639 年),令达海等人用新满文翻译了 50 余部汉籍。除翻译本外,还有用新满文编写的大量的有关哲学、历史、语言、文艺等方面的著作,如《清文汇书》《随军纪行》《百二老人语录》等。据不完全统计,今藏满文书籍(包括满文原著及满译)共 800 余部。

满文碑铭也不少,仅《北京满文石刻拓片目录》就收载文献 640 余种,若加上东北和其他各地的碑刻,数量更为可观。

清代谱牒的保存最为完整,中国第一历史档案馆收存各种玉牒 2600 余册。有关藏书单位所收存的满文家谱、族谱亦为数不少。民间收藏可能更为可观,应大力组织征集。因为这些资料对研究满族的历史、社会结构,均不乏参考价值。

有关满文古籍书目,目前所能见到的有:①20 世纪 30 年代李德启、于道泉编写的《满文图书联合目录》,该目录是我国现存最早的民族文字文献联合目录,收录了北京图书馆和北京故宫博物院图书馆所藏满文图书 419 种;②《全国满文图书资料联合目录》;③《北京满文石刻拓片目录》;④富丽编纂的《世界满文文献目录》初编(1983 年 10 月中国民族古文字研究会印制),收录满文图书资料 1122 种,满文碑刻拓片 664 件,该目录收录范围广,除国内满文文献外,还以苏联、日本的有关满文目录作为依据增补而成,是一部跨国的民族文字文献目录,具有很高的使用价值。

(4)维吾尔文古籍

维吾尔族人民在历史上使用过多种文字,9 世纪以前,广泛使用突厥文(即鄂尔浑—叶尼塞文,或称如尼文)。流传至今的突厥文典籍文献主要是碑铭,如《毗伽可汗碑》《阙特勤碑》《暾欲谷碑》《雀林碑》等,这些碑铭文献当时是维吾尔族最初的书面文献。维吾尔文古籍,除阿拉伯文字之外,主要是回鹘文和察哈台文,而后者的数量更大。

回鹘文的主要古籍有《金光明最胜王经》《菩萨大唐三藏法师传》《俱舍论安感实义疏》《妙法莲花经》《八阳神咒经》《胜军王问经》《弥勒会见经》《大云清雨经》《金刚经》《无量寿经》《二宗经》《摩尼教徒忏悔词》《摩尼赞美诗》《福音书》《圣乔治殉难记》《帖木耳世系谱》《圣徒传》《升天记》《心之烛》《幸福书》及花剌子米、鲁特菲等人的一些诗篇等。在文学作品中,有两部很有影响的长诗,一是《福乐智慧》(长达 15 000 多个诗行),一是长篇劝喻诗

《真理的入门》。此外,还有《伊索寓言》残卷和《五卷书》残卷、《乌古斯可汗传说》《古代吐鲁番民歌》等。《乌吉斯可汗传说》抄本最早成书于 13 世纪的吐鲁番,后被收入各种史书并被抄成各种单行本流传。其他还有《两王子的故事》及大量社会经济文书、历法,等等。

察哈台文古籍,是在成吉思汗统治新疆后的一个相当长的时期内形成的。在这一时期内,出现了许多著名的文学、历史学家,他们继承和发挥了前人的文化传统,并借鉴了阿拉伯、波斯伊斯兰文化,写出了大量著作,特别是 15 世纪以后,察哈台文化空前繁荣,代表人物有赛卡克、阿塔依、鲁特菲、纳瓦依、福祖力、毕迪克等,他们对察哈台文化的发展做出了巨大贡献。鲁特菲的《古丽与努如孜》、纳瓦依的《五部诗集》《四部诗集》及海尔克提的手抄本长诗《爱情与苦恼》都很有价值。清朝政府统一新疆以后,天山南北社会稳定、文化繁荣,这个时期影响较大的主要著作有《花朵与布谷鸟》《伊麻木·札黑鲁拉传》和《阿尔斯兰传》等。19 世纪后察哈台文著作的数量超过以往各个时期,著名的有《爱情之歌》《救世的珍珠》《中国土地上的神圣战争》《长毛子玉素甫汗》及《喀什噶尔史略》《拉西德史》等。

有关维吾尔文(回鹘文、察哈台文)的古籍书目,主要是 1962 年由中国科学院民族研究所新疆组编印的《新疆研究参考书目·民族文字部分》,该书目收录维文图书 349 种,另收其他民族文字图书 163 种。另外还有由库尔班·维力编辑的《维吾尔·乌孜别克·塔塔尔古籍目录》。该目录于 1988 年由喀什维吾文出版社出版,收录古籍 1550 种。

(5)彝文古籍

彝文古籍数量多而分散,散藏在各地的古籍,已知的约有 10 000 多册:北京有 1000 多册;台湾有 1000 多册;四川省博物馆、西南师范学院、中山大学、南开大学等单位,多少不等,均有收藏,当然,更多的被收藏在民间。彝族的历史文化,基本掌握在毕摩(传统文化知识分子)手中。十一届三中全会以后,随着各项政策的落实,广大彝族群众陆续献出不少很有价值的古籍。云南禄劝县一位老人一次献出古籍 300 余册,其中绝大部分是清代康熙、雍正、乾隆年间的抄本,还有一部分是木刻印本。老毕摩张兴一次献出 120 册。云南楚雄州彝族文化研究室从民间征集到 500 多册,贵州毕节地区彝文翻译组 1983 年收集到 400 多册,其他地区也有收集。彝文古籍多为抄本,也有少量刻本;刊刻时间约在明晚期。彝文古籍蕴含丰富,不仅有宗教祭经、占卜,还有哲学、历史、地理、神话、天文历算、医药、谱牒、工艺等方面的内容。彝文古籍中,著名而影响较大的有《爨文丛刻》《西南彝志》(全书 26 卷,378 000 余字)《宇宙人文论》《教经》《指路经》《勒俄特依》《妈妈的女儿》《梅葛》《查姆》《阿细的先基》《阿诗玛》及被誉为哀牢明珠的明代医书《齐书苏》等。此外还有大量的碑铭石刻与译著。这些古籍,对研究彝族的文化、历史、民族的形成、迁徙及同其他民族的关系,都是不可缺少的珍贵资料。

目前,虽然还没有一部完整的、科学的全国彝文古籍联合目录,但有两种书目可供查检。一是由中央民族大学少数民族语言研究所彝族历史文献编译组编纂的《北京现存彝族历史文献部分书目》,该书收录北京地区现存彝族典籍 659 种,分 11 大类,每类前均有详细的类序,对该类的历史状况、典籍沿革及其特点、内容等做了介绍。二是由四川人民出版社出版的《彝文典籍目录·贵州毕节地区卷》,该书著录了毕节地区的彝文古籍 1246 册,分类排列,并撰有内容提要。此外,《彝文金石图录》收录了彝文金石铭刻近 300 幅。

(6)傣文古籍

在历史上,不同地区的傣族人民曾使用过 4 种形体不同的拼音文字,即傣仂文、傣哪文、傣绷文、金平傣文。为了区别于新中国成立后改进的傣文,一般将这4种文字称为老傣文。傣文古籍以傣仂文文献为最多,傣哪文次之,傣绷文文献国内现存不多,金平傣文文献则更少见。

傣文古籍中,贝叶经所占比重最大,且最著名。傣文古籍内容包括历史、文学、哲学、宗教、天文历算、法律道德、文化教育、科技、医药等类。

历史类含史书和地方政权的文牍,史料价值极高。《西双版纳历代编年史》所载历史始于1180年叭直建立景龙金殿国,至1950年西双版纳解放止,时间跨度如此之大的史书,在民族古籍中实属罕见。史书《车里宣慰世系》《四十四代王朝》《双江土司十八代世系》《同治元年至光绪二十三年史事》等,均为研究傣族的历史、社会发展、与内地关系不可或缺的资料。地方政权的文牍包括布告、缴纳银粮负担册、节日祝文、宣誓文及各种委任状,这些文牍为研究傣族各个时期的政治制度提供了重要依据。

文学类里有小说、诗歌、散文、神话、传说、故事等。小说《维先达腊》,全书13卷,125万多字,篇幅宏大。在傣族的文学中,叙事长诗占有很大的比重,在西双版纳,见之于目录者有500余部,较著名的有《四裸缅桂花树》《十头魔王》(全诗长达4万多行),还有《恒勐拉》《召树屯》《沾相》《召洪罕》等。神话则有开天辟地、用泥造人等内容。

天文历算、法律道德、文化教育、医药、科技等内容的古籍,为数可观。傣族的历算很有特色,全年分热、雨、冷三季一年12个月,大月30日,小月29日。法律文献中《芒莱法典》很有意义,它是研究傣族法律史和农奴制初期社会关系的要籍。余者还有《土地法》《政治管理制度》《判罪罚款和奖赏法》。道德教育著作有《土司对百姓的训条》《妇女做媳妇的礼节》《祖父对孙子的教导》等。傣文的医书很多,统称为《胆拉雅》(药典),具有地方和民族特色。

傣文古籍中,最多的是佛教经典,号称译有三藏经典84 000部:其中《经藏》5大类,21 000部;《律藏》5大类,21 000部;《论藏》7大类,42 000部。这些都是中华民族文化遗产的重要组成部分。

傣文古籍书目,有张公瑾编著的《傣文古籍见知录》(《民族古籍》1987—1990年连载)。该文著录傣文古籍180种,包括傣文原文书名、译名、质地和篇幅及简短的说明。另外,《云南少数民族古籍文献联合目录及提要》也可供参考。该书详细介绍了云南古籍中最具代表性的3种古籍,即彝族古籍、傣族古籍和纳西族东巴古籍(对各古籍均做了提要说明及分析),但目前尚缺一部科学、完整的傣文古籍书目。

(7)东巴文古籍

纳西族曾使用过两种文字,一是象形文字(或图画文字),称东巴文;一是音节文字,称哥巴文。纳西族的古籍,主要是东巴文的东巴经。据初步统计,保存下来的东巴经共有20 000多本:云南丽江县图书馆和东巴文化研究室存5000多本;云南省图书馆和博物馆存有1000多本;国家图书馆存有4000多本;中央民族学院存有近2000本;台湾博物馆存有1300多本;散失在美国、法国、德国等8000多本。

东巴文具有图画的特征,含义非一般人所能懂。因此,东巴文记录的东巴经,只有造诣较深的"东巴"(即纳西族传统文化知识分子)才能解读。东巴经是纳西族传统文化的荟萃,对于研究纳西族社会的各学科,都有极大的学术价值,特别是为研究人类的文字起源及其演变,提供了第一手资料。

东巴经约有500多卷,700多万字,分祭风、消灾、求寿、开表、祭龙王及零杂经等12类,包含着文学、历史、地理、天文历算、宗教、民俗、民族关系、医药、科技等内容,堪称是研究纳西族历史、社会发展的大百科全书。

目前,纳西族研究人员经过 10 年的艰苦努力,已经完成了《纳西族东巴古籍译注全集》的翻译整理工作,内收 1000 多种不同的东巴经。同时,一大批研究专著也纷纷问世;云南人民出版社已推出东巴文化研究系列丛书;《东巴文化论集》《东巴文化与纳西哲学》《国际东巴文化研究集粹》等;云南美术出版社出版了大型学术画册《东巴文化艺术》;上海人民出版社出版了《中国原始宗教资料丛编·纳西族卷》,全书 60 余万字,是国际上第一本内容最全的东巴教田野调查资料卷;香港三联书店出版了云南作者撰写的《神奇的殉情》,该书出版不久就由台湾再版(上述书籍均在国内外学术界赢得好评)。另外,有关部门还研制完成了《微机中、英、象形字检索编辑系统》,首次将东巴象形文字输入电脑,对国内外东巴文古籍的编辑、出版、检索发挥了很大作用。

有关东巴文古籍书目,目前能见到的有两种:一种是方国瑜编著的《纳西象形文字谱》,收录东巴古籍 394 种;另一种是和志武于 1983 年编制的《纳西象形文东巴目录》,收录东巴古籍 634 种。另外,谢晓平编写的《东巴文化研究文献目录索引》也可供参考。

参考文献

1 贾春光,吴肃民,关照宏.民族古字研究[M].北京:民族出版社,1987.

2 中国民族古文字研究会.中国民族古文字研究[M].北京:中国社会科学出版社,1984.

3 张公谨等.民族古籍概览[M].北京:民族出版社,1997.

4 李晋有等.中国少数民族古籍论[M].成都:巴蜀出版社,1997.

5 吴枫.中国古典文献学[M].济南:齐鲁书社,1982.

6 乌林西拉.内蒙古自治区图书馆学(蒙古文)的研究与发展[J].国家图书馆学刊,2000(1).

7 包和平,许斌.中国民族文献学研究[M].北京:中国华侨出版社,1996.

8 中央民族学院彝文文献编译室.彝文文献研究[M].北京:中央民族出版社,1993.

9 李晓菲.中国民族文献检索[M].赤峰:内蒙古科学技术出版社,1997.

10 李晓菲,包和平,杨长虹.中国民族文献导读[M].沈阳:辽宁民族出版社,1999.

(原载《图书情报工作》2000 年第 10 期)

我国民族文字文献工作的现代化

1. 民族文字信息处理工程

我国的民族文字信息处理的研究应用始于 20 世纪 70 年代后期,发展于 80 年代,到 90 年代初,几乎中国各少数民族文字完全和汉字同步实现了电脑化处理。用民族文字来打字、排版的电脑和英文所用的电脑比较,其重量、大小、外观形态、颜色等可以毫无二致,只是软件不同。这是电脑技术为各种民族文字平等发展创造的全新的技术条件。1991 年,由中央民族大学语言研究所和计算机系联合研究编著的《中国各民族文字与电脑信息处理》一书,从理论上对我国各少数民族文字进行微机处理所面临的种种问题做了全面彻底的研究,并对这一领域所取得的成果做了详细介绍。事实表明,在电脑面前,各种文字并无优劣高下之分。现今电脑处理技术及产品的先进与落后,主要不是文字本身属性差异所致,而是经济实力大小,管理是否科学合理,用户是否广大等因素造成的。

2. 民族文字文献的主题标引

利用计算机检索文献,必须使检索者的语言与计算机所用的语言一致,这就要求编制出规范化的检索语言,即主题词表,这是实现检索的基本要求。我国《汉语主题词表》的编制出版为建立全国统一联机信息检索网络创造了必要条件。但是,《汉语主题词表》并不能很好地反映少数民族的历史和现状,有关词条无论在深度上还是在广度上都不能准确地标引民族文字文献。为了解决这一难题,目前已提出两种方案:一是编制《民族学科主题词表》,具体方法就是在《汉语主题词表》的体系下,增编民族学科主题词,在对民族文字文献进行主题标引时,二者同时使用。二是无须单纯编制《民族学科主题词表》,在对民族文献进行主题标引时,可在《汉语主题词表》中增加少数民族语文与汉语对照索引,在附表中增加民族机构和宗教机构,在辅助部分范畴索引中扩充民族宗教类等。这两种方案都有一定的合理性,但都尚处在研究阶段,离实施还有一定的距离。

3. 民族文字文献著录标准

文献工作现代化的关键之一是文献工作标准化。在我国自 1979 年成立全国文献标准化技术委员会以来,文献标准化工作已取得很大成绩,对我国民族文字文献工作的标准化也给予了应有的重视。早在 1984 年 9 月,中国标准化综合研究所就提出《关于蒙文图书著录规则作为国家标准颁布的建议报告》,从此,我国民族文字文献标准化工作进入了探索时期,经过 10 多年的努力,已经取得部分研究成果。

(1)关于标识符号问题。在保持原符号意义的基础上,采用变通方法进行标识。如对从右至左横书的民族文字改用镜像标识符号,即将标识符号左右向翻转,如将·—改为—·,将/或//改为\或\\;对从右至左上下直书的文字改用转向符号,即将标识符号顺时针转 90°,

如将:改为··,将·—改为i,将/或//改为\或\等,通过这样的变通方式来适应民族文字文献著录的要求。

(2)关于文种选择问题。此问题涉及使用多种文体的民族,如蒙古文有回鹘蒙古文、托忒蒙古文、八思八蒙古文、索永布蒙古文、斯拉夫蒙古文、布里亚特蒙古文和卡尔梅克蒙古文7种文体。此外,傣文、维吾尔文、哈萨克文、壮文、苗文等都曾使用两种或两种以上文字。著录时,各项目可用文献本身的文种著录,而做标引时,应统一为一种文体,如蒙古文用回鹘式蒙古文,以利排检。

(3)框架结构问题。在编制民族文字文献著录标准时,对采用何种框架结构为好,意见尚不一致,归纳起来有两种类型三种体系。单一型是按民族文字文献的类型,分别编制与汉文文献类型著录标准系列相对应的各民族文字文献著录标准系列。综合型是将民族文字的各文献类型汇集于一个著录规则,制定"文献著录规则",使它既具有较大的兼容性,适应不同类型文献的著录要求,又具有良好的现实性,能客观地反映民族文字文献的现状,使各个少数民族只要有一个民族文字文献著录规则,就能满足实际工作的需要。综合型的民族文字文献著录规则,有两种不同的体系。一是综合型分列式结构,即《蒙古文文献著录规则》的结构;二是综合型集中式结构,即《简明英美编目条例》第二版结构。单一型和综合型都有自己的特点,单一型的民族文字文献著录标准是系列完整;综合型的民族文字文献著录标准是集系列标准于一个标准。从我国民族文字文献的实际出发,综合型的民族文字文献著录标准更适合些。

4. 民族文字文献编目自动化系统

早在20世纪80年代,我国就开始民族文字文献管理系统的研制,就其投入使用的系统来看,多数用于文献编目、情报检索、流通管理、期刊管理、文献索引编制等。如早在1985年内蒙古图书馆与内蒙古电子计算机中心联合研制成功《微机蒙文图书目录管理系统》,1995年,内蒙古图书馆又建立起符合国家标准的《蒙文书目机读目录数据库》。该数据库以C语言控制,用户界面良好,数据库组织是以系列库的形式采用多级索引,实现了全屏幕编辑和变长格式的存贮处理;原始数据为代码形式,代码可转为蒙古文国际码和其他代码;系统有7个检索点,检索速度快;采用蒙文MARC格式控制数据格式,以蒙古文MARC格式输出数据,实现数据共享。该项成果的先进性在于它实现了标准化。采用标准建立蒙古文书目数据库在国内外均为首例,填补了我国蒙文文献事业上的一项空白,对促进我国各少数民族文字文献实现计算机化、自动化发挥重要作用。

(1)汉文编目子系统。根据文献编目的特点和传统的书写习惯,汉文编目子系统可以对汉文、日文、朝鲜文、藏文、彝文、壮文、傣文、越南文等进行编目。它与西文系统完全兼容,只要多文种字符集和相应的操作系统支持,数据的输入、显示、打印均可以由左向右横行处理。汉文编目子系统是取百家之长,根据我国的国情,要求该子系统对汉文、日文、朝鲜文、俄文、藏文、壮文、傣文、彝文、越南文等文献进行编目、查目、输出MARC记录,编辑输出各种编目产品等。汉文编目子系统需要多语种环境,需有专用操作系统支持。

(2)蒙古文编目子系统。该子系统可以对蒙古文、满文文献进行编目。蒙古文和满文的传统特点要求直行显示(从上向下)和打印,从左向右换行,其单词换行有特殊要求。在输出编目卡片时,要求在卡片上有限的空间内直行打印,加上蒙古文和满文单词在转行时不能截断跨行,所以,若一行所剩空间装不下最近一个单词,则另起一行。这样,卡片只能上方对齐,下方则显锯齿状,参差不齐。蒙文编目子系统具有查目、查重、检索和统计功能,除生产机读目录外,该子系统还输出编目卡片、书本式目录和主题目录。根据实际需要,它能适时地打印新书通讯。

（3）维文编目子系统。该子系统可以对维吾尔文、哈萨克文、柯尔克孜文文献进行编目。根据维吾尔文、哈萨克文、柯尔克孜文排版、书写等特点,它要求从右向左,横行显示与打印。它不仅要对操作系统进行改造,而且还需在应用软件中另增专用模块。

5. 民族文字文献的缩微复制

近年来,国产复制设备的种类型号日渐增多,质量也大有提高,很多民族文献机构添置了复印设备,开展了复印服务。自 1984 年我国激光全息超缩存储系统成套设备问世后,缩微也在民族文献部门广泛应用。如中国民族图书馆缩微和复制出版了汉文、蒙文、藏文、维吾尔文、哈萨克文、朝鲜文、满文、彝文及英、日、梵文等多种文字的馆藏民族文献 500 种,317 000 册,提供给全国 500 多个单位使用,产生了良好的社会效益和经济效益。

6. 现代化民族文字文献信息人员的培养

现代化民族文字文献信息人员包括民族文字文献研究人员、系统分析与系统设计人员、程序设计人员、机器操作人员、机器维修人员等。民族文献部门采取调入一批、派出培训一批的办法,初步解决了专业人员缺乏的局面。目前许多民族图书馆与有关部门联合开展集中培训,并把学习重点放在民族文献专业与计算机应用相结合的实际操作上。如内蒙古图书馆、新疆大学图书馆、大连民族学院图书馆等已配备了相应的专业人才。

总的来说,几年来我国在民族文字文献工作现代化方面做了许多工作,取得一定的成绩。从全国来看,由于一些特殊原因,目前的现代化水平与民族文字文献工作实际要求存在着一定差距,这就要求我们民族文献工作者认真思考,勤奋学习,从民族文献工作实际出发,制订切实可行的规划,分阶段实施,逐步实现民族文字文献工作现代化。

参考文献

1　乌林西拉.我国少数民族文字文献著录标准化刍议[J].福建省图书馆学会通讯,1986(2).
2　周宁.东方多语种文献信息处理的进展[J].情报科学,1990(12).
3　林蓝.东方多语种文献编目方法的初步研究[J].图书情报工作,1992(6).
4　杨长虹,卓嘎,卢晓华等.具有多元文化特色的中国少数民族语种文献编目与检索[M].中国民族图书馆理论与实践.北京:中国华侨出版社,1996.
5　包和平,许斌.中国民族文献学研究[M].北京:中国华侨出版社,1997.

（原载《图书与情报》2000 年第 3 期）

我国民族文献资源科学布局探讨

1. 民族文献资源布局的现状

我国是一个统一的多民族国家,各民族都有着悠久的历史和灿烂的文化,民族文献丰富多彩,经过 50 年的发展,民族文献资源建设取得了可喜的成绩。但是应当看到,尽管我国各民族文献信息部门拥有较为丰富的民族文献,但由于长期以来对民族文献的收藏缺乏整体规划,同时也受到地域、专业等因素的限制,因此直接影响着民族文献的收藏和利用,并存在以下问题:

(1)社会适应性差。各民族文献信息单位所收藏的民族文献往往只能满足本部门读者的基本要求,而难以满足社会的特定需要。

(2)协调性差。由于各民族文献信息单位管理系统的分散性以及在民族文献收藏中缺乏协调,因此各民族文献信息单位对民族文献的收藏普遍缺乏系统性和完整性。

2. 民族文献资源科学布局的原则

以上状况迫使整个民族文献收藏部门必须考虑民族文献资源如何布局的问题。我们认为,若要改变上述不合理的状况,解决共同存在的问题,充分发挥民族文献资源的作用,就应以战略的眼光对全国各类型民族文献单位的民族文献资源进行合理的、科学的布局,根据我国的社会、经济以及各类型民族文献信息单位民族文献资源的基本情况,依照科学发展的一般规律,提出民族文献资源科学布局所应遵循的原则:

①有利于民族地区社会政治的需要和经济文化的发展;

②与民族地区生产力布局相适应,促进生产力的发展;

③有利于各民族文献信息单位民族文献使用效率的普遍提高及形成合理的体系;

④有利于我国民族文献资源网络的形成与发展,最大限度地发挥民族文献资源的作用。

3. 民族文献资源布局的目的与要求

根据以上原则,我们对民族文献资源的科学布局和网络建设做一初步探讨。研究民族文献资源布局的主要目的在于:有效地利用民族文献资源,合理组织民族文献资源结构,使其在地区分布上协调组合,提高经济效益和社会效益,以便顺利地进行民族文献资源建设。民族文献资源布局的特征有三:一是地区性。这是指民族文献资源的布局不能仅停留在明确民族地区民族文献资源的发展方向上,更重要的是要把各民族文献学科文献资源建设布局落实到具体地域,要根据各地的不同条件,因地制宜地进行规划和部署。二是综合性。这是指民族文献布局不是单项民族学科建设布局,而是各项民族学科建设在地域上的总体布局,它涉及的问题很复杂,需要各部门广泛配合。三是战略性。这是指民族文献资源布局要对民族地区民族文献资源建设的战略部署做出重要决策。民族文献资源布局的合理与否,将对全国和民族地区文献资源建设产生重大影响。随着民族文献资源事业的发展,各民族文献信息单位之间、民族地区之间都存在着广泛的联系,在专业、地区分工和协作等方面,相互依存,相互制约,形成一个有机整体。从总体上来讲。民族文献资源建设是全国文献资源建设的一个重要组成部分,任何一个地区,任何一个方面,任何一个环节受到阻碍,都会影响全国文献资源的协调发展。因此,各民族文献信息部门要注意了解全国和其他地区以及世界文献资源的发展动向,了解和注意本地区民族文献资源发展的速度、比例、效果三者联系的统一问题。要正确处理本地区民族文献资源与本地区经济、科技、社会等协调发展的问题,正确处理本地区民族文献资源发展中的重要比例关系等。

民族文献资源建设不仅是全国大系统中的一个子系统,而且它本身又是一个具有相对独立性的机体。我们要保证民族地区民族文献资源建设的总体平衡,处理好民族地区民族文献资源平衡和全国文献资源综合平衡的关系问题。另外,从内容上讲,民族文献布局要做好以下两个方面的工作:一是在全面分析评价民族文献资源建设条件的基础上,进行民族文献资源发展方向的预测,使民族文献资源的发展和布局与客观条件相适应,扬长避短,充分发挥地区优势;二是对民族地区人口的增长趋势进行预测,并在分析的基础上,制定合理的人口与民族文献资源协调发展政策,并根据形势要求全面做出民族文献资源与民族地区经济、科技、社会协调发展的总体规划。

4. 民族文献资源布局的规划

民族文献资源布局规划是一项大规模的系统工程,它的系统性突出地表现在:在全国大系统的总体最优化文献资源增长的前提下规划民族文献资源建设;考虑民族文献信息部门的民族文献资源结构与专业化分工协作;考虑民族文献资源与民族地区经济、社会、科技协调发展;在制订民族文献资源布局规划过程中,各民族文献信息部门、各民族学科集中力量,协调攻关。由于其本身的系统性所决定,我们的民族文献资源布局规划工作应该按照系统方法把它放在系统的形式中加以考察。根据系统方法,在民族文献资源布局规划中,要找出整个布局规划的程序,归结起来,主要包括:明确任务、寻求和制定民族文献资源与民族地区经济、社会、科技协调发展的总体规划方案和行业规划方案;组织规划班子,即组建规划办公室和研究机构。这个班子应是由一个多层次、多学科、多方面的人才所组成;根据全国文献资源发展的需要和民族文献资源优势,结合近期、远期的发展前景,进行民族文献资源布局规划研究,广泛征求意见,进行系统分析、专家论证和评价选优;修正并确定规划方案;编出总的规划方案和各明细方案。

5. 民族文献资源的区域布局与协调分布

区域布局是我国民族文献资源建设中的一个重要问题,随着民族地方文献信息事业的发展,对这一问题的处理也日益困难。如何在错综复杂的环境和各种不同决策意见的条件下,决定一种最适当的政策。这不仅需要综合判断能力,还需要大量数据和计算机结果的支持。我国幅员辽阔,各民族大杂居、小聚居,文献类型复杂。文种多样,而且各民族地区发展极不平衡。民族文献资源建设不仅受到经济、科技、社会环境因素、民族文献资源结构、用户需求等的制约,而且也受到区域的影响。同时,由于民族文献信息管理系统的分散性和封闭性,以及在民族文献收藏中缺乏协调,造成各民族文献信息单位在收藏和利用方面的一些不合理现象,妨碍了对整体民族文献资源更广泛、更有效地利用。鉴于此,民族文献资源建设首先应在少数民族聚居较为集中的地区,本着充分发挥各系统民族文献信息部门原有的民族文献信息优势的原则,从中选择民族文献资源基础较好、研究水平较高,在国内外学术界有较大影响的民族文献信息部门,分别建立单一民族或某几个民族的地区性民族文献信息中心。可以考虑在西藏、新疆、云南,以及西北、西南、中南、东北等地建立区域性的民族文献信息中心,这些中心的任务是进行民族文献资源的整体化建设。通过统筹规划、整体建设、分工协调、密切合作,形成科学合理的民族文献资源布局,建成高水平的民族文献保障体系,实现资源共享,提高民族学科高层次人才的培养和科学研究所必需的文献保障能力。民族文献信息中心在民族文献搜集上起核心和后盾作用,在业务工作中起示范辅导作用,在网络化建设中起骨干带头作用。这些中心除为本地区服务外,还要为所分工的地区及全国有关单位提供民族文献情报服务。

总之,民族文献信息中心的建设,对于发展我国民族文献事业,推进民族文献工作的整体化建设均具有重要的意义和深远的影响。

参考文献

1　黄思正.关于建立民族学科文献信息中心网络的构想[J].中国图书馆学报,1995(2).
2　李晓菲.中国民族文献检索[M].赤峰:内蒙古科学技术出版社,1998.
3　包和平.中国民族文献学研究[M].北京:中国华侨出版社,1996.

(原载《贵图学刊》2000 年第 3 期)

我国民族文献资源建设概况及其开发利用的未来展望*

中国是一个统一的多民族国家。除汉族外,还有 55 个少数民族,人口近 1 亿,分布在全国各地。民族自治地方面积占全国总面积的 64%,大多居住在边疆地带,全国五大民族自治区有 4 个与邻国接壤。55 个少数民族中 53 个有本民族的语言,21 个有本民族的文字。各民族都有悠久的历史,并有着灿烂的传统文化。少数民族在中国的政治、经济、边防和多元文化事业中都具有十分重要的地位。

民族文献是民族文化的结晶,是中华民族丰富的文化知识资源的重要组成部分。加强民族文献资源建设,大力开发利用民族文献资源,对繁荣我国少数民族文化事业,增进民族团结和民族文化交流,发展民族地区经济建设都具有重要的理论意义和现实意义。

1. 民族文献资源建设概况

中国的民族文献虽然历史悠久,卷帙浩繁,但由于种种主观和客观的因素所约束,其资源的建设事业基础薄弱,发展缓慢。新中国成立以来,经过几代人的艰苦努力,我国民族文献资源建设事业从无到有,从小到大,逐渐发展起来,特别是 20 世纪 70 年代末以来,民族地区经济文化事业有了突飞猛进的发展,民族文献资源建设也取得了令人瞩目的成就。

(1)民族古籍的搜集、整理、出版工作取得可喜成绩

中国 21 个民族都有自己本民族的文字和文献,至于用汉字记载的有关少数民族的资料就更多。早在 1956 年,国家组织 700 多人参加的民族调查队,在全国 16 个省、自治区开展了大规模的少数民族调查,收集了大量的有关少数民族历史、经济、社会形态、地理、语言文字、文学等方面的文献,极大地丰富了中国的民族文献资源,奠定了民族文献资源建设的基础。值得一提的是北京民族文化宫图书馆(现改为面向全国的中国民族图书馆)的建立。1958 年初期,国务院发函给全国各地征集民族文献,得到内地和民族地区的广泛支持,经过短短一年的筹建,于 1959 年国庆节开馆时已初具规模。在这座民族典籍之宫里珍藏着古今中外的民族文献资料 40 余万册(件),其中有蒙文、藏文、维吾尔文、壮文、彝文、傣文、侗文、佤文、纳西文等 24 种民族文字古籍 17 万册(件)。在这浩瀚的民族经典文献中有许多是国内外罕见的贝叶、菩提叶、金银、朱砂、珊瑚、珍珠粉写本,这些典籍内容丰富、年代久远、版本珍贵、装帧独特,堪称中国民族文献的精品。1979 年,中央和国务院决定将民族古籍的整理工作交由国家民委牵头统一规划,国家民委紧接着在北京召开专门会议讨论了这个问题,并于 1984 年召开了全国民族古籍整理规划会议。近几年,随着民族古籍工作的不断发展,民族古籍整理、出版、研究机构已遍及全国各地,在北京、辽宁、吉林、黑龙江、内蒙古、甘肃、宁夏、新疆、青海、云南、贵州、四川、广西、广东、海南、河北、河南、西藏、浙江、福建、山东、湖南、湖北等省、自治区、直辖市相继建立了民族古籍整理研究所、民族古籍出版社以及相应机构。

---

* 本文系国家社会科学基金资助课题《中国少数民族文献学概论》(00BTQ005)子课题之一。

到目前为止,全国已出版了5000多种民族古籍,有些重要典籍诸如《中华大藏经》《甘珠尔》《丹珠尔》《八旗通志》《新疆图志》《西南彝志》、贝叶经、菩提经等还在国际书展中引起学术界的广泛重视和好评。民族古籍正以崭新的风采面世,散发出浓郁的馨香。

(2)民族出版事业蓬勃发展,民族文献出版量增长迅速

新中国成立以来,随着少数民族现代化建设的发展,民族出版事业开始出现了欣欣向荣的局面。目前,全国出版民族文字书刊和音像制品的出版社有30余家,可以用各种文字或语言出版各类型图书、报刊、音像制品及缩微资料。截止到1996年年底,已出版的民族文字图书累计59 066种、84 101万册,民族类报刊750余种,其中民族文字报刊260余种,分布在全国28个省区。值得庆贺的是由国家民委牵头,凝结着几代人数十载的努力,饱含着2000多名专家、学者、民族工作者的巨大艰辛的恢宏巨著"民族问题五种丛书"已全部出版,这5种丛书是《中国少数民族》《中国少数民族简史丛书》《中国少数民族语言简志丛书》《中国少数民族自治区地方概况丛书》和《中国少数民族社会历史调查资料丛书》共计368种,有32家出版社参与工作,总字数近1亿,出书数百万册,是中国民族出版史上的一大壮举。

表1 少数民族文字书报出版统计

项目 \ 年度	单位	1949年	1957年	1970年	1984年	1990年	1997年
少数民族文字出版的图书	种	176	1763	1386	2524	3251	3429
少数民族文字出版的图书	万册	167.8	1416.6	3908	3514	3867	4999
少数民族文字出版的杂志	种	4	35	35	76	131	184
少数民族文字出版的杂志	万册	11.8	243.8	363	786	1027	970
少数民族文字出版的报纸	万份	214.8	2433.5	7072	15 176	14 834	10 527

(3)各民族图书馆逐步建立起具有民族特色的藏书体系

民族文献是开展民族图书情报工作的重要物质基础。在党和政府的高度重视下,专业人员经过几十年的艰苦发掘,各种民族文献得到了较为系统地搜集、整理,各民族图书馆逐步建立起体现民族特点的、完整的藏书体系。全国目前有596所民族地区公共图书馆,藏书总量3000多万册,其中内蒙古、广西、西藏、宁夏、新疆5大自治区图书馆图书总量达518.8万册,内含少数民族文字图书125.1万册,占总藏书量的24%,各民族地区图书馆逐渐成为本地区民族文献的存贮中心、信息中心和交流中心。如内蒙古自治区图书馆已经成为全国蒙古族文献收藏和书目中心,现收藏蒙文图书5万多册,另与蒙古族历史文化有关的藏、满及日、俄、西文藏书10万余册,成为全国收藏蒙古族文献最丰富的图书馆。

此外,全国113所民族高等院校图书馆的藏书已达2000多万册,并收藏有大量的民族文献,如中央民族大学图书馆藏有有关民族方面的论著7000余种,民族文字图书12万多册。1990年10月,成立了"全国民族高校图书馆协作中心"。1994年国家教委在中央民族大学成立了"民族学科文献信息中心",在内蒙古大学成立了"民族学科蒙古学文献信息中心",民族院校藏书已成为中国民族文献资源建设中的一个重要组成部分。

(4)民族文献目录工作异军突起,民族文献学理论研究崭露头角

从1978年实行改革开放政策以来,民族地区的各类型图书、信息、档案等文献信息单位

和全国各相关科学研究、出版机构,先后编制了蒙古文、藏文、满文、朝鲜文、维吾尔文、哈萨克文、纳西族象形文、傣文、彝文等民族文字文献书目、索引、文摘、提要等,其数量之大、类型之多、质量之高、效益之巨都是前所未有的。如国家书目性质的综合目录有《中国蒙古文图书综录》(1974—1986)、《中国朝鲜族图书总目录》(1974—1991)等;全国性的联合目录有《全国蒙文古旧图书资料联合目录》《全国满文图书资料联合目录》等;专题书目索引有《大藏经丹珠尔目录》《蒙古学论文资料索引》(1910—1985)等;出版发行目录有《民族出版社图书目录》(1953—1993)、《(蒙古语文)杂志总目录》(1954—1984)等,其他各文献信息单位编辑的馆藏民族文献目录及用汉文编辑的民族文献目录,数量更大。

与此同时,民族文献学的理论研究也日益引起学术界的重视。20世纪80年代以来,发表了一批有关民族文献学方面的论著,取得了一些令人欣喜的成果。具有代表性的论著有《藏文文献目录学》《伊斯兰教汉文译著书目简论》《中国少数民族文献著录标准化》等。此外,还出版了有关民族文献学方面的著作,有代表性的有《中国民族文献学研究》《中国民族文献检索》《民族文献的开发利用与检索》等,这些论著从不同角度、不同方面丰富了中国民族文献学的内容,扩大了文献学的研究领域。

民族文献目录工作和民族文献学理论研究的飞速发展,对挖掘、抢救、整理、研究民族文献资源,建立现代化的民族文献报道和检索体系,有效地进行民族文献资源的综合开发,充分发挥其作用,实现文献资源共享等均具有重要的现实意义。

2. 民族文献资源开发利用的未来展望

随着经济、技术、社会的发展,民族文献信息总量,知识陈旧速率和知识更新周期将发生变化,而且随着量变的逐渐积累,将发生质的变化。回顾民族文献的历史,总结民族文献开发利用的现状和经验,寻找民族文献演化趋势,可以大致推断、构想出未来民族文献开发利用的基本轮廓和特征。

(1)民族文献服务功能综合化

目前,民族文献的开发服务功能包括:为各级民族领导管理部门的决策服务、为民族改革服务、为民族科学研究服务、为国内外民族学术交流服务。服务的内容主要是提供有关的民族文献和生产二次、三次文献。编辑发行索引、题录、文摘、专题综述等,也生产一部分一次性文献。今后迈向21世纪的民族文献开发服务功能将多样化、综合化,既提供民族文献,也提供与民族有关的科技、经济、社会等情报;既是民族文献供应中心,也是咨询中心和人才培训中心,国内国际学术交流中心;并是各种与民族文献有关的音像、仪器设备的陈列、展览和交易中心。在民族文献产品开发中,既有普及性的大众化产品,还有经过深加工或深层开发的高档产品,如战略情报报告、关键性的专题报告等。提供的民族文献信息除准确性、及时性、针对性外,还要有预见性;除了定性分析外,还要有定量分析;除了反映的是什么外,还要反映出为什么,注意反映问题的背景和动因。因此,民族文献工作除了收集、整理、加工、传播外,重点应在研究上下功夫,要用战略性的提高,来带动战术性普及。

(2)民族文献结构网络化

民族文献迈向21世纪,必须打破"小而全"的封闭、分散状态。在国内各级各类民族文献收藏部门之间要根据需要与可能,合理分工,形成特色,突出优势,在此基础上形成全国性的综合优势。目前我国开发利用民族文献的跨省、自治区、直辖市的协作组织正初具规模,如五省（区）满文、四省（区）彝文，八省（区）蒙古文、达斡尔文、鄂伦春文，六省（区）回文等民族文献协作网络。在迈向 21 世纪时，这些网络要进一步健全、发展。①各个分网不仅纵向要及时交流民族文献，而且网内各层次之间、各个分网之间还要加强横向联系。②民族文献网要与国内科技情报单位、社会科学情报单位、经济情报单位之间加强横向联系。③要在现有的基础上，进一步加强与国际文献网络的联系与合作。

在 21 世纪，中国的民族文献网络要真正达到：布局合理、结构科学、联系密切、运转灵活、适应需要、效益显著的目标。

（3）民族文献交流国际化

当今世界是一个整体，人们称之为"四化"世界——经济国际一体化、科技世界网络化、产业结构跨国化、金融流通洲际化。在此形势下，民族文献要适合世界的需要，必须大力推进国际化。我国少数民族主要居住在边疆地区，陆地边防线长达 21 000 多公里，与 10 多个国家接壤，有 20 个民族跨境而居，这为民族文献的国际化交流提供了得天独厚的条件。特别是扩大对外开放以来，中国开放口岸向开放空运、陆运口岸发展，比如内蒙古的呼伦贝尔盟，被定为内蒙古的试验区后，截至 1995 年年底呼伦贝尔盟已同俄罗斯等 70 多个国家和地区建立了文化贸易及经济技术合作关系。我们应充分利用独特的地理位置环境和特殊政策，广辟国际信息渠道，广泛开展国际交往。其内容大致包括：①各国互换民族文献，做到文献资源共享；②各国共同编辑图书期刊资料索引及民族文献情报刊物；③合作进行专题民族文献调研；④合作编辑出版民族文献；⑤及时交流民族文献工作经验；⑥合作进行民族文献人员培训；⑦合作购置和共同开发运用大型的现代化设施，如建立公用的民族文献数据库；⑧制定共同的民族文献规范，便于国际通用；⑨互相聘请专题民族文献撰稿人或互派访问学者。

在国外，如日本、印度、苏联及欧美各国都建立了许多研究所、学会和国际常设机构，研究蒙古学、藏学、满学、突厥学、敦煌学等，并出版了大量的中国少数民族文献。中国少数民族图书馆早已走出国门，也与许多国家和地区建立了交流关系。如中国民族图书馆先后接待了日本、美国、英国、印度、蒙古国、澳大利亚、意大利、德国、尼泊尔、泰国、匈牙利、伊朗等国的政府官员、图书情报界学者、学术团体和民族宗教人士，还接待了旅居国外的藏胞及港、台同胞等，与国外和港、澳一些学术团体和图书馆建立了交流关系，同时也有不少专家学者出国访问和参加国际会议。但过去的联系还是初步的，今后一方面要扩大联系范围，另一方面要扩大合作的内容，提高协作水平，真正达到及时了解各国民族文献信息的目的，并提高民族文献信息的利用率。

（4）民族文献检索手段现代化

民族文献的搜集、整理、传递，将由目前的手工操作改为以电子计算机为主的自动化操作。今后，越来越多的民族文献将由缩微卡片实现机读形式，高质量、高价值的民族文献信息、以数字形式存在。以电子计算机为载体的民族文献信息，其数量将大大超过以往以传统形式为载体的民族文献信息。利用计算机存贮民族文献信息，不但提供了更多的检索途径，而且揭示了民族文献信息片断之间的相互关系，便于综合研究和利用。今后，电子期刊的普及，使用户除了从图书情报部门的民族文献中获得必要的信息外，还可直接从网上获得信息。专家、学者以及有关人员可以通过网络直接交换信息，不同地区的学者还可以通过网络召开学术研讨会。

目前,中国民族文献计算机系统正处在研制建立阶段。据了解,内蒙古图书馆、内蒙古电子计算机中心、内蒙古大学、新疆大学、上海教育学院、武汉大学图书情报学院等许多单位都已先行一步,在民族文献标准化著录、采用计算机编目以及开展协作方面摸索出很多具有实际意义的研究成果。以蒙古文文献为例,目前研制成功的就有《蒙古文文献著录规则》、"微机蒙文图书目录管理系统""现代蒙古语文数据库""蒙文信息处理系统"等。特别是在开发中国多语种文献检索系统方面,虽然起步晚,但发展很快,已在许多方面居世界领先地位。从已开发的多语种系统看,它涉及的语种有汉文、朝鲜文、蒙古文、满文、维吾尔文、哈萨克文、柯尔克孜文、藏文、傣文、彝文、壮文等10余种,该系统有处理语种多、字符集庞大、输入接口复杂、输出方式多、模块复杂等特点。目前,主要存在的不足是:①现行的语言文字不够统一,不够规范;②有些文字尚缺乏国家标准;③需克服各种传统的文献加工原则,建立多语种文献加工的相应标准。若完成这些工作,到21世纪,将可实现全国各省、市、自治区及主要基层单位、大专院校之间以至学者之间的计算机联网,并力争和国际文献情报机构联网,初步达到国际水平。

(5)民族文献队伍专家化

要使民族文献充分发挥其功能,达到现代化水平,关键在于有一支数量足够、结构合理、素质良好、协作配套的民族文献队伍。就专职民族文献队伍而言,应由操作型、研究型、管理型三部分组成。后两种类型的人应当是T型人才。一方面是横向通才,对民族文献各个学科及相关学科的知识都应当了解,是"百科全书"式的人才;另一方面又要在民族文献学的某个领域或某一方面、某个学科有较深的造诣。只有由这些专家组成的民族文献队伍,才能生产出多品种、多档次的适应需要的民族文献产品。除了专职民族文献队伍外,还需要请一大批学者——图书情报员一身二任的兼职民族文献专家,由他们提供民族文献工作前期的专题定向的深层信息,这是专职民族文献工作人员所难以做到的。

民族文献信息专家除了应该具备必需的专业知识外,还应有较强的社会能力(触角要伸展到社会各个角落)、人际交往能力、语言表达能力(包括民族文字水平)及具有较高的外语水平(要熟练掌握一至二门外语)。为了使我国民族文献事业迈向21世纪的现代化之门,必须在造就民族文献队伍上下功夫。为此,我们应该做到以下几点:

①对现有的民族文献队伍加以充实调整,不合要求的,或改行,或加以培训;

②要拓宽现有民族地区高校图书情报专业的专业面,并招收有一定民族文献工作经验的青年加以培养;

③与国外图书情报机构互换访问人员或共同培训民族文献研究人员;

④要提高民族文献工作者的社会地位和工资待遇,吸引一批头脑灵、能量大、素质好的青年来从事民族文献工作,造就一批高水平的民族文献专家队伍。

参考文献

1 包和平,许斌.中国民族文献学研究[M].北京:中国华侨出版社,1996.
2 国家民族事务委员会《中国民族工作五十年》编委会.中国民族工作五十年[M].北京:民族出版社,1999.

(原载《大连民族学院学报》2000年第4期)

我国民族文献特点刍议

民族文献具有内容庞杂、范围广泛、界线模糊的特点。因此,对它的特殊性只能分门别类地从不同的角度加以探讨。

1. 民族文献的内容特点

(1)民族文献内容的广泛性。我国少数民族成分众多,历史悠久,在民族文献上,表现为内容丰富、种类繁多的特点。可以说民族文献在内容上包罗万象,历史、政治、哲学、法律、宗教、军事、文学艺术、语言文字、地理、天文历算、医药、美术、生产技术等无所不有,无所不包。

(2)民族文献内容的多主题性。由于生产发展水平和科学发展水平的制约,我国民族文献中记载的大量知识,在现代科学分类的意义上是极为分散的。比如一部《甘珠尔》经,上自天文,下至地理,正论经史,旁述农医,无所不著,无所不论,实际上是一部百科全书。在民族文献里,这类经卷和书籍很多。与此相反,另有一大部分则是内容零散的片断章节,散见于各类著作里。这种情况,在汉文书写的民族文献中甚为普遍。

(3)民族文献内容的准确性。由于民族文献,特别是民族文字文献,大部分是作者身临其境,面临其事的著述。无论作者在文笔上表现出何等的感情色彩和政治倾向性,文献所涉及的大部分内容还是表现出相对稳定的客观效果。从信息层次上说,它属于原始信息,最基本的信息层次,所以,比较准确可靠。由于民族文献的这种渊源性,它能起到别的文献所不能替代的作用,因此,民族文献的价值无比珍贵。

(4)民族文献内容的有序性。从民族文献实体讲,一般都经过民族文献部门的收集、整理、加工,按照民族文献内容、来源、时间、形式等方面形成有机的联系,因此,民族文献信息内容比较规范有序。

2. 民族文献的表述特点

(1)民族文献载体的多样性。民族文献载体形式复杂多样是能够想象到的,可以说它是图书、情报、档案三大系统文献形式的集合体。图书、小册子、笔记、账目、碑刻、地图、口碑、传说、手稿、墨迹、家谱……只要具备民族性特征,不论何种载体,都属于民族文献。即使单讲图书,其出版形式之多,装订样式之复杂也是其他类图书无可比拟的。除具有线装、包背装、蝴蝶装、经折装等装订形式外,还有书衣护封的经卷在樟木箱中保存的,有在贝叶上印书的,有用菩提九珍书写的书,用银末做材料书写的书,有纯金加 400 克银子书写的书,还有用纯金末书写的珍贵文献等。

(2)民族文献表述语言文字的多种性。我国有文字的少数民族约 25 个,如若包括已经消亡的民族文字和兼用两种以上构字法的民族文字,则其种类更多,约 50 至 60 种。这些文种几乎囊括了世界各文种形式。如图画文字有东巴文、沙巴文;象形文字有契丹文、西夏文、女真文、水文、方块壮字、方块白字、方块瑶字;音节文字有彝文、哥巴文、傈僳竹书;拼音文字属拉丁字母(称罗马字母)的有佤文、壮文、拉祜文等约 15 种,属阿拉伯字母的有维吾尔文、哈萨克文、柯尔克孜文,属斯拉夫字母的有俄罗斯文等。此外,还有藏文字母、朝鲜文字母、傣文字母、蒙古文字母等。这些民族文字中,属于古代曾使用过,但现在不再使用的古文字主要有佉卢文、焉耆—龟兹文、于阗文、突厥文、鲜卑文、粟特文、回鹘文、察哈台文、西夏文、契丹文、女真文、回鹘式蒙古文、八思巴文和满文等,用这些文字书写的文献,其学术价值很高,数量难以统计,就迄今所见,多数民族古文字文献数量不多,其中保存十分丰富的是满文文献,据统计有数百万件满文文书档案和大量的满文图书;属于古代使用过,现今仍在使用的民族文字主要有蒙古文、藏文、维吾尔文、哈萨克文、朝鲜文、傣文等,用这些文字记载的文献,大都具有历史悠久、数量庞大、内容广泛、版本类型多、书写装帧精美等特点。据有关资料的不完全统计,全国现有藏文古籍60 万函,蒙古文古籍(不含文书档案)有 1 万余种,古壮字文献有数万种,彝文古籍数万册达万种,东巴经 2 万余册,傣文等其他民族古籍数量也很多;还有一些是属于新中国成立后,为一些原来没有文字或没有通用文字的民族创制的拉丁字母形式的 15 种新文字,其中除壮文正式推行外,其他文字方案仍在实验阶段。目前,我国出版民族文字书刊和音像制品的出版社有 30 余家,可以用各种民族文字或语言出版各类型图书、报刊、音像制品及缩微资料。截至 1996 年年底,已出版的民族文字图书累计达 59 066 种,84 101 万册。

有文字的民族书写了本民族的光辉历史,没有本民族文字的民族则世代言传口授,用口碑方法保存了自己民族的文化遗产(有时有文字的民族也采用这种方法),成为一批价值可观的口碑文献,如我国的苗族、土家族、布依族、侗族、黎族、傈僳族、哈尼族、拉祜族、佤族、独龙族、仡佬族、阿昌族等在历史上没有形成自己的传统文字。这些民族历史悠久,传统深厚,在创造历史的长河中,用口碑保存了本民族的神话传说、民间故事、叙事史诗、歌谣、谚语、祭词等传统民族文化。这些口碑文献,不仅内容丰富,而且蕴量巨大,是研究我国民族历史文化不可或缺的珍贵文献。

3. 民族文献的运动特点

制约信息运动的因素,说到底就是用户的需求:用则动,不用则静。民族文献在空间和时间中的运动有自身的特点。

(1)民族文献运动状态的散布性。文献的分布是文献运动的一种状态。民族文献的分布比其他文献更加分散,即其散布性更加明显。我国少数民族分布的状况是又杂居、又聚居,互相交错居住。各少数民族在经济、政治、文化生活方面,不仅相互影响,而且都和汉族有着密切的联系。在我国,一个少数民族完全居住在一个地方的很少,如藏族居住在西藏的仅是一小部分,其余的大部分都是同其他民族交错杂居在川、滇、甘、青等地。新疆居住有 13 个民族,广西居住着 12 个民族,云南则居住有 23 个民族,就以少数民族最少的江西省而论,那里也散居着回、畲族 1 万多人。从全国来说,70% 以上的县都有两个以上的民族杂居在一起,这一特点反映在民族文献上,其分布的区域性是显而易见的,这是其一。

其二,由于少数民族共同的游牧生活,共同的宗教信仰,再加上和汉族的密切联系,文化上的互相沟通,文字上的相互记载就成了必然现象,在我国极其丰富的汉文文献中,其中相当部分文献包含有少数民族的内容。如先秦古籍《诗经》《左传》《逸周书》《墨子》等都有不少有关古代少数民族的记载,是研究古代各民族历史的珍贵资料;正史如司马迁的《史记》,首先为少数民族立传,设有匈奴、东越、南越、西南夷、大宛等《列传》,集中保存了我国少数民族的一批史料。自司马迁始,一部二十四史,除《陈书》《北齐书》外,大都有《南蛮传》《西羌传》和《土司传》之类的民族传记,此外,正史中的《地理志》也记载了不少有关少数民族地区的山川形势和风俗民情。正史以外的专著,如东汉时的《越绝书》《吴越春秋》,晋人常璩的《华阳国志》,宋人范成大的《桂海虞衡志》,周去非的《岭外代答》,元代耶律楚材的《西游录》、明代陈诚、李暹的《西域番国志》,何秋涛的《朔方备乘》等都是研究少数民族的重要专著。其他历史资料,如比较著名的地方志有李吉甫的《元和郡县志》,北宋乐史的《太平寰宇记》,王存的《元丰九域志》等,广述兄弟民族状况。另外,像《资治通鉴》这样一些编年体史书和《册府元龟》《太平御览》《古今图书集成》等类书,也含有大量的民族史料。至于那些散见于历代名人的文集、笔记、杂著、碑刻、墓志中的民族史料,更是数不胜数。特别是新中国成立后,我国的新闻出版事业得到飞速发展。据统计,我国在 1949 到 1994 年间出版各类图书 1 317 827 种,报纸 2040 种,期刊 7559 种,现在我国各类出版社 500 多家,年出版图书 11 万种以上,报刊近 9000 种,其中含有大量属于民族文献的专著、论文、舆图、资料等。

其三,国外方面,除侵略者盗走的大量珍贵的民族文献外,一些专家、学者对我国少数民族潜心研究、撰写积蓄起来的研究资料,也是相当可观的文献资源,以藏学研究为例,据有关资料介绍,1978—1995 年国外关于藏学的论文和著作等,就达 1000 余项,近年来更有发展的趋势,较著名的如法国石泰安的《西藏的文明》、达维耐尔的《古老的西藏面对新生的中国》,日本青木文教的《西藏游记》《西藏文化新研究》等。

(2)民族文献的传递有较大的局限性。由于民族文献读者面窄,印刷量有限,以及发行经费不足等原因,许多新版的民族文献难以进入主渠道发行网。如民族类报刊,约有 40% 左右不通过全国邮局联合目录征订发行,而采取自办发行的方式向客户直销。这就给各民族文献信息部门的收集工作带来很大的不便。首先,订户弄不清文献及出版发行者的变化情况;其次容易发生漏订、重订、订不到或订了收不到等问题。此外,由于民族文献文种多样,翻译成不同的语言需要较长的时间,有较多的难点,常常还有无法翻译的成分,这都使民族文献在空间和时间中的运动受到局限。

(3)民族文献老化慢、生命力强。这主要是由民族文献的综合作用所决定的。民族文献虽然有不少是历史文献,有的甚至大量出版过,如《蒙古秘史》,但因其中有许多未被探索清楚的东西,所以对研究蒙古民族,研究北方其他民族的关系史,仍然具有实用的价值,它的信息意义仍然蕴藏在书的字里行间。又如内蒙古图书馆珍藏的呼伦贝尔盟边境图,受到外事部门的高度重视。另有一幅元朝碑拓,据有关专家考证,世界上只有 3 幅这样的拓片。像这样一些文献,不但具有较高的情报价值,同时也具有珍贵的史档价值。正因为民族文献具有这种综合作用的特征,所以一般不会出现随着时间的推移而失去作用的"代谢"现象。恰恰相反,保存时间愈久,使用价值往往变得愈高。

参考文献

1 乌林西拉.我国少数民族文字文献著录标准化刍议[J].福建省图书馆学会通讯,1986(2).
2 林蓝.东方多语种文献编目方法的初步研究[J].图书情报工作,1992(6).
3 李杰.我国的民族文献及其建设[J].图书馆,1992(5).
4 包和平.民族古籍的作用及其开发利用[J].图书馆杂志,1992(1).

(原载《图书馆理论与实践》2000 年第 4 期)

试论民族文献信息资源的开发利用[*]

我国各民族都有极其丰富、极其珍贵的有自己民族特点和风格的文化遗产。这些民族文献是祖国历史文化遗产的重要组成部分。开发利用这些民族文献,不仅对繁荣民族文化事业和建设社会主义精神文明有积极作用,而且对国家的统一和国内各民族的团结,也具有重大的现实意义。

民族文献是反映少数民族过去和现在的有关政治、经济、文化教育、风俗民情、山川形势、民族迁徙、地理沿革、天文气象、地质矿藏、城郭郊野等方面具有保存和实用价值的各种文字、图表、声像等不同形式的文献,它的内容是人们认识世界和改造世界活动的记录和反映。

信息是一种战略资源已被人们所公认,民族文献信息是信息的一种,当然它也是一种资源。随着新技术革命的到来,民族文献信息的这种重要价值将会越来越被人们所认识,保护和开发民族文献信息资源,已成为图书情报部门的一项重要工作内容。

1. 民族文献信息资源开发的特点

（1）较强的专业性

全国民族图书情报部门,由于所处的地区不同,其民族文献的收藏也各具千秋,既丰富又专深,而这些民族文献的读者群也相对较固定,他们对民族文献的需求较专业化,并有一定的广度和深度。

（2）一定的复杂性

民族文献内容丰富,涉及学科范围广,形式多种多样,特别是还有一些本民族无文字而在民间世代以口耳相传的形式保留下来的"口碑文献",以及一些有民族文字,由于年代久远、事物变迁、文献残缺,所记载的文字能辨识的人也很有限的文献,还有那些在田野调查、考古研究中获得的材料等,都需要有通晓民族语言文字的人员,经过认真反复的辨别、考证、研究,获得可靠的、翔实的材料,成为民族文献开发的基础。因此,民族文献的开发也就具有一定的难度和复杂性。

2. 民族文献信息资源开发的途径

民族文献信息资源的开发,首先要强化民族文献信息资源的管理系统,各级各类型图书情报部门要加强民族文献的基础工作,改变民族文献资源系统单一的局面,采取多形式,运用多途径,丰富民族文献资源的收藏。其次是要加强对民族文献信息的研究、加工、整理、发掘工作,开展智能服务。再次是强化民族文献信息的传递系统,要形成多流向多类型、辐射能力强、纵横交错的民族文献信息网络,保证最大限度地开发利用民族文献信息资源,为社

---

[*] 该篇文章与李晓菲合作。

会主义各项建设事业服务。具体包括以下几个方面：

①进一步做好馆藏补充工作,建立具有民族特点的藏书体系。

②改进服务方式,实现读者工作的高效率、高质量。

③改进、调整现有目录体系,实现民族文献检索现代化。

④合理布局民族文献资源,逐步实现馆际协作与共享。

⑤开展民族文献学研究,建立民族文献学科体系,促进民族文献的开发利用。

⑥建立一支素质高、知识丰富、具有敬业精神的民族文献资源开发队伍。

⑦提高读者开发民族文献信息资源的意识和能力,积极开展对读者的文献信息教育。

⑧要在边远少数民族地区大力兴办科学技术信息中心,进行乡村图书信息室的建设。

3. 信息一体化管理对开发民族文献信息资源的要求及其对策

所谓信息一体化管理,是指文献信息一体化管理。其中主要又是图书、情报资料的一体化。主要包括两个方面,一个是图书、情报资料实体一体化,另一个是指它们所包含信息的一体化管理。如何实现民族文献一体化管理呢? 在我国收藏民族文献不只是图书情报部门的任务,博物馆、文物所、档案馆等也都部分地收藏民族文献,所以,全面实现民族文献实体材料的共同管理是难以实现的。我们可以使上述有关部门所藏的民族文献的实体材料分别存放于不同的地方或部门,而把他们所藏的民族文献的知识内容贮存在计算机数据库中,由一个部门集中管理数据库。进而建立文献信息的检索服务中心,形成不同层次的检索网络体系。

显然,民族文献信息一体化管理对民族文献工作提出了更新更高的要求,为此,我们应做好以下几个方面的工作:

一是要求协调图书、情报、文博、档案等部门所藏民族文献检索语言通用化。

二是逐步建立地区性的、专业性的民族文献联合目录,先可以由比较重要的专题开始,分别编制各系统的民族文献联合目录,也可以按专题打破图书、档案、文博、情报资料的界限,打破地区界限,编制更高层次的民族文献联合目录。

三是要联合建立民族文献信息库,即按照规范化、标准化的要求,图书、情报、文博、档案等部门各自编制本系统的民族文献目录,形成不同层次的民族文献目录体系,然后按照专业系统,建立民族文献数据库,为形成全国联机检索的网络打下基础。

(原载《情报资料工作》1996 年第 4 期)

开发利用民族文献资源的设想及对策[*]

少数民族文献(以下简称民族文献)是中华民族文献的重要组成部分,对少数民族科学技术的发展和社会的进步起着重大作用。随着我国少数民族地区现代化建设和改革开放事业的蓬勃发展,我国民族图书情报界文献资源协作与协调出现新局面。不少学者和民族文献工作者从理论和学术上,就如何合理布局和有效地开发利用民族文献资源进行了充分的研究和探讨,并付诸实践,取得了一些成果。但是,目前由于在组织领导、指导思想、活动内容及其方法上还不能摆脱旧的管理体制和传统观念的束缚,不能完全打破民族文献收藏部门各自为政、互不往来、信息不灵的格局,因而影响了民族文献的有效开发和利用。为了尽快改变这种状况,全面开发利用民族文献,我们提出以下几点设想及对策:

1. 加强宣传报道,改进服务方式,实现读者工作的高效率、高质量

宣传报道是读者与图书馆藏书联系的细节。宣传报道工作是否成功,直接影响民族文献的利用,应针对现实,着重宣传民族文献的历史意义和现实意义,介绍服务工作,推荐阅读书目,举办专题展览,便于引起读者的浓厚兴趣和利用馆藏的强烈愿望。在此基础上,进一步改进服务方式:首先,应变被动为主动,不再坐等读者上门,而应通过各种方式与读者建立广泛联系,逐步形成利用民族文献的基本读者群。其次,建立一套简要而完备的读者卡,以便了解读者要求,分析阅览规律,预测发展趋势。再次,应采用复向服务方式,既认真做好流通。又随时注意效果反馈,还可通过举办馆藏报告会、读者座谈会和读书会等方式,寻求与读者的共鸣,从而为每一个读者提供尽可能便利的多方位服务。

2. 进一步做好馆藏补充工作,建立具有更大特色的民族文献藏书体系

馆藏质量是提高藏书利用率的前提条件,民族文献代表着我国少数民族政治、经济和文化等方面的文明成果。不仅是我们国家的宝贵财富,也是全人类文化的重要组成部分。年代愈久,数量愈少,显得愈珍贵。我们必须在保证现有馆藏完好的基础上,不断补充缺藏,调整结构,使藏书日趋完善。

首先,要对民族文献进行深入细致的调查。这是我们目前最急于要做的工作。特别是对民族古籍的调查,不仅要有数量和种类方面的准确数据,还必须分析其结构成分、学科分布和收藏范围。同时,应利用各种目录和相关资料,全面了解同类民族文献收藏的地区、单位、种类、数量乃至研究利用成果等,并在此基础上,建立各馆缺藏目录,做出比较分析。

其次,要做好馆藏民族文献的补充工作。馆藏补充的具体方式除常用的采购、征集、接受捐赠和照相复制等以外,还可采取如下措施:①对珍贵民族文献应提倡多余复本的交换,以开拓书源,调整馆藏,应借鉴北京图书馆开展的普通古籍复本交换经验,广泛开展复本交

---

[*] 该篇文章与李晓菲合作。

换工作,互通有无,达到资源共享;②民族文献工作者深入民间、寺庙、古旧书店、书摊等搜集民族文献;③加强对零散民族文献的编辑与制作,由于民族文献的特殊性,大量的民族文献信息分散在正史、丛书、文集和各类文献之中,如正史《史记》《后汉书》《三国志》《魏书》《宋书》《新五代史》等都有有关少数民族的记载,将这些分散的民族文献信息集中起来,并按专题加以编辑、复制加工,装订成册,系统入藏。

3. 合理布局民族文献资源,逐步实现馆际协作与共享

由于科技的飞速发展,民族文献量的增多,读者需求的广泛多层次,任何一个单个馆是无法独立满足客观需求的,这就迫使图书情报等部门不得不走协作的道路。然而,目前我国图书情报部门民族文献资源建设的格局属于纵向型,缺乏全国统一布局,各自为政、分散盲目式经营,使民族文献布局向两极分化:大城市大型馆民族文献愈来愈多,中、小城市基层馆则"每况愈下","贫富"悬殊相当大。以内蒙古自治区蒙古文文献布局为例。据《内蒙古文献资源调查工作踪录》统计,内蒙古图书馆馆藏蒙古文文献4.9万册,内蒙古大学图书馆3.4万册,内蒙古师范大学图书馆8.3万册,内蒙古农牧学院图书馆0.4万册,内蒙古社会科学院图书馆3.1万册,呼和浩特市地区共藏蒙古文文献20.1万余册,收藏量占全区总藏书量的74%。由于文献布局的缺陷,基层图书情报缺乏必需的民族文献可供开发,甚至无资源可开发,广大读者处于"饥饿""半饥饿"状态,而大城市各类大型馆的民族文献却闲在架上,造成浪费。为此,我们认为,应采取如下措施:

(1)建立我国民族文献保障体系,把全国民族文献资源建设作为一个系统工程,在全国大系统总体最优文献资源增长的前提下,结合我国少数民族地区大杂居、小聚居的特点,规划区域的民族文献资源建设,寻求制订区域民族文献资源与少数民族经济、社会协调发展的总体规划方案,结合近远期发展前景,组成多层次、多学科、多方面人才的文献资源建设班子,从而建立一个较完整、系统而又符合中国国情的民族文献资源体系。这个体系应以地理因素为主,建立本地区、本民族、本部门各自不同的文献收藏中心和开发中心。在此基础上,通过中央、地区、基层三级藏书,把科研、高校、公共三个系统的图书馆结成纵横交错的民族文献网络。其步骤为:先可在中国民族图书馆和自治区、各民族地区图书馆建立民族文献服务中心,形成公共图书馆的民族文献网络。同时,各民族院校、科研部门也要根据所处地域、所设的学科和专业,建立民族文献的资料中心和学科中心,以形成民族院校、科研部门民族文献网络。在这个大系统中,可由中国民族图书馆牵头,加强各民族地区、各民族院校、科研部门的联系,形成相互开放、互相协作、紧密联系、资源共享的跨系统、跨地区的全国民族文献开发利用协调组织。在这一协调组织领导下,协调全国各大系统民族文献的采访,合理使用有限的财力,使各馆之间的主要民族文献形成一个完整体系。

(2)加强与非少数民族图书情报部门的联系。除少数民族地区外,我国大约还有1000万少数民族人口散居在全国各省、市大小城镇和乡村。各少数民族在经济、政治和文化生活方面,不仅相互影响,而且都和汉族有着密切的联系。许多非少数民族图书情报部门也部分地收藏民族文献,如北京,沈阳,台北是我国三大满文宝库。因此,各民族地区图书情报部门要加强与国家图书馆,各省、市公共图书馆系统,中国科学院图书馆系统,全国高校图书馆系统的联系。除此之外,还要与民族地区档案馆、博物馆、文物所等建立广泛的联系,互通有无,达到资源共享。

（3）要在边远少数民族地区大力兴办科学技术信息中心，进行乡村图书馆（室）的建设，大量订购民族文献，引导他们利用信息，开阔眼界，发展农副产品加工业、养殖业。兴办乡镇企业，以科技、信息推动农牧业更上一个台阶。同时对全国民族文献资源建设，要采取国家、集体、个人一起参与的办法，加快民族文献资源建设的发展，为信息开发、满足社会需求奠定物质基础。

4. 改进、调整现有目录体系，实现民族文献检索现代化和信息一体化管理

民族文献目录在开发民族文献信息资源中占有重要地位。为了有效地开发民族文献资源，当前应广泛应用现代化科学技术成果，加强民族文献目录建设，把民族文献中的各种有用信息加工、浓缩、编制成各种形式的目录、索引、指南，形成手工检索的目录体系，或者把它们输入电子计算机形成机读目录，按地区、按系统形成民族文献信息（目录）中心，通过联网检索，逐步形成纵横交错的民族文献信息网络，逐步实现民族文献目录工作的现代化。其具体步骤是：

（1）改变传统著录方式，实施标准化规则，力求使民族文献目录著录规范统一，逐步实现利用计算机编目和目录制作的自动化。民族文献著录标准化是一个新课题，需要研究的问题很多，目前正处在研究探讨之中。其中有一些少数民族文字文献著录标准已制定。如《蒙古文文献著录规则》等。其他民族文献著录标准化问题还需要从理论和实践上不断深入完善，为最终达到民族文献工作的全面标准化，实现计算机编目和目录制作自动化制造必要的条件。

（2）完善现有民族文献书名、著者、分类的目录组织形式，提高文献揭示的深度和广度，实现现代化的检索手段和检索的多途径。民族文献一直采用的书名、著者和分类的目录形式已不能完全满足日益广泛的需要，应在揭示民族文献的深度和广度上下功夫，进一步开发主题、专题和专科等多种目录形式。编制民族文献主题目录的关键是必须有适合民族文献特点的主题词表。可以借鉴、参考已有的《汉语主题词表》，组织专人进行研究，提出可行方案。对一些学术价值较高或读者感兴趣的藏书，可以编制更为方便适用的主题和专科目录或索引、文摘。

（3）健全民族文献目录体系，努力实现民族文献信息一体化管理。首先，要求协调图书、情报、档案、文博等部门所藏民族文献目录学理论，使图书、情报等部门在民族文献目录检索语言方面通用化。其次，逐步建立地区性的、专业性的民族文献联合目录。第三，联合建立民族文献信息库。为将来形成全国联机检索的信息网络打下基础。

5. 建立一支素质高、知识丰富，具有敬业吃苦精神的民族文献资源开发队伍

民族文献工作是一项专业性很强，涉及多学科知识的学术性、服务性工作。要求每个工作人员除具备一般图书情报知识外，还必须在科学技术知识、民族语言文字方面有一定造诣，还应努力掌握电子计算机等现代化技术手段。只有这样才能适应现代化的民族文献开发趋势，也只有如此高水平的队伍，方能准确揭示民族文献信息，进行目录、索引、文摘、综述等信息加工工作，才能多主题、多途径、全方位地满足读者对民族文献信息广、快、精、准的需求特点，提供系统化的服务。

首先，在文、史方面基础较好的综合性大学里以系、科配合形式建立学科交叉型的民族文献专业。其次,鉴于民族文献本身的学科属性,要培养出高水平的人才,必须采取基础宽厚、文理渗透的办法以多学科综合配置的方式设置课程。在此基础上,建立本科生、在职培训和研究生教育同步发展的教育结构。第三,将民族文献专业建成为教学和科研相结合的实体。民族文献专业与民族文献出版机构挂钩,建立稳固的教学与生产实习基地,对口设学(科),以用求学的精神去做,达到学用一致。

在进行专业知识教育的同时,还应做好专业思想教育工作,使我们培养出来的人才具有牢固的图书情报专业思想和敬业吃苦精神,还有扎根边疆为少数民族事业献身的精神,这样的人才队伍,才是坚定地为少数民族文献事业的发展而奋斗的人才队伍。

(原载《青海图书馆》1996 年第 2 期)

也谈地方文献情报资源的开发

《图书情报工作》1989 年第 6 期发表了邓小夏同志的《亟待开发的情报源——地方文献》一文。文章从地方文献内容的区域性、史料的翔实性、百科性来说明地方文献是一种重要的情报源,并针对我国地方文献情报资源利用存在的问题提出了四个方面的解决意见,使人颇受启迪。但是,综观"四个意见"总觉得还有些言而未尽之处,或者说讲得还不那么彻底。本文愿就这个问题继续做一些探讨。

1. 开发地方文献情报资源与地方文献目录工作的关系

地方文献资源的开发,一是要强化地方文献情报资源的管理系统。各级各类图书馆要加强地方文献的基础工作,丰富地方文献资源的收藏,改变地方文献资源系统结构单一的局面,采取多形式,运用多途径,丰富地方文献资源收藏。二是要加强对地方文献情报的研究,加工整理,发掘工作,开展智能服务。三是强化地方文献情报的传递系统,要形成多流向、多类型、辐射能力强,纵横交错的地方文献情报传递网络。这就需要不断提高对地方文献情报在新技术革命和信息化社会中的地位和作用的认识。从上述三个方面着手,通过加强地方文献信息库的建设,形成既为地方史志研究服务,又为现实的经济建设和各项事业服务的联结国家和地方各级图书馆,各专业系统以及各机关单位图书情报资料部门的地方文献信息检索网络。保证最大限度地开发地方文献情报资源,为社会主义各项建设事业服务。

地方文献目录在开发地方文献情报资源中占有重要地位。大家知道,所谓地方文献情报是指地方文献中所包含的知识内容,并不是指地方文献实体本身。因此,所谓开发地方文献情报资源,实质上是指研究发掘地方文献中所包含的广泛的知识内容。把这些知识内容及时、准确、系统完整地传递给读者,达到服务于"四化"建设的目的。从地方文献目录本质上讲,它是把地方文献的知识内容经过分析、加工、浓缩,著录成条目,再按照一定的检索标识编排组成目录,形成地方文献信息传递的通道。为了有效地开发地方文献情报资源,当前在我国地方文献工作中,应该广泛地应用现代科学技术成果,加强地方文献目录建设,逐步实现地方文献目录工作的现代化。为此,我们应从地方文献目录学的理论研究入手,在科学理论指导下,把地方文献中的各种有用情报加工浓缩,编制成各种形式的目录、索引、指南,形成手工检索的目录体系。有条件的地方可以把它们输入电子计算机,形成机读目录,并逐步按地区、按系统形成地方文献信息(目录)中心,通过联网检索,逐步形成纵横交错的地方文献信息网络,使地方文献目录具有全息功能、放大功能、检索服务功能和情报咨询功能。

所谓全息功能,是指由于地方文献目录可以冲破时空限制,把各个历史时期形成的分散在各种类型图书馆以及其他各有关单位的地方文献情报集中到一起,加强情报之间的联系,扩大情报量,它相对于孤立分散的情报单元讲,就具有了全息功能。所谓放大功能,是指通过地方文献目录,把跨越时空的地方文献情报集中起来形成系统的有序化的整体信息。按照系统论的基本原理:"整体大于各孤立部分的总和",信息网络具有其放大功能。目录的检索功能,是地方文献目录的基本职能之一。通过地方文献目录提供的线索,可以查寻出所需要的地方文献,进而通过地方文献目录,对读者进行查寻地方文献给予指导,回答读者提出的问题,这就是地方文献目录的咨询服务功能。

2. 信息一体化管理对地方文献目录的要求及其对策

这里所说的信息一体化管理,主要是指文献信息一体化管理,其中主要又是指图书情报资料的一体化。所谓一体化管理包括两个方面,一是图书、情报资料实体一体化,另一个是指它们所包含信息的一体化管理。在历史上基于图书、情报资料的共源性,经历了长期的实体共同管理的发展阶段。随着社会的发展,社会分工越来越细,图书情报资料走上了独立发展的阶段。由于二者具有本质上的共同联系,诸如二者在内容、载体材料、作用、管理方法和实现现代化的手段基本相同等。同时也由于二者一体化管理,实现信息资源共享,是社会主义事业的客观要求。文献信息的一体化管理已成为必然趋势。在一些机关图书室、地方综合性图书馆,尤其是一些企事业单位已逐步建立起管理图书情报资料的信息中心,实现了二者一体化管理。这是发展方向。

就我国目前情况来看,收藏地方文献,不只是当地图书馆的任务,当地的档案馆、博物馆、文物所等也都要部分地收藏地方文献。所以,全面实现地方文献实体材料的共同管理是难以实现的,也是不现实的。如果采取图书、情报、档案、文博等部门所藏地方文献所含信息的一体化管理,我认为是可以实现的。我们可以使上述有关部门所藏的地方文献的实体材料分别存放于不同的地方或部门,而把他们所藏的地方文献的知识内容浓缩后,贮存在文献目录或电子计算机信息库中,由一个部门集中管理目录和信息库。进而建立文献信息的检索服务中心,形成全国的、地区的、专业系统的、基层单位的不同层次的检索网络体系,这才是地方文献信息一体化管理的有效形式。而建立检索网络体系的主要工作,正是目录工作。

地方文献信息一体化管理对地方文献目录工作提出了更新更高的要求。

首先,要求协调图书、情报、档案、文博等部门所藏地方文献目录学理论。在地方文献目录学原理与地方文献目录工作的原则与技术方法方面,要互相借鉴,发展图书、情报等部门在理论指导方面的一致性。使图书、情报等部门在地方文献目录检索语言方面通用化。

其次,要加强地方文献目录的标准化和规范化。为了统一文献目录工作的标准,国家标准局批准颁发了《文献著录总则》《文献主题标引规则》等一些标准。根据这些规范标准,条目的著录项目、标识符号、详简级次、著录格式等基本内容,在图书、情报部门已基本趋于一致,目录的组织原理与方法也基本相同。这就在文献目录的标准化方面,迈出了重要一步。为了共同开发地方文献情报资源,地方文献目录的标准化是必须大力提倡的。从图书、情报部门来讲,为了适应地方文献信息一体化管理的需要,今后在组织地方文献时,应该尽可能少编那些不规范的地方文献目录。

再次,是要逐步建立地区性、专业性的地方文献联合目录。先可以由比较重要的专题开始,分别编制图书、情报资料、档案,甚至文博的地方文献联合目录。也可以按专题打破图书、情报资料、档案、文博的界限,打破地区界限,编制更高层次的联合目录。

最后,是要联合建立地方文献信息库。按照标准化要求,图书、情报等部门各自编制本系统的地方文献目录,形成不同层次的地方文献目录体系。然后按专业系统,科学设立并编制统一的软件程序,输入计算机,形成图书、情报等部门贮存、检索和利用地方文献的信息库。也可以按地区统一编制图书、情报等部门的有关地方文献目录的软件程序,以标准化要求输入计算机,形成地区性的地方文献信息贮存、检索利用的信息库。将来随着现代科学技术的广泛应用,还可以形成全国联机检索的信息网络。这应该是社会发展的趋势,地方文献情报资源开发利用的发展趋势。这一发展趋势对地方文献目录体系的建立将产生重大影响。

(原载《图书情报工作》1991 年第 2 期)

民族古籍的作用及其开发

民族古籍一向为民族地区图书馆所厚爱,有的甚至把收集来的民族古籍称之为"镇库之宝"。一般说来,民族古籍具有以下几个方面的作用。

1. 用于研究民族族源问题

如著名社会学家费孝通先生在《关于我国民族的识别问题》一文中提到的"平武藏人",即白马人的族属论断,就是从四川《龙安府志》和甘肃《文县县志》中获取的资料。《文县县志》(清光绪二年修本)中说,"白马峪在县西南五十里,古白马氏地",从甘川交界地的这些民族史料中,我们可以查知平武、南坪、文县一带,自古就是白马氏的住地,其中关于这一民族的居住、服饰、风俗习惯等各方面的记录,为考证其族属提供了可靠的历史资料。

民族古籍中的家谱、族谱、村史中也有有关民族族源问题的记载。如家谱中记载着家族的变迁、父子连名制等,对研究该民族与外来民族提供了具有参考价值的文字依据。

2. 用于研究古代疆域史

从历史上讲,每一个民族都有自己或大或小的一定的活动区域。《旧唐书》卷194下《西突厥传》中记载:"自白玉门以西诸国皆役居之。"隋唐时期,西突厥人就游牧于天山以北,金山西南地带。到元、清两朝,蒙古族、满族的统治在我国历史上有几百年的执政时间。元太祖建立了横跨欧亚的蒙古大汗国,忽必烈结束了唐末、五代以来辽、宋、西夏、吐蕃、大理等国长期并立和互相争夺的局面,基本上奠定了中国统一的多民族版图,加强了各民族之间的联系。到了康乾盛期,不仅有明确的疆域范围,而且有完整、稳定的地方行政制度,对巩固和建立中国的领土主权起了关键性的作用。

3. 用于研究民族中的宗教信仰和自然崇拜

由于少数民族文化的相对落后,对自然界侵袭造成的各种灾害得不到理解,因而会崇拜自然界的各种物质。加上有的民族从各种不同渠道传入了宗教,民族地区工农业各方面受到了相当的影响。民族古籍中的各种传说故事、经卷、神话、叙事长诗,还有在部分民间艺人中演唱的曲抄本、民歌,对各时期宗教的兴盛、自然崇拜的形式都有记载。

4. 用于研究古代民族婚姻制及习俗

如傣族古籍《叭真及其后代的历史散记》中,曾记载有一西双版纳第十代宣慰史将其女儿嫁给亲兄弟的儿子做妻子。这种亲叔伯兄妹婚配,可以说是古代血缘婚配的残迹。纳西族古籍《人类迁徙记》中关于洪水神话的兄妹结婚记载,不仅讲述了洪水泛滥发生于兄妹结婚之后,而且非常明确地将洪水的起因归咎于兄妹结婚。纳西族所叙述的人类繁衍后代的过程,如果抹去神话的色彩,完全可以把它看作是纳西族先民从群婚制向一夫一妻制婚姻形成发展的一个象征,真实地反映了古代纳西族社会的家庭形态。

5. 用于研究民族艺术史、音乐史和文学史

例如,大理国时期的《张胜温画卷》,南诏国时期的《南诏中兴二年画卷》及各种不同形式记载的大本曲本、吹吹腔谱本和民间艺人口中流传的演唱曲谱,为研究人员提供了珍贵的资料。《南诏中兴二年画卷》中所展现的南诏大理国时期南诏开国的传奇神话历史故事,从画面上可以看出当时的社会生活及宗教与政治的关系。这些珍贵的资料被研究人员称为"南中瑰宝"。又如云南民族出版社出版的《纳西东巴古籍译注》中有关舞蹈的专谱,被舞蹈界誉为"国宝",它是迄今为止世界上独一无二的最古老的图画象形文字舞谱。再如大理洱源西山保存的白族民间演唱曲本、谱本、民歌抄本、稿本及流传在民间歌手中的各种民歌等,为研究白族民间文学的发生、发展,民族诗歌的源流等提供了不可多得的资料。

6. 用于研究民族文字发展演变的过程

目前,白文、哈尼文、西夏文、佉卢文、于阗文、粟特文、契丹文、突厥文、女真文、回鹘文等大批民族古文字的古籍文献已经出版,而这些文字的产生、发展、演变等复杂的文字现象,在民族古籍中均有所体现。在世界各个民族的历史发展过程中,曾经创制和流行过一种独立文字的民族并不是很多的,而纳西族就是其中之一。东巴经是纳西族用古老的文字记载下来的,人们称这种文字叫东巴文,它是世界上罕见的最古老的原始文字。东巴古籍文献中所传下来的这种文字,为我们今天研究文字的起源、变化、发展提供了原始的实物见证。

7. 用于研究民族科学技术的发展。

民族古籍中有不少记载民族建筑风格、建筑形式及建筑过程的数据,地方疾病的防治以及历史上民族地区有特色的各种生产技术资料,它们的作用往往是考古所难以达到的,为科学研究提供了不可多得的原始材料。如对黄河、长江源头的勘测,黄河水系及流量的探测,青藏公路路线的实地勘查,黄河上游龙羊峡水库和刘家峡水电站的兴建,有关地震资料的汇编,新疆塔里木盆地的综合考察,白龙江流域森林资源的调查,修包兰铁路时对腾格里沙漠的治理,白银、金川两大有色金属矿区的勘探和建设,河西走廊、柴达木盆地石油地质的再探测,祁连山区第四纪冰期冰川冻土考察……总之,民族古籍为民族地区的经济建设、科技事业提供了大量的原始资料,为科学决策提供了大量的客观依据。

除此之外,民族古籍对于研究少数民族有关社会形态、民族文化的形成和演变过程,以及民族历史人物,特别是对有关少数民族原始社会父系家庭公社及其向阶级社会过渡的研究,对于了解人类历史上业已消失的古代社会,丰富马克思主义唯物史观,有着不可估量的学术价值。

当前,我国社会主义现代化建设和改革开放事业的蓬勃发展,既对民族古籍资源的开发利用提出了新的、更为广泛的要求,同时又为民族古籍资源的进一步开发利用提供了更为有利的社会环境。进一步深刻认识开发民族古籍资源的意义,积极探索民族古籍资源得以充分开发和有效利用的途径,从而更多更好地为社会需要服务,是摆在我们民族古籍资料工作者面前的一个重要课题。

第一,按照社会需要,如工农业生产、水利建设、文化教育、科学研究等,组织实际工作部

门同民族古籍资料工作者相结合,选择确定专题,将散见于民族古籍中相同、相近和相关的论述汇集起来加以编撰,或出版印行,包括内部出版,或制成卡片,使需要者一检即得,既方便又省时。

第二,组织有关方面的专家学者,对馆藏的众多民族古籍资料进行鉴定评估。对其中确有价值的古籍,分轻重缓急,进行翻译、校勘、标点、断句、注释等整理工作,重新出版,以供研究,使之充分为民族文化的继承发挥作用。

第三,有目的、有选择、有计划地编制各种不同的专题或专科书目、索引和文摘。举凡山川、地理、人物、风情、事件、掌故、词语、物产等均可作为标目,以充分发挥馆藏,提高民族古籍资料的利用率。《全国蒙文古旧图书资料联合目录》《全国满文图书联合目录》《全国满文石刻目录》《北京现存彝族历史文献目录》《藏文典集类目录》《西北地区民族院校民族文献联合目录》等目录的相继问世,对于编制各种不同专题或专科的民族古籍书目、索引和文摘提供了方便条件,我们应该把握这一有利条件,开展更深层次的服务。

第四,积极组织,大力开展馆际互借和交流工作,提高民族古籍的利用率。应当看到,任何一个图书馆都不可能,而且也没有必要把所有民族古籍收集完全,搞好馆际互借和交流可以有效地打破封闭,相得益彰。中国民族图书馆自 1983 年以来共开发汉文、满文、蒙古文、维吾尔文、藏文、朝鲜文、哈萨克文、彝文及日文、英文、梵文等 11 种文字的馆藏民族古籍 317 000 册,500 多种,提供给全国 500 多个单位使用,产生了良好的社会效益和经济效益。

（原载《图书馆杂志》1992 年第 1 期）

附　　录

主持科研项目

1	中国少数民族文献学概论	国家社会科学基金项目	2000 年
2	少数民族在中国统一发展中的贡献：第十卷	国家民委民族问题研究中心委托项目	2002 年
3	中国少数民族古籍管理学研究	辽宁省教育厅高等学校科学研究项目	2002 年
4	民族院校信息素质教育现状及其发展趋势研究	大连民族学院教学改革项目	2002 年
5	信息检索分类教学研究	大连民族学院教学改革项目	2002 年
6	"红山文化"区域历史与民俗研究	辽宁省社科基金中青年项目	2004 年
7	东北少数民族研究文献资源体系建设及数字化研究	中央高校自主科研基金项目	2010 年
8	民族院校大学生思想政治教育研究专题数据库建设研究	国家民委大学生思想政治教育重点研究基地项目	2011 年
9	中国少数民族文献目录学研究	中央高校自主科研基金项目	2012 年
10	民族院校大学生思想政治教育信息平台建设研究	国家民委大学生思想政治教育重点研究基地项目	2012 年

学术论文与著作

（一）发表论文

[1] 包和平.试谈建立地县级图书情报中心馆的设想[J].内蒙古图书馆工作,1985.

[2] 包和平.试论建立现代化图书采购管理信息系统的设想[J].内蒙古图书馆工作,1986.

[3] 包和平,白玉珍.谈谈图书馆宣传工作[J].内蒙古图书馆工作(蒙文版),1987.

[4] 包和平.随机模拟及其在图书馆借还系统设计与管理中的应用[J].图书馆学研究,1988(4).

[5] 包和平,包金莲.关于提高旗县图书馆蒙文书刊利用率的几点建议[J].内蒙古图书馆工作(蒙文版),1989.

[6] 包和平.试论民族地方文献信息资源的开发利用和民族地方文献目录工作的改革[J].内蒙古图书馆工作,1990(1).

[7] 包和平.关于图书馆学方法论的思考[J].图书馆杂志,1990(4).

[8] 包和平.应用新方法研究图书馆学应注意的几个问题[J].图书馆建设,1990(4).

[9] 包和平,王兰.关于图书馆建立视导制度的设想[J].新世纪图书馆,1990(5).

[10] 包和平.少数民族地区图书馆学研究中的比较方法初探[J].内蒙古图书馆工作,1991(1).

[11] 包和平.也谈地方文献情报资源的开发[J].图书情报工作,1991(2).

[12] 包和平.关于图书馆学方法论的一点思考[J].图书馆学研究,1991(2).

[13] 包和平.当今图书馆学研究中的方法论议[J].四川图书馆学报,1991(2).

[14] 包和平,王兰.对民族古籍整理工作的几点意见[J].图书与情报,1991(3).

[15] 包和平.加强民族图书馆学基础理论的研究[J].内蒙古图书馆工作,1991.

[16] 包和平,包金莲.培训旗(县)图书馆专业人才的体会[J].内蒙古图书馆工作(蒙文版),1991.

[17] 包和平.民族古籍的作用及其开发[J].图书馆杂志,1992(1).

[18] 包和平.试论民族图书馆学的物质基础和理论基础[M]//中国少数民族图书馆研究.吉林省图书馆学会,1992.

[19] 包和平.民族图书馆学科研战略初探[M]//中国少数民族图书馆研究.吉林省图书馆学会,1992.

[20] 包和平.民族图书馆学的研究对象和任务[M]//中国少数民族图书馆研究.吉林省图书馆学会,1992.

[21] 包和平.民族图书馆学基础理论研究方法探讨[M]//中国少数民族图书馆研究.吉林省图书馆学会,1992.

[22] 包和平.发展少数民族图书馆事业,必须加强人才队伍的建设[M]//中国少数民族图书馆研究.吉林省图书馆学会,1992.

[23] 包和平.优势论与民族图书馆事业发展[M]//中国少数民族图书馆研究.吉林省图书馆学会,1992.

[24] 王秀真,包和平.我国民族图书馆事业发展战略研究的若干问题[M]//中国少数民族图书馆研究.吉林省图书馆学会,1992.

[25] 包和平.民族文献分类法刍议[M]//中国少数民族图书馆研究.吉林省图书馆学会,1992.

[26] 包和平.民族文献的概念和范围[M]//中国少数民族图书馆研究.吉林省图书馆学会,1992.

[27] 包和平."要素说""矛盾说""规律说"方法论特征初探[J].图书馆建设,1992(5).

[28] 包和平.民族古籍的科学管理和利用[J].新世纪图书馆,1993(1).

[29] 包和平,额尔德尼.论图书馆职工的优化组合[J].内蒙古图书馆工作(蒙文版),1993.

[30] 包和平,王兰.应加强对图书馆员问题的理论研究[J].图书馆界,1993(2).

[31] 包和平.应用"三论"研究图书馆学应注意的一个问题[J].图书馆建设,1993(2).

[32] 包和平.专门图书馆学研究应注意的几个问题[J].图书馆建设,1994(4).

[33] 包和平. 对图书馆学理论研究的哲学思考[J]. 图书情报工作,1995(1).

[34] 包和平. 对图书馆学基础理论研究的思考[J]. 图书馆建设,1995(6).

[35] 包和平. 开发利用民族文献资源的设想及对策. 青海图书馆,1996.

[36] 才旦卓嘎,卢晓华,包和平等. 当代中国民族图书馆事业的发展[J]. 图书馆学研究,1996(2).

[37] 李晓菲,包和平. 试论民族文献信息资源的开发利用[J]. 情报资料工作,1996(4).

[38] 包和平. 关于建立和发展民族图书馆学的几个问题[M]//中国民族图书馆理论与实践. 北京:中国华侨出版社,1996.

[39] 刘瑞,包和平. 我国民族图书馆事业发展战略探索[M]//中国民族图书馆理论与实践. 北京:中国华侨出版社,1996.

[40] 包和平,乌云毕力格. 民族文献的特点和作用[M]//中国民族图书馆理论与实践. 北京:中国华侨出版社,1996.

[41] 包和平,王兰. 民族文献目录学刍议[M]//中国民族图书馆理论与实践. 北京:中国华侨出版社,1996.

[42] 包和平,姜永英. 谈谈我国民族文献目录学研究的发展方向[M]//中国民族图书馆理论与实践. 北京:中国华侨出版社,1996.

[43] 包和平. 试论民族文献管理学[M]//中国民族图书馆理论与实践. 北京:中国华侨出版社,1996.

[44] 包和平,许斌. 关于民族文献学研究的几个问题[J]. 内蒙古图书馆工作,1996,Z2.

[45] 包和平,唐燕. 试论理论图书馆学的研究对象和体系[J]. 内蒙古图书馆工作,1996,Z2.

[46] 包和平,许斌. 关于民族文献目录学研究的几个问题[J]. 图书馆学研究,1997(4).

[47] 包和平. 论图书馆学研究的突破与创新[M]//图书馆学研究. 呼和浩特:远方出版社,1997.

[48] 包和平. 图书馆学基本理论的概括性和相对性[M]//图书馆学研究. 呼和浩特:远方出版社,1997.

[49] 包和平. 论乡镇图书馆在农村文化发展战略中的地位和作用[M]//图书馆学研究. 呼和浩特:远方出版社,1997.

[50] 包和平. 图书馆员素质论[M]//图书馆学研究. 呼和浩特:远方出版社,1997.

[51] 包和平. 图书馆员的劳动属性和特点[M]//图书馆学研究. 呼和浩特:远方出版社,1997.

[52] 包和平. 图书馆管理人才群体结构探讨[M]//图书馆学研究. 呼和浩特:远方出版社,1997.

[53] 包和平. 馆长管理艺术探索[M]//图书馆学研究. 呼和浩特:远方出版社,1997.

[54] 包和平. 论图书馆学基本问题[J]. 图书馆学研究,1999(6).

[55] 包和平. 中国少数民族文字古籍及其书目概况[J]. 图书情报工作,2000(10).

[56] 包和平. 我国民族文字文献工作的现代化[J]. 图书与情报,2000(3).

[57] 包和平,王学艳. 潜心研究结硕果民族图苑创新篇——《中国少数民族图书馆学丛书》评介[J]. 情报资料工作,2000(3).

[58] 包和平. 论图书馆学系统的开放性[J]. 河南图书馆学刊,2000(3).

[59] 包和平. 我国民族文献资源科学布局探讨[J]. 贵图学刊,2000(3).

[60] 包和平. 我国民族文献特点刍议[J]. 图书馆理论与实践,2000(4).

[61] 包和平. 我国民族文献资源建设概况及其开发利用的未来展望[J]. 大连民族学院学报,2000(4).

[62] 包和平. 论图书馆员的劳动属性[J]. 图书馆学研究,2000(4).

[63] 包和平. 书名定量分析的几个统计量[J]. 情报杂志,2000(6).

[64] 包和平. 论理论图书馆学的学科体系[J]. 现代情报,2000(6).

[65] 包和平. 图书馆学发展缓慢的社会根源分析[J]. 图书馆杂志,2000(9).

[66] 包和平. 中国古代民族文献目录概述[J]. 情报资料工作,2001(1).

[67] 包和平. 我国民族高校图书馆事业发展战略探讨[J]. 图书情报知识,2001(1).

[68] 包和平. 少数民族古籍的科学管理和开发利用[J]. 中国图书馆学报,2001(1).

[69] 包和平. 对图书馆学基础理论研究的再思考[J]. 图书馆建设,2001(2).

［70］包和平.确立中国现代图书馆学的关键:体系更新［J］.图书情报工作,2001(2).

［71］包和平.论图书馆学基本理论的理论特征［J］.图书馆学研究,2001(2).

［72］包和平.21世纪民族文献开发利用趋势［J］.贵图学刊,2001(2).

［73］包和平.西部开发与民族文献情报资源开发利用［J］.情报杂志,2001(3).

［74］包和平.新世纪新打算——大连民族学院图书馆2001—2005年建设目标与发展思路［J］.大连民族学院学报,2001(3).

［75］闫海新,包和平.图书馆网上购书存在的问题及发展对策［J］.现代情报,2001(3).

［76］包和平.西部开发与民族文献情报资源开发利用［J］.情报杂志,2001(3).

［77］包和平.关于图书馆学方法论的哲学思考［J］.中国图书馆学报,2001(4).

［78］包和平,蔡明德.我国民族高校图书馆发展战略探索［J］.大连民族学院学报,2001(4).

［79］包和平.论民族文献导读［J］.图书馆学研究,2001(6).

［80］包和平,闫海新.图书馆学情报学研究人才的群体结构［J］.情报杂志,2001(7).

［81］包和平,闫海新.21世纪中国图书馆学理论与方法的创新［J］.图书情报工作,2001(7).

［82］陈新颜,包和平.谈大学阶段学生创新能力及其形成的条件［J］.大连民族学院学报,2001,S1.

［83］包和平.民族文献学研究浅议［J］.古籍整理研究学刊,2002(1).

［84］包和平.图书馆中层以上管理人才群体结构探讨［J］.图书馆学刊,2002(1).

［85］包和平.图书馆学情报学教育师资队伍的群体结构［J］.现代情报,2002(1).

［86］包和平.民族文献学的研究对象和学科体系［J］.情报资料工作,2002(2).

［87］包和平,王学艳.中国少数民族文献数字化建设研究［J］.情报杂志,2002(2).

［88］包和平,刘维英.民族文献整序研究［J］.大连民族学院学报,2002(2).

［89］包和平,王学艳.论民族文献的开发利用［J］.图书馆学研究,2002(2).

［90］包和平,王学艳.我国少数民族文字文献的书目控制［J］.中国图书馆学报,2002(3).

［91］包和平,王学艳.我国民族古籍的书目控制［J］.图书馆杂志,2002(3).

［92］包和平.我国古代汉文民族文献书目概述［J］.图书与情报,2002(3).

［93］陈新颜,包和平.高校在大学生创新能力培养中的作为［J］.黑龙江高教研究,2002(4).

［94］包和平,王学艳.国外对中国少数民族文献的收藏与研究概述［J］.情报杂志,2002(6).

［95］包和平.国外出版的中国少数民族文献目录概况［J］.图书馆杂志,2002(6).

［96］包和平,王学艳.现代汉文民族文献的书目控制［J］.图书情报工作,2002(8).

［97］闫海新,包和平.网上书店的现状及其发展前景［J］.情报资料工作,2002,S1.

［98］包和平.中国少数民族文字文献的数字化研究［C］//中国测绘学会.全面建设小康社会:中国科技工作者的历史责任——中国科协2003年学术年会论文集(下).中国测绘学会,2003.

［99］和平,刘斌.中国民族数字图书馆建设研究［J］.图书情报工作,2003(12).

［100］包和平,陈新颜."红山文化"多媒体数据库的开发研究［J］.大连民族学院学报,2003(2).

［101］包和平.我国民族文献工作特点分析［J］.图书馆学刊,2003(3).

［102］包和平.图书馆员劳动特点探析［J］.图书馆学研究,2003(3).

［103］包和平.民族古籍管理学的研究对象和任务［J］.情报资料工作,2003(4).

［104］包和平.关于我国少数民族古籍资源数字化建设探讨［J］.图书馆建设,2003(4).

［105］包和平.论民族文献的性质和价值［J］.津图学刊,2003(4).

［106］包和平.关于我国少数民族古籍资源数字化建设探讨［J］.图书馆建设,2003(4).

［107］包和平,宛文红.西部图书馆特色数据库现状调查分析［J］.图书馆论坛,2003(5).

［108］包和平,包爱梅.民族古籍书目数据库建设探讨［J］.图书馆理论与实践,2003(6).

［109］包和平,宛文红.西部图书馆的特色数字化资源［J］.图书情报工作,2003(7).

［110］包和平.馆员的心理素质与馆长的管理理念——论管理心理学在馆长管理中的应用［J］.现代情报,

2003(7).

[111] 包和平,鲍成学.中国古代民族图书馆的产生与发展[J].中国图书情报科学,2004(2).

[112] 包和平,张英福,王秀文.红山文化区域历史与民俗研究论纲[J].大连民族学院学报,2004(4).

[113] 包和平,包爱梅.中国少数民族文献目录学的研究现状及发展趋势[J].情报资料工作,2004(4).

[114] 包和平,李晓菲.我国古代少数民族宗教文献及其书目控制[J].图书馆学刊,2004(4).

[115] 包和平,包爱梅.中国少数民族文献目录学的研究现状及发展趋势[J].情报资料工作,2004(4).

[116] 包和平.少数民族文字文献数字化的规范控制[J].现代图书情报技术,2004(5).

[117] 包和平,王学艳.中国少数民族古籍书目控制的走向和任务[J].内蒙古大学学报(人文社会科学版),2004(5).

[118] 包和平,包爱梅.中国少数民族古籍的收藏与研究现状[J].内蒙古社会科学(汉文版),2004(6).

[119] 包和平.关于少数民族文字文献的数字化思考[J].图书馆论坛,2004(6).

[120] 包和平,包爱梅.中国少数民族文献目录学的研究对象和任务[J].图书馆学研究,2004(9).

[121] 包和平.民族古籍检索的原理和方法[J].现代情报,2004(9).

[122] 包和平.图书馆学定性研究方法的演变及其未来走向[J].情报杂志,2005(1).

[123] 包和平.图书馆学传统研究方法的局限性及其发展观[J].图书馆工作与研究,2005(2).

[124] 包和平,包爱梅.民族高校民族文献数据库建设探讨[J].情报资料工作,2005(4).

[125] 包和平,王学艳.论民族古籍整理中的翻译问题[J].图书馆学刊,2005(4).

[126] 包和平.民族古籍计算机检索网络建设研究[J].现代情报,2005(6).

[127] 包和平,何丽.民族古籍保护及其策略研究[J].中国图书馆学报,2005(6).

[128] 包和平.民族古籍工作的特点及其未来发展趋势研究[J].图书情报工作,2005(8).

[129] 包和平,黄士吉.礼——中华文明起源的首要标志[J].大连海事大学学报(社会科学版),2006(3).

[130] 包和平,黄士吉.原始陶文——汉字的起源[J].大连民族学院学报,2006(4).

[131] 包和平,王学艳.中国少数民族古籍书目数字化及其国际合作化前景[J].情报资料工作,2006(4).

[132] 黄士吉,包和平.红山文化碧玉龙[J].大连大学学报,2006(5).

[133] 包和平.西部图书馆可持续发展战略研究[J].图书馆学研究,2006(9).

[134] 包和平,林红宣.当前图书馆学理论研究的新思考[J].图书馆学刊,2007(1).

[135] 包和平,黄士吉.中国女始祖神——牛河梁女神头像研究[J].大连民族学院学报,2007(6).

[136] 包和平.增强民族高校图书馆管理的创新意识[J].中国民族,2007(6).

[137] 刘晓伟,包和平.谈民族高等院校图书馆文献信息资源建设[J].吉林师范大学学报(人文社会科学版),2008(1).

[138] 包和平.讲仁礼之概要立儒学之根基——《论语》[M]//书海导航:大连民族学院图书馆《书评季刊》选编.沈阳:辽宁民族出版社,2008.

[139] 包和平.揭示宇宙人生奥秘的奇书——《周易》[M]//书海导航:大连民族学院图书馆《书评季刊》选编.沈阳:辽宁民族出版社,2008.

[140] 包和平.以正名实而化天下——《公孙龙子》[M]//书海导航:大连民族学院图书馆《书评季刊》选编.沈阳:辽宁民族出版社,2008.

[141] 包和平.博大精深的名物训诂字典——《广雅疏证》[M]//书海导航:大连民族学院图书馆《书评季刊》选编.沈阳:辽宁民族出版社,2008.

[142] 包和平.两千年的"民权"主义论著——《孟子》[M]//书海导航:大连民族学院图书馆《书评季刊》选编.沈阳:辽宁民族出版社,2008.

[143] 包和平.我国古代第一部诗歌总集——《诗经》[M]//书海导航:大连民族学院图书馆《书评季刊》选编.沈阳:辽宁民族出版社,2008.

[144] 包和平.回归原始儒家理念的哲学思想著作——《孟子字义疏证》[M]//书海导航:大连民族学院图

书馆《书评季刊》选编.沈阳:辽宁民族出版社,2008.

［145］包和平.五经圭臬字典先河我国第一部大字典——《说文解字》[M]//书海导航:大连民族学院图书馆《书评季刊》选编.沈阳:辽宁民族出版社,2008.

［146］包和平.谭玄论道寓意深远汪洋捭阖仪态万方——《庄子》[M]//书海导航:大连民族学院图书馆《书评季刊》选编.沈阳:辽宁民族出版社,2008.

［147］包和平.倡导兼爱互利攻治逻辑科学——《墨子》[M]//书海导航:大连民族学院图书馆《书评季刊》选编.沈阳:辽宁民族出版社,2008.

［148］包和平.中国最早的礼制教科书——《礼记》[M]//书海导航:大连民族学院图书馆《书评季刊》选编.沈阳:辽宁民族出版社,2008.

［149］包和平.铨轻重之言立真伪之平——《论衡》[M]//书海导航:大连民族学院图书馆《书评季刊》选编.沈阳:辽宁民族出版社,2008.

［150］包和平.祖国医学理论之源——《黄帝内经》[M]//书海导航:大连民族学院图书馆《书评季刊》选编.沈阳:辽宁民族出版社,2008.

［151］包和平.中国古文献中年、月、日的表示方法研究[J].大连民族学院学报,2009(2).

［152］包和平.民族古籍的特点及其开发利用研究[J].中南民族大学学报(人文社会科学版),2009(5).

［153］包和平.我国少数民族辞书编纂出版概况及其未来展望[J].中国出版,2009(8).

［154］包和平.古代少数民族辞书的种类及其编纂使用特点[J].图书馆理论与实践,2009(8).

［155］包和平.清代蒙古族编撰的汉文古籍述略[C]//东北民族研究第三辑.沈阳:辽宁民族出版社,2010.

［156］包爱梅,包和平.现代少数民族语言辞书编纂出版特点及其存在的问题[J].图书馆理论与实践,2010(11).

［157］包和平.古代少数民族语言辞书的发展及其历史价值[J].大连海事大学学报(社会科学版),2010(3).

［158］包和平.中国少数民族辞书研究存在的问题及对策[J].大连民族学院学报,2010(6).

［159］包和平.亟待加强和重视的少数民族辞书研究[J].中国民族,2010(6).

［160］王波,包和平.辽宁民族古籍的特点与价值[J].大连民族学院学报,2011(6).

［161］徐国凯,包和平.民族特需品数字化建设研究[J].黑龙江科技信息,2012(10).

［162］宛文红,包和平.东北少数民族研究多媒体数据库框架构建与过程分析[J].图书馆学研究,2012(4).

［163］包和平,谢秋发,徐国凯.民族特需品数字化的原则和方法[J].大连民族学院学报,2012(5).

［164］包和平,徐国凯.关于民族特需品数字化的思考[J].科技信息,2012(6).

［165］包和平.清代满族编撰的汉文古籍述略[C]//东北民族研究第四辑.沈阳:辽宁民族出版社,2012.

［166］包和平,徐国凯.浅析民族特需品保护及其策略[J].中国民族,2012(8).

［167］包和平,徐子峰.红山文化区域古代遗物、遗迹研究[C]//东北民族研究第五辑.沈阳:辽宁民族出版社,2013.

(二)会议论文

［1］试论中国民族文献资源的开发利用.第四次全国民族图书馆工作研讨会.中国图书馆学会、中国民族图书馆,1994,5

［2］我国民族文献资源建设及其开发利用的未来展望.中国图书馆学会第四届全国文献资源共建共享学术研讨会,1995

［3］民族文献信息学的研究对象与任务.第六次全国民族地区图书馆学术研讨会.中国图书馆学会民族图书馆委员会,1997,8

［4］我国民族文献资源的基本特点和民族文献工作实现现代化的基本步骤.图书情报信息资源建设与信息

产业发展研讨会.文化部图书馆司等,1997,12

[5] 我国民族文献资源建设的概况及其开发利用的未来展望.中国图书馆学会成立20周年暨1999年年会
[6] 我国民族高校图书馆发展战略探索.中国图书馆学会2000年年会
[7] 西部开发与民族文献情报资源的开发利用.中国图书馆学会2001年年会
[8] 中国少数民族文献数字化建设研究.中国图书馆学会2002年年会
[9] 中国少数民族文字文献的数字化研究.中国科协2003年年会
[10] 馆长的管理艺术与方法——论管理心理学在馆长管理中的应用.中国图书馆学会2003年年会
[11] 民族古籍保护策略研究.中国图书馆学会2004年年会
[12] 高校图书馆要树立与时俱进的管理理念.中国图书馆学会2005年年会
[13] 优势论与西部图书馆事业发展.中国图书馆学会2007年年会
[14] 我国少数民族文字文献目录的产生与发展.中国图书馆学会2008年年会

(三)出版著作

[1] 包和平,李晓秋.中国少数民族图书馆研究[M].长春:吉林省图书馆学会出版,1992.
[2] 刘瑞,包和平.民族图书馆工作概论[M].长春:吉林省图书馆学会出版,1993.
[3] 许斌,包和平.古今实用对联(关东周末精选本)[M].辽源:关东周末编辑部出版,1993.
[4] 包和平,许斌.中国民族文献学研究[M].北京:中国华侨出版社,1996.
[5] 包和平,许斌.中国民族图书馆理论与实践[M].北京:中国华侨出版社,1996.
[6] 包和平,刘瑞.古今名联评析[M].呼和浩特:远方出版社,1997.
[7] 张文琴,包和平.图书馆学研究[M].呼和浩特:远方出版社,1997.
[8] 包和平,许斌译.千家诗译释[M].北京:东方出版社,1997.
[9] 白秀峰,包和平.农村实用科技手册[M].北京:中国华侨出版社,1997.
[10] 包和平,马歆.古今中外读书治学珍言录[M].北京:东方出版社,1998.
[11] 李晓菲,范圣第,包和平等.中国民族文献导读[M].沈阳:辽宁民族出版社,1999.
[12] 包和平,宝音,杨艳平.民族图书馆学概论[M].长春:吉林人民出版社,1999.
[13] 包和平,宛文红.信息检索教程[M].赤峰:内蒙古科学技术出版社,2001.
[14] 包和平,王学艳.中国图书世界之最[M].赤峰:内蒙古科学技术出版社,2001.
[15] 蔡明德,包和平,赵铸.大学生文化素质教育必读书手册[M].赤峰:内蒙古科学技术出版社,2001.
[16] 包和平.中国民族文献管理学[M].赤峰:内蒙古科学技术出版社,2001.
[17] 鄂义太,江远,包和平.实践与辉煌——中国共产党81件大事[M].北京:中央文献出版社,2002.
[18] 包和平等.中国少数民族文献学概论[M].北京:民族出版社,2004.
[19] 包和平主编.信息检索系列教程(丛书,10种).
    1.董丕彦.机电工程信息检索[M].呼和浩特:内蒙古大学出版社,2005.
    2.杨艳平.生物医学信息检索[M].呼和浩特:内蒙古大学出版社,2005.
    3.勾学海.土木建筑信息检索[M].呼和浩特:内蒙古大学出版社,2005.
    4.包和平,蒋本国,宛文红.化学化工信息检索[M].呼和浩特:内蒙古大学出版社,2005.
    5.张英福,包和平,宛文红.网络信息检索原理与应用[M].呼和浩特:内蒙古大学出版社,2005.
    6.郭军,闫海新.经济文献信息检索[M].呼和浩特:内蒙古大学出版社,2005.
    7.金玲,郭军.计算机科学与技术文献信息检索[M].呼和浩特:内蒙古大学出版社,2005.
    8.崔亚虹,包爱梅.期刊管理与信息检索[M].呼和浩特:内蒙古大学出版社,2005.
    9.陈新颜.文史信息检索[M].呼和浩特:内蒙古大学出版社,2005.
    10.王学艳,包和平,陈新颜.民族文献信息检索[M].呼和浩特:内蒙古大学出版社,2005.
[20] 包和平,王学艳.中国传统文化名著展评[M].北京:北京图书馆出版社(今国家图书馆出版社),2006.

［21］包和平,何丽,王学艳.中国少数民族古籍管理学概论［M］.北京:民族出版社,2007.

［22］包和平.民族地区经济信息资源论［M］.北京:民族出版社,2007.

［23］宛文红等.民族院校信息素质教育研究［M］.沈阳:辽宁民族出版社,2008.

［24］大连民族学院图书馆.书海导航:大连民族学院图书馆《书评季刊》选编［M］.沈阳:辽宁民族出版社,2008.

［25］大连民族学院图书馆.学海掬浪:大连民族学院图书馆同仁文集［M］.沈阳:辽宁民族出版社,2008.

［26］大连民族学院图书馆.图苑奇葩:大连民族学院图书馆馆藏民族文献提要［M］.沈阳:辽宁民族出版社,2008.

［27］包和平.中国少数民族文献学研究［M］.北京:国家图书馆出版社,2009.

［28］包和平等.红山文化区域历史与民俗研究［M］.北京:中华书局,2009.

［29］包和平,黄士吉.文明曙光:红山诸文化纵横谈［M］.北京:民族出版社,2010.

［30］包和平.坚守与超越:关于图书馆学的新思考［M］.北京:民族出版社,2011.

［31］包和平.小桥流水人家——婺源纪行诗［M］.广州:世界图书出版广东有限公司,2013.

［32］包和平.书画千家诗［M］.武汉:武汉理工大学出版社,2013.

获奖论文

1	当代中国图书事业的发展与展望综述	北京国际图联大会学术论文征文优秀奖	1995 年 5 月	中国图书馆学会学术委员会、北京国际图联大会组委会秘书处	才旦卓嘎、卢晓华、何丽、包和平、杨长虹
2	民族文献信息学的研究对象与任务	全国第六次民族地区图书馆会议征文优秀论文	1997 年 8 月	中国图书馆学会民族图书馆委员会	包和平
3	我国民族文献资源概况及其开发利用的未来展望	中国图书馆学会年会暨庆祝学会成立 20 周年征文优秀论文	1999 年 7 月	中国图书馆学会	包和平
4	面向 21 世纪的民族文献信息服务	"迎接新千年——信息资源管理前言课题"专题讲座暨学术研讨会征文二等奖	2000 年 6 月	中国科学院文献情报中心、图书情报工作杂志社	包和平
5	我国民族高校图书馆发展战略探索	中国图书馆学会 2000 年学术年会征文活动优秀论文并入选年会论文集	2000 年 7 月	中国图书馆学会	包和平
6	开发利用民族文献为发展西部经济建设服务	"21 世纪图书馆学情报学发展趋势"学术研讨会征文优秀奖	2000 年 8 月	中国科技情报学会情报学期刊协作会	包和平
7	随机模拟及其在图书馆借还系统设计与管理中的应用	东北地区高校图书馆馆长"21 世纪图书馆建筑发展与服务变革"学术研讨会优秀论文一等奖	2000 年 8 月	东北地区高校图书馆协作委员会、黑龙江省高校图工委	包和平
8	体系更新是确立现代图书馆学的关键	收入辽宁社会科学文库,并在论文评奖中荣获一等奖	2001 年 6 月	辽宁省社会科学界联合会、辽宁社会科学文库评奖委员会	包和平
9	我国民族高校图书馆事业发展战略探讨	收入辽宁社会科学文库,并在论文评奖中荣获二等奖	2001 年 6 月	辽宁省社会科学界联合会、辽宁社会科学文库评奖委员会	包和平
10	优势论与民族图书馆事业发展	第七次全国民族地区图书馆学术研讨会论文二等奖	2001 年 10 月	中国图书馆学会少数民族图书馆委员会	包和平

11	论管理心理在馆长管理中的应用	辽宁省图书馆学会学术研讨会论文一等奖	2001年12月	辽宁省图书馆学会	包和平
12	关于图书馆方法论的哲学思考	大连市图书馆学会第十七次学术年会优秀论文一等奖	2002年4月	大连市图书馆学会	包和平
13	我国民族文献资源概况及其开发利用的未来展望	大连市图书馆学会第十七次学术年会优秀论文奖	2002年4月	大连市图书馆学会	包和平
14	书名定量分析的几个统计量	辽宁省自然科学优秀学术论文三等奖	2002年5月	辽宁省科学技术协会	包和平
15	21世纪中国图书馆学理论与方法的创新	辽宁省自然科学优秀学术论文三等奖	2002年5月	辽宁省科学技术协会	包和平、闫海新
16	确立中国现代图书馆学的关键:体系更新	辽宁省自然科学优秀学术论文二等奖	2002年5月	辽宁省科学技术协会	包和平
17	关于图书馆学方法论的哲学思考	辽宁省自然科学优秀学术论文一等奖	2002年5月	辽宁省科学技术协会	包和平
18	中国少数民族文献数字化建设研究	中国图书馆学会学术年会征文优秀论文	2002年7月	中国图书馆学会	包和平
19	中国民族数字图书馆建设研究	辽宁省图书馆学会学术研讨会论文一等奖	2003年3月	辽宁省图书馆学会	包和平、刘斌
20	馆长的管理艺术与方法——论管理心理学在馆长管理中的应用	中国图书馆学会学术年会征文优秀论文	2003年6月	中国图书馆学会	包和平
21	民族古籍保护策略研究	中国图书馆学会学术年会征文优秀论文	2004年7月	中国图书馆学会	包和平、何丽
22	中国民族数字图书馆建设研究	第八次全国民族地区图书馆学术研讨会一等奖	2004年9月	中国图书馆学会、中国民族图书馆	包和平
23	中国少数民族文献目录学的研究对象和任务	全国理论创新优秀学术成果一等奖	2004年10月	全国理论创新学术成果评审委员会	包和平

续表

24	中国民族数字图书馆建设研究	大连市科学论文奖三等奖	2004 年 11 月	大连市科学论文奖励委员会	包和平、刘斌
25	民族古籍管理学的研究对象和任务	大连市第十一届社会科学优秀学术成果论文类优秀奖	2005 年 3 月	大连市人民政府	包和平
26	高校图书馆要树立与时俱进的管理理念	中国图书馆学会年会征文优秀论文	2005 年 7 月	中国图书馆学会	包和平
27	关于少数民族文字文献的数字化研究	辽宁省自然科学学术成果学术论文类二等奖	2005 年 8 月	辽宁省自然科学学术成果奖评审委员会	包和平
28	中国少数民族古籍书目控制的走向和任务	大连市科学论文奖三等奖	2005 年 8 月	大连市科学论文奖励委员会	包和平
29	中国民族数字图书馆建设研究	中国图书馆学会年会征文二等奖	2006 年 7 月	中国图书馆学会	包和平、刘斌
30	中国民族数字图书馆建设研究	"《图书情报工作》1995—2005 年优秀论文"二等奖	2006 年 8 月	《图书情报工作》杂志社	包和平、刘斌
31	优势论与西部图书馆事业发展	中国图书馆学会年会征文一等奖	2007 年 8 月	中国图书馆学会	包和平
32	全球化背景下中国少数民族古籍书目控制的走向和任务	中国图书馆学会年会征文二等奖	2009 年 11 月	中国图书馆学会	包和平、王学艳

获奖著作

1	民族图书馆工作概论	吉林省图书馆学第三次优秀成果一等奖	1995年12月	吉林省图书馆学会优秀成果评审委员会	包和平
2	中国民族文献学研究	内蒙古自治区第五届社会科学优秀成果青年奖	1998年8月	内蒙古自治区社会科学优秀成果评奖委员会	包和平、许斌
3	图书馆学研究	内蒙古自治区第六届社会科学优秀成果优秀奖	2000年8月	内蒙古自治区社会科学优秀成果评奖委员会	张文琴、包和平
4	中国民族文献导读	大连市第九届社会科学优秀学术成果著作类三等奖	2000年12月	大连市人民政府	包和平、李晓菲、范圣第、杨长虹
5	中国民族文献导读	辽宁省第七届社会科学优秀科研成果著作二等奖	2000年	辽宁省第七届社会科学优秀科研成果评奖委员会	包和平
6	民族图书馆学概论	辽宁省第七届社会科学省级优秀科研成果著作类三等奖	2000年12月	辽宁省第七届社会科学优秀科研成果评奖委员会	包和平
7	信息检索教程	大连市图书馆学会第十七次学术年会优秀专著奖	2002年4月	大连市图书馆学会	包和平、宛文红
8	中国图书世界之最	大连市图书馆学会第十七次学术年会优秀专著奖	2002年4月	大连市图书馆学会	包和平、王学艳
9	中国民族文献管理学	大连市图书馆学会第十七次学术年会专著一等奖	2002年4月	大连市图书馆学会	包和平
10	中国民族文献管理学	辽宁省第八届社会科学优秀科研成果著作类一等奖	2002年8月	辽宁省第八届社会科学优秀科研成果评奖委员会	包和平
11	中国民族文献管理学	大连市第十届社会科学优秀学术成果专著类二等奖	2002年12月	大连市人民政府	包和平

续表

12	信息检索教程	大连民族学院教育教学成果奖教材类二等奖	2004 年 9 月	大连民族学院	包和平
13	大学生文化素质教育必读书手册	大连市第十一届社会科学优秀学术成果著作类优秀奖	2005 年 3 月	大连市人民政府	蔡明德、包和平等
14	实践与辉煌	大连市社会科学进步二等奖	2005 年 3 月	大连市人民政府	鄂义太、江远、包和平
15	中国少数民族文献学概论	辽宁省自然科学学术成果奖学术著作类二等奖	2005 年 8 月	辽宁省自然科学学术成果奖评审委员会	包和平
16	中国少数民族文献学概论	辽宁省 2003—2004 年度哲学社会科学成果三等奖	2006 年 3 月	辽宁省哲学社会科学成果奖评审委员会（辽宁省人民政府）	包和平
17	网络信息检索原理与应用	大连市科学著作二等奖	2007 年 12 月	大连市科学著作奖励委员会	张英福、包和平
18	化学化工信息检索	大连市科学著作二等奖	2007 年 12 月	大连市科学著作奖励委员会	包和平、蒋本国等
19	中国少数民族文献学概论	大连市第十二届社会科学进步奖专著类三等奖	2007 年 3 月	大连市人民政府	包和平、李晓菲等
20	中国少数民族古籍管理学概论	辽宁省 2005—2006 年度哲学社会科学成果奖三等奖	2008 年 2 月	辽宁省哲学社会科学成果奖评审委员会（辽宁省人民政府）	包和平
21	中国少数民族古籍管理学概论	图书馆应用科研成果一等奖	2008 年 3 月	辽宁省文化厅	包和平、何丽、王学艳
22	中国少数民族文献学研究	辽宁省图书馆应用科研成果一等奖	2010 年 6 月	辽宁省文化厅	包和平

曾任及现任社会兼职

1	中国图书馆学会会员	中国科学技术学会	1990 年 10 月
2	政协科左后旗第五届委员	政协科左后旗	1991 年 3 月
3	政协科左后旗第六届常委	政协科左后旗	1994 年 3 月
4	政协哲里木盟委员	政协哲里木盟	1994 年 3 月
5	哲盟青年联合会委员	哲盟青年联合会	1994 年 3 月
6	《中国民族年鉴》编辑部副主任	中国民族图书馆	1995 年 5 月
7	大连市图书馆学会第六届学术委员会副主任	大连市图书馆学会	2000 年 11 月
8	《图书馆学研究》编委	吉林省图书馆学会	2001 年 2 月
9	中国社会科学情报学会学报《情报资料工作》杂志学术指导委员	中国社会科学情报学会、《情报资料工作》编辑部	2002 年 3 月
10	《现代图书情报技术》第一届理事会理事	中国科学院文献情报中心、《现代图书情报技术》理事会	2003 年 12 月
11	《图书馆学刊》编委	辽宁省图书馆学会	2004 年 2 月
12	《中国民族年鉴》特约编辑	中国民族年鉴社	2004 年 8 月
13	辽宁省图书馆学会第六届理事会副理事长	辽宁省图书馆学会	2005 年 4 月
14	大连民族学院学报编辑委员会委员	大连民族学院	2005 年 5 月
15	大连市科技情报学会理事	大连市科技情报学会	2005 年 5 月
16	大连市图书馆学会第七届理事会副理事长	大连市图书馆学会	2005 年 5 月
17	中国图书馆学会第七届学术研究委员会少数民族图书馆专业委员会委员	中国图书馆学会学术研究委员会	2005 年 11 月
18	大连民族学院团校顾问	共青团大连民族学院委员会	2006 年 3 月
19	大连民族学院东北民族研究丛刊编委	大连民族学院	2007 年
20	《情报杂志》编委	《情报杂志》编委会	2008 年 1 月
21	全国民族高校图书馆工作委员会副秘书长	全国民族高校图书馆工作委员会	2008 年 6 月
22	中国索引学会理事	中国索引学会	2008 年 11 月
23	大连民族学院民族学究文库编委会委员	大连民族学院	2009 年
24	大连民族学院第五届学术委员会委员	大连民族学院	2009 年 5 月
25	中国图书馆学会第八届学术研究委员会少数民族图书馆专业委员会委员	中国图书馆学会学术研究委员会	2009 年 9 月
26	国家社科基金项目通讯评审专家	全国哲学社会科学规划办公室	2010 年 3 月
27	国家社科基金项目通讯鉴定专家	全国哲学社会科学规划办公室	2010 年 10 月
28	大连市图书馆学会第八届理事会副理事长	大连市图书馆学会	2011 年 12 月

续表

29	辽宁省图书馆学会第七届理事会副理事长	辽宁省图书馆学会	2011 年 5 月
30	全国高校博物馆育人联盟会员	全国高校博物馆育人联盟	2012 年 9 月
31	大连民族学院第七届学术委员会委员	大连民族学院	2013 年 6 月
32	大连民族学院党委委员	大连民族学院党代会	2013 年 7 月
33	辽宁省高级专业技术职务任职资格评审专家	辽宁省文化厅	2013 年 9 月
34	国家民委民族院校大学生思想政治教育研究基地、大连民族学院大学生思想政治教育研究中心兼职研究员	国家民委民族院校大学生思想政治教育研究基地、大连民族学院大学生思想政治教育研究中心	2014 年 4 月
35	辽宁省古代文学学会理事	辽宁省古代文学学会	2014 年 6 月

后　记

　　这部文集汇集了我从事图书馆学 30 年来的研究成果,这些成果都曾在相关专业刊物上发表过。在此,谨向在我从事学术研究中曾给予我指导和帮助的学术前辈致以深深的敬意。

　　这部文集能够得到编辑出版,我要感谢国家图书馆出版社的同仁对本书出版的热情支持,没有他们的支持,这本书要和读者见面是不可能的,此情此谊令我铭感。

　　我还要感谢大连民族学院图书馆的同事们对我的理解、支持和帮助。尤其是宛文红、兰天、陈新颜、张晓丹等同志在论文查找、校对、编排等方面花费了不少精力,今借本书出版之机,聊表谢意。

　　在图书馆学领域从事研究 30 个春秋,30 年漫长的历程走过来,我始终秉持"把知识视为人间最宝贵的财富,把读书视为最有魅力的生命活动,把精神追求视为最值得追求的价值,把尊严当作人生最高贵的品格"的理念,把内心涌动的书生意气尽情发挥出来,努力为民族图书馆事业添砖加瓦。作为作者,不管怎样,我对图书馆学研究都恒久虔诚,并且,内心里充满了敬畏。

　　回眸梳理过去,对人生、对社会、对家庭又有了新的认识。有人说,时间是在回忆中被确认的。通过回忆,不仅有所反思,更为清醒。

　　2013 年年底,和朋友们到中国雪乡摄影。拍了很多照片,心有所感,也写了不少诗。今选一首《雪乡的路》作为这篇后记的结语:

　　　　每个人来到这个世界上
　　　　都面临着无数的选择
　　　　如何走路
　　　　走什么样的路

　　　　人生就是一段未知的旅程
　　　　我们自己
　　　　就是驾驶着自由之躯的行者
　　　　我们要选择的路
　　　　繁多而复杂
　　　　理想　婚姻　情感
　　　　乃至生命
　　　　都会因为你的选择而改变
　　　　也不会因为你的选择一路坦途
　　　　因为理想与现实总是那么遥远

母亲为你选择的路
是不易摔倒的路
父亲为你选择的路
是可以远走高飞的路
妻子为你选择的路
是衣食无忧的路

而我自己
上小学的时候想当军人
上中学的时候想当作家
上大学的时候想当大学老师
参加工作以后我当了一名图书馆员
如今已到知天命之年
我还是一名图书馆员

不同的是
我已低下头
不再浮想联翩
在千万次迷失中
终于找到了一条自己喜爱的路
简单而活
——在曾经的回放里认清自己
随心而写
——在记忆的抚摸中感动自己
自由而行
——在大自然的律动中与自己对话
就像眼前这条铺满积雪的路
平坦　安详
温暖　自在

是为后记。

包和平

2014 年 6 月 26 日